Creydt
Wie der Kapitalismus unnötig werden kann

Meinhard Creydt, geb. 1957, Soziologe, Psychologe, Dr. phil.; lebt und arbeitet in Berlin, veröffentlichte u.a. *Theorie gesellschaftlicher Müdigkeit*, Frankfurt a.M. 2000 und *46 Fragen zur nachkapitalistischen Zukunft. Erfahrungen, Analysen, Vorschläge*, Münster 2016. Die meisten seiner Artikel in Zeitschriften und Sammelbänden finden sich auch unter www.meinhard-creydt.de.

Meinhard Creydt

Wie der Kapitalismus unnötig werden kann

WESTFÄLISCHES DAMPFBOOT

Bibliografische Information der Deutschen Nationalbibliothek
Die Deutsche Nationalbibliothek verzeichnet diese Publikation in der Deutschen Nationalbibliografie; detaillierte bibliografische Daten sind im Internet über http://dnb.d-nb.de abrufbar.

2. korrigierte Auflage Münster 2016

Umschlag: Lütke Fahle Seifert AGD, Münster
Druck: Rosch-Buch Druckerei GmbH, Scheßlitz
Gedruckt auf säurefreiem, alterungsbeständigem Papier
ISBN 978-3-89691-970-0

Inhalt

Vorwort

An Protesten und Kritiken mangelt es der kapitalistischen Betriebs- und Geschäftsweise nicht. Ihren Befürwortern entstehen wenigstens aus diesem Umstand solange keine Sorgen, wie das kapitalistische Wirtschaften als alternativlos imponiert[1] und seine Grundstrukturen als Sachzwänge gelten.[2] Sich eine grundlegende Veränderung zu wünschen sei vielleicht menschlich verständlich. Als unvorstellbar gilt aber gemeinhin, wie ohne Privateigentum, ohne Konkurrenz, ohne innerorganisatorische Herrschaft, ohne freie Marktwirtschaft und ohne Kapitalakkumulation in gesellschaftlichem Maßstab effizient zu wirtschaften und ein hohes Bruttosozialprodukt zu erzielen sei. Diese Auffassung trifft die vielfältigen Beschwerden und Klagen über die kapitalistische Wirtschaft an ihrer schwächsten Stelle: Das Konzept einer nachkapitalistischen Wirtschaft und Vergesellschaftungsweise bleibt „heute (und nicht erst seit heute) operativ leer" (Offe 1989, 746).[3]

Diese Problematik bildet das Thema des vorliegenden Bandes. Teil I bietet ein Positivszenario von in Deutschland gegenwärtig ansatzweise vorfindlichen Erfahrungen, Bewusstseinsinhalten und sozialen Kräften, die zu einer Überwindung der grundlegenden Strukturen des kapitalistischen Wirtschaftssystems beitragen können und zu einer von ihm substanziell unterschiedenen Vergesellschaftungsweise. In diese Prozesse notwendig einbegriffen ist die Infragestellung

---

1 Trotz aller Veränderungen erscheint ein Statement von 1933 erstaunlich aktuell. Es betrifft das Verhältnis zwischen den Problemen, die das kapitalistische Wirtschaften mit sich bringt, und den gesellschaftlichen Alternativen. Das Statement stammt von einem der berühmtesten Ökonomen des 20. Jahrhunderts. Er war Mitglied der britischen Liberal Party und erklärter Feind des Marxismus. Das Statement lautet: Der Kapitalismus „ist kein Erfolg. Er ist weder intelligent noch schon, er ist weder gerecht noch tugendhaft – und außerdem funktioniert er nicht. Kurz gesagt, wir mögen ihn nicht und fangen an, ihn zu verachten. Wenn wir allerdings darüber nachdenken, was wir an seine Stelle setzen sollen, sind wir völlig ratlos" (Keynes 1933).

2 „Die Politik kann die aus Sachzwängen und menschlichen Verhaltensweisen resultierenden Gesetze des Marktes ebenso wenig außer Kraft setzen wie das Gesetz der Schwerkraft" (Sachverständigenrat zur Begutachtung der gesamtwirtschaftlichen Entwicklung 1999, Textziffer 248).

3 Den vagen Charakter vieler Sozialismusformeln hatte Karl Korsch schon 1912 im Blick: „Es wird einer späteren Generation höchst merkwürdig vorkommen, mit einer wie einfachen Formel der Sozialismus unserer Tage auskommen konnte und wie viele verschiedene und teilweise gegensätzliche Bestrebungen sich unter dieser einen Formel zusammenfanden. ... Der Begriff 'Vergesellschaftung der Produktionsmittel' hat einen klaren negativen Sinn; nach der positiven Seite hin ist er leer und nichtssagend" (Korsch 1980, 313).

jener Kriterien, die der Beschreibung und Bewertung der Leistungsstärken des kapitalistischen Wirtschaftens zugrunde liegen. Erst in Bezug auf bestimmte, ihm immanente Zwecke und unter billigender Inkaufnahme der Ausblendung oder Schädigung anderer Belange erscheint das kapitalistische Wirtschaften als unersetzbar stark. Teil II widmet sich den gesellschaftlichen Strukturen und Institutionen einer – auch angesichts der Erfahrungen mit SU und DDR – erstrebenswerten Vergesellschaftungsweise, die die kapitalistischen Strukturen unnötig zu machen vermag. Die Handlungsfähigkeit der Bewegungen, die im modernen Kapitalismus entstehen und zu seinen tragenden Strukturen in Gegensatz geraten, hängt nicht zuletzt auch davon ab, inwieweit es diesen Kräften gelingt, eine gemeinsame Zielvorstellung oder Realutopie zu entwickeln. Auch dies trägt dazu bei, dass zusammenkommt, was zusammengehört.

Ob sie wollen oder nicht: Nötig haben die Einwohner eines Landes den Kapitalismus solange, wie sie keine andere gesellschaftliche Synthesis zustande bringen. Ein Anlass, das kapitalistische Erwerbs- und Geschäftsleben emphatisch zu loben, entsteht daraus nicht. Allerdings verhindern auch vielerlei gravierende Mängel des Kapitalismus nicht das Urteil, es handele sich bei ihm um eine nötige Angelegenheit. Angemessen ist dieses Urteil solange, wie der Kapitalismus als die beste aller *möglichen* Welten erscheint. Die Notwendigkeit des Kapitalismus und die Möglichkeit einer ihn nichtregressiv überwindenden Gesellschaft bilden reziproke Begriffe. Damit etwas gehen kann, muss etwas kommen. Etwas ist solange im faktischen Sinne nötig, wie dasjenige, das es überflüssig werden lassen könnte, als unmöglich erscheint.

Zu fragen, wie kapitalistische Gesellschaftsstrukturen unnötig werden können, heißt nicht, ausgehend von *ihren* Maßstäben nach einem besseren funktionalen Äquivalent zu suchen. Zum Thema werden vielmehr die in der gegenwärtigen Gesellschaft entstehenden Bestrebungen und Konzepte für grundlegend veränderte Formen und Inhalte des Arbeitens, des Konsums, der Sozialbeziehungen, der gesellschaftlichen Infrastrukturen (Technologie, Organisationen) und der gesellschaftlichen Strukturen. „Grundlegend verändert" heißt: Die Suchbewegung nach diesen Formen und Inhalten und der soziale Prozess ihrer Durchsetzung gelingen in dem Maße, wie sich eine bestimmte Art von Betätigungsmotiven, von Interessen an bestimmten gesellschaftlich maßgeblichen Inhalten, von Strukturen der öffentlichen Beratung, Entscheidungsfindung und der sozialen und gesellschaftlichen Synthesis entwickelt.[4] Ihr Erfolgskriterium liegt darin, die in

4 Das Vernünftige wird in diesem Band nicht als Ideal der Wirklichkeit entgegengehalten. Es ist vielmehr „nur als ein Wirkliches fassbar; die Kritik ist nicht mehr

der kapitalistischen Marktwirtschaft üblichen negativen und positiven Anreize, Komplexitätsreduktionen und Formen der Rückkoppelung unnötig machen zu können. Ohne in den leichten Ausweg des Utopismus zu verfallen, lassen sich die institutionellen Umrisse einer nachkapitalistischen Gesellschaft entwickeln. Am grünen Tisch ausgedacht sind sie nicht. Die in diesem Band enthaltenen Konzepte können oft an existierende Institutionen und Strukturen anknüpfen, indem sie sie ausweiten, modifizieren und integrieren.

Der vorliegende Band arbeitet die verschiedenen sozialen Kräfte einer Opposition heraus, die dabei helfen können, die kapitalistischen Gesellschaftsstrukturen zu überwinden (s. Kapitel I.1-8). Das Positivszenario der Konvergenz und Synergie dieser Ansätze ist ein Angebot zur Selbstdeutung der betreffenden sozialen Kräfte vor dem Hintergrund ihrer Aufsplitterung, Abwertung und Selbsteinschüchterung.

Die Probleme, die mit den herrschenden *kapitalistischen* Strukturen notwendig verbunden sind, motivieren zur Suche nach deren Überwindung. Die Schwierigkeiten gründen nicht zuletzt in der Daseinsberechtigung dieser Strukturen. Sie können nur unnötig werden. Voluntaristisch außer Kraft setzen lassen sie sich wenigstens langfristig nicht. Das Thema des Bandes ist die notwendige und mögliche, komplex gegliederte nachkapitalistische Vergesellschaftung bzw. soziale Synthesis. Anders als in der linken Tradition üblich wird die nachkapitalistische Gesellschaft nicht im Horizont der vermeintlich unverwirklichten Werte der bürgerlichen Gesellschaft konzipiert. Die für die Gesellschaftstransformation notwendigen Themen der sozialen Auseinandersetzung (s. I) und die in einer nachkapitalistischen Gesellschaft zu lösenden Aufgaben lassen sich in einem Paradigma des im Sinne von 'Praxis' verstandenen guten Lebens (s. Kapitel II.3-7) zusammenfassen.

Die in diesem Band skizzierten Lebensformen und Strukturen einer nachkapitalistischen Gesellschaft werden in ihm drei *Realitätstests* unterzogen. Der erste fragt danach, ob eine am Praxisparadigma orientierte Gesellschaft den Aufgaben und Problemen gewachsen ist, die sich unter *modernen* Bedingun-

ein Konfrontieren der Wirklichkeit mit einer Idee, sondern einer Wirklichkeit mit einer anderen" (Fleischer 1993, 266). Einer „fatalistischen Doktrin" folgt die „Gleichsetzung von Möglichem und Wirklichem" nicht notwendigerweise (Fleischer 1977, 184). „Reale Möglichkeiten (sind) genau durch ein wirkliches Können oder gekonntes Wirken definiert; möglich ist dasjenige, was wirklich wird. Die Möglichkeit gelingt im Verwirklichen an ihre Schranke. Jenseits der Schranke mag Verschiedenes liegen: eine gedachte, für den betreffenden Akteur vorstellbare, vielleicht auch anstrebbare, aber eben nicht seine realisierbare Möglichkeit" (Ebd., 183).

gen durch den Stoffwechsel mit der Natur sowie durch die gesellschaftlichen Prozesse des Produzierens, Organisierens und der Synthesis ergeben (s. Kapitel II.8). Zweitens wird zum Thema, wie sich eine an 'Praxis' orientierte Gesellschaft zum *bürgerlichen* Selbst- und Weltverständnis verhält (s. Kapitel II.6). Die dritte Frage bezieht sich auf die gesellschaftliche Gestaltung und Selbstregulierung einer nachkapitalistischen Gesellschaft (s. Kapitel II.4e,g, II.9,11). Zum Thema werden nun das Innere ihres Prozessierens und die dabei auftretenden Probleme (Interessen-, Mentalitäts- und Zielkonflikte, Dilemmata, nichtintendierte Effekte, Teufelskreise u.a.).

Die angesichts der Thematik dieses Bandes notwendig werdende Komplexität des Denkens motiviert sich nicht aus einem Geist, der es gern anspruchsvoll hat und Distinktionsgewinnen durch Subtilitätenhäkelei frönt. Der Aufwand resultiert aus einem anderen Motiv: Begrifflich unterkomplexe Problemaufbereitungen tragen dazu bei, dass problematische gesellschaftliche Verhältnisse Verschlußsachen bleiben. Die Vereinfachung des Denkens ist an der Komplizierung der Welt mitschuldig.

Einleitung

> „Die Schwierigkeit tief fassen ist das Schwere. Denn seicht gefasst, bleibt sie eben die Schwierigkeit.“ *Wittgenstein*

Für Elend zu sensibilisieren, über Zumutungen und Entbehrungen Beschwerde zu führen, die Befürworter und Verharmloser von aufgebürdeten Lasten und Enteignungen anzuklagen, Risiken und Gefahren zu vergegenwärtigen – all das hat seinen Sinn. Solcherart Öffentlichkeitsarbeit bleibt aber zweischneidig. Sie kann diejenigen, die sie mobilisieren möchte, einschüchtern, entmutigen und schwächen. Und zur Annahme beitragen, allein im Privaten, im Amüsement, in der Unterhaltung und in der Kultur sei, wenn überhaupt, so etwas wie Glück zu finden. Kritik umfasst nicht nur, die Schönfärberei und das Verschweigen anzugreifen. Kritik heißt unterscheiden – also sowohl die grundlegenden gesellschaftlichen Mängel und die Ursachen von ungelebtem Leben wahrnehmen zu können als auch Kräfte, Potenziale und Ressourcen, die eine grundlegende Gesellschaftstransformation erst ermöglichen. Dafür gilt es,

- den subjektiven Reichtum an Fähigkeiten und Sinnen sowie Reflexionsvermögen und Sozialbeziehungen darzustellen, der in der modernen kapitalistischen Gesellschaft entsteht und zu ihrer Überwindung beitragen kann,
- den objektiven Reichtum zu vergegenwärtigen, der sich aus seiner Bindung an problematische Gebrauchswerte und Arbeiten durch eine grundlegende Kritik der Warenangebote und Produktionstechnologien herausarbeiten lässt,
- gesellschaftliche Formen und Strukturen zu entwickeln, die eine Gestaltung der Gesellschaft durch ihre Mitglieder ermöglichen und die gesellschaftliche Synthesis hinter ihrem Rücken überwinden.

Nicht erst der Antikapitalismus bleibt gegenwärtig hilflos. Bestrebungen zur Verteidigung[1] oder Ausweitung von sozialen und menschenrechtlichen Standards

1 „Es ist immer ein gesellschaftlicher Utopieentwurf notwendig, der nicht sofort in kleinschrittige Realität umsetzbar ist“ (Negt 2005, 38). Zu bedenken ist, „dass die bloße Abwehrhaltung und Verteidigung des gegenwärtigen Zustandes ein viel größeres Maß sozialer Energie bindet, als aus dieser Situation auszubrechen. ... Meine

erweisen sich oft als subaltern gegenüber dem Einwand, nur durch ein kapitalistisches Wirtschaftssystem seien die Bedingungen für soziale und politische „Wohltaten" möglich. Das kapitalistische Erwerbs- und Geschäftsleben gilt in der modernen Gesellschaft als sachlich und sozial unersetzbar. Kapitalismus und moderne Gesellschaft geraten im vorherrschenden Bewusstsein zu Synonymen. Und daraus folgt praktisch: Bitte nicht die Hand beißen, die einen versorge, oder nicht den Ast absägen, auf dem man sitze. Das Reich der Notwendigkeiten könne nun einmal kein „Ponyhof" sein. Im Maschinenraum gehe es unvermeidlich laut, hektisch und energieraubend zu.

Protest sieht sich genötigt, sich den wirklichen oder vermeintlichen Sachzwängen unterzuordnen. Daran ändert sich solange nichts, wie in der bestehenden Gesellschaft keine sozial wirkmächtigen Kräfte entstehen, die den modernen kapitalistischen Strukturen eine anders strukturierte Vergesellschaftungsweise in Ansätzen entgegenzusetzen vermögen. „Voluntaristisch erwünscheln" lassen sie sich nicht (Narr 2011, 223 über Negri und Hardt). Das Wissen um Kräfte und Perspektiven, die, wenn überhaupt, einen Ausweg aus der modernen kapitalistischen Gesellschaft eröffnen, steht und fällt mit dem Wissen um dieses Gemeinwesen. Jenseits dieses Wissens blühen die Illusionen. Perspektive ohne Kritik ist beliebig. Kritik ohne Perspektive bleibt selbstgenügsam.

Vorstellungen eines Zurückdrängens oder Aus-dem-Weg-Räumens eines Herrschaftssubjekts oder gar eines autokratischen Fremdherrschers bilden eine Themaverfehlung angesichts der für den modernen Kapitalismus charakteristischen Herrschaft von subjektlosen Strukturen.[2] Sollen die kapitalistische Betriebs- und Geschäftsweise unnötig werden, müssen sich zentrale Momente ihrer tragenden Strukturen *praktisch* in Frage stellen lassen. Notwendige Bedingung dafür sind sich entfaltende qualifizierte Vermögen und soziale Assoziationen dafür, anders zu arbeiten, anders zu kooperieren und über Betriebs- und Gemeindegrenzen hinaus die gesellschaftlichen Reproduktionsprozesse und die gesellschaftliche Synthesis zwischen den verschiedenen Gruppen der Bevölkerung anders gestalten zu können. Die Haltung des Forderns sieht oft davon ab, wie die Akteure selbst gefordert sind. Die „Personal- und Qualifikationsbasis für solche Elemente einer höheren sozialökonomischen Vergesellschaftung" wird „nur eine überaus breite,

---

Kritik ist, dass die Gewerkschaften die herrschenden Realitätsdefinitionen weitgehend übernommen und akzeptiert haben" (Ebd., 36).

2 Auch „Herrschende" sind ihnen unterworfen. Sie bilden keine ihnen gegenüber autonome Macht. Die „Verfügungsgewalt" von Kapitaleignern ist an ökonomische Gesetze gebunden, über die sie nicht Herr sind.

auf der Qualifikationsstufe aber nur eine respektabel hohe sein – nichts für rasch Angelernte“ (Fleischer 1987, 30).

Die Ansätze und Kräfte, die zu einer substanziellen Gesellschaftsveränderung beitragen können, wachsen und gedeihen mit ihrer Ausbreitung, Konvergenz und gegenseitigen Förderung. Oder sie bleiben in Ansätzen stecken und verknöchern als verstreute, voneinander getrennt verbleibende und sich in ihrer Partikularität einrichtende Momente. Oppositionelle Kräfte verlieren sich ungünstigenfalls im Gewirr einander entgegengesetzter und sich gegenseitig blockierender Belange bzw. Konfliktfronten.[3] Von metatheoretischen Überlegungen[4] mancher Bewegungs- und Transformationsforschung unterscheidet sich dieser Band durch seine Aufmerksamkeit für die in Teil I materialiter vorgestellten Auseinandersetzungen und von Studien zu einzelnen Konflikten und Bewegungen durch seinen synthetischen Ansatz. Der vorliegende Band will den Horizont der notwendigen Perspektive entwickeln und einen Anstoß für weitergehende Denkarbeit bilden.

Gewiss bleiben die dargestellten, auf eine weitergehende Perspektive hinweisenden entwicklungsfähigen Momente sozialer Auseinandersetzungen gegenwärtig insulär oder minoritär. Ihre positive Darstellung gerät leicht in die Gefahr, die Hoffnung erweckenden Kandidaten schöner und größer ins Bild zu rücken, als es ihrer Realität entspricht. Günter Anders nannte dies „Hofferei“. Die Probleme, Schranken und Grenzen[5] der in Teil I dieses Bandes thematisierten Kräfte und Ansätze zu vergegenwärtigen beugt Illusionen vor. Wer sich gegen falschen Trost und Hofferei imprägnieren möchte, kann allerdings in eine nicht minder problematische Sackgasse geraten (vgl. I.10). Bei der Einschätzung von sozialen Bewegungen wird dann *nur* an die Gesellschaftsstrukturen und ihre Absorp-

3 Die Ausblendung dieser Problematik der „cross-cutting cleavages“ (Rokkan 1967) ist für Foucaults Loblieder auf die Vielheit oder Mikrophysik der Mächte (Foucault 1976, 99) konstitutiv.

4 Vgl. jüngst z.B. Röttger 2011.

5 Zum Unterschied zwischen Schranke und Grenze: Bestimmte Eigenschaften sind einer Sache notwendig, andere nicht. Für Eigenschaften, die den notwendigen Eigenschaften der bestimmten Sache widersprechen, brauche ich eine andere Sache, die thematisierte Sache hat hier ihre Grenze. Schranke heißt: Eigenschaften werden der Sache verwehrt. Dass sie sie empirisch nicht aufweist, hat seine Ursache nicht wesentlich in ihr. Vielmehr wird sie durch äußerliche Einschränkung o.ä. von diesen Eigenschaften abgehalten, beschränkt. Die beschränkte Sache lässt sich erweitern, die begrenzte nicht.

tionspotenzen gedacht.[6] Überall und immer lässt sich so nur bussiness as usual wahrnehmen. Konkrete historische Gemengelagen und ihre Widerspruchskonstellationen, die soziale Bewegungen begünstigen, blendet diese Perspektive notorisch aus. Die entsprechende pseudoradikale Hyperkritik bewegt sich in Bezug auf soziale Impulse und Bewegungen im Horizont von „alles oder nichts".[7] Sie formuliert Anforderungen, an denen sich nur scheitern lässt. Das die mögliche bessere Zukunft Ankündigende kann *heute* nicht schon voll entwickelt sein.

Untaugliche Konzepte

„Kapitalismuskritik"[8] mündet oft ein in die Perspektive, den Kapitalismus durch soziale Bewegungen zivilisieren und durch den Staat regulieren zu wollen. Es ist

---

6 Mathias Greffrath (1975, 56) hat den Mangel einer „Kritik" treffend herausgearbeitet, die mit ihrem Gegenstand nur um den Preis fertig wird, sich ihn durch pauschale Negation vom Leib zu halten: „Großkalibrige Waffen ... sind Flächengeschütze. Sie werden nicht auf Einzelnes gerichtet, sondern auf ganze Bereiche. Der Kanonier ist näher am Generalstab als am Kampffeld, hat den Überblick im Großen, aber übersieht nicht die taktischen Verwicklungen, die für den Ausgang entscheidend sein können. Der Mann an den großen Geschützen erzielt eine große Wirkung, aber indem er mit einem Schuss eine ganze Kompanie trifft, gibt er auch die 10 Partisanen, die im Vorfeld der eigenen Truppe arbeiten, dem Verderben preis. Seine Waffe ist zu grob, um von ihrer Wirkung den Überläufer mit der weißen Fahne auszunehmen. Ähnlich werden 'großkalibrige' Begriffe falsch, wenn sie in ihrer Reinheit angewandt werden, um eine 'unreine' Realität zu treffen."

7 „Die Selbstzufriedenheit des Vorwegbescheidwissens" bildet eine „unwahre Form des Widerstandes" (Adorno, Horkheimer 1947, 36). Die Anhänger einer selbstgenügsamen Hyperkritik (die Wacht am Nein) halten ebenso abschätzige wie mürrisch-altkluge Urteile schon für den Ausweis ihrer Kritikfähigkeit. Sie einmal schnell wieder geltend gemacht zu haben, darum geht es ihnen. Sie tragen ihren Gegenstandpunkt wie eine Monstranz vor sich her. Aus dieser Perspektive „gibt es nichts Neues unterm Kapital, nur Schlimmeres. Solche Wissenschaft lehrt vor allem – das Fürchten" (Binder 1978, 60). Dieser Blickweise „fehlt die Wärme, der Blick und die Fürsorge fürs Werdende, noch nicht Wirkliche" (Ebd., 59).

8 Äußerst Verschiedenes firmiert(e) als „Kapitalismuskritik". Wolfgang Ockenfels' Buch „Was kommt nach dem Kapitalismus?" (2011) besteht im Plädoyer für die zehn Gebote, die katholische Soziallehre und den Ordoliberalismus. Ihn gegen den existierenden Kapitalismus auszuspielen war kürzlich auch das Anliegen von Sahra Wagenknecht. Solche Diskurstaktiken, die eher die Debatte als die Erkenntnis fördern, sind nicht das Thema dieses Bandes. Zur Auseinandersetzung mit Wagenknechts Buch „Freiheit statt Kapitalismus" vgl. Bischoff, Lieber 2011, Wendl 2011, Güde 2011, Kuepper 2011, Sprich 2013. Die konzeptionelle Not muss groß sein,

schwierig zu unterscheiden, ob es sich dabei um rhetorische Schaufensterveranstaltungen handelt – wer würde gegenwärtig nicht z.B. von „Nachhaltigkeit" reden? – oder um ein sich als pragmatisch-realistisch verstehendes Konzept. Es motiviert sich aus der Diagnose, für die Überwindung des Kapitalismus gäbe es weder soziale Kräfte, die sie anstreben oder gar durchsetzen könnten, noch sei ausgemacht, ob man mit einer nachkapitalistischen Gesellschaft nicht vom Regen in die Traufe komme.[9] An beiden Problemen arbeitet sich der vorliegende Band ab.

Selbst wenn einer falschen Hoffnungslosigkeit in Bezug auf soziale Kräfte und Bewegungsdynamiken für eine Überwindung der kapitalistischen Vergesellschaftungsweise der Boden entzogen sowie gute Argumente gegen die Auffassung von der Unmöglichkeit einer nachkapitalistischen Vergesellschaftungsweise entwickelt werden, kann die politische Einschätzung lauten, angesichts der Unsicherheit eines solchen Unterfangens lieber auf das vermeintlich Näherliegende zu setzen. Allerdings fragt sich, ob diese vermeintlich „realistische" und „pragmatische" Absage an den „Utopismus" nicht ihrerseits Utopisches voraussetzt.[10] Die Zähmung des Kapitalismus, seine Umerziehung zum Vegetarier und die

---

wenn der Versuch, die vermeintliche Nähe von früheren politischen Vorstellungen („antimonopolistische Demokratie") zu liberalen Ansprüchen konstruieren zu wollen, ebenso wenig von der Kritik am Auseinanderdividieren des Unteilbaren (ehrliche Kapitalisten und böse Börsenbuben) wissen will wie vom Gegensatz zwischen jeder liberalen Perspektive und dem für eine „antimonopolistische Demokratie" notwendigen starken Staat. Das Buch macht nur Sinn, wenn man es von seiner politischen Absicht her liest. Von ihr aus wird deutlich, wofür der ganze Aufwand gut ist. Wagenknechts ostentative Demonstration des Bescheidwissens soll die aberwitzigen Blindstellen und die irrwitzige Unlogik überdecken, mit der die Autorin Unverträglichkeiten überspielen und politische Bündnisse stiften möchte. Die gesellschaftliche Welt missrät ihr zu Wille und Vorstellung.

9 Ordentlich aufgestuft lauten die Bedenken: „Wir wissen nicht, wie die politischen und ökonomischen Institutionen des Sozialismus beschaffen sind; selbst wenn wir es wüssten, bliebe der Weg zu ihnen unbekannt; selbst wenn der Weg bekannt wäre, wären relevante Teile der Bevölkerung nicht bereit, ihn zu beschreiten; selbst wenn sie es wären, bestünde nicht die zureichende Gewähr dafür, dass der dann etablierte Zustand funktionsfähig und gegen Regressionen immun wäre; selbst wenn auch das der Fall wäre, bliebe noch immer ein großer Teil der heute politisch thematisierten Gesellschaftsprobleme ungelöst" (Offe 1989, 746).

10 Italiener kennen diesbezüglich das Sprichwort: „Chi va piano va sano et lontano ... ma non arriva mai". Zu deutsch: Wer langsam fährt, fährt gesund und kommt weit ..., aber er kommt nie an. Zum Ineinander-Umschlagen von Gestaltungspessimismus und Utopismus in der gegenüber modernen und kapitalistischen Gesellschaftsstrukturen affirmativen Theorie vgl. Creydt 2000.

einschlägigen Diätpläne bilden eine Perspektive, deren Möglichkeit sich mit guten Argumenten bestreiten lässt.[11] Diese Einwände sind nicht das Thema des vorliegenden Bandes. Die Frage „Wie kann der Kapitalismus unnötig werden?“ stellt sich vor dem Hintergrund der Skepsis gegenüber dem „Kapitalismus zivilisieren“-Diskurs, ohne dessen Motive – die Aufmerksamkeit für die Probleme der „Kapitalismus-überwinden“-Perspektive – zu übergehen.

Heute über eine umfassende Gesellschaftsveränderung nachzudenken heißt, sich die Grenzen von zentralen politischen Konzepten zu vergegenwärtigen. Der vorliegende Band entfaltet eine andere Perspektive als

- sozialdemokratische Utopien der Bändigung des Kapitalismus durch den Staat;
- realsozialistische Konzepte einer staatlichen Steuerung der relevanten gesellschaftlichen Vorgänge. Deren Rückseite bildet de facto die zweckentfremdende Uminterpretation der Aufträge und Anordnungen des Leitungszentrums durch die vielen kleinen Zentren zu ihren Gunsten;
- Selbstverwaltungsutopien. Für sie ist die basisdemokratische Ignoranz gegenüber höherstufigen Strukturen und Institutionen gesellschaftlicher Synthesis und Selbstreflexion charakteristisch;
- moralisierend mobilisierende präzeptorale[12] Regime (Maoismus, Guevarismus);
- technokratische Vorstellungen eines Computersozialismus (à la Dieterich 2006 oder Cockshott, Cottrell 2006), die sich auf Planungs- und Berechnungsmethoden konzentrieren;[13]
- marktsozialistische Modelle.[14]

Die Erfahrungen mit diesen Konzepten verbieten ein „weiter so“. Fortsetzungsverhalten und Reparatur- oder Ausbesserungsbemühungen helfen nicht. In einer Veränderung erster Ordnung werden die Mittel und Wege zur Problemlösung variiert. Einer Veränderung zweiter Ordnung geht es um die Transformation der

---

11 Zu den Schranken und Grenzen von Staatsaktivitäten im Kapitalismus vgl. Kapitel I.7.

12 Vgl. Lindbloms Analyse (1983, 97ff., 433ff.). 'Präzeptoral' leitet er vom lateinischen Begriff praeceptor (Lehrer) her. Vgl. kritisch zu Kubas heroischer Zeit und Guevara: Mansilla 1973, 197-247.

13 Zur Auseinandersetzung damit vgl. Bischoff, Lieber 2006, Nick 2007, Tesch 2007, Gegenstandpunkt 2009, Ringger 2008, 74f., 79f.

14 Zur Auseinandersetzung mit den von Bischoff, Krüger u.a. angestellten Überlegungen zum Marktsozialismus vgl. Creydt 2001a. Interessanter erscheinen mir angelsächsische Überlegungen (Elson, Wainwright) zur „Sozialisierung des Marktes“. Vgl. dazu Kapitel I.2, II.2d, II.4e und ausführlicher Creydt 2001.

Problemstellung und der übergreifenden Struktur, in der das Problem auftritt. Wer anderes anstrebt als „mehr desselben“ oder „neuen Wein in alten Schläuchen“ kommt an einem gesellschaftlichen Paradigmenwandel und einer substanziellen Umorientierung nicht vorbei.[15] Not-wendig werden Veränderungen zweiter Ordnung.[16] Dies wird bereits materialiter mit jenen Anforderungen an eine nachkapitalistische Gesellschaft deutlich, die in II.2 Thema sind. Sie resultieren aus den in Teil I beschriebenen sozialen Auseinandersetzungen und Kritiken.

Zum institutionellen und strukturellen Gehalt der Realutopie

Gefragt wird in diesem Band nach jener Vergesellschaftung und Lebensweise, angesichts derer sich nicht länger sagen lässt: Schön, wahr und gut wäre sie vielleicht schon, aber praktikabel und notwendig im Sinne von werk- und alltäglichen Unvermeidbarkeiten bleiben allemal die kapitalistischen Zugzwänge des Erwerbs- und Geschäftslebens.

Zur Dominanz der allgemein gewordenen ‘Realpolitik’ gehört es, jedwedes Nachdenken über eine grundlegende Gesellschaftsveränderung als utopistisch zu verbellen.[17] Tatsächlich bilden utopistische Hirngespinste und Fantasien oft

---

15 Technokratisch formuliert handelt es sich um „einen Ordnungsübergang in einen qualitativ anderen Betriebsmodus der Gesellschaft“ (Hansch 2010, 19). Das Ausmaß der Umorientierung lässt sich verdeutlichen mit dem menschheitsgeschichtlichen Übergang von den Jägern und Sammlern zu den Pflanzern und Hirten. „Völlig neue Wertvorstellungen wurden notwendig, um von der gewohnten Eintagsplanung auf eine 365-mal längere Jahresplanung überzugehen: Samen in den Boden zu setzen, statt sie gleich zu verspeisen, Tiere leben zu lassen und sogar zu füttern, bis sie wieder Junge bekamen, statt sie gleich zu töten und zu verzehren. Ein gewaltiger Wandel im Denken, der das Verweilen am Ort auf einmal ergiebiger machte als das Umherstreifen“ (Vester 2004, 75).

16 „Der Unterschied von Dimensionen und Horizonten liegt darin, dass man einen Horizont erweitert bekommen kann, ohne sich in seinem Sein zu ändern ..., während man eine höhere Dimension nur durch eine Verwandlung im ganzen Sein gewinnt“ (Rombach 1993, 224).

17 In der demokratischen Öffentlichkeit haben „Pseudodebatten“ die Funktion, „die Grenzen zu markieren, innerhalb derer man überhaupt diskutieren kann. Also eigentlich gar nicht. ... Die Gesellschaft verwandelt sich für die Politik in eine Art komplexe Liegenschaftsverwaltung. Da gibt es nicht viel zu gestalten. Man mag über ein paar Details grübeln, aber letztlich muss man dann gemeinsam zur Vollstreckung des Nötigen schreiten“ (Rossum 2004, 29). Die viel beschworene ‘offene Gesellschaft’ funktioniert unter der Voraussetzung, dass sie „keine Differenz mehr kennt, die ihre Offenheit bezeugt. Natürlich erlaubt das System die Formulierung kritischer oder

Verelendungsresultate einer Sehnsucht, die nicht mit einem Wissen von den existierenden Potenzialen, Ressourcen und sozialen Kräfte für eine umfassende Gesellschaftstransformation sowie der Erkenntnis der realen Möglichkeit (im Unterschied zur bloßen Denkmöglichkeit) substanziell anderer Gesellschaftsstrukturen verbunden ist. Schwärmerische Visionen gelten resignierten oder saturierten Parteigängern des Bestehenden sowie frustrierten Fleißarbeitern ihrer jeweiligen Profession[18] nur zu gern als Beweis dafür, was dabei herauskommen muss, wenn man quer zur pragmatischen Orientierung nach einer anderen Vergesellschaftungsweise fragt. Ausgeschlossen wird jene gesellschaftliche Transformation, die realitätstüchtig die Möglichkeiten und Umrisse einer anderen Gesellschaftsstruktur und Lebensweise entwickelt. Zum herrschenden Monopluralismus, der allerlei infragestellt, nur nicht die grundlegenden Formen und Strukturen der modernen kapitalistischen Gesellschaft, passt es, „das als utopistisch zu bezeichnen, woran wir unsere Kraft noch nicht erprobt haben" (Buber 1950, 18).

Die „Strategie der Opposition" und die „Strategie der Konstruktion einer neuen Ordnung" (Laclau, Mouffe 1991, 233f.) unterscheiden sich. Die neue Gesellschaftsordnung weist eigene Kompatibilitätsanforderungen auf. Gefragt wird, ob Strukturen und Institutionen einer nachkapitalistischen Gesellschaft nicht nur nötig, sondern auch möglich sind – im Sinne einer systemisch und sozial in ihrer Immanenz „rundlaufenden" nachkapitalistischen Gesellschaftsordnung.

Im Unterschied zu basisdemokratischen Unmittelbarkeitsfiktionen arbeitet dieser Band ein komplexes Gefüge von bereits vorhandenen und zu transformierenden oder neu zu entwickelnden Institutionen heraus, die die gesellschaftliche Synthesis und die Gestaltung der Gesellschaft durch ihre Mitglieder ermöglichen (s. II.4e, g).

Im Unterschied zur Vorstellung von „der" nachkapitalistischen Gesellschaft als mit sich identischem Kollektivsubjekt geht es um öffentliche Erwägungen, Beratungen sowie Auseinandersetzungen und um eine gesellschaftliche Synthesis, die der Differenzierung der gesellschaftlichen Belange und Perspektiven gerecht

---

gar oppositioneller Ansichten. Doch wen interessiert das? Für die meisten Leute geht es schon lange nicht mehr darum, in irgendeiner Form Recht zu behalten gegen die normative Dampfwalze des Faktischen. Im Wesentlichen geht es vielmehr darum, dabeizubleiben – um nicht zu den Verlierern zu gehören" (Ebd., 38).

18 Sie fokussieren sich gern auf Aufgaben, an denen sie letztlich nicht scheitern können. Darüber Hinausgehendes gilt ihnen als „überambitioniert". Christen kennen diesen Irrweg und seine Versuchung: „Keine Anfechtung ist doppelte Anfechtung. Höchste Sicherheit ist höchste Anfechtung."

wird. Das impliziert auch im Unterschied zum unreflektierten Wohlgefallen an Pluralismus und Vielheit, die mit ihnen verbundenen partikularisierenden, spaltenden und entropischen Effekte ernst zu nehmen (s. II.6c) und an deren Einhegung bzw. an der Überwindung ihrer Ursachen zu arbeiten.

Im Unterschied zu einem „Gießkannenprinzip" sozialen und politischen Engagements geht es im vorliegenden Band um die Veränderung zentraler Gesellschaftsstrukturen, ohne sich an der millenaristischen Erwartung zu orientieren, in der nachkapitalistischen Gesellschaft scheine „die Sonn' ohn' Unterlass". Zum Anforderungsprofil der Strukturen und Institutionen einer nachkapitalistischen Gesellschaft gehört, dass sie es ermöglichen, weiter bestehende oder neu entstehende Dilemmata, Widersprüche und „Teufelskreise" produktiv und demokratisch bearbeiten zu können.

Konkrete Vorschläge sind von diesem Band nur insoweit zu erwarten, als dies für die genannte Suchrichtung notwendig und sinnvoll erscheint. Um neue Antworten auf alte Fragen bspw. nach dem Verhältnis zwischen Markt und Planung sowie plebiszitären und repräsentativen Formen der Demokratie geht es ebenso wenig wie um Auskünfte auf dem Konkretionsniveau, auf dem in vorliegenden Arbeiten[19] die institutionellen Arrangements und politischen Reglements nachkapitalistischer Gesellschaften entworfen werden. An solchen Überlegungen ist manches anregend. Sie kranken aber daran, in dem Maße „pseudokonkret" (Kosik) zu verbleiben, wie sie die ihnen *vorgeordneten* Fragen nicht zum Thema machen.

Die nachkapitalistische Gesellschaft und die Probleme der modernen und der bürgerlichen Gesellschaft

Sollen der Kapitalismus unnötig und eine nachkapitalistische Gesellschaft (im emanzipatorischen Sinne) möglich werden, so sind Probleme gesellschaftlich zu bearbeiten, die sich exemplarisch und telegrammstilartig mit folgenden Fragen vorstellen lassen: Wie kann das für jede nachkapitalistische Gesellschaft problematische Verhältnis zwischen materialer und formaler Rationalität gesellschaftlich angegangen werden? Wie lässt sich die Masse der untereinander disparaten Besonderheiten anders als mit Synthesismedien (Markt, Bürokratie u.ä.) bewältigen, die einer formalen Rationalität folgen? Wie können der Stoffwechsel mit der Natur sowie die Prozesse der gesellschaftlichen Produktion, Organisation

19 Vgl. Heinrichs 2002, 256-307, Jäger 2004, Fresin 2005, Albert 2006, Hansch 2010, Brie, Detje, Steinitz 2011, Zelik 2011, Stange 2012, Bender, Bernhold, Winkelmann 2012.

und Synthesis so bearbeitet werden, dass sie mit einem übergreifenden neuen gesellschaftlichen Leitbild (von 'Praxis' – s.u.) kompatibel sind? Wie geht die Gesellschaft, in der das neue Paradigma dominiert, mit der konstitutiven Differenz um, dass trotz aller Bemühungen in dieser Sphäre ein nicht unerheblicher Rest an mit diesem Leitbild nicht kompatiblen Phänomenen bleibt? Muss diese Differenz dazu führen, dass das Leitbild der Gesellschaft zu einer Sonntagsveranstaltung missrät? Der Aufmerksamkeit für diese Differenz entspricht es, von einer von 'Praxis' *dominierten* Gesellschaft zu sprechen.

Meine Überlegungen zu einer nachkapitalistischen Gesellschaft folgen nicht einem Wunschkatalog des Guten, Wahren und Schönen, sondern arbeiten sich an jenen massiven Schwierigkeiten ab, die daraus erwachsen, dass Probleme der modernen Gesellschaft sich auch in nachkapitalistischen Gesellschaften stellen und bearbeitet werden wollen. Die meisten Linken nehmen diese Problematik bislang kaum wahr. Die wesentlichen Momente der modernen gesellschaftlichen Zivilisation[20] bilden den Gegenstand von Kapitel II.8.[21] Ebenso die gerade mit ihren Leistungsvorteilen einhergehenden massiven Probleme für das gute Leben und für die Gestaltung der Gesellschaft.[22] Zum Thema wird das Verhältnis von modernen und kapitalistischen Gesellschaftsstrukturen (II.8b). Die modernen Gesellschaftsstrukturen weisen einen über den kapitalistischen „Kern" hinausreichenden Umfang auf. Die Schwierigkeiten bei der Gestaltung moderner Gesellschaftsstrukturen bilden mit den Problemen der Überwindung der kapitalistischen Gesellschaftsstrukturen einen Doppelknoten. Die Überwindung kapitalistischer Gesellschaftsstrukturen deblockiert die Bearbeitung mancher Hindernisse der gesellschaftlichen Gestaltung moderner Gesellschaftsstrukturen, löst aber nicht die mit den modernen Gesellschaftsstrukturen verbundenen

---

20 Moderne *Zivilisation* meint in diesem Band die technische und sozialtechnische Zivilisation im gesellschaftlichen Stoffwechsel mit der Natur und in der gesellschaftlichen Produktion, Organisation und Synthesis. Zivilisation wird hier weder auf technische Errungenschaften und diesbezügliche soziale Standards reduziert (bspw. WC, Zentralheizung betreffend) noch primär auf die Verfeinerung der Sitten und Umgangsformen, die Regulierung von Affekten und den Abbau von Gewaltbereitschaft bezogen.

21 Es handelt sich um moderne Naturwissenschaft und Technologie, instrumentelle Rationalität und Effizienzorientierung, hohe Arbeitsteilung und funktionale Differenzierung sowie eine marktförmige bzw. bürokratische großräumige Vernetzung von Handlungsketten.

22 „Wenn Unglück sein soll, muss selbst das Gute Schaden bringen" (Schiller, Wallenstein).

Probleme auf. Die problematischen Momente der modernen gesellschaftlichen Zivilisation lassen sich von ihr nicht einfach abziehen, ohne deren „positive“ Momente zu tangieren.

Die pauschale Befürwortung von „*Effizienz*“ und die Auffassung, die Grundstrukturen des kapitalistischen Wirtschaftens seien in ihrer Effizienz alternativlos, folgen einer zweifelsfreien Überzeugung. Die Überwindung von marktwirtschaftlichen und kapitalistischen Kriterien laufe – so das Dogma – praktisch notwendigerweise auf Schlamperei, auf Verschwendung von Ressourcen und Arbeit, auf Fehlkoordination und Fehlallokation hinaus. Am Kriterium der Effizienz wird demgegenüber in diesem Band unterschieden, was von ihm sich auf kapitalistische und was sich auf moderne Maßstäbe bezieht. Letztere fallen mit der Ersetzung der kapitalistischen Produktionsweise nicht fort, und insofern ist diese Unterscheidung relevant. Die in diesem Band skizzierte nachkapitalistische Gesellschaft eröffnet einen anderen Umgang mit den Imperativen der modernen gesellschaftlichen Zivilisation bzw. den Zugzwängen und Anforderungen, die aus Prozessen des gesellschaftlichen Stoffwechsels der Natur sowie der Produktion, Organisation und Synthesis in der modernen Gesellschaft entstehen. Diese modernen Imperative und Zugzwänge werden in eine gesellschaftliche Gefügeordnung so eingebaut, dass das gute Leben im Sinne des eigenen Leitbildes der nachkapitalistischen Gesellschaft den übergreifenden Maßstab bildet. Der rationale Kern der modernen Maßstäbe wird ebenso ernst genommen wie die problematischen Abstraktionen, die mit ihnen verbunden sind.

Im Unterschied zu soziologischen Modernetheorien wird gefragt, was von der gesellschaftlichen Komplexität modernen Gesellschaftsstrukturen zuzuschreiben ist und was kapitalistischen Gesellschaftsstrukturen. Im Unterschied zu manch linker Vorstellung, der zufolge Komplexität in der nachkapitalistischen Gesellschaft kein nennenswertes Problem darstellt,[23] hat dieser Band die notwendigen komplexen Interdependenzen und Folgezusammenhänge im Blick – bspw. zwischen den Aufgaben eines Wirtschaftssystems.[24]

---

23 „Die Leute machen alles sehr einfach ab ohne Dazwischenkunft des vielberühmten ‘Werts’“ (MEW 22, 288). Vgl. a. MEW 23, 92f., MEW 19, 19. Zu verschiedenen Varianten, utopistisch gesellschaftliche Komplexität verschwinden zu lassen, vgl. Creydt 2000, 15ff.

24 Die mit einem bestimmten Wirtschaftssystem verbundene Steuerungskapazität, die Informationsbeschaffung und -weiterleitung, die Kontrollkapazität und die Anreize interagieren komplex. Eine *komplexe* Materie beinhaltet sachlich, sozial und zeitlich (a) jeweils verschiedene Ebenen. Diese interagieren (b) und es kommt zu kontraintuitiven Wechselwirkungen, Rückkoppelungen und Eigendynamiken (c).

Im Unterschied zu unrealistischen Erwartungen in Bezug auf die zielführende Effektivität von gesamtgesellschaftlicher Steuerung und Planung[25] geht es um die Aufmerksamkeit für die nichtintendierten Effekte, für die sich eigendynamisch verstärkenden problematischen Prozesse („Teufelskreise", s. II.6d) und für die Zielkonflikte in der Gestaltung der Gesellschaft (s. II.9c).[26] Die gesellschaftliche Arbeit an der Einhegung dieser Probleme und an der Überwindung ihrer Ursachen wird zum Thema.

Im Unterschied zur technokratischen Herangehensweise an Märkte und Organisationsstrukturen werden die mit ihnen verbundenen negativen Effekte und heimlichen Lehrpläne zum Thema. Deren Einhegung oder Überwindung bilden maßgebliche Kriterien für eine von 'Praxis' dominierte Gesellschaft.

Die substanzielle Gesellschaftstransformation lässt sich nicht als Austausch des isolierten „Moduls" der kapitalistischen Ökonomie durch eine andere Ökonomie bei gleichzeitiger Beibehaltung des bürgerlichen Selbst- und Weltverständnisses denken. In der modernen *bürgerlichen* Gesellschaft bildet die kapitalistische Vergesellschaftungsweise das die moderne gesellschaftliche Zivilisation und die bürgerliche Lebensweise übergreifende Moment.[27] Insofern ist im Titel dieses Bandes vom Unnötigwerden des Kapitalismus die Rede. Im vorliegenden Band geht es aber auch um den Unterschied zwischen der subjektlos-systemischen

---

25 „Das Alltagsbewusstsein lebt mit der Vorstellung, dass Planung halt Entscheidungsprobleme aus der Welt zu schaffen habe und dies im Normalfall auch könne. ... Da Zweifelsfälle durch Planung beseitigt werden, können Zweifel über Planung gar nicht erst entstehen – im Zweifelsfall wird die Planung selbst geplant. So blockiert die alltagssprachliche Bedeutungsvorgabe des Planungsbegriffs die Frage nach den Bedingungen der Möglichkeit von Planmäßigkeit, weil sie sie allzuschnell positiv beantwortet" (Masuch 1981, 62).

26 Die „sogenannten 'perversen Effekte' (gelten) nicht als Betriebsunfälle oder als Restbestände, sondern als Tatbestände, die unbedingt bei der Definition der demokratischen Prinzipien berücksichtigt werden müssen" (Rosanvallon 1979, 55). Diese Aufmerksamkeit „schöpft mehr aus Machiavelli oder aus Michels als aus Rousseau, um nur einige Klassiker zu nennen. Diesen Bruch mit dem traditionellen demokratischen Idealismus muss man unterstreichen. Eine Vertiefung der Demokratie ist nicht möglich, wenn man den fundamentalen Tatbestand der demokratischen Schwierigkeit nicht berücksichtigt: Nicht das Ideal, sondern die Praxis der Demokratie bereitet soviel Schwierigkeiten" (Ebd., 55f.).

27 „Übergreifen" ist etwas anderes als die äußere Indienstnahme oder die größere Durchsetzungsstärke zwischen verschiedenen Sphären. Ich habe dieses „Übergreifen" ebenso wie die Unterschiede zwischen kapitalistischen und modernen Strukturen andernorts (Creydt 2000) analysiert. Vgl. a. die Kapitel I.9 und v.a. II.8b im vorliegenden Band.

Selbstreproduktion der kapitalistischen Ökonomie und jener anderen Perspektive auf das Geschehen, die sich aus dem bürgerlichen Selbst- und Weltverständnis ergibt. Den Bürgern geht es nicht allein um ihren Nutzen oder ihre Interessen. Ihre Existenz in der bürgerlichen Gesellschaft machen sie auch im Horizont von nichtökonomischen Werten der Lebensführung zum Thema. Die mit der bürgerlichen Gesellschaft möglichen Freiheiten und Rechte sind nicht auf wirtschaftliche und technologische Handlungsoptionen beschränkt. Die bürgerliche Form des In-der-Welt-Seins stellt das einzelne Individuum und seine Subjektautonomie in den Mittelpunkt. Das bürgerliche Selbst- und Weltverständnis weist eigene Emergenzen und Logiken auf und bildet nicht einfach ein Gedankending, sondern eine ganze Lebensweise. Die not-wendige Gesellschaftsveränderung umfasst nicht nur das Unnötigwerden der kapitalistischen Strukturen. Zum Thema wird in Kapitel II.6, welche Einwände gegen eine nachkapitalistische Gesellschaft sich aus dem bürgerlichen Selbst- und Weltverständnis begrunden. Diese Einwände gehen über die Kritik an den Gesellschaften im Einflussbereich der früheren Sowjetunion hinaus und über die Diagnose, diese Gesellschaften hätten die Standards von Grund- und Menschenrechten, repräsentativer Demokratie und Rechtsstaat *unterschritten,* also nicht nur ökonomisch (vgl. II.8a5), sondern auch politisch den Kapitalismus auf *regressive* Weise verabschiedet. Die Auseinandersetzung mit dem bürgerlichen Selbst- und Weltverständnis umfasst die Diskussion ihrer Argumente gegen 'Praxis' als Leitbild einer nachkapitalistischen Gesellschaft.

Warum „Paradigma", warum „Praxis"?

Das Thema von Teil I des Bandes sind die für eine substanzielle Gesellschaftsveränderung wesentlichen Widersprüche, sozialen Kräfte und Bewusstseinsveränderungen (s. Kapitel I.1- I.8). Die Handlungsfähigkeit der sozialen Kräfte, die zu tragenden Strukturen der modernen und kapitalistischen Gesellschaft in Gegensatz geraten, hängt auch davon ab, inwieweit es diesen Initiativen und Bewegungen gelingt, eine Zielvorstellung oder Realutopie zu entwickeln, die ihnen eine im folgenden genauer zu bestimmende Konvergenz ermöglicht. Sie unterscheidet sich von Bündnissen, die sich am kleinsten gemeinsamen Nenner orientieren, und vom Beiseiteschieben des Trennenden durch Identifikation mit einem „Höheren". Auch die Perspektive einer bloßen Ausdehnung oder Steigerung der zu begrüßenden Aufmerksamkeiten, Initiativen und „Bewegungen" greift zu kurz. Deren Entwicklung zu einem erst gegenhegemonialen und dann hegemonialen Block gelingt nur bei einer selbstkritischen Aufmerksamkeit. Die

Darstellung der in Teil I dieses Bandes positiv profilierten sozialen Kräfte vergegenwärtigt zugleich, wie sie selbst teilhaben an problematischen Denkformen und Mentalitäten. An Beispielen schlagwortartig ausgedrückt: Die gutzuheißenden ökologischen Bewegungen setzen sich mit dem Ökologismus auseinander (s. I.5c), die Aufmerksamkeit für Care-Tätigkeiten mit Maternalismus und den der Zwischenmenschlichkeit eigenen Verwicklungen (s. I.5e), die kritische Aufmerksamkeit für die Hässlichkeit mit der Ästhetisierung (s. I.6). Die Konvergenz der verschiedenen, in Teil I vorgestellten Aufmerksamkeiten, Initiativen und „Bewegungen" als Momente einer grundlegenden Gesellschaftstransformation unterscheidet sich von Vorstellungen eines bunten Straußes, eines Flickenteppichs der Minderheiten oder der Vielheit (s.a. II.6c).[28] Zur Erweiterung des jeweiligen einzelnen Besonderen durch die Aufmerksamkeit für die anderen besonderen Belange und Bewegungen tritt die das Besondere selbst verwandelnde Aufmerksamkeit für die Teilhabe des Besonderen an übergreifenden gesellschaftlichen Inhalten und für die Rolle des Besonderen beim Aufbau sowie bei der Reproduktion des Allgemeinen hinzu. Der Typus solcher Einheit bildet in diesem Band ein durchgängiges Thema – sowohl in Bezug auf die gelingende Konstellation verschiedener sozialer Aufmerksamkeiten und Kräfte für eine grundlegende Gesellschaftstransformation als auch in Bezug auf das für die nachkapitalistische Gesellschaftsanordnung favorisierte Paradigma.

Das Nachdenken über eine neue Vergesellschaftungsweise erschöpft sich oft darin, neue Antworten auf alte Fragen geben zu sollen. Konkrete Vorschläge auf der Maßnahmenebene tun so, als könne das Gesamtgefüge unverändert bleiben. Nur seine Stellen seien anders zu füllen oder zu besetzen.[29]

---

28 Jan Rehmann hat eine Teilmenge dieses Problem im Blick, wenn er vom „Korporativismus, den es bei den sozialen Bewegungen zu überwinden gilt" spricht. Zu Recht macht er die „effektive Verknüpfungsarbeit" zum Problem. „Die angestrebte Verbindung erscheint nicht mehr als nahezu automatische Konsequenz einer ohnehin bereits vernetzten Multitude (Hardt/Negri)" (Rehmann 2013, 140).

29 In der Perspektive des in Teil II entfalteten 'Praxis'-Paradigmas werden essenzielle Selbstverständlichkeiten der Orientierung infrage gestellt. Man bewegt sich sozusagen auf schwankendem Boden und kann nicht die Sicherheit voraussetzen, die durch zentrale, früher „normale" Koordinaten und basale Unterscheidungen gegeben war. Ohne bspw. die immanenten Folgezusammenhänge, Zugzwänge und Notwendigkeiten des Wirtschaftens zu missachten, kann in einer von 'Praxis' dominierten Gesellschaft bspw. nicht von „der Wirtschaft" als einem autonomen Bereich mit jener Selbstverständlichkeit gesprochen werden, wie dies in modernen kapitalistischen Gesellschaften der Fall ist.

Das in Kapitel II.4 skizzierte Paradigma oder Leitbild der 'Praxis' macht demgegenüber den für die neue Gesellschaft notwendigen anderen Horizont der Wertigkeiten deutlich. Dies erscheint auch angesichts der postmodernen Entkollektivierung von Wirklichkeitsmodellen geboten.

In Kapitel II.1 wird begründet, warum ein gesellschaftliches Leitbild notwendig ist. Ich entfalte das vorgeschlagene Paradigma ('Praxis') materialiter in den Kapiteln II.3, 4. Der hier entwickelte spezifische Praxisbegriff setzt diejenige Analyse der individuellen Existenz, der Lebensweise und der gesellschaftlichen Strukturen voraus, die nach der Entwicklung der menschlichen Sinne, Fähigkeiten und Reflexionsvermögen fragt. Der Praxisbegriff greift in diese Analyse ein, indem er sie in sieben Momente gliedert: das Arbeiten, die Bildung von Sinnen und Fähigkeiten an Gegenständen außerhalb der Arbeit, die Sozialbeziehungen, die objektive Zivilisation (Techniken, Organisationen, Logistiken und gesellschaftlichen Infrastrukturen), die Subjektivität, die gesellschaftlichen Institutionen und Strukturen sowie die Gesellschaftsgestaltung (s. Kapitel II.4).

Um eine Wunschliste handelt es sich bei den hier unterschiedenen sieben Momenten von 'Praxis' nicht. Ihr Gefüge verarbeitet die Situation der gesellschaftlich vorfindlichen Kritik(en). In der (post)modernen kapitalistischen Gesellschaft wird aus der Perspektive jeder besonderen gesellschaftlichen Sphäre die andere beanstandet. Die eine Kritik relativiert und durchkreuzt die andere. Die bestimmte Einheit oder das Gefüge der sieben 'Praxis'-Momente zu denken erlaubt es, die jedes besondere Moment betreffenden Verselbständigungen und Ideologisierungen sowie das Ausspielen der Momente gegeneinander zu thematisieren.

Ein Leitbild oder Paradigma von Gesellschaft zu beanspruchen ist nichts für den 'Praxis'-Ansatz Exklusives (s. Kapitel II.1). Bei allen nationalen und historischen Unterschieden zwischen kapitalistischen, zwischen modernen und zwischen bürgerlichen Gesellschaften lassen sich bestimmte Charakteristika formulieren, die so etwas wie das Paradigma der kapitalistischen, der modernen und der bürgerlichen Gesellschaft bilden. Das hier entwickelte Leitbild 'Praxis' beinhaltet im Unterschied zum Leitbild der modernen bürgerlichen Gesellschaft (Freiheit, Gleichheit, Grund- und Menschenrechte) ein grundlegend anderes Gefüge von gesellschaftlicher Form und materialen Inhalten sowie ein substanziell anderes Verhältnis zwischen instrumenteller, formaler und materialer Rationalität.[30]

---

30 Mit der *instrumentellen Rationalität* sind technologische, sozialtechnologische und ökonomische Vorgehensweisen gemeint, die mit möglichst geringem Aufwand einen möglichst großen Ertrag hervorbringen. Das Procedere der modernen Märkte, Organisationen und Administrationen weist eigene Zulassungsbedingungen und

Theorien unterscheiden sich nach ihrem jeweiligen Ansatz. Ihm ist eine bestimmte Art und Weise eigen, das zu Begreifende mit basalen Unterscheidungen und Abstraktionen begrifflich zu organisieren. Der jeweilige Ansatz konstituiert mit den ihm eigenen Mitteln und Formen des Denkens eine für ihn charakteristische „Problematik“ (Althusser). Eine neue Problematik (hier: 'Praxis' als Paradigma der nachkapitalistischen Gesellschaft) verhält sich zu anderen Problemaufbereitungen nicht wie „ein neues punktuelles Objekt, das unter anderen bereits bestimmten Objekten auftaucht, so wie ein unvorhergesehener Besucher plötzlich bei einem Familientreffen erscheint“ (Althusser, Balibar 1972, 27). Das Denken, das eine neue Problematik zu denken ermöglicht, verändert das Denkterrain im Ganzen.

'Praxis' bildet in drei Hinsichten das Paradigma einer neuen Gesellschaft. 'Praxis' stellt erstens das „*Zielgut*“ der nachkapitalistischen Gesellschaft dar und formt *ihren* gesellschaftlichen Reichtum und die Leitbilder des guten Lebens in grundlegend anderer Weise als dies im moderne- und kapitalismusaffirmativen Horizont üblich und möglich ist. Das „Zielgut“ der nachkapitalistischen Gesellschaft besteht in einem Gemeinwohl, das nicht nur die Rahmenbedingung der ins individuelle Belieben gestellten Selbstverwirklichungen darstellt, sondern eine gemeinsame, in eine Vielzahl von Praktiken und neuen gesellschaftlichen Strukturen eingelagerte, verallgemeinerte und so realitätsmächtig gewordene 'Praxis'. Sie wird von allen Beteiligten im Grundsatz bejaht und entfaltet ihre Sinne, Fähigkeiten, Sozialbeziehungen und Reflexionsvermögen in einer bestimmten Weise, die das Thema von Teil II bildet. Erst dann gilt wirklich: „Eine andere Welt ist möglich“ ... *und* ein anderes In-der-Welt-Sein. Die grundlegende Umwertung der Präferenzen und Metapräferenzen[31] wird erst vor dem Hintergrund der Analyse der gesellschaftlichen Gegenwart möglich und resultiert nicht aus

---

Filtrierungen auf. Die *formale Rationalität* bezieht sich auf die Verringerung des Kommunikations- und Abstimmungsaufwands in komplexen sozialen Interaktionen und langen Handlungsketten. Soziologische Theorien der modernen Gesellschaft haben die guten Dienste herausgearbeitet, die Geld sowie organisatorische, administrative und bürokratische Schemata diesbezüglich leisten. Diese formale Rationalität formiert und transformiert die in sie eingehenden Stoffe auf andere Weise als die kapitalistische Wertabstraktion.

31 Metapräferenzen erlauben es, die eine untergeordnete Ebene betreffenden Präferenzen zu beurteilen. Auf ihr geht es bspw. um Richtigkeit oder Effizienz. Zum Maßstab der Selektion aus den auf diesem Niveau empfehlenswerten Handlungen werden höherstufige oder weiterreichende Gesichtspunkte. Nicht alles, was technisch oder effizient möglich ist, gilt dann bspw. aus der Perspektive eines gesellschaftlichen Leitbildes als anstrebenswert.

einer diffusen Schwärmerei für das Wohl der Menschheit. 'Praxis' übersteigt einen reaktiven Horizont (Veränderung der Verteilung und Versorgung) und eine Opposition, deren Pole die gleiche problematische Abstraktion teilen – wie „Sein statt Haben", „Lebenswelt" gegenüber „System" oder „Intensität" vs. „Alltag".[32]

Das in Teil II entfaltete Paradigma der 'Praxis' formuliert zweitens eine *Gefügeordnung* oder die in sich differenzierte Einheit der sieben verschiedenen *Momente* von 'Praxis'. Sie zeigt, wie Probleme in einem Moment auch zu Problemen in anderen Momenten führen. Die verschiedenen Momente von Praxis stehen zueinander und zur sie übergreifenden Ordnung von 'Praxis' in mannigfachen Wechselwirkungen und Rückkoppelungen. Das Begreifen dieses Gefüges erlaubt es, die Beiträge der besonderen Momente zum allgemeinen „Zielgut" oder zum weit verstandenen objektiven und subjektiven Reichtum zu bestimmen und zu fragen, wie sich das Allgemeine durch das Besondere aufbaut (vgl. II.4). Zum Thema wird umgekehrt auch, wie das Besondere als Besonderes gelingen kann und wie die Probleme des „Ganzen" sich in den besonderen Bereichen und Momenten reflektieren. 'Praxis' bildet zudem nicht das nach Art einer Güterethik höchste Gut, sondern dasjenige, worauf es in den einzelnen Arbeiten, Tätigkeiten und Handlungen insofern ankommt, als es ihrer Tendenz zur jeweiligen Partikularisierung entgegenwirkt und sie aus ihnen selbst auf den sie über- und durchgreifenden Inhalt ('Praxis') bezieht.

Mit der Differenzierung von 'Praxis' in *drei Sphären* (vgl. II.7-9) geht es drittens um die verschiedenen *Verwirklichungsweisen* von 'Praxis'. Es handelt sich um 'Praxis' als gesellschaftliches Paradigma, um ihr Außenverhältnis (in Bezug auf den gesellschaftlichen Stoffwechsel mit der Natur und in Bezug auf die Prozesse der Produktion, Organisation und Synthesis in der modernen Gesellschaft) und um das Selbstverhältnis der von 'Praxis' dominierten Gesellschaft. Diese drei Dimensionen der von 'Praxis' dominierten Gesellschaft und die Struktur ihres Zusammenspiels leiten sich her aus den Erfordernissen der Arbeit dieser Gesellschaft an ihren zentralen Aufgaben und Problemen. Aus dieser Differenzierung ergibt sich die Gliederung der öffentlichen Diskurse, Auseinandersetzungen, Beratungs- und Entscheidungsprozesse in Bezug auf die Gestaltung der Gesellschaft.

'Praxis' ist das Leitbild dieser Gesellschaft und muss selbst komplex gedacht werden. Dafür unterscheide ich zwischen der Gefügeordnung der sieben Momente von 'Praxis' und der Gliederung der Verwirklichungsweisen von 'Praxis' in drei Sphären. 'Praxis' ist nicht monolithisch, sondern beinhaltet eine spannungsvolle

32 Es handelt sich um eine Aufzählung und nicht um eine Reihe, in der sich die verschiedenen Momente gegenseitig erläutern.

polyzentrische Konstellation. Mit diesen Differenzierungen geht es auch darum, in einer nachkapitalistischen Gesellschaft weiter bestehende oder neu entstehende Widersprüche in den Blick zu bekommen – im Unterschied zu einer Vorstellung, man müsse nur geschickt genug an *einem* zentralen Faden ziehen und alle wesentlichen Probleme würden sich dann letztlich in Wohlgefallen auflösen.

Die Aufbereitung der komplexen Problematik mit der Gliederung von 'Praxis' in Elemente, Momente und Sphären und mit dem Gefüge von kapitalistischen, modernen und bürgerlichen Strukturen der Gesellschaft und Lebensweise bildet den Tribut, der dem begreifenden Bewusstsein abverlangt wird, wenn es seinem Thema – 'Praxis' als Paradigma und Realutopie der nachkapitalistischen Gesellschaft – geistig gewachsen sein soll.

Zum gesellschaftstheoretischen Ertrag dieses Bandes

Über die Kräfte einer Überwindung der modernen kapitalistischen Gesellschaft und über die Strukturen der nachkapitalistischen Gesellschaft und Lebensweise nachzudenken hat nicht nur Gesellschaftstheorie zur Voraussetzung, sondern bildet einen ihrer zentralen Inhalte.

Die Komplexität einer von 'Praxis' dominierten Gesellschaft macht es nötig, sie in verschiedenen Perspektiven anzugehen. Sie betreffen das Verhältnis dieser Gesellschaft

- zum Stoffwechsel mit der Natur und zu den Prozessen der gesellschaftlichen Produktion, Organisation und Synthesis unter modernen Bedingungen (vgl. Kapitel II.8),
- zu den Formen und Strukturen kapitalistischer Gesellschaften,
- zur bürgerlichen Lebensweise und den mit ihr verbundenen, ebenso zentralen wie prominenten Einwänden gegen das 'Praxis'-Paradigma (vgl. Kapitel II.6).

Erst in der Integration dieser verschiedenen Perspektiven und im Durcharbeiten dieser Problematiken entsteht eine hinreichend gegliederte und integrierte Begrifflichkeit, die der notwendigen Komplexität einer im emanzipatorischen Sinne verstandenen nachkapitalistischen Gesellschaft gewachsen ist.[33]

---

33 „Was heißt einer Situation gewachsen sein? Man muss sich zuerst auf ihre Ebene begeben und sich mit ihr einlassen, sonst begegnet man ihr nicht einmal, sondern geht an ihr vorbei. Man muss seine Perspektiven, seine Handgriffe und Widerstände auf sie einstellen, also wohl auch einiges von ihrer Seh- und Griffweise in sich haben oder in sich aufnehmen. Aber man muss etwas gegen sie einzusetzen und geltend zu machen haben, was sie nicht ist und hat. Man muss einen Rückhalt gegen sie haben

Die gegenwärtige Diskussionslage in Bezug auf die Unterscheidung und Integration von Kapitalismus-, Modernetheorie und Theorie bürgerlicher Lebensweise[34] zeichnet sich durch ein isoliertes Maximieren der Kenntnisse und Erkenntnisse in Bezug auf jeweils einen dieser Bereiche aus und durch ein Ausspielen der bereichsbezogenen Theorien gegeneinander. Die eine Theorie sucht sich die andere imperial einzugemeinden. Dann erscheinen kapitalistische Strukturen als Teilmenge moderner Strukturen oder umgekehrt. Der affirmativen Kapitalismustheorie und der mit ihrem Gegenstand einverstandenen Modernetheorie fehlen schon ganz immanent die Gegner. So schlecht wie der Gegenspieler im Training, so schlecht spielt man selbst. Die wegwerfende Geste angesichts von gesellschaftstheoretisch qualifizierter Kapitalismus- und Modernekritik schadet dem Denken über Kapitalismus und Moderne selbst. Entsprechendes gilt für die in der Linken dominante Neigung, eigene Vorstellungen nicht in der Auseinandersetzung mit den Theorien bewähren zu wollen, die kapitalistische, bürgerliche und moderne Gesellschaftsstrukturen stark machen. Beide Seiten bleiben selbstgenügsam. Der Gegner taucht nur als Defizitvariante der vermeintlichen eigenen Positivität auf.

Das Unterfangen, die zentralen Probleme und Problemlösungen einer nachkapitalistischen Gesellschaft im Horizont einer in sich differenzierten und integrierten Begrifflichkeit (Elemente – s. II.2, Momente – s. II.4 – und Sphären – s. II.7-9 – von 'Praxis') zu analysieren, folgt keinem begriffsrealistischen Eifer oder der Suche nach dem Superbegriff, aus dem sich alles „ableiten" lässt oder dem alles ebenbildlich entsprechen soll. Das Motiv ist ein anderes. Es bezieht sich auf eine gesellschaftstheoretische Kontroverse. Affirmativ ist in der hegemonialen Sozialwissenschaft die Rede von „Luhmanns Bild der modernen Gesellschaft als einer, die im gesellschaftlichen Handeln selbst nur noch aus den Perspektiven ihrer einzelnen Teilsysteme betrachtet wird und keine substantielle Identität mehr besitzt" (Schimank 1996, 249). Gesellschaft gerät zur „Ansammlung von Teilsystemen, die einander gewissermaßen auf gleicher Ebene gegenüberstehen, ohne von sich aus viel voneinander wissen zu wollen" (Ebd., 189). Wenn im Unterschied dazu Gesellschaften, ob kapitalistische oder nachkapitalistische, als eine integrierte Einheit verschiedener Strukturen, Prozesse und Bereiche verstanden werden, dann bezieht sich der diese Einheit charakterisierende Begriff auf die jeweilige Gesellschaftsformation. Sie ermöglicht und formt mit ihren Strukturen und dem für sie spezifischen Gefüge eine für die Gesellschaftsforma-

---

oder eine Rückenfreiheit, sonst geht man in ihr auf und befindet sich einfach in ihr" (Freyer 1955, 234f.).

34 Vgl. dazu Creydt 2000.

tion charakteristische Qualität von Reichtum, die zum praktischen Maßstab für diese Strukturen wird. In der in diesem Band entwickelten nachkapitalistischen Gesellschaft bildet 'Praxis' den Inhalt des Reichtums. Er unterscheidet sich von der Art des Reichtums in kapitalistischen Gesellschaften und Gesellschaften sowjetischen Typs ums Ganze.

Der gesellschaftstheoretische Beitrag dieses Bandes besteht erstens in der in Teil I entfalteten Analyse der für eine Überwindung der kapitalistischen Gesellschaftsform einschlägigen sozialen Kräfte und Auseinandersetzungen. Kapitalistische, bürgerliche und moderne Gesellschaftsstrukturen zu unterscheiden und die Zusammenhänge zwischen ihnen zu erkennen bildet einen zweiten Beitrag. Ein dritter gesellschaftstheoretischer Beitrag dieses Bandes besteht darin, die Frage nach der Überwindbarkeit der kapitalistischen Gesellschaftsform als eine Art Sonde zu benutzen. Die Analyse einer Gesellschaftsform unterscheidet sich von der intellektuellen Reproduktion ihrer Immanenz.[35] Für moderne und kapitalistische Gesellschaften gilt, was auch sonst gilt: Nur wer die Grenze von etwas erkennt, begreift es. Und um die Grenze erkennen zu können, muss man sie wenigstens im Denken überwunden haben.[36]

Dank

Allen Kollegen und Freunden, die mich im Laufe des langen Entstehungsprozesses dieses Bandes unterstützt haben und von denen ich in Gesprächen lernen konnte, sei an dieser Stelle herzlich gedankt. Ein besonderer Dank gilt Dr. Brigitte Hahn für ihre beharrliche und luzide Auseinandersetzung mit verschiedenen Textfassungen. Sehr wertvoll war für mich die über Jahre kontinuierliche Diskussion mit Matthias Oberg, dem ich für seine Hinweise, sein Durchdenken der Problematik und seine Kritik dankbar bin.

---

35 „Wer aber das Getriebe allzu gut kennt, verlernt darüber, es zu erkennen; ihm schwinden die Fähigkeiten der Differenz" (Adorno 1966, 391).

36 „Nur wenn, was ist, sich ändern lässt, ist das, was ist, nicht alles" (Adorno 1970, 389). Und: „Nur dem, der Gesellschaft als eine andere denken kann denn die existierende, wird sie ... zum Problem" (Adorno 1972, 142).

I. Für eine umfassende Gesellschaftsveränderung relevante gesellschaftliche Widersprüche, soziale Kräfte und Bewusstseinsveränderungen

I.1 In den Arbeiten und Tätigkeiten entstehen Sinne und Fähigkeiten, die zu den herrschenden gesellschaftlichen Zwecken und Formen in Differenz und Gegensatz geraten

Wer nach Bildungs-, Formungs- und Durchsetzungskräften einer umfassenden Gesellschaftsveränderung fragt, tut gut daran, mit dem *Doppelcharakter* der weit verstandenen gesellschaftlichen Arbeit im Kapitalismus zu beginnen. Es handelt sich um den Widerspruch zwischen der Verwertung des Kapitals als gesellschaftlich maßgeblichem Relevanzkriterium einerseits und den für profitables Wirtschaften nötigen Fähigkeiten, Kooperationszusammenhängen und (Er-)Kenntnissen andererseits.[1] Arbeiten und Dienstleistungen gehen mit Qualifikationen, Kompetenzen und Erfahrungen einher, die in vielfältige Spannungen geraten können zum Verwertungskriterium.

Der Konflikt im Arbeitsprozess zwischen geforderten bzw. entstehenden Kompetenzen einerseits, den ihnen auferlegten Schranken andererseits wird prägnant vom früheren Bochumer Opel-Betriebsrat Wolfgang Schaumberg vergegenwärtigt. Gruppenarbeit macht Gruppengespräche notwendig. Diese finden zuerst wöchentlich einstündig statt, später werden alle 14 Tage 30 Minuten angesetzt. „Den Leuten wird vorgegaukelt: Ihr habt jetzt etwas zu sagen, Ihr lernt Kommunikation und soziale Kompetenz, und wenn sie wirklich mal – sozusagen – diese Fähigkeiten anwenden wollen, dann wird ihnen sehr schnell gesagt, da und da sind aber die Grenzen. Auch mit dem, was die Leute sonst noch lernen: über den Arbeitsplatz hinauszugucken und Zusammenhänge in den

1 In Organisationen und Institutionen, die nicht kapitalistisch betrieben werden, spannt sich der Widerspruch auf zwischen den Fähigkeiten und Qualifikationen der Arbeitenden einerseits und den staatlichen Maßgaben für Schule, Krankenhaus usw. sowie den Tendenzen zu ihrer Ökonomisierung andererseits.

Blick zu nehmen, das muss das Kapital beschneiden. Also irgendwie ist Wissen etwas Explosives, und die haben dann auch Mühe, den Leuten zu sagen: Wenn du jetzt am PC das und das machst, darfst Du bis dahin, und dann brauchst Du ein Passwort, und dann macht der Abteilungsleiter weiter. Unsere Diskussion dazu ist: Können wir denn nicht mehr, als man uns lässt? Hat nicht die Form der Automatisierung heute auch uns neue Möglichkeiten gegeben, einfach mehr vom Produktionsprozess und den Zusammenhängen und Hintergründen zu kapieren und zu lernen und uns vorzustellen: Mensch, könnten wir das nicht auch in eigener Regie?" (Schaumberg 2002).

Zu den im kapitalistischen Betrieb eher unbeliebten Fähigkeiten und Sinnen gehört die Aufmerksamkeit der Arbeitenden für die menschlich-sozialen Voraussetzungen und Effekte des Arbeitens und der Arbeitsresultate. Einer Untersuchung zufolge „geben über 50% hochqualifizierter Angestellter in Metall- und knapp 40% in Chemie-Berufen an, sich während ihrer Tätigkeit mit ethischen Fragen konfrontiert zu sehen. Insgesamt lehnt lediglich ein Sechstel praktische Widerstandshaltungen von vornherein ab" (Lenk, Maring 1992, 708). Eine Studie des Soziologischen Forschungsinstituts Göttingen (SOFI) über berufsmoralische Konflikte von Ingenieuren und Naturwissenschaftlern kommt zu dem Ergebnis, „dass der öffentliche Diskurs auch bei den betrieblichen Experten 'angekommen' ist und dass die Folgen des eigenen Tuns kritisch in den Reflexionshorizont der Fortschrittsmacher getreten sind und zu einer gewissen Verunsicherung geführt haben. ... Klar ist, dass die von den betrieblichen Experten zu Protokoll gegebenen ethischen Bedenken mehr sind als modische Selbstbezichtigungen ohne praktische Folgen. Dies zeigen schon die inzwischen zahlreichen Fälle, in denen (auch und gerade) hochqualifizierte Angestellte aus Gewissensgründen die Ausführung bestimmter Arbeiten verweigerten oder die 'Flucht in die Öffentlichkeit' antraten" (Baethge, Denkinger 1994, 5f.). Die Bedeutung von Dissidenten aus dem harten Kern der Trägerschichten des 'technischen Fortschritts' ist seit Klaus Traubes spektakulärer Wandlung in den 1970er Jahren vom Spitzenmanager der Kernindustrie zum Streiter für alternative Energien ins Bewusstsein gerückt. Ulrich Beck setzt recht hoffnungsfroh auf eine „ökologische Sensibilisierung der Wirtschaft" und sieht sie begründet in den Nachwuchsproblemen, die Betriebe der „Gefährdungsindustrien" „haben oder befürchten" (Beck 1993, 198). In umstrittenen Einrichtungen (der Forschung oder der Produktion) seien die 'Macher' „Dauerbefragungen" und „Dauerkritik" aus ihrem persönlichen Umfeld ausgesetzt (Ebd.). Dass betriebsintern ein Ethos alles andere als marginal verbreitet zu sein erscheint, der sich wenigstens dann nicht unter die betrieblichen Zwecke unterordnen lässt, wenn diese in den Bereich des Kriminellen übergehen, zeigen die staatlichen Ermittlungsverfahren bei Umweltschutzdelikten. Etwa die Hälfte der hier einschlägigen Hinweise stammt von Betriebsangehörigen oder ehemaligen Mitarbeitern (vgl. Lenk, Maring 1992, 708). Eine Studie des Forschungsinstituts SOFI ergab: „Industriefacharbeiter scheinen dem Umweltschutz aufgeschlossener gegenüberzustehen, als vielfach vermutet wird. Das gilt selbst für Beschäftigte aus der Chemieindustrie, obwohl ihre Arbeitsplätze womöglich am ehesten durch strengere Umweltschutzauflagen gefährdet würden. … Diese Aufgeschlossenheit wird vom SOFI darauf zurückgeführt, dass viele Chemiearbeiter im alltäglichen Umgang mit Chemikalien und durch laufende Sicherheitsbelehrungen erkannt haben, 'wie gefährlich Chemie ist'" (FR 23.2. 1988).

Auf der Ebene individuellen Handelns ist die Dissidenz von Insidern als „*whistleblowing*" bekannt. Whistleblower werden im Fall repressiver Reaktionen und deren öffentlicher Skandalisierung zum Kristallisationskern von sozialem Widerstand. Ein Beispiel aus Berlin ist Cora Jacoby, Onkologie-Ärztin im Berliner Krankenhaus Neukölln. Sie „hatte bei einer Fernsehdiskussion unter anderem darüber berichtet, dass Patienten wegen Überfüllung des Krankenhauses auf Fluren liegen mussten und vorzeitig entlassen wurden. Die Krankenhausleitung reagierte mit fristloser Kündigung, suspendierte sie vom Dienst und erteilte Hausverbot. Jacoby zog vor Gericht und gewann. Zahlreiche Schwestern, Pfleger, Ärzte und vor allem Patienten unterstützten sie und demonstrierten vor den Gerichtsterminen" (Hajek 2007, 155f.). Ein anderes Beispiel für Whistleblowing bildet die Berliner Altenpflegerin Brigitte Heinisch. Über die juristische und soziale Auseinandersetzung und ihre Implikationen informiert der Band von Heinisch, Hopmann 2011.

Whistleblowing findet seine Stärke *und* Grenze darin, auf Vorfälle hinzuweisen, die in der Öffentlichkeit als Skandal gelten können, also allgemein rechtsgültige, normativ anerkannte oder für wichtig erachtete Maßstäbe verletzen. Skandalisieren lässt sich erst ein ebenso eindeutiger wie eklatanter und geradezu frecher Verstoß. Ein Beispiel für eine gelungene Skandalisierung bildet die Aktion eines Mitarbeiters der Supermarktkette „Real", der mit einer versteckten Videokamera in zwei Real-Märkten im Raum Hannover filmte, wie Kollegen „abgelaufenes" Hackfleisch als frisch etikettierten und neu verpackten. Die Supermarktkette untersagte die Weiterverbreitung der Videoaufnahmen. Sie wurden dann aber doch im ARD-Magazin Report Mainz der Öffentlichkeit zugänglich (vgl. Hajek 2007, 150).

Gewiss kann Whistleblowing Moment einer dem Kapitalismus immanenten Öffentlichkeit sein, insofern es vor der mit unredlichen Mitteln arbeitenden

„Schmutzkonkurrenz“ und vor Korruption schützt. Insoweit bewegt sich das Whistleblowing auf einer anderen Ebene als die vorher geschilderten Konflikte. Zugleich stellt Whistleblowing die Informationsrechte („Betriebsgeheimnis“) infrage und zeigt, dass der Arbeitende eigene Ansprüche an die Arbeit formuliert. Werden sie eklatant verletzt, so kann dies ein Handeln motivieren, das sich nicht an den im Arbeitsvertrag besiegelten Tausch zwischen Entlohnung und Unterordnung unter betriebsinterne Anordnungen gebunden sieht.

Whistleblowing findet auch in der Agentur für Arbeit statt. Inge Hannemann, Mitarbeiterin im Jobcenter Hamburg-Altona, betreibt im Internet einen Blog zum Thema „Sanktionen und Schikanen des Jobcenters gegenüber Erwerbslosen“. Sie wird daraufhin entlassen. Über die Entwicklung der Auseinandersetzung informieren http://www.ingehannemann.de/ und die Netzseite labournet. Interessant ist neben der Kritik, die Hannemann formuliert, u.a. ein Interview mit ihr in telepolis vom 6.5.2013, in dem sie über das Klima der Angst auch unter den Sachbearbeitern bei der Arbeitsagentur berichtet und über die Solidarität, die sie trotzdem von ihnen erhielt. In Frankreich wurde von Fabienne Brutus, einer Mitarbeiterin der dortigen Agentur für Arbeit, 2006 ein Buch über deren Praktiken gegen die Arbeitslosen verfasst, das große Aufmerksamkeit erzielte (s. http://www.bj-89.de/isg/index.php?action=fabienne). In diesem Kontext entstand eine „Erklärung zur beruflichen und bürgerlichen Ethik von Sud ANPE“ (Gewerkschaft in der Agentur für Arbeit). In ihr heißt es: „Unsere Aufgabe ist es vor allem, den Arbeitsuchenden zu helfen, eine Beschäftigung zu finden und das erwarten die Arbeitsuchenden von uns. Aber es gibt einfach keine Arbeit für alle. Die Zunahme von Gesprächen, die ständigen Aufforderungen zum Besuch der Agentur werden keine Arbeit schaffen, sondern erhöhen nur das Risiko für die Arbeitsuchenden, gezwungen, schikaniert und abgestraft zu werden. Wir, die Beschäftigten der ANPE, erklären, dass wir auf keine Weise Menschen schaden wollen, die schon durch den Verlust der Beschäftigung und des Einkommens verletzt sind. Wir verweigern uns, sie auszugrenzen und wir werden keine Streichungen mehr durchführen, ohne vorher die moralischen und menschlichen Folgen mit zu beachten. Wir schlagen Angebote vor, wir zwingen aber Angebote nicht auf. ... Wir erpressen sie auch nicht mit Streichung.“

Auch in anderen Bereichen der arbeitenden Bevölkerung entsteht Ablehnung dagegen, zum Erfüllungsgehilfen zu werden für Maßnahmen, die soziale Verarmung durchsetzen. Die Elektriker der französischen Strom- und Gasversorger EDF und GDF in der Region Midi-Pyrenées kämpfen nicht nur gegen Privatisierung. Aus ihren Reihen bildete sich auch das Kollektiv „Robin Hoods der Energie“, das verarmte Stromkunden, deren Strombelieferung abgeschaltet wurde, wieder ans Netz anschließt (vgl. http://de.labournet.tv/video/6177/die-robin-hoods-der-energie).

Auseinandersetzungen um Arbeitsinhalte finden auch außerhalb des ebenso zugespitzten wie eingeengten Horizonts von Skandalen statt.[2] Etwa dort, wo das Gefühl der Sinnhaftigkeit des eigenen Tuns und das Selbstwertgefühl dadurch infrage gestellt werden, dass Arbeiten aufgrund von Zeitdruck und von Orientierung auf Masse nicht mit einem Gefühl des „*Gebrauchswertstolzes*" (Candeias 2006, 20) geleistet werden können. Im Pflegebereich wird dadurch ein zugewandtes Verhalten zum Kranken infrage gestellt. Ein anderes Beispiel betrifft Verkäufer und im Call-Center-Bereich Tätige, die bemerken, sie könnten sich nicht die Zeit nehmen, die für eine intensive Beratung des Kunden nötig wäre. Im Kampf gegen die Privatisierung der französischen Post spielten arbeitsinhaltliche Motive eine wichtige Rolle (vgl. Weissman 2011). Wie wichtig die *Selbstanerkennung* ist, zeigt auch eine Äußerung eines Arbeiters aus der besetzten und in Eigenregie der Arbeitenden betriebenen Zanon-Fabrik in Argentinien: „Ich glaube, das Wichtigste ist, dass wir demonstriert haben, dass das hier überhaupt geht. Sie haben uns immer diskriminiert. Sie haben uns immer gesagt, dass ein Arbeiter überhaupt nichts kann außer arbeiten. Wir haben bewiesen, dass wir alles selbst hinkriegen, wenn wir zusammenarbeiten" (Wildcat 2003, 27).

Heinrich Hardensett, der im progressiven Flügel der Technokratiebewegung (vgl. Willeke 1995) eine zentrale Rolle spielte, entfaltete bereits 1932 die Perspektive, bestimmte Sinne und Fähigkeiten gegen kapitalwirtschaftliche Maßgaben zu mobilisieren. Der von Hardensett gewiss einseitig zum positiven Typus stilisierte *technisch orientierte Mensch* „schätzt Berufe nicht nach Einkommen und als Wert der Arbeit nicht ihren Geldwert, sondern er schätzt Berufe und Arbeit nach ihrer baumeisterlichen Kraft, ihrem handwerklichen Können, ihrer Schaffensfreude und ihrem Gestaltungswillen und Verantwortungsgefühl" (Hardensett 1932, 123). Vom Standpunkt einer Entfaltung der Sinne und Fähigkeiten im Arbeiten lässt sich ein massiver Vorbehalt gegenüber modernen und kapitalistischen Imperativen gewinnen. Das kapitalistische Wachstum geht auf „unendlichen Fortschritt um des unendlichen Profits willen. ... Immer wieder wird das neue 'zeitsparende' Verfahren nicht zur Verminderung der Arbeitszeit, sondern zur Ausdehnung der Produktion benutzt. Immer wieder wird eine große technische Tat ihres humanitären, befreienden, beschwingenden oder heiteren Gehalts beraubt, um kapitalistisch ausgebeutet zu werden" (Ebd., 33).

---

2 „Die öffentliche Anprangerung des Skandals ist stets eine Huldigung an das Gesetz" (Baudrillard 1978, 26).

Aus der Perspektive des im weiten Sinne 'handwerklichen' Gelingens der Arbeiten (vgl. a. Sennett 2008) lässt sich ein massiver Vorbehalt gegenüber modernen und kapitalistischen Imperativen gewinnen. „Die industrielle heutige Arbeitsordnung ist ... keineswegs technisch. Sie ist nicht angelegt auf Entfaltung technischer Menschentypen, sondern angelegt auf maximalen Geldgewinn. Taylors Sekundenökonomie ist eine durchaus untechnische rationalistische Maßnahme. Denn sie liefert zwar vielleicht eine maximale Produktionsmenge, jedoch verhindert sie das baumeisterliche Erlebnis" (Hardensett 1932, 83).

Eine andere Variante von auf die Arbeit bezogener Aufmerksamkeit betrifft die Ex- und Hopp-'Kultur', die auch im *Handwerk* bereits seit langem um sich gegriffen hat. Demgegenüber sträuben sich manche Handwerker dagegen, „zu bloßen Teileaustauschern der Industrie" degradiert zu werden, wie es der Elektroinstallateurmeister Heinrich Jung aus Ingelheim ausdrückt. Jungs Praxis zeigt, dass Reparaturen zwar z. T. arbeitsintensiver, aber umweltfreundlicher und weniger Material verbrauchend möglich sind. Bspw. dadurch, dass tatsächlich nur die kaputten Kleinteile und nicht große und komplexe Bauteile ausgewechselt werden.[3] Allein am Beispiel der Waschmaschine lassen sich hier frappante Differenzen im Umgang mit der Technik ausmachen und im Verständnis der eigenen Arbeit (vgl. Ax 1997).[4] Diese durch spezifische Qualifikationen und Erfahrungen erst mögliche Praxis, der viele Nachahmer zu wünschen sind, verbleibt allerdings im Horizont einer Sparsamkeitsorientierung.

Die Verschwendung im Arbeitsprozess ist auch in Betrieben für die Arbeitenden erfahrbar – nicht nur als Vergeudung von Ressourcen, sondern als Deaktivierung menschlicher Fähigkeiten aufgrund der Steuerung der Kooperation der Arbeitenden von oben. Es entsteht die Auffassung: „Wenn man uns mehr fragen würde und wir das selbst besprechen könnten, könnten wir es besser organisie-

---

3 „Ist bspw. die Laugenpumpe der Waschmaschine undicht, dann kann man entweder die ganze Pumpe auswechseln (DM 150,-) oder nur das tatsächlich verschlissene Teil, den Wellendichtring aus Gummi (Verschleißteil) für 21,40 DM. ... Ein Lager an überprüften, gebrauchten Ersatzteilen ermöglicht sehr häufig kosteneffiziente Reparaturen auch bei solchen Defekten, die sonst zur 'Entsorgung' des Gerätes führen" (Ax 1997).

4 „Häufig gehen Bauteile in Elektrogeräten nicht durch Verschleiß, sondern infolge anderer Defekte kaputt, z.B. in einer Waschmaschine ist der Antriebsmotor verbrannt. Er war nass geworden, weil der Einlaufschlauch ein Loch hatte. Das Wasser hat den Motor zerstört. Normalerweise hält so ein Motor eine kleine Ewigkeit, nicht jedoch, wenn er nass wird. Hier kann ein gebrauchter, überholter Motor für DM 80,- und ein neuer Einlaufschlauch für 22,95 DM helfen" (Ax 1997).

ren …" Die Verschwendung von „Humanpotential" (Klages 2002) zeigt sich auch in der Arbeitshetze. Sie geht einher mit einer ungenügenden Aufmerksamkeit für die Arbeit und steigert die Wahrscheinlichkeit fehlerhafter Produkte. Wenden sich Kunden ab oder kommt es gar zu Rückrufaktionen, so wird die Einsparung teuer.

Auseinandersetzungen um Arbeitsinhalte finden weiterhin statt bei Informatikern und Programmierern – vgl. bspw. den Chaos Computer Club oder die Initiativen für freie Software. Man kann auch die Piraten-Partei – bei aller Kritik – als einen Ausdruck davon sehen, dass Spezialisten der Informations- und Kommunikations-Technologien ihre professionellen Fähigkeiten, Kenntnisse und Sensibilitäten politisch wenden und die „Vision einer freien Wissensordnung" (Paetau 2010) vertreten.[5]

In der *„Agraropposition"*[6] von Bauern[7] und Naturschützern entwickelt sich aus den Fähigkeiten im Umgang mit der Natur und aus den Kenntnissen von ihr ein Bewusstsein von den Unterschieden zwischen den Kriterien der kapitalistischen Bewirtschaftung der Natur und jenen einer pfleglichen Landwirtschaft. In der Ökologie- und Nachhaltigkeitsdiskussion kommt es zu einer Mobilisierung technischer und naturwissenschaftlicher Fähigkeiten und Intelligenz gegen die herrschenden Zustände.

Die Natur-, Agrar- und Ernährungsproblematik betreffend sind Initiativen gegen Gentechnik tätig. In der Landwirtschaft kämpfen agroindustrieller Komplex und eine gegenüber ihm praktizierte Dissidenz in der *Biolandwirtschaft*

5 Vgl. zur Piratenpartei und dieser „Vision" Paetau 2010. Vgl. auch die Analyse von Felix Stalder (2011), der die von der Piratenpartei vertretene Suchperspektive der „liquid demoracy" auf die Krise der Repräsentation und den Wandel der Arbeit bezieht.

6 Zur Geschichte der Agraropposition in den letzten 25 Jahren vgl. http://www.agrarbuendnis.de/index.php?id=80.

7 Ein wesentlicher Akteur ist hier die *„Arbeitsgemeinschaft bäuerliche Landwirtschaft e.V. (AbL)"*. Ihrem Selbstverständnis zufolge handelt es sich um „eine bäuerliche Interessenvertretung, die für eine nachhaltige Landwirtschaft im Sinne einer sozial- und umweltverträglichen Landwirtschaft, sowie für entsprechende Rahmenbedingungen eintritt. In der AbL haben sich sowohl konventionell als auch ökologisch wirtschaftende Bauern und Bäuerinnen zusammengeschlossen, wobei die Mehrzahl der Betriebe dem Bereich der kleineren und mittleren Größenklassen zuzurechnen sind. Ferner zählen zu den Mitgliedern Menschen anderer Berufsgruppen, die sich als Verbraucher, Umwelt- oder Tierschützer oder als entwicklungspolitisch Engagierte für den Erhalt einer bäuerlichen Landwirtschaft einsetzen" (http://www.abl-ev.de/die-abl.html).

gegeneinander. Der Anteil der Agrarfläche 2012, der ökologisch bewirtschaftet wird, liegt in Österreich bei 18,9% und in Deutschland bei 6,2% (Umweltbundesamt, Netzeintrag vom 24.6.2013).

In Schulen geraten Lehrer in Widerspruch zu staatlichen Vorgaben, die die Schülerzahlen und die Unterrichtszeiten betreffen und es oft nicht erlauben, dass die Lehrer den Schülern und den Unterrichtsinhalten gerecht werden. Im *Gesundheitsbereich* wird einer Minderheit der Ärzte (vgl. bspw. kritische Listen in den Ärztekammern)[8] deutlich, dass die Frage nach den Ursachen von Krankheiten ernstzunehmen heißt, nach gesellschaftlich vermeidbaren Ursachen von Krankheit und krankheitsbegünstigenden Momenten des Gesundheitswesens zu fragen. Die Liste „Fraktion Gesundheit" erhielt bei den Wahlen zur Ärztekammer in Berlin im Herbst 2010 2.639 Stimmen oder 25,2% der abgegebenen Stimmen. In ihrem Programm wird die Divergenz einer relevanten Minderheit der Ärzteschaft zu herrschenden ökonomischen Imperativen deutlich.[9]

Selbst in der bislang nicht unbedingt als Speerspitze kritischer sozialer Bewegungen bekannten Berufsgruppe der *Zahnärzte* gibt es Verbände, die Kritik an der Grundausrichtung des Gesundheitswesens formulieren.[10] Gemeint sind der 1980 gegründete „Deutsche Arbeitskreis für Zahnheilkunde" (DAZ) und

---

8 Zur Entwicklung dieser Listen vgl. Beck 2002. In Berlin gelang es der 'Fraktion Gesundheit' über Koalitionen, ab 1987 den Präsidenten der Ärztekammer zu stellen. Ellis Huber wurde 1998 abgewählt. Seine Positionen (s. sein Buch „Liebe statt Valium. Plädoyer für ein neues Gesundheitswesen". Berlin 1993, Taschenbuchausgabe 1995 und Huber/Langbein: Die Gesundheitsrevolution. Berlin 2004) enthalten eine radikale, wenn auch gesellschaftstheoretisch nicht fundierte Kritik am Medizinsystem.

9 „Wir und unsere Patienten und Patientinnen leiden unter dem zunehmenden Druck wirtschaftlicher Rendite-Interessen im Gesundheitswesen. ... Wir fordern wieder Vorrang der ärztlichen Verantwortung vor ökonomischen Interessen. Ärztlicher Sachverstand muss Taktgeber in der Gesundheitspolitik sein. ... Wir fordern Unabhängigkeit von den Einflüssen der Medizinprodukte- und Pharmaindustrie. Dazu gehört auch die industrieunabhängige Fortbildung unter dem Dach der Ärztekammer. ... Wir wenden uns gegen die zunehmende Privatisierung besonders kommunaler Kliniken in Zeiten systembedingter Finanznot der Kommunen. ... Wir sehen es als Aufgabe ärztlicher Prävention an, Gesellschaft und Politik auf die psychosomatischen und psychosozialen Krankheitsfolgen einer zunehmend unsozialen Wirtschafts- und Gesellschaftsform eindringlich hinzuweisen und auf Abhilfe zu drängen. Ursachen sind zunehmende Verarmung, unsichere und unterbezahlte Arbeitsplätze, Arbeitslosigkeit, ungleiche Bildungschancen und soziale Ausgrenzung" (http://www.fraktiongesundheit.de/).

10 Vgl. z.B. das Editorial des DAZ-Forum 103, Juni 2010, S. 3.

die 1978 gegründete „Vereinigung demokratische Zahnmedizin". Auch in der Zahnheilkunde scheint es den Kampf verschiedener professioneller „Linien" zu geben.[11]

Ulrich Beck und Michael Brater haben *arbeitsinhaltliche Ansprüche* als notwendiges und nicht zu tilgendes Moment kapitalistischer Gesellschaften analysiert. Ihre These lautet, „dass diese Maßstäbe und Ansprüche aus den widersprüchlichen Strukturbedingungen der Berufsarbeit selbst hervorgehen und damit in genau derselben Weise gesellschaftlich-historisch begründbar und 'realistisch' sind wie die anderen, gemeinhin als sehr viel unproblematischer empfundenen ökonomisch-tauschbezogenen Interessen und Ansprüche im Beruf. Etwas pointiert ausgedrückt wollen wir den Gedanken ausarbeiten, dass sich unser Gesellschaftssystem über den Beruf potentiell selbst kritisiert und in Frage stellt, indem es hier strukturell Zwecke für subjektives Handeln hervorbringen muss, die ihm zugleich widersprechen bzw. den Maßstab darstellen, an dem es selber kritisch zu messen ist" (Beck, Brater, Daheim 1980, 265).

Zwar besitzt „der Gebrauchswert der Ware selbst einen historisch-spezifischen Charakter" (MEW 19, 370). Er bildet kein Niemandsland für kapitalistische Strukturen, Formen und Bewusstseinsinhalte und wird von ihnen nicht einfach äußerlich unterworfen (vgl. Creydt 2000, 125), setzt aber immerhin einer instrumentellen und auf Gewinn bezogenen Orientierung Grenzen. Hoffnung mache, „wie wenig letztlich die subjektive Bedeutung der konkreten Inhalte der

11 Ein ständiges Thema in der Zeitschrift des DAZ, dem „Forum für Zahnheilkunde", ist der ökonomische Druck auf Zahnärzte, sich unverhältnismäßig stark auf Zahnkosmetik, Implantationen u.ä. als Weg zu einer erfolgreichen Praxis zu konzentrieren. Berichtet wird vom Trend zur Übertechnisierung der Zahnarztpraxen, die von jungen Zahnärzten als Mittel gesehen wird, um in der Konkurrenz mit anderen Arztpraxen zu bestehen. Die Investitionskosten für eine neue Einzelpraxis bewegen sich mittlerweile in die Richtung von einer halben Million Euro. „Stellen Sie sich einmal vor, welchen Unterschied es bedeutet, ob man mindestens vierhundert Euro in der Stunde umsetzen MUSS, um nicht in die Insolvenz zu geraten, oder die HÄLFTE. Welch ein Unterschied, allein in der Gefühlslage des Behandlers. Und natürlich auch in der des Patienten. Jetzt kann man mehr Rücksicht auf den individuellen Fall nehmen, mehr therapeutische Freiheiten wahrnehmen, die sogar einmal in der NICHT-Versorgung einer lange bestehenden Lücke enden können. ...Wir sollten maßvoller investieren, um so die uns anvertrauten Patienten BESSER behandeln zu können. Auch wenn das zunächst paradox klingt: Eine überteuerte Praxis führt sicherlich vielfach zu einer schlechteren, weil oftmals nicht befundadäquaten (Über-)Therapie" (Dr. Paul Schmitt im Forum für Zahnheilkunde, Nr. 105 (Dez. 2010), S. 32).

Berufsarbeit psychisch substituierbar ist durch abstrakte Gratifikationen“ (Beck, Brater 1976, 207). Allerdings müssen unter herrschenden Bedingungen oft die Arbeitenden schon aus eigenem Interesse ihre arbeitsinhaltlichen Ansprüche senken. Die sonst überbeanspruchte Arbeitskraft soll geschont werden, und insofern liegen Leistungszurückhaltung und -einschränkung nahe. Und ebenso sind eigene Karrierechancen allzu oft mit einer Identifizierung mit dem 'Angesagten' verbunden. Hartwig Schmidt (1995) hat die hier einschlägigen Selbstunterwerfungen und Verkehrungen meisterlich charakterisiert. Sie betreffen den Sog, sich der Wertschätzung dadurch zu versichern, dass man sagt, was ankommt (vgl. II.4c). Zu sagen, worauf es ankommt, kann demgegenüber riskant sein.

Die instrumentelle Orientierung der Arbeitenden und deren Gleichgültigkeit gegenüber den Arbeitsinhalten geht mit einer Delegation der Inhaltsbestimmung an Arbeit'geber' und einer entsprechenden Entmündigung der Arbeitenden einher. „In dem Maße dagegen, in dem die Arbeitenden ihre Arbeit aus subjektiven Motiven heraus inhaltlich ernst nehmen, entwickeln sie Vorstellungen und Ansprüche in Bezug auf diese Arbeit, werden sie in diesem Sinne zu deren bewusstem Subjekt, das nach eigenen Kriterien gestaltend und fordernd eingreift“ (Beck, Brater 1976, 209), und stellen das arbeitsinhaltliche Verfügungsmonopol der Arbeitgeber infrage. Insgesamt verbindet sich mit dieser arbeitsinhaltlich motivierten Gesellschaftskritik eine Utopie, in der „Arbeitsbedingungen und -ziele sich tatsächlich nach menschlichen Bedürfnissen richten, Persönlichkeit wirklich in der Arbeit entfaltet und gefordert wird, Produktionsarbeiter tatsächlich Nützliches herstellen, Werbefachleute wirklich kritische Informationen erarbeiten, Ärzte tatsächlich heilen, Lehrer Schülern wirklich Sinnvolles beibringen“ (Ebd., 212).

Einen „Kristallisationspunkt auch sozialer Identität und politischer Organisierung“ bildet die „moralische Qualität der Arbeit – das meint die Berücksichtigung von Sinnbezügen, das Interesse am Erhalt der inneren und äußeren Natur und die Herstellung diskursiver Kommunikation in der Arbeit. ... Keine Belege, wohl aber erste Indizien, dass es dafür subjektive Voraussetzungen gibt, sind die Befunde über die beträchtliche ökologische Sensibilität von Arbeitern und von hochqualifizierten Industrieangestellten ... oder der Hinweis aus der Untersuchung ... über die Entstehung eines postkonventionellen Moralbewusstseins bei Facharbeitern. Gewiss ist dies noch eine arg schmale empirische Basis, aber: was das Morgen ankündigt, kann heute ja kaum schon repräsentativ sein“ (Baethge 1994, 254).

In Bezug auf die Industrie habe ich wenig neuere Belege für Baethges These gefunden. Das kann an meiner Unkenntnis liegen, mag aber auch mit einer geänderten wirtschaftlichen Situation zusammenhängen. Die Sorge um das

Abrutschen in prekäre Arbeitsverhältnisse oder Arbeitslosigkeit sowie die Stagnation oder das Sinken der Reallöhne lassen die Arbeitsinhalte in den Hintergrund rücken. Hängen die Reproduktionschancen der Lohnabhängigen, sozialstaatliche Transferzahlungen einmal ausgeklammert, von der Verkaufbarkeit der zeitweiligen Nutzungsrechte an ihrer Arbeitskraft ab, so ergibt sich eine politisch folgenreiche Hierarchie der Interessen der Lohnabhängigen. In ihr ist das Arbeitsplatzinteresse dem Lohninteresse und dieses dem langfristigen Reproduktionsinteresse vorgeordnet. Belange der Arbeitsplatzsicherung haben dann Vorrang gegenüber den Belangen der Umwelterhaltung und der Arbeitsqualität. Verschwunden sind arbeitsinhaltliche Fragen bzw. das Thema des sinnvollen Bezugs der Arbeitenden auf Konsumenten und mittelbar Betroffene nicht, wohl aber in die Latenz gedrängt (vgl. dazu Kapitel I.11). In die gleiche Richtung wirkt die Prioritätensetzung von linken Gruppen bzw. Parteien, die Verteilungsfragen und Arbeitsschutzbestimmungen eine Agenda geben, den Reichtum anders verteilen wollen, seine Qualität und die Arbeitsinhalte selbst aber meist nicht thematisieren.

Ein Problem für die Kritik an Arbeitsinhalten resultiert daraus, dass sie den Arbeitenden selbst infrage stellt. Sie wird oft so lange verdrängt, wie es keine oder kaum praktische Veränderungsmöglichkeiten gibt. Arbeitsinhaltliche Ansprüche können zudem auch mit Arbeits- bzw. Berufsideologien einhergehen. Einschlägige Beispiele sind die Medikalisierung (s. Kapitel I.8) und Psychologisierung sowie die mit Naturwissenschaft und Techniken verbundenen problematischen Mentalitäten (s. Kapitel II.8a1).

Dass die Arbeit von ihrer subjektiven Seite her Selbstzweck wird, geschieht bisweilen anders als vom gesellschaftspolitisch hoffnungsfrohen Verstand erwünscht. Auf die subjektive Verausgabung kommt es dann oft dem Arbeitenden (neben der extrinsischen Belohnung) an. Und dies überwuchert die Aufmerksamkeit für die soziale Dimension der Arbeit. So ist bspw. zu beobachten, wie Ingenieure in der Produktion sich gleichgültig gegenüber Zweck und Grund des Produktes und der sozialen Abwicklung der Produktion (z.B. Entlassungen) verhalten, wenn es ihnen nur selbst gelingt, sich mit einer Tätigkeit geltend zu machen, in der sie sich, wie es so heißt, „einbringen" können.

In der kapitalistischen Erwerbsarbeit gilt der Arbeitende oft vorrangig als Kostenfaktor, aus dem viel Leistung herauszuholen ist. Kapitalistische Unternehmen stehen in dem Widerspruch, einerseits an Kosten für Arbeitskräfte sparen zu müssen und aus ihnen möglichst viel Leistung in möglichst kurzer Zeit herauszupressen und es *darauf* abzusehen. Wenn sie andererseits zu extrem *von* den arbeitsinhaltlichen Belangen der Beschäftigten absehen, und wenn die

Arbeitsbedingungen zu aversiv ausfallen, riskieren die Unternehmen Einbußen an Leistung, an selbständigem Mitdenken und an Kreativität.

Meinungsumfragen dokumentieren die sich nicht politisch, aber in *Leistungszurückhaltung* äußernde Unlust oder die Sensibilität der Arbeitenden für schlechte Arbeitsbedingungen und Arbeitsinhalte. Der Gallup-Studie über Arbeitszufriedenheit in Deutschland zufolge liegt 2012 der Anteil jener Befragten, die sich mit ihrem Unternehmen und ihrer eigenen Arbeitsaufgabe voll identifizieren, bei 15%. Die Werte für geringe bzw. keine „emotionale Bindung zum eigenen Arbeitsplatz" liegen bei 61% bzw. 24%. „Viele Beschäftigte haben das Gefühl, dass ihre zentralen Bedürfnisse und Erwartungen von ihren direkten Vorgesetzten teilweise oder völlig ignoriert werden. Das hat finanzielle Folgen. Gallup errechnet jährliche Kosten durch Fehltage, Fluktuation und schlechte Produktivität in Höhe von über 122 Milliarden Euro und empfiehlt den Unternehmensleitungen, ihren Beschäftigten gegenüber an Stelle von Verschleißstrategien mehr auf die Pflege der Humanressourcen zu setzen" (www.unternehmensbegeisterung.com).

Nach einer Untersuchung 'Gute Arbeit' des DGB, für die 6000 Beschäftigte aus allen Branchen und Regionen befragt wurden, bewertet nur jeder achte Arbeitnehmer seinen Arbeitsplatz als positiv. „Der Berufsalltag sei in der Regel von Zeitdruck, fehlenden Aufstiegsperspektiven, geringer Zukunftssicherheit des Arbeitsplatzes und einem wenig angemessenen Einkommen geprägt" (Berliner Zeitung 12.9. 2007).

Divergenzen und Gegensätze zwischen den Sinnen und Fähigkeiten, die für die Arbeiten und Tätigkeiten erforderlich sind und sich in ihnen herausbilden, und den herrschenden gesellschaftlichen Zwecken und Formen werden zum Thema

- in Auseinandersetzungen um Verstöße gegen Normen, die als Verstöße erst zum Thema werden können durch das besondere Know-how von Arbeitenden und deren Zugang zu Betriebsgeheimnissen;
- in Auseinandersetzungen um Arbeiten, deren Produkte entweder direkt oder durch sog. Nebeneffekte problematisch sind (z.B. Rüstungsindustrie, Chemie- und Atomindustrie);
- durch das Bestreben von Arbeitenden, nach einer Selbstanerkennung zu suchen, die den Gebrauchswertstolz auf ihre Fertigkeiten und Kenntnisse erlaubt und damit einen Unterschied macht gegen die gesellschaftlich vorherrschende geringe Anerkennung ihrer Arbeiten. Ein entsprechender Slogan in der Tarifauseinandersetzung 2014 im öffentlichen Dienst lautet: „So schlecht können wir gar nicht arbeiten, wie wir bezahlt werden";
- durch ein Bewusstsein vom positiven Bezug der eigenen Arbeit auf eine bestimmte Qualität von Gesellschaft (s. bspw. das von Hardensett geschilderte

„baumeisterliche Verantwortungsgefühl"). Es handelt sich hier um die offensive Variante des Gebrauchswertstolzes oder der Selbstanerkennung;
- in Auseinandersetzungen um den Bezug auf Kunden und Klienten, der zum Inhalt von Arbeiten konstitutiv dazugehört. Dieser Bezug und dieser Inhalt können von den Arbeitenden anders verstanden werden als von den Auftraggebern oder Finanziers der Arbeit.

I.2 Ansätze neuer gesellschaftlicher Synthesis zwischen Arbeitenden, Konsumenten und von Arbeit und Konsum indirekt Betroffenen

Was es heißt, dass Arbeitende ihre Aufmerksamkeit über die Bewältigung der Arbeit hinaus auf den sozialen Gehalt des Arbeitens und der Arbeitsresultate ausweiten, lässt sich politisch prägnant an den französischen *'Sud'-Gewerkschaften* zeigen.[12] 'Sud' ist die Abkürzung für solidaire(s), unitaire(s), démocratique(s) – solidarisch, einheitlich, demokratisch. Es handelt sich bei diesen Gewerkschaften um „Interessenverbände von Lohnabhängigen, die sich nicht auf ihre Rolle als Lohnabhängige reduzieren (lassen) oder zurückziehen, sondern die sich als gesellschaftliche Produzenten begreifen, als Produzenten, die sich dem gesellschaftlichen Nutzen ihrer Arbeit, den Bedürfnissen ihrer Konsumenten oder Nutzer verpflichtet fühlen. Nicht im Sinne einer 'Kundenorientierung', die nur an zahlungsfähigen Käufern interessiert ist, sondern im Sinne des Nutzens für eine größtmögliche Zahl von Menschen, gerade auch der ärmsten und bedürftigsten, im Interesse ihrer individuellen Entwicklung und sozialen Gleichachtung" (Imhof 2002). Im Unterschied zu traditionellen Gewerkschaften konzentrieren sich die Sud-Gewerkschaften weder allein auf den Preis der Arbeitskraft und die Bedingungen ihrer Nutzung, noch überlassen sie das Verhältnis zwischen Arbeitenden und Kunden den Unternehmen. „Der traditionelle Syndikalismus betrachtet das Kapitalverhältnis als seine Existenzbedingung und die Gesellschaft als etwas ihm Außerliches, als abstrakt-übergeordneten Zusammenhang, in dem man halt lebt. Er stellt Ansprüche an die Gesellschaft, repräsentiert durch den Staat, aber er denkt nicht daran, im Namen der Gesellschaft Ansprüche an die eigene Arbeit zu stellen. Der Typ Syndikalismus, den die Sud-Gewerkschaften repräsentieren, betrachtet umgekehrt die Gesellschaft als praktischen Zusammenhang der Menschen, in dem die Lohnabhängigen nicht nur Objekte, son-

12 Zur SUD vgl. a. Schmid 2012.

dern zugleich tätige Subjekte, gesellschaftliche Produzenten sind und in dieser Eigenschaft das Kapitalverhältnis und die es schützende Politik als Hindernis, als 'Ballast' (Gramsci) erleben" (Imhof 2002).

Es fragt sich, ob der *'Social Movement Unionism'* (SMU) in den USA eine ähnliche Richtung verfolgt. „Mit der Neuorientierung des US-amerikanischen Gewerkschaftsdachverband AFL/CIO unter John Sweeney seit 1995 wurden verstärkt SMU-Kampagnen initiiert und die Abkehr vom traditionellen Business Unionism (BU) eingeläutet. Begrifflich wurde SMU von Kim Moody, Gründer der unabhängigen Gewerkschaftszeitung Labor Notes in Detroit, eingeführt. Für Moody ist der SMU durch fünf Kriterien charakterisiert: gewerkschaftliche Demokratie und extensives Mitwirken aktiver Ehrenamtlicher; die Selbstverpflichtung, die Unorganisierten zu organisieren; sich für Themen in einem Stadtteil einzusetzen, die Beschäftigte angehen, und Allianzen aufbauen mit dem Gemeinwesen vor Ort, gewerkschaftlicher Internationalismus und Selbstverpflichtung auf unabhängige politische Aktionen" (Bremme 2007, 204).

Insgesamt geht es um eine Veränderung des praktischen Selbstverständnisses der Arbeitenden und ihres Bezugs auf die Kunden, Konsumenten und die vom Arbeiten und von deren Produkten Betroffenen unter Rückgriff auf eigene Qualifikationen und in der Arbeit entstehende Erfahrungen und Kompetenzen.

Ein frühes Beispiel für die Ausweitung des gewerkschaftlichen Mandats stammt aus Sidney (Australien). Dort verbot „die Bauarbeitergewerkschaft ihren Mitgliedern, Arbeiten auszuführen, die die Zerstörung von erhaltenswerten Grünflächen und Bauwerken zum Ziel haben. ... Die Bauarbeiter retteten mit ihrer Arbeitssperre den Botanischen Garten von Sidney. ... Den Vorwurf, die Gewerkschaft würde Arbeitslosigkeit fördern, indem sie Bauarbeiten verhindert, lässt (Gewerkschaftsführer) Mundey nicht gelten. Für ihn geht es darum, dass alle Gewerkschaften sich auch darum kümmern, dass es Arbeit gibt, die Menschen nicht 'seelisch zermürbt' und 'wertvolle Rohstoffe vernichtet'" (Frankfurter Rundschau 2.12. 1976).

Interessante Diskussionen, die den Tellerrand des Betriebes und den engen Kontext des Tarifkampfes überschreiten, finden auch in deutschen Gewerkschaften statt. Detlef Hensche, von 1992-2001 Vorsitzender der IG Medien, einer der Vorläufergewerkschaften von verdi, beschreibt, wie „heute schon unter dem Dach der Gewerkschaften Seminare, Workshops, Konferenzen betrieblicher Vertreter einzelner Branchen stattfinden... . Themen sind regelmäßige Informationen über die Branchenentwicklung und Austausch über die Arbeitsbedingungen und die Tarifwirklichkeit in den Betrieben" (Hensche 2011, 43). In dieser überbetrieblichen Gewerkschaftsarbeit wird die Frage nach dem sozialen Sinn der Produkte zum Thema im Kontext der langfristigen Sicherung der Arbeitsplätze in Zeiten von Überkapazitäten bestimmter Industriezweige. „Auch Konversionsdebatten können notwendig werden, wenn bestimmte Produkte absehbar an Nutzungs- und Absatzgrenzen stoßen“ (Ebd.). Analog zur Rückführung der Überkapazitäten des Kohlebergbaus müsse auch bei der Automobilindustrie an „vorübergehende oder dauerhafte Arbeitszeitverkürzung und den Aufbau anderer, zukunftsfähiger Industrien“ gedacht werden, „um die von Betriebseinschränkungen und -aufgabe betroffenen Belegschaften vor Arbeitslosigkeit zu bewahren“ (Ebd., 44). Im Kontext dieses Interesses fragt Hensche, wie es denn „wäre, wenn ... Vorschläge für einen Umbau des Verkehrswesens erarbeitet würden und die Kreativität der Beschäftigten selbst geweckt würde, um sich an Konversionsdebatten zu beteiligen?“ (Ebd.). Zu diskutieren wäre auch die von der IG Metall in Nordrhein-Westfalen initiierte Kampagne „Besser statt billig“.[13]

Der englische Betrieb *'Lucas Aerospace'* stellte Mitte der 1970er Jahre ein zentrales Beispiel dar für die Mobilisierung der in der Arbeit entstandenen Fähigkeiten und Sinne gegen die Kapitalform. Hier zeigte sich, wie Techniker und Ingenieure aus ihren Kompetenzen und ihrem Wissen Produkte entwickeln, die für die normale Bevölkerung nützlicher sind als die bislang in diesem Betrieb produzierten Rüstungstechnologien.[14]

Ein Beispiel für den positiven Bezug der Belegschaft eines Betriebes auf ihr soziales Umfeld ist das im venezolanischen Bundesstaat Lara 1967 gegründete Kooperativennetzwerk Cecosesola (vgl. Bach 2006). „Im Umkreis der Stadt Barquisimeto ist die Kooperative ein bedeutender Wirtschaftsfaktor geworden. Sie betreibt drei große Lebensmittelmärkte, die v.a. Güter, die Cecosesola produziert, verkauft und damit im Jahr 1998 rund 40.000 Familien versorgten. 2007 versorgten die Märkte pro Woche etwa 55.0000 Familien. ... Die Preise der von Cecosesola auf den Märkten vertriebenen Güter sind um ca. 30 % niedriger als marktüblich. ... Cecosesola betont in ihren Materialien, und Mitglieder bestätigen dies in Interviews, dass es wesentlich um die Herausbildung neuer sozialer Beziehungen gegen die Muster der patriarchalen, von Machthierarchien geprägten und profitorientierten Gesellschaft gehe. Die praktischen Aktivitäten des Netzwerks dienten diesem Kernanliegen. Die Kooperative zielt explizit auf den Aufbau einer neuen Gesellschaft und limitiert sich nicht auf das Wohlergehen

13 Vgl. dazu den Aufsatz von Brettschneider, Bromberg und Haipeter sowie den von Lehndorff in Haipeter, Dörre 2011.

14 Eine kurze, auch im Internet verfügbare Darstellung findet sich bei Wuhrer 2007. Für eingehendere Analysen vgl. Löw-Beer 1981, Cooley 1978, Wainwright, Elliot 1982.

der Mitglieder und ihrer Familien" (Exner, Kratzwald 2012, 102f.). Die Kooperativenmitglieder „suchen zum überwiegenden Teil lediglich einen Arbeitsplatz, wenn sie in die Kooperative eintreten, erfahren in der Folge jedoch häufig eine politische Transformation, die auch in Begriffen persönlichen Wachstums und individueller Erfüllung ausgedrückt wird" (Ebd., 103). Die Kooperative wurde aus dem Motiv gegründet, für Nahrung zu sorgen, die sich die Bevölkerung finanziell leisten kann. „Der solidarische Beziehungszusammenhang ist somit der Kern der Kooperative, nicht die bestimmte wirtschaftliche Tätigkeit oder das Einkommen. Kundinnen und Kunden helfen häufig auch am Markt mit. Diese Handlungselemente verweisen darauf, dass man die Beziehung der Kooperative zur Communidad nur behelfsmäßig in Begriffen eines herkömmlichen Kundenverhältnisses beschreiben kann" (Ebd., 104).

Eine Frage, der ich hier nicht nachgehen kann, ist, inwieweit sich im Zuge der „Bolivarische Revolution" genannten politischen Entwicklung in Venezuela in den letzten Jahren Zonen einer solidarischen Ökonomie und neuer sozialer Beziehungen zwischen Arbeitenden, Konsumenten und von Arbeit und Konsum indirekt Betroffenen herausbilden. Vgl. dazu Azzellini 2010 und Poonniah, Eastwood 2011.

Nicht nur auf der Produzenten-, auch auf der Konsumentenseite regen sich Ansätze zu einem neuen Verhältnis zwischen Produktion und Konsumtion. Die kritische Aufmerksamkeit mancher Verbraucher gilt extremen Zuständen im Ausland. Hier wären bspw. der von evangelischen Frauenorganisationen in den 1980er Jahren initiierte Boykott von Obst aus dem Apartheid- Staat Südafrika zu nennen (auch Chile war eine Zeit lang Gegenstand einer Kampagne) oder die bereits in den 1970er Jahren entstandene „Aktion Dritte Welt Handel". Erst 1993 gelang es, in 20.000 Supermärkten Kaffee mit einem Preisaufschlag zugunsten von Kleinbauernkooperativen zu verkaufen (vgl. Zitty 19/94, S. 216, 219). Kampagnen richteten sich bspw. gegen die Kinderarbeit in indischen Teppichknüpfereien oder gegen Nestlés Praktiken in Bezug auf die Babynahrung in der sog. Dritten Welt. In den USA gewann eine Journalistin, die einen Film gegen General Electric drehte, 1992 den Oscar für den besten Dokumentarfilm. General Electric verkaufte daraufhin den im Film angegriffenen Geschäftsbereich für Zuliefergüter für Atomwaffen. Diese Kampagne stellt auch das Vorbild dar für das Bündnis von Initiativen, in denen der BUND und die „Ärzte gegen den Atomkrieg" dazu aufriefen, keine Siemens-Medizintechnik mehr für Arztpraxen zu kaufen, um Siemens von der Atomkraft abzubringen.[15]

15 Zu den Problemen von Konsumentenmacht vgl. Wiesenthal 1989.

Ein interessantes Beispiel stellen in diesem Zusammenhang auch die *Seikatsu-Clubs* in Japan dar (vgl. zum Folgenden Mies 1997, 24). Der erste Club wurde 1965 von einer Hausfrau in Tokio gegründet. Zunächst ging es um die Reduzierung des Milchpreises, dann um vergiftete Lebensmittel, künstliche Nahrungsmittelzusätze usw. „Wir weigern uns Produkte zu kaufen, die schädlich für die Gesundheit unserer Mitglieder und für die Umwelt sind. ... Zum einen bekommt der Club durch die direkte Zusammenarbeit mit den Bauern sichere Produkte. Wir sind der Meinung, dass Hausfrauen anfangen können, eine Gesellschaft zu schaffen, die in Einklang mit der Natur lebt, und zwar dadurch, dass sie 'von ihrem Haus aus' aktiv werden. Durch unser Einkaufs- und Konsumverhalten versuchen wir, Einfluss auf die japanische Landwirtschafts- und Fischereipolitik zu nehmen" (zit. n. Mies 1997, 24). Die Zahl der Haushalte, die im Club Mitglied sind, erreichte 1989 170.000. Das Selbstverständnis dieser Clubs ist auf eine Änderung der Ökonomie durch Erzeuger-Verbraucher-Gemeinschaften und -netzwerke ausgerichtet. Sie übersteigen Strategien des Konsumverzichts (vgl. zu ihnen Mies 1988 und kritisch Becker 1990).

In Deutschland wächst das *Bewusstsein für die Konsumproblematik*. Klaus Werner, Autor des 'Schwarzbuch Markenfirmen', berichtet: „Vor allem bei Jugendlichen war die Resonanz auf das Buch überraschend groß. Das Buch hat sie tatsächlich wütend gemacht. ... Nach weit über 100 Vorträgen in Schulen kann ich sagen, dass die Mär von den unpolitischen und markentreuen Kids unwahr ist – im Gegenteil, ich habe eher das Gefühl, immer mehr Jugendliche haben langsam die Nase voll vom Markenterror" (zit. n. Busse 2006, 269f.).

Edda Müller, Vorsitzende der deutschen Verbraucherzentrale, schätzt, dass immerhin 10-20% der Bevölkerung zu wertorientierten Konsumenten gehören – im Unterschied zu an sozialen und ökologischen Effekten desinteressierten Kunden (Müller 2005, 101). Die mögliche Zukunft für die Gegenwart ausgebend schreibt Ulrich Beck: „Der schlafende Riese Konsument erwacht und verwandelt den Kaufakt in eine Abstimmung über die weltpolitische Rolle der Konzerne, die diese mit ihren eigenen Waffen – Geld und Nicht-Kauf – schlägt. ... Selbst allmächtige Weltkonzerne können ihre Konsumenten nicht entlassen" (Beck 2002, 131, 28).

In Schweden gaben 1997 29% der Befragten an, aus politischen oder ethischen Gründen bestimmte Produkte boykottiert zu haben (Busse 2005, 246). In Deutschland sind Busse zufolge kaum Studien zu politischem oder ethisch korrektem Konsum durchgeführt worden. „Das Umweltbundesamt, das alle 2 Jahre das Umweltbewusstsein der Deutschen misst, hat im Jahr 2002 über 2300 Bürger gefragt, ob sie Produkte von Firmen, die sich nachweislich umweltschädigend verhalten, boykottierten. 20 % gaben an, dies immer zu tun, 25 % häufig,

23 % selten. ... Nur 17 % sagten, sie boykottierten nichts und nie. ... Im Jahr 2004 wurde nicht danach gefragt" (Ebd., 252f.).

Der bewusste, d.h. die Voraussetzungen der Produkte und die nicht nur unmittelbaren, sondern auch die mittelbaren Effekte des Produkts sich vergegenwärtigende Konsum stößt auf Budgetrestriktionen beim Konsumenten. „Ethisch korrekt hergestellte Waren senken zwar möglicherweise die Folgekosten, doch kurzfristig gesehen sind sie erst einmal teurer" (Ebd., 266). Allerdings ist das Totschlagargument, „der Konsument" orientiere sich nur am Preis und kaufe das Billigste, unzutreffend. „Einen 10-15 % höheren Preis (z.B. bei Eiern aus Freilandhaltung – Verf.) bezahlen die Konsumenten für das bessere Produkt, so ist die Erfahrung" (Ebd., 254).

Verbraucherschutzinstitute versuchen, den Informationsnachteil des Konsumenten auszugleichen. Warenkunde bleibt bei ihm oft „fictio iuris" (MEW 23, 50). Kreiß arbeitet in seinem Buch über „geplanten Verschleiß" (2014) heraus, wie den Verbrauchern zentrale Informationen vorenthalten bleiben – bspw. zur Haltbarkeit und Reparaturfähigkeit des Produkts. Eine andere Problematik besteht darin, dass „ethisch korrekt" hergestellte Produkte nicht massenhaft angeboten werden. Die Informationen darüber, bei welchen Waren es sich um solche Produkte handelt, müssen erst einmal eingeholt werden. Gewiss gibt es dafür inzwischen Informationsquellen im Internet. Die Verbraucherinitiative (www.oeko-fair.de), das Öko-Institut, Greenpeace, slowfood u.a. haben entsprechende Informationen aufbereitet. Allerdings sind die Informationen verstreut. Deshalb bildet eine einfache Kennzeichnung eine zentrale Voraussetzung für einen bewussten Konsum. Gesetzlich wäre festzulegen, dass alle relevanten Informationen auf der Verpackung stehen, „zusammen mit einer objektiven Bewertung einer unabhängigen Kontrollstelle: alle Bestandteile, alle Zusatzstoffe, Energieverbrauch bei der Herstellung und bei der Nutzung, Prozessqualität und der Verantwortungskoeffizient des herstellenden Unternehmens" (Busse 2006, 269). Gerade weil diese Informationen für das Käuferverhalten allmählich eine größere Rolle spielen, gibt es Täuschungsversuche in Gestalt von nichtssagenden Qualitätszeichen. Vor diesem Hintergrund entsteht die Forderung, „dass ein empfehlenswertes Label nicht allein von Unternehmensseite aufgebaut werden darf. Es müssen immer auch unabhängige Organisationen daran beteiligt sein" (Ebd., 268f.).

In Bewegungen und Öffentlichkeiten, die die Themen Ökologie, Energie[16], Gesundheit, Arbeitsbedingungen u.a. betreffen, bilden sich Momente einer

16 „Statt der zu erwartenden Aufträge für 33 Kraftwerke (von der Größe Biblis) errichtete sie (die Herstellerindustrie – Verf.) zwischen 1973 und 1985 nur 13 AKWs. ...

kritischen Marktöffentlichkeit. Hinzu kommen spezielle *Organisationen zur Beobachtung von Unternehmen.* Es handelt sich hier u.a. um

- die „Coordination gegen Bayer-Gefahren“, eine Organisation zur Beobachtung und Kritik des weltweit agierenden Konzerns Bayer,[17]
- eine Initiative zur Beobachtung und Kritik des Bertelsmannskonzerns (www.bertelsmannkritik.de),
- die Kampagnen von Attac und Verdi zu Lidl (www.attac.de/lidl-kampagne bzw. www.lidl.verdi.de),
- die Siemens-Kampagne der Internationalen Ärzte gegen den Atomkrieg (IPPNW), vgl. www.siemens-boykott.de,
- die internationale Anti-Korruptions-NGO Transparency International (www.Transparency.org),
- den Dachverband kritischer Aktionäre (www.kritischeaktionare.de),
- LobbyControl, eine Gruppe, die über Lobbying, PR-Kampagnen und Denkfabriken aufklärt,
- die Organisation food-watch (s. Kapitel 5b).

Die Grundrechnungsarten der Marktwirtschaft und der Akkumulation von Kapital wirken sich auf zentrale menschliche Belange negativ aus. Soziale Bewegungen und Organisationen, die sich dagegen wenden, können als Vorstufen gelten zu „einer Art gesellschaftlicher Patronage des Marktpublikums über das Unternehmen“ (Buß 1983, 79). Eine solche „kommunikative *Marktöffentlichkeit*“ verwirklicht „öffentliche Belange ... als eine integrierende Komponente unternehmerischer Entscheidungen“ (Ebd., 91). Bürgerinitiativen und Stiftungen (vgl. bspw. die „Stiftung Warentest“) haben „das gemeinsame Ziel, Daten und Informationen über Art und Ausmaß der gesellschaftlichen Verantwortung von Unternehmen zu sammeln und öffentlich zu verbreiten“ (Ebd., 103). Die Marktöffentlichkeit avanciert zu einer „Kontrollinstanz. ... Die Tatsache der Öffentlichkeit wird präventiv in dem Sinne, dass sich die Unternehmen unter der steten, interessierten Beobachtung des Marktpublikums wissen“ (Ebd., 102). Umwelt- und Sozialbilanzen bilden dafür einschlägige Auskunftsmittel. Es kommt zu einer „prinzipiellen Erweiterung unternehmerischer Leitlinien“ und einer

---

Für ein halbes Jahrzehnt war der Ausbau des bundesdeutschen Atomprogramms gestoppt, dessen ehrgeizige Ausbauziele der frühen siebziger Jahre wurden nie erreicht“ (Häusler 1988, 36).

17 Zur Vergegenwärtigung der Aktivitäten der „Coordination gegen Bayer-Gefahren“ und zur Relevanz dieser Praxis vgl. http://www.ngo-online.de/lexikon/coordination-gegen-bayer-gefahren.

„öffentlichen Revidierung traditioneller Autonomieansprüche" der Unternehmen (Ebd., 81). Anzustreben ist, dass sich „langfristig die Unternehmenssubstanz und der Unternehmenserfolg nicht nur aus der Struktur, der Organisation und dem Kapital eines Unternehmens herleitet, sondern auch aus dem Maß an verbindlicher Geltung außerökonomischer Zielkataloge in der unternehmerischen Alltagspraxis" (Ebd., 85).

Mit einer idealisierten Seminardiskussion[18] ist die Öffentlichkeit nicht zu verwechseln. Das bessere Argument setzt sich nicht von allein durch. Es geht um Machtverhältnisse. Und um die an dieser Stelle (i.U. zu Kapitel I.9) nicht weiter thematisierbare Frage, was die Bedingungen dafür sind, dass sich die Auffassung zersetzt vom Kapitalismus als Sachzwang bzw. alternativlosem Wirtschaftssystem. Diese Vorstellung bildet eines der härtesten Hindernisse einer umfassenden Gesellschaftsveränderung.

Mit der von Buß formulierten Perspektive konvergiert ein Zugang, der *zentrale Mängel der Märkte* zum Thema macht. Sie stelle ich in Kapitel II.8a5 dar und greife hier nur ein zentrales Defizit von Märkten heraus. Es besteht darin, dass „die atomisierten Entscheidungen des Marktes eine Wahl zwischen alternativen, stückweisen, marginalen Anpassungen, aber nicht zwischen alternativen Gesamtzuständen ermöglichen: Wahlmöglichkeit im kleinen garantiert keine Wahlmöglichkeit im großen" (Elson 1990, 75). Der Marktmechanismus liefert zudem keine Informationen über die Absichten, Wünsche und Werte, sondern nur „Informationen über das Ergebnis von Entscheidungen. ... Auf Märkten können Entscheidungsträger keine direkte Verbindung mit den Wünschen, Hoffnungen und Werten anderer herstellen" (Ebd., 71). Es fehlt die „Gelegenheit zu kollektiver gesellschaftlicher Reflexion und Diskussion. ... Marktprozeduren bieten keine Kanäle für Entscheidungsträger, ihre Wahl vor der Entscheidung noch einmal zu überdenken, noch sich gemeinsam mit anderen über Veränderungen der Ziele zu beraten" (Ebd.). Institutionell konkretisieren öffentliche Entwicklungswerkstätten für Produktentwicklung und -innovation die notwendige gegenseitige Beratung, Einflussnahme und Rückmeldung zwischen Ideenträgern, Experten, Nutzern, Drittbetroffenen und Produzenten.[19] Eine

---

18 Faktisch gilt auch dort oft: „Sag uns Deine Meinung – wir behalten trotzdem unsere eigene" (Hans Christian Andersen: Hofhahn und Wetterhahn).

19 Als praktischer Ansatz einer gesellschaftlichen Gestaltung des Wirtschaftens sind die Aktivitäten der linken Londoner Stadtverwaltung (*Greater London Council*) in den 1980er Jahren von Belang. Über sie und die Abschaffung des GLC durch die Thatcher-Regierung informieren Livingstone (1987) und MacIntosh, Wainwright (1987). In einem internationalen Symposium über „Lokale Ökonomie"

Realutopie mit gesamtgesellschaftlicher Reichweite skizziert Diane Elson (1990) in ihren Überlegungen zur Sozialisierung des Informationsflusses und zur Schaffung eines Verbraucherverbands als Netz-Koordinator zwischen Haushalten und Unternehmen. Hilary Wainwright arbeitet die zentrale Relevanz des sozialen Wissens heraus und tritt für dessen Veröffentlichung im Unterschied zu seiner exklusiven Aneignung ein. Die Zugänglichkeit und Verfügbarkeit von Wissen machen ein Problem auch der Hierarchien in Betrieben aus. Netzwerke lassen sich demokratisch organisieren. Wainwright sieht dafür Ansätze beispielsweise in der internationalen Kooperation von Gewerkschaften und NGOs in Bezug auf Arbeitsbedingungen, Mindestlöhne, Umweltschutz usw. Aber auch lokale regionalökonomische Netzwerke können als Vorformen des Anzustrebenden gelten. Wainwright setzt Netzwerke sozialer Bewegungen und der Gewerkschaften gegen Unternehmensnetzwerke ab und schreibt diesen emanzipatorischen Netzwerken eine gelingende Arbeitsteilung und zugleich ein Minimum an Hierarchie zu (Wainwright 1994, 169). Die Veröffentlichung und Verbreitung des Wissens bilden „eine Basis für kooperative ökonomische Koordination, die ebenso wenig unrealistische Vorannahmen und Voraussetzungen macht in Bezug auf die Möglichkeit totaler Transparenz wie in Bezug auf die permanente Partizipation des Volkes über die Institutionen des Alltagslebens hinaus" (Ebd., 273, vgl. Elson 1990, 104). „Transparenz könnte eher durch die Zugänglichkeit als durch die permanente Möglichkeit eines kompletten Bildes erreicht werden. Letztere stellt sich in der Realität als Unmöglichkeit oder als autoritäre Phantasie heraus" (Wainwright 1994, 183). Wainwright (ebd., 148) sieht die Netzwerke als das Terrain, in dem der historisch sattsam bekannten Unterminierung ökonomischer Selbstverwaltung durch Marktprozesse und durch die (auch bei Selbstverwaltung nicht aufgehobenen) Partikularinteressen der einzelnen Akteure und Unternehmen anders begegnet werden kann als durch den Staat, der gerade über die dezentral verankerten Wissensbestände nicht verfügt. Sie zu

(vgl. Forschungsprojekt „Lokale Ökonomie" an der TU Berlin (Hg.) 1994) wurde geschildert, wie im London des GLC bspw. „öffentliche Entwicklungswerkstätten für Produktentwicklung und -innovation", zugeschnitten auf die notwendigen Produkte, den „geeigneten Ort (bilden), an dem Ideenträger, Experten, Nutzer und Produzenten zusammenkommen und gemeinsam nach Lösungswegen suchen. ... Die technischen und wirtschaftlichen Ressourcen können über Vernetzung und Kooperationsvereinbarungen mit Hochschulen, Bildungsstätten und Forschungseinrichtungen erschlossen werden" (Birkhölzer, in Forschungsprojekt 1994, 31). Vgl. auch den ebenda erschienenen Bericht über den GLC von Dave Elliott „Zurück zu den Grundlagen: Sozial nützliche Produktion".

vernetzen und diesen Prozess demokratisch zu gestalten ist das von Wainwright und Elson herausgearbeitete Anliegen. Es geht darum, das notwendige Wissen entlang der Kette von Produktion, Zirkulation, Distribution und Konsumtion zusammenzubringen und für die Gestaltung der Güter und Dienstleistungen sowie ihrer Erarbeitung maßgebend werden zu lassen. Ich greife das Thema der „Sozialisierung des Marktes“ (Elson) am Ende von II.4e wieder auf.

Als Infrastruktur für diese gesellschaftliche Reflexion bilden Informations- und Antizipationsgrundlagen die notwendige Voraussetzung. Zur Evaluierung von Produkten, Dienstleistungen und anderer Momente des Reichtums gehört es, die (aus der Diskussion um die vielfältigen Facetten des Marktversagens – vgl. a. II.8a5 – bekannten) unterkomplexen Preissignale durch anders verfasste Kennziffern zu überwinden. An den bereits heute vielfältig existierenden Indizes kann angeknüpft werden, wenn es in Überwindung ihrer Unzulänglichkeiten darum geht, Leitungs- und Lenkungskriterien zu entwickeln, die die Voraussetzungen und Effekte des Arbeitens und der Arbeitsresultate z.B. in gesundheitlicher und ökologischer Hinsicht einbeziehen und vergegenwärtigen.[20] Es kann auf dieser Informations- und Bewertungsbasis ein Ranking der verschiedenen wirtschaftlichen, technischen und organisatorischen Aktivitäten erstellt werden, wie es in Ansätzen im „Corporate Social Responsibility-Rating“ für ethische Anleger bereits geschieht (vgl. Hoffmann 2003, 288f.).[21]

So relevant quantitative Indizes dort sind, wo sie hingehören, so problematisch werden sie andernorts. Quantitative Indizes wie der Human Development Index überschreiten betriebswirtschaftlich-ökonomische Indizes, stoßen aber auf die Probleme der Quantifizierung von Qualitäten, der schwierigen Voraussage und Diagnose der Emergenz verschiedener einzelner Effekte sowie auf die Schranken gesellschaftlichen Wissens.

---

20 Ökologisch einschlägig ist hier bspw. das MIPS, „das Maß für Umweltbelastungsintensität, die das ganze Produktleben umspannende Material-Intensität Pro Serviceeinheit, also der Materialverbrauch von der Wiege bis zur Bahre pro Einheit Dienstleistung oder Funktion“ (Schmidt-Bleek 1994, 108). Zu einer Evaluation einzelner gesellschaftlicher Organisationen oder Teilbereiche entstanden bereits in den letzten Jahren mannigfaltige Auskunftsmöglichkeiten. Bspw. gibt es Indikatoren, die Gemeinden auf ihre Kinderfreundlichkeit messen.

21 Zur Kritik an CSR vgl. Felber 2008, 223ff.

I.3 Auseinandersetzungen in Betrieben, die über das Thema „Reproduktion der Ware Arbeitskraft" hinausgehen

In Betrieben finden Auseinandersetzungen statt, die für die Entwicklung von Kräften einer umfassenden Gesellschaftsveränderung relevant sind. Die in diese Auseinandersetzungen einfließenden Motive und Erfahrungen resultieren aus für die moderne kapitalistische Arbeitswelt charakteristischen *Gegensätzen* zwischen

- den Fähigkeiten der Arbeitenden, die in der Berufsausbildung oder durch praktische Erfahrung entstanden sind, und den diese Fähigkeiten nur beschränkt abrufenden Arbeitsanforderungen;
- dem Bedürfnis der Arbeitenden nach Autonomie und Freiräumen einerseits, den Kontrollambitionen der Unternehmens- bzw. Organisationsführung andererseits;
- der Aufmerksamkeit der Arbeitenden für ihre Gesundheit und der Erfahrung von Arbeitshetze, stressenden Widersprüchen in den Arbeitsanforderungen und anderen gesundheitsabträglichen Arbeitsbedingungen. „Das Kapital fragt nicht nach der Lebensdauer der Arbeitskraft. Was es interessiert, ist einzig und allein das Maximum von Arbeitskraft, das in einem Arbeitstag flüssig gemacht werden kann" (MEW 23, 281);
- der Erfahrung von Kooperation sowie Solidarität mit Arbeitskollegen in der Arbeit (s. u.) und den Bestrebungen von Unternehmensführungen und Organisationsleitunen, die Konkurrenz zwischen den Arbeitenden zu schüren, um Arbeitsleistungen zu erhöhen und die Machtposition der Arbeitenden zu schwächen;[22]
- der Erfahrung, dass Kooperation mit anderen Abteilungen, Arbeitsgruppen und Projekten die eigene Arbeit inhaltlich fördert, und der Konkurrenz zwischen den verschiedenen Gruppen im Betrieb sowie der Konkurrenz zwischen Betrieben. Man möchte seine Arbeit „gut machen", muss aber erfahren, dass dem durch die Arbeits- und Betriebsorganisation Grenzen gesetzt sind;
- den Vorstellungen vom sinnvollen Produkt der Arbeit einerseits, den Arbeitsbedingungen (gebrauchswertabträgliche Arbeitshetze und Einsparoffensiven bspw.) sowie den tatsächlich zu erarbeitenden Produkten, die oft minderwertige oder inhaltlich problematische Gebrauchswert darstellen (s. I.9d und II.2i), andererseits.

---

22 Allerdings sind Vorgesetzte auch daran interessiert, dass die Konkurrenz zwischen den Arbeitskräften nicht ihre sachlich notwendige Kooperation gefährdet und zu gegenseitigen Behinderungen führt (s. Kapitel I.9b).

Die genannten Gegensätze und Motive fördern – schon zunächst auch mangels anderer Artikulationsmöglichkeiten – gewerkschaftliche Auseinandersetzungen, fließen in sie ein, bilden aber eine über sie hinausgehende Motivmasse. Sie überschreiten den Horizont der gewerkschaftlichen Bemühungen für den Erhalt der Einkommensquelle Arbeitskraft und können dazu beitragen, Lohnarbeit selbst infrage zu stellen. Eine Absage an den gewerkschaftlichen Kampf ist mit dieser Aussage nicht verbunden. Die Arbeitenden schaffen es zum Teil, sich gegen die konzentrierte gesellschaftliche Macht des Kapitals gewerkschaftlich zu vereinen – „um sich in dem Kontrakt über den Verkauf ihrer Arbeit einigermaßen auf den Fuß der Gleichheit mit dem Kapitalisten zu setzen" (Marx 1970, 119). Der Gegensatz zwischen Lohnarbeit und Kapital bringt es mit sich, dass die eine Seite – die Lohnarbeiter – mit ihrer Vereinigung *eine* zentrale Voraussetzung des Kapitalismus – die Trennung der Warenbesitzer – *partiell* aufheben muss, um *in* diesem Gegensatz bestehen zu können. Allerdings vermag die Solidarität nicht die objektiven Ursachen für die Konkurrenz unter den Arbeitenden dauerhaft außer Kraft zu setzen. Zudem existieren Spaltungen durch die Eingrenzung jener Bereiche, in denen die Konkurrenz sich einhegen lässt, und durch die Ausgrenzung anderer Bereiche, in denen dies nicht oder nur schwer gelingt.[23] Ebenso ernüchternd wie prägnant schildert Rolf Geffken (2013) die Grenzen des gewerkschaftlichen Mainstreams aus seiner 35jährigen Erfahrung als Anwalt für Arbeitsrecht.

Unter den gegebenen restriktiven Bedingungen der Arbeitswelt werden viele Auseinandersetzungen nicht öffentlich. Selten kommt es zu großen Mobilisie-

---

23 „Jede gewerkschaftliche Machtentfaltung auf den Arbeitsmärkten ist darauf angewiesen, die Arbeitskräfte zu organisieren, die aufgrund ihrer Stellung im Produktionsprozess über ein hohes 'Sanktionspotential' gegenüber den Unternehmen verfügen (die also über den 'starken Arm' verfügen, der 'alle Räder still stellen kann'). Dieses Sanktionspotential kann umso effektiver eingesetzt werden, je dichter die Grenzen des jeweiligen Arbeitsmarktes gegenüber Dritten geschlossen werden können. Damit verengt sich aber der gewerkschaftliche Begriff von Solidarität dramatisch: Solidarisch handeln gilt nur noch innerhalb der jeweiligen Arbeitsmärkte und hier besonders für die starken, sanktionsfähigen Teile der Arbeiterschaft. Eine die Arbeitsmarktgrenzen überschreitende Solidarität wäre hier sogar ein Element der Schwäche, denn es müsste die Situation von Menschen berücksichtigen, die nicht am jeweiligen Arbeitsmarkt teilhaben, z.B. von Arbeitslosen, von Niedriglohngruppen, von teilzeitbeschäftigten Frauen, von unterbezahlten ausländischen Kolleginnen und Kollegen. Solidarität im Sinne des Eintretens für die Unterprivilegierten findet auf Arbeitsmärkten daher eine Grenze durch die Struktur und die Funktionsmechanismen der Arbeitsmärkte selbst" (Hoffmann 1994, 150f.).

rungen – wie etwa bei den gewerkschaftlichen Demonstrationen gegen die Rente mit 67. „Wir haben es geschafft, während der Arbeitszeit 300.000 Menschen zu mobilisieren“ (Schmitthenner 2008, 41). Vergleichbar große Demonstrationen zu anderen Themen würden in der medialen Öffentlichkeit eine höhere Resonanz bekommen.

Manche Arbeitskämpfe entfalten über ihre unmittelbaren Ziele hinaus eine Dynamik, in der die Beschäftigten Solidarität und Selbstbewusstsein entwickeln. In einem Bericht des früheren langjährigen Betriebsrates Peter Bach über einen erfolgreichen Arbeitskampf heißt es, man habe erfahren können, „wie handfest eine gesamte Belegschaft – selbst die Kranken sind zu einer außerordentlichen Betriebsversammlung ins Werk gekommen – widerstehen kann. Dann herrscht für ein halbes Jahr, oder für noch eine längere Zeit, im Werk eine Atmosphäre, die von einer ganz anderen Situation geprägt ist als das normale Arbeitsleben. Ich sage jetzt mal, diese Depression der Konkurrenz tritt im und nach einem gemeinsamen Widerstand in den Hintergrund“ (Arbeitskreis Forum Betrieb, Gewerkschaften und soziale Bewegungen 2009, 38). Ähnliche Berichte betreffen z.B. den wilden Streik bei Opel (14.-20.10.2004) oder – in kleinerem Maßstab – den Streik in der Berliner Bauindustrie 2002.[24] In Bezug auf den Opel-Streik ist von „sechs Tagen der Selbstermächtigung“ die Rede.[25]

Ein Indikator für Auseinandersetzungen in den Betrieben ist der Protest von Teilen der Belegschaft gegen den „Schmusekurs“ der jeweiligen maßgeblichen Gewerkschaftsgruppe mit der Unternehmensführung („Co-Management“) und die Entstehung kritischer Listen, die auch zu den alle vier Jahre (zuletzt 2010) stattfindenden Betriebsratswahlen kandidieren. Bei Abschluss des Manuskripts lag noch keine Auswertung der BR-Wahlen 2014 vor.

Im Daimlerwerk Berlin-Marienfelde entfielen 2010 auf die 'Alternative – offene Liste' 526 Stimmen oder 25,2 Prozent der abgegebenen Stimmen (fünf Mandate im Betriebsrat) und 110 Stimmen (1 Mandat) auf die ebenfalls oppositionelle Liste „faire Basis“. Im Daimler-Werk Untertürkheim sind nach den Betriebsratswahlen 2010 von 34 Metallern im Betriebsrat neun der ehemaligen Alternative-Liste zuzurechnen, die mit der IG Metall fusioniert hatte, zwei der Liste ‘Offensive

24 Vgl. die eindrückliche Schilderung im Artikel „‘Hier regiert die IG BAU’. Impressionen vom Streik in der Berliner Bauindustrie“ in der ‘Arbeiterpolitik’, H. 2, 2002, S. 8f. Vgl. www.arbeiterpolitik.de

25 So der Titel des lesenswerten Buches von Gester und Hajek (Berlin 2005) über den Streik, seine Vorgeschichte, Hintergründe und Erfahrungen. „Selbstermächtigung“ trifft die Prozesse, innerhalb derer sich die kollektive Handlungsfähigkeit und soziale Assoziation entwickelt und ausweitet, nur bedingt.

Metaller', die entstand, da der bisherige Vertreter dieser Liste, Volker Kraft, von der IG Metall aus der Gewerkschaft ausgeschlossen wurde (wg. Unterstützung der MLPD). Im Daimler-Werk Kassel erlangten die „Alternativen Metaller", die bislang mit sechs Mitgliedern in dem Gremium vertreten waren, vier Sitze.[26] Im Daimler-Werk Hamburg kam die Gruppe Alternative auf fünf Mandate.

Nicht nur im Metallbereich gibt es oppositionelle Listen. Bei Bayer-Schering in Wuppertal erhielt die Liste Baso (Basisinitiative Solidarität) bei den Betriebsratswahlen 2010 drei von 21 Mandaten. Baso ist eine übergreifende Organisation, die auch oppositionelle Gewerkschaftsarbeit in anderen Chemiebetrieben (aber auch andere politische Aktivitäten) unterstützt.[27] „Bei den beiden Leverkusener Großkonzernen (Bayer und Lanxess – Verf.) gibt es schon lange die 'Basisbetriebsräte' und die Liste 'Durchschaubare Betriebsratsarbeit', denen die IG BCE zu konsensorientiert und managementfreundlich ist" (Financial Times Deutschland vom 16.02.2010).

Zu den gegen das Co-Management und „für beschäftigtenorientierte Betriebsratarbeit" arbeitenden Gruppen zählt die Liste „Gegen den Strom" bei Vivantes Berlin. Sie richtet sich „gegen eine Unternehmenskultur, die geprägt ist von Ausbeutung, Lohnabbau, Stellenstreichungen, Arbeitsverdichtung, Ausgründungen, Tarifflucht und Erpressung".[28] Kritische Verdi-Mitglieder organisieren sich u.a. im „Netzwerk für eine kämpferische und demokratische verdi" (http://www.netzwerk-verdi.de).

Bemerkenswert ist, dass es in Belegschaften Sympathien für Betriebsratsmitglieder gibt, die Parteien anhängen, welche bei parlamentarischen Wahlen nicht einmal unter den „Sonstigen" eine Rolle spielen. Bei HSP Hoesch Spundwand und Profil GmbH/Dortmund gewann der Betriebsratsvorsitzende Gerd Pfisterer 2010 die Wahl. Er kandidierte bei der Bundestagswahl 2009 für die MLPD/Offene Liste. Bei Johnson Controls/Bochum wurde 2010 der jetzige kämpferische Betriebsrat mit dem Betriebsratsvorsitzenden Dietmar Kupfer (MLPD-nahe) mit großer Mehrheit betätigt. Ca. 84 Prozent aller abgegebenen Stimmen entfielen auf diese Liste. Natürlich fragt sich, wie auch schon früher bei DKP-Betriebsräten,

---

26 Ein Interview mit zwei Mitgliedern der „Alternativen Metaller" bei Daimler Kassel findet sich in der Sozialistischen Zeitung 5/2011, S. 11.

27 Ein Interview mit zwei Vertretern der Baso findet sich in der Sozialistischen Zeitung 9/2008, S. 9.

28 Vgl. http://www.betriebsrat-gegendenstrom.de/ueber%20uns.html. Auf der Internetseite der Liste sind ihre beachtlichen Wahlergebnisse bei den Betriebsratswahlen 2002 und 2006 angegeben, es findet sich aber keine Angabe zu 2010.

ob sie eher als engagierte Individuen (*trotz* ihrer Parteizugehörigkeit) gewählt wurden oder diese Trennung zwar vorhanden, aber zugleich nicht absolut ist.[29]

In der Zeitschrift 'Avanti' heißt es zu Recht: „Die linken Oppositionslisten widerspiegeln allerdings nur einen kleinen Ausschnitt der Betriebsratswahlen. Die allermeisten linken und klassenkämpferischen KandidatInnen sind nicht über alternative Listen, sondern über offene oder offizielle Listen der Gewerkschaften in die Betriebsräte gewählt worden, oft auch über direkte Personenwahl. Über diese Kandidaturen und deren Erfolg oder Misserfolg gibt es keine Statistiken. Sie werden der jeweiligen Gewerkschaft zugeordnet und tragen damit in der Regel zu deren Wahlerfolg bei. Solche Kandidaturen verlaufen aber kaum weniger konfliktfrei, als dies bei der Polarisierung durch das Aufstellen von Listen der Fall ist, wenn klar und deutlich Position zu bestimmten Konfliktfeldern bezogen wird. ... Gegnerin in diesen Auseinandersetzungen ist dann in der Regel eine Betriebsratsmehrheit, die auf Co-Management setzt" (Avanti, Sept. 2010). Der Artikel (vgl. http://www.rsb4.de) beschreibt dann anhand von drei verschiedenen Betrieben unterschiedlicher Branchen aus dem Rhein-Neckar-Raum Konflikte in der Belegschaft zwischen eher kämpferischen Betriebsratsmitgliedern und auf Co-Management setzenden Gewerkschaftern.

Die angeführten Gruppen sind nur Beispiele. Es gibt m.W. keine umfassende Dokumentation kritischer Betriebsratslisten, Betriebsgruppen und Betriebsratsmitglieder. Das zeigt, wie wenig sich Sozialwissenschaftler und viele Linke für diese Wirklichkeit interessieren. Auseinandersetzungen im Betrieb gehören zu einer in der Öffentlichkeit wenig thematisierten Realität. Die negativen Rückwirkungen dieser Ausblendung sind evident.

Wolfgang Schaumberg war 25 Jahre lang Betriebsrat für die Gruppe GOG („Gruppe oppositioneller Gewerkschaftler" bzw. später „Gegenwehr ohne Grenzen") bei Opel Bochum. Er beschreibt die Mühen der oppositionellen Betriebsratsarbeit (Schaumberg 2001, 145,148) und arbeitet aus seinen Erfahrungen bei der GOG Bochum, die 35 Jahre lang eine große Rolle im Bochumer Opelwerk

29 Eine Einschätzung von 1976 dürfte nach wie vor zutreffen: „Die Zustimmung gilt in aller erster Linie der Person, dem Kollegen, dessen Einsatz für die Interessen der Arbeiter und Angestellten Anerkennung findet. Aufgrund der ablehnenden Haltung vieler Kollegen gegenüber den alteingesessenen Betriebsratsfürsten werden kommunistische Kollegen gewählt. ... (Die Kollegen) wählen den konsequenten Interessenvertreter, sie wählen aber damit nicht seine Organisation und deren Programm. ... Die wenigsten sind bereit und in der Lage, ihre passive Erwartungshaltung zu ändern und den Kommunisten auch nach der Wahl noch aktiv zu unterstützen" (GIM 1976, 36).

spielte, soziale Bedingungen für das Gelingen oppositioneller Betriebsarbeit heraus: „Wir hatten in der GOG bei Opel in Bochum seit der Gründung 1972 eine relativ glückliche Konstellation, indem wir erstens kontinuierlich mit unserer eigenen Zeitung und unseren Flugblättern die Diskussion mit der gesamten Belegschaft geführt haben, zweitens unsere Gruppe fast immer mehrheitlich aus Nicht-Betriebsräten, sondern KollegInnen 'der Basis', Vertrauensleuten oder Menschen ohne besondere Funktion bestand und drittens immer GenossInnen in der GOG (zunächst 'Gruppe oppositioneller Gewerkschafter', später 'Standort-Gruppe') mitgemacht haben, die nicht bei Opel beschäftigt sind oder waren, und uns fachlich ..., sachlich ... und politisch unterstützt haben, gleichsam als solidarische, politische Supervision gegen einen betriebsbornierten Blick auf unsere Ziele, Aufgaben und Alltagspraxis" (Ebd., 149f.).[30]

I.4 In der individuellen Lebensführung entstehen Sinne und Fähigkeiten, die zu den herrschenden gesellschaftlichen Zwecken und Formen in Differenz und Gegensatz geraten

Das Verhältnis der Ansprüche des Individuums als „Subjekt" seiner Lebensführung zu den problematischen gesellschaftlichen Strukturen bildet eine weitere Teilmenge des Widerspruchs zwischen in der modernen kapitalistischen Gesellschaft herausgebildeten Fähigkeiten und Sinnen der Individuen und den gesellschaftlich herrschenden Formen. Bevor ich mich diesem Thema zuwende, ist auf die für die moderne bürgerliche Gesellschaft charakteristische Subjektform einzugehen. Sie enthält eine starke Gegentendenz zu dem genannten Widerspruch. Auf Überlegungen zur Frage, wie die alle erwachsenen Mitglieder der modernen bürgerlichen Gesellschaft betreffende Individualitätsform des bürgerlichen Subjekts schicht- und klassenspezifisch unterschiedlich ausfällt, muss aus Platzgründen hier verzichtet werden. Wenn in diesem Kapitel von Individuum und Subjekt die Rede ist, so geht es um gesellschaftliche Individualitätsformen, die allen Mitgliedern der bürgerlichen Gesellschaft gemeinsam sind (vgl. II.6a).

Selbstbestimmung und Selbstverantwortung haben in der modernen bürgerlichen Gesellschaft ihren pragmatischen Kontext in der Warenzirkulation. Der Einzelne muss sich zwischen den verschiedenen Möglichkeiten (beim Konsum oder beim Anbieten seiner Arbeitskraft) entscheiden, günstige Angebote herausfinden,

30 Das Protokoll eines Gesprächs von fünf Mitgliedern der GOG über deren Geschichte findet sich bei Gester/Hajek 2005, 35-110.

sich als warenkundig erweisen und soll sich von niemand etwas „vormachen" lassen. Beurteilungsvermögen und Findigkeit, Warenkunde und Verhandlungsgeschick sind gefragt: „Zirkulationsqualifikationen" (Auernheimer 1977). Im Unterschied zu früheren Gesellschaftsformen erscheint in der bürgerlichen Gesellschaft das Individuum als „selbständiges Zentrum der Zirkulation" (Marx 1974, 322).

Die Anforderungen, die dem Individuum abverlangt werden, soll das Subjekt als Moment *seiner* Lebensführung interpretieren und ihr imaginär ein- und unterordnen. Die damit einhergehende Interpretation der Lebensumstände des Individuums als zu seinen jeweiligen Besonderheiten passend und die Erklärung des Eingehens von Verbindlichkeiten aus dem freien Willen des Individuums erhöhen nicht nur den Schein der Autonomie des Individuums und seines Eigenwerts, sondern auch die Arbeitsmotivation.[31] Können die Betroffenen zwischen verschiedenen Abhängigkeiten wählen, so akzeptieren sie Abhängigkeit leichter. Die Aufmerksamkeit wird zudem von der Optionenvielfalt in Beschlag genommen, die das Warenangebot und die „Lebensstile" betrifft.

Das auf sich zurückgeworfene Individuum pflegt von sich den Schein der Persönlichkeit, die seine Existenz als Subjekt (im Sinne der juristischen Selbstbestimmung und Haftung) überschreitet. Die Persönlichkeit zeichnet sich durch die Selbstauffassung aus, sich von den Lebensverhältnissen abheben zu können und für sich selbst Maß und Ziel des individuellen Lebens zu sein. Das bürgerliche Individuum versteht sich nicht aus seinem In-der-Welt-Sein. Die Konstitution seiner Sinne, Fähigkeiten und Reflexionsvermögen in der sozialen Welt ist ihm kein Thema. Wohl aber „äußere" „Einflüsse" und „Bedingungen".[32] Die Persönlichkeit meint dadurch zu sein, was sie ist, dass sie auf die „Bedingungen" reflektiert und mit ihnen „umgeht". Mit der Maxime, kein typischer Vertreter des jeweiligen Berufs, der jeweiligen Tätigkeit usw. zu sein, „weisen wir die Welt in die Schranken, halten sie uns vom Leib und beobachten sie mit unterschiedlichem Maß an Ablehnung und Vorbehalt" (Cohen, Taylor 1977, 37). Die Rollendistanz fördert insofern das Mitmachen, als sie es mit einer anderen Interpretation und einem folgenlosen geistigen Abstand versieht. Die Erfahrung, dass andere ebenfalls beanspruchen, mehr zu sein als sie sind, führt zu „immer komplizierteren Spiralen der Bewusstheit, der Distanz und der Distanz von der Distanz" (Ebd., 40).[33]

---

31 Vgl. Marx 1970, 57, 59 und Marx 1974, 25. Vgl. a. Weber 1972, 60, 86f, 95.

32 Zur Kritik an dieser verkürzten Konzeption, das eigene In-der-Welt-Sein zu denken, vgl. Kapitel II.6b.

33 „Zum Rollenbegriff kommt es überall dort, wo Handlungsabläufe und Situationseinschätzungen mit dem Bewusstsein verbunden sind, es könnte auch anders gehen,

Dem Individuum geht es als Subjekt darum, das Leben, das das Individuum lebt, als sein *eigenes* Leben zu verstehen und von diesem (wie implizit auch immer verbleibenden) Verständnis her das Leben zu *führen*. Das Individuum bewegt sich als Subjekt auf der Spur „des allgemeinsten ideologischen Subjekteffektes, der eben darin besteht, dass das Individuum für sich sein 'Schicksal' nach innen nimmt und die Verhältnisse von innen nach außen lebt und verantwortet" (Haug 1993, 135). Dann avanciert „jedes Einzelleben zu einer imaginären Aktion eines imaginären Subjekts, und die Unkosten und der Druck auf die solcherart überdeterminierte 'Psyche' sind außerordentlich" (Ebd.).

Wer vom Subjekt redet, kann in dessen Autonomie nicht allein die *gegen* gesellschaftliche Normen potenziell anspruchsvolle Selbstbestimmung sehen. Der Bürger hat es in der Selbstverantwortung damit zu tun, dass er seine Kräfte oder sein Budget falsch einteilt, Gelegenheiten versäumt, sich Genüssen hingibt, die seine Arbeitskraft schwächen, oder auf andere Weise über seine Verhältnisse lebt. Zur Subjektform gehört die für die Individuen problematische Einheit von Selbstbestimmung, Selbstverantwortung und Selbstbeschuldigung. Freiheit hat ihren Preis. Selbstverantwortung impliziert die Fähigkeit, die Risiken der jeweiligen eigenen Entscheidung für sich und andere abschätzen zu können und ggf. dafür haften zu müssen. Selbstverantwortung heißt ein Sichzurechnen der Folgen des Handelns, das als *eigenes* Handeln auch dort erscheint, wo es innerhalb der vom Individuum unabhängigen Strukturen agiert. Wo Individuen gefordert sind, selbst Entscheidungen zu treffen, verlagert sich der Fokus der subjektiven Aufmerksamkeit auf das Subjekt („selbst schuld!"). „Die Menschen wurden frei gedacht, um gerichtet, um gestraft werden zu können – um schuldig werden zu können: folglich musste jede Handlung als gewollt, der Ursprung jeder Handlung als gewollt, der Ursprung jeder Handlung als im Bewusstsein liegend gedacht werden..." (Nietzsche 2, 977).

Dem Individuum werden in der modernen kapitalistischen Gesellschaft die Aufgaben der Selbstbestimmung, Selbstbeherrschung und Selbstverantwortung zugerechnet, und es versteht und missversteht sich auch selbst im Horizont dieser „Herausforderungen". Die Divergenzen zwischen der individuellen Faktizität und diesen Aufgaben machen Scham- und Schuldgefühle wahrscheinlich. Imaginä-

aber zugleich dies Bewusstsein nicht zu einem Handeln findet, das Änderung der als Fessel empfundenen sozialen Verhältnisse herbeiführen könnte, sondern reflexiv bleibt und die Distanz zwischen Handelndem und Handlung, zwischen Person und sozialer Lage, Spontaneität und institutioneller Ordnung zum Prinzip fixiert" (Furth 1971, 496).

re Selbsterhöhungen und selbstwertdienliche Reduktionen der Kluft zwischen Soll und Ist sind für das Individuum als Subjekt typisch. Damit aber nicht genug. Bestimmte Varianten zwischenmenschlicher Beziehungen erlauben es, jene Persönlichkeitsanteile, die dem Subjektideal entsprechen, und jene, die von ihm abweichen, verschiedenen Personen zuzuordnen (vgl. Creydt 2013a). Das intrapsychische Geschehen zwischen Subjekt und Individuum bekommt eine intersubjektive Verlaufsform. Das Individuum kann bspw. Subjekt sein durch Überlegenheit gegenüber anderen (im sich beweisenden oder aggressiv-entwertenden Stil), durch die Dienste von anderen für es oder durch seine Dienste für andere oder durch Unbetroffenheit (im distanzierten Stil). Diese Typen der Lebensführung bilden eine kräftige Quelle der Verschwendung von Aufmerksamkeit und Energie und sorgen zuverlässig für Aversionen und Zermürbungen. Mit diesen Individualitätsformen wird kultiviert, dass die vereinzelten Einzelnen ihre Beschränktheit gegeneinander geltend machen und gegen sich selbst geltend machen lassen.

Allerdings ist auch möglich, dass die gesteigerten Vermögen zur Reflexion über die individuelle Lebensführung zu Divergenzen zwischen den Anforderungen des Erwerbs- und Geschäftslebens an die Individuen und deren eigenen Ansprüchen führen. Für manche bildet schon die „work-life-balance" einen Fortschritt. Anderen wird gewiss, dass das Leben nicht erst anfängt, wenn die Arbeit getan ist.

In der Arbeitswelt führt die Existenz des „Arbeitskraftunternehmers" zwar zu neuen Belastungen des Individuums, zugleich aber erweist sich das traditionelle Modell des „Industriesoldaten" als nicht mehr haltbar. Die damit verbundene Hoffnung lautet: „Der neue selbständige Unternehmer am Arbeitsplatz will doch beides: Selbstbehauptung ('auf eigenen Beinen stehen') und Selbstverwirklichung ('Arbeit, die einem etwas bedeutet')" (Opaschowski 2008, 33).

Im Zusammenhang der individuellen Aufmerksamkeit für die eigene Lebensführung wird auch die Frage nach der Lebensqualität zum Thema. „Unsere Lebensqualität ist keine Ware, auf die es Rabatt gibt", lautete die Parole auf einem Transparent von Verdi (Fachbereich Handel) auf einer Demonstration am 21.2. 2008 anlässlich eines Tarifkonflikts in Berlin. Es ging u.a. um Zuschläge für die nach der Freigabe der Ladenöffnungszeiten notwendigen Arbeiten am Abend und an Wochenenden. Diese Zuschläge sollen den Beschäftigten einen Ausgleich geben und die Ausweitung der Arbeitszeiten in den Nachtstunden und an Wochenenden erschweren. Lebensqualität steht hier zunächst als Chiffre für die Verteidigung gegen die Verschlechterung von Arbeits- und Lebensbedingungen der Beschäftigten.

„Lebensqualität" wird bisweilen zum Gegenbegriff gegen Hierarchien, schlechte Arbeitsbedingungen und den Druck seitens der Geschäftsleitungen auf die

Beschäftigten. Mit der Rede von Lebensqualität ist oft allerdings auch jene Tröstung verbunden, die die Devise „Geld macht nicht glücklich" den finanziell Minderbemittelten schon immer bieten sollte. Auch die „Sein statt Haben"-Parole hat ihre ideologischen Pferdefüße.[34] Zugleich eröffnet der Horizont solcher Slogans eine Distanz zu den Kriterien des Erfolgs in modernen kapitalistischen Gesellschaften – hohes Einkommen und hoher Status.

Die von Ronald Ingleheart in den 1980er Jahren vorausgesagte flächendeckende Verbreitung bzw. Durchsetzung postmaterieller Werte blieb aus – schon aufgrund von Massenarbeitslosigkeit und Reallohnstagnation. Das Heidelberger Sinus-Institut, das seit 1979 soziale Milieus in (West-)Deutschland untersucht, hat in der Sinus-Studie von 2007 10% der Bevölkerung jenem Milieu zugeordnet, das sich an postmateriellen Werten orientiert (vgl. http//:www.sinus-sociovision.de/).

'Gutes Leben' in der Arbeit umfasst den sinnvollen Bezug der eigenen Fähigkeiten auf andere (Konsumenten, Kunden, Klienten, Drittbetroffene), also sinnvolle Tätigkeiten und Dienstleistungen. Dies geht einher mit der Entwertung von für die moderne kapitalistische Gesellschaft charakteristischen Mentalitäten. Günstigenfalls kommt es zum „Fehlen einer rauschhaften Identifikation mit dem Zivilisationsfortschritt", zu „einer wohlbemessenen Zivilisationsdissidenz", also zur „Disposition zu einem mehr 'defensiven' Zivilisationsverhalten, jenseits von Betriebskonformität und diesseits von Aussteigertum; sich der kulturellen Hegemonie der Märkte entziehen und eine eigengeprägte Lebensweise entfalten, eigene Verbrauchsgewohnheiten und Gebrauchsmuster pflegen. Bei beruflich etablierten Mitgliedern der Bildungsschicht kommt dazu ein Empfinden annähernder materieller Saturiertheit, ein 'unterdurchschnittlich' ausgeprägter Erwerbstrieb, eine Geneigtheit, vom Verteilungskampf zurückzutreten. Öffentlich-politische Betätigung steht nicht unter dem Zug von Positions- und Karriereinteressen, Freiheit von Fanatismen, Ressentiment, manischem Belehrungsdrang und auch

34 „Der Mythos des Nicht-Besitzens geht über die abstrakte Kategorie des 'privaten' Individuums nicht hinaus, das in einem 'Inneren' eine Identität hat, die gleichgültig gegenüber allen 'äußeren Aktivitäten' bleibt" (Lefebvre 1977, 161). „Unter dem Deckmantel einer Anklage gegen das Geld rechtfertigen sie den Reichtum, indem sie ihn zu einem bloßen Akzidens der menschlichen Verhältnisse erklären, deren Kern ein moralischer oder metaphysischer sein soll" (Ebd., 158. Vgl. a. MEW 2, 44). So z.B. Papst Benedikt XVI. am 6.10. 2008 auf der Weltbischofssynode in Rom: „Am Zusammenbruch großer Banken sehen wir, dass das Geld verschwindet, nichts ist. Wer nur auf Sichtbares setzt, baut auf Sand. Nur das Wort Gottes ist eine solide Wirklichkeit" (zit. n. Berliner Zeitung 7.10.08, S. 2).

von Sozialneid gegen die Reichen und die Superreichen (vielmehr eine anders motivierte Distanz gegen diese Sphäre). ... Mit diesem Habitus befindet man sich heute in einer 'Diaspora'. Eine kulturelle Hegemonie übt das Klassen-Schichten-Ensemble mit der höchsten zivilisatorischen Vitalität und Aggressivität aus, namentlich das Ensemble der Aufsteiger und angestrengten Selbstbehaupter mit ihren Hoflieferanten, Designern und Animateuren" (Fleischer 1987, 232).

An die Diaspora muss niemand denken, wenn der Blick auf den bei einem relevanten Anteil von beruflich hoch qualifizierten Frauen anzutreffenden Vorbehalt gegen Aufstieg und Karriere fällt. Dieser Vorbehalt resultiert nicht allein aus den bekannten Schwierigkeiten bei der Vereinbarkeit von Kindererziehung und Arbeit oder aus den Schwierigkeiten für Frauen im Zugang zu Führungspositionen. Die Überschrift einer Titelgeschichte in der Illustrierten Stern (H. 40/2010) lautete: „Karriere? Das tue ich mir doch nicht an! Warum gut ausgebildete Frauen das Spiel der Männer um Macht und Status nicht mitmachen." Die Antworten auf diese Frage beschränken sich bei den im Artikel vorgestellten Frauen nicht auf einen Ausstieg aus der Erwerbsarbeit zu„gunsten" einer durch den Partner alimentierten Existenz. Vielmehr geht es um Frauen, die weiter erwerbstätig sind. Ihren Karrierevorbehalten lassen sich Motive entnehmen, die zu einer Dissidenz passen, an die sich politisch anknüpfen lässt. „Frauen ... fragen sich nach dem Sinn ihres Lebens. Was ist mir wirklich wichtig? Bin ich glücklich? Lohnt sich mein Einsatz im Job? Fällt die Bilanz negativ aus, dann entscheiden sie sich durchaus gegen eine Welt mit Blackberry und Senator Card und für die persönliche Selbstverwirklichung. Sie weichen aus in die Nischen der Arbeitswelt – in die riskante Selbständigkeit, in schlechter bezahlte Teilzeitjobs. Arbeit ist für viele eben nur das halbe Leben. Und die andere Hälfte finden sie genauso wichtig: Freunde, Familie, gesellschaftliches Engagement" (Ebd., 60).

Der eben zitierte „Stern"-Artikel nennt als ein Motiv unter anderen auch die Divergenz zwischen Motiven, die eigene Arbeit gut zu machen, einerseits, den Zeit und Energie vergeudenden Machtspielchen in der Hierarchie andererseits. „Wirklich genießen konnte Beate Ramsauer ihre Führungsposition trotzdem nicht. Sie fand die ständigen Machtspiele der Kollegen zermürbend. Zu diesen Spielen gehörte es, Termine beim Vorgesetzten zu überziehen, damit der des Kollegen platzte. Oder zu spät ins Meeting zu kommen, um dann die Diskussion an sich zu reißen. '50% meiner Zeit gingen für Politik drauf, dabei wollte ich doch inhaltlich arbeiten', sagt Beate Ramsauer" (Ebd., 58).

In dem Maße, wie Einkommens- und Hierarchieunterschiede etabliert sind, orientiert sich menschliches Sinnen und Trachten nicht unerheblich gerade an ihnen. „Aber wenn es einen solchen Unterschied in einem Gesellschaftssystem nicht gibt, wenn es als ebenso unsinnig angesehen wird, mehr verdienen zu wollen als die anderen, wie wir es heute als unsinnig ansehen (jedenfalls die meisten von uns), um jeden Preis ein 'von' vor seinem Namen setzen zu wollen, dann werden auch Motivationen, die einen wirklichen gesellschaftlichen Wert haben, auftauchen oder, besser noch, sich entfalten können: das Interesse an der Arbeit selbst, das Vergnügen, etwas gut zu machen, was man sich selbst vorgenommen hat, Erfindungsgabe, Kreativität, die Wertschätzung und Anerkennung der anderen. Umgekehrt, so lange die jämmerliche ökonomische Motivation da ist, werden einem von Kindesbeinen an alle anderen Motivationen abgewöhnt und verkümmern" (Castoriadis, Mothé 1992, 20f.).

Immerhin existieren bereits Arbeitszusammenhänge, in denen ohne Hierarchie zusammengearbeitet wird. Dies betrifft bspw. die freie Software, deren Nutzung kostenlos bleibt und deren Quellcode bei Weitergabe des Programms mitgeliefert wird.[35] Es handelt sich bei den Kooperationen und Assoziationen zur Herstellung freier Software nicht um kleine und überschaubare Projekte, sondern um weltweite Arbeitszusammenhänge.[36]

Wenn man nach der Zukunft der für die menschliche Sozialität problematischen Vergleicherei und des distinktiven Konsums fragt, wäre dem schon von Fred Hirsch analysierten tendenziellen Fall des Grenznutzens von Positionsgütern nachzugehen.[37] Kurzschlüssig allerdings wäre es, mit der Annahme einer sich verringernden Attraktivität eines Leitprodukts der Ökonomie der letzten Jahrzehnte (dem Auto[38]) einen Bedeutungsverlust der Suche nach Distinktion

---

35 Freie Software eignet sich als gutes Beispiel für hierarchielose Kooperation, nicht aber als Beispiel für die Vorwegnahme einer nichtkapitalistischen gesellschaftlichen Synthesis, wie Nuss und Heinrich (2002) überzeugend gegen hier investierte Hoffnungen zeigen.

36 Zu den Programmen der Freien Software gehören das Betriebssystem Gnu/Linux, der Internet-Server Apache, der Compiler Gcc, die Programmiersprache Perl, das Desktop KDE, das Bildbearbeitungsprogramm Gimp.

37 „Unter Positionsgütern werden solche Ressourcen verstanden, die – aus technischen oder aus 'logischen' Gründen – knapp und nicht vermehrbar sind, oder die im Zuge sozialer Prozesse ihren Wert dadurch verlieren, dass sie von anderen Akteuren ebenfalls benutzt werden. (Vgl. Fred Hirsch, Social Limits of Growth, Cambridge, Mass. 1976, S. 27f.). Ihre zentrale Eigenschaft ist die Rivalität in der Öffentlichkeit" (Esser 2000, 191f.).

38 Der Autoexperte Stefan Bratzel (Center of Automotive Management in Bergisch Gladbach): „In China und anderen aufstrebenden Märkten ist die Prestige-Wirkung immer noch enorm. Aber in den gesättigten Industriegesellschaften wandelt sich das. In Großstädten spielt das Auto auch bei den Wohlhabenderen keine so große Rolle

ermöglichenden Gütern zu verbinden, als stünden nicht neue Produkte zur Verfügung, die sich als Objekt dieser Begierde anbieten.

I.5 Zentrale gesellschaftliche Querschnittsprobleme (a. Gesundheit, b. Ernährung, c. Ökologie, d. Verkehrswesen, e. Care, f. Globalisierung) als Kristallisationskerne für soziale Kritik

Wer in der modernen bürgerlichen Gesellschaft seine Belange an die Geldform bindet und sich an möglichst hohem Einkommen orientiert, ist realistisch und unrealistisch zugleich. In der modernen bürgerlichen Gesellschaft existieren zentrale Querschnittsprobleme, angesichts derer es sicher nicht schaden kann, mehr und nicht weniger Geld zu haben. Die negativen Effekte dieser Querschnittsprobleme auf das Individuum lassen sich mit viel Geld gleichwohl nur sehr begrenzt aufhalten.

Die kritischen Aufmerksamkeiten für diese Querschnittsprobleme bilden Kristallisationskerne, an denen sich gegenhegemoniale Netzwerke entwickeln können. Sie stellen ein zentrales Strukturmoment des Kapitalismus praktisch infrage: die „Gleichgültigkeit der Konsumierenden und Produzierenden zueinander" (Marx 1974, 78f.). Und sie betreffen Problematiken, die im modernen Kapitalismus zwar bestenfalls nicht prinzipiell unlösbar sind, deren Bearbeitung aber mindestens auf große Widerstände starker Kapitalfraktionen stoßt. Daraus können sich Lernprozesse ergeben, die ein Bewusstsein ermöglichen, das zueinander gegensätzliche gesellschaftliche Logiken und Leitbilder in den Blick bekommt.

a.) Alternativ- bzw. komplementärmedizinische Angebote zeigen eine keineswegs sozial randständige Suchbemühung. Klammern wir deren ideologischen und esoterischen Anteile aus, so lässt sich ihnen positiv das Anliegen zuschreiben, die inhaltlichen Grenzen der Schulmedizin zu überschreiten. Auch unter den Ärzten gibt es diesen Konflikt. Die Berliner Ärztekammer hatte jahrelange mit Ellis Huber einen vehementen Kritiker des bloßen Reparaturbetriebs und der Drei-

---

mehr. Und gerade auch bei jungen Menschen ist die Bedeutung abnehmend. Wir haben das für die 18-25-Jährigen untersucht und festgestellt: Die wollen mobil sein, aber ein eigenes Auto ist ihnen dabei nicht mehr so wichtig wie früher" (Berliner Zeitung 2.10. 2010, S. 10). Das Durchschnittsalter des privaten Neuwagenkäufers betrug 2013 in Deutschland 52,2 Jahre (www.marketingartikel-magazin.de. Eintrag vom 11.2.2014).

Minuten-Medizin zum Präsidenten. In den Kliniken erfahren die Beschäftigten und die Patienten vielfältige Widersprüche zwischen ökonomischen Imperativen und den Kriterien einer guten Behandlung. Bei Ärzten, Pflegekräften und Physiotherapeuten existiert eine Aufmerksamkeit für die gesundheitlich abträglichen Effekte der Arbeitsanforderungen in modernen kapitalistischen Gesellschaften. Viele Arbeiten sind von aversiven Bedingungen geprägt: von Lärm, von starker körperlicher Belastung,[39] von Beanspruchung in Form von einseitigen Haltungen, von der Anforderung ständiger Aufmerksamkeit in reiz- und handlungsarmen Situationen, von Schicht- und Nachtarbeit und von Übermüdung. Lärm wird auch außerhalb der Arbeit zum Problem aufgrund von Fahrzeug- und Flugzeugverkehr.[40] Die Folgen von mangelnder Prävention und krankmachenden Arbeitsbedingungen sind massiv.[41]

Eine massive Infragestellung kapitalistischer Imperative resultiert aus der Aufmerksamkeit für die unbekümmerte Produktion bzw. Inkaufnahme von Schädigungen der Gesundheit bzw. der ökologischen Lebensbedingungen durch in der Gesellschaft übliche, weil profitabel produzierbare und verkaufbare Waren. Zwar schafft die Produktion dieser Waren Reichtum für die Unternehmer und (davon abhängig, also nur sehr bedingt) Arbeitsplätze, schädigt aber mit den

---

39 Einer 2011 veröffentlichten Studie des Robert-Koch-Instituts zufolge arbeitet jeder dritte Befragte häufig bei Lärm, Hitze oder Kälte. 27,3 Prozent der Erwerbstätigen müssen oft schwere Lasten heben und tragen (Kroll, Müters, Dragano 2011).

40 „Expertenschätzungen zufolge ist heute schon jeder fünfte Einwohner der Europäischen Union Lärmpegeln ausgesetzt, die Mediziner als untragbar ansehen" (Tenzer 2005, 60). Die Wirkungen des Lärms auf den Hormonhaushalt und das Nervensystem sind beträchtlich. „Laborexperimente haben gezeigt, dass es zur Ausschüttung von Stresshormonen wie Kortisol und Adrenalin führt, die Herzfrequenz steigert, die peripheren Blutgefäße verengt und die Konzentration der Blutfette erhöht. Grund dafür ist die Funktion des Gehörs als allzeit bereites Alarmsystem: Selbst während des Schlafes analysiert unser Gehirn sämtliche Umgebungsgeräusche" (Ebd.).

41 Der Medizinsoziologe Prof. Hans-Ulrich Deppe spricht davon, dass „sich rund 25-30% der heutigen Gesundheitsausgaben in Deutschland durch langfristige Prävention und Gesundheitsförderung vermeiden lassen." Deppe zufolge sind „die Arbeitsbedingungen der krankmachende Faktor Nr. 1. ... Es sind offensichtlich viel mehr Krankheiten durch Arbeit verursacht, als offiziell anerkannt wird" (Interview in: Neues Deutschland, 7.5. 2002). Johannes Siegrist zufolge könnten durch „ein stressfreieres Arbeitsumfeld" bis zu 10.000 Herzinfarkte im Jahr vermieden werden (Geo 3/2002, S. 161). „Herzinfarkte sind (in einem erweiterten Sinn) mit Arbeitsunfällen gleichzusetzen. Das Infarktrisiko ist bei Dreischichtbetrieb dreimal und bei erheblichen chronischen Überstunden siebenmal so hoch wie im Durchschnitt (FR 08.03. 2001).

Produkten und ihrem Gebrauch massiv die menschliche Gesundheit. Der Wertschätzung des Autos und der zu seiner Herstellung notwendigen Arbeit steht die Aufmerksamkeit für die mit dem Autoverkehr einhergehenden Schädigungen der menschlichen Gesundheit (Verkehrstote, schwere Verletzungen – s. I.5d) entgegen. Analoges gilt auch für die schleichende Unterhöhlung der Gesundheit durch viele Produkte der Nahrungsmittelindustrie (s. I.5b). Chemikalien, die Menschen und Umwelt gefährden, entweichen nicht allein aus den Schornsteinen und Abwasserrohren der Industrie, sondern auch aus den produzierten Waren. Betroffen sind bspw. Flammschutzmittel aus Autopolstern und Computern, Weichmacher aus Kinderspielzeug und Farben, hormonähnliche Substanzen aus Reinigungsmitteln und Unkrautvernichtern. Nur ein Achtel der in der EU produzierten und importierten Chemikalien war 2008 auf ihre Folgen für Umwelt und Gesundheit getestet („toxic ignorance") (BUND 2008, 6). Die Ungewissheit über die negativen Effekte bildet auch bei der Nanotechnologie kein Hindernis dafür, die Bürger in einem gigantischen Freilandexperiment zu Versuchskaninchen zu machen (vgl. Beyer 2006, 1135).

Gewiss ist die Lebenserwartung gestiegen, allerdings bildet sie keinen sonderlich aussagekräftigen Indikator für die Qualität des physischen und psychischen Zustandes der Bevölkerung. Auch Invaliden können lange leben. Zudem geht es hier nicht um einen historischen Vergleich oder die Frage, ob sich der durchschnittliche Gesundheitszustand verbessert oder verschlechtert habe, sondern darum, die gegenwärtigen Probleme zu vergegenwärtigen.

Die dauernde Umstrukturierung der Arbeiten und das Freisetzen der Arbeitenden in die Arbeitslosigkeit[42] sowie die Überforderungen[43] und die allgemeine Unvorhersehbarkeit und Sprunghaftigkeit der Konjunktur führen zu Unsicherheiten und Ängsten. „'Wer braucht mich?' ist eine Frage, die der moderne Kapitalismus völlig zu negieren scheint. Das System strahlt Gleichgültigkeit aus ..., wo Menschen behandelt werden, als wären sie problemlos ersetzbar oder überflüssig" (Sennett 1998, 201)

Im engen Zusammenhang mit der Arbeitsleistung bildet die Gesundheit zwischen den Arbeitenden und den 'Arbeitgebern' eine umkämpfte Angelegenheit. Marx lässt einen fiktiven Arbeiter die aus Sorge um die eigene Gesundheit motivierte Distanz zur Verwertungslogik im „Dialog" mit seinem Arbeitgeber

42 „Die Hälfte der gewerblichen Arbeitnehmer und jeder dritte Angestellte haben Angst, ihren Arbeitsplatz zu verlieren" (Roth 2003, 106).

43 „Zwei Drittel der Beschäftigten haben das Gefühl, am Arbeitsplatz überfordert zu sein" (Roth 2003, 104).

artikulieren: „Abgesehen von dem natürlichen Verschleiß durch Alter usw., muss ich fähig sein, morgen mit demselben Normalzustand von Kraft, Gesundheit und Frische zu arbeiten wie heute. Du predigst mir beständig das Evangelium der 'Sparsamkeit' und 'Enthaltung'. Nun gut! Ich will wie ein vernünftiger, sparsamer Wirt mein einziges Vermögen, die Arbeitskraft, haushalten und mich jeder tollen Verschwendung derselben enthalten. Ich will täglich nur soviel von ihr flüssig machen, in Bewegung, in Arbeit umsetzen, als sich mit ihrer Normaldauer und gesunden Entwicklung verträgt" (MEW 23, 248).

Die gewerkschaftliche Kampagne für 'Gute Arbeit' (s. a. www.dgb-index-gute-arbeit.de) „zielt darauf, sowohl die betriebliche Alltagsgestaltung von Arbeitsbedingungen erneut ins Zentrum zu rücken als auch die Qualität der Arbeit zu einem gesellschaftspolitischen Thema zu machen. Insofern geht es um die Re-Politisierung eines Handlungsfeldes. Das Profil enthält dabei mehrere Dimensionen: Gute Arbeit ist zuallererst ein *Widerstandskonzept*. Es gilt, schlechter Arbeit Grenzen zu setzen und Widerstandslinien aufzubauen, um die Anpassungsspirale von Standards guter Arbeit nach unten zu stoppen. Dies bedeutet in erster Linie, einen Kampf gegen weitere Arbeitszeitverlängerung und die Ausweitung von prekären Jobs zu führen. Gute Arbeit ist darüber hinaus auch eine *Interventionschance*, um in zentralen Feldern der Gestaltung von Arbeitsbedingungen vor allem betriebspolitisch handlungsfähig zu werden und eigene Konzepte einzubringen. Gute Arbeit ist aber auch ein *Zukunftskonzept*, das in einer Situation der Defensive die Ansprüche und Interessen der Beschäftigten an guter Arbeit stärkt und ihre soziale Phantasie auch in einer Widerstandssituation freisetzen hilft. Es ist damit auch anschlussfähig für weitergehende Aspekte der Ökologie und Demokratie in der Arbeit" (Pickshaus 2007, 86f.).

Medikalisierende und psychologisierende Verarbeitungsweisen tragen zu einem Bewusstsein bei, das die Ursachen der gesundheitlichen Probleme nicht auf die objektiven Strukturen moderner und kapitalistischer Gesellschaften bezieht. Der jeweilige individuelle Lebenswandel wird für Krankheiten verantwortlich gemacht (vgl. Creydt 2006). Zugleich kann aber in der Auseinandersetzung mit Krankheit und gesundheitlichen Problemen auch eine Infragestellung gesellschaftlicher Maßstäbe entstehen. Die Aufmerksamkeit für die im Kontext gesellschaftlicher Strukturen zu verortenden Ursachen für die Schädigung menschlicher Gesundheit bildet eine wesentliche Quelle von Kräften für eine grundlegende Gesellschaftstransformation.

b.) Ein wesentliches Feld der Kritik an Arbeitsinhalten und ein zentraler Brennpunkt der Auseinandersetzung bildet die *Ernährung*. Der Pulitzer-Preisträger Michael Moss (2013) beschreibt, wie die Lebensmittelindustrie Lebensmitteln gezielt Salz, Zucker und Fett zusetzt, damit künstlich die Verzehrneigung aktiviert und massiv gesundheitsschädliche Stoffwechselstörungen begünstigt. „Zucker (ersetzt), mit den richtigen Aromastoffen kombiniert, teurere Zutaten wie zum Beispiel Obst oder Gemüse" (Der Spiegel H. 10, 2013, S. 125). Deutsche nehmen inzwischen doppelt so viel Zucker im Jahr zu sich (36 Kg), wie die Deutsche Gesellschaft für Ernährung empfiehlt. 83% entfallen davon auf Fertigwaren (Ebd.). „In einer Recherche identifiziert die Verbraucherorganisation Foodwatch 1514 Produkte aus deutschen Supermärkten, die sich in Aufmachung und Platzierung an Kinder richten. ... Rund 73% dieser Kinderprodukte sind süße oder fettige Snacks" (Ebd., 130). Im Februar 2013 stellt ein internationales Epidemiologen-Team in der Fachzeitschrift „The Lancet" fest: „Der Effekt der zahlreichen Selbstverpflichtungen und wohlklingenden Initiativen der Nahrungsmittelindustrie sei gleich null" (zit. n. Der Spiegel H. 10, 2013, S. 124).

Gewiss findet sich beim Einkauf von ökologisch und nachhaltig produzierten Lebensmitteln vielfach symbolisches Handeln. Attitude-behaviour-gap auch hier: Das Selbstbild, das sich keinen Mangel an ökologischer Sensibilität nachsagen lassen will, gewinnt die Oberhand über das Bewusstsein für die eigenen Handlungen. Unbeschadet dessen handelt es sich bei Fragen der Ernährung um ein wesentliches politisches Thema. Matthias Wolfschmidt, stellvertretender Geschäftsführer der Verbraucherschutzorganisation foodwatch, beziffert „die durch falsche Ernährung und die Folgeerkrankungen verursachten Kosten allein in Deutschland" mit 70 Mrd. Euro pro Jahr (Berliner Zeitung 24.9. 2010, S. 13). „Verbraucher und Lebensmittelkonzerne haben grundsätzlich gegenteilige Interessen. Die Gesellschaft hat ein Interesse an der Eindämmung der explodierenden Gesundheitskosten, den Konzernen geht es um ihren Gewinn" (Ebd.).

Am Ernährungsthema arbeiten ganz verschiedene Kräfte. „Vielfalt, Entschleunigung, Genuss wurden die wichtigsten Aspekte der Slowfood-Bewegung, die sich, von Italien ausgehend, in den 90er Jahren in Europa ausbreitete. Es wird Wert gelegt auf handgemachte, mit regionalen Produkten arbeitende Küche, die lokale Spezialitäten und Traditionen wahrt" (Krupp 2007). Slowfood Deutschland zählt 2013 12.000 Mitglieder in 80 Ortsgruppen, Convivien (Tafelrunden) genannt. Gebhardt (2012, 273) fragt zu Recht, ob solche Gruppen „auch die sozioökonomische Voraussetzung solchen Genießens reflektieren, oder ob sie spontan den Standpunkt 'gewisser zum Genuss privilegierter gesellschaftlicher Kreise' (MEW 3, 402) einnehmen, denen der Zugang zu hochwertigen Lebensmitteln vorbehalten ist."

Eine andere Initiative, die Organisation '*foodwatch*', kämpft gegen die weit hinter der Gesetzeslage zurückbleibende behördliche Aufsicht, gegen die

Zurückhaltung in der Information, welche Produkte welche problematischen Stoffe enthalten, gegen die gut ausgestatteten Lobbys der Lebensmittelbranche und gegen die Nachrangigkeit von Verbraucherpolitik. „Kostenehrlichkeit" im Lebensmittelbereich bildet ein anzustrebendes Ziel. Würden viele Kosten der agroindustriellen Wirtschaft nicht externalisiert,[44] verteuerten sich deren Produkte und es verringerte sich der Preisabstand zu den teureren ökologisch und nachhaltig produzierten Lebensmitteln.

Fragen der Ernährung und der Ökologie haben eng zu tun mit der *Landwirtschaft*. Eine diesbezüglich aktive Organisation ist die „Arbeitsgemeinschaft bäuerliche Landwirtschaft" (s. Kapitel I.1). Die Querschnittsproblematik, in der Ernährung, Ökologie, Landwirtschaft und Außenwirtschaftspolitik zusammenkommen, ist Thema des „AgrarBündnis". Es ist „ein unabhängiger, überparteilicher und überkonfessioneller Zusammenschluss von derzeit 24 unabhängigen Organisationen aus Landwirtschaft, Umwelt-, Natur- und Tierschutz sowie Verbraucher- und Entwicklungspolitik mit mehr als 1 Million Einzelmitgliedern. ... Ziele des Agrarbündnisses:

- die Erhaltung eines funktionsfähigen ländlichen Raumes und seiner bäuerlichen Struktur,
- die Erzeugung von gesunden und schmackhaften Lebensmitteln,
- eine umweltgerechte und tiergerechte landwirtschaftliche Produktion auf der gesamten landwirtschaftlichen Fläche" (http://www.agrarbuendnis.de/index.php?id=80).

Zur „Grünen Woche" in Berlin kommen jährlich im Januar 20.000 – 30.000 Teilnehmer an einer Demonstration für eine bäuerlich-ökologische Landwirtschaft, gegen Gentechnik, Massentierhaltung und Exportdumping zusammen.

44 „Zu den Umweltschäden, für die die konventionelle Schweinemast verantwortlich ist, zählt bspw. die Wasserverunreinigung durch Pflanzenschutzmittel, die im Futtermittelanbau eingesetzt werden. Mit viel Geld müssen diese bei der Trinkwasseraufbereitung dem Wasser wieder entzogen werden. Auch die Schadstoffbelastung der Gewässer durch Nitrate und Phosphate macht die Trinkwasseraufbereitung teuer. Ein höherer Energieaufwand durch den Einsatz von Mineraldünger heizt das Klima auf – auch dafür muss die Allgemeinheit zahlen. Da die Ökolandwirtschaft diese Schäden weitgehend vermeidet, ist die Produktion eines Öko-Schnitzels teurer. Der Verzicht auf Mineraldünger und Pflanzenschutzmittel führt bspw. zu niedrigeren Erträgen im Futtermittelanbau und dadurch zu höheren Kosten. Zudem werden die Schweine in der ökologischen Produktion weniger schnell gemästet, was die Kosten ebenfalls steigen lässt" (Bode 2007, 1327).

c.) Ein weiteres Querschnittsthema bildet die *ökologische Problematik*. Organisationen, die sich naturschützerischen und ökologischen Themen widmen (BUND, Nabu, Greenpeace), haben in Deutschland eine große Mitgliedschaft und ein hohes Spendeneinkommen. Bei Infrastrukturprojekten (z.B. Flughafenausbau Frankf. M., Startbahn West) kam es zu lang anhaltenden scharfen Konflikten mit massenhafter Beteiligung. Das Thema Kernkraftenergie (inklusive Endlager) hat seit den 1970er Jahren bis 2011 immer wieder Hunderttausende zu Demonstrationen bewegt. Selbstverständlich wäre dies nicht möglich gewesen, wenn es nicht eine Infrastruktur von Gruppen und Netzwerken gegeben hätte, die über diese lange Zeit am Thema dran geblieben sind und dafür viel Lebenszeit und Geld aufgewandt haben.

Ulrich Beck imponiert die ökologische Frage als „moralischer Jungbrunnen" und als „phantastisches Moralmilieu" (Beck 1993, 24 und 28). Wenn mit einer der ökologischen Problematik adäquaten gesellschaftlichen Veränderung eine andere soziale Raumstruktur (im Unterschied zur hypertrophen Fernvernetzung), eine andere Zeitstruktur (Entschleunigung), eine andere soziale Zurechnung[45] sowie eine Minderung des exklusiven Besitzindividualismus verbunden sind, so tangiert dies Grundstrukturen der gegenwärtigen modernen und kapitalistischen Gesellschaft massiv. Die unendliche Diversifizierung der Waren würde ebenso infrage gestellt wie die schrankenlose Akkumulation. Ebenso der Umgang mit Problemen, der sie nicht selbst bearbeitet, sondern unter Voraussetzung ihres Weiterbestehens und unter Nichtantastung ihrer Ursachen (über-)kompensatorische Angebote auf den Markt wirft

Mit der ökologischen Problematik schwindet die Selbstverständlichkeit, mit der „ein Teil der gesellschaftsgestaltenden Entscheidungskompetenzen ... den Regeln öffentlicher Kontrolle und Rechtfertigung entzogen und an die Investitionsfreiheit der Unternehmen und die Forschungsfreiheit der Wissenschaft delegiert" wird (Ebd., 302). Technischer und sozialer Fortschritt können nicht mehr umstandslos identifiziert werden. „Die" Wissenschaft versagt als Kollektivsubjekt der Legitimation.[46] Zudem „betreten Gruppen die Arena der technolo-

45 Es ergibt sich hier ein gleiches Problem wie bei der Ökobilanz: „Die stofflichen Bezüge sind schon viel zu sehr ineinander verwoben, um sie noch durch die bornierte Form von Ware und Geld zu zwängen." Zudem stehen alle „‚kybernetischen Grundregeln' (wie etwa Mehrfachnutzung, Recycling, Symbiose unter Nutzung kleinräumiger Diversität etc.) im klaren Widerspruch zu einer funktionalistischen Zerlegung in zurechenbare ‚Einzelleistungen'" (Trenkle 1996, 86).

46 „Es sind nicht Ungebildete und Neuanhänger der Steinzeitkultur, die vor den Gefährdungen warnen, sondern mehr und mehr Menschen, die selbst Wissenschaftler

giepolitischen Auseinandersetzungen, die im innerbetrieblichen Interessengefüge und seinen Formen der Problemwahrnehmung gar nicht vorgesehen waren" (Ebd., 327f.). Auch insofern ergeben sich neue Konstellationen von Produzenten, Konsumenten und Betroffenen (s. Kapitel I.2).

Das für den Kapitalismus charakteristische maßlose Wachstum im Angebot von Waren, deren Produktion profitabel ist, geht einher mit umsatzsteigernder Kurzlebigkeit der Waren und Ressourcenverschwendung. Dieses Syndrom wird in der Nachhaltigkeitsdiskussion materialiter infrage gestellt. Die Imperative der *Nachhaltigkeit* machen Konsum, Arbeit, Zirkulation und die von ihnen indirekt betroffenen Belange wenigstens in ökologischer Sicht aufeinander durchsichtig und vergegenwärtigen die enge Verknüpfung dieser Sphären. Plädiert wird (bspw. bei Stahel 1993, Bierter 2000) für

- die Reduzierung der Material- und Energieintensität von Gütern und Dienstleistungen, die Reduzierung human- und ökotoxischer Stoffe, die Verlängerung der Lebensdauer der Produkte, die Zunahme der Nutzungsintensität (Bierter 2000, 2f.);
- ein ganzheitliches Produktmanagement vom Design bis zur Entsorgung (Stahel 1993, 105f.) mittels Produktlinienanalysen und Ökobilanzen;
- die Erhebung der Instandhaltungsqualität zu einem mit der Produktionseffizienz gleichrangigen Kriterium;
- die Herstellerhaftung und die Forderung an die Konstrukteure und Produzenten, „Produkte mit hoher Zuverlässigkeit, Fehlertoleranz und Schutz gegen Missbrauch zu entwerfen" (Stahel 1993, 109).

Damit einhergehend wird eine grundlegende Wende notwendig in Bezug auf die Reparierbarkeit von Produkten.[47] In Bezug auf die Struktur der Wirtschaft

---

sind – Kerntechniker, Biochemiker, Ärzte, Genetiker, Informatiker usw. – sowie unzählige Bürger, bei denen sich Gefährdungsbetroffenheit und Kompetenz überschneiden" (Beck 1986, 328).

47 „In den letzten drei Jahrzehnten ist es den Herstellern gelungen, Reparaturbetriebe fast komplett vom Markt zu drängen. Der Grund: zunehmender Plastikeinsatz, fest verschweißte Produkte und überteuerte Ersatzteile. Dazu kommt moderne Elektronik einschließlich der auf Mikrocontrollern laufenden Programme. Weder Schaltpläne noch Programmcodes werden veröffentlicht – eine fast unüberwindbare Hürde. Konnten früher Bastler ihre Autos noch selbst reparieren, ist dies heute kaum noch möglich. Nur lizenzierte Werkstätten haben zu einzelnen Bereichen noch den Zugangscode, aber auch sie können nur noch ganze Funktionsblöcke austauschen" (Hasse 2013).

sowie das Volumen und die Verteilung von Arbeiten betreffend folgt aus der Perspektive dauerhafter Güter:

- die Einsparung von Energie und Rohstoffen,
- die Zunahme von Arbeiten für Aufarbeitung und Reparatur,
- die Zunahme der Arbeitsmasse infolge des arbeitsintensiven Charakters von Aufarbeitung und Reparatur,
- der Relevanzgewinn regionaler Arbeitsplätze infolge der Zunahme von Aufarbeitung und Reparatur.

Ich möchte es hier bei der telegrammstilartigen Aufzählung von Fragen bewenden lassen, die für die Auseinandersetzung um ökologische Bewegungen als wesentliches Moment einer Infragestellung moderner und kapitalistischer Strukturen zentral sind:

- Sind die – wenigstens gemessen am gegenwärtigen Ist – recht weitgehenden Sollvorstellungen und Forderungen der (von BUND, Evangelischem Entwicklungsdienst und „Brot für die Welt" herausgegebenen) Studie „Zukunftsfähiges Deutschland" (des Wuppertaler Instituts für Klima, Umwelt, Energie, Frankf. M. 2008) materialiter der Problematik angemessen?[48]
- Was ist ökologisch – bei ausreichendem politischem Druck – innerhalb kapitalistischer Strukturen möglich? Kann es einen „grünen Kapitalismus" geben? Lässt sich die kapitalistische Ökonomie auf Diät setzen? Oder erfordern Maßnahmen, die den ökologischen Problemen gewachsen sind, die Überwindung der kapitalistischen Ökonomie?[49]
- Inwieweit ist die Vorstellung des nahen Endes des „fossilen Zeitalters" realistisch, inwieweit resultieren bereits daraus Anforderungen, die eine grundlegende Änderung gesellschaftlicher Verhältnisse anstoßen?[50] Werden neu entdeckte Vorkommen an Bodenschätzen sowie neue Fördertechniken und technische Innovationen die Problematik entschärfen?[51]
- Inwiefern stehen neue Energieformen aufgrund ihres dezentralen Charakters in Divergenz zur kapitalistischen Ökonomie und in notwendiger Nähe zur „solidarischen Solargesellschaft", die den Kapitalismus, „so wie wir ihn kennen", durch eine „moralische Ökonomie" ersetzt (Altvater 2005, 14)?

---

48 Vgl. kritisch dazu u.a. Sarkar, Kern 2008.

49 Zur Diskussion dieser Fragen vgl. Buck 2008, Rest 2011, Tjaden 2012.

50 „Der Kapitalismus ... kann nicht durch einen ‘endogenen’ Verfall zugrunde gehen; nur ein äußerer Stoß von extremer Heftigkeit im Verein mit einer glaubwürdigen Alternative könnte seinen Zusammenbruch bewirken" (Braudel 1986, 702).

51 „Die Endlichkeit der Erde ist ... eine flexible Größe" (Altvater 2005, 146).

Wer nach dem Beitrag ökologischer Bewegungen zur Bildung von Kräften einer umfassenden Gesellschaftsveränderung fragt, wird auch die problematischen Momente in den Öko-Diskursen einbeziehen, ohne letztere pauschal auf diese Momente zu reduzieren. Ohne Anspruch auf Vollständigkeit sind zu nennen: ein idyllisches[52] und ideologisches[53] Bild von der Natur, die Extrapolation von Trends unter Ausklammerung technischer und gesellschaftlicher Innovationen,[54]

---

52 Der problematische Übergang von der Aufmerksamkeit für die Schädigung *bestimmter*, für menschliches Leben relevanter Naturzustände zur normativen Position der Anpassung an *die* Natur tut so, als existiere ein Schöpfungsplan der Natur, der das gedeihliche Leben der Menschengattung vorsehe und auch für alle anderen Geschöpfte alles gut eingerichtet habe. Menschliche Vernunft findet dann ihre höchste Bestimmung darin, sich an diese höhere Ordnung anzupassen. Ignoriert wird: Die Nichtexistenz der Menschheit ist nicht naturwidrig. Die Natur hat es ganz gut lange Zeit ohne Menschen ausgehalten und wird auch das Verschwinden der Menschheit überstehen. Und auch die außermenschliche Natur gibt keinen Anlass, sie als Garten harmonischer Fülle zu idealisieren. Vgl. u.a. Maxeiner, Miersch 1998, 270f., Bohnke 2001.

53 Ideologische Auffassungen der Natur schreiben ihr die Tugenden des ordentlichen Privathaushalts oder des effizienten Betriebs zu: Sparsamkeit und Funktionalität. „Gäbe es ein Gleichgewicht der Natur, und würde bei jeder Störung der Naturhaushalt zusammenbrechen, hätte sich keine Evolution vollziehen können. Denn Weiterentwicklung erfolgt aus Ungleichgewichten heraus. Wo ein Gleichgewicht herrscht, verändert sich nichts" (Maxeiner, Miersch 1998, 271). Das Lob der Sparsamkeit der Natur blamiert sich an der Abfolge von explosionsartiger Vermehrung und massenhaftem Versterben von Tieren (z.B. Lemminge, Feldmäuse, Wanderheuschrecken, Borkenkäfer oder Gespinstmotten). Wer der Natur pauschal Funktionalität zuschreibt, sieht davon ab, dass es in der Natur „nicht nur Kreisläufe, sondern auch Sackgassen (gibt). Eisenbakterien bilden rote, schwammige Beläge auf Gewässern. Die anderen Wasserlebewesen sterben dadurch größtenteils ab. Der von den Bakterien erzeugte Rost ist natürlicher Müll, der von keinem anderen Organismus recycelt werden kann" (Maxeiner, Miersch 1998, 271). Annahmen der Funktionalität und der (in ihrer jeweiligen Art) vollendeten Gestalt der Tiere blamieren sich an den von Zittlau (2007) geschilderten „Pleiten und Pannen im Bauplan der Natur": „Die Welt ist voller imperfekter Wesen: Hirsche, die mit ihrem Riesengeweih zwischen den Bäumen hängen bleiben; Albatrosse, die sich beim Landen den Hals brechen; dicke Hummeln, die beim Fliegen kaum die Kurve kriegen und Krokodile, die ihren eigenen Nachwuchs verspeisen" (Klappentext).

54 Gern bemühte Beispiele sind die Klagen aus dem 19. Jhdt. über das Ersticken der Städte im Pferdedung sowie die Sorge um die Erschöpfung der Kupfervorräte und die damit verbundene Gefährdung der Zukunft des Telefonierens. Glasfaserkabel und Funktelefone machten diese Prognose in Bezug auf die Telefonleitungen zur Makulatur.

die bloße Umdrehung anthropozentrischer Vorstellungen,[55] die Überschätzung menschlicher Verantwortung,[56] die pauschale Anklage „menschlicher Unbescheidenheit“ und „Unvernunft“ („der“ Mensch als Parasit der Natur), die ökologische Variante der Dogmen von Sündenfall und Erbsünde[57] und die Ausblendung von emphatisch verstandener menschlich-gesellschaftlicher Praxis. Das Morgen und Übermorgen gelten dann im günstigen Fall als sparsamere Varianten des Heute. Hinzu tritt die Relativierung „kleiner“ Sorgen angesichts des ökologischen Megaproblems.[58]

Zwar dient auch die jährliche Spende bspw. für BUND, Nabu oder Greenpeace vielen als eine Art Ablasshandel. Ein geringer Geldbetrag ermöglicht es, sich von allem weitergehenden Engagement freizukaufen. Allerdings ist mit einem konsequenten naturschützerischen und ökologischen Engagement eine Distanz und Divergenz zu Hardlinern des Wachstums verbunden und ein Vorbehalt gegenüber Hoffnungen, letzten Endes ließen sich alle relevanten Fragen im ökonomischen

---

55 „Wie wir uns durch unsere Arbeit nicht auf die Natur in ihrer Totalität beziehen, so überzogen scheint mir eine Anerkennung *der* Natur (im Singular) zu sein. In diesem Ansinnen kommt – wenn auch mit entgegengesetzter, gutgemeinter Absicht – im Grunde nichts anderes als die überwunden geglaubte prometheische Hybris ... oder ein umgekehrter anthropozentrischer Standpunkt zum Ausdruck, als ob die Natur von den Menschen bedroht werden könnte oder auf deren Rücksichtnahme angewiesen wäre – und als ob andererseits die Natur jemals auf uns Menschen Rücksicht genommen hätte“ (Rohbeck 1990, 475).

56 Gewiss sollen negative Effekte von Produktion, Konsumtion und Zirkulation auf die für Menschen zuträglichen Naturzustände vermieden werden. Zugleich gab und gibt es nicht von Menschen gemachte massive Veränderungen in der Natur. 98% aller jemals existenten Arten waren bereits ausgestorben, bevor Menschen existierten. Die Natur ist selbst alles andere als nachhaltig. Die von Menschen gemachten Klimaveränderungen werden bislang von den historisch vorfindlichen natürlichen Klimaschwankungen weit übertroffen.

57 Es ist der „Despotismus“, der die „Verachtung des Menschengeschlechts“ lehrt und seine angebliche Unfähigkeit „zu irgend einem Guten, durch sich selbst etwas zu sein“, verbreitet (Hegel 1969, 24). Ähnlich auch Schiller im siebten seiner ‘Briefe über die ästhetische Erziehung des Menschengeschlechts’: „Die Usurpation wird sich auf die Schwachheit der menschlichen Natur, die Insurrektion auf die Würde derselben berufen.“

58 So schon in der religiösen Angstverarbeitung des christlichen Mittelalters: Die Gefahren in der Welt werden durch religiöse Ängste überboten. „Die Wölfe, das Meer und die Sterne, die Pest, die Hungersnöte und die Kriege sind weniger furchtbar als der Teufel und die Sünde und der Tod des Körpers weniger als jener der Seele“ (Delumeau 1985, 39).

und technologischen Horizont lösen. Das Engagement für einen Zustand der Natur, der den Menschen gegenüber vergleichsweise zuträglich ist, gerät immer wieder in Gegensatz zu Bedingungen einer profitablen Produktion und Zirkulation und zu den Imperativen maßlosen Wachstums der kapitalistischen Ökonomie. An solchen Gegensätzen können sich Lernprozesse und Kräfte für eine grundlegende Gesellschaftstransformation entwickeln.

Die schon ökologisch not-wendige Ressourceneffizienz und ein gegen Prestige- und Kompensationskonsum gerichteter Lebensstil konvergieren: „Das gute Teil verdrängt den vielen Schrott. ... Luxus würde dann eher zu suchen sein in der Art, nicht in der Menge der Güter, in der freien Verfügung über die eigene Lebenszeit, in den vielfältigen Möglichkeiten zur Kommunikation und zu Beziehungen mit anderen Menschen ... und auch in der Chance, Ruhe zu genießen“, so der spätere grüne Hamburger Senator (für Stadtentwicklung, Bundes- und Europaangelegenheiten) (Maier 1996, 44). Im Rahmen dieser Entwicklung könnte „in einer bestimmten soziokulturellen Schichtlage (und zwar einer, die gerade dem kulturellen Anspruch nach eine gehobene ist) eine Kultur des ‘guten Lebens’ sich neu etablieren, die sich mit Autorität gegen die Exzesse der Luxusschichten geltend machte und den Sog minderte, der von diesen auf die kleinen Konsumbürger ausgeht“ (Fleischer 1987, 53).

d.) Eine weitere gesellschaftliche Querschnittsproblematik betrifft die Themen *Verkehrswesen und Mobilität* sowie die Überproduktionskrise der Automobilindustrie.

Nach 1945 wurden in der Bundesrepublik Deutschland 200.000 km neue Straßen errichtet, zugleich aber 15.000 km Schienennetz abgebaut. In Bezug auf die Verkehrspolitik dominieren im modernen Kapitalismus Interessen der Automobilbranche, der Mineralölindustrie und Luftfahrtwirtschaft. Mit der Produktion der für diese Branchen einschlägigen Waren lassen sich mehr Profite erzielen als mit der Bereitstellung eines gesamtgesellschaftlich weit kostengünstigeren Verbundsystems von mehr und besseren öffentlichen Verkehrsmitteln, öffentlich subventionierten (Sammel-)Taxis, car-sharing usw.

Die dominante Stellung des Autos im Verkehrssystem steht nicht nur wegen der Problematik der für das Auto notwendigen Kraftstoffe infrage. Der Widersinn des Autoverkehrs zeigt sich auch daran, dass die Hälfte aller Autofahrten in der EU kürzer ist als fünf Kilometer, 10 % sogar kürzer als ein Kilometer – also auf Fahrten entfällt, die mit dem Fahrrad oder sogar zu Fuß zurückgelegt werden können (vgl. Cramer 2007, 91). Einer Untersuchung von BMW zufolge macht in der Münchner City die Parkplatzsuche etwa 60 % des Autoverkehrs aus (Ebd., 87). Der Autoverkehr hat in der Bundesrepublik Deutschland von 1953-2012

667.028 Tote gefordert.[59] Die diese Ziffer mehrfach übersteigende Zahl der schweren Verletzungen[60] und die damit entstehenden medizinischen u.a. Ausgaben werden als Folgekosten nicht in eine Wirtschaftlichkeitsprüfung des privaten Autoverkehrs einbezogen. Die geschichtlich festzustellende Senkung der Zahl an Todesopfern des Autoverkehrs (1961-1970: 162.085, 2001-2010 53.952) infolge des größeren Aufwandes an Sicherheitstechnik im Pkw ist demgegenüber nur ein schwacher Trost. Infrage gestellt ist nicht nur der menschlich-soziale Sinn der Arbeit derjenigen, die Autos oder Zulieferteile produzieren, sondern auch der Sinn anderer für den Autoverkehr notwendiger Arbeiten.[61] Die hier Beschäftigten sind unmittelbar oder mittelbar positiv auf die Herstellung des Autos bzw. die Sicherung seiner Gebrauchsvoraussetzungen bezogen, also auf ein Produkt, das schon aus gesundheitlichen und ökologischen 'Kosten' problematisch erscheint. Um von der mit dem Auto verbundenen Kultur und Ideologie (vgl. Creydt 2009a) erst gar nicht zu sprechen.

Die Kritik gilt der dominierenden Stellung des Straßenverkehrs bei der „Lösung" bzw. Konstitution des Mobilitätsproblems („Straßen schaffen sich ihren Verkehr selbst"). Damit geht eine übermäßige Konzentration von Arbeit und Ressourcen, menschlichen Sinnen und Fähigkeiten auf das Auto einher. Auch eine Gesellschaft, die diesbezüglich anders verfährt, also Mobilität verringert *und* öffentlichen Angeboten einen dominierenden Platz zuweist, auch eine solche Gesellschaft wird Bedarf haben nach guten Kraftfahrzeugen, die als Taxi, als Rettungs- oder Feuerwehrwagen u.ä. schnell, zuverlässig und sicher ihren Dienst tun. Nicht das Auto ist das Problem, sondern der Stellenwert, der ihm zukommt.

Lothar Galow-Bergemann skizziert eine Bewegung gegen den Automobilismus: „Es gibt flächendeckend sehr viele Proteste gegen die Folgen der Mobilität – ein Blick in die kommunale Berichterstattung jeder x-beliebigen Tageszeitung genügt: Bürgerinitiativen, Unterschriftensammlungen, Leserbriefe, sei es gegen Lärm und Dreck, gegen die Gefährdung von Leib und Leben, gegen die Zei-

59 Vgl. http://commons.wikimedia.org/wiki/File:Verkehrstote_deutschland_1953-2008.svg und http://de.wikipedia.org/wiki/Verkehrstod.

60 Verkehrstote 2012: 3600, Schwerverletzte: 66.279, Leichtverletzte: 318.099 (Statist. Bundesamt).

61 Neben den 744.000 Beschäftigten in der deutschen Autoindustrie arbeiten 800.760 Beschäftigte im Kfz-Handel und in der Kfz-Reparatur (Statist. Jahrbuch 2012). Bei der in der Diskussion oft anzutreffenden Angabe, ein Siebtel der deutschen Arbeitsplätze hänge von der Autoindustrie ab, ist unklar, ob es sich um eine zutreffende Zahl oder um eine Übertreibung der Auto-Lobby handelt.

störung von Wohnqualität, für sichere Fußwege für Schulkinder etc. pp. ... Es gibt darüber hinaus eine 'radikale Fraktion', von Leuten, die sich bewusst vom Auto verabschiedet haben und dies als Befreiung erleben. So existiert z. T. seit vielen Jahren eine Reihe von Initiativen, die sich explizit und konkret gegen den Automobilis-Muss wenden. ... Autofreie Wohngebiete sind entstanden, weitere in Planung ... . Die Initiative 'autofrei leben' ist der bisher einzige überregionale Zusammenhang, der sich ausdrücklich dem Kampf gegen den Autowahn widmet. Sie formuliert als Ziel: 'Eine Welt, in der die Menschen nicht mehr rasen ... . Eine Welt, in der die Menschen Zeit haben – für einander, für sich selbst und für die Natur, deren bewusster Teil sie sind und sein wollen. Eine Welt, in der die Menschen nicht mehr durch das Hamsterrad von Wirtschaftswachstum und Geldvermehrung gehetzt werden'. ... Dies alles bewegt sich in einem 'günstigen Umfeld'. Denn es gibt beispielsweise ein sehr verbreitetes Unbehagen am herrschenden Diktat der Schnelligkeit" (Galow-Bergemann 2002, 3).

Ein in der schwedischen Automobilindustrie tätiger politischer Aktivist formuliert eine diskussionswürdige Perspektive. Er weist zu Recht darauf hin, dass eine „Industrie wie die Autoindustrie nicht einfach aus einem Haufen Maschinen und Gebäuden" besteht. „Sie besteht vielmehr aus den Menschen, die in dieser Industrie arbeiten. Denn im Moment steht die Menschheit vor ihrer schwersten Herausforderung überhaupt: eine Wirtschaft und Produktion umzugestalten, die schon seit 250 Jahren auf fossiler Energie beruht. Und dafür brauchen wir alle verfügbaren Ressourcen, um dies zu bewältigen. Es wäre eine komplett unverantwortliche Verschwendung, wenn wir einen Industriekomplex vernichten würden, der fast über ein ganzes Jahrhundert hinweg aufgebaut und entwickelt worden ist. Die Automobilindustrie verfügt über fachliches Wissen in Logistik, Produktentwicklung, Produktdesign und Qualitätskontrolle, das an Produktionen jeglicher Art angepasst werden kann. Eine effiziente Massenproduktion ist genau das, was wir brauchen, wenn wir die Nutzung fossiler Energien ersetzen wollen. Dies würde komplizierte technische Geräte billiger machen und könnte bei der Produktion von Windturbinen und anderer Ausrüstung zur Erzeugung erneuerbarer Energie genutzt werden, wie z.B. für Bahnnetze, Züge und andere Fahrzeuge eines nachhaltigen Verkehrssystems. ... Es gibt historische Präzedenzfälle für industrielle Konversion. In den Monaten nach dem Überfall der Japaner auf Pearl Harbor 1941 verbot die amerikanische Regierung die Produktion von Privatautos und befahl der Autoindustrie, zur Kriegsproduktion zu wechseln. Ford und andere Hersteller kamen dem nach (und verdienten gut daran), indem sie ihre Kenntnisse in der Massenproduktion auf Bomber und Panzer anwandten. Das Gleiche geschah in Großbritannien.

Um es zusammenfassend zu sagen: Die Autoindustrie ist ein fantastischer und vielseitig einsetzbarer Betrieb, der nicht daran gebunden ist, Autos zu produzieren. Sie kann eine wichtige Rolle dabei spielen, unsere Gesellschaften in nachhaltige und Kohlendioxid-neutrale Gesellschaften zu verwandeln" (Henriksson 2010, 5f.).

e.) *Care-Tätigkeiten* (vgl. Conradi 2001) beziehen sich auf Kinder, Kranke und Senioren. Care-Tätigkeiten und das mit ihnen verbundene Bewusstsein stehen in Divergenz zu marktwirtschaftlichen, betriebswirtschaftlichen und akkumulationsbezogenen Imperativen, die für den Kapitalismus charakteristisch sind. An dieser Stelle interessiert weniger die im Kapitalismus faktisch herrschende Rangordnung, in der jene Tätigkeiten, die gemessen am Maßstab der Erzielung von Mehrwert gesellschaftlich nicht im Zentrum stehen, das Nachsehen haben (vgl. dazu Kapitel I.8). In diesem Abschnitt geht es um das emphatische Moment von Care-Tätigkeiten – die wertschätzende, die Stärken des anderen entfaltende Aufmerksamkeit, die Unterstützung und der empathisch-mäeutische Umgang mit jeweiligen individuellen Entwicklungsprozessen und ihren jeweils besonderen Eigenzeiten und Entwicklungsrhythmen. Es geht um Anteilnahme und Achtsamkeit. Um Fürsorge ohne Paternalismus oder Maternalismus. Das Kriterium der effizienzsteigernden Zeiteinsparung erweist sich für „care" als ebenso „sachfremd" wie die juristische Maßgabe strikter Reziprozität. Der Imperativ der Kostensenkung und Zeiteinsparung verträgt sich denkbar schlecht mit Care-Tätigkeiten.

Mit Care-Tätigkeiten ist gegenwärtig oft zu ihrem Schaden eine moralisierende Mentalität verbunden. Individuen oder soziale Gruppen erklären sich dann für „soziale Probleme" zuständig. Mit diesem Engagement geht häufig eine Ignoranz einher gegenüber der gesellschaftlichen Arbeit zur Verringerung oder Aufhebung der Problem*ursachen*.[62] Bei Care-Tätigkeiten ist der Drang stark, am Individuum negative Effekte der Gesellschaft ungeschehen machen zu wollen. In der modernen bürgerlichen Gesellschaft treten die positiven Momente von Care-Tätigkeiten oft mit bevormundenden, manipulierenden und ideologischen Handlungsweisen vermischt auf. Von der Vermengung „positiver" und problematischer Momente sieht die in bestimmten Spielarten des Feminismus beliebte Stilisierung von Frauen zum kommunikativeren, empathischeren und friedlicheren Geschlecht ab.[63]

Die Care-Tätigkeiten im günstigen Fall zuschreibbare Achtsamkeit für das Gegenüber steht im Gegensatz zu zentralen Momenten moderner und kapitalistischer Gesellschaften. Es handelt sich um:

62 Vgl. demgegenüber z.B. Peter Grottians (2010) Kritik an den „Tafeln".

63 Vgl. Dieckmann 1995, Creydt 2001c. Vgl. a. S. 209, Anm. 81.

- die Vogelperspektive, wie sie in Weltanschauungen populär ist,[64]
- die dekomponierende Außenperspektive, wie sie Naturwissenschaft und Technologien eigen ist (vgl. II.8a1),
- die Selbstanonymisierung des Individuums in dem ihm jeweils abverlangten Rollenhandeln,
- die Distanz schaffenden Perspektiven des Privateigentums und des bürgerlichen Rechts,[65]
- den Tunnelblick von Spezialisten und ihre die Empathie verringernde Fokussierung auf ihren Spezialbereich,
- die Indifferenz bzw. Gegensätze zwischen zentralen gesellschaftlichen Gruppen (Konsumenten/Produzenten, Experten/Laien). Zusammen mit der Konkurrenz sorgen sie für Misstrauen, Blasiertheit und Zynismus und beeinträchtigen oder vergiften das gesellschaftliche Klima. „Kälte" wird zum „Grundprinzip der bürgerlichen Subjektivität" (Adorno 1966, 356).[66]

Alle diese Momente verringern Empathie. In die gleiche Richtung wirkt auch eine andere Ursache. Die Aufmerksamkeit für die eigenen „Verwundungen" trifft auf eine Schutzschicht, mit der sich das Individuum sowohl gegen Zumu-

---

64 Die Weltanschauung und das Politisieren leben von der Vorstellung des erhöhten Standorts eines Feldherren. Mit dem Angebot dieser Perspektive soll das Bedürfnis der in die einzelnen militärischen Aktionen verwickelten oder in partikularen Situationen befangenen Einzelnen nach einem Gesamtüberblick befriedigt werden. Sowohl die „blinde enge Teilsicht des in der Schlacht verlorenen Soldaten" (Bourdieu 1982, 699) als auch die Sicht der Generäle bilden Perspektiven auf das Kriegsgeschehen, die es als Ganzes nicht in den Blick bekommen. Insofern gilt: „Die generellen Ideen sind Generalsideen" (Virginia Woolf).

65 Gemeint ist hier nicht „das" Recht der bürgerlichen Gesellschaft, sondern das bürgerliche Recht als Teilmenge des Rechts (i.U. zum Strafrecht, öffentlichen Recht u.a.).

66 „Der Umstand, dass in dieser Welt jeder dem anderen zum Konkurrenten wird und selbst bei zunehmendem gesellschaftlichem Reichtum es der Menschen in steigendem Maße zu viele gibt, verleiht dem typischen Individuum der Epoche jenen Charakter der Kälte und Gleichgültigkeit" (Horkheimer 1970, 145f.). Das Geschäftsleben und die Zirkulationssphäre gewöhnen die Individuen daran, ihre Mitmenschen darauf anzusehen, „wie sie seinen Absichten sich einfügen" und reduzieren „sie gleichsam vorweg zu Objekten: die einen sind verwendbar, die anderen hinderlich. So tritt Verarmung ins Verhältnis zu anderen Menschen ein: die Fähigkeit, den andern als solchen und nicht als Funktion des eigenen Willens wahrzunehmen, vor allem aber die des fruchtbaren Gegensatzes, die Möglichkeit durch Einbegreifen des Widersprechenden über sich selber hinauszugehen, verkümmert. Sie wird ersetzt durch beurteilende Menschenkenntnis" (Adorno 1976, 171).

tungen und Kränkungen als auch gegen die Aufmerksamkeit für sie abzuhärten bemüht. Die geringe Ausprägung von emotionaler Selbstwahrnehmung (Intrazeption) ist nicht notwendigerweise psychisch motiviert, sondern steht auch im Kontext mangelnder realer Handlungsmöglichkeiten. „Den Satz etwa 'Wenn jemand Probleme oder Sorgen hat, sollte er am besten nicht darüber nachdenken, sondern sich mit erfreulicheren Dingen beschäftigen' können ökonomisch Benachteiligte nur dann ablehnen, wenn sie sich selbst verleugnen. Für sie ist es durchaus vernünftig, sich von angenehmen Dingen ablenken zu lassen, anstatt durch fruchtlose individuelle Reflexionen sich ihre Lage noch mehr zu erschweren" (Jaerisch 1975, 158).

Die dann notwendige Abhärtung verstellt Motive dafür, die Zumutungen wahrzunehmen. „Je mehr es sind, die leiden, desto natürlicher erscheinen ihre Leiden also. Wer will verhindern, dass die Fische im Meer nass werden? Und die Leidenden selber teilen diese Härten gegen sich und lassen es an Güte fehlen sich selber gegenüber" (Brecht GW 9, 738). Achtsamkeitsorientierte Carepraxen unterscheiden sich von der Selbstverhärtung in der Anpassung an Verhältnisse, innerhalb derer das Wohl des Individuums nur sehr relativ von Belang ist. „Der Mechanismus der Anpassung an die verhärteten Verhältnisse ist zugleich einer der Verhärtung des Subjekts in sich: je realitätsgerechter es wird, desto mehr wird es sich selbst zum Ding, desto weniger lebt es überhaupt noch, desto unsinniger wird sein ganzer 'Realismus', der all das zerstört, um dessentwillen eigentlich die selbsterhaltende Vernunft ins Spiel kam..." (Adorno 1979, 60).

f.) Eine Querschnittsproblematik, an der sich Kräfte einer umfassenden Gesellschaftsveränderung entfalten können, bildet die „*Globalisierung*". Globalisierungskritische Bewegungen nehmen zu Recht ökologische und demokratische Motive auf, die eine Veränderung der Größendimensionen und des ökonomischen Verflechtungstypus notwendig machen. Schon vor dem Hintergrund ökologischer Probleme stellen sich Forderungen nach einer anderen gesellschaftlichen Raumordnung. Notwendig werden kurze Transportwege sowie die Existenz synergetischer Wechselwirkungen. Die Autarkie von Dorfgemeinschaften ist damit nicht gemeint, wohl aber die Verdichtung von sozialen und materialen Prozessen auf kommunaler oder regionaler Ebene (vgl. dazu II.8c3).

Auch aus Gründen einer wachsenden Kluft zwischen der Größenausdehnung bzw. der Verflechtungskomplexität der zu beeinflussenden Gesellschaft einerseits, Auseinandersetzungs-, Beratungs- und Entscheidungskapazitäten von unten andererseits, entstehen Bestrebungen, jeder zunehmenden internationalen ökonomischen Vernetzung entgegenzuwirken. Wer nicht auf eine politische Regulation von sozialen Gebilden mit einer Größenordnung hofft, die gerade jedwede politische Gestaltung durch die Mitglieder der Gesellschaft aufs Stärkste erschwert, tut gut daran, sich zu vergegenwärtigen, dass die auf kleinere Räume bezogene Ökonomie nicht notwendigerweise mit sozialer Regression einhergeht.

Für jedes Nachdenken über eine Überwindung moderner und kapitalistischer Strukturen sind die Vorstellung von Globalisierung als *faktisch* allmächtiger Gestalt (vgl. zur Kritik daran Creydt 2006a) sowie die Globalisierung als *normatives* Leitbild infrage zu stellen. Ich mache die praktischen Vorschläge zur De-Globalisierung in Kapitel II.2f zum Thema. Eine Vorform der Deglobalisierung können kontinentale Wirtschaftsbündnisse und eine stärkere Binnenorientierung innerhalb solcher Wirtschaftsräume sein. Ein Beispiel dürfte das Projekt ALBA (Bolivarische Alternative für die Völker unseres Amerikas) bilden, das die Länder Venezuela, Bolivien, Kuba, Ecuador und Nicaragua umfasst.

I.6 Die Aufmerksamkeit für die Hässlichkeit, die uns im modernen Kapitalismus umgibt

> „Unser Lebensraum ist von Verarmung bedroht, und diese Verkümmerung wirkt zurück auf unabsehbare Menschenmassen, lässt ihr Interesse an dieser verödenden Umgebung erkalten“ (Adolf Portmann, zit. n. Warwas 1977, 12).

Eine für moderne kapitalistische Gesellschaften charakteristische Querschnittsproblematik besteht in der Schädigung der menschlichen Sinne. Ganz verschiedene Zumutungen gehören zum einschlägigen Syndrom. In der Stadtbauwelt bringen ausdruckslose Behälter „depressive Elemente in permanenter Weise in den Alltag“ ein (Mitscherlich 1965, 50) und schaffen „menschenverdrängende Anblicke“ (Handke, zit. n. Schimank 1983, 55). Der Architekt und Philosoph Georg Franck beschreibt die Wirkungen weiter Bereiche der gegenwärtigen Stadtbauwelt („zusammengewürfelte Zwischenstädte, Vororte und Gewerbegebiete“) auf die Menschen prägnant: „Da unterscheidet die Bauweise häufig nicht zwischen den Behausungen für Menschen und Müllcontainer. ... Wer hier aufwächst, kommt mit dieser Situation am besten zurecht, indem er abstumpft und eben nicht darauf achtet, wo er ist und wo er sein will“ (Franck 2009, 41, 44). Demgegenüber ist „eine der Aufgaben der Architektur“, den Menschen „das Gefühl zu vermitteln: Es ist wunderbar, dass ihr da seid“ (Ebd., 41).

Weite Abschnitte der Gegenstandswelt, an der sich Sinne erst herausbilden können, sind in modernen kapitalistischen Gesellschaften durch Verwahrlosung charakterisiert. Dies betrifft neben großen Segmenten der Stadtbauwelt den öffentlichen „Nah“verkehr[67] und die Medien.

Die vorfindliche aisthetische[68] Unempfindlichkeit sowie die Aussage, die Gestaltung des Äußeren sei nicht so wichtig, artikulieren ostentativ eine innere Distanz. Sie ist „weniger einer Unempfindlichkeit für das Schöne als dem Verlangen geschuldet, sich gegen jene Traurigkeit zu wappnen, die uns überkäme, wenn wir ständig und überall spürten, wie sehr es am Schönen mangelt“ (Botton 2008, 15).

Verwahrlosung resultiert auch aus jener Ökonomie, die sowohl mit ihren Arbeitsbedingungen und Arbeitslasten zu einer geist- und sinnesschädigenden Erschöpfung und Abstumpfung beiträgt als auch durch den Ausschluss großer, schlicht nicht mehr gebrauchter Bevölkerungsteile Demoralisierung und Verelendung hervorruft. Schlechter Geschmack wird nicht nur bedient, sondern angeboten. Er ergänzt oft den *objektiven* Ausschluss vom Zugang zu dem (selbst unter modernen kapitalistischen Verhältnissen zugänglichen) Reichtum an Sinnes- und Geistentfaltung noch mit einer eigenen Verwüstung der Subjektivität. Die kritische Aufmerksamkeit für die negativen Folgen, die die moderne kapitalistische Ökonomie für die Sinne aufweist, artikuliert sich oft allerdings in einer geradezu sozialrassistischen Weise. Dann mögen Bessergestellte mit den sich an ihrem „schlechten“ Geschmack erfreuenden „Unterschichtlern“ nicht nur nichts zu tun haben, sondern schreiben ihnen personalisierend den schlechten Zustand als Ausdruck ihrer „Natur“ zu. Der Abwärtsvergleich ermöglicht Distinktion.

Eine andere problematische Wendung des Sinns für Schönes – hier nicht normativ oder im Sinne eines bestimmten Geschmacks verstanden, sondern als Gegenteil zu den verhässlichenden und verwahrlosenden Effekten – besteht darin, Schönheit auf Kunst einzuführen. Die gesellschaftliche Aufmerksamkeit für Schönes als zentrale Dimension menschlicher Entwicklung wird durch Profit-, Effizienz- und Instrumentalitätsgesichtspunkte verdrängt. Komplementär dazu entfaltet sich die (über-)kompensatorische Suche nach Kunstobjekten, Liebhaberstücken und Preziosen. „Es mutet sonderbar an, dass in einer so rei-

---

67 Tom Wolfe formuliert das gereizte Unbehagen in einem überfüllten U-Bahnwagen, wenn er ihn als „Fleischbüchse auf Rädern“, als „Rattenmühle“, als „ekligen menschlichen Brei“ beschreibt (Wolfe 1985, 30).

68 Bisherige Ästhetik „ist nicht Aisthetik, d.h. gerade die Sinnlichkeit kommt in ihr zu kurz. Sie ist nicht eine Theorie sinnlicher Erfahrung, sondern die intellektuelle Beurteilung“ (Böhme 2001, 30). In der bisherigen Ästhetik „wird der, dem etwas erscheint, quasi wie ein außerirdisches Subjekt behandelt und nicht in seiner leiblichen Anwesenheit“ (Ebd., 31).

chen Gesellschaft wie der unsrigen alles Ästhetische zugleich als unwesentlich abgetan und als erhaben gefeiert wird. Die großen Kunstwerke liefern uns den Stoff für Sensationen. ... Man drängt uns ständig, sie anzusehen, doch zeugt die Behandlung, die wir ihnen zuteil werden lassen, nur von ihrer Fremdheit unserer Kultur gegenüber. ... Zu Zeiten wirklicher Kultur bezeichneten die 'Künste' das, was wir heute Handwerk nennen würden – man denke meinetwegen an die florentinische 'l'arte di la lana'. Man trennte damals noch nicht die Herstellung eines Gewerbes von dem Wunsch nach Schönheit. Erst das 19. Jahrhundert mit seiner Kleinbürgerlichkeit hat den Begriff des 'Kunstgegenstandes' entwickelt: man versteht seitdem darunter eine kleine niedliche Sache, die inmitten einer Welt der Hässlichkeit produziert worden ist und über die man in Ekstase gerät. In Wirklichkeit ist dieses kleine niedliche Ding nur ein vereinsamtes Waisenkind in einer abscheulichen Umgebung. Das enorme Prestige, das die Malerei in den beiden letzten Generationen gewonnen hat, ist der sicherste Beweis für unser kleinbürgerliches Verhältnis zur Kunst. In einer kulturbewussten Zeit ist ein Bild nie eine Sache für sich, sondern Teil eines harmonischen Ganzen. Die Kunstwerke in den Museen von Paris heben die ständig zunehmende Hässlichkeit dieser Stadt in keiner Weise auf" (Jouvenel 1970, 103f.). Mir geht es an dieser Stelle nicht darum, den verschiedenen Inhalten und Entwicklungen „der" modernen Kunst und den in ihr anzutreffenden Selbstreflexionen gerecht zu werden, sondern um *eine* ebenso markante wie problematische Tendenz.

Die über die Kunst hinausgehende aisthetische Wahrnehmungsweise enthält Kritikmomente, an die sich anknüpfen lässt. Die Abneigung gegen den Billigramsch kann sich mit einer Ahnung dafür verbinden, mit welch Lieblosigkeiten breite Massen abgespeist werden, und mit einem Erschrecken, wie weit Anbieter in der Spekulation à la baisse gehen können. Bereits die bei einer relevanten Minderheit zu beobachtende Zurückhaltung oder Abstinenz gegenüber dem Fernsehen artikuliert einen Vorbehalt gegen die von vielen TV-Angeboten ausgehende Innenweltverschmutzung. In der Ratgeberliteratur findet sich ein Zitat, das die Vorbehalte derjenigen anschaulich formuliert, für die TV-„Genuss" nicht selbstverständlich ist.[69] „Ziehen Sie sich auch im erschöpften Zustand keine schwachsinnigen Talkshows oder verblödende Comedy-Sendungen rein. Die mangelnde Qualität wirkt sich auf die Seele aus wie Junkfood auf den Körper: Nach und nach sammeln sich dadurch Schlacken an, die dem gesamten Organismus schaden, und Sie verlieren allmählich den Sinn für das, was gut ist. ... Sehen

69 Selbstverständlich ist damit nicht so etwas wie ein zureichender Begriff von den Wirkungen des Fernsehens beansprucht.

Sie keine Filme oder Videos an, in denen grausame und brutale Szenen zu erwarten sind. Sich dagegen abzuhärten ist keine Leistung, sondern eine Gefahr; solche Bilder infizieren das Gehirn und die Psyche nämlich dauerhaft. Sie hinterlassen Rückstände, die abgelagert und zu einem anderen Zeitpunkt wieder hochgespült werden“ (Baur, Schmid-Bode 2003, 42).

Unter mit aisthetischen Sinnen, Fähigkeiten und Aufmerksamkeiten qualifizierten Individuen entsteht eine Aufmerksamkeit für die Verarmung und Verrohung von Sinnen durch Talmi und Surrogat. An den „Nebeln von Avalon“ und ähnlichen Fantasy-Angeboten merken diejenigen, die Hässlichkeit als Hässlichkeit wahrzunehmen vermögen, dass „überall dort, wo heute von 'Phantasie' die Rede ist, eine zerrüttete Psyche danach weint, in den Standpunkt des demagogischen Rausches versetzt zu werden“ (Revolte H. 28/29, 1981, S. 6). An rhetorisch aufwendigenFormulierungen lässt sich der Unterschied zwischen dem sog. blendenden Stil und der einleuchtenden Argumentation wahrnehmen.[70]

Ein auf die Sinne bezogenes Unbehagen an der weit gefassten Gegenstandswelt enthält die Aufmerksamkeit oder wenigstens eine Ahnung davon, dass sich die Sinne nicht verändern können, ohne dass sich die Objekte substanziell verändern, an denen sie sich bilden.

Die Ablehnung der Hässlichkeiten enthält – neben aller personalisierenden und subjektivierenden Zuschreibungen und der aristokratischen Behauptung, die mindere „Menschennatur“ und die menschenunwürdigen Arbeiten und Dienste würden einander entsprechen – auch ein Gespür dafür, welch Verheerungen eine Ökonomie mit sich bringt, insofern sie die Quellen des Reichtums (Natur *und* Mensch) schädigt. Die aisthetische Kritik an den Wirkungen der Arbeitsteilung enthält auch den Protest gegen die Zumutung, „in einer vom Ganzen abgespaltenen Teilverrichtung von beschämender Geringfügigkeit seinen Lebensinhalt zu finden“ (Litt 1958, 44). Allerdings bleibt oft das Umbaupotenzial unaufgedeckt, das eine Überwindung kapitalistischer Formen und Strukturen des Reichtums freisetzt. Es würde ermöglichen, die repetitive und unqualifizierte Arbeit zu verändern (s. Kapitel II.2).[71] Bleibt diese Perspektive verstellt, dann liegt es nahe, aus der pauschal

70 „So scharfsinnig ihre Argumente sind, das Ganze ist meist noch um eine Spur besser gesagt als gedacht. ... Die Sprache, die funkelnde, wendige Rhetorik läuft den durchtrainierten Schreibern stets rasch über die ungestalten Probleme weg davon zu pointenflinken Schlüssen, die sich endgültig geben und es doch gar nicht sind. Sie können, scheint es, gar nicht mehr so langsam, so zäh und mühselig schreiben, wie heute allein noch gedacht werden darf“ (Matt 1993).

71 „Ja, alles war elendig normal. Wer sagt denn, dass die Welt schon entdeckt ist“ (Peter Handke).

als unaufhebbar angenommenen Not der Arbeit den Schluss zu ziehen, eine große Masse von Subalternen gehöre zu den unabänderlichen Bedingungen der Kultur.[72]

Nicht allein der „Kleine-Leutegeruch von Not und Enge“ (Nietzsche 2, 215), auch der demonstrative und distinktive Konsum der Reichen offenbare menschliche Armut. Eine diesbezügliche Sensibilität bemerkt „das Unechte und Schauspielerische eurer Lebensfreuden, welche mehr im Gefühl des Gegensatzes (dass andere sie nicht haben und euch beneiden) als im Gefühl der Kraft-Erfüllung und Kraft-Erhöhung liegen – eure Wohnungen, Kleider, Wagen, Schauläden, Gaumen- und Tafel-Erfordernisse, eure lärmende Opern- und Musikbegeisterung, endlich eure Frauen, geformt und gebildet, aber aus unedlem Metall, vergoldet, aber ohne Goldklang, als Schaustücke von euch gewählt, als Schaustücke sich selbst gebend“ (Nietzsche 1, 845).

Die richtig verstandene aisthetische Kritik an den Hässlichkeiten bemerkt das Getriebene sowie das die Sinne Abstumpfende und Verrohende. Der Unterschied zwischen dem Erfolg in der Erwerbs- und Geschäftswelt und dem menschlichen Gelingen des Individuums macht sich bemerkbar. Die Konkurrenten auf dem Markt und in der Hierarchie sind oft borniert „wie Rennfahrer, die fleißig darauf los treten und nichts in der Welt bemerken wie das Hinterrad ihres Vordermannes“ (Musil 1981, 40). „Seht sie klettern, diese geschwinden Affen! Sie klettern übereinander hinweg und zerren sich also in den Schlamm und die Tiefe“ (Nietzsche 2, 314). Man darf „bei dem geldsammelnden Bankier nach dem Zweck seiner rastlosen Tätigkeit nicht fragen: sie ist unvernünftig. Die Tätigen rollen, wie der Stein rollt, gemäß der Dummheit der Mechanik“ (Nietzsche 1, 619).

Die richtig verstandene aisthetische Kritik an den Hässlichkeiten der modernen kapitalistischen Welt kulminiert in einer Unterscheidung zwischen Leben und Überleben. Camille de Toledo formuliert in ‘Die Zeit’ Nr. 26/2005 eine Kritik an der „kapitalistischen Hässlichkeit.“ Die Gesichter der Manager, Agenten und Pressesprecher der kapitalistischen Akkumulation seien durch die „Leidenschaft der Besessenen“ geprägt. „Ihr Treiben, ihr Getue, ihre Grimassen erregen unser Mitleid“ (Ebd.). Ihrer Geschäftigkeit sieht man die „ganze Nichtigkeit, die ganze

---

72 Eine höhere Kultur kann Nietzsche zufolge nur gedeihen, wenn die Begabten und Vornehmen von Arbeit freigestellt sind. Dafür sei die „Kaste der Zwangs-Arbeit“ (Nietzsche 1, 666) unentbehrlich. Als wünschenswert gilt dann, dass „die schwere Arbeit und Not des Lebens“ von dem erledigt wird, „welcher am wenigsten durch sie leidet, also dem Stumpfesten“ (Ebd., 676). Und wer den Schaden hat, der soll auch des Spottes nicht entbehren: „Heil euch, brave Karrenschieber,/stets ‘je länger, desto lieber’,/Steifer stets an Kopf und Knie,/Unbegeistert, ungespäßig,/Unverwüstlich-mittelmäßig,/Sans génie et sans esprit!“ (Nietzsche 2, 693).

Dummheit, die ganze Leere der heutigen Zeit" an (Ebd.). Die Wahrnehmung der kapitalistischen Akkumulation als „abstoßend hässlich" – diese „von Generation zu Generation, von der Vorschule bis zur Universität beharrlich wiederholte Botschaft könnte uns am Ende vielleicht vom makabren Programm des Akkumulierens abbringen. Nach einigen Jahrzehnten würden sich so viele angewidert von der abscheulichen Ökonomie des Sparens, des Eigentums, der Flughäfen, der Duty-free-Shops, der Großstadtgeländewagen abwenden, dass nichts anderes übrig bliebe als eine Umgestaltung unserer Tauschprinzipien. ... Handel und Ware würden vom Thron herabsteigen und in die zweite Reihe zurücktreten. Das Radebrechen der Kommunikation würde einem freundlichen, klugen Gespräch weichen" (Ebd.). Die innere Stimme würde sagen: „Sieh doch, wie die Sorge um den Markt, den Profit, das kapitalistische Überleben dich hässlich und fett macht!" (Ebd.).

Ein ebenso prägnanter wie vergessener Band aus dem Jahre 1932 arbeitet das aisthetische und ethische Moment der im emphatischen Sinne verstandenen technischen Mentalität heraus sowie deren Gegensatz zu kapitalistischen Imperativen. Im Kapitalismus komme es „nicht an auf ein gutes oder ein persönliches Werk, nicht auf eine schöpferische Gestaltung der Energien und Stoffe der Natur, nicht auf ästhetische Offenbarungen oder wissenschaftliche Leistungen, sondern es kommt nur und nur auf einen möglichst großen bilanzmäßigen Überschuss an. Qualität, Einmaligkeit, technischer Fortschritt, Schöpfung, Gestaltung, Schönheit, Wissenschaft werden nur zugelassen, wenn nur durch sie das Geschäft zu machen ist. Sie werden sofort fallen gelassen, wenn das Geschäft sie nicht fordert" (Hardensett 1932, 29f.). „Die Arbeit findet ihren erfüllenden Sinn nicht in der Arbeit und im Werk, sondern außerhalb. Sie wird asketisch, sinnenfeindlich, dunkel, grau und seelisch schwer, sie lastet und drückt. Daher – und aus der individualisierenden Gewalt erwerbssüchtiger Gesinnung – die Vereinsamung des Arbeiters in sachlicher und menschlicher Hinsicht. Da der Zweck des ganzen Arbeitsprozesses sich für Unternehmer und Arbeiter erst im Kassenraum (Buchhaltung) realisiert, da die Organisation der Arbeit alle Kräfte auf diesen sachlich und zeitlich entlegenen Raum hin konzentriert, steht der Arbeitende sowohl dem Werkstoff, den Maschinen, dem Werkraum, als auch dem Mitschaffenden, dem Mitarbeiter und Vorgesetzten isoliert gegenüber, eine seelische Durchdringung des toten und lebenden Arbeitsumgangs scheitert an der sachlichen Gespanntheit des Betriebes auf das wirtschaftliche Endziel und an der parallelen inneren Gespanntheit des Arbeitenden auf seinen Lohn. Dieser dauernd auf den Ertrag gerichtete Wille erzeugt eine dunkle, schwere Stimmung des Gemüts, eine Angst, zu spät und zu kurz zu kommen, eine Härte des menschlichen Gefühls zu Mensch und Ding, die alle Heiterkeit, alles Kameradschaftliche, alle spielerische Überwindung, alle frohe plastische Sinnlichkeit und geistklare Sieghaftigkeit aus der Fabrik verbannen. Die mit kapitalistischer Gesinnung betriebene Arbeit ist nur auf den Erwerb ausgerichtet; denn die 'kapitalistische' Arbeitsorganisation ist nur auf den Erwerb zugeschnitten" (Ebd., 31).

„Jede Entspannung und jede Besinnung, jede anschauliche Versenkung und jedes seelische Aufatmen während der Arbeit, das zwar den menschlichen, aber nicht den geldwerten Ertrag der Arbeit erhöht, erscheint dem kapitalistischen Menschen als Verlust; denn 'Zeit ist Geld'. Darum zwingt er den Arbeiter durch straffe Zucht und Aufsicht zu asketischer unabgelenkter Leistung" (Ebd., 31f.). Im Kapitalismus wird die Arbeit „nicht nach ihrem inneren menschlichen, seelischen und ethischen Wert geschätzt, sondern vorwiegend nach ihrem geldwerten Ertrag" (Ebd., 34).

Die Frage nach „Schönheit" als zentralen Einwand gegen die Gestalt der vorfindlichen Zivilisation auszuarbeiten war auch das Anliegen von John Ruskin (1819-1900) und William Morris (1834- 1896). Sie gehen dem „vagen Gefühl der Unzufriedenheit über die unerträgliche Hässlichkeit, die uns umgibt," nach (Morris 1983, 70). Morris wendet sich gegen die Spaltung zwischen hoher Kunst und der Volkskunst. Angesichts des Elends der einfachen Arbeit (ebd., 75, 81) ist sein „Ziel" „die Demokratie der Kunst, die Veredlung der täglichen und gemeinen Arbeiten" (Ebd., 100). Morris kritisiert die Unkultur der Reichen (ebd., 74, 91, 100, 145, 150f.) und wendet sich gegen jene Kunstbewunderer, die vom unaisthetischen Zustand der gesellschaftlich entstandenen Umwelt absehen (ebd., 87, 89) und von dessen massiv sinnesfeindlichen Effekten (Ebd., 82). Dem Umfang der Problematik entspricht die Diagnose, „dass an Arbeit genug für das nächste Jahrhundert übrig bleiben mag, um ... den Unrat wegzuräumen, der durch zu hastige Arbeit sich aufgetürmt hat" (Ebd., 72).

I.7 Im modernen Kapitalismus entstehende, für sein Funktionieren notwendige Momente, die zugleich einen Unterschied zur kapitalistischen Ökonomie beinhalten

Für die moderne kapitalistische Gesellschaft ist die kapitalistische Ökonomie zentral. Identisch sind beide nicht. Die kapitalistische Gesellschaft enthält Strukturen, die für ihre Ökonomie notwendig sind, zugleich aber von ihr unterschiedene Inhalte aufweisen. Diese Divergenzen bilden eine tüchtig sprudelnde Quelle von Konflikten. In ihnen können sich Kräfte für eine grundlegende Gesellschaftstransformation entwickeln.

Der Wertschätzung der Konkurrenz als Mittel, um wirtschaftliche Effizienz zu erreichen, steht der Umfang der bereits unter kapitalistischen Bedingungen existierenden *Verbundwirtschaft* entgegen. Denn „immer größere Wirtschaftsgebiete werden aus Gründen rein technischer Ökonomik miteinander gekoppelt ..., und das heißt in den Folgen, planwirtschaftlich betrieben: Hochwasserschutz erzwingt eine Talsperre, bei der ein Kraftwerk und Trinkwasserversorgung anfällt, zudem lässt sich gleichzeitig für Schiffahrtszwecke der Wasserstand regulieren ..., eine nah gelegene Höhe gibt Gelegenheit zu einem hydroelektrischen Speicherwerk, dem der Stausee als unteres Ausgleichbecken dient, ferner dient der Stausee als Erholungsgebiet (Sozialanlage) der Stadtbevölkerung" (Hardensett 1932, 113f.). Mit der Verbundwirtschaft entsteht im Unterschied zur kapitalistischen Konkurrenz die Auffassung von Wirtschaft als Zusammenarbeit, als „Miteinander-Arbeiten und nicht Gegeneinander-Arbeiten. ... Wirtschaft ist für den technischen Menschen ... eine vorsorglich planende Veranstaltung und nicht Kampf um Sein und Kampf um den Gewinn. Sie verliert damit ihren abenteuerlichen, spekulativen und schicksalhaften Charakter, sie verliert ihre Freiheitsansprüche, wird gebunden, ihr Expansionswille gehemmt und damit ihr Interesse auf den Binnenmarkt gerichtet" (Ebd., 116).

Ein weiterer Konflikt ergibt sich zwischen den herausgebildeten allgemeinen gesellschaftlichen Vermögen und dem Privateigentum. Der Rechtsstandpunkt einer Symmetrie zwischen Leistungen und Einkommen wird bereits dort faktisch problematisch, wo sich der Leistungsanteil des Einzelnen immer weniger klar benennen lässt. Seine Arbeit ist in zunehmendem Maße auf die Kooperation mit anderen angewiesen, seien sie nun als Mitarbeitende unmittelbar, als Erbringer von Vorleistungen und Infrastrukturvoraussetzungen mittelbar präsent oder handele es sich um die „Benutzung der Arbeit Früherer" (MEW 25, 114). Der *Eigentumsbegriff* wird unter Bedingungen moderner Vernetzung durch die Schwierigkeiten problematisch, die Leistungen abgrenzbaren Subjekten zuzurechnen. Ein Beispiel aus der Landwirtschaft: Die Bienen des Imkers befruchten die Bäume des Apfelzüchters. Die Blüten der Apfelbäume tragen zum Honig bei, den die Bienen des Imkers produzieren. Aber weder beim Apfelbauern noch beim Imker gehen diese Bedingungen „seiner" Produktion in die betriebliche Rechnung ein.

Wissen ist ein gesellschaftlich gebildetes Reservoir. Was heute Forschende wissen können, vermögen sie nur, insofern sie auf den Schultern früheren Wissens stehen. Das Privateigentum und die Konkurrenz verstellen die Vergegenwärtigung der Emergenz, die aus dem arbeitsteiligen Zusammenwirken entsteht. Sie übersteigt den Wert der Summe jener Güter, die die Einzelnen hätten hervorbringen können. Diese Emergenz bildet das allgemeine gesellschaftliche Vermögen.

Wissen, Kultur und Information weisen im Unterschied zu anderen Gebrauchswerten die Besonderheit auf, durch verstärkte Nutzung nicht abzunutzen.

Die Möglichkeiten, Informationen, Kultur und Wissen anderen Menschen auf leichte Weise zugänglich zu machen, haben sich durch das Internet enorm gesteigert. Die Vervielfältigungskosten gehen gegen Null. Für die kapitalistische Ökonomie wird es notwendig, bei Text- und Musikdateien Mechanismen des Kopierschutzes bzw. schwer überwindbare Bezahlschranken einzurichten. Dies führt zu einer „Unternutzung von immateriellen Gemeingütern auf Grund erzwungener Verknappungsmaßnahmen“ (Kuhlen 2010, 320). Wir stehen darüber hinaus vor der Situation, dass Gebrauchswerte – wie z.B. das Saatgut –, die bislang als Gemeingut galten, mit Eigentumsrechten belegt werden. Saatgut missrät zum Patenteigentum von Konzernen, die Bauern eine Gebühr für die Wiederaussaat des von ihnen immer schon genutzten Saatgutes abverlangen können.

Mit dem Terminus '*Commons*' werden Gemeingüter bezeichnet sowie der „soziale Prozess der Entwicklung und Pflege von Ressourcen oder Gütern durch eine Gemeinschaft, die auch die Regeln festlegt, wie und für wen die Resultate verfügbar sind – mindestens für die Mitglieder selbst, oft aber auch für viele andere, und im Falle von freier Software und anderen Arten freien Wissens sogar für die Welt. Das Teilen (engl.: sharing) ist das passende Stichwort“ (Meretz 2011, 27).[73] Es gibt zur Zeit eine breite Diskussion darüber, ob und wie weit diese „Commons“ im Kontext der für eine grundlegende Gesellschaftstransformation relevanten Kräfte eine zentrale Rolle spielen. Die dies bejahende These lautet: „Die

---

73 Die Auswirkungen des *sharing*, wie es bspw. im Car-Sharing und in der Vermittlung privater Unterkünfte (Airbnb, Couchsurfing u.a.) gegenwärtig praktiziert wird (vgl. Kaup 2013), sind ambivalent. Untersuchungen des Bundesverkehrsministeriums zufolge werden mit einem Car-Sharing-Auto acht „gewöhnliche“ Fahrzeuge weniger gekauft. Würde durch Car-Sharing die Zahl der Autos reduziert, so hätten Autofahrer mehr Parkplätze und dies steigert die Attraktivität des Autofahrens in der Stadt. Werden touristische Unterkünfte billiger, so auch das Reisen. Dies erhöht die Nutzung ökologisch problematischer Verkehrsmittel (Flugzeug). Car-Sharing senkt die Zugangsschwelle zum Autofahren, insofern die teuren Kosten für den Kauf eines eigenen Pkw wegfallen. Problematisch ist auch die In-Wert-Setzung ökonomisch ungenutzter „Ressourcen“. Das bislang freie Zimmer in der Wohngemeinschaft oder das Gästezimmer können in einer touristisch attraktiven Stadt zu einer Einkommensquelle avancieren. Ökonomisch rational ist es für WG-Bewohner dann, die WG nicht durch ein neues Mitglied zu vergrößern, sondern das freie Zimmer an Kurzzeitgäste zu vermieten. Andererseits verbinden sich mit gegenseitiger Hilfe – und sei es nur beim Ausleihen von Gerätschaften – andere soziale Beziehungen als in einer Welt von Besitzindividualisten.

soziale Bindung der Commons und die abstrakte, über menschliche Bedürfnisse hinweggehende Verwertungslogik des Kapitalismus sind unvereinbar. Commons und Kapitalismus sind in einen globalen Kampf eingetreten. Wo konkrete soziale Nutzungsweisen von Gütern gesichert werden können, kann der Kapitalismus sich nicht ausbreiten. Wo es jedoch gelingt, die sozialen Strukturen zu zerstören, hat der Kapitalismus freies Feld. … Mit den freien Software- und Kulturbewegungen sind Commons produzierende Bewegungen auf den Plan getreten. Sie können und sollten sich strategisch mit den Commons bewahrenden Bewegungen in den Bereichen von Saatgut, Wasser, Boden, Ernährung, Biodiversität, Klima indigene Lebensweisen usw. verbinden, denn beide Strömungen verbindet das gleiche Ziel: die Commons jenseits von Markt und Staat zu erhalten, auszubauen und neu aufzubauen. Der commons-Begriff hat die Potenz, zu einer langfristigen Konvergenz der sonst sehr heterogenen Bewegungen zu führen. Eine Bewegung zur Wiederaneignung der Commons stellt die Machtfrage von unten, aus den konkreten sozialen Prozessen und Kämpfen um ein gutes Leben" (Meretz 2009, 15. Vgl. zu Problemen des Commons-Diskurs Exner 2010).

Die Diskussion geht mittlerweile über die Erhaltung von Commons sowie über die Zusammenarbeit zahlreicher Menschen ohne Gewinninteresse (bspw. bei Wikipedia[74]) und über die Gebiete von Wissen, Information und Kultur hinaus. Zum Thema wird nun, wie eine Kooperation zwischen Gleichen ('peers') als Peer-Ökonomie die gesamte Wirtschaft umfassen könne. Ich beschränke mich darauf, auf diese Diskussion hinzuweisen.[75]

Eine weitere Relativierung der kapitalistischen Maßstäbe resultiert aus dem Umstand, dass eine kapitalistische Ökonomie schon aus ökonomischen Ursachen – nicht erst aus anderen zu erfüllenden Aufgaben (Rechtsgarantie, Sozialwesen u.a.) – staatlicher Infrastrukturen bedarf. Staatlich gefördert werden jene Vorhaben, deren privatwirtschaftliche Realisierung auf große Schwierigkeiten stößt. Dies ist der Fall bei wissenschaftlich-technisch bzw. finanziell hohem Aufwand, bei erst langfristig zu erzielenden Gewinnen sowie bei Unterbewertung besserer

74 Zu den Schattenseiten der „anonymen Schwarmintelligenz" von Wikipedia vgl. Oppong 2014.

75 Vgl. zur positiven Darlegung der „Peer-Ökonomie" bspw. Siefke 2009. Viele Aufsätze zur Thematik finden sich auf der einschlägigen Internetseite www.keimform.de. Zur Kritik vgl. Schuhler 2010, 43f., Imhof (http://www.keimform.de/2008/werner-imhof-zur-kritik-der-peer-oekonomie/) sowie Weiß und eine daran anknüpfende Diskussion (http://www.keimform.de/2009/peer-oekonomie-in-der-diskussion-ii/#more-1276). Diese Diskussion ist auch in Bezug auf die Frage nach den Lenkungs- und Entscheidungsstrukturen in einer nachkapitalistischen Ökonomie aufschlussreich.

Technologien aufgrund der Orientierung von Märkten an aktuellen Bedarfs- und Knappheitssignalen. Auch die niemanden ausschließende Nutzung von Gütern (wie z.B. beim Leuchtturm) steht der privatwirtschaftlichen Warenproduktion entgegen.

Mit öffentlichen Gütern befasste Staatsapparate orientieren sich an anderen als unmittelbar kapitalistischen Kriterien und werden damit zum Ansatzpunkt für Divergenzen zur rein kapitalistischen Logik. Allerdings hängt der Staat als Steuerstaat vom Florieren der Wirtschaft ab. Die für den modernen Kapitalismus zentralen Märkte werden einerseits affirmiert und vorausgesetzt als ökonomische Grundlage der marktwirtschaftlichen Gesellschaft. Andererseits sollen die von den Märkten ausgehenden *negativen Effekte* korrigiert und kompensiert und das auf Märkten nicht befriedigend Bereitstellbare im Nachhinein unter Voraussetzung dieser Märkte zur Verfügung gestellt werden. Diese undankbaren Rollen des Ausfallbürgens und Reparaturbetriebs, des Lückenbüßers und Schadenentsorgers bei gleichzeitiger positiver Voraussetzung der Problemursachen sorgen dafür, dass zum Marktversagen ein Staatsversagen hinzutritt.[76]

Die für staatliche Apparate unter den genannten Voraussetzungen charakteristische *technokratische Problembearbeitung* kultiviert das Spezialistentum und ignoriert die Vielschichtigkeit und Komplexität von Problemen, frönt der Symptombehandlung, vernachlässigt die Ursachen von Problemen und die strukturpolitisch vorsorgende Komponente zugunsten nachträglicher Reparatur-Maßnahmen. An den negativen Effekten dieser technokratischen Problembearbeitung entzünden sich immer wieder Kritik und Konflikte.

Herrscht gesellschaftlich Konsens über die Notwendigkeit der Marktwirtschaft, sind der politischen Gestaltung und Intervention in die Kernbereiche der Märkte enge Grenzen gesetzt. *Staatsaktivitäten* finden daran ihre *Grenze*, dass sie die grundsätzliche Garantie von Eigentumsfreiheit nicht infrage stellen. Sie dürfen der Kapitalakkumulation zudem nicht zu viel mehrwertträchtiger Verwertung zur Verfügung stehendes Kapital entziehen. Die Ausdehnung unprofitabler Aufwendungen findet seine Schranke an jener Höhe der Steuerbelastungen, die zum Hemmnis für die Konjunktur wird. Überschreiten Eingriffe die von den Verbänden des Kapitals als systemkritisch aufgefassten Grenzen, werden

---

76 Im politischen Alltagsbewusstsein erscheint das Staatsversagen oft als Argument für die Effizienz und Effektivität des Marktes, und es verschwindet die Konstitution des Staatsversagens aus dem ihm vorausgesetzten Marktversagen. Dem Alltagsbewusstsein gelten die enormen Kosten des staatlichen Handelns als Zeichen seiner Macht, nicht seiner Ohnmacht. Markt und Staat sonnen sich jeweils unter Verweis auf die Mängel ihres Gegenübers.

massive Gegenreaktionen (Produktionseinschränkungen, 'Investitionsstreiks', Kapitalflucht) wahrscheinlich. Gerade im Interesse außerökonomischer Ziele ist der Staat im Kapitalismus auf ein Florieren der Ökonomie angewiesen. Neben dieser grundsätzlichen „Systemgrenze" der Politik gegenüber der Ökonomie gibt es eine jeweilige „Tätigkeitsgrenze" (Blanke u.a. 1975). Sie erwächst aus der aktuellen Konjunktur und den finanziellen Handlungs- und Verteilungsspielräumen des Staates.

Soziale Konflikte betreffen gegenwärtig die Aufgabenverteilung zwischen öffentlicher Hand und Privatunternehmen. Die Privatisierung vormals staatlich oder halbstaatlich geleisteter Aufgaben in den 90er Jahren war bei den Bürgern oft teilweise zunächst wegen der Leistungsmängel staatlicher Dienstleistungen akzeptiert. Zugleich war und ist die Privatisierung umstritten. Es gibt eine Reihe von erfolgreichen *Bürgerbegehren gegen Privatisierungsvorhaben*. „In Erlangen wurde der Verkauf der Stadtwerke verhindert (Ablehnungsquote über 75%). … Münster: 2002 stimmten 65,4% für den Verbleib der Stadtwerke in städtischer Hand. … In Frankfurt/Main wurden 45.000 Unterschriften gegen einen Verkauf der U-Bahn gesammelt. Nachdem die Grünen ihre Unterstützung für den völlig undurchsichtigen Deal zurückgezogen hatten, war es nicht mehr nötig, ein Bürgerbegehren durchzuführen, das Leasinggeschäft wurde abgeblasen" (Klimenta 2006, 25f.). Weitere Beispiele sind der Berliner Volksentscheid 2011 gegen die Privatisierung der Wasserbetriebe und für die Offenlegung der Verträge. „In Freiburg, Hamburg und Rostock konnte der Verkauf kommunaler Wohnungen durch Bürgerentscheide verhindert werden. … Über 160 Bürgerbegehren gegen Privatisierung wurden in Deutschland initiiert, immerhin 32 hatten Erfolg" (Candeias 2009, 14, 13). „Gut eine Million Menschen, v.a. Deutsche und Österreicher, haben sich im Internet einer Bürgerinitiative angeschlossen (vergleichbar einem Volksbegehren), die die EU-Institutionen verpflichten soll, Wasser von den Regeln des Binnenmarktes auszunehmen und die Privatisierung der Versorgung zu stoppen" (Frankf. Allgem. Sonntagszeitung 17.2.2013, S. 24).

Illusionäre Hoffnungen linker Strategen und Theoretiker machen sich fest am Unterschied zwischen der Waren- und Kapitalwirtschaft und den *in* der kapitalistischen Ökonomie (also nicht erst im Staat) existierenden Institutionen wie Aktienkapital und Banken. Ihnen schreiben Anhänger der Stamokaptheorie und mancher Spielarten des Marktsozialismus eine Vergesellschaftung, Regulierung und Steuerung zu, die bereits im Kapitalismus Nachkapitalistisches enthalte und insofern Instrumente für eine linke Politik bereitstelle. Aus Platzgründen kann ich hier nur auf meine andernorts geleistete Auseinandersetzung mit dieser Position (Creydt 2001a) verweisen.

I.8 Die Unterordnung der unprofitablen Bereiche unter die profitablen Sphären und die daraus entstehenden Konflikte

Erziehung, Gesundheitswesen und Altenpflege – all das sind Belange, die in einer auf Mehrwert und Profit ausgerichteten Wirtschaft tendenziell das Nachsehen haben. Die mit ihnen verbundenen Arbeiten und Tätigkeiten lassen sich in *diesen* Rechnungsweisen nicht angemessen darstellen. „Systemrelevant" sind die außerökonomischen Bereiche nicht. Dieser offenherzige Ausdruck stammt aus der 2009 öffentlich bekundeten Legitimation dafür, Banken mit zig Mrd. Euro zu „retten", also jene Summen aufzuwenden, die für andere Bereiche normalerweise nicht verfügbar sind. Zwar existieren auch in dem Umfang profitabel arbeitende private Schulen, Krankenhäuser und Altersheime, wie diejenigen, die diese Leistungen beanspruchen, über eine hohe zahlungsfähige Nachfrage verfügen. Auf das Gros der in diesen Sphären einschlägigen Arbeiten trifft dies nicht zu. Dass sie in einer kapitalistischen Gesellschaft nicht völlig marginalisiert werden, dafür sorgen erstens ihre Eigenschaft als notwendige, wenn auch unprofitable Bedingung des kapitalistischen Leistungskerns der Gesellschaft und zweitens historisch variable sozialmoralische Maßstäbe. Wird die Unterschreitung dieser Standards öffentlich und interessiert dies in der Öffentlichkeit, so kann daraus ein Skandal entstehen. Das Staatshandeln in modernen kapitalistischen Gesellschaften bewegt sich im Widerspruch, einerseits das Florieren des Kapitals nicht durch zu viele Abzüge für die (wenigstens meistens) nicht so recht profitabel zu organisierenden Sphären zu gefährden, andererseits mit deren Unterversorgung nicht notwendige Bedingungen des kapitalistischen Leistungskerns zu vernachlässigen[77] oder Protest gegen allzu hanebüchene Zustände in diesen Sphären zu provozieren.

Die Asymmetrie zwischen der Ökonomie und anderen Bereichen in den Gesellschaften mit kapitalistischer Produktionsweise bezieht sich auf die Reichweite und Intensität, mit der der eine Bereich (die Ökonomie) anderen Bereichen die Voraussetzungen des eigenen Erfolgs als unumgehbares Kriterium und die eigenen Folgeprobleme als nicht vernachlässigbare Randbedingungen vorgibt. Das Wohl und Wehe der (kapitalistischen) Wirtschaft entscheidet in höherem Ausmaß über

---

77 Es ist jeweils eine Frage der ökonomischen Einschätzung, ob die Privatisierung bspw. der Eisenbahn Profite erhöht und Kosten spart oder ob das damit (wie im Falle Großbritanniens) einhergehende höhere Unfall- und Verspätungsrisiko im Endergebnis die Angelegenheit teuerer werden lässt als unter staatlicher Regie.

die Ausstattung und Ausgestaltung anderer Bereiche als dies in der umgekehrten Richtung der Fall ist. Von einer gleichrangigen gesellschaftlichen Bedienung ökonomischer, gesundheitlicher, pädagogischer Belange kann keine Rede sein. Die kapitalistische Ökonomie mutet den anderen gesellschaftlichen Bereichen mehr zu und verlangt ihnen mehr ab als umgekehrt. Unter den Teilbereichen ist die (kapitalistische) Ökonomie primus inter pares. Die Folgeprobleme der kapitalistischen Akkumulation (und erst recht die ihrer Krisen) sind von den anderen Systemen nicht zu vermeiden, sondern nur nachträglich abzuarbeiten. Im Gesundheitswesen bspw. resultieren Effizienzmaßstäbe, die einer guten Behandlung abträglich sind.[78]

Umso mächtiger die Imperative sind, die Krankenversorgung im Krankenhaus oder die Beschulung von Kindern und Jugendlichen als zwar notwendige, aber nicht profitable, insofern möglichst kostengünstige Angelegenheit zu betreiben, desto stärker ramponiert dies diejenigen Arbeitsinhalte, die sich Schule und Krankenhaus positiv zuschreiben lassen.

Mangelt es in Krankenhäusern und Schulen an Personal bzw. wird das Personal aus Gründen der gesellschaftlichen Prioritätenhierarchie knapp gehalten, so schadet dies der Tätigkeit der verbleibenden Arbeitskräfte. Mehr Arbeit wird ihnen abverlangt und die Vorstellung, ihre Arbeit lasse sich auch unter den Bedingungen von Personalmangel, Überlastung und Zeitdruck gut leisten. Gerade bei interaktionsintensiven Tätigkeiten obliegt es den Beschäftigten, die restriktiven Maßgaben im Kontakt zum Patienten, Klienten oder Schüler gegen deren Bedürfnisse durchzusetzen und zugleich durch ihr eigenes kommunikatives Geschick den Schein einer durch diese Grenzen und Schranken nicht infrage gestellten guten Arbeit zu erwecken.

Die Gewerkschaft Verdi hat „in einer groß angelegten Aktion die Beschäftigten von 200 Krankenhäusern befragen lassen, wie viel Personal nach deren professionellem Selbstverständnis und der Alltagserfahrung zusätzlich nötig sei, um gut arbeiten zu können. Diese Angaben hat Verdi dann auf alle 2000

78 „Patienten werden zunehmend analog dem industriellen Massenproduktionsprozess innerhalb möglichst kurzer Zeit 'durchgeschleust' und – nach produktionsrelevanten Eigenschaften aufgeteilt und zusammengefasst. Krankenhausbehandlung wird so immer mehr zu einer rein technischen Angelegenheit der Reparatur körperlicher Funktionen, die sich mit Blick auf Kostenreduzierungspotenziale dem Modell einer modernen Fließbandproduktion annähert. Die sozialen Dimensionen von Krankheit und Krankenversorgung werden zunehmend an den Rand gedrängt, nicht zuletzt auch, weil für sie in einem durchrationalisierten Arbeitsalltag voller optimierter Prozesse kaum noch Zeit bleibt" (Simon 2001, 53).

Kliniken hochgerechnet. 'Dies ist keine wissenschaftliche Erhebung', räumte Paschke (Verdi-Vorstandsmitglied – Verf.) ein. Vielmehr seien die Beschäftigten als 'Experten in ihrer eigenen Situation befragt worden'. Diese Perspektive sei jedoch einzigartig, so der Verdi-Vorstand" (Berliner Zeitung 21.2.2013, S. 9). Dem Ergebnis dieser Untersuchung zufolge „fehlen in den deutschen Krankenhäusern 162.000 Vollzeitkräfte. Davon entfielen 70.000 Stellen auf den Pflegesektor und 92.000 Stellen auf den ärztlichen Dienst und die Verwaltung" (Ebd.).

Am größten Klinikum Europas, der Berliner Charité, betritt Verdi 2013 Neuland. „Erstmals wird hierzulande eine Tarifbewegung begonnen, die sich gegen den Personalmangel in Krankenhäusern wendet. Zu den Kernforderungen gehören feste Quoten von Beschäftigten zu PatientInnen für Intensiv- und Normalstationspflege. Um das durchzusetzen, soll der Arbeitgeber bei Unterschreitung dieser Standards zu drastischen Strafzahlungen an die Arbeitenden verpflichtet werden. Diese qualitative Forderung kann ein Bündnis von Beschäftigten, PatientInnen und BürgerInnen ermöglichen" (Wolf 2013, 62). Verdi fordert in der Tarifrunde 2014 an der Charité in der Normalpflege eine Krankenpflegekraft auf fünf Patienten. Bislang liegt das Verhältnis bei 1:12 (Tagesspiegel 12.3.2014, S. 7).

In Auseinandersetzungen und Konflikten, die sich gegen die Unterordnung der unprofitablen unter die profitablen Sphären richten, ist immer die Chance enthalten, dass unter den Beteiligten eine Infragestellung dieser ökonomischen Rationalität stattfindet.

Das gilt auch für Auseinandersetzungen, die in den letzten Jahren unter dem Slogan „Recht auf Stadt" geführt werden, in der Sache aber nicht neu sind.[79] Hier vermischen sich verschiedene Motive. Zum einen geht es um Abwehrkämpfe dagegen, als Mieter mit weniger Zahlungskraft aus Quartieren verdrängt zu werden, in denen Kapitale zunehmend teuere Mietwohnungen oder Eigentumswohnungen anbieten. Umstritten sind zweitens die Ansiedlung von Gewerbe und Handel sowie Straßenbauvorhaben, die die jeweilige Gegend auf eine Weise verändern, die für andere Belange abträglich ist. „Eine dritte Ebene des Rechts auf Stadt orientiert sich an den utopischen Versprechungen des Städtischen und reklamiert ein Recht auf die schöpferischen Überschüsse des Urbanen" (Holm 2013, 15). Mit „Recht auf Stadt" geht es um einen „Anforderungskatalog an konkrete Stadtentwicklungsprojekte und Stadtpolitiken. 'Recht auf die Stadt'

79 S. bspw. den Kampf gegen eine Stadtautobahn („Mozarttrasse") quer durch das Bremer Ostertorviertel und die Auseinandersetzung um die damit verbundenen verschiedenen Konzepte für die Gestaltung dieses Stadtviertels in den frühen 1970er Jahren. Vgl. dazu den auch sonst politisch interessanten Band von Dinné 1979, 181ff.

orientiert sich ökonomisch an einer Umverteilung zu Gunsten der benachteiligten, ausgegrenzten und diskriminierten Gruppen in der Stadt, kulturell an der Anerkennung und Berücksichtigung von Differenz und von unterschiedlichen Zugangsweisen zum Städtischen sowie politisch an der Ermöglichung der Mitgestaltung städtischer Entwicklung für alle Gruppen der Stadt. Es geht um die kollektive Wiederaneignung des städtischen Raumes durch buchstäblich an den Rand gedrängte Gruppen. 'Recht auf Stadt' lässt sich nicht auf einen individuellen Rechtsanspruch im juristischen Sinne verkürzen, sondern ist gesellschaftliche Utopie und kollektive Forderung zugleich. 'Recht auf Stadt' skizziert Vorstellungen einer besseren Welt und gibt Anregungen für die Wunschproduktion sozialer Bewegungen – zugleich werden mit dem Recht auf Stadt meist konkrete Forderungen verbunden, die oft mit umsetzbaren Reformstrategien verbunden werden“ (Ebd.). Ein instruktiver Literaturbericht zum Thema „'Recht auf Stadt': Facetten und Möglichkeiten einer Parole“ findet sich bei Mullis 2013.

Dass profitable und unprofitable Sphären unterschiedlich 'zählen', bildet auch ein wesentliches Moment zur Erklärung des *Geschlechterverhältnis*ses im modernen Kapitalismus,[80] wenigstens insoweit es mit der Existenz von Kindern zu tun hat. Bei der Betreuung und Erziehung der Kinder handelt es sich um Tätigkeiten, die eine sehr interaktionsintensive und persönliche Beziehung erfordern. Die ungleiche Entwicklung der kapitalistischen Ökonomie und dieser „Dienste“ resultiert aus deren geringerer Eignung als Anlagesphäre für Kapitale und aus der Unterordnung dieser Sphäre unter die Bereiche, in denen Kapitale sich (besser) verwerten können.[81] Diese Trennung und Asymmetrie ist für das Geschlechterverhältnis in der kapitalistischen Gesellschaft zentral. Die Ungleichheit resultiert hier aus der Gleichheit, die zwischen den Bürgern herrscht. Gleiches Recht abstrahiert vom Ungleichen. „Solange das Erwerbsleben zugeschnitten ist auf den Vollzeiterwerbstätigen, der weitestgehend frei von Familienverpflichtungen dem Betrieb mit ganzer Arbeitskraft zur Verfügung steht, werden Personen, die dies nicht können oder nicht wollen oder von denen nur erwartet wird, dass dies irgendwann der Fall sein könnte, Nachteile im Beruf in Kauf nehmen müssen“ (Krombholz 1991, 226). Die geschlechtsneutralen Imperative der Kapitalverwertung abstrahieren

80 Vgl. dazu Creydt 2001c, 2009.

81 Allerdings sind die Verwertungshindernisse nicht absoluter Natur. Natürlich können Mahlzeiten auch in Kantinen gekocht oder Fertiggerichte angeboten werden. Die eigentliche Beziehungsarbeit in der Kindererziehung lässt sich nicht vollständig durch pädagogisch-professionelle Tätigkeit ersetzen. „As the family lost function after function, it found its own“ (McIver).

vom Interesse von Frauen, Erwerbsarbeit und Mutterschaft auf eine Weise zu verbinden, die sie gegenüber den Männern nicht schlechter stellt.[82] Diese Imperative abstrahieren auch vom Interesse der Männer, einen intensiven Umgang mit Kindern und Erwerbsarbeit in ein gedeihliches Verhältnis zueinander zu setzen.[83]

82 Natürlich ist dies eine pauschale Aussage. Es gibt z.B. in Frankreich eine höhere Geburtenrate als in Deutschland. Allerdings nimmt der in den 1980er Jahren im Vergleich zu Westdeutschland höhere Anteil von vollzeiterwerbstätigen Müttern ab und Teilzeittätigkeiten nehmen zu (vgl. Reuter 2003). Zudem ist in Frankreich das klassische Ernährermodell – der Mann arbeitet, die Frau ist zu Hause – im Jahre 2002 mit 36% fast gleich häufig vorzufinden wie in Deutschland (39, 7%) (Ebd., 39). Laut Mikrozensus und OECD-Daten ist „die deutsche Frauen- und Müttererwerbsquote mit 58,85% im Übrigen auch nicht niedriger, sondern sogar höher als im gelobten Frankreich (55,2%)" (Gillen, Rossum 2009, 358). In Vollzeit arbeiten allerdings über 60% der französischen Mütter von Kindern unter sechs Jahren (in Deutschland 12%) (Moulin 2013). Zu den Schattenseiten des französischen Mythos der berufstätigen Mutter und zu den damit einhergehenden Problemen der Mutter-Kind-Beziehung vgl. ebd.

83 Gesterkamp/Schnack (1998, 104ff.) beschreiben, wie sich zwischen den Eltern eine geschlechtsspezifische Polarität reproduziert. Väter sind in der Rolle des Hauptternährers der Familie aufgrund langer Arbeits- und Wegezeiten den Hauptteil der wachen Zeit ihrer Kinder abwesend, kennen ihren Alltag weniger und sind mit ihnen weniger in Kontakt. So verstärkt sich eine Unsicherheit den Kindern gegenüber, die bereits beim eigenen Vater existierte. Man kann den Vater „mit Recht lieblos und desinteressiert finden; in seiner eigenen Geschichte erscheint er hingegen als ein Mann, der um seine Liebe betrogen worden ist." Die Vereinbarkeit von Familie und Beruf stellt nicht nur für Frauen, sondern auch für Männer ein Problem dar. „Mütter sind in der Gefahr, die Verankerung im Berufsleben zu verlieren. Väter sind in der Gefahr, die Verankerung in ihrem eigenen Privatleben zu verlieren" (Ebd., 107). „Die wenigsten Männer trauen sich zuzugeben, dass die alltägliche Erziehungskompetenz weitgehend in den Händen ihrer Frau liegt. Sie kennen sich in den vielfältigen Netzwerken und Kontakten nicht aus, die Mütter herstellen, um den Alltag mit Kindern zu organisieren. Sie ... wissen nicht, welche Konflikte in der Schulklasse ihres Kindes bestehen. Sie kennen sich einfach zu wenig aus, um qualifiziert mitsprechen zu können" (Ebd., 108). Zugleich ist die familiale Bedeutung des Vaters meist an den finanziellen Beitrag gebunden, den er maßgeblich für die Existenz der Familie leistet. „Ein Teufelskreis: je mehr er sich in der Außenwelt anstrengt, um so weniger bleibt von ihm in der Innenwelt, was ihn zu weiteren Anstrengungen draußen animiert" (Ebd., 112). Diese Anstrengungen beinhalten aber ein Maß an Erschöpfung, das wiederum eine 'kompetente' Teilnahme am Familienleben fast verunmöglicht. Die kapitalistische Prioritätenordnung zwischen den Arbeiten verunmöglicht also nicht nur für Frauen, sondern auch für Männer, Arbeit und Leben mit Kindern auf eine gedeihliche Weise miteinander zu vereinbaren.

Gemessen an geschlechtsneutralen Maßstäben wirkt sich die biologische Reproduktionsfähigkeit der Frau insofern zu ihrem Schaden aus, als sie als Arbeitskraft auf dem Arbeitsmarkt nur eingeschränkt zur Verfügung steht. Arbeitsplätze, die eine höhere Qualifikation, längere Einarbeitungszeiten, Erfahrung und Kontinuität im Beruf erfordern, werden insofern eher mit Männern besetzt. Mit Mutterschaft sind für das Unternehmen Kosten für die Umbesetzung des Arbeitsplatzes, Zuschüsse zum Mutterschaftsgeld u.ä. verbunden. Mütter kleiner Kinder unterliegen Einschränkungen in der Verfügung über ihre Arbeitskraft. Frauen stellen insofern ein „unternehmerisches Risiko" dar, solange sie Kinder gebären können. Auch Frauen, die sich aktuell keine Kinder wünschen, könnten es sich ja noch anders überlegen. Die Einstellungskriterien beziehen sich auf Maßstäbe, die nicht daraus resultieren, dass die Unternehmer Männer sind, sondern dass sie Kapitalfunktionen ausüben. Auch Unternehmer*innen* müssen so handeln, um ihr Kapital zu erhalten, und das heißt, es zu vermehren.

Es bildet sich *dann* ein Kreislauf heraus, in dem ihre, die Erwerbsarbeit betreffende Schlechterstellung Frauen auf die häusliche Arbeit verweist. Wenn jemand bei der Versorgung des Nachwuchses die Arbeit aufgibt, so eher derjenige, der weniger an Einkommen nach Hause bringt. Der geringere ökonomische Wert der Hausarbeit stellt keinen Verstoß gegen das Wertgesetz, sondern seine Konsequenz dar.[84]

Die nach Maßstäben abstrakter Arbeit wertförmig „gerechte", vom Standpunkt der konkreten Arbeit unangemessene und abträgliche Bewertung von Erziehungs- und Hausarbeit ist eine Teilmenge der Hierarchie zwischen den Arbeiten, die sich aus den Verwertungserfordernissen des Kapitals ergibt. Für sie stellen viele gesellschaftliche Bereiche (Bildung, Gesundheit, Ökologie) zwar notwendige, aber kostspielige Abzüge dar, an denen nach Möglichkeit gespart wird. Nicht, was die Arbeiten für die Entwicklung der Menschen bedeuten, sondern was sie für die Akkumulation des Kapitals kosten und wert sind, bildet – verkürzt gesagt – das Kriterium.

Praktische Schritte, deren Durchsetzung die Vereinbarkeit von Erwerbsarbeit und Care-Tätigkeiten ermöglichen würde, waren:

- eine Arbeitszeitverkürzung, die es den Arbeitenden erlaubt, neben der Erwerbsarbeit sich um Kinder sowie kranke und alte Verwandte und Freunde zu kümmern,

84 Zur kritischen Auseinandersetzung mit der Kritik an der Marx'schen Bestimmung des Werts der Ware Arbeitskraft in Bezug auf die Hausarbeit vgl. Müller 1976, Beer 1983, insbes. S. 30f., und Rohwer 1985.

- mehr Mittel für Kinderbetreuungsplätze, Horte und Ganztagesschulen;
- die Gestaltung von Erwerbsarbeit nach Maßgabe ihrer Vereinbarkeit mit den Wechselfällen des Zusammenlebens mit Kindern und Senioren;
- eine Gestaltung der Erwerbsarbeit, in der die diskontinuierliche Teilnahme an ihr nicht auf Stellen mit weniger Arbeitseinkommen verweist;
- eine Überwindung jener Erwerbsarbeit, in der aus jungen Arbeitskräften besonders viel herausgeholt wird, so dass sie hohen Leistungsanforderungen gerade dann unterliegen, wenn sie am dringendsten Zeit bräuchten für das Zusammensein mit Kindern;
- eine gesellschaftliche Kompensation der mit Kindern verbundenen Ausgabensteigerung, so dass sie nicht mit Überstunden und Nebenjobs auf eine Weise aufgefangen werden muss, die die 'Erwerbsperson' der Familie zusätzlich entfremdet.

Wenn man sich diese massiven Umgestaltungen vergegenwärtigt, so zeigt sich, wie weit sie sich von der kapitalistischen Ökonomie und ihren Imperativen unterscheiden.

Die Divergenzen zwischen der Sphäre der kapitalistischen Ökonomie und den nichtökonomischen[85] Sphären der kapitalistischen Gesellschaft werden häufig auf eine problematische Weise verstanden. Ich zeige dies im Folgenden anhand der Argumentationen von Dieter Klein und Horst Müller. Dem für die programmatische Ausrichtung der PDS bzw. Linkspartei einflussreichen Theoretiker Dieter Klein zufolge haben „Politik, Recht, Wissenschaft, Kultur, Sozialsphäre, Religion, Ethik und andere Subsysteme ihre eigenen Logiken und eigenen Maßstäbe der Entwicklung" (Klein 2006, 97). Klein denkt weniger an eine Auseinandersetzung *in* den Bereichen als vielmehr an eine den Bereichen *als* Bereichen immer schon zugrunde liegende kritische Distanz zur Kapitalverwertung.

Schule und Krankenhaus bleiben gewiss trotz aller in ihnen greifenden Ökonomisierungstendenzen etwas anderes als die kapitalistische Ökonomie. Wer sich aber auf diesen Unterschied und auf den Eigensinn dieser Bereiche fixiert, dem gerät leicht die übergreifende Einheit der Gesellschaftsformation aus dem Blick. Diejenigen, die pauschal Hoffnungen in den Eigensinn von Lehrern, Ärzten und Wissenschaftlern investieren, ignorieren, wie sich gerade die gebildeten Stände bei allen positiven Qualifikationen und bei allem Doppelcharakter dieser Bereiche

85 Thema sind hier die ökonomieexternen 'Anteile' dieser Sphären im Unterschied zu Überschneidungen dieser Sphären und der Ökonomie wie z.B. zwischen Staat und Ökonomie im Staatshaushalt oder zwischen Ökonomie und Kultur in der Kulturindustrie

als praktische Ideologen betätigen. Sie tun dies, indem sie gesellschaftlich übergreifende ideologische Bewusstseinsformen aus dem Blickwinkel ihrer jeweiligen Profession assimilieren und zu professionellen Mentalitäten mit entsprechender Überzeugungskraft ausgestalten.

Die jeweils bereichsspezifische Aufbereitung problematischer Ideologien und Subjektivitätsformen bildet ein zentrales Thema von Diskussionen in der Sozialwissenschaft, in den Berufsfeldern und in der Linken.[86] Analysiert werden die Problembeschreibungen, Ziele und stillschweigenden Voraussetzungen der medikalisierenden, pädagogisierenden, psychologisierenden u.a. Herangehensweisen. Zugleich mit den einzelnen Bereichen jeweils vertraute, für ihre gesellschaftsspezifischen Formen und Inhalte aufmerksame Literatur liegt vor bspw. zur Schul- und Pädagogikkritik,[87] zur Kritik der Sozialarbeit,[88] und zur Medizin (vgl. Creydt 2006).

Die Professionen zeigen sich darin geschäftig und produktiv, die gesellschaftlichen Maßgaben, Voraussetzungen und Verlaufsformen von (Schul-)Lernen, Medizin im Gesundheitswesen, Sozialarbeit usw. professionell als pädagogisch, medizinisch oder sozialarbeiterisch unumgänglich oder wertvoll aufzufassen, aufzubereiten und auszustellen. Demgegenüber sind die unspezifischen Ideale, die den Arbeiten und Tätigkeiten in den hier thematisierten Bereichen ihren guten Sinn verleihen (Lernen, Erziehen, Bilden, Heilen usw.), zu dechiffrieren und die Unmittelbarkeit der Ideenrede zu beziehen auf die mystifizierte Verarbeitung von Notwendigkeiten und Zwängen, die die modernen und kapitalistischen Formen der Gesellschaft mit sich bringen. Es macht einen Unterschied, ob man das Erziehungswesen als vom Erziehungs- und Bildungsziel angeleitet auffasst, oder ob man die Selektion, die Einübung von Konkurrenz, die Gewöhnung an einen instrumentellen, belohnungsorientierten Umgang mit Inhalten, die „Erziehung zur Kälte“ (Gruschka) usw. als Momente des impliziten Lehrplans ausweist. Die für das Gesundheitswesen im modernen Kapitalismus charakteristischen Verkehrungen habe ich andernorts herausgearbeitet (Creydt 2006).

---

86 Vgl. dazu Creydt 2008a. Einen anderen Diskussionsstrang bilden Überlegungen im Gefolge von Althussers Theorie der ‘ideologischen Staatsapparate’ (vgl. bspw. Charim 2002).

87 Vgl. die Zusammenfassung und die Hinweise auf geleistete Analysen zur Schulkritik in Creydt 2011a.

88 Bader; Kurt 1985: Viel Frust und wenig Hilfe. Die Entmystifizierung sozialer Arbeit. Weinheim; Ders. 1990: Methoden der Analyse sozialer Arbeit. Weinheim; Ulrike Eichinger, Klaus Weber (Hg.) 2012: Soziale Arbeit. Hamburg

Klein und Müller gehen von einem äußerlichen Verhältnis zwischen der kapitalistischen Ökonomie und den ökonomieexternen Sphären der modernen kapitalistischen Gesellschaft aus („Profit*dominanz*"). Beide Autoren kritisieren zu Recht die mit der kapitalistischen Ökonomie einhergehende materielle Unterausstattung, Beschränkung und Unterordnung der nicht direkt der kapitalistischen Ökonomie unterworfenen Sphären. Für die Arbeitsinhalte dieser Sphären interessieren sich Klein und Müller weniger. Sie verdoppeln in der Theorie eine in der Realität vorfindliche Mystifikation. Die Unterordnung und Einschränkung dieser Sphären verleitet die in ihnen Tätigen dazu, sich als über die kapitalistische Ökonomie und ihre Gepflogenheiten erhaben und sich als ihr gegenüber „anders" und „besser" vorzustellen[89] und nicht als auf bestimmte Weise an ihrem bestimmten Ort und mit ihrer eigenen Praxis eigensinnig beitragend zur Reproduktion der Gesellschaftsformation. Entsprechend stilisiert Müller dann auch den Unterschied zwischen der Praxis der sozialstaatlichen Bereiche und der Produktion von Waren zum zentralen Gegensatz und zum zentralen Antriebsmoment der den Kapitalismus überwindenden gesellschaftlichen Dynamik.[90] Für Müller ist die in den sozialstaatlichen Sphären vorfindliche Praxis auszudehnen und aus ihrer ökonomischen Unterordnung unter die kapitalistische Ökonomie zu lösen. „Sozialwirtschaft als Systemalternative" (Müller 2007a, 239). Diese Position ist strukturanalog zu jenem Alltagsfeminismus, der aus dem isoliert und abstrakt wahrgenommenen Moment der Unterordnung und mangelnden Wertschätzung der als „weiblich" stilisierten Praxen (Interaktion, Kommunikation, Care-Tätigkeiten) mit der Retourkutsche aufwartet und in der „Feminisierung der Gesellschaft" die Lösung für die Probleme der modernen bürgerlichen Gesellschaft sehen zu können glaubt(e).[91] Das Lob der „sozialwirtschaftlichen Produktionen" als „ausdehnungsfähiges Feld gesellschaftlicher Emanzipation" (Müller 2007, 55) verknüpft die Eigeninteressen der z.B. in der Medizin Tätigen (an möglichst viel Nachfrage nach medizinischen Dienstleistungen) zu unmittelbar mit einer emanzipatorischen Perspektive. Eine präventive Durchdringung und Durcharbeitung aller Lebensbereiche dürfte auch zu einer Schrumpfung der medizinischen Reparatursektoren beitragen. Nicht nur in der

---

89 Für diese Position gilt: „Kritisch gegen ihren Widerpart, verhielt sie sich unkritisch zu sich selbst" (MEW 1, 384).

90 Müller spricht diesbezüglich von der „im modernen Wirtschaftsleben bereits angelegten Sollbruchstelle" oder der „entscheidenden systemischen Differenz" (Müller 2007a, 230).

91 Zur Kritik vgl. Creydt 2001c.

unmittelbaren Kapitalverwertung, auch in der „Sozialwirtschaft“ herrscht die Unsitte, Probleme und ihre Ursachen nicht selbst zu bearbeiten, sondern sie als Gelegenheit wertzuschätzen, eigene (über)kompensatorische „Angebote“ absetzen zu können, die wie die Nothilfe die Not nicht selbst infrage stellen. Um von der Koexistenz von überflüssigen Leistungen (z.B. unnötige Operationen) und dem Mangel an notwendigen Leistungen im Gesundheitswesen ganz zu schweigen.

Müller bemüht den Sozialstaat und die infrastrukturellen Dienste, Klein setzt auf die Eigenlogik von Politik, Recht, Wissenschaft und Ethik gegen deren äußere Abhängigkeiten von der kapitalistischen Ökonomie und gegen externe Einflüsse. Beide fragen nicht nach der spezifischen Ausformung dieser Sphären innerhalb der kapitalistischen Gesellschaftsformation. Beide ignorieren souverän die umfangreiche gesellschaftskritische Debatte um die bürgerliche Konstitution[92] und Formbestimmtheit von Politik, Recht und Sozialstaat.[93]

---

92 Die praktische Auseinandersetzung mit der Natur und mit den Prozessen gesellschaftlicher Produktion und Reproduktion – geht historisch mit einander ablösenden Formen der gesellschaftlichen Synthesis einher („Produktionsweise“ und „Gesellschaftsformation“), die einen Möglichkeitshorizont abstecken, einen auf eine bestimmte Weise strukturierten Reichtum (inkl. positiven und negativen Sanktionen für Leistungen) beinhalten und jeweils typische grundlegende Probleme konstituieren. (Vgl. dazu auch S. 109f., Anm. 98) Erst vor diesem materialen Hintergrund lassen sich die gesellschaftliche Einwirkung der Gesellschaft auf sich selbst (Politik im weiten Sinne), das Recht, die Kultur und andere gesellschaftliche Sphären denken. Dieser Theorietypus – materialistische Konstitutionstheorie – unterscheidet sich von Widerspiegelungstheorie und von Funktionalismus sowie von Einfluss-, Macht- und Herrschaftstheorien. Letztere erheben jeweils eine Schicht oder Klasse zum Souverän der jeweiligen Gesellschaft. „Es ist in der Tat viel leichter, durch Analyse den irdischen Kern der religiösen Nebelbildungen zu finden, als umgekehrt, aus den jedesmaligen wirklichen Lebensverhältnissen ihre verhimmelten Formen zu entwickeln. Die letztre ist die einzig materialistische und daher wissenschaftliche Methode“ (MEW 23, 393). Ungeachtet der Frage, ob Marx seine Ansprüche (vgl. MEW 26.2, 161, 26.3, 490f., MEW 23, 393, MEW 13, 36) einlöst, sollen sie hier vergegenwärtigt werden, insofern sie den Typus der Konstitutionsanalyse verdeutlichen. „Die politische Ökonomie hat … zwar, wenn auch unvollkommen, Wert und Wertgröße analysiert und den in diesen Formen versteckten Inhalt entdeckt. Sie hat sich niemals auch nur die Frage gestellt, warum dieser Inhalt jene Form annimmt, warum sich also die Arbeit im Wert … des Arbeitsprodukts darstellt“ (MEW 23, 85f.).

93 Ich nenne die damals vorliegende einschlägige Literatur in Creydt 2001b.

Die Perspektive von Klein[94] und Müller erinnert an sozialdemokratische Hoffnungen in den 1960er und 1970er Jahren. Die damaligen Vorhoffer meinten, im „Modell Schweden" mit seinem Sozialstaat sowohl die gemischte Ökonomie eines kapitalistischen und eines schon nachkapitalistisch-„sozialwirtschaftlichen" Sektors annehmen als auch die tendenziell wachsende Dominanz des nichtkapitalistischen Sektors sehen zu können. Müller stellt die bestehende kapitalistische Gesellschaft gleich als „Übergangsgesellschaft des 21. Jahrhunderts" dar, sei doch mit den „sozialwirtschaftlichen" Sphären „der Übergang zu einer neuen Produktionsweise und Gesellschaftsform bereits eingeleitet" (Müller 2007a, 205). Er sieht in den Bereichen des weit verstandenen Sozialstaats die nachkapitalistische Reproduktionsweise angelegt. „Im Gegensatz zu seinem sachlichen oder gesellschaftlichen Naturell" – welches Kompliment![95] – würden der Sozialstaat bzw. die ihm zurechenbaren „sozialwirtschaftlichen Produktionen" „restriktiven und entstellenden Formzwängen der Kapitalverwertung unterworfen" und „disparitätisch und repressiv behandelt" (Ebd., 226). Unklar bleibt in Müllers Perspektive, wie die friedliche Koexistenz der kapitalistischen Warenproduktion und der sozialwirtschaftlichen Produktion aussehen soll und wie die gewünschte „wertbildende" Gleichheit bzw. Parität der verschiedenen Sektoren funktionieren kann.[96]

---

94 Klein zufolge lässt sich der Kapitalismus „als Unterwerfung der Gesellschaft unter die Kapitalverwertung und als Zivilisationsgewinn zugleich definieren, als Kapitalherrschaft und demokratische, sozialstaatliche Begrenzung dieser Herrschaft" (Klein 2000, 56).

95 „Der Sozialstaat ist eine Kompensationsveranstaltung. Er stellt eine Form subtiler Kapitulation vor einem sich aller ethischen Einbindung entledigenden Marktliberalismus dar. Er ist ... das Resultat der Externalisierungsentscheidungen einer sich dekontextualisierenden, absolut setzenden ökonomischen Rationalität. ... Und da das sich nach der eigenen verengten Maximierungslogik fortentwickelnde ökonomische System zu keinerlei reethisierender, rekontextualisierender Veränderung mehr fähig war, mussten die sozialen Defizite des ökonomischen Systems durch entsprechende etatistische Arrangements kompensiert werden. Kompensationen sind konservativ: Sie lassen die Ursachenstrukturen der nach ihnen verlangenden Mängellandschaften unverändert; sie sind Komplizen der Mängelverursacher" (Kersting 2003, 115).

96 Müller will, dass „waren- oder industriewirtschaftliche Arbeit und alle sonstigen gesellschaftlich notwendige, nützliche und sinnvolle Arbeit als gleich wertbildend rangieren" (Müller 2007a, 228). Ihm schwebt die „'Emanzipation der sozialwirtschaftlichen Dienste' als 'andere Hälfte der Wirtschaft'" vor und „deren Entfaltung als gemeinwirtschaftliche ökonomische Form und als paritätisch wertbildende Wirtschaftsabteilung" (Müller 2007, 55).

Bestimmte für die Reproduktion der Gesellschaft wesentliche Arbeiten werden auch im Kapitalismus nicht primär profitabel bewerkstelligt. Müller folgert daraus, dies sei der Beleg dafür, dass auch die Wirtschaft sich ohne das Profitkriterium organisieren lasse. Er übergeht das ebenso einschlägige wie hegemoniale bürgerliche Gegenargument. Es lautet: Nichtökonomische Sphären können sich in einer kapitalistischen Gesellschaft nur in dem Maße entfalten, wie ihre profitable Ökonomie (als Quelle der Ausgaben für die nichtprofitablen Sektoren) floriert. Und das wiederum könne sie nicht ohne die Zug- und Druckkräfte von Konkurrenz und Profit. Die nichtprofitablen Sphären existieren nicht aus sich heraus. Sie bilden insofern gerade keinen Beleg für die These, ihre ökonomische Basis lasse sich nichtkapitalistisch organisieren.

Klein und Müller beziehen sich auf die von ihnen behaupteten *Gegensätze zwischen* der kapitalistischen Ökonomie und den anderen gesellschaftlichen Bereichen, nicht auf die *Widersprüche in* ihnen. Gesellschaftskritik ist aber etwas anderes als die Affirmation einer 'guten' Substanz und der Angriff auf den diese gute Substanz bloß äußerlich einschränkenden und entstellenden Feind. Kleins und Müllers Positionen erinnern an die in manchen 'Marxismen' verbreiteten Thesen von den „guten" Produktivkräften und an die Auffassung, dass ihnen und dem „sachlichen oder gesellschaftlichen Naturell" des Großbetriebs oder anderer Organisationen (z.B. Post) seitens der kapitalistischen Ökonomie Hemmnisse und Schranken auferlegt würden. Klein und Müller behalten die Argumentationsfigur bei und wechseln lediglich den Stoff, auf den sie sie anwenden. An die Stelle der Produktivkräfte und Organisationen tritt nun der Eigensinn der nicht direkt der kapitalistischen Ökonomie unterworfenen Bereiche. Systemtransformation erscheint dann als Expansion des Guten und als Schrumpfung des Schlechten.[97] Gesellschaftstheorie spielt demgegenüber weder die Einheit der Gesellschaftsformation[98] gegen die Unterschiede der Bereiche in ihr aus noch affirmiert sie umgekehrt naiv deren jeweiliges Selbstverständnis.

---

97 „Für Herrn Proudhon hat jede ökonomische Kategorie zwei Seiten, eine gute und eine schlechte. Er betrachtet die Kategorien, wie der Spießbürger die großen Männer der Geschichte betrachtet: Napoleon ist ein großer Mann, er hat viel Gutes getan, er hat auch viel Schlechtes getan. Die gute Seite und die schlechte Seite, der Vorteil und der Nachteil zusammengenommen bilden für Herrn Proudhon den Widerspruch in jeder ökonomischen Kategorie. Zu lösendes Problem: Die gute Seite bewahren und die schlechte beseitigen" (MEW 4, 131). Vgl. a. Ebd., 140.

98 Die Gesellschaftsformation bildet die für die jeweilige Gesellschaftsform konstitutive Gliederung. Erst dieser Typ gesellschaftsformationsspezifischer Differenzierung weist der Ökonomie ebenso ihren Platz und ihre Wirksamkeit zu wie allen anderen

I.9 Die Infragestellung kapitalistischer Gesellschaftsstrukturen (a. Privateigentum, b. Konkurrenz, c. kapitalistische Organisation der Arbeit und Arbeitstechnologie, d. Akkumulation des Kapitals)

Eine umfassende Gesellschaftstransformation wird auch aufgrund der immanenten Leistungsschwächen, Negativeffekte und „Kosten" zentraler kapitalistischer Gesellschaftsstrukturen notwendig. Das Thema „Märkte" klammere ich hier aus und widme mich ihm in Kapitel II.8a5.

a.) Das *Privateigentum* wird als wertzuschätzende Gesellschaftsstruktur ansatzweise infrage gestellt,

- wenn bestimmte Konsumgüter (z.B. Autos in der Großstadt) in dem Maße weniger nachgefragt werden, wie ihr Gebrauch sich verallgemeinert und zugleich gerade dadurch ihr Gebrauchswert abnimmt (Stau, Knappheit von Parkplätzen etc.);
- wenn in Bezug auf die Stadtbauwelt die negativen Effekte des Privateigentums deutlich werden. Der Verkauf bzw. Erwerb einzelner Waren oder Dienstleistungen sieht ab von ihrer Beziehung untereinander.[99] Eigenheim und Auto

---

Ebenen auch. Bspw. hat das Politische in der bürgerlichen Gesellschaft einen ganz anderen Inhalt und eine andere Form als in feudalen Gesellschaften (relative Autonomie des Politischen und seine Konzentration i.U. zur feudalen Zersplitterung). Von der 'Gesellschaftsformation' her denkend wird es möglich, die Dichotomie zwischen Abhängigkeit und Autonomie der verschiedenen Bereiche zu durchgreifen. „Diese 'relative Unabhängigkeit' begreifen heißt ihre 'Relativität' bestimmen, also den Abhängigkeitstyp, der gerade diese Form der 'relativen' Unabhängigkeit als Resultat produziert und festlegt" (Althusser, Balibar 1972, 131).

99 Straßenräume sind mehr als eine bloße Aneinanderreihung von Häusern. Straßen leben davon, dass in ihnen nicht nur ein Nebeneinander existiert, sondern sich auch ein Gegenüber entfaltet. „Der Wert dieser Quartiere liegt oft weniger im ästhetischen Wert einzelner Häuser, als vielmehr in der Anzahl weniger bedeutender Einzelbauten, die summiert, dem Stadtraum sein Charakteristikum geben" (Warwas 1977, 8). Städte sind in Deutschland das erste Mal durch den Weltkrieg zerstört worden, das zweite Mal durch die Vorherrschaft von Verkehrswegen, von mietmaximierender Wohnraumbewirtschaftung, von Verödung der Innenstädte durch Konzentration von Kaufhäusern und Verwaltungsgebäuden usw. Appartmenthäuser werden „beziehungslos und brutal in die Gesamtharmonie eines Straßenbildes geklotzt. ... Das Stadtbild wird immer undeutlicher. – Diese Stadt (Bremen – Verf.) hatte vor 35 Jahren noch ein homogen gewachsenes Aussehen. Aber, wer heute mit offenen Augen durch Bremen geht, muss zugeben, dass der Zustand der Störung zur Norm wird, dass sich das städtebauliche Chaos wie ein Geschwür ausbreitet. Es ist ein

als zugespitzte Beispiele der Verwandlung von Existenzbedingungen in besitzindividualistisch zu konsumierende Waren formieren die Stadtbauwelt auf abträgliche Weise („autogerechte Stadt“);

- wenn beim ‘geistigen Eigentum’ qua Patent die Kosten der exklusiven Nutzungsrechte deutlich werden. Patente legitimieren ein zwanzigjähriges Monopol. In dieser Zeit kann nur der Eigentümer des Patents das patentierte Wissen kommerziell nutzen, während andere davon und von der Anschlussforschung ausgeschlossen bleiben. „Wenn ein Unternehmen gerade eine neue Technik entwickelt, weiß es nie, welches Patent es gerade verletzt“, so Tim Berners-Kee, der das Internet mitentwickelt hat und Direktor des World Wide Web Consortiums ist (Silicon.de, 1. 10. 2004).[100] Das Argument, ohne Patente entfalle ein wesentliches Motiv erfinderischer Kreativität, übergeht die intrinsische Freude am Erfinden[101] und tut so, als ließe sich die Erfindung nicht anders honorieren (bspw. durch öffentliche Forschungsfonds), ohne zugleich jeweils ein Monopol aufzurichten;
- wenn mit Leasing und Sharing eine Aufweichung des Strebens nach Eigentum einhergeht. Es macht einen Unterschied, ob das Eigentum an einer Sache übertragen wird oder einzelne Verfügungsrechte.

Die grundlegende Infragestellung des Privateigentums setzt voraus, dass es als Teil der gesellschaftlichen Misere und zugleich als deren Kompensation und als dadurch zur erweiterten Reproduktion der Misere beitragend begriffen wird. Die Bürger versuchen, den gesellschaftlich verursachten Verunstaltungen des Arbeitens, der Sozialbeziehungen und der Gegenstandswelt gegenzusteuern. Und tun dies in einer Form, die ihnen unter gegebenen Verhältnissen nahe liegt: Als individuelle Verbraucher sind sie damit (über)beschäftigt, ihren jeweils eigenen Mikrokosmos herzustellen und so weit wie möglich zu verteidigen. Er umfasst „die Wohnung mit ‘allem Komfort’ (d.h. ein von äußeren Dienstleistungen unabhängiges, abgeschlossenes Universum), in der man sich (dank Fernsehen) die Welt als Schauspiel gönnt, die man am Lenkrad eines Privatwagens verlässt, um die ‘Natur ohne Menschen’ zu genießen. Man ist wütend über den Staat,

---

Stil-Mischmasch ohne inhaltliche Gesetze, ohne Anpassung, ohne Korrespondenz, ein Alptraum, den wir von Bildern aus USA kennen; Formen, die sich gegenseitig totschlagen, schreiende Reklametafeln in einer öden Umwelt, die Hauser stehen nebeneinander, maßlos, kontaktlos und vereinsamt“ (Ebd., 12).

100 www.Silicon.de/enid/business-software/10677

101 „Wenn Einstein sich für Geld interessiert hätte, wäre er nicht Einstein geworden – sondern wahrscheinlich ein ziemlich mittelmäßiger Unternehmer oder Bankier“ (Castoriadis, Mothé 1992, 18).

der nicht genug Autobahnen baut, um diese Flucht zu erleichtern; aber man ist nicht wütend über die Profitwirtschaft, die diese Flucht sozusagen erzwingt" (Gorz 1967, 88f.).

Mit Privateigentum und -besitz geht es für die Individuen darum, sich ein Stück von der Welt exklusiv zu nehmen und sich in ihm einzurichten. Das Anliegen: Der Außenwelt ein Stück Territorium und Inneneinrichtung abzutrotzen und es zu befestigen, auszugestalten und gegen Angriffe zu beschützen. Die Selbstverwirklichung per Eigentum und Besitz hat auch damit zu tun, vom vereinzelten Einzelnen manipulierbare Objekte und Situationen zu ermöglichen. Der Umgang mit ihnen soll das Image des Individuums bestätigen, ein handlungsfähiges und autonomes Subjekt zu sein. Die Negation von Stadt qua Eigenheim als Real-Fiktion einer nichtkollektiven Lösung des Wohnungsproblems stellt (neben der ebenfalls besitzindividualistischen 'Lösung' der Mobilität qua Autoverkehr) ein Beispiel für die Selbstverwirklichung dar, wie sie in der bürgerlichen Welt als praktische Notwendigkeit gesetzt, als Bedürfnis hervorgebracht und nach Maßgabe zahlungskräftiger Nachfrage befriedigt wird.

Mit der Selbstverortung des Individuums per Eigentum und Besitz sollen kleine Inseln von Hab und Gut vor der Konkurrenz und vor der unsicheren gesellschaftlichen Entwicklung schützen. Die Verbindung mit anderen und die Offenheit für die Auseinandersetzung mit ihnen nehmen Schaden durch die Angst vor dem Übervorteiltwerden und durch die Sorge, ohne eigenes Eigentum keinen Rückhalt zu haben in unsicheren Zeiten. Die Investition eigener Energien und Aufmerksamkeit in die Anhäufung privater Sicherungsmittel und in den Ausbau privater Stützpunkte grassiert. Die hier gebundenen Energien und Aufmerksamkeiten fehlen der Gestaltung des öffentlichen Raums. Dessen Verwahrlosung steigert wiederum die Motive zur Fokussierung auf den Privatbesitz.

b.) Die Konkurrenz wird als zu befürwortende Gesellschaftsstruktur ansatzweise infrage gestellt,

- wenn deutlich wird, dass mit ihr ein unendlicher, sich immer wieder neu überbietender, eigendynamischer Prozess eingeleitet ist. Dieser Selbstläufer kennt aus sich heraus keine Stoppregeln und drückt der Gesellschaft seine eigenen Zugzwänge auf, macht sie also unfrei in der Gestaltung ihrer selbst. Diese „schlecht-unendliche" (Hegel) Bewegung oder der an keinen Sättigungspunkt gelangen könnende „Progress" wurde in früheren Zeiten oft als Strafe und Fluch aufgefasst – wie bei den Qualen des Tantalus, dem Stein des Sisyphus, dem Sieb der Danaiden oder dem Schiff, das nicht ans Ufer kommen darf;
- wenn deutlich wird, dass die Konkurrenz sich von einer Methode für den effektivsten Mitteleinsatz zur Erreichung extern vorgegebener Zwecke verkehrt

zu einer Instanz, die selbst über die Zwecke entscheidet. In einer Gesellschaft, in der Konkurrenz eines der dominanten Muster bildet, avanciert die Zielsetzung selbst zu einem Mittel im Streben danach, in der Konkurrenz nicht das Nachsehen haben zu müssen;[102]

- wenn deutlich wird, wie Konkurrenz die Bereitschaft zu kollegialem Verhalten verringert und die Bereitschaft erhöht, die Konkurrenten zu behindern. Letzteres ist in der Wirtschaftswissenschaft unter dem Terminus der Sabotage Thema.[103] Die Sabotage von Konkurrenten senkt die kollektive Leistung und läuft dem Zweck des Wettbewerbs, den Fähigsten zu ermitteln, zuwider, insofern nun unter Umständen gerade der gewinnt, der am besten andere zu behindern vermag.
- wenn deutlich wird, dass Konkurrenz eine große Quelle von Verschwendung darstellt. Zu Recht bezeichnet Felber den „Dauerstress, die Nase vorn zu haben und nur ja nicht zu unterliegen", als „die größte emotionale Ressourcenvergeudung, die der Menschheit je eingefallen ist" (Felber 2008, 125). „Gemeinschaften, welche die Ressourcen Liebe und Anerkennung zu knapp halten, vergeuden einen großen Teil ihrer Energie durch Konflikte" (Bauer 2006, 84). Zu unterscheiden ist zwischen Konkurrenz und Wettbewerb bzw. „competition. Das bedeutet ursprünglich 'gemeinsame Suche' nach Lösungen. Eine solche müssten wir praktizieren und nicht den Wettstreit darum, wer der Gewinner und der Verlierer ist" (Duerr 1998, IXf.). Plack unterscheidet zu Recht die Stressgesellschaft von der Leistungsgesellschaft. Er setzt dafür an einer weit verbreiteten Erfahrung an. „Wir leisten mehr und ohne die üblichen Erschöpfungssymptome, wenn die Sache selbst uns fesselt, wenn wir nicht durch Konkurrenten uns ablenken lassen und wenn wir im eigenen Interesse tätig sind" (Plack 1976, 174).

---

102 „Vorgaben sachlich begründeter, wettbewerbs-exogener Erfordernisse" sind gegenüber „der endogenen Logik der sich verselbständigenden Konkurrenz" zweitrangig. „Was produziert wird, was erforscht wird, ist letztlich gleichgültig, solange es die Wettbewerbsfähigkeit steigert und Wachstums- oder Beschleunigungspotentiale verspricht" (Rosa 2006, 94f.).

103 „Sabotage" kann „von unterlassener kollegialer Hilfestellung und strategischer Nichtweitergabe von Informationen bis hin zu Mobbing und physischer Schädigung der Leistungsfähigkeit des Konkurrenten reichen. ... Survey-Daten der Ökonomen Robert W. Drago und Gerald T. Garvey belegen die nachlassende Unterstützung von Arbeitern untereinander, wenn die relativen Leistungsanreize hoch sind. ... Fragt man Mobbing-Opfer, warum sie gemobbt wurden, dann ist Konkurrenz um Beförderungen und um die Aufmerksamkeit und das Wohlwollen von Vorgesetzten unter den am häufigsten genannten Ursachen" (Münster 2006, 49f.).

c) Die *Effizienz der Arbeit* in modernen kapitalistischen Betrieben und Organisationen wird als respektables Ziel insofern infrage gestellt, als

- diese Effizienz mit abträglichen Effekten gegenüber der menschlichen Physis und Psyche einhergeht;
- die Erwerbsarbeit als Mittel des Individuums für ein ihr gegenüber autonomes Leben gerade die Sinne und Fähigkeiten in Mitleidenschaft zieht, die für es zentral wären;
- die Behandlung von Menschen als Arbeitskräfte zu Demotivierung, innerer Kündigung, Fehlzeiten und suboptimalem Leistungsniveau führt (s. Kapitel I.1);
- 'Humanpotential' anders als 'Human Capital' und 'Human Ressources' nicht instrumentell aktivierbar ist. Die in Unternehmen feststellbaren Bemühungen, per materiellen Anreizen, Motivationstraining, Firmenkultur u.ä. Leistung und Kreativität der Mitarbeiter zu steigern, verfehlen mit ihrem technokratischen, ködernden und bestenfalls verführenden Zugriff (vgl. Sprenger 1991, 18f., 50ff.) die Tiefendimensionen menschlicher Bereitschafts- und Fähigkeitspotentiale (vgl. a. Klages 2002, 123ff., 139f.).

Für die kapitalistische Form der Arbeitsorganisation und Arbeitstechnologie ist der Widerspruch charakteristisch zwischen hoher Qualifikation als Mittel zur Verbilligung des Produktionsprozesses sowie als Notwendigkeit bei komplexen Produkten einerseits und Vorbehalten gegenüber einer zu hohen Qualifikation und Autonomie der Arbeitskräfte andererseits. Hohe Qualifikation und autonome Arbeitsgruppen statten die Arbeitenden mit Kompetenzen, Eingriffsmöglichkeiten und Machtmitteln aus.[104] Sie stärken die Arbeiterschaft als (*mit* dem Unternehmerlager) rivalisierende Interessengruppe oder ermöglichen es, dass

---

104 Einflussreich für die Kritik der Produktionstechnik im Kapitalismus war die an Braverman anknüpfende Untersuchung von Noble (1978, 1984) zur Entwicklung der NC-Maschine. „Mit seinem Begriff des 'social choice' wies er erstmals auf die relative Offenheit der technischen Entwicklung und die Wahlmöglichkeiten beim technischen Design, bei der Lösung ein und desselben technischen Problems hin. Noble untersuchte die Entwicklung numerisch kontrollierter Werkzeugmaschinen in den USA und stellte fest, dass neben den sich durchsetzenden NC-Maschinen am Anfang der Entwicklung durchaus eine technische Alternative, ein technisch-funktionales Äquivalent, im sog. 'record-play-back'-Verfahren zur Verfügung stand. Dass sich schließlich die NC-Linie in der Technikentwicklung durchsetzte, lässt sich laut Noble auf Herrschafts- und Kontrollinteressen des Managements gegenüber dem Produktionspersonal, dessen spezifisches handwerkliches Wissen durch die zentral-gesteuerten NC-Maschinen und die hierdurch mögliche weitere Teilung der Arbeit entwertet wurde, zurückführen“ (Hennen 1992, 31f.).

die Arbeitenden ihre Fähigkeiten *gegen* die kapitalistische Unternehmensführung wenden.[105] Das gilt es im kapitalistischen Betrieb zu verhindern. Für dieses Phänomen sind jene Auffassungen blind, die in Bezug auf die Unterordnung des Arbeitenden im Arbeitsprozess allein die Effizienz registrieren. Sie ignorieren die Begrenzung, die die Arbeitstechnologie durch den mit ihr verschränkten Kontrollzweck findet.[106] Marglin (1977) zeigt historisch an der Entstehung des Kapitalismus, wie die Hierarchie im Betrieb weniger technischen und die Produktivität steigernden Maßgaben folgt, sondern Kontrollzwecken.[107] „Kontrolle und Ausbeutung sind offenbar nicht voneinander zu trennen, jedoch ist die Unterscheidung zwischen maximaler Ausbeutung und maximaler Produktion von grundlegender Bedeutung; sie impliziert, dass der Kapitalismus die effektivste Produktionstechnologie nur insoweit anwendet, wie sie mit maximaler Kontrolle und Ausbeutung vereinbar ist. Das treibende Moment des Kapitals ist ein Maximum an Profit, und weil dies erfordert, total über die Arbeitskraft verfügen zu können, kann dieses Maximum im allgemeinen durchaus auf Kosten der größtmöglichen technologischen Effizienz und Produktivität gehen“ (Gorz 1973, 101). Gordon (1976) unterscheidet zwischen „qualitativer“ und „quantitativer“

---

105 „Wenn alle Arbeiter alle Aufgaben erledigen könnten, dann wäre es ihnen aufgrund ihrer Kenntnis des Produktionsprozesses möglich, sich zusammenzutun und die Produktion auf eigene Faust zu betreiben. ... Wenn man den Arbeitern insgesamt die Kenntnisse und Befugnisse zugesteht, sich mit allen Teilen des Produktionsprozesses zu befassen, wächst bei ihnen der Wunsch, autonom die Kontrolle auszuüben, und damit wird die Legitimität des Chefs als Koordinator der Produktion untergraben. Seine finanzielle Herrschaftsposition und seine Stellung als Vermittler zwischen Produzenten und Konsumenten beruht aber allein auf dieser unangefochtenen Legitimität“ (Bowles, Gintis 1976, 22).

106 „Man könnte eine ganze Geschichte der Erfindungen seit 1830 schreiben, die bloß als Kriegsmittel des Kapitals wider Arbeiteremeuten ins Leben treten“ (MEW 23, 459, s.a. MEW 4, 154f.). Emeute ist das französische Wort für Aufruhr oder Meuterei. Als dem Arbeitenden gegenüber „feindliche Potenz wird sie (die Maschine – Verf.) laut und tendenziell vom Kapital proklamiert und gehandhabt. Sie wird das machtvollste Kriegsmittel zur Niederschlagung der periodischen Arbeiteraufstände, strikes usw. wider die Autokratie des Kapitals“ (MEW 23, 459). Marx zitiert zustimmend Ure zur automatischen Spinnmaschine: „Sie war berufen, die Ordnung unter den industriellen Klassen wiederherzustellen“ (Ebd.).

107 „Katherine Stone hat in einer bahnbrechenden Untersuchung über die Entwicklung der amerikanischen Stahlindustrie nachgewiesen, dass die soziale Organisation der Arbeit durchaus nicht aus technologischer Notwendigkeit erwuchs, sondern aus dem Bedürfnis des Managements, den Produktionsprozess unter seine Kontrolle zu bringen“ (Bowles, Gintis 1976, 24).

Effizienz. Letztere bezieht sich auf das Verhältnis zwischen (größtmöglichem) Output und (möglichst geringem) Input. „Qualitative Effizienz" beinhaltet, das Produktionsverhältnis im Arbeitsprozess selbst zu sichern.[108] D.h. im Kapitalismus, die Kontrolle der Arbeitenden durch die Vorgesetzten zu gewährleisten und Widerstand durch die Arbeitstechnologie und -organisation zu erschweren. Experimente mit Teamarbeit und der Beteiligung der Arbeitenden an Entscheidungen zeigen Steigerungen der „quantitativen Effizienz", sind aber im Kapitalismus aufgrund der Gefährdung „qualitativer Effizienz" nur begrenzt möglich.

Der bürgerliche Materialismus verkennt die kapitalistische Form von Arbeitsorganisation und -technologie als ein äußeres Anwendungsverhältnis. Die Produktionsmittel gelten als leicht aus dieser Indienstnahme herauslösbar, da von ihr nicht immanent strukturiert. Die Auseinandersetzung um die These vom äußeren Anwendungsverhältnis ist kein Streit um die siebte Stelle hinterm Komma, sondern beinhaltet gravierende Unterschiede in der politischen Perspektive: „Ohne den Kampf für andersartige Technologie ist der Kampf für eine andere Gesellschaft vergeblich. ... Die Veränderung der Werkzeuge ist eine grundlegende Voraussetzung für einen gesellschaftlichen Wandel: die Entwicklung der freiwilligen Kooperation, die Entfaltung und Souveränität der Gemeinschaften und Individuen setzen die Bereitstellung von Instrumenten und Methoden der Produktion voraus, ... die mit der Macht vereinbar sind, die assoziierte Produzenten und Konsumenten auf die Produktion und Produkte ausüben müssen" (Gorz 1980, 18).

d.) Das für kapitalistische Ökonomien zentrale *Wachstum* und die *Akkumulation des Kapitals* erfahren Infragestellungen, insofern

- maßloses Wachstum und Nachhaltigkeit sich nicht vertragen;
- die Konkurrenz und die mit ihr verbundene Eigendynamik fragwürdig werden;
- bereits durch die massenhaft vorhandenen Erfahrungen mit Sucht Vorbehalte gegen solche Dynamiken entstehen können, deren Antriebsmoment ein bestimmter Umgang mit Gegensätzen und Widersprüchen bildet. Er tastet diese selbst nicht an und sucht ihre negativen Effekte durch 'mehr desselben' zu kompensieren. „Der innere Widerspruch sucht sich auszugleichen durch Ausdehnung des äußern Feldes" (MEW 24, 255);
- die Jagd nach Novitäten fragwürdig wird. Das Wachstum zeigt sich verschwistert mit einer Präferenz für Novitäten. Das Neue prunkt mit einem ungerechtfertigten Bonus: „Als sei keine Stelle des Lebens so gut, dass sie nicht

108 „Dies soziale Verhältnis, Produktionsverhältnis, erscheint in fact als ein noch wichtigeres Resultat als seine materiellen Resultate" (Marx 1974, 362).

> jederzeit verlassen werden könnte. Die Lust am Anderssein entführt, oft betrügt sie. Doch aus dem Gewohnten treibt sie allemal hinaus. Ein Neues soll kommen, das mit sich nimmt. Die meisten reizt schon der leere Unterschied zum Bisher, die Frische, gleichviel zunächst, was ihr Inhalt ist“ (Bloch 1976, Bd.1, 44).[109] Die Vergangenheit wird nicht abgeschlossen, sondern soll sich im Veralten vielmehr von selbst erledigen „in der Art, wie man etwas verlegt und aus den Augen verliert, wenn man selbst von etwas Neuem angezogen wird“ (Musil 1981, 127). Das Driften und das Floaten von einer Neuigkeit zur nächsten und das Alternieren zwischen Verschiedenem sollen kein Verweilen und kein Besinnen aufkommen lassen. Das diffus gefühlte Unbehagen motiviert hier nicht zur Reflexion, sondern zur Abwechslung. Die Aktualität erstickt die Gegenwart.

Die für die kapitalistische Ökonomie zentrale Akkumulation des Kapitals erfährt auch in dem Maße eine Legitimitätseinbuße, wie gewiss wird, in welchem Umfang sich diese Akkumulation auf Kosten der Gebrauchswerte der Waren vollzieht. Die Lebensdauer von Gebrauchsgütern verkürzt sich durch kostensenkende Einsparungen von Arbeit und Ressourcen seitens der Anbieter und durch eingebauten vorzeitigen Verschleiß. Bezogen auf das Niveau der Bedürfnisbefriedigung würden mit der Verlängerung der Lebensdauer von Gebrauchsgütern weniger Produkte benötigt. Es entstünden große Einsparpotenziale an materiellen und finanziellen Ressourcen. Im Interesse von Kapitalen liegt die damit verbundene Nachfrageminderung nicht.

Umfassenden Überblick bietet die 2013 erschienene Studie „Geplante Obsoleszenz. Entstehungsursachen – Konkrete Beispiele – Schadensfolgen – Handlungsprogramm“ von Stefan Schridde und Christian Kreiß, die im Auftrag der Bundestagsfraktion der Grünen erstellt wurde. Das Ergebnis: „'Geplanter Verschleiß ist ein Massenphänomen' ... Die Autoren belegen das an gut 20 beispielhaft ausgewählten Massenprodukten. So gibt es bei Tintenstrahldruckern interne Zähler, die nach einigen Tausend Seiten Wartungsbedarf melden, obwohl das Gerät weiterdrucken könnte. Für Schuhsohlen werden Gummisorten verwendet, die schnell abreiben und verklebt sind, sodass man die Sohle nicht tauschen kann. In Jacken gibt es Reißverschlüsse, deren Zähne spiralförmig angeordnet sind, weshalb sie frühzeitig den Dienst versagen. Und sie fanden Waschmaschinen, deren Heizstäbe verdächtig schnell rosteten: Ihre Reparatur ist meist sündhaft teuer. ... Müssten die Verbraucher nicht ständig neue Produkte kaufen, weil die alten

---

109 Die Einschüchterung, die mit den Novitäten verbunden wird, hat Brecht (1993, 729) formuliert in der „Parade des alten Neuen.“

zu früh kaputtgehen, blieben ihnen im Jahr 100 Milliarden Euro übrig" (Süddeutsche.de, 20.3.2013).

In ihrem Streben danach, möglichst viele Produktionsgelegenheiten zu finden, erhöhen Kapitale die Ersatznachfrage nach Gütern, indem sie die Produktlebenszeiten und Nutzungszyklen verkürzen.[110] Das profitable Prinzip der eingebauten Kurzlebigkeit geht einher mit der Einsparung von Arbeit bei der Erstellung von Gütern zu Lasten der Produktqualität und mit der Verwendung von weniger wertvollen und haltbaren Materialien. Kreiß (2014) schildert, wie Geräte so verlötet werden, dass sie nicht zu öffnen und damit auch nicht zu reparieren sind. Schadensanfällige Komponenten wie Schalter und Griffe sind oft so integriert, dass sie im Falle des Defekts nur zusammen mit teuren Kompaktteilen ersetzt werden können. „Altkleidersammler klagen darüber, dass der Anteil an unbrauchbaren Kleidern in ihren Sammelcontainern in den letzten Jahren massiv zugenommen hat. Insbesondere bei Discountern wird Bekleidung zunehmend zu Saisonware, bei der nach drei- bis viermaligem Waschen die Nähte reißen und die Farben verbleichen. Sie sind dann höchstens noch als Putzlappen zu verwenden" (Hasse 2013).

Neben der Strategie des geplanten Verschleißes lohnt sich für Kapitale die Abwertung älterer Modelle, um so ihren Ersatz zu ermöglichen. Bewerkstelligt wird dies durch Modelländerung, Oberflächeninnovation, das Vom-Markt-Nehmen älterer Modelle bzw. der Ersatzteile für sie. Die Bereitstellung peripher differenter und marginal innovativer Angebote sorgt für eine künstliche Veraltung

---

110 Die *Produktlebenszeiten* verkürzen sich zwischen den 70er und 90er Jahren im Anlagenbau um 28,6%, im Fahrzeugbau um 32,6%, im Maschinenbau um 40,9% in der Elektrotechnik um 46,%, in der Informationstechnik um 52,3 %, in der Chemie um 44,2% (Backhaus 1999, 18).
Auf gesättigten Märkten sind im Kapitalismus Produktinnovationen notwendig, damit sich die Konsumenten vom „alten" Produkt verabschieden und einen Neukauf unternehmen. „Die Innovationen können dabei technisch oder ästhetisch sein. 'Wichtig für den Kunden sind aber relevante und vor allem erlebbare Innovationen', sagt Langner (Marketingprofessor – Verf.). So sei es für den Käufer eines Autos manchmal wichtiger, ein schönes Cockpitdesign mit Getränkehalter zu haben als ein Fahrzeug mit innovativer Hinterachse, die der Käufer gar nicht erleben könne. 'Schmuckdesign bringt immer etwas', sagt Langner. Besonders die Automobilbranche arbeitet gern mit Modellkosmetik. Ein paar neue, schicke Scheinwerfer, ein schnittigeres Karosseriedesign, ein paar kleine Änderungen im Innenraum – schon ist das Fahrzeug an den Zeitgeist angepasst und wird gekauft. Lag der Produktlebenszyklus von Fahrzeugen in den 70ern im Schnitt noch bei 8 Jahren, waren es in den 90ern bereits nur noch drei Jahre" (Der Tagesspiegel 9.4.2011, S. 17).

technisch funktionsfähiger Produkte.[111] Die Moden verkürzen ästhetisch die soziale Lebenszeit von Produkten. Auch so entstehen Nachfragemotive und die Marktsättigung lässt sich vertagen. Der kapitalistischen „ästhetischen Ökonomie" (Böhme) ist ein idealiter unendlicher Progress immanent, der kein Ankommen kennen darf. Ich vertiefe die Kritik am kapitalistischen Wachstum in II.8e7.

Mit dem Lob der Effizienzvorteile kapitalistischer Strukturen vertragen sich die in diesem Kapitel genannten Probleme denkbar schlecht. Sie durchkreuzen die Behauptung, kapitalistischer Reichtum und Reichtum seien identisch, und tragen zur Delegitimierung zentraler kapitalistischer Maßstäbe bei.

I.10 Für soziale Bewegungen günstige Gelegenheitsstrukturen, die zeitweise die Absorptionskräfte gesellschaftlicher Systeme schwächen

Wer nach Gesellschaftsveränderung fragt, kann die Chancen ihrer Durchsetzung nicht allein an den in der bestehenden Gesellschaft entstehenden Kräften für sie festmachen. Sie treffen unter Umständen auf günstige Effekte, die aus einer Schwächung der gesellschaftlich herrschenden selbstreproduktiven Formen und Strukturen resultieren.

Die moderne kapitalistische Gesellschaft umfasst neben der kapitalistischen Ökonomie auch jene Bereiche, die ihre Folgen verarbeiten und idealiter ihre Voraussetzungen bereitstellen, sofern diese nicht aus der kapitalistischen Ökonomie selbst hervorgebracht werden. Zwar sind diesen Bereichen durch die kapitalistische Gesellschaftsformation (Form-) Grenzen gesetzt. Schranken dieser Bereiche resultieren aus dem asymmetrischen Verhältnis zwischen der Ökonomie und den außerökonomischen Bereichen. Eine Garantie des Zusammenstimmens der außerökonomischen Bereiche mit der Ökonomie existiert nicht. Für das innerhalb der Grenzen und Schranken (zum Unterschied dieser beiden Begriffe vgl. S. 17, Anm. 5) Mögliche ist nicht in jedem Falle vorentschieden, dass es eine Gestalt gewinnt, die „ohne Friktionen zu verursachen von einem vorherrschenden Reproduktionsmodus (weiter-) genutzt werden" kann. „Mehr noch: Häufen sich derartige strukturelle Absonderlichkeiten, die der eingefahrene Reproduktionsprozess nur unter Schwierigkeiten verarbeiten kann, so gerät er unter diesen Umständen

111 Den „Scheininnovationen und defensiven Produktveränderungen" rechnet Rammert (1983, 160f.) „85-90 % der Projekte in den industriellen Forschungs- und Entwicklungsabteilungen" zu.

unter selektiven Druck, und es mögen Veränderungen seiner Modalitäts- und Verlaufsdynamiken favorisiert werden, die unter Bedingungen 'normaler' Reproduktion keine Bestandschancen gehabt hatten" (Schmid 1987, 38).

Überlegungen, die die Hindernisse und Schwierigkeiten von Gesellschaftsveränderung thematisieren, stehen immer vor dem Problem, aus ihrem Motiv, die Schwierigkeiten ernst zu nehmen, sie nicht als hermetisch zu stilisieren. Selbsteinschüchterung wäre das Ergebnis. Die Analyse befördert dann die Paralyse. Die Aufmerksamkeit für die Absorption und das Kleinarbeiten von Widerständen bzw. deren Nichtzustandekommen und für den für Probleme bereitstehenden Verschiebebahnhof ist wichtig. Aber sie ist nicht alles. Es bedarf auch einer Wahrnehmungsfähigkeit und Urteilskraft für die (historisch kontingente) Zusammenballung von Widersprüchen und für die (ebenfalls kontingente) zeitweilige Schwächung oder gar Suspendierung von solchen Integrationsmechanismen und Stärken des Gesellschaftssystems, die in seinem Normalverlauf seine Kontinuität sichern und oppositionelle Kräfte schwächen. Die absorptiven Effekte der gesellschaftlichen Strukturen wirken u. U. zeitweilig in geringerem Maße. Training ist eben nicht alles, man muss seine Kräfte auch abrufen können. Weit vor ihren Leistungsgrenzen kommt es möglicherweise durch besondere historische Konstellationen zu einem Aus-den-Fugen-Geraten des sonst – bei allen Friktionen und Dysfunktionalitäten im einzelnen – funktionierenden Zusammenspiels der verschiedenen Systemmomente. Bspw. führen der Übergang zu einem anderen „Akkumulationsregime" und einer anderen gesellschaftlichen „Regulationsweise" oder die Verselbständigung von lange regierenden Parteien zu immanenten Störungen. Auch die Absorptions- und Neutralisierungspotenzen der Gesellschaftsstrukturen unterliegen nichtintendierten und unabsehbaren Nebenwirkungen und deren Folgedynamiken. Aus der jeweiligen besonderen Gemengelage heraus können Impulse mehr Entfaltungsraum erlangen, als es normalerweise üblich ist. Umbruchszeiten setzen außer Kraft, was unter „normalen" Bedingungen normal erscheint.

Insofern der empirische Zustand des Systems nie 'rein' ist und u.U. weit hinter seinen optimalen Leistungspotenzialen zurückbleibt, muss dessen abstrakte Logik und Absorptionspotenz nicht in jeder Situation voll greifen können. In einer Umbruchsituation entscheiden die aktuell einsetzbaren, nicht die auf lange Sicht hin mobilisierbaren Kräfte.

Während des Normalbetriebs der gesellschaftlichen Strukturen kann sich durch nichtintendierte Konsequenzen ihres Funktionierens bzw. infolge von Funktionsstörungen einzelner ihrer Elemente eine (Un)Ordnung kritischer Dichte ergeben, welche die Normalstruktur zeitweise zu schwächen vermag. Aus den verschiedenen Dissidenzen und Widerspruchsmomenten mag sich unter bestimmten Bedingungen eine brisante Konstellation ergeben. Dann verbinden sich Momente und Kraftströme zu einem Gravitationsfeld, das aus der Gesellschaft heraus eine ihrer Struktur gegenüber heterogene Anziehung aufbaut. Derart kommt es möglicherweise zu einer „Zersetzung der tragenden Struktur der Gesellschaft, und dies wiederum ruft auf einer bestimmten Stufe der Entwicklung die Gefahr herbei, dass das System sich in seiner Bewegung gleichsam soweit von dem Mittelpunkt des Gravitationsfeldes, in dem es sich befindet, entfernt, dass es in den Bereich der Anziehung eines anderen Zentrums gerät" (Giegel 1975, 96).

Eine politische Analyse beschränkt sich nicht darauf, allgemeine Widersprüche festzustellen, sondern fragt nach der historisch vorliegenden konkreten Konstellation von Widersprüchen. Relevant wird jene „Anhäufung von 'Umständen' und 'Strömungen'", in der „diese, welchen Ursprungs und welcher Richtung sie auch sein mögen (und viele unter ihnen sind notwendigerweise, aufgrund ihres Ursprungs und ihrer Richtung, paradoxerweise der Revolution fremd, ja sogar 'absolut entgegengesetzt') zu einer Einheit des Bruchs 'zusammenfließen'" (Althusser 1968, 63).[112] Es „gerät" dann eine gewaltige Anhäufung von „Widersprüchen ins Spiel, in das gleiche Spiel, von denen einige radikal heterogen sind, und die weder den gleichen Ursprung, noch die gleiche Bedeutung, noch das gleiche Anwendungsniveau und den gleichen Anwendungsort haben und trotzdem zu einer Einheit des Bruchs 'verschmelzen'" (Ebd., 64). Wenn es dazu kommt, „dann ist es nicht mehr möglich, von der schlichten und einfachen Kraft des allgemeinen 'Widerspruchs' zu sprechen" (Ebd.). Die verschiedenen Strömungen „'verlieren' sich nicht wie eine reine Erscheinung in der inneren Einheit eines einfachen Widerspruchs " (Ebd., 65).

Konstitutive gesellschaftliche Formen und Strukturen – und ihre Absorptionspotentiale – analytisch festzuhalten heißt nicht, solche Ereignisse auszuschließen. Durch sie können konstitutive gesellschaftliche Formen und Strukturen zwar vielleicht zeitweise massiv an Kraft verlieren wie im Mai 1968 in Frankreich.[113] Unnötig allerdings können sie erst dann werden, wenn eine neue Gesellschaftsordnung von Kräften und Kräftekonstellationen her möglich erscheint und sich durchsetzt. Die herrschenden Verhältnisse lassen sich erst dann nicht nur put-

112 Althusser (1968, 58ff.) verdeutlicht diesen Gedanken am Beispiel der russischen Revolution von 1917. Zum „überdeterminierten Widerspruch" vgl. a. Ebner, Nowak 2010.

113 Eine Skizze verschiedener Denkansätze zur Interpretation des französischen Mai 1968 findet sich bei Ferry, Renaut 1987, 48ff.

schistisch außer Kraft setzen, sondern dauerhaft überwinden, wenn sich auf der Stufe einer „fortgeschrittenen Art der Selbstbetätigung der Individuen“ (MEW 3, 72) eine qualitativ überlegene Weise gesellschaftlicher Kooperation, Koordination und Gestaltung der Gesellschaft durch ihre Mitglieder ausbildet.

Renormalisiert sich die Lage, so kann im Nachhinein als unmöglich und naiv erscheinen, was in der historisch kontingenten Schwächung oder zeitweiligen Suspension der Wirkungen gesellschaftlich maßgeblicher Strukturen und Formen eine Chance für eine neue Gesellschaftsform darstellte. Die für das Ereignis relevante Eskalation kann mit einer dramatischen Eigendynamik einhergehen und Raum eröffnen für transformative Prozesse. Im Falle des Scheiterns ist der Gedanke suggestiv, es habe gar nichts vorgelegen, das gescheitert sei (außer Illusionen), während im Handgemenge jenen, die auf die Latenz des Prozesses setzen, sie meist wiederum überwertig und euphorisch gewiss ist.[114] Eine Attitüde, die das Gras wachsen hört, zu vermeiden und ebenso die von Hegel (z.B. in Hegel 3; 458f., 315) am „Sollen“ kritisierte Methode, alles als einen Anfang zu adeln – diese Kritik fordert einen hohen Preis, wenn sie *ihre* Negation des „Systems“ einzig mit dem Befund auszuweisen vermag, *nichts* entgehe dem „System“. Die Logik der Beharrung und Systemintegration qua Absorption von Widerständigem und das Verständnis der Umwälzung unterscheiden sich voneinander. So realitätshaltig ein illusionsloses Wissen um die Ultrastabilität der herrschenden Formen ist, so wenig kann es unbedingt sein wollen, geriete es dann doch zur Be(s)tätigung eines Gegenstandpunktes, dessen subsumtionslogisch-identifizierende Deduktionskünste sich dem bloßen Willen zur kritischen Identität verdanken. Sie möchte von vornherein, getrennt und jenseits der konkreten Fragen, der Verunsicherung enthoben sein, die entsteht, wenn fern der sicheren Systematik die Gemengelage der besonderen Umstände Urteilskraft erfordert. Ohne sie lässt sich die Gunst der Stunde nicht nutzen.[115]

---

114 Karl Liebknecht (1969, 71) spricht 1907 von der „zuzeiten wie ein Irrlicht verwirrenden, manchmal geradezu gefährlichen, meist höchst wertvollen Möglichkeit, in Zeiten der Erregung mehr zu erreichen als in Zeiten der Ruhe, aber ein Mehr, das bei Eintritt der Ruhe fast stets wenigstens zum Teil mit dem Übermaß an Energie, das es zu erobern half, wieder verlorengeht: Die Geschichte der Revolutionen ist dessen eine einzige fortlaufende Bestätigung.“

115 Wer den Bruch der systemischen Absorptionspotenzen an die ihnen gewachsene begriffliche Durchdringungskraft als Akteurswissen bindet, folgt unangebrachten Reinheitsgeboten. „Wer eine ‘reine’ soziale Revolution erwartet, der wird sie niemals erleben“ (Lenin Werke Bd. 22, 363f.). Vgl. auch Althusser 1968 zum „überdeterminierten Widerspruch“ – nur eine andere Variante, Konstellationen zu denken, statt

Zur Gelegenheitsstruktur und zum mit ihr günstigenfalls temporär gegebenen „Fenster der Veränderung“ gehören auch die Effekte von Eigendynamiken. Zu nennen sind hier vor allem jene Erfahrungen und Prozesse der sozialen Assoziation und kollektiven Ausweitung von Handlungsfähigkeit, die sich u. U. in Kämpfen ereignen und über deren unmittelbare Zwecke hinausgehen. In einem Bericht über die 1973/74 monatelang besetzte Uhrenfabrik LIP in Frankreich hieß es: „Jeder hat etwas zu sagen, tritt aus der Menge heraus. Es herrscht eine Atmosphäre inniger Solidarität. Man trifft sich in den Fluren, in den Hallen, wechselt einige Worte; früher hat man sich das nicht getraut. Man beginnt, einander kennenzulernen. Man ist im selben Auto zum Flugblattverteilen gefahren. ... Ich liebe dieses Klima der Zuneigung. Sie ist überall spürbar. Es gibt keine Schranken mehr zwischen den Leuten vom Verkauf, von der Härterei, aus den Büros, den Forschungsabteilungen, der Endfertigung. Wir kämpfen für die gleiche Sache. Man beginnt, einander zu beachten“ (Piton 1976, 32f.). „Das Aktionskomitee ist ein außerordentliches Diskussionsforum, wo alle zu Wort kommen können, alles vorgebracht werden kann. Scheinbar unbedeutende Dinge entpuppen sich als bereichernde Einsichten. Wir sprechen über das Verhalten im Kampf. ... Ich bin oft erstaunt gewesen über die große Phantasie der Leute. Einige, die ich für engstirnig und egoistisch hielt, erwiesen sich als großherzig und einfallsreich. Unter uns herrschte Freundlichkeit. Man muss duldsam sein, damit jeder sich ungehemmt ausdrücken kann“ (Ebd., 34). „Wir haben in diesem Kampf erfahren, dass jeder ungeahnte Fähigkeiten entwickeln kann, wenn er nicht unterdrückt wird durch eine zusammenhanglose, aufgesplitterte Arbeitsweise“ (Ebd., 137. Zu 'Lip' vgl. a. Wittenberg 1974). Die Frage ist, inwiefern Erfahrungen aus solchen Ausnahmesituationen insulär bleiben oder die Beteiligten später daran anknüpfen können.

Das Überraschende und Raumeröffnende von Prozessen der kollektiven Assoziation und der Erweiterung der kollektiven Handlungsfähigkeit wahrzunehmen, für die die beschriebenen Erfahrungen des LIP-Kampfes beispielhaft stehen, ist das eine. Etwas anderes ist es, Kämpfe allein als Anfang aufzufassen und als Einstieg in eine zu begrüßende Entwicklung. Faktisch sind Kämpfe oft mit Abbrüchen, Versanden und Niederlagen verbunden. Eine Vernunft, die die Kämpfe notwendigerweise über die zunächst vorhandenen Ziele hinaustreibt, existiert nicht.

---

den die Strukturtransformation tragenden Kräften abzuverlangen, sie sollen den „Bruch mit dem Wesen“ intendieren, der günstigenfalls ihren Effekt darstellt (vgl. Merleau-Ponty 1966, 504).

Die zunächst positive Erfahrung, die herrschenden Zustände wenigstens kurzzeitig stören oder gar partiell außer Kraft setzen zu können, erscheint oft im Nachhinein als schöner Tagtraum, auf den das ihn dementierende dicke Ende folgt. So auch beim in Westeuropa nach dem 2. Weltkrieg sicher weitestgehenden Beispiel kollektiver emanzipatorischer Assoziation und Ausweitung von Handlungsfähigkeit – dem französischen Mai 68. Die Niederlage hat demoralisierende Folgen. Den Beteiligten fällt es schwer zu verstehen, warum erst so viel möglich zu sein schien und dann auf einmal nicht mehr. Auch daraus resultieren Erschöpfung, Bitterkeit, gegenseitige Beschuldigungen und Spaltungen sowie Verwirrung und Desorientierung. Der Frage nach den Ursachen der Niederlage lässt sich nicht aus dem Weg gehen. Die romantische Begeisterung für die frühlingshaften Anfänge hilft wenig. Der Herbst bringt die Ernte.

I.11 Das Problem der Latenz

Zur Einschätzung des Entwicklungsstandes der für die grundlegende Gesellschaftsveränderung relevanten Kräfte ist auf Meinungsumfragen und auf die Repräsentation dieser Kräfte in der vorfindlichen Öffentlichkeit nur sehr beschränkt Verlass. Beide vermitteln vielfach einen falschen Eindruck von ihrem „Objekt". Darüber hinaus sind sie mit ihm rückgekoppelt und bilden ein Moment, das die Entwicklung dieser Kräfte oft behindert.

Die Erfahrungen aus Arbeitskämpfen und aus dem Zustandekommen sozialer Bewegungen zeigen, dass weniger die Summierung individueller Bewusstseinsveränderungen im Zentrum steht, sondern Konstellationen des sozialen Feldes. Gesamtgesellschaftlich wird gesellschaftskritisches Handeln auch dadurch befördert, dass bestimmte gesellschaftlich herrschende Strukturen einem Formtief unterliegen oder bislang hegemoniale Kräfte sich gegenseitig blockieren und selbst paralysieren. Im Unterschied zu einem Modell, das von der strikten Anleitung des Handelns durch das Bewusstsein ausgeht, kommen Handlungskontexte und die Verflechtung von Handeln und Denken in den Blick.[116]

Vieles an Kritik und an Suche nach Veränderung bleibt solange in der Latenz, wie es keine Artikulations- und Handlungsmöglichkeiten findet. Der diesbezügliche Mangel heißt aber nicht notwendigerweise, dass nichts da ist, das von sich aus

116 „André Gorz schrieb einmal sinngemäß: Zum Handeln ermutigt nicht die Unmöglichkeit, das Bestehende zu ertragen, sondern die Möglichkeit, das Bestehende zu verändern" (Mückenberger 1986, 111).

der Artikulation und Handlung bedarf. Verteidiger des status quo identifizieren gern die vergleichsweise geringe Manifestation von Kräften einer umfassenden Gesellschaftsveränderung mit ihrem Potenzial. Das Paradebeispiel bietet der Pariser Mai 1968. Wenige Wochen vor dem längsten Generalstreik in einem westeuropäischen Land im 20. Jahrhundert bescheinigten Meinungsumfragen sowohl den Studenten als auch den Arbeitern ein unpolitisches Bewusstsein.

Die der bürgerlichen Gesellschaft eigene Öffentlichkeit erweist sich als Filter gegenüber Impulsen und Kräften für eine umfassende Gesellschaftsveränderung. Unliebsame Bedürfnisse und Motive werden in der modernen Demokratie nicht durch ungleich verteilte Rechte ausgesperrt. Das Kleinarbeiten sowie die Absorption von Widerständigem hängen vielmehr eng mit den Erfolgsbedingungen zusammen, die die politische Öffentlichkeit in der modernen bürgerlichen Demokratie vorgibt.

Ein erster Filter betrifft die unterschiedliche Organisationsfähigkeit von Bedürfnissen. Lassen sich Bedürfnisse „nicht klar abgrenzbaren Status- oder Funktionsgruppen" zuschreiben (Offe 1972, 146), wird es vergleichsweise schwierig. Schwerer als die Interessen einer klar umrissenen Interessengruppe lassen sich Bedürfnisse organisieren, die „die physischen, moralischen und ästhetischen Bedingungen des gesellschaftlichen Zusammenlebens außerhalb der Markt- und Verteilungssphäre betreffen" (ebd.), also das Psychosozialprodukt oder die Lebensqualität.

Ein zweiter im System des politischen Willensbildungsprozesses eingebauter Filter betrifft die Konfliktfähigkeit der einzelnen sozialen Gruppen. Sie entscheidet darüber mit, inwieweit die betreffenden Gruppen ihre Bedürfnisse nicht nur artikulieren, sondern auch durchsetzen können. In der Demokratie, so wie wir sie in modernen kapitalistischen Gesellschaften vorfinden, existiert eine enge Verknüpfung von Leistungs- und Bedürfnissubjekt. „Statt den Markt zu transzendieren, rückt das System der pluralistischen Interessenvertretung gerade marktanaloge Interessendefinitionen in den Vordergrund – und zwar in der Gewichtung, die ihrer Marktmacht entspricht" (Ebd.). Viele soziale Gruppen lassen sich zwar organisieren, ihnen fehlt aber mangels Ressourcen und Leistungen, die sie im Konfliktfall verweigern können, die Konfliktfähigkeit.

Ein dritter Filter des Willensbildungssystems liegt in der Aussperrung aller Bedürfnisartikulationen, „die als utopische die historischen Systemgrenzen transzendieren, insofern sie sich nicht ohne weiteres an die Regeln pragmatischer Verhandlungsklugheit halten" (Ebd., 148).

Offes Analyse, die die Filtrierungen thematisiert, die dem politischen Willensbildungsprozess in der Demokratie im Kapitalismus immanent sind, unterscheidet sich von Agenten- und Einflusskonzepten sowie von der Vorstellung einer herrschenden Klasse, die sich des Staates bemächtigt. „Vielmehr sind sowohl das Substrat gesellschaftlicher Interessen, denen das politische Institutionensystem Zugang verschafft, wie die Kategorie von Funktionen, die es erfüllt, durch 'systemgewordene' Selektions- und Steuerungsprinzipien auf den Bestand der kapitalistischen Ordnung in einer Weise 'rückgekoppelt', die durch handlungstheoretische Kategorien nicht erfasst wird: Dieses System ist so beschaffen, dass seine Funktionsweise sich nicht aus der Aggregation der Motive seiner Mitglieder und Handlungssubjekte begreifen lässt, weil es sich in seiner Bewegungsweise nach praktischen Intentionen nicht richtet" (Ebd., 162f.).

Die zu einer grundlegenden Gesellschaftstransformation beitragenden Impulse und Kräfte sehen sich konfrontiert mit einem zirkulären Rückkoppelungszusammenhang zwischen den ihnen gegenüber wenig durchlässigen Öffentlichkeitsstrukturen und den von dieser geringen Durchlässigkeit ausgehenden negativen Effekte auf diese Impulse und Kräfte.[117] Die Kräfte für eine grundlegende Gesellschaftsveränderung haben es mit dem *Erfolgs-Zirkel* zu tun. Wer hat, dem wird gegeben. Der Teufel führt immer auf den größten Haufen ab. Nothing succeeds but success.

Die Strukturen der der bürgerlichen Gesellschaft eigenen Demokratie erweisen sich gegenüber der Dynamik von progressiven Minderheiten als massiver Hemmschuh. Ein Beispiel dafür ist das deutsche Streikrecht. 75% der Mitglieder der verhandelnden Gewerkschaft müssen sich für Streik aussprechen. Kämpferischen Gruppen von Arbeitenden wird abverlangt, es müssten erst einmal in allen Abteilungen des Betriebes bzw. allen Betrieben der Branche Mehrheiten für den Streik gewonnen werden. Auch diese Hürde verstellt und vereitelt eine Dynamik, in der die Minderheit durch ihre entschiedene Aktion die Abwartenden und Schwan-

---

117 Ein Beispiel dafür sind konsumbezogene Kaufentscheidungen, innerhalb derer die Voraussetzungen der Produkte und nicht nur die unmittelbaren, sondern auch die mittelbaren Effekte des Produkts zum Thema werden. Die fehlenden Studien zu diesem Konsum (vgl. Kapitel I.2) haben eine negative Rückwirkung auf diesen Konsum. Sollen die Konsumenten ihre Macht entdecken, müssen sie bemerken: Wir agieren nicht als verstreute Einzelkämpfer. „Nur wenn die Einzelnen merken, dass ihre persönlichen Kauf- oder Boykott-Entscheidungen eine politische Dimension haben, wird aus vielen überzeugten Einzeltätern ein mächtiger politischer Akteur" (Busse 2006, 271). Gegenwärtig „tritt der Normalfall der individuellen moralischen Markierung von Gütern so heterogen auf, dass er im Markt nicht signifikant wird" und auch schon wegen der Diversität nicht bemerkt wird. „Sie bleiben vor allem deshalb statistisch unauffällig, weil statistisch kaum danach gefragt wird" (Priddat 2006, 12).

kenden auf ihre Seite zieht. Der britische Bergarbeiterstreik 1984/85 bildet ein gutes Beispiel: Kämpferische Belegschaften einzelner Kohlegruben hatten den Kampf aufgenommen und erst durch ihre machtvolle Initiative gaben sie anderen Belegschaften den Mut, sich diesem Beispiel anzuschließen. Action speaks louder than words. Umwälzungen werden nicht im herrschaftsfreien Diskurs oder einer idealisierten Öffentlichkeit errungen.[118]

Den Kräften, die für eine grundlegende Gesellschaftstransformation relevant sind, ist die Einebnung der Unterschiede zwischen den verschiedenen „Anteilen" des Individuums in dessen Selbstauffassung als politisches oder politisierendes Subjekt nicht zuträglich. Das scheinbar urteilsfähige Subjekt („Ich weiß doch, was ich will!") schreibt sich eine rationale Immanenz und subjektive Ganzheit zu, die seine reale Ungleichzeitigkeit und Ambivalenz überspielen. Die interne Heterogenität der im Individuum existierenden verschiedenen (miteinander widerstreitenden, einander gleichgültigen oder ungleich entwickelten) „Anteile" erscheint dann nicht.[119] Negt und Kluge nennen dies „die politische Wertabstraktion" (1972, 155ff.).

Für alle Fragen der politischen Organisation kommt es demgegenüber darauf an, „nicht Menschen als Ganzes zu betrachten und einfach nach Köpfen zu organisieren oder zum Beispiel, dass ein Mensch als ganzer zur Wahrnehmung zu bringen ist. ... Der Hinweis ..., dass im Menschen lauter kleine Teilmenschen sich befinden ... ist etwas sehr Interessantes. ... Und wenn man sich einmal darauf einlässt, dann ist man von der Theorie des mündigen Menschen, von dem das Fernsehen oder das Grundgesetz ausgeht, sehr weit entfernt. Denn mündig ist das eben nicht, sondern verschieden entwickelt. Wenn man das aber zugibt, kann man das entwickeln. Wenn man von der Fiktion des mündigen Menschen ausgeht, dann kann man es nicht mehr entwickeln, weil man gar nicht herankommt an das Elementare" (Kluge 1974, 48).

118 „Würde man in der Frage des Aufstandes vorher eine Volksabstimmung veranstalten, sie ergäbe äußerst widerspruchsvolle und schwankende Resultate. Die innere Bereitschaft, eine Umwälzung zu unterstützen, ist keinesfalls identisch mit der Fähigkeit, sich im voraus klare Rechenschaft über deren Notwendigkeit abzulegen. ... Niveau- und Stimmungsunterschiede der einzelnen Volksschichten werden durch die Aktion überwunden: die Fortgeschrittenen reißen die Schwankenden mit und isolieren die Widerstrebenden. Die Mehrheit wird nicht gezählt, sondern erobert" (Trotzki 1973, 840f.).

119 „Faust beklagte, dass er zwei Seelen in seiner Brust habe. Ich habe eine ganze sich zankende Menge. Da geht es zu wie in einer Republik" (Bismarck, zit. n. Schwartz 1997, 274).

Negt und Kluge formulieren eine weitreichende Kritik an bürgerlicher, linksliberaler und linker Politik: Sie übergeht die widersprüchlichen 'Anteile' der Individuen und versucht, die damit einhergehenden Widersprüche „durch vorauseilende, das heißt vorweggenommene Erfüllung auszugleichen" (Negt, Kluge 1972, 143). Der Gegner bürgerlicher Verhältnisse „muss sich als Verteidiger des Menschenrechts, als Resultat fingieren. In Wirklichkeit ist er in einem extrem begrenzten Horizont befangen – in der Einbildung aber verteidigt er dieses 'menschliche Sein' wie eine Bastion" (Ebd., 112).

Es geht demgegenüber um eine Arbeit, die sich vom bloßen Proklamieren sowie Propagieren von Positionen und vom Argumentieren unterscheidet und sich vielmehr an der Logik von sozialen Prozessen orientiert und für sie förderliche „Beziehungssysteme" und „Verbindungen" festigt und entwickelt. Alexander Kluge beschreibt dies so: „Das ist gerade das, was das Sozialistische Büro[120] eben genau macht: Verbindungen herstellen zwischen isoliert Arbeitenden, der Vereinzelungstendenz der Gesellschaft entgegenzuwirken, und diese Produktion ist in sich bereits politisch, weil sie nämlich die Situation überhaupt erst schafft, die gesellschaftliche Fabrik, in der Politik stattfinden kann, erst aufbaut. Es gibt keinen direkten Zugang zur Politik, der nur inhaltlich ist, sondern ich muss erst die Formen produzieren, in Form von Öffentlichkeit, von Beziehungen, von Verkehrsformen, ehe überhaupt die Fläche da ist, auf der sich politische Inhalte bewegen" (Kluge 1977, 60). Die bei vielen Linken beliebten Wahlkämpfe bilden dafür ein wenig geeignetes Terrain. „Sie verschlingen viel Energien und bezeichnen eher einen Austausch von Legitimationen als einen politischen Produktionsprozess" (Negt 1980, 156). Es geht vielmehr um die „Schaffung von Infrastrukturen", um Beziehungsnetze, in denen Lernprozesse erst möglich sind. „Für die Schaffung dieser Infrastrukturen wäre jedoch ein politischer Produktionsprozess erforderlich, nicht der Schlagabtausch von Ideen. Zwar ist der ideologische Kampf nicht

120 Das Sozialistische Büro „versteht sich als Kommunikations- und Koordinationszentrum für projektorientierte und berufsspezifische Basisarbeit, es initiiert und organisiert politische Aktionen und Kampagnen" (Sozialistisches Büro 1973, 2). Das SB hatte seine Hochphase in den 1970er Jahren und war damals ein Kristallisationskern der undogmatischen Linken. Ich kenne keine Analyse, aus der hervorgeht, inwieweit der von Negt und Kluge skizzierte Ansatz tatsächlich für die Arbeit des SB repräsentativ war, warum er nicht weiter verfolgt wurde und weshalb zentrale Protagonisten sich vom SB abwandten – vor allem mit der Gründung des „Komitees für Grundrechte und Demokratie" 1980. Auch der historische Abriss zum SB, den Oy 2007 vorlegte, klärt diese Fragen nicht. Er stellt sie nicht einmal.

unwichtig für die Gewinnung von Unentschlossenen, aber erfolgreich ist er nur zu führen unter Bedingungen relativ fester Basisstrukturen“ (Ebd.).

I.12 Zwei verschiedene Politiktypen in Bezug auf die Förderung der Kräfte einer umfassenden Gesellschaftsveränderung

Das Thema von Teil I sind die Bildungs-, Formungs- und Durchsetzungskräfte einer neuen Gesellschaft, die in der gegenwärtigen Gesellschaft entstehen. Wer sich diese Kräfte vergegenwärtigen will, bedarf dazu eine spezifischen Analyseweise. Es geht um die „Deutung aus den 'wirklichen Kräften' des gesellschaftlichen Lebensprozesses der Menschen, zentral aus den gesellschaftlichen Beziehungspotenzen, die sich im aktiven, zugreifenden oder hinnehmenden 'Eingehen in Verhältnisse' des Herrschens bzw. Gehorchens und sonstigen Kooperierens, in Verhältnisse des eigenbestimmten bzw. fremdbestimmten Agierens, des Agierens in engeren oder in erweiterten Umkreisen auswirken“ (Fleischer 1982, 26).[121]

Im Unterschied zu vielen Linken, die ihre Adressaten mit abzuwehrenden Gefahren und zu erreichenden Zielen agitieren, ist davon auszugehen, „dass sich ein derartiges Kräfte-Aufgebot nicht gut normativ oder postulatorisch, auf vorgestellte große und größte 'Aufgaben' und 'Erfordernisse' hin, auf den Plan rufen lässt. (Viele versuchen heute geradezu inbrünstig, durch die Beschwörung von Notwendigkeiten und zumal Gefahren das Heilende und Rettenden zu mobilisieren – das ist jedoch nur eine ideologische Aushilfe für etwas, was noch keine reelle Geschäftsgrundlage hat.).“ Das geschichtsmaterialistisch einschlägige Kriterium lautet „in diesem Punkt, dass die 'Inhaber' höherer Produktivkräfte schon selbst ein Empfinden dafür bekommen, wo etwas mit den bestehenden Verhältnissen kollidiert“ (Fleischer 1982, 30). Zum Thema werden „die produktiven Energien, Qualifikationen und Betätigungsansprüche“ der verschiedenen gesellschaftlichen Gruppen (Fleischer 1987a, 29). „Wenn überhaupt etwas über die kapitalistische Produktionsverhältnisse positiv hinausweist, dann muss dies als Element im Produktionsverhalten, wenigstens als ein erklärtes Interesse und als eine reelle Fähigkeit irgendwelcher relevanter Produzenten schon innerhalb der kapitalistischen Produktionsverhältnisse lebendig sein und Wirkungen zeitigen. Sonst wäre eine soziale Revolution gar nicht ihrem sozialen Gehalt nach zu

121 Zur zusammenfassenden Darstellung des von Helmut Fleischer herausgearbeiteten „materialistischen“ Analysetypus' und zur Auseinandersetzung mit ihm vgl. Creydt 2007a.

identifizieren" (Fleischer 1982, 31). „Produktion" ist hier aufzufassen im Sinne eines erweiterten Arbeitsbegriffes, der auch die Arbeit im Gesundheitswesen, in der Erziehung u.a. mit einschließt.

Viele Linke treten an ihre Adressaten von außen und diffus heran („an Alle!"), mit allerhand Forderungen und Zielen, ohne zu wissen, auf welche positiven Kräfte im Bestehenden sie sich überhaupt beziehen und was die Voraussetzungen und Logiken von *deren* Entwicklung sind. Linke wähnen sich oft dafür zuständig, die Bewegung zu erschaffen, herbeizuagitieren oder zu „modeln", statt sich als „immer weiter treibender Teil" oder als praktisch (und nicht verbalradikal) entschiedenster „Ausdruck" „einer unter uns vor sich gehenden geschichtlichen Bewegung" aufzufassen. Dafür wäre allerdings der Überschuss an gutem Willen, normativistischem und postulatorischem Eifer abzulegen und „Einsicht in die Bedingungen, den Gang und die allgemeinen Resultate" der Bewegungen auszubilden (MEW 4, 474).

Viele Linke verbreiten sich normativistisch über das Sollen und Müssen, „solange nicht ausgemacht ist, wer aus eigenstem Antrieb etwas in Gang bringen wird" (Fleischer 1982a, 349f.). Das „normative Gestikulieren mit den Erfordernissen und Aufgaben höherer und höchster Ordnung" stellt keinen Beitrag zur Freisetzung der Eigenantriebe dar. Der „leeren rhetorischen Geste" entspricht eine „inkompetente, unreife oder neurotische Politik" (Ebd.). Die von Ansprüchen und Vorsätzen absorbierte Aufmerksamkeit ist zu überführen in eine Vergegenwärtigung der „Maßbestimmungen, Verknüpfungs- und Dissoziierungsweisen von selbstbestimmter und fremdbestimmter Tätigkeit, von Solidaritätsfähigkeit und Interessenpartikularität" (Fleischer 1977, 193). Es geht um die „Analytik und Metrik sozialer Verbindungs- und Trennungsenergien in ihrer jeweiligen Feldverteilung" (Fleischer 1980, 418). Die „praktischen Akte der Verstärkung und Verbreitung gesellschaftlicher Handlungspotentiale" rücken in den Blick. Wir haben es zu tun mit „Wachstumsdimensionen von Fähigkeiten, mit anteiligen Verschiebungen in ihren Kompositionsverhältnissen und mit der Zunahme von Handlungs-Reichweiten: Wie steht es jeweils um die relative Erweiterung von Potenzen der Selbsttätigkeit, um die Ausweitung ihres Dimensionsreichtums und des Aktionsradius, in dem sie eine Integration herbeizuführen vermögen"? (Fleischer 1978, 57).

Die Unterstützung der so umschriebenen Kräfte in ihrer Entwicklung bildet das Zentrum einer entsprechenden politischen Praxis. Ihr geht es um die Konsolidierung und den kontinuierlichen Ausbau von Netzwerken alternativer widerständiger Praxis in gesellschaftlich zentralen Bereichen – und nicht um strohfeuerhafte „Kampagnen" und „Interventionen", die heute hier und morgen andernorts quasi touristische Abstecher in die soziale Realität veranstalten. Noch eine „Kampagne“, noch ein „Bündnis“, noch eine „Demo“ organisieren – da sind linke Funktionäre im Element *ihrer* Geschäftigkeit. Demgegenüber geht es um die Ausbildung von Milieus, die sich zu einer neuen gegenhegemonialen gesellschaftspolitischen Kultur vernetzen können. Dafür muss man (und frau) Zugang zu sozialen Bereichen haben, in denen solche Milieus entstehen können. Es ist niemand als Individuum anzulasten, dass er in keinem relevanten sozialen Bereich verankert und geerdet ist. Viele linke Propaganda- oder Kampagnengruppen scheinen jedoch aus der Not eine Tugend zu machen. So nützlich manche ihrer Tätigkeiten sein mögen, so sind sie doch oft sozial zu dechiffrieren als Betätigung „freischwebender“ Individuen, die zu keinem relevanten sozialen Bereich Zugang haben. Die *ihnen* mögliche Freizeit- oder Feierabendpraxis lässt sich nicht voluntaristisch übersteigen. Ein Problem sehen sie in ihrer von den Auseinandersetzungen in der Arbeit getrennten Freizeitpolitik nicht.[122] Ihnen erscheint *ihr* Zugang zur Welt als grenzen- und alternativlos. Kritisch gegenüber allerhand Phänomenen in der Welt bleiben sie unkritisch gegenüber sich selbst.

I.13 Das Verhältnis der hier entfalteten Perspektive zum linken Mainstream

Die in Teil I entwickelte Perspektive lässt sich durch die Frage nach ihrem Verhaltnis zum linken Mainstream zusammenfassen und zuspitzen. Die dort grassierenden Wohlfühlvokabeln (z.B. „Arbeit, Umwelt und soziale Gerechtigkeit“, Hickel 2011, 101)[123] bilden nicht den Horizont der Herangehensweise in diesem Band. Die Beantwortung der offensichtlichen Mängel der modernen bürgerlichen Gesellschaft, die in *ihrem* Horizont verbleibt, stellt bestenfalls die Nothilfe dar, die die Not reproduziert. Die „Kritik der Nationalökonomie vom nationalökonomischen Standpunkt“ (MEW 2, 32) greift zu kurz.

Wer über keine anderen Einkommensquelle verfügt, muss es im Kapitalismus darauf absehen, die Nutzungsrechte an seiner Arbeitskraft zu vermieten. Damit geht oft einher, davon abzusehen, welche Inhalte die Arbeit hat. Ignoranz oder Arroganz gegenüber Sorgen um den Arbeitsplatz sind mit dieser Feststellung

122 „Revolutionär im Beruf statt Berufsrevolutionär“ hieß in den 1970er Jahren die gegen die K-Gruppen gerichtete Maxime der „Arbeitsfeldpraxis“ (Sozialistisches Büro).

123 „Die Leitziele eines Gesellschaftssystems, deren Umsetzung durch die Politik voranzutreiben ist, sind Arbeit, Umwelt und soziale Gerechtigkeit“ (Hickel 2011, 101).

nicht verbunden. Wohl aber die These: Ohne die Entwicklung arbeitsinhaltlicher Ansprüche wird sich die Lohnarbeit und die Subalternität der Arbeitenden nicht überwinden lassen. Sowohl jene gewerkschaftliche Praxis, die sich in der legitimen Verteidigung der Interessen positiv auf die Ware Arbeitskraft bezieht, als auch die Vorstellung von einer Emanzipation (nur) jenseits der Arbeit sehen vom Kampf um die Arbeitsinhalte ab und damit von einem zentralen Thema des In-der-Welt-Seins.[124]

Die Arbeit als wesentliche Dimension des Lebens und nicht nur instrumentell wahrzunehmen schließt ein, auch die Arbeitsorganisation und -technik nicht nur als Mittel aufzufassen, sondern als gesellschaftliches Verhältnis zu begreifen. Es drückt aus, was dieser Gesellschaft die Arbeitenden wert sind (vgl. I.9c). „Ohne den Kampf für andersartige Technologie ist der Kampf für eine andere Gesellschaft vergeblich" (Gorz 1980, 18). Ich greife dieses Thema in II.2b wieder auf.

Wer „den Reichtum anders verteilen" will, bleibt oft in der Geldform befangen. Wer von der Qualität des Reichtums abstrahiert, macht in wesentlichen Dimensionen die Gesellschaftstransformation unnötig bzw. verkürzt ihren Inhalt. Die not-wendige substanzielle Veränderung des Inhalts des Reichtums schließt auch die Überwindung des Zustandes ein, in dem der arbeitende Mensch hauptsächlich Arbeitskraft ist und die Entfaltung seiner Fähigkeiten, Sinne und Reflexionsvermögen in der Arbeit primär als Mittel zum Zweck zählt und nicht selbst einen wesentlichen Inhalt des gesellschaftlich erwünschten Reichtums bildet.

Zur Vergegenwärtigung der Qualität des Reichtums gehört, die mit ihm einhergehenden Externalisierungen von „Kosten" wahrzunehmen. Bei ökologischen Fragen werden die Negativeffekte des kapitalistischen Reichtums in der öffentlichen Aufmerksamkeit immer weniger unterschlagen. Bei den gesundheitlichen „Kosten" des kapitalistischen Erwerbs- und Geschäftslebens gilt dies schon weniger. Auch die Aufmerksamkeiten für dessen problematische Auswirkungen auf die individuelle Existenz (s. I.4), auf die Care-Dimension des menschlichen Lebens (s. I.5, s. I.8) und auf die Dimension des Schönen (s. I.6) eröffnen zentrale Themen für eine an grundlegender Gesellschaftstransformation orientierte politische Arbeit.[125] Die Frage des guten Lebens steht in der Linken bislang viel

124 Wer für eine „Kampagne gegen die Arbeit" eintritt, erteilt dem ingang gekommenen und zu befördernden Richtungsstreit um die Arbeit und in der Arbeit (s. I.1,3) eine pauschale Absage.

125 Linke, die die gesellschaftlichen Ursachen der Verbreitung von Hässlichkeit im modernen Kapitalismus nicht zum Thema machen, verhalten sich nicht nur gleichgültig zu einem zentralen Moment des vorfindlichen Unbehagens. Sie zeigen zudem Unverständnis gegenüber der Tragweite, die die Wirkungen der Qualität der Sinne

zu wenig im Mittelpunkt. Dabei lässt sich aus der Vergegenwärtigung der mit dem abstrakten Reichtum ebenso notwendig verbundenen wie unterschlagenen Wirklichkeiten und aus den im Kapitalismus entwickelten, aber partikular ausgeformten und falsch gebundenen Ressourcen und Fähigkeiten eine substanziell andere Gestalt des Arbeitens, der Gegenstände und der Lebensweise entwickeln.

Notwendig wird ein erweiterter Arbeitsbegriff, der auch die Tätigkeiten im Gesundheitswesen, in der Erziehung u.a. mit einschließt, um die dem Kapitalismus immanente gesellschaftliche Unterordnung der zwar gesellschaftlich notwendigen, aber nicht im Sinne von Mehrwert produktiven Arbeiten unter die Mehrwertproduktion zu überwinden.[126]

Sowohl diejenigen, die sich allein auf den Gegensatz zwischen Lohnarbeit und Kapital konzentrieren, als auch die, die den Markt „marktsozialistisch" affirmieren, gehen über die mit der Ware als Elementarform des Reichtums und über die mit der Geldform verbundenen Strukturen und problematischen Sozialisationseffekte hinweg.[127] Die Überwindung der grundlegenden Spaltung zwischen Produzent und Konsument sowie zwischen beiden und und den von Arbeit und Konsum indirekt Betroffenen bildet ein wesentliches Kriterium für die grundlegende Gesellschaftstransformation. Mit dem Doppelcharakter der weit verstandenen gesellschaftlichen Arbeit (s. I.1) sowie mit der Vergegenwärtigung der immanenten Zusammenhänge zwischen dem Arbeiten, den produzierten Gegenständen, dem im weiten Sinne verstandenen Konsum sowie den Effekten von Arbeit und Konsum auf Drittbetroffene werden Konvergenzen darstellbar für eine Synthesis verschiedener sozialer Kräfte und einen neuen hegemonialen Block (vgl. I.2, I.5).[128] In dieser Synthesis kann das, was sich immer schon implizit ereig-

---

für das In-der-Welt-Sein der Individuen und für die Gestaltung der Gesellschaft haben (vgl. dazu II.8d).

126 Wilhelm Reich hat eine politische Orientierung auf die im engen Sinne verstandene Arbeiterklasse bereits 1933 kritisiert. „Der auf die Industriearbeiterschaft politisch-ideologisch eingeschränkte Begriff der 'Arbeiterklasse' hat den Industriearbeiter vom Techniker und Erzieher entfernt und die Vertreter verschiedener lebensnotwendiger Arbeitsprozesse einander feindlich gegenübergestellt. Diese Ideologie hatte es sogar zuwege gebracht, die Ärzteschaft und Lehrerschaft etwa als 'Knechte der Bourgeoisie' dem 'revolutionären Proletariat' unterzuordnen" (Reich 1971, 374).

127 Vgl. z.B. die mit Märkten verbundene Gleichgültigkeitsbarriere zwischen Produzenten und Konsumenten.

128 Der „sogenannte Postmarxismus, wie er von Ernesto Laclau und Chantal Mouffe entwickelt wurde" (Marchart 2009, 98), fixiert sich negativ auf ein Marxismusbild, in dem der Klassengegensatz im Mittelpunkt steht. Ignoriert werden von dieser Marxismusversion und dem „Postmarxismus" andere Analysemöglichkeiten, die die

net – die Bildung von Sinnen, Fähigkeiten und Reflexionsvermögen im Arbeiten, an Gegenständen, durch Sozialbeziehungen – zum expliziten Gegenstand der öffentlichen Auseinandersetzung über die Ausgestaltung des gesellschaftlichen Reichtums werden.[129]

Im Unterschied zu jenen, die sich vor allem mit Schadensbegrenzung, Interessenverteidigung, Minderheitenschutz und Konfrontation von Idealen der Gesellschaft mit ihrer Wirklichkeit beschäftigen, ist nach einem Paradigma zu fragen, das in der gegenwärtigen Gesellschaft entsteht und sie übersteigt. Mit der sozialen Synthesis, die sich am Thema der Entfaltung menschlicher Fähigkeiten, Sinne und Reflexionsvermögen und der dafür notwendigen Arbeiten, Gegenstände, Sozialbeziehungen und gesellschaftlichen Strukturen abarbeitet, entsteht ein in sich differenzierter Inhalt, der es erlaubt, verschiedene soziale Bewegungen integrativ aufeinander zu beziehen.

Mit diesem neuen Begriff von gesellschaftlichem Reichtum wird ein Bewusstsein von den Stärken und der Überlegenheit einer gesellschaftlichen Wirklichkeit möglich, die ihre kapitalistischen Formen überwindet und die problematischen modernen Formen einhegt. Viele Gesellschaftskritiker haben die Kosten und Nachteile der bestehenden Gesellschaft beschrieben. Diese Kritik hat sich dann an den Vorteilen und Vorzügen relativieren müssen. Die hier entfaltete Perspektive knüpft wohl an den gegenwärtigen Problemen an, stellt aber nicht allein von ihnen her die Vorteile und Vorzüge der gegenwärtigen Gesellschaft infrage, sondern argumentiert von einem in der Gegenwart angelegten objektiven und subjektiven Reichtum aus, der sich von seinen modernen und kapitalistischen Formen ebenso zu unterscheiden beginnt wie von den herrschenden Gestalten der Subjektivität. Von diesem, den herrschenden Gesellschafts-, Lebens- und Denkformen abzuringenden Reichtum aus erscheinen auch die Vorzüge dieser Gesellschaft in einem anderen Licht. Mit dem neuen Paradigma des gesellschaftlichen Reichtums wird der Denkhorizont von Vor- und Nachteilen des Bestehenden überwunden (vgl. zu ihm auch S. 109, Anm. 97). Ein anderes Koordinatensystem, eine andere Prä-

---

Kritik der Politischen Ökonomie eröffnet. Beim arbeitertümelnden Marxismus und beim „Postmarxismus" sind in puncto „Antagonismen jenseits des Klassenkampfes" (Marchart 2009) die mit dem Doppelcharakter der gesellschaftlichen Arbeit einhergehenden Gegensätze, Konflikte und Perspektiven, wie sie in I.1 – I.8 dargestellt wurden, kein Thema.

129 Diese Aufmerksamkeit schließt ein, das Geschlechterverhältnis im modernen Kapitalismus auf die Unterordnung der zwar notwendigen, aber unprofitablen Bereiche zu beziehen und nicht einfach additiv anderen gesellschaftlichen Gegensätzen hinzuzufügen. Vgl. dazu I.8 und Creydt 2001c.

ferenzenordnung und ein anderes Gravitationsfeld eröffnen sich. Damit verbindet sich auch ein anderes In-der-Welt-Sein, als es mit einer Denkweise verbunden ist, die die Möglichkeiten *im* Bestehenden nur soweit wahrzunehmen vermag, wie sie nicht die Reproduktion der herrschenden Gesellschaftsform gefährden. In diesem Horizont bildet „die kognitive Erfassung von 'Faktizitäten' gegenüber der kognitiven Erfassung von 'Potentialitäten' das bestimmende Moment: Möglichkeiten, wo sie erkannt werden, erscheinen in einem solchen 'Faktizitäts'-Denken immer nur als Möglichkeiten unter 'faktischen', unverfügbaren Bedingungen, also der blinden Faktizität, durch welche sie eliminiert werden können, untergeordnet" (Holzkamp 1983, 386). Die Vorstellung von der „besseren Zukunft" verbleibt im Rahmen der bestehenden Gesellschaftsform und unterscheidet sich von ihm nur durch die höhere Quantität bestimmter Merkmale (Lohn, sozialstaatlicher Leistungen u.ä.). Für viele Linke ist der Vergleich *die* Methode. Die Überbietung stellt die offensive Variante dar. Die (vermeintlich nicht realisierten) Ideale der bürgerlichen Gesellschaft werden nicht dechiffriert (vgl. dazu II.1), sondern sollen („nun aber wirklich") durchgesetzt werden. Man bewegt sich in ihrer Dimension und „setzt noch eins drauf". In der defensiven Variante wird gefordert, es solle wieder so werden, wie es vor der beklagten Verschlechterung gewesen sei.

Die Vergegenwärtigung der indirekten und nichtintendierten Effekte sowie der impliziten Voraussetzungen des kapitalistischen Geschäfts- und Erwerbslebens eröffnet ein bewussteres In-der-Welt-Sein. Mit der neuen sozialen Synthesis entsteht eine Aufmerksamkeit dafür, wie gegenwärtig Zusammengehörendes getrennt, das Getrennte *als* Getrenntes „vereinigt" und falsche Zusammenhänge gestiftet werden. Die Vergegenwärtigung der unterschlagenen Wirklichkeiten verhindert nicht nur, dass die Wirtschaft um den Preis kranker Menschen gesundet. Ein Horizont eröffnet sich, in dem eine neue gesellschaftliche Aufgabe deutlich wird: Die Gestaltung der gesellschaftlichen „Kombination der menschlichen Tätigkeiten" und der „Entwicklung des menschlichen Verkehrs" (MEW 25, 592) durch die Mitglieder der Gesellschaft.[130] Ein Gravitationsfeld entsteht, das der gegenwärtigen Öffentlichkeit den Boden entzieht. Sie kultiviert viel Lärm um nichts und absorbiert die Aufmerksamkeit durch Nachrichtenwert verheißende Pseudoereignisse und durch an den Besinnungsaufsatz erinnernde falsch gestellte Erörterungsfragen. Demgegenüber lässt sich zusammen denken, was zusammen gehört.

130 Zum Begriff der „Verkehrsformen" bei Marx und Engels vgl. Krüger 1990, 105ff.

II. Das 'Praxis'-Paradigma – Das Leitbild und die Realutopie der nachkapitalistischen Gesellschaft

II.1 Einleitung: Inwiefern ein gesellschaftliches Leitbild hilfreich ist

Aufgeklärte Bürger des Westens zentrieren ihr politisches Selbst- und Weltverständnis um Freiheit, Gleichheit und Gerechtigkeit und um die Menschenrechte. Bei Anhängern der alten Arbeiterbewegung stand die Arbeit im Mittelpunkt und bei Nationalisten die Nation. Ohne den Stellenwert von Paradigmen zu überschätzen fragt sich, was günstigenfalls die Leitvorstellungen der in Teil I skizzierten Kräfte sind, wenn sie zu Momenten einer umfassenden Gesellschaftsveränderung werden.[1] Die in Teil I angesprochenen Essentials einer nachkapitalistischen Gesellschaftsordnung führe ich in Kapitel II.2 zusammen und vertiefe sie. Der (ab II.3 entfaltete) 'Praxis'-Begriff erlaubt es dann, die genannten Inhalte und Strukturen einer nachkapitalistischen Gesellschaft auf einem abstrakteren Niveau zu integrieren und die „Logik" des Leitbildes darzustellen, das die nachkapitalistische Gesellschaft auf den Begriff bringt.

Notwendig wird ein allgemeines Leitbild des guten Lebens

- aufgrund der Scheuklappen, die mit der Arbeitsteilung und „funktionalen Differenzierung" in Berufen, Professionen, Disziplinen und Bereichen entstehen;
- gegenüber der Unendlichkeit des Profitstrebens und Wirtschaftswachstums, das kein Genügen und kein Ankommen kennen kann, alles Frühere am Späteren entwertet und allem Erreichten seinen Wert nimmt;

---

1 Vermeintliche Werte*fundamente* sind hochverdichtete *Resultate* der Verarbeitung des jeweiligen In-der-Welt-Seins in der sozialen Welt, die das, was faktisch ist, sich geistig assimilieren. Es handelt sich um eine Variante der „Interiorisierung der Exteriorität" (Bourdieu 1979, 147). Die Bürger scheinen dann von *ihrem* Selbst- und Weltverständnis auszugehen und in diesem Horizont ihren Handlungen Sinn zu geben. Handlungstheoretisch wird dies zum Dreh- und Angelpunkt des Geschehens. Werte erscheinen dann als konstitutiv. Tatsächlich sind sie für die gegenwärtige, von subjektlosen Strukturen dominierte kapitalistische Gesellschaft reproduktiv. Zur Kritik an den problematischen Implikationen von Werten vgl. Fleischer 1987; Ebers, Melchers 2002. Vgl. a. S. 177, Anm. 44.

- gegenüber der Privatisierung der Frage nach dem guten Leben;
- gegenüber dem Verständnis von Gesellschaft als Evolutionsresultat aus Marktprozessen und als Aggregat aus „Subsystemen";
- gegenüber dem Lob des Pluralismus und des Flickenteppichs der Minderheiten (vgl. II.6c).

Das allgemeine Paradigma muss nicht notwendigerweise den einschlägigen Bedenken (vgl. Adorno 1967, 7ff.) anheim fallen.[2] Die Renaissance des Leitbildbegriffs (vgl. u.a. Barben 1999) zeigt den Bedarf nach einer regulativen Idee an, die als normativer Maßstab die Diskussion weiter treibt und der Suche eine Richtung gibt. Schon in den Diskussionen um Nachhaltigkeit, um Globalisierung oder um einen erweiterten Arbeitsbegriff entstanden und entstehen materialiter Vorschläge für solche Leitbilder. Konkrete Maßnahmen können dann daraufhin beurteilt werden, ob sie zum neuen Paradigma passen.

Die Fixierung auf Recht und Markt verstellt übergreifende Gesichtspunkte einer nichtregressiven sozialen Einheit der Bevölkerung. Existiert kein integratives Konzept, das die verschiedenen gesellschaftlichen Sphären und Bereiche verbindet, so dominieren isolierte Probleme und entsprechende sozialtechnokratische Einstellungen und Entscheidungen.

Die Zurückhaltung gegenüber dem Leitbildbegriff ist verständlich. „Das Übel gedeiht hinter dem Ideal am besten" (Karl Kraus). Gesellschaftliche Leitbilder stellen oft Ideale einer Gesellschaft dar, deren konkrete Realisierung weit weniger begrüßenswert ist, als es das Ideal vermuten lässt. Es stellt sich heraus, dass man oftmals „in dem Maß, wie der Schatten Gestalt annimmt, bemerkt, dass diese Gestalt, weit entfernt, ihre erträumte Verklärung zu sein, just die gegenwärtige Gestalt der Gesellschaft ist" (MEW 4, 105). In der bürgerlichen Gesellschaft handelt es sich beim Verhältnis zwischen Idealen und Realität nicht um nichtintendierte Nebenfolgen der Ideale, sondern um eine notwendige Verkehrung. Das 'Praxis'-Paradigma steht nicht in Kontinuität zur bei Linken beliebten Vorgehensweise, die vermeintlich nicht verwirklichten Werte der bürgerlichen Gesellschaft gegen die kapitalistische Wirklichkeit auszuspielen. Die Ideale der bürgerlichen Gesellschaft laden viele sinnfremd mit *ihren* Vorstellungen auf, um für ihre An-

2 Adorno (1970, 112f.) kritisiert die „*Heteronomie* im Begriff des Leitbildes, das Autoritäre, von außen willkürliche Gesetzte. ... Die Tendenzen, von außen her Ideale zu präsentieren, die nicht aus dem mündigen Bewusstsein selber entspringen, oder besser vielleicht: vor ihm sich ausweisen, diese Tendenzen sind stets noch kollektivistisch-reaktionär."

liegen einen Rückhalt im Wertehimmel zu gewinnen.[3] Diese Herangehensweise verkennt den *inhaltlich bestimmten* (und kontra-intuitiven) Beitrag der Ideale (z.B. Freiheit, Gleichheit, Gerechtigkeit) zur Reproduktion des gesellschaftlichen Normalbetriebs. Ich muss es an dieser Stelle aus Platzgründen bei dieser These belassen. Materialiter habe ich sie am Beispiel der für die bürgerliche Gesellschaft charakteristischen demokratischen Ideale und am Gerechtigkeitsideal ausgeführt (Creydt 2007, 2008 bzw. 2005a, vgl. a. II.6). Mit dem Wissen um den Zusammenhang von Ideal und Realität in der bürgerlichen Gesellschaft wird es möglich, dieses Verhältnis nicht als Dualismus zwischen Sonn- und Werktag oder zwischen willigem Geist und schwachem Fleisch aufzufassen.[4] Ich greife das Thema – Wert und Problematik des gesellschaftlichen Leitbildes – in II.7 wieder auf.

II.2 Zentrale inhaltliche Elemente der neuen Gesellschaftsordnung

„Auf diese Steine können Sie bauen“ lautet schon seit 1962 der Werbeslogan der Bausparkasse Schwäbisch Hall. Das Thema dieses Kapitels sind Anforderungen an zentrale Elemente der nachkapitalistischen Gesellschaft. Benannt werden

---

3 Bereits Marx kritisierte den „Irrtum jener Sozialisten, namentlich der französischen, die den Sozialismus als Realisation der von der französischen Revolution nicht entdeckten, sondern historisch in Umlauf geworfenen bürgerlichen Ideen nachweisen wollen, und sich mit der Demonstration abmühen, dass der Tauschwert ursprünglich (in der Zeit) oder seinem Begriff nach (in seiner adäquaten Form) ein System der Freiheit und Gleichheit aller, aber verfälscht worden sei durch Geld, Kapital etc. ... Das Tauschwertsystem und mehr das Geldsystem sind in der Tat das System der Freiheit und Gleichheit. Die Widersprüche aber, die bei tieferer Entwicklung erscheinen, sind immanente Widersprüche, Verwicklungen dieses Eigentums, Freiheit und Gleichheit selbst; die gelegentlich in ihr Gegenteil umschlagen. Es ist ein ebenso frommer wie alberner Wunsch, dass zum Beispiel der Tauschwert aus der Form von Ware und Geld sich nicht zu der Form des Kapitals oder die Tauschwert produzierende Arbeit sich nicht zur Lohnarbeit fortentwickeln soll“ (Marx 1974, 916).

4 „‚Die allgemeine Roheit ist heute unerträglich. Aber weil sie es ist, muß auch die Güte falsch sein! Die beiden hängen ja nicht wie auf einer Waage zusammen, wo ein Zuviel auf der einen Seite einem Zuwenig auf der andern gleich ist, sondern hängen zusammen wie zwei Teile eines Körpers, die miteinander krank und gesund ist. Nicht ist also irriger‘, fuhr er fort, ‚als sich einzubilden, wie es allgemein geschieht, dass an dem Überhandnehmen böser Gesinnung ein Mangel an guter schuld sei: im Gegenteil, das Böse wächst offenbar durch das Wachsen einer falschen Güte‘“ (Musil 1981, 1406).

„Bausteine", die materialiter zeigen, worum es in der nachkapitalistischen Gesellschaft nicht nur gehen soll, sondern auch gehen kann. Allerdings ist noch nicht Thema (vgl. dazu II.7 ff.), wie die nachkapitalistische Gesellschaft sich selbst gestaltet. Es geht hier vielmehr um jene „Steine", auf die nicht Schwäbisch Hall, sondern die nachkapitalistische Gesellschaft bauen kann und die ihre zentralen Elemente bilden.

a) Die weitestmögliche Befreiung der Arbeit von ihren subalternen Effekten

Das Arbeiten als wesentliches Moment der Entwicklung der Individuen wahrzunehmen führt dazu, die kapitalistischen Maximen der Profitabilität und die für die moderne Gesellschaft einschlägige „äußerliche Nützlichkeitsbeziehung" (MEW-Erg.bd. 1, 542) auf die Arbeit infrage zu stellen. Die negativen Effekte der subalternen Arbeiten und der entsprechenden Arbeitsorganisation zu überwinden beinhaltet

- die Reduktion der Masse von Arbeiten und des Umfangs des Arbeitens durch den Fortfall jener Arbeiten, die sich als Verschwendung menschlicher Sinne und Fähigkeiten auf nur im Kapitalismus nötige Produkte und Dienste erweisen (vgl. II.2.i);
- eine nicht-regressive Überwindung von Spezialisierung sowie eine Erweiterung und Anreicherung von vormals bornierenden Arbeiten, also Befreiung *in* den Arbeiten,
- das Projekt, unaufhebbar banale bzw. unattraktive Arbeiten entweder zu maschinisieren[5] oder zu einer Angelegenheit zu machen, die rotierend von allen erledigt werden kann. Das Unterfangen, die selbst trotz aller gesellschaftlich aufzubringenden Anstrengung verbleibenden unattraktiven, repetitiven und bloß ausführenden Arbeiten auf alle Arbeitsfähige aufzuteilen, wirkt der Ignoranz der höher Qualifizierten gegenüber der Realität der dürftigen Arbeiten entgegen;

5 In Verkaufseinrichtungen können monotone und unattraktive Kassierertätigkeiten durch Kassen eingespart werden, die die von den Kunden ausgewählten Waren automatisch registrieren. Supermarktketten sind dabei, diese Innovation zu realisieren. Ebenso lässt sich bspw. der Umfang der wenig attraktiven Arbeit des Briefträgers durch einen vermehrten Anteil an elektronischer Kommunikation senken.

- die Perspektive, in die Arbeit die Reflexion auf die Bedingungen ihrer Möglichkeit, auf die Konstitution der Nachfrage für die Produkte bzw. Dienstleistungen und auf deren indirekte Effekte zu internalisieren.

Eine Teilmenge des Nützlichkeitsparadigmas bildet die strikte Trennlinie zwischen dem Reich der Notwendigkeit und dem Reich der Freiheit. Demgegenüber geht es darum, „die scharfe Grenze zwischen notwendiger Arbeit ... und freier Tätigkeit zwar nicht einzuebnen (das hieße sicherlich zuviel erhoffen), doch immerhin durchlässig zu machen" (Bahro 1977, 495). Das „Produktionsziel reiche Individualität" (ebd., 489ff.) erfordert für die notwendige Arbeit: „Verkürzung der psychologisch unproduktiven Arbeitszeit innerhalb der notwendigen Arbeitszeit" (Ebd., 495). „Diese neue Ökonomie der Zeit wird auch Kosten (abstrakte Arbeitszeit) sparen, aber in erster Linie konkrete Lebenszeit gewinnen" (Ebd., 496). Aus der Befreiung der Arbeit von ihren subalternen Effekten folgt, die Produktivität so zu fassen, dass „nicht länger das gegenständliche quantifizierbare Produkt als einzige relevante Objektivation gelten" kann (Lippe 1981, 53). Arbeit ist nicht allein infolge ihres Produkts relevant, sondern auch aufgrund der mit ihr verbundenen Entfaltung, Schädigung oder Verkümmerung menschlicher Sinne, Fähigkeiten und Reflexionsvermögen.

b) Die Veränderung der Arbeitstechnologie als Teilmenge der Verringerung der Kluft zwischen objektiver und subjektiver Kultur

Wer entnervende, ermüdende und anstrengende Arbeiten maschinell erledigen lassen will,[6] hat praktisch Sorge dafür zu tragen, dass die Massenfabrikation nicht von ihrer Eigenschaft als „Tätigkeitsfeld für Maschinen" bestimmt wird. Oft lässt es „kaum Aufgabenwerte für eine breite Schicht der Erwerbstätigen zu" und bietet „kein Aufgabenfeld persönlicher Einwirkung" (Pernsteiner 1984, 36). Notwendig wird eine Umgestaltung der Technologie, um die bisherige historische Tendenz umzukehren, „menschliches Wissen zu objektivieren und dem Arbeiter als fremde, ihm feindliche Kraft entgegenzustellen" (Cooley 1978, 208). Gefragt ist eine auf den arbeitenden Mensch zentrierte Technik, „die menschliche Arbeit

---

6 „Jede mechanische Arbeit, jede einförmige, stumpfsinnige Arbeit, jede Arbeit, die aus schrecklichen Verrichtungen besteht und unter unwürdigen Bedingungen ausgeführt wird, muss von Maschinen geleistet werden. ... Es ist eine Tatsache, dass die Zivilisation Sklaven erfordert. Darin hatten die Griechen ganz recht. ... Menschliche Sklavenarbeit ist unrecht, inkonstant und demoralisierend. Von der Sklavenarbeit der Maschine, dem mechanischen Sklaventum, hängt die Zukunft der Welt ab" (Wilde 1977, 227).

nicht allein unter ihren funktionalen Aspekten für die Produktion" betrachtet, „sondern als eigenen Bezugspunkt für die Entwicklung von Produktionskonzepten" (Pekruhl 1995, 116). „Qualifikationen dienen (dann – Verf.) nicht allein der Bewältigung je gegebener Arbeitsaufgaben, sondern auch der Gestaltung und Weiterentwicklung der Arbeitstätigkeit selbst" (Ebd., 118). Anzustreben ist eine Technologie, „die von den Arbeitern dazu verwendet werden könnte, bestimmte Bereiche ihrer Tätigkeit zu automatisieren, ohne jedoch gleichzeitig den lebendigen Arbeiter zum bloßen Anhängsel der 'lebendigen Maschinerie' zu degradieren" (Löw-Beer 1981, 93). Gefragt ist eine „Rückkehr der menschlichen Hand in den Produktionsprozess, die sie nicht wieder an ihn kettet" (Heinemann 1982, 184). Es geht um einen Paradigmenwandel in der Technik. Zum Kriterium wird, inwieweit sie die menschlichen Fähigkeiten und Sinne entwickelt. „Telechirische Instrumente"[7] sollen „die historische Tendenz umkehren, die menschliche Geschicklichkeit zu vermindern oder zu verobjektivieren" (Cooley 1979).

Gegenüber einer „quantitativen Arbeitsteilung" und „Aufgabenzertrümmerung" geht es um eine „qualitative Arbeitsteilung" (Pernsteiner 1984, 36). Ihr Maßstab ist die „Realisierung vollständiger individueller Handlungsbögen, innerhalb derer diskursiv und handelnd Zielsetzung, Mittelfestlegung, Planung, Realisation, Produktion von Ergebnissen, Bezug zum Nutzen, Erfolgskontrolle und soziale Resonanz in Beziehung gesetzt werden können (das heißt nicht, dass jedes dieser Handlungselemente, die zugleich die Grundfunktionen von Arbeit umfassen, von jedem Individuum komplett realisiert werden müsste)" (Girschner 1990, 159).

c) Die Bearbeitung der mit Hierarchien verbundenen Probleme

Hierarchien haben Subalternitätseffekte auf den untergeordneten Rängen zur Folge. Legitimiert werden Hierarchien aus den wenig interessierten und wenig umsichtigen Handlungen der Untergebenen. Wo die „unten/oben"- Dimension im Vordergrund steht, gewinnen unabhängig von den sozialen Inhalten der Ar-

7 „Telechirics" bezeichnen „ferngesteuerte Maschinen, bei denen ein Mensch einen oder mehrere Manipulatoren über seine Distanz hinweg steuert, indem er die natürliche Geschicklichkeit seiner eigenen Arme benützt und ein 'Feed-Back' an sensorischen Informationen von den Greifarmen und der Region, in der sie arbeiten, erhält" (Thring 1973, 93). „Eine Vielzahl von Umständen des Arbeitsprozesses kann es erforderlich machen, telechirische Geräte einzusetzen: Radioaktivität, Steinschlag, Explosionsgefahr, Gift, Arbeiten im Weltall oder unter Wasser, Hitze, Kälte, Lärm, Temperaturschwankungen etc." (Löw-Beer 1981, 94).

beit das „Aufsteigen“ und das „Bestimmertum“ durch die damit verbundenen Weisungsbefugnisse, Freiräume und höheren Einkommen an Relevanz. Ein statusbezogenes Orientierungsraster legt sich über die gesellschaftliche Arbeit. Demgegenüber zeigen die Kibbuzim in Israel einen Umgang mit Hierarchien, von dem sich für die nachkapitalistische Gesellschaft lernen lässt.[8]

---

8 Der Verzicht auf differenzierte Entlohnung korrespondiert mit einer hohen Bedeutung der Bedürfnisse nach gemeinsamer Gestaltung des Gemeinsamen und „'Verantwortungsgemeinschaft' … . Das *Kibbuzsystem* bringt es offensichtlich zuwege, dass Übertragung und Ausübung von Autorität ohne nennenswerte Machtkonzentration und damit auch ohne Belastung der zwischenmenschlichen Beziehungen funktionieren kann“ (Busch-Lüty 1989, 140). Ein wesentliches Moment der Kibbuzim ist die Rotation der Tätigkeiten und das Vorhaben, die Trennung von Hand- und Kopfarbeit wenn auch nicht gänzlich aufzuheben, so doch zu verflüssigen. Im Kibbuz herrscht die gleichrangige Bewertung jeglicher Arbeit, „wobei intellektueller Scharfsinn nicht höher eingeschätzt wird als handwerkliches Geschick, oder physische Kraft nicht höher als Organisationstalent etc.“ (Rosner 1982, 61).
Im Unterschied zur Vorstellung von der gleichmäßigen Beteiligung aller an den Entscheidungsprozessen stand in den Kibbuzim die Ämter-Rotation im Vordergrund. Sie vergrößert „zumindest die Schicht der zur Ausfüllung der Führungspositionen geeigneten Siedlungsgenossen, von denen zu jeder Zeit ein bestimmter Prozentsatz vorübergehend ohne spezielle Funktion ist und damit als Führer der 'laienhaften' Teile der öffentlichen Meinung fungieren kann. Diese, wie man sie nennen könnte: 'intra-elitäre Kontrolle' funktioniert natürlich nur unter der Bedingung, dass die 'Elite' nicht zur primären Solidaritätsgruppe ihrer Angehörigen wird“ (Ebd.).
In den Kibbuzim kam es zu einer „Ämterscheu“. Die Zurückhaltung, höhere Ämter zu übernehmen, resultierte aus einem „negativen 'Ertrags-Saldo' …: die 'Gewinne' – in Gestalt von sozialem Status, Einfluss, Selbstverwirklichung – aus solchen Ämtern wiegen die 'Verluste' (zusätzliche Arbeit, Belastung, Ärger) nicht auf“ (Busch-Lüty 1989, 106).
Die Diskussion, warum das Kibbuz in den letzten 20 Jahren eine geringere Rolle spielt bzw. sich änderte, kann hier nicht geführt werden. Das eigentlich Interessante ist vielmehr für das Thema dieses Kapitels: Die Kibbuzim waren keine Eintagsfliege, sondern haben 40 Jahre lang mit insgesamt ca. 100.000 Beteiligten praktisch vergegenwärtigt, dass ein anderes Verhältnis zu Hierarchien möglich ist als deren Affirmation („Sachzwang“) oder als deren basisdemokratische Ablehnung.

d) Gesellschaftliche Synthesisformen zwischen Produzenten, Dienstleistern, Kunden und indirekt Betroffenen, die die in Märkten angelegten problematischen Sozialverhältnisse überwinden

Ein Arbeiten, das die Arbeitenden nicht auf Rädchen im Getriebe reduziert, sondern die Arbeitenden die Effekte und Voraussetzungen ihrer Arbeitsprodukte in den Blick nehmen lässt, geht mit (gegenüber Synthesis qua Markt und Staat) neuen Synthesisformen einher zwischen den Arbeitenden, den Konsumenten und den von Arbeit und Konsum Betroffenen.[9]

Produzenten und Konsumenten werden Gegenspieler, die einander im guten Sinne fordern. Beide sind auf Interaktionen angewiesen, in denen

- die Konsumenten an den Fähigkeiten und Kompetenzen der Produzenten zur Beurteilung der Produkte partizipieren,
- die Konsumenten aus ihrer größeren Vertrautheit mit den lebensweltlichen Effekten und Kontexten der Produkte den Produzenten etwas zu sagen haben, das deren Horizont übersteigt,
- die Konsumenten Produzenten brauchen, die ihre Kompetenzen und Informationsvorsprünge nicht zulasten der Konsumenten ausspielen,
- die Produzenten Konsumenten brauchen, die sie nicht auf die Bedienung eines Geschmacks festlegen, der weit unter ihren Möglichkeiten liegt.

Insgesamt geht es darum, den *Markt* mit qualitativen Maßgaben derart zu durchwirken, dass sich die negativen Effekte des Marktes einhegen lassen. Die Alternative zum Markt im Kapitalismus bildet nicht die „Zentralplanwirtschaft". Der Markt lässt sich durchwirken mit Indizes und Normen, die die Qualität des Arbeitens und des Bezugs von Menschen auf andere Menschen betreffen (vgl. dazu Kapitel I.2). Der Frage, wie sich mit Märkten als ökonomischen Synthesismedien angesichts der Probleme der sog. Zentralplanwirtschaft gesellschaftlich umgehen lässt, ist in Kapitel I.2 und II.4e Thema.

Die den Märkten immanenten Trennungen und Abstraktionen zu überwinden heißt, die Produkte und Tätigkeitsresultate im Unterschied zur Warenwirtschaft theoretisch und praktisch als Kuppelprodukte zu begreifen und zu gestalten. Sie bedienen nicht nur einen isolierten Nutzen. Zum Beurteilungskriterium für sie wird, wie sie u.a. mit den für sie notwendigen Arbeiten sowie mit der

9 Vgl. dazu Kapitel I. 2 zur Marktöffentlichkeit und zur Sozialisierung des Marktes. Auch an den bereits im Kapitalismus erreichten Vernetzungen zwischen Betrieben lässt sich anknüpfen (s. ebd.).

gegenständlichen Umwelt, zu der sie beitragen, die Entwicklung menschlicher Sinne, Fähigkeiten und Sozialbeziehungen formen.

Notwendig wird eine Kommunikation zwischen Produzenten und Konsumenten, Anbietern und Kunden, die die gegenseitigen Rechtfertigungen durchkreuzt. Die Produzenten und Anbieter nehmen die problematischen Bedürfnisse der Konsumenten und Kunden als Freibrief dafür, ihre Produkte abzusetzen. Der Konsument habe es ja so gewollt. Die Arbeitenden nehmen den problematischen Zustand ihrer Arbeit zur Legitimation dafür, ein Recht auf Kompensation anzumelden und sie nicht infrage zu stellen. Die bewusste Vermittlung von Arbeit und Konsum wird im Sinne von 'Praxis' zum Gegenstand von gesellschaftlicher Reflexion und Gestaltung. Eine weitere „Partei" in der Auseinandersetzung bilden die von Arbeit und Konsum indirekt Betroffenen.

Infrage gestellt wird die Zentralität des Marktes auch durch eine auszubauende, weit verstandene *Technikfolgenabschätzung*. Sie klärt im Bezug auf technische Entwicklungen

- welche (gegenwärtig vorhandenen bzw. zukünftig entstehenden) Bedürfnisse sie befriedigen,
- worauf diese Bedürfnisse beruhen, inwieweit der Konsum sich Mängeln verdankt, die nicht diesen Konsum, sondern eine Bearbeitung jener Mängel sinnvoll erscheinen lässt,
- was die indirekten und nichtintendierten Effekte und Implikationen der Arbeitstechnologie und -organisation sind,
- welche Veränderungen des Selbst- und Weltverhältnisses selbst bei technisch-pragmatischem Gelingen die jeweilige Technologie und ihre Produkte mit sich bringen (vgl. bspw. die Debatte um die Informations- und Kommunikationstechnologien).

Auf Märkten lassen sich Einzelgüter und -leistungen nachfragen, nicht aber die Proportion zwischen Gütern. Das macht die Ohnmacht der individuellen bzw. vereinzelten Nachfrage aus. Die vorhandenen demoskopischen Mehrheiten (z.B. für mehr Bahn und weniger Auto) setzen sich nicht in Marktsignale um. Auch selbstverwaltete Betriebe, „die auf dem Markt als Anbieter erscheinen, werden nur dann zu etwas genötigt werden können, wenn auch die Nachfrage sich als freier 'Verein' konstituiert. ... Derselbe 'Verein', der gemeinschaftlich produziert, besteht auch aus denen, die das Produzierte nachfragen. Sind sie als Nachfragende nicht frei, dann auch nicht als Produzenten. Kein innerbetriebliches Demokratiemodell kann daran etwas ändern. Denn jede 'Mitbestimmung' wird ausgehebelt, das erleben wir, mit dem Argument des 'Sachzwangs' der unfreien Nachfrage" (Jäger 1996, 36). Demgegenüber schlägt Jäger „Marktwahlen" vor. In ihnen stellen gesellschaftliche Verbände (vom ADAC bis zum BUND), die bereits heute für verschiedene Konzepte der Proportionierung von Produktionen und Konsumtionen stehen, ihr jeweiliges Konzept vor.[10]

Gegenwärtig bildet die gesellschaftliche Proportionierung der Arbeiten ein Moment der Ökonomie des abstrakten Reichtums. In ihr entscheiden sich die Präferenzen für bestimmte Güter angebotsseitig vom (Mehr-) Wert her und es spielen sich dann Relationen ein (bspw. die Verdrängung der Bahn durch das Auto), die nicht unter der Voraussetzung eines Wissens der Folgen und Implikationen von der Bevölkerung antizipiert, beraten und entschieden worden sind.

Der liberalen Marktauffassung zufolge „entsteht soziale Ordnung, ohne dass der Mensch mit einer sozialen Motivation in die sozialen Beziehungen hineinzugehen braucht. Das Resultat ist, der Marktprozess bleibt gegenüber vielen Fragen völlig blind. … Arbeitsteilung bedingt Koordination und Ordnung. Dies leistet der Markt. Aber ein entsprechendes Gemeinschaftsbewusstsein und eine Verantwortung über die Eigeninteressen hinaus kann nicht entstehen. Denn es fehlt in den Markt hinein ein Verhandeln über gegensätzliche Standpunkte und Interessen. Es fehlt ein Verhandeln über gesellschaftliche Bedarfe, Preise, Lebensbedingungen anderer Menschen und Regionen, ökologische und soziale Folgen der Produktionsweise, Ausmaß und Richtung der Produktion etc. mit dem Ziel, externe soziale Kosten aus der Wirtschaft nicht anfallen zu lassen. Es würde dann eine Position gewonnen, in welcher wirtschaftliche Prozesse selbst zu Prozessen der Gesellschaftsbildung werden. Heute dagegen sind sie ein anonymer und statistischer Prozess … . Das soziale Bewusstsein kann den zentralen Sozialprozess unserer Gesellschaft nicht mehr erreichen und steuern. Dieser wird mechanisch abgewickelt auf der Basis eines verkürzten anthropologischen Bildes von der ausschließlich privaten Interessenbezogenheit des wirtschaftlich handeln-

10 In *Marktwahlen* wird bspw. entschieden über das Verhältnis zwischen den Ausgaben für privaten Autoverkehr und öffentlichen Personennahverkehr. Insofern der einzelne individuelle Konsument die direkten und direkten Folgen, Voraussetzungen und Komplementärgüter bspw. der Verkehrsträger nicht überblickt, „gibt es Komitees, die konkurrierende Marktwahlprogramme ausgearbeitet und gesamtvolkswirtschaftlich zu Ende gedacht haben, so dass der Einzelne sich nur für eins dieser Programme zu entscheiden braucht. … Unter den Komitees ist möglicherweise der ADAC anzutreffen. Es ist nützlich, dass er nicht bloß Autos, sondern Proportionen für die Gesamtwirtschaft anbieten muss. Die Autofreunde müssen entweder auf Propaganda verzichten oder selber zu Ende denken, was die Implikationen einer Autogesellschaft sind“ (Jäger 2004). Ich verzichte hier aus Platzgründen auf die genauere Darstellung dieses Konzepts. Vgl. http://www.freitag.de/autoren/der-freitag/wie-ware-es-wenn-es-marktwahlen-gabe.

den Menschen. Die Vergesellschaftung des Menschen in den Markt hinein bleibt unentwickelt. Es ist der wunde Punkt einer individualistischen Gesellschaft, dass sie das Individuum nicht in eine soziale Handlungsrichtung bringen kann. ... Die reine Gegenstruktur zum Individualismus, der das Individuum aus allen Bindungen herauslöst und die Gesellschaft aus dem natürlichen Eigeninteresse aufbaut, ist nicht der Kollektivismus, denn der löscht das Individuum aus, sondern eine vom Individuum ausgehende, frei gewollte Sozialität, die sich ihre sozialstrukturellen Grundlagen selber schafft" (Heyder 1994, 123f.). Ich nehme die Frage nach der für eine nichtkapitalistische Gesellschaft notwendigen und möglichen Umgangsweise mit Märkten in Kapitel II.4e wieder auf.

e) Die Einhegung der funktionalen Differenzierung

Im Unterschied zu Annahmen *funktionaler Differenzierung*[11] kann die Ökonomie bereits durch die Marktöffentlichkeit und Sozialisierung des Marktes (s. Kapitel I.2) ihres „rein ökonomischen Binnenmilieus", ihres „Exklusivschutzes" und der ökonomischen „Trennfunktionen zu anderen gesellschaftlichen Teilbereichen" einbüßen (Buß 1983, 59) zugunsten „gegenläufiger Prozesse der Reintegration, der strukturellen Assimilation, der Rollenverflechtung und der Funktionsfusionierung" (Ebd., 49).

Die Ideologie der funktionalen Differenzierung verstellt die Problematik. Bei Luhmann findet sich die ebenso erpresserische wie populäre Alternative: Entweder Einerleiheit und Gleichschaltung *oder* Selbstbezüglichkeit der „Subsysteme". Unnachvollziehbar bleibt, warum die in den verschiedenen ausdifferenzierten Bereichen legitimerweise maßgebliche Spezifizität der Wahrnehmung, der Problemformulierung und des (z.B. pädagogischen oder medizinischen) professionellen

11 Funktionale Differenzierung beinhaltet:
- die Freisetzung von der Mitberücksichtigung funktionsexterner Gesichtspunkte und die Erhöhung von Sensibilität im jeweiligen besonderen Frequenzbereich;
- die Sicherstellung einer den jeweiligen besonderen Bereich betreffenden Autonomie gegenüber den die Teilbereiche übergreifenden Normen und gegenüber der von einem gesellschaftlichen Zentrum ausgehenden Lenkung;
- die weitgehende Konkurrenzlosigkeit, mit der sich Teilbereiche funktionsspezifisch etablieren können, und die Emanzipation von konkurrierenden Zuständigkeitsansprüchen. Es kommt zu einer thematischen Reinigung der Teilbereiche, zu bereichsspezifischen Verhaltensstilen und 'Sprachen'.

Zu den grundlegenden Problemen, die mit der funktionalen Differenzierung verbunden sind, vgl. II.8a3.

Wissens die Aufmerksamkeit für das Verhältnis von Besonderem und Allgemeinem ausschließt. Es geistig und praktisch wahrzunehmen umfasst erstens die Internalisierung bereichsübergreifender allgemeiner Belange in die bereichsspezifische Perspektive, zweitens die Reflexion in den besonderen Sphären darauf, wie in und aus dem besonderen Bereich und der besonderen Profession und durch sie das gesellschaftliche Allgemeine aufgebaut wird. Das schließt die Frage ein, welchen bereichsspezifischen déformations professionelles gesellschaftlich entgegengewirkt werden muss. Drittens wird die Aufmerksamkeit dafür notwendig, wie allgemeine gesellschaftliche Formen und Strukturen in den besonderen Inhalt des jeweiligen Bereiches konstitutiv eingehen. Damit verbindet sich die Unterscheidung, nicht dem als konkret imponierenden Besonderen zuzuschreiben, was aus bereichsübergreifenden, gesellschaftlich allgemeinen Zugzwängen und Maßgaben resultiert.

Gewiss kann auch bei den Institutionen und Strukturen, die die mit der funktionalen Differenzierung verbundene Subsystemautistik überwinden, das Anliegen nicht sein, sich am grünen Tisch Lösungen auszudenken. Das Problem besteht darin, einerseits den Tendenzen zur selbstbezüglichen Immunisierung der ausdifferenzierten Gesellschaftsbereiche entgegenzuarbeiten, andererseits nicht einfach die notwendigen Vorteile der Arbeitsteilung und funktionalen Differenzierung zu verspielen. Verbundwirtschaft (s. I.7), zwischenbetriebliche technische Vernetzung, Technikfolgenabschätzung (s. II.2d.), Produzent-Zulieferer-Kooperation (s. I. 7), Wissensnetzwerke und Marktöffentlichkeiten (s. I.2) enthalten Momente einer sowohl theoretischen wie praktischen Aufmerksamkeit für diese Problematik. Im Erziehungs- und Gesundheitswesen existieren Tendenzen zu einer Öffnung des Besonderen auf seine sozialen Kontexte. Diese Öffnung steht in Divergenz zur subsystemspezifischen Selbstbezüglichkeit und zum dazugehörigen Tunnelblick.

Aufgrund der Erfahrungen mit der Herrschaft des abstrakten Reichtums in der Gesellschaft, die um den Preis kranker Menschen gesundet, wird maßgeblich, dass die gestiegenen ökonomischen und technologischen Leistungseffekte nur insoweit als Gewinn gelten können, als sie zur Erhöhung des insgesamt feststellbaren Psychosozialprodukts beitragen. Zugleich ist damit keine Monopolisierung der Zuständigkeit für Krankheit und Gesundheitsbeeinträchtigung verbunden. Das gesellschaftliche Ziel ist es, die gesellschaftlichen Sphären so zu gestalten, dass in ihnen Prävention und Abwendung von Schädigungen der Gesundheit einen wesentlichen Maßstab bilden.[12]

---

12 Krankheit ernst zu nehmen heißt, die gesellschaftsspezifisch herrschenden Strukturen der Produktion, Konsumtion, Zirkulation und Distribution einer praktischen

f) Die Veränderung der Größe und der Verflechtung des Gemeinwesens auf ein gestaltbares Maß

Die Größendimensionen und die Verflechtung von Organisationen und sozialen Netzen (vgl. a. II.8e3) sind zu verändern, wenn die sachliche, soziale und zeitliche „Distanz zwischen Handlungen und Handlungsfolgen auf jenes Maß“ verringert werden soll, das es überhaupt erst erlaubt, sie „kognitiv zu erfassen und wie auch immer politisch-moralisch zu beurteilen“ (Offe 1986, 114f.).[13] Not-wendig wird der „Umbau sozialer, politischer und ökonomischer Handlungssysteme in der Weise, dass ihren Akteuren die Reflexion auf die Fernwirkungen ihres Handelns bzw. die Beweislast für die Vertretbarkeit derselben nahegelegt wird“ (Ebd.). Die einschlägige Veränderung der Verflechtung in der Gesellschaft zielt ab auf die „Verdünnung von Externalitäten und Abhängigkeiten. Sozialwissenschaftlich begründete Steuerungskonzepte fassen dies mit Begriffen wie ‘self-reliance’ bzw. ‘autozentrierte Entwicklung’ (in der Entwicklungssoziologie), ‘loose coupling’ (in der Organisationssoziologie) oder Dezentralisierung bzw. ‘devolution’ (in der Politischen Soziologie).“ Es wird notwendig, „soziale Systeme so umzubauen, dass sie ihre Umwelt weniger mit Folgeproblemen belasten und gleichzeitig selbst ihrer Umwelt gegenüber autonomer werden, wovon man sich dann insgesamt eine Ermäßigung von Koordinationsproblemen und Steuerungsbedarfen versprechen kann“ (Ebd., 114f.).

Bei der Bearbeitung des Problems gesellschaftlicher *Komplexität* geht es zwar um eine Überwindung kapitalismusspezifischer Überkomplexität (s. Creydt 2000). Eine pauschale Komplexitätsreduktion in der nachkapitalistischen Gesellschaft folgt daraus nicht. Vielmehr ist die in der kapitalistischen Ökonomie vorherrschende Eindimensionalität zu überwinden. Entsprechendes gilt für die Selektionsfilter (Offe) oder die „politische Wertabstraktion“ (Negt, Kluge), die der mit der modernen kapitalistischen Gesellschaft verbundenen Demokratie eigen sind (s. Kapitel I. 11). Und das heißt, Formen einer gesellschaftlichen Kom-

---

Kritik zu unterwerfen (s. Kapitel I.5). Denn diese Strukturen begünstigen Schädigungen der Gesundheit für die unmittelbar Arbeitenden, für die Verbraucher der Produkte sowie für die an Umweltverschmutzung, Stress und Lärm Leidenden.

13 „Die Vorstellung von unerwarteten Interaktionen wird uns allen immer vertrauter. … Je mehr die Größe von Systemen und die Anzahl der Funktionen wächst, die sie erfüllen sollen, je feindlicher die Systemumwelten werden und je mehr sich die Systeme miteinander verzahnen, desto undurchschaubarer und unerwarteter sind die Interaktionen, die zwischen ihnen auftreten, und desto verletzlicher werden die Systeme gegenüber Systemunfällen“ (Perrow 1988, 107).

plexität zu entwickeln, die sowohl der Vielfalt der Belange und ihrer Vernetzung gewachsen sind als auch deren gesellschaftliche Gestaltung erlauben.

Ökologisch und demokratisch erscheint es beim aktuellen Stand der Produktivkräfte ebenso möglich wie sinnvoll, Produktionskreisläufe zu dezentralisieren. Lokale und regionale Bereiche wären dann stärker miteinander verknüpft. National und international wäre der Vernetzungsgrad geringer.[14] Ich greife dieses Thema in II.8e3 wieder auf.

Zum Thema wird die gezielte Rekonstruktion ökonomischer Verflechtungs- und Netzwerkstrukturen innerhalb der Regionen, sodass ein sehr viel kleinerer Teil der Produkte als heute für den *Weltmarkt* hergestellt wird. Kostenvorteile durch Außenhandel verlieren mit der Verteuerung von Transporten und Rohstoffen stark an Bedeutung.

Mit einer gesellschaftlich durchgesetzten Energiewende schwindet die „härteste Bedingung“ der Globalisierung, „die Abhängigkeit aller Volkswirtschaften von wenigen Standorten der Ressourcenschöpfung“ (Scheer 2001, IV). Scheer vertritt in seinem Buch über die „solare Weltwirtschaft“ (1999) die Position, „dass es möglich ist, alle fossilen Energien einschließlich der Atomenergie und ebenso alle fossilen Rohstoffe durch erneuerbare Energien und erneuerbare Rohstoffe zu ersetzen, die jeweils regional gewonnen werden können. Dies würde dazu führen, dass der globale Prozess der Entkoppelung der Räume des Ressourcenverbrauchs von denen der Ressourcengewinnung umgekehrt würde – hin zu einer räumlichen Rückkoppelung“ (Scheer 2001, IV). Die Art und Weise der Energiegewinnung betreffend konvergieren Scheer zufolge Lösungen, die für die ökologische Problematik ebenso zentral sind wie für die Globalisierungs- bzw. Regionalisierungsproblematik und für die Frage nach den Bedingungen von Gesellschaftsgestaltung. Scheer beschreibt einen zentralen Einwirkungs„punkt“: „Ressourcenwirtschaft als elementare Bedingung jedweden Wirtschaftens darf keinem internationalisierten Markt- und damit potenziellen Verdrängungswettbewerb ausgesetzt sein, weil sonst potenziell jede Volkswirtschaft den Boden

14 Der „gesellschaftliche Stoffwechselzusammenhang“ würde dann in einem „gestaffelten System aufeinander bezogener lokaler, regionaler und überregionaler Kreisläufe“ bestehen (Trenkle 1996, 79). „So dürfte es kaum sinnvoll sein, wenn jede Region oder Kommune ihre eigene Fabrik für Industrieroboter oder Traktoren unterhielte, ebenso wenig wie ein eigenes Stahlwerk oder eine auf Eigenbedarf orientierte Kunststoff- oder Chemieproduktion. Auch die Herstellung von großen Transportmitteln oder Spezialprodukten sowie von bestimmten standardisierten Massenprodukten (wie etwa Solarzellen oder Computerchips) ist wohl eher auf höheren Ebenen der gesellschaftlichen Vernetzung anzusiedeln“ (Ebd., 81).

unter ihren Füßen verliert. Dies gilt für Energie, für den Agrarsektor, für die Wasser- und Bodenbewirtschaftung" (Scheer 2001, VI). Scheer betont gegenüber den von „Attac" erhobenen Forderungen nach politischer Kontrolle über die internationalen Finanzmärkte und Besteuerung von Finanztransfers, dass diese Vorschläge zwar richtig seien, aber „das Grundproblem nicht lösen" (Ebd.). „Was wir brauchen, ist zum einen die Rekonstituierung öffentlicher Institutionen nach dem Grundsatz ihrer demokratischen Überschau- und Kontrollierbarkeit und zum anderen die Aufkündigung der vertraglich gestützten Hegemonie der global liberalisierten Wettbewerbsordnung" (Ebd.). Scheer fordert, dass „es jeder Gesellschaft möglich sein" muss, „die Sicherung ihrer Ressourcengrundlage vom Zwang globaler Marktgleichheit zu befreien" (Ebd.). Als „Leitmotiv" schwebt ihm „globaler Technikmarkt – regionaler Ressourcenmarkt" vor. Ziel ist es, „die Möglichkeit, heimische Ressourcen vor importierten zu privilegieren – aber nur für den eigenen Bedarf, nicht für den Export. Konkret bedeutet dies: Die Privilegierung erneuerbarer Energien im eigenen Land muss ebenso erlaubt sein wie eine Subventionierung der eigenen Landwirtschaft – aber eben nicht die Subventionierung von Agrarexporten" (Ebd.). Insofern ist es folgerichtig, sich gegen die „Privilegierung des Flug- und Schiffsverkehrs durch die Steuerbefreiung der Treibstoffe" zu wenden, da sie „einer Diskriminierung des Landverkehrs und damit der mehr regionalen Vermarktungsströme gleichkommt" (Ebd.). Scheer sieht in der „Substituierung fossiler Ressourcen durch solare Ressourcen" einen Beitrag dazu, den „unbedingten Globalisierungszwang" von den Volkswirtschaften zu nehmen (Ebd.).

Die hier skizzierte Regionalisierung unterscheidet sich vom Protektionismus oder der Formierung von Wirtschaftsblöcken, die sich auf die Konkurrenz am Weltmarkt ausrichten, sich also positiv auf ihn einstellen. Demgegenüber geht es darum, eine weltweite Raumordnung anzustreben, die den Rückbau und die Entmächtigung des Weltmarktes beinhaltet: „Die Dekonnexion bedeutet für mich die Unterwerfung der äußeren Beziehungen unter die Logik einer internen Entwicklung. ... Es wäre eine auto-zentrierte Entwicklung in einem mittelgroßen Rahmen vorstellbar, bspw. dem Zusammenschluss von mehreren Nationen oder Ländern der Dritten Welt. So große Länder wie China oder Indien und eine Reihe größerer Staaten des Südens könnten hier eine Vorreiterrolle spielen" (Amin 1995, 36).

Für die Überwindung des Weltmarktes wird die Konzentration v.a. auch der Metropolenländer auf die Binnenwirtschaft notwendig. Um eine Themaverfehlung handelt es sich, wenn mit den *bisherigen* Versuchen nationaler Abschottung gegenüber dem Weltmarkt dessen Überwindung delegitimiert werden soll.

Diese Versuche betrafen ökonomisch unterlegene Regionen. Zudem waren die SU und ihre Verbündeten in einen Wettlauf auf dem Gebiet der militärischen Hochtechnologien eingespannt, der diesen Ländern im Vergleich zum wirtschaftlich produktiveren Westen überproportional viel Reichtumstransfer in den Rüstungsbereich abnötigte. Das Primat der Binnenwirtschaft und die gesellschaftliche Selbstgestaltung in einem bestimmten Raum werden erst möglich durch Prozesse, die die Mehrheit der ökonomisch führenden Nationen ergreifen.

Eckhard Stratmann-Mertens grenzt die Entglobalisierung zu Recht ebenso gegen Versuche ab, die Globalisierung gerecht zu gestalten wie gegen Strategien der Lokalisierung. „Während die 'Gerecht Gestalten'-Strategie die Dynamik der Globalisierung stärkt, indem sie sie reformieren will, erliegt die Lokalisierungsstrategie der Gefahr einer Nischenpolitik ohne durchgreifende Wirkung" (Stratmann-Mertens 2004, 49). Die Perspektive der Entglobalisierung stellt einen „Suchprozess" dar und ein „induktives Verfahren: Es kann keine Theorie geben, die den optimalen Grad der nationalen und internationalen Arbeitsteilung anzugeben vermag. Es bleibt nur der Weg, von der tatsächlichen Weltmarktintegration und den damit gegebenen Problemen auszugehen und Schritte zu einer Regionalisierung, einer Binnenorientierung der Wirtschaft zu erproben. Über die Gangbarkeit des Weges werden die konkreten gesellschaftlichen Auseinandersetzungen entscheiden" (Ebd.).

g) Die Überwindung des Besitzindividualismus und die Einhegung von Vorteilsnahme zulasten anderer

Ich skizziere diesseits allen Moralisierens zu verortende Vorschläge zur Einhegung von Vorteilsnahme zulasten anderer (1). Es folgen Überlegungen zur Verringerung von jenen Interessendivergenzen und Konflikten zwischen verschiedenen gesellschaftlichen Bereichen, die eine Orientierung am Privatinteresse stärken (2). Schließlich wird zum Thema, warum Privatinteresse und eigentum als System fragwürdig sind (3).

(1) Diejenigen sozialen Strukturen, die die Wahrscheinlichkeit vergrößern, dass Akteure einander wieder begegnen, erhöhen die Kooperationsbereitschaft und verringern die Möglichkeiten des Mitnahme- und Trittbrettfahrerverhaltens (Ausnutzung kollektiver Güter ohne eigenen Beitrag zu ihrer Erhaltung). Solche Strukturen fördern die bedingte Kooperation, in der die Fortsetzung des eigenen kooperativen Handelns an die kooperative Reaktion des jeweiligen Handlungspartners geknüpft ist. Wiederholtes Sich-Begegnen der Akteure oder

„repeat business“ ermöglicht im Unterschied zu „one-shot games“, dass meine Schädigung des anderen für mich negative Konsequenzen hat.

Zweitens fördert die Transparenz der Situation kooperatives Verhalten, insofern nun das Vorenthalten von Kooperation und die Ausnutzung von kooperativen Beteiligten durch nichtkooperative publik werden. Am Beispiel von Verkaufsangeboten im Internet lässt sich vergegenwärtigen, welch hohen Stellenwert die Reputation besitzt, die sich hier auf der Grundlage der Einsehbarkeit der Bewertung der Verkäufer durch die Käufer bildet.

Drittens ist die Möglichkeit, unkooperatives Verhalten zu „bestrafen“ und kooperatives Verhalten zu „belohnen“, der Kooperation förderlich. Kooperation findet, wenn man die intrinsischen Motive für sie (s. dazu das Ende dieses Kapitels) ausklammert, dann statt, wenn die Kosten des Kooperierens im Verhältnis zu den Kosten des Konflikts gering sind.

Die Wahrscheinlichkeit des Sich-wieder-Begegnens, das Vorteilsnahme zulasten anderer erschwert, vergrößert sich, wenn sich die Freiheit der Wahl und die Konkurrenz auf Märkten verringern und das durch Erfahrung bewährte Vertrauen wächst. Das heute an Märkten als zentral geltende Merkmal des Aufeinandertreffens wechselnder und einander unbekannter Akteure lebt von der Diversifizierung der Produkte und dem Ausspielen von Anbietern gegeneinander. Demgegenüber existieren schon in der Industrie oftmals eingespielte Netzwerke zwischen Zulieferern und Produzenten. Auf Gegentendenzen komme ich in Kapitel II.8a5 zu sprechen. Auch für den privaten Konsum sind nur in bestimmten Segmenten die Wahlfreiheit und Überraschung wichtig. Gesunde Nahrung wird man von Anbietern beziehen, die dafür bekannt sind und das entsprechende Sortiment vorrätig halten. Eingespielte vertrauensvolle Anbieter-Kunden-Beziehungen neutralisieren Handlungsalternativen im Markt und verringern Transaktionskosten. Die Konkurrenz einschränkend verstärkt sich der Aufbau von Exklusivbindungen. „Aus abstrakten, anonymen, undifferenzierten Beziehungen entwickeln sich konkret erfahrbare, kontrollierbare, gleichsam interpersonelle Bindungen“ (Buß 1983, 76).

Der Besitzindividualismus lässt sich verringern durch Organisationen bzw. Institutionen, die Geräte oder Güter zum Ausleihen oder Leasen anbieten, sowie durch die institutionalisierte gemeinsame Nutzung von Gütern oder Dienstleistungen (z.B. car-sharing oder öffentlicher Personennahverkehr), sofern diese gemeinsame Nutzung mit entsprechenden attraktiven Angeboten als gesellschaftlich favorisierte Möglichkeit unterlegt ist. Dann verringert sich der Stellenwert, den die Übertragung von Eigentum hat, zugunsten der Übertragung einzelner Verfügungsrechte.

Insoweit eine hohe Zahl von Akteuren die selbstorganisierte Kooperation eher unwahrscheinlich macht,[15] wird externes, politisches Handeln nötig. Bereits für Hume (1967, 538f.) gilt der Staat als Korrektiv gegen die Neigung der Individuen, Kollektivgüter in Anspruch zu nehmen, ohne einen eigenen Beitrag zu ihrer Produktion und Reproduktion zu leisten. Der Staat „muss jene Verdünnung des Vertrauens ausgleichen, die dadurch entsteht, dass sich die Menschen in großen Gruppen nicht mehr unmittelbar beobachten und korrigieren können und dass sie nicht mehr so ganz voneinander abhängig sind" (Esser 2000, 160). Der Staat handelt, wenn er denn so handelt, als exogener Förderer der Kooperation. „Gerade in der regelmäßigen Ausführung von Verhaltensweisen, die ohne eine gezielte Einflussnahme auf den Handelnden nicht oder jedenfalls nicht häufig genug 'von selbst' seinen Absichten entsprechen, ist mithin ein entscheidender Aspekt der sozialen Ordnung lokalisiert. Eine Hauptsäule dieser Ordnung bilden soziale Handlungen, die nicht allein durch natürliche oder 'spontan' entstehende, sondern nur durch 'künstliche' Verhaltensdeterminanten herbeigeführt werden können" (Baurmann 1998, 254f.). Im Unterschied zum Egoismus-Zirkel, in dem jede(r) vom anderen unkooperatives Verhalten erwartet und sich dann entsprechend verhält,[16] kann ein Kooperations-Zirkel entstehen, in dem das kooperative Handeln des einen Akteurs das kooperative Handeln des anderen erhöht und umgekehrt.[17]

(2) Die anzustrebende Verringerung der Interessendivergenzen sowie Konflikte zwischen den verschiedenen Bereichen, Sektoren und Regionen der Gesellschaft und die Verringerung der mit ihnen verbundenen Bereichsegoismen erfordern verschiedene Maßnahmen je nachdem, ob es sich um Verteilungskonflikte *ohne* oder *mit* objektiven Maßverhältnissen[18] zwischen den verschiedenen Akteuren

15 Gegenbeispiele wären bei hinreichend großer Motivation der Beteiligten die Kooperation bei freier Software und bei einem Internetvorhaben wie wikipedia.

16 Die massenhaft vorfindbare Präferenz für das Auto zeigt nicht notwendigerweise den „Egoismus" der Autofahrer, sondern resultiert auch aus ihrer Erwartung, andere würden nicht kooperativ mitziehen, wenn man selbst zur Vermeidung des Verkehrsstaus aufs Fahrrad oder auf öffentliche Verkehrsmittel umstiege.

17 Es fragt sich, inwieweit es zu einer sich positiv steigernden Rückkoppelung („selfenforcing") aus positiv erlebten Kooperationen kommt. Das selbst erlebte positive Beispiel motiviert dann dazu, sich auch in anderen Situationen kooperativ zu verhalten. S. vertiefend hierzu Esser 2000, 158.

18 „Die Größe aber und deren Änderung als bloße Größe ist eine für das Qualitative gleichgültige Bestimmtheit, wenn sie sich nicht als Maß geltend macht. Das Maß nämlich ist die Quantität, insofern sie selbst wieder qualitativ bestimmend wird, so dass die bestimmte Qualität an eine quantitative Bestimmtheit gebunden ist" (Hegel 13, 181).

handelt oder um Anerkennungskonflikte. Je nach Beschaffenheit des Konflikts sind verschiedene Weisen des Herangehens angemessen.

Bei *Verteilungskonflikten, die kein objektives Maßverhältnis zwischen den Kontrahenten voraussetzen*, zeigt die Nichtberücksichtigung eines Momentes y keine negativen Rückwirkungen auf das „bevorzugte" Moment x. Solchen Verteilungskonflikten lässt sich mit der Verringerung der individuellen Einkommensorientierung und der damit gegebenen Konkurrenz von Einkommensmaximierern der Boden entziehen. Dies erfordert:

- den wachsenden Anteil von kollektivem Konsum;
- die Entkopplung des Zugangs zu attraktiven Lebensumständen vom individuellen Geldeinkommen infolge der Gestaltung attraktiver Lebensumstände für alle. Demgegenüber existieren im kapitalistischen Erwerbsleben der Druck, mit der eigenen Arbeitskraft ein möglichst hohes Einkommen zu erzielen, und das Dilemma, dem Interesse an Lohn und „Arbeitsplatz" die Aufmerksamkeit für die Qualität des Arbeitens und der Arbeitsprodukte unterordnen zu müssen;
- die mit dem Bedeutungsverlust von Privateigentum und Hierarchien einhergehende geringere Attraktivität von Positionsgütern[19];
- die gewachsene Bedeutung intrinsischer Arbeitsorientierung im Unterschied zu extrinsischer, vorrangig ans Arbeitseinkommen gekoppelter Motivation.

Einige dieser Momente wurden im *Kibbuz* 40 Jahre lang mit bis zu 100.000 Beteiligten erfolgreich in die Praxis umgesetzt (vgl. ausführlicher Creydt 2005). Zentral waren bzw. sind hier lange Zeit der Vorrang der Versorgung der Kibbuzmitglieder mit öffentlichen Gütern vor ihrer Ausstattung mit privaten Gütern und die Abkoppelung der Lebenssicherung von der individuellen Arbeitsleistung sowie die Verlagerung der Lebenssicherung auf das Kollektiv. Der Anteil des gemeinschaftlichen Konsums (Ernährung, Erziehung, Bildung, Wohnen und Einrichtung, Transportmittel, soziale Hilfen, medizinische Versorgung) betrug im Durchschnitt der Kibbuzim 80% des Konsumbudgets. Nur 20% wurden an das Kibbuzmitglied in Geld ausgezahlt (vgl. Busch-Lüty 1989, 64). Der Verzicht auf differenzierte Entlohnung korrespondiert mit einer hohen Bedeutung der Bedürfnisse nach gemeinsamer Gestaltung des Gemeinsamen und „'Verantwortungsgemeinschaft'" (Ebd., 140).

19 *Positionsgüter* sind Güter, die „entweder erstens absolut oder gesellschaftlich bedingt knapp sind oder zweitens bei extensiverem Gebrauch zu Engpässen führen" (Hirsch 1980, 52). Beim Positionsgut „verschlechtern sich die Nutzungsbedingungen, je verbreiteter dessen Gebrauch ist" (Ebd., 17).

Bereits gegenwärtig lässt sich eine Minderung der Attraktivität individueller Besitzbildung und Zukunftssicherung beobachten, wenn die Villa im Inland oder das Anwesen im Ausland vor ökologischen Schädigungen nur bedingt schützen. Der soziale Gebrauchswert des Autos sinkt durch den „Verkehrsinfarkt“ in den Städten und lange Parkplatzsucherei.

Ein auf die Tätigkeiten bezogener Besitzindividualismus motiviert sich aus der Flucht vor „bad jobs“ und aus der Konkurrenz um subjektiv attraktivere und vergleichsweise wohldotierte Tätigkeiten. Gemeinschaften haben die unattraktiven Tätigkeiten oft durch moralischen Druck zu einer von jedem Mitglied zu leistenden Pflicht erhoben. Zwar lässt sich so die Ignoranz der Überflieger gegenüber den Betätigungen des Bodenpersonals verringern. Die unattraktiven Arbeiten werden dann aber selbst nicht verändert, sondern zum Anlass, an ihnen soziale Gleichheit durchzuexerzieren und dies ostentativ auszustellen. Eine weiter reichende Perspektive besteht in der Technisierung unattraktiver Tätigkeiten (vgl. II.2a). Sie macht jene Vorteilsnahme zulasten anderer unnotwendig, die sich daraus motiviert, unattraktive Arbeiten auf andere abzuwälzen. Eine bestimmte Umgestaltung der Technik wird zur Leitlinie von nachkapitalistischer Technologiepolitik (vgl. a. II.2b). Zu den wesentlichen Aufträgen für die hier zu entfaltende technische Forschungs- und Entwicklungsarbeit gehören die Erleichterung des Alltags und die Aufhebung unattraktiver Tätigkeiten. Bei aller berechtigten Kritik an der gesellschaftlichen Überbewertung von Technik im Vergleich zur Bildung menschlicher Sinne und Fähigkeiten (vgl. II.8c, d) erweist sich die Diagnose der Übertechnisierung gegenwärtig als selektiv.

In Bezug auf *Verteilungskonflikte, die ein objektives Maßverhältnis zwischen den Kontrahenten voraussetzen*, geht es um die Vergegenwärtigung der sozialen, ökologischen u.a. Interdependenzen, die einem lokalen Maximieren Grenzen setzen. Vorausgesetzt sind Erfahrungen mit den Unkosten der Externalisierung und Exklusion. Dass es den Länderfinanzausgleich gibt, hat auch damit zu tun, dass selbst für die reicheren Bundesländer innerhalb eines integrierten ökonomischen Gefüges kein Interesse an einem übermäßigen Niedergang anderer Bundesländer besteht. Beim Anschluss der neuen Bundesländer spielte das Argument eine große Rolle, massive Transfers seien immer noch „billiger“ als jene Kosten, die durch den kurzfristig erfolgenden Umzug von Millionen in wohlhabendere Gegenden, die Verschärfung der Situation auf Arbeits- und Wohnungsmärkten usw. und die damit eintretenden Verwerfungen zu erwarten gewesen wären.

Anerkennungskonflikte, die aufgrund der ungleichen Verteilung von Ressourcen auf die verschiedenen gesellschaftlichen Bereiche und aufgrund der ungleichen Arbeit an der Humanisierung verschiedener Tätigkeiten entstehen, lassen sich durch die Überwindung dieser Ungleichverteilung und ihrer Ursachen bearbeiten. Zum übergreifenden Kriterium wird in der Beurteilung von Tätigkeiten, dass sie gesellschaftlich als wertvolle Tätigkeiten gelten können und dann nicht nur subjektiv geachtet sind, sondern sich dies auch materialiter ausdrückt – z.B. im Arbeitsinhalt und Arbeitsentgelt, in den Arbeitszeiten sowie im Stellenschlüssel für die in der Krankenpflege Arbeitenden.

(3) Konkurrenz und Privateigentum behindern oder vereiteln ein In-der-Welt-Sein, in dem „das Ergebnis der Zusammenarbeit den Akteuren auch 'individuell' mehr zählt als der einseitige Vorteil bei eigener Defektion (Versagung des eigenen Beitrags – Verf.). ... Zu den eigenen 'egoistischen' Nutzen wird noch der Nutzen hinzuaddiert, den der andere Akteur erfährt" (Esser 2000, 85).

Privateigentum, Konkurrenz und Verwertung des Kapitals als herrschende Imperative verhindern tendenziell, dass die Menschen den Umstand, aufeinander angewiesen zu sein, als „anregende, belebende, verbindende Gemeinsamkeit erleben" (Lippe 1991, 56). Diese Imperative verstellen Situationen, in denen „wir einen Genuss so viel intensiver mit einem anderen Menschen zusammen erleben als allein" (ebd., 57) und in denen wir „das gemeinsame Erleben der einander anspornenden und ansteckenden Anstrengungen so erfahren, dass sich die Beziehungen der Menschen zueinander vertiefen sowie zu einer Sache, um die es geht. ... Das Wesentliche, die Freude am Spiel und was sie da lernen, schenken die Spielenden einander. Entsprechendes lässt sich durchaus auch von anderen Leistungen sagen oder vorstellen, etwa wenn ein Volk aus eigenem Antrieb einen Tempel errichtet oder eine Familie einen Garten bebaut. Auch dabei kann um die Wette gearbeitet werden, und das Ergebnis wird nach seinem Sinn fürs Ganze geschätzt" (Ebd., 55f.).

Im Unterschied zum Projekt der Gemeinschaft, das darin besteht, die sozialen Dilemmata durch die Einbindung von allen Betroffenen in die Erarbeitung und den gemeinsamen Genuss von Kommunalgütern[20] zu überwinden, geht es um die von der Unmittelbarkeit der Bezüge befreite, aber eine Grundidee

---

20 „*Kommunalgüter* sind also solche, die nur in Kooperation und Geselligkeit mit anderen Menschen erzeugt werden können und die den Nutzen schon durch den Akt der Kooperation selbst erzeugen – und daher grundsätzlich kein Allokationsproblem kennen. Sie setzen daher – anders als der einsame Konsum der privaten Güter – zwingend das Eintreten in eine soziale Situation der unmittelbaren Begegnung voraus. Mit virtuellen Kontakten im Internet ist es dabei bei weitem nicht getan" (Esser 2000, 171f.). „Bei Kommunalgütern richtet sich das Interesse auf die Gemeinsamkeit und auf den Akt der Kooperation selbst, bei Kollektivgütern sind die Gemeinsamkeit und die Kooperation nur ein Mittel zum Zweck" (Ebd., 172f.).

des Kommunalgutes unter den Bedingungen der Massengesellschaft verwirklichende soziale Realität. Der bereits bei Kommunalgütern im Unterschied zu Kollektivgütern enthaltene positive Bezug des eigenen Tuns und Konsumierens auf das Tun und Konsumieren anderer wird in der hier favorisierten Gesellschaft erweitert. Die Reichweite der Verbindungen übersteigt dann die unmittelbare persönliche Präsenz. Die Vergegenwärtigung der Wirklichkeit des anderen und seiner durch die Arbeiten, durch deren Produkte und Voraussetzungen sowie durch die soziale Gegenstandswelt gebildeten Fähigkeiten und Sinne durchgreift längere Handlungsketten und deren Vernetzungen. Die Nähesinne dehnen sich zu Fernsinnen aus. Dies ist heute bereits ansatzweise bei professionellem Arbeiten der Fall, das idealiter die Voraussetzungen, Folgen und Nebenfolgen seines Tuns im Blick hat (vgl. Creydt 2008a).

Der für jedes Kooperationsdenken noch immer einschlägige Horizont der Symmetrie von Leistung und Gegenleistung kommt an seine Grenze, wo Bedürfnisse nach Lebens-, Arbeits- und Tätigkeitsqualität sowie Bedürfnisse, die sich auf die Qualität der sozialen Gegenstandswelt (z.B. Stadtbauwelt) beziehen, verstanden werden als Bedürfnisse nach bestimmten Sozialbeziehungen und Gesellschaftsstrukturen. Zu deren zentralen Leistungen gehört es, die Konkurrenz, das Privateigentum und die Kapitalverwertung ebenso unnötig zu machen wie deren subjektive Korrelate: Sorge, Neid, Ärger über wirkliches oder vermeintliches Zurückgesetztsein und das entsprechende Misstrauen und Aufrechnen. Diese Gefühle gehören als zentrale Quellen der Innenweltverschmutzung zu den Kosten eines Systems des Privatinteresses und Privateigentums. Insofern erweist sich der „Egoismus" für die Belange der Individuen selbst – und nicht erst aus einer externen moralisierenden Perspektive – als schädlich.

h) Die Erweiterung und Überschreitung des Kostenbegriffs in Bezug auf die vormals externalisierten ökologischen und individuellen Kosten des Arbeitens und der Arbeitsprodukte

Vor dem Hintergrund der Aufmerksamkeit für den verschwenderischen Umgang mit Mensch *und* Natur und aufgrund der Kritik an Markt und Preismechanismen sowie an Kennziffern wie dem „Bruttosozialprodukt", die die Kosten für den Raubbau an Mensch und Natur nicht ausreichend anzeigen, steht die Aufgabe an, eine Wirtschaft der „Kostenehrlichkeit" zu etablieren. Die „realen Kosten" beziehen sich auf Quantitäten *und* Qualitäten. Gesellschaftlich kann die Erfahrung mit den Grenzen quantitativer Bemessung zu einer Aufwertung qualitativer Kriterien führen. Nicht nur mit der Ökologie, auch mit der Arbeitsmedizin und

Gesundheitspsychologie im weiteren Sinne sowie mit den Untersuchungen über den Zusammenhang von Arbeit und Partizipationseignung (s. Schwartz 1994) wird deutlich: Die Arbeit geht nicht im Herstellen von isolierten Gütern oder Dienstleistungen auf. Neben der ökologischen Erweiterung des Kostenbegriffs durch Stoffbilanzen erweitert sich der Umfang der zu bilanzierenden Kosten um die negativen Folgen u.a.

- der Arbeit, die das Individuum zu tragen hat;
- der adaptiven Präferenzen der Individuen, die die Bedürfnisse an die Lebensbedingungen anpassen (der Fuchs erklärt die Trauben, an die er nicht heranlangt, für sauer), und der restringierten Handlungsfähigkeit;[21]
- der geringen Partizipationseignung von Betrieben und Organisationen;
- der geringen Fähigkeiten, Sinne und Interessen für Gesellschaftsgestaltung.

Wenn die Produktion nicht nur das Produzieren eines isolierten Produkts ist, sondern dazu beiträgt, eine bestimmte soziale Welt mit aufzubauen, wird man (frau auch) es nicht damit bewenden lassen, zu produzieren ohne Umweltverschmutzung. Gefragt sind Vorkehrungen zur Abwendung des Raubbaus nicht nur an Rohstoffen, sondern auch an Fähigkeiten, Sinnen und sozialen Sensibilitäten. Es geht nicht nur um die Verringerung von nicht abbaubaren Rückständen, sondern auch um Prävention gegen problematische Charakterzüge und soziale Vergiftung.[22]

---

21 Wer Angst davor haben muss, seine Arbeit zu verlieren, vermeidet alles, was Arbeit- und Auftrag'geber' stören könnte. Dominant sind in dieser *restringierten Handlungsfähigkeit* die „Anpassung an die vorgegebenen Erwartungen" und das „Sich-Einrichten in den zugestandenen Freiräumen", inklusive der „aktiven Weitergabe der Unterdrückung an andere: Indirekt, indem man die Mitmenschen gemäß den individuellen Vorteilen zu nutzen oder an die Wand bzw. aus der Konkurrenz zu drängen sucht. ... Angesichts der Anstrengungen und Skrupellosigkeit, die es kostet, selbst nach oben zu kommen oder oben zu bleiben, wird man im allgemeinen an diejenigen, die auf der Strecke bleiben, keine Gedanken verschwenden" (Holzkamp-Osterkamp 1984, 47f.). Eine erweiterte Handlungsfähigkeit stößt dadurch auf Schwierigkeiten, „dass man sich um der kurzfristigen, d.h. individuellen Absicherung der bestehenden Lebensmöglichkeiten willen gezwungen sieht, sich gegen die langfristigen Interessen, die systematische Erweiterung der Handlungsmöglichkeiten gegenüber den beengenden Lebensbedingungen, zu verhalten" (Ebd., 50f.). Zum Problem wird, wie „mit dem Versuch, ein höheres Handlungsfähigkeitsniveau durch Erweiterung der Möglichkeitsbedingungen der Handlungen zu erreichen, tatsächlich das gegenwärtige Niveau relativer Handlungsfähigkeit und Bedürfnisbefriedigung auch noch verloren gehen" kann (Holzkamp 1983, 372).

22 Über den damaligen CDU-Generalsekretär Geißler hieß es in den 1980er Jahren in der Zeitschrift „Titanic", in ihm habe sich zu viel „Hetzoglobin" angesammelt.

Bereits mit dem Paradigma der Lebensqualität wurde „eine integrale Wohlfahrtsfunktion" proklamiert, „die z. T. gegen Wachstum gerichtet ist" (Offe 1974, 5). Lebensqualität ist eine Querschnittsaufgabe. Mit qualitativen Kriterien „als Beschreibungskategorien für politisch zu verantwortende Ist- bzw. Soll-Zustände" geht der Politik „genau jene Abstraktion des Geldmediums verloren, die den sozialen Frieden trotz der Gewaltverhältnisse einer kapitalistischen Gesellschaft verbürgt" (Ebd., 5). Diese Abstraktion sieht von allen Prozessen ab, die im Arbeiten die Lebensqualität formen, mit dem Arbeiten die Konsumfähigkeiten generieren und mit dem Arbeiten und Konsumieren die Sozialbeziehungen konstituieren. „Qualitative Indikatoren ... lassen sich nicht über die Köpfe der Betroffenen hinweg und an ihren Selbst- und Situationsdeutungen vorbei festlegen. Was Lebensqualität ist, wie sie sich im Zeitverlauf verändert hat, aus welchen Indikatoren und Bedürfnisbefriedigungen sie sich zusammensetzt, welches die vordringlichen Dimensionen ihrer Verbesserung sind, – dies alles lässt sich gar nicht aus einer objektivistischen Perspektive politischer Steuerung festlegen, sondern nur als Ergebnis einer materialen Politisierung der gesellschaftlichen Lebensbedingungen bestimmen" (Ebd., 5f.).

i) Die Konversion bzw. Abschaffung zentraler Arbeitsfelder und die Überwindung der mit problematischen Branchen verbundenen Verschwendung

Viel zu wenig wird zum Thema, wie materielle und finanzielle Ressourcen in riesigem Umfang verschwendet werden. Im Unterschied zu den vom Bund der Steuerzahler jährlich auf ca. 30 Mrd. Euro bezifferten Ausgaben geht es hier um Varianten der Verschwendung, die für die gegenwärtige Wirtschaftsweise zentral und ihr eigen sind. Zu vergegenwärtigen ist der große Anteil der Arbeiten und Dienstleistungen in der modernen und kapitalistischen Wirtschaft, der unter folgende Rubriken fällt:

- Produkte und Arbeiten, die schon immanent gesehen überflüssig sind,
- Künstliche Verkürzung der Lebensdauer von Gebrauchsgütern durch eingebauten vorzeitigen Verschleiß oder durch Kosten senkende Einsparungen von Arbeit und Ressourcen seitens der Anbieter (s. I.9d),
- Produktion von Gütern, deren Kauf infolge herrschender gesellschaftlicher Rahmenbedingungen nahe liegt, obwohl die gewünschte Leistung sich auch grundlegend anders und gesellschaftlich kostengünstiger erbringen lässt. Ein Beispiel: Mobilität erfordert weder die weite Verbreitung von privatem Eigentum an Autos noch die Dominanz des Autoverkehrs;

- Produktion und Angebot von Gütern und Dienstleistungen, die gesellschaftliche Probleme voraussetzen und allein unter deren Fortbestand verkaufbar bleiben, deren Anbieter also an einer Überwindung dieser Mängel nicht interessiert sind;
- Arbeiten, die allein der Konkurrenz geschuldet sind und dem in ihr notwendigen Bemühen, Käufer vom Angebot des Konkurrenten auf das eigene umzulenken (z.B. durch Werbung);
- unbekümmerte Produktion bzw. Inkaufnahme von massiven Schädigungen der Gesundheit durch Produkte der Chemie- und Lebensmittelindustrie sowie der Landwirtschaft (vgl. I.5);
- Arbeiten, die den finanziellen Interessen der Kunden oft abträglich sind („Beratung" in Banken und Versicherungen);
- verschwenderischer Umgang mit Gesundheit in der Arbeit sowie Verschwendung an Arbeitsfreude und intrinsischer Motivation durch negative Arbeitsbedingungen und Konkurrenz;
- Produkte, bei denen vor lauter Geschmacksverstärkern der Nährwert gegen Null geht. Dies betrifft nicht nur die Ernährung, sondern auch mediale Angebote („Kitsch");
- Bauten, mit denen „depressive Elemente in permanenter Weise in den Alltag" gesetzt (Mitscherlich 1965, 50) und „menschenverdrängende Anblicke" geschaffen werden (Handke, zit. n. Schimank 1983, 55);
- Produkte, die einen schlechten Zustand von Fähigkeiten, Sinnen, Sozialbeziehungen und Reflexionsvermögen voraussetzen, bestätigen und befördern.[23]

An vorhandenem Reichtum mangelt es in modernen kapitalistischen Gesellschaften nicht, um bespw. für Bildung und Gesundheit zu sorgen. Als problematisch muss vielmehr gelten, auf welche Güter und auf welche Arbeiten und Dienste der Reichtum verausgabt wird. Wer sich auf Umverteilung fixiert, wagt sich nicht an die Inhalte der Arbeiten und Dienstleistungen heran, die in der herrschenden Ökonomie gang und gäbe sind. Man verfällt damit der verkürzten Darstellung des gesellschaftlichen Reichtums durch das Bruttosozialprodukt, Bruttoinlandsprodukt u.ä. Wer sich an solchen Kennziffern orientiert, unterschreibt eine für die herrschende Ökonomie charakteristische Abstraktion von dem, was die Produkte, die Arbeiten und Dienstleistungen mit den Menschen „machen", und stellt eine Art Blankoscheck aus. Das Bruttosozialprodukt erhöht sich auch, wenn es mehr Autounfälle gibt. Wer die Inhalte der herrschenden Wirtschaft nicht infrage

23 Vgl. u.a. die Bildzeitung, die Yellow Press, ein großer Anteil der Computerspiele, Pornographie u.a.

stellt, büßt ohne Not viele Möglichkeiten ein, ihren „Sachgesetzlichkeiten" und den ihnen anhaftenden, für „bedauernswert, aber unumgänglich" gehaltenen Konsequenzen zu widersprechen. Beim Thema „Sparen" muss man nicht an außerökonomische Belange denken, sondern kann fragen, wie wir uns viele Produkte, Arbeiten und Dienstleistungen sparen können, um Reichtum aus dieser Fehlverwendung freizubekommen für Zwecke, die heute eher vernachlässigt werden. Die gegenwärtige Koexistenz von Sparzwang und Verschwendung lässt sich nicht durch punktuelle Eingriffe kurieren. Vielmehr stellt sich die Frage nach einer Wirtschaftsweise, die die Rücksichtslosigkeit gegen die Menschen und ihre natürlichen Lebensbedingungen sowie die massenhafte Existenz von unnützen, aber profitablen Arbeiten und Dienstleistungen unnötig macht.

Wenn man sich diese massive Verschwendung vergegenwärtigt, so besteht die angemessene politische Perspektive

- im Rückbau bzw. in der Einsparung ökologisch, sozial bzw. für die Entwicklung der Individuen schädlicher Industrien und Arbeiten bzw. in der Konversion der entsprechenden Branchen auf sinnvolle Produkte;
- im Engagement gegen die Verrohung und die Komplizenschaft der Menschen, die die Zwecke „ihrer" Arbeit sich subjektiv zueigen machen – nicht zuletzt, weil es schwer fällt, den ganzen Tag eine Arbeit zu tun, zu der man subjektiv im Widerspruch steht;
- im (auch: Kultur-)Kampf um die Ausrichtung der Arbeit und in der Bestreitung der menschlichen Berechtigung vieler Arbeiten und „Gebrauchswerte", im Angriff auf die mit ihnen verbundene berufliche Identität, in der Schaffung von Nachwuchsproblemen für viele Arbeiten.

j) Die Etablierung der Gleichwertigkeit und der Verträglichkeit verschiedener Tätigkeitsbereiche

beinhaltet notwendige Veränderungen des Geschlechterverhaltnisses und der für sie konstitutiven Strukturen. Sie sind in Kapitel I.8 Thema.

k) Wirtschaft und Lebensweise nach Kriterien der Nachhaltigkeit

Auf Wirtschaft und Lebensweise nach Kriterien der Nachhaltigkeit bin ich in Kapitel I.4c eingegangen.

II.3 Ein Vorbegriff von 'Praxis' als gesellschaftliches Leitbild einer nachkapitalistischen Gesellschaft

Vorwegnahmen sind ebenso pragmatisch unausweichlich wie inhaltlich heikel. Auf summarische und thesenhafte Weise 'Praxis' vorzustellen soll verhindern, dass der Leser in den notwendigen Differenzierungen den Überblick verliert.

'Praxis' bezeichnet jene Entfaltung von Sinnen und Fähigkeiten der Menschen, die in Arbeiten und Tätigkeiten,[24] an Gegenständen und in sozialen Beziehungen stattfindet und durch die Herausbildung und gesellschaftliche Gestaltung der Technologien, Organisationen und Infrastrukturen möglich und geformt wird. 'Praxis' beinhaltet, dass die verschiedenen Arbeiten und Tätigkeiten, die produzierten und konsumierten Gegenstände sowie die Zirkulation und Administration in einer Weise gestaltet sind und werden, dass die Entwicklung menschlicher Sinne, Fähigkeiten und Reflexionsvermögen das herrschende Paradigma abgibt. 'Praxis' – das ist die „Arbeit für die Welt und für uns" (MEW 1, 346). Beide Bestimmungen sind nicht additiv, sondern korrelativ bzw. implizieren sich gegenseitig. Sie bilden im Sinne von 'Praxis' kein Nullsummenspiel, sondern ein Verhältnis gegenseitiger Steigerung.

Mit 'Praxis' geht es darum, alle Tätigkeiten, Arbeiten, Gegenstände und Organisationen, Institutionen und Strukturen daraufhin zu befragen, wie sie den sozialen Stoffwechsel auf bestimmte Weise aufbauen. „Sozialer Stoffwechsel" heißt, dass Menschen im Arbeiten, an den Arbeitsprodukten und den Gegenständen ihrer Umwelt und in den sozialen Beziehungen und gesellschaftlichen Verhältnissen nicht nur die *Bedingungen*, sondern auch die *Inhalte* ihres Lebens bilden. Im Horizont von 'Praxis' lassen sich die Voraussetzungen und Effekte der zentralen Momente des sozialen Stoffwechsels benennen. Bei der Integration dieser Momente im Sinne von 'Praxis' handelt es sich nicht um den kleinsten gemeinsamen Nenner, sondern um die Art und Weise ihrer Verknüpfung, also die mit den zwischen den Momenten gegebenen Anschlusszwänge und -möglichkeiten. All diese, die Gesellschaft auf ihre jeweilige Weise mit aufbauenden Momente werfen die Frage auf, wie sie menschliche Sinne, Fähigkeiten und Reflexionsvermögen formen und entwickeln.

---

24 Im Unterschied zu Arbeiten fasse ich unter *Tätigkeiten* produktlose, aber resulthafte Prozesse, in denen das Resultat des Tuns keine eigene dingliche Existenz gewinnt.

In der Poiesis gelten Sinne und Fähigkeiten als Mittel zur Erreichung eines außer ihnen gelegenen Ziels. Marx „erbt" von Hegel[25] eine kopernikanische Wende des Praxisbegriffs. Poiesis erscheint nun nicht mehr als bloß äußerliche, notwendige, aber nicht hinreichende Bedingung des eigentlich Angestrebten ('Praxis'), sondern die 'Praxis' fasst die Poiesis selbst als ihr Moment auf und arbeitet sich an der grundlegenden Umgestaltung der Poiesis ab, so dass letztere nicht die 'Praxis' gefährdet. Zugleich ändert sich mit dieser Umgestaltung der Poiesis auch die 'Praxis' selbst ums Ganze.

Die Entwicklung der 'Praxis' lässt sich daran ablesen, inwieweit es bei der 'Praxis' um sie selbst geht. Eine schwach ausgeprägte 'Praxis' findet dort statt, wo sie sich als Nebenprodukt und als untergeordnetes Moment von Prozessen ergibt, die anderen Maßgaben gehorchen. Die entsprechende 'Praxis' fällt dann partikular, unproportional und widersprüchlich aus – wie bei den in Teil I dargestellten Ansätzen und Vorformen von 'Praxis'. Eine voll ausgeprägte 'Praxis' existiert in dem Maße, wie sie selbst zum gesellschaftlich maßgeblichen Paradigma avanciert. Für 'Praxis' zu plädieren heißt nicht, sie unmittelbar autonom zu setzen – also neben und unabhängig von den unangetastet gelassenen sonstigen gesellschaftlichen Sphären. 'Praxis' im emphatischen Sinne steht und fällt mit der Bewältigung des ihr indifferent-heteronom oder gegensätzlich Gegenüberstehenden. Diese Bewältigung findet ihr Kriterium nicht extensiv darin, dass nun überall 'Praxis' stattfinden soll. Vielmehr geht es darum, dass die 'Praxis' das Andere ihrer selbst übergreift. D.h.: Heteronomiesphären sind nicht in 'Praxis' auflösbar, wohl aber gesellschaftlich so zu gestalten, dass ihre Differenz zu 'Praxis' diese als gesellschaftlich maßgebliches Paradigma nicht infrage stellt (s. II.8, II.9b). Schon insofern kann der hier mögliche Praxisbegriff nur ein Vorbegriff sein. Der hinreichende Begriff von 'Praxis' ist allein als Resultat einer Entwicklung möglich, in der 'Praxis' zum zentralen und gelingenden Paradigma der Bearbeitung, Einhegung bzw.

25 „Während die Poiesis zuvor jene im Produkt des Hervorbringens ihr Telos findende Tätigkeitsform gewesen war, die von der Praxis des guten Lebens, das sein Ziel im Vollzug des Handelns besitzt, streng getrennt und ihr in eindeutiger Hierarchie unter- und zugeordnet wurde, nimmt Hegel die Poiesis als moderne Arbeit selbst in die Praxis mit hinein, wenn er die Produktionstätigkeit der Arbeit genauso als Entäußerung eines Subjekts versteht wie die Praxis der Anerkennung. Das frühere starre Schema einer dem Produkt quasi von außen applizierten Form verschwindet in der Bildung eines Subjekts, das sich selbst im Prozess seiner Vergegenständlichung nicht weniger verändert als das Produkt und so im wahrsten Sinne des Wortes 'wird, was es ist'" (Ottmann 1979, 31).

Überwindung der ihr entgegenstehenden Phänomene avanciert und allererst dadurch sich als realitätstüchtig erweisen kann.

Im Unterschied zu den unmittelbaren sozialen Beziehungen zwischen den Menschen geht es um die übersummative und emergente Realität, die aus dem Zusammenwirken der Menschen resultiert. 'Praxis' heißt, die sozialen Abstände, Trennungen, Entgegensetzungen, Eigendynamiken usw. als das Arbeiten und die Arbeitsprodukte bzw. die Tätigkeiten und die Dienstleistungen konstituierend wahrzunehmen. Es gilt, die Fähigkeiten und Sinne in den Arbeiten und Tätigkeiten gegen die sie durchkreuzenden und verkehrt zusammensetzenden sozialen Formen zu entwickeln. 'Praxis' bezieht sich kritisch auf all die Einkapselungen, Trennungen und Abstraktionen, die die Prozesse des gesellschaftlichen Produzierens, Organisierens und der Synthesis in widersinnige Bahnen, Verknüpfungen und Eigendynamiken zwingen. Den Widersinn als Widersinn deutlich zu machen, seine Kosten darzustellen und die dabei fehlabsorbierten Potenziale für eine Verringerung des Widersinns ins Bewusstsein zu bringen sowie die entsprechenden praktischen Prozesse zu befördern, ist keine geringe Aufgabe für kritische Gesellschaftstheorie und praktische Gesellschaftskritik.

Die Verwirklichung von 'Praxis' als gesellschaftlich herrschendes Leitbild und Paradigma ist nicht summativ zu verstehen. Um eine Addition einzelner wohlgelungener Arbeiten und Tätigkeiten oder Gegenstände bzw. Sozialbeziehungen geht es nicht. 'Praxis' lässt sich nicht mit einem Merkmalskatalog an der isolierten Handlung festmachen.

'Praxis' bildet das Paradigma, das die funktionale Differenzierung im Sinne eines Bereichsautismus, den Besitzindividualismus, die Konkurrenz und die Akkumulation des abstrakten Reichtums – inklusive der damit verbundenen positiven und negativen Sanktionen – ablöst. 'Praxis' stellt ein nachkapitalistisches *und* ein die problematischen Momente der modernen gesellschaftlichen Zivilisation (s. II.8) einhegendes Paradigma dar. 'Praxis' im emphatischen Sinne verarbeitet die Erfahrungen mit den desaströsen Effekten der gegenwärtigen gesellschaftlichen Schnittmuster und Synthesisformen. Sie betreffen die Verhältnisse zwischen Produzenten, Konsumenten und Drittbetroffenen sowie zwischen den verschiedenen Konkurrenten auf dem Markt. Diese „Ebene" der gesellschaftlichen Arbeit an den übergreifenden Formen und Verhältnissen, in denen die besonderen Arbeiten zueinander stehen und die das Arbeiten und die Tätigkeiten, die Arbeitsresultate und die sozialen Beziehungen konstitutiv durchgreifen, tritt zu den anderen „Ebenen" (z.B. dem Verhältnis der Arbeitenden und Tätigen zu ihrem Tun) nicht additiv hinzu. Die Perspektive der Arbeiten und Tätigkeiten würde ohne diese Dimension den Horizont egozentrierter Selbstverwirklichung oder des Milieus von Erzeuger-Verbraucher-Kooperativen und von Sekten nicht überschreiten. Für einen wirklichkeitsbewussten Begriff von individueller, sozialer und gesellschaftlicher 'Praxis' muss sich die Aufmerksamkeit richten auf die Formen der Koordination und Verteilung der Arbeiten und Tätigkeiten, ihre gesellschaftlichen Schnittmuster und die Logiken, in denen sie prozessieren. Eine Gesellschaft, die an sich selbst *arbeitet*, hat mit 'Praxis' den Nenner gewonnen für die Bewertung des Reichtums. 'Praxis' gibt den neuen Horizont ab, innerhalb dessen gestritten wird.[26]

Wenn Ernesto „Che" Guevara sagt: „Der Sozialismus als ein System für die Umverteilung der materiellen Güter interessiert mich nicht" (zit. n. Boron 2010, 85), dann ist damit einerseits eine heroische Abstraktion von den materiellen Lebensbedingungen der Bevölkerung verbunden.[27] Die in der Sowjetunion in den 60er Jahren diskutierte Strategie des materiellen Anreizes verfiel der Kritik von Guevara und der KP Chinas – als Bestreben, die Menschen für den Sozialismus

26 Ein Autor, der es sich zum Anliegen gemacht hat, der „Praxis-Philosophie" einen gebührenden Platz zu verschaffen, ist Horst Müller. Er überfrachtet das 'Praxis'-Paradigma mit dem Anliegen, „erschöpfende Antworten" auf „geistphilosophische und erkenntnistheoretische Fragen" zu liefern (Müller 2008, 27). Müllers Bemühungen, Geistesgrößen als Vertreter der „Praxisphilosophie" vorzustellen, zeigen lediglich, dass allerhand Theoretiker 'Praxis' zum Thema machen. 'Praxis' erweist sich bei Müller als eine Art kleinster gemeinsamer Nenner. Das soll für den Praxisbegriff sprechen. Müller leistet weder eine instruktive Auseinandersetzung mit den von ihm herangezogenen Autoren, noch erarbeitet er eine systematische Differenzierung und Struktur des Praxisbegriffs, die das, wofür Müller die Autoren heranzieht, in eine dem Thema nicht äußerliche Ordnung bringen.
Zentrale Arbeiten zum 'Praxis'-Begriff wie die von Dieter Hassenpflug (1990) (vgl. II.7) und Klaus Ottomeyer fehlen bei Müller. Seine Werbung für 'Praxis' kommt ohne die Auseinandersetzung mit Problemen von 'Praxis' aus. Vgl. dazu die Auseinandersetzung von Demmerling (1994) mit Argumenten gegen die „Praxisphilosophie" sowie die Kritik an letzterer von Schmalz-Bruns (1989) und die Auseinandersetzungen von Conert (1974) und Fritzsche (1976) mit dem jugoslawischen „Praxisdenken" der 60er und 70er Jahre. Vgl. a. Stojakovic 2013. Heinrich (2004) stellt die weit verbreitete These von der Zentralität von Marx' Feuerbach-Thesen für das Marxsche Werk infrage. Seine Argumentation kann auch der akzeptieren, der Heinrichs Abstinenz in Bezug auf das Potenzial der Marxschen Frühschriften nicht teilt. Für eine Würdigung von Helmut Fleischers praxistheoretischem Materialismus vgl. Creydt 2007a. Eine bislang unübertroffene philosophiehistorische Analyse zum 'Praxis'-Begriff liegt bereits lange vor. Vgl. Alfred Schmidts Aufsatz über Praxis im sechsbändigen „Handbuch philosophischer Grundbegriffe" (München 1973).

27 Zum sowjetischen „Heroismus der Träumer", der sich an der großen Mission begeistert und die Opfer ausblendet, vgl. Zipko 1989. Zur Auseinandersetzung mit Guevara vgl. Mansilla 1973.

zu „kaufen". Die komplementäre Antwort von Guevara und Mao – eine Strategie der moralischen und politischen Erziehung – geht leicht mit dem Tugendterror einher. Allerdings ist mit diesem Einwand nicht der Stachel gezogen, der in dieser Position gegenüber den Perspektiven der Mainstream-Linken steckt. „Ein Proletariat, dem nicht mehr einfällt als die Senkung der Arbeitsstunden und die Erhöhung der Gehälter, wird niemals dazu in der Lage sein, den Gang der Geschichte zu verändern" (Mariátegui 1969, 116). Das allgemeine Leitbild von 'Praxis' kommt auch insofern ins Spiel, als sich das anzustrebende Gemeinwesen nicht konzipieren lässt im Horizont des „bequemen Nützlichkeitsglücks der größten Zahl", wie Hermann Heller 1925 formuliert (Heller 1992, 444f.). „Nicht in einer geruhigen Sattheit sieht er (der Sozialismus – Verf.) die diesseitige Bestimmung des Menschen, sondern in der individuellen und gesellschaftlichen Steigerung der kulturgestaltenden Kräfte. ... Gesteigerte Lebendigkeit der Seele und des Geistes fließen aber nur aus einer tiefen Verbundenheit des Menschen mit dem Menschen" (ebd.), die im Kapitalismus nicht oder nur sehr eingeschränkt und gebrochen zustande kommt.

Linke stellen oft die Verstärkung von Interessenkämpfen und die Grund- und Menschenrechte ins Zentrum. Viele Forderungen aus diesem Horizont sind legitim. Etwas anderes ist „eine neue Haltung, die alle die ökonomischen wie nichtökonomischen Lebensfragen aus einem anderen Geiste und Seelentum heraus beantwortet als der kapitalistische Mensch. Deshalb, und nur deshalb, ist der revolutionäre Klassenkampf berechtigt und die Wohlmeinung jener guten Menschen abzulehnen, die der Arbeiterschaft zumuten, sich der gegebenen Unform und ihren Verteidigern anzupassen, statt auf die eigene Kraft zu bauen und eine eigenständige neue Lebensform zu erringen" (Heller 1992, 470-72). „Der Sozialismus vieler sog. Sozialisten ist nichts als verdrängter Kapitalistenhass. Solche Antwortgefühle, die nicht aus der Kraft der eigenen Zielsetzung, sondern lediglich aus der Reaktion auf ein Fremdes kommen, sind nur zersetzend, nicht schöpferisch" (Ebd., 487f.). Während der bürgerliche Staatszweck darin bestehe, „die persönliche Freiheit des einzelnen und sein Eigentum zu schützen", ist „die sittliche Idee des Arbeiterstandes dagegen die, dass die ungehinderte und freie Betätigung der individuellen Kräfte durch das Individuum noch nicht ausreiche, sondern dass zu ihr in einem sittlich geordneten Gemeinwesen noch hinzutreten müsse die Solidarität der Interessen, die Gemeinsamkeit und die Gegenseitigkeit der Entwicklung" (Lassalle 1919, 195). „Wir kämpfen gegen das Elend, aber wir kämpfen auch gegen die Entfremdung. ... Marx beschäftigte sich mit den ökonomischen Faktoren und mit ihren Auswirkungen auf den Geist. Wenn der Kommunismus nicht auch daran interessiert ist, mag er eine Methode der

Güterverteilung sein, aber er wird niemals eine revolutionäre Form des Lebens sein" (Guevara, Interview 1963, zit. n. Strotmann 1972, 6). Guevara, Heller und Lassalle sind gewiss keine „Väter" des 'Praxis'-Paradigmas. Die von ihnen formulierten Einsprüche gegen den linken Mainstream vergegenwärtigen aber Hindernisse, die dem Nachdenken über 'Praxis' im Weg stehen.

II.4 Die sieben Momente von 'Praxis'

'Praxis' als Leitbild von Gesellschaft und individuellem In-der-Welt-Sein umfasst voneinander unterschiedene und z. T. zueinander divergente Momente. Über das Gelingen von 'Praxis' entscheiden das Zusammenspiel und das Gefüge oder die Aufbauordnung der sieben 'Praxis'-Momente.

Die Momente von 'Praxis' sind:

(a) das Subjekt-Objekt-Verhältnis in Arbeit und Tätigkeit,
(b) das Objekt-Subjekt-Verhältnis (die Bildung von Sinnen und Fähigkeiten an Gegenständen außerhalb der Arbeit),
(c) das Subjekt-Subjekt-Verhältnis (soziale Beziehungen),
(d) das Objekt-Objekt-Verhältnis (Objektivität der Technik, der Organisationen und Infrastrukturen),
(e) die gesellschaftlichen Institutionen und Strukturen,
(f) die Subjektivität,
(g) die Gesellschaftsgestaltung.

a) Das Subjekt-Objekt-Verhältnis

bildet das erste Moment von 'Praxis'. Es beinhaltet eine für die menschliche Entwicklung „entscheidende Berührungsfläche der Sinne, des psychischen Apparates und des Denkens mit der Außenwelt" (Negt 1984, 183). „Ohne Umgestaltung der äußeren Realität, ohne Formung und Veränderung der Gegenstände verkümmern die fünf Sinne des Menschen, bleibt sein Denken gegenstandslos. Ein solcher Gegenstandsentzug führt schon beim Kinde zu schweren seelischen und geistigen, ja körperlichen Störungen" (Ebd). In modernen und kapitalistischen Gesellschaften bildet die gelingende Entfaltung menschlicher Sinne und Fähigkeiten in Arbeiten und Tätigkeiten ein anderen Imperativen (Effizienz, Profitabilität) untergeordnetes Moment.

Schon der Herderschen Ausdruckstheorie zufolge setzt die Realisierung einer Position diese nicht einfach in der Außenwelt um oder durch. Im Prozess der

Ver-Wirklichung (vgl. zu diesem Begriff II.7) klärt sich vielmehr allererst, was es mit dieser Position auf sich hat. Unsere Positionen sind nicht in unserem Inneren bereits völlig ausgereift, bevor sie im Äußeren ihre Realisierung erfahren. Die Ver-Wirklichung der Position und die Erfahrungen dabei entwickeln allererst die Position selbst. „Die Ausdrucks-Anthropologie war eine Antwort auf das mechanistische, atomistische, utilitaristische Bild vom menschlichen Leben" (Taylor 1978, 40).

Im Prozess der Erarbeitung eines Produkts bzw. einer Dienstleistung kann der Arbeitende auf die vorfindliche Qualität seiner Sinne, Fähigkeiten und Reflexionsvermögen reflektieren, insofern das Produkt oder die Dienstleistung sowie der Prozess der Tätigkeit diese Sinne, Fähigkeiten und Reflexionsvermögen dem Arbeitenden vergegenwärtigen. Dieses für 'Praxis' zentrale Thema vertiefe ich am Anfang von II.4h.

Arbeit und Tätigkeit enthalten aber, insofern und insoweit sie „durch Not und äußere Zweckmäßigkeit bestimmt" sind (MEW 25, 873), auch etwas anderes als eine die menschlichen Sinne, Fähigkeiten und Reflexionsvermögen entfaltende Vergegenständlichung. Arbeit und Tätigkeit setzen sich mit dem Widerstand der Natur auseinander und haben es mit den Heteronomien von Organisationen und Technologien zu tun. Die Arbeitenden sind oft absorbiert vom Erledigen und Abarbeiten der Arbeit und den dabei zu bewältigenden Problemen. Die Reflexion darauf, wie die Arbeit und ihre Resultate auf die Arbeitenden, die Konsumenten und die von Arbeit und Konsum Betroffenen wirken, ihre Fähigkeiten, Sinne und Reflexionsvermögen bilden oder verbilden, gehört bislang meist nicht zur Stellenbeschreibung. Im empirischen Faktum der Arbeit überschneiden sich die das Organisieren und Verwalten einschließende Ausführung und Bewältigung der Arbeit sowie die Entwicklung von Sinnen, Fähigkeiten und Reflexionsvermögen im Sinne von 'Praxis'. Beide Phänomene existieren nicht nebeneinander, sondern sind miteinander verschränkt und divergieren zugleich oft.[28]

Zum Problem werden im Verhältnis zwischen 'Praxis' und Arbeit nicht allein die Arbeitsmühen und die menschliche Qualität der Arbeitsfähigkeiten, sondern auch, wie sich die Aufmerksamkeit der Arbeitenden über die Gewährleistung der immanenten Leistungserfordernisse des Arbeitens hinaus ausweiten kann. Not-wendig wird es, die indirekten menschlich-sozialen Voraussetzungen und Effekte der Arbeiten zu vergegenwärtigen.[29] „Arbeit mit Reflexion zu verbinden

28 Zur Überwindung der subalternen Qualitäten von Arbeiten vgl. II.2a, b.

29 „Sich mit einem Beruf zu identifizieren heißt, ihn als eine soziale Kompetenz zu begreifen, die Verantwortung einschließt, heißt Abstand zu gewinnen zur Funktion,

heißt u.a., Zusammenhänge des Produktes und Gesamtproduktionsprozesses für das einzelne Organisationsmitglied verstehbar und einer Gestaltung zugänglich zu machen" (Girschner 1990, 182). Eingeschlossen ist eine Verflüssigung der Trennung zwischen Leitung und Planung einerseits, Ausführung andererseits. Die Devise „alle machen alles" ist damit nicht gemeint. Es geht um den Abbau oder die Vermeidung der die Individuen verarmenden und die Gestaltung der Gesellschaft vereitelnde Effekte. Reflexion in der Arbeit auf die Arbeit heißt etwas anderes als pragmatisch-immanente „Richtigkeits-, Verfahrens- oder Erfolgskontrolle" (Ebd., 172). Vielmehr geht es darum, einen Abstand zu gewinnen, aus dem „das distanzierend-kritische Befragen und Überdenken der Strukturen, Prozesse, Arbeiten sowie der Ziele, Aufgaben, Problemlösungen und Selbstverständnisse" möglich wird (Ebd., 172f.). Inhaltlich handelt es sich „bei der Reflexionsfähigkeit der Organisation um ein problemsensibles verantwortliches Handeln, in dem u.a. nach dem Sinn und Nutzen der Produkte gefragt und die Auswirkung des Organisationshandelns auf das Leben und Zusammenleben der Menschen in Rechnung gestellt werden soll" (Ebd., 175). Wichtig dabei ist, dass „reflexives Handeln für die Subjekte nur dann sinnvoll und bedürfnisbefriedigend (ist), wenn es zugleich intentionales Handeln ist. Dieses wiederum ist auf Handlungswirkungen angelegt. Reflexionen allein genügen den Organisationsmitgliedern nicht. Daran anknüpfende Problemlösungsvorschläge müssen auch in als ausreichend erlebter Häufigkeit realisiert werden" (Ebd., 202).

Für die hier skizzierte radikale Umgestaltung der Arbeit ist keine Aufhebung der gesellschaftlichen Arbeitsteilung notwendig, keine Orientierung am alten Handwerker-[30] und Bauernideal. Hier war günstigenfalls „die Integration aller Arbeitselemente auf der personalen Ebene gegeben". Unter Bedingungen der modernen Gesellschaft wird der „Sinn einer Arbeit ... aus ihrer Funktion in einem weitergreifenden Bedeutungshorizont und aus darauf gerichtetem intentionalem Handeln abgeleitet. ... In großen komplexen Organisationen ist die sinnhafte Ganzheitlichkeit der Arbeit nur virtuell und kommunikativ in Grundformen herstellbar. ... Es kommt danach nicht so sehr darauf an, dass das von einem Einzelnen zu erzielende Arbeitsergebnis das ganze Produkt ist, auch wenn die objektverändernde ausführende Arbeit bestimmten arbeitsinhaltlichen Anforde-

---

die man in der Produktion ausübt, heißt die sozialen, ökonomischen und kulturellen Ziele dieser Produktion zu hinterfragen" (Gorz 1991, 133).

30 Eine Einschätzung der von Frithjof Bergmann propagierten „New-Work"-Projekte zum „High-Tech-Self-Providing" klammere ich hier aus – vgl. skeptisch dazu Hildebrandt 1999. Vgl. a. Nahrada 2005.

rungen genügen muss. Von besonderer Bedeutung ist vielmehr die Möglichkeit der verstehbaren und beeinflussbaren Einordnung der eigenen Arbeit in den arbeitsteiligen Gesamtprozess“ (Ebd., 198f.).[31] Anzustreben ist die „Beteiligung von Mitarbeitern an argumentativen Prozessen, von deren Ergebnissen sie direkt betroffen sind“. Eine notwendige Bedingung dafür bildet die „Schaffung struktureller Freiräume argumentativer Verständigung in überblickbaren, relativ autonomen Handlungseinheiten durch Dezentralisierung, Delegation von Kompetenzen, Abflachung der Hierarchie, Entstandardisierung von Abläufen“ (Ulrich 1993, 434).

b) Das Objekt-Subjekt-Verhältnis oder die Bildung von Sinnen und Fähigkeiten an Gegenständen außerhalb der Arbeit

Zum arbeitenden Verhältnis von Menschen zu den Gegenständen tritt als zweites Moment von ‘Praxis’ das Objekt-Subjekt-Verhältnis oder die Bildung von Sinnen und Fähigkeiten an Gegenständen außerhalb der Arbeit hinzu. Im Unterschied zu einer prometheischen Fixierung auf das schöpferische Tun sind im Horizont von ‘Praxis’ die Gegenstände i.w.S. ernst zu nehmen und zu würdigen, an denen sich menschliche Sinne und Fähigkeiten bilden können. Es geht um Objekte, die „zur Betätigung und Bestätigung seiner Wesenskräfte unentbehrliche, wesentliche Gegenstände“ sind (MEW-Erg.bd. 1, 578). „Erst durch den gegenständlich entfalteten Reichtum des menschlichen Wesens wird der Reichtum der subjektiven menschlichen Sinnlichkeit, wird ein musikalisches Ohr, ein Auge für die Schönheit der Form, kurz, werden erst menschlicher Genüsse fähige Sinne, Sinne, welche als menschliche Wesenskräfte sich bestätigen, teils erst ausgebildet, teils erst erzeugt“ (Ebd., 541). Die Stadtbauwelt bildet eine prominente Teilmenge jener sozialen Gegenstandswelt, die die Menschen auf zu- oder abträgliche Weise entfaltet (vgl. I.6).

Die Bildung von Sinnen, Fähigkeiten und Reflexionsvermögen an Gegenständen außerhalb des Arbeitens beschränkt sich nicht auf die individuell erwerbbaren Objekte. Wieder am Beispiel der Stadtbauwelt lässt sich das nicht auf einzelne Objekte reduzierbare, sondern auf ein weiter ausgreifendes Zusammenspiel bezogene Ge- oder Misslingen verdeutlichen. Das zweite Praxismoment enthält schon insofern ein soziales Verhältnis, als der Verkauf isolierter Angebote vom Zusammenhang absieht, in dem diese Angebote zueinander stehen. In der Stadtbauwelt resultiert aus der Indifferenz und aggressiven Verdrängung zwischen den

31 Ich vertiefe die Schilderung von Girschners Vorschlägen in II.8e5.

verschiedenen privat (ver)kaufbaren Waren bspw. die ästhetische Kakophonie von benachbarten Bauten (vgl. Kapitel I.9a). Eigenheim und Auto waren und sind Vorreiter dabei, Existenzbedingungen in zu konsumierende Waren und Objekte des Besitzindividualismus zu verwandeln, und formieren die Stadtbauwelt auf abträgliche Weise.

In einer von 'Praxis' dominierten Gesellschaft orientieren sich die Arbeitenden in der Produktion und Dienstleistung am Gesichtspunkt, welche menschlichen Fähigkeiten und Sinne sich an deren Resultaten entwickeln können. Die Vergegenwärtigung der durch Gegenstände vermittelten Sinne, Fähigkeiten und Reflexionsvermögen bildet dann ein Moment, das sich konstitutiv mit der Arbeit rückkoppelt und zu ihrer bestimmten Gestalt beiträgt. „Wir wohnen nicht, weil wir gebaut haben, sondern wir bauen und haben gebaut, insofern wir wohnen, d.h. als die Wohnenden sind" (Heidegger 1959, 149). Notwendig ist, „aus dem Wohnen (zu) bauen und für das Wohnen (zu) denken" (Ebd., 162). Zur Frage wird nicht allein, wie die Bedürfnisse befriedigt werden, sondern auch, wie sie sich bilden bzw. konstituieren und welche menschliche Qualität sie haben. An medialen Angeboten lässt sich besonders prägnant vergegenwärtigen, zu welchen (Un-)Fähigkeiten und Mentalitäten sie beitragen und wie sie sich als Befriedigung von Bedürfnissen anbieten, deren problematisches Niveau sich auch ihnen selbst verdankt. Steht der Konsum unter dem Druck, Kompensation für die im Arbeiten, in den Sozialbeziehungen und in der gesellschaftlichen Gegenstandswelt unbehobenen Mängel zu bieten, so schwächt dies die Vergegenwärtigung und Reflexion, die zeigen, was den Menschen im grundlegenden Sinne an den Gegenständen fehlt.

Am Gegenstand wird nicht allein sein technisch bzw. organisatorisch immanentes Funktionieren zum Problem, sondern seine Auswirkung auf andere Gegenstände, auf die Individuen, die sie konsumieren und mit ihnen umgehen, sowie auf die Lebensweise. Soll sich menschliche Subjektivität in gesellschaftlichem Maßstab ändern, muss sich die Gestalt der gesellschaftlichen Gegenstandswelt verändern.[32]

---

32 Im Unterschied zu unserer Gewöhnung an Gesellschaft als Terrain sehr beschränkter Hoffnungen formuliert der junge Marx: „Das Auge ist zum menschlichen Auge geworden, wie sein Gegenstand zu einem gesellschaftlichen, menschlichen, vom Menschen für den Menschen herrührenden Gegenstand geworden ist. ... Ich kann mich praktisch nur menschlich zu der Sache verhalten, wenn die Sache sich zum Menschen menschlich verhält" (MEW-Erg.bd.1, 540). Ist dies gesellschaftlich verwirklicht, dann verhalten sich die Sinne „zu der Sache um der Sache willen, aber die

Mit dem sozialen Verhältnis, dass die einen für die anderen etwas erarbeiten, muss niemand der Einzige sein oder der „erste Mensch“. Allerdings stellt sich die Frage nach dem Verhältnis zwischen der Arbeit, die einerseits mit der Erarbeitung von Gegenständen oder Dienstleistungen den Empfängern bzw. Rezipienten abgenommen wird, und der Entwicklung ihrer Sinne und Fähigkeiten andererseits. Angeeignet werden in der arbeitsteiligen Gesellschaft die von anderen aufbereiteten Inhalte. Wir finden „den Sinngehalt, den es zu realisieren gilt“, im Produkt vor. „Ich brauche eben ein Gerät doch nicht herstellen zu können, um es mit völliger Fertigkeit zu benutzen. Ich brauche ein Bild nicht malen zu können, um es ganz zu verstehen. Ich brauche einen Gedanken nicht selbst finden zu können, um ihn mir anzueignen, und zwar nicht nur im Sinne äußerlichen Nachplapperns, sondern innerlichster Erfassung. Das ist die große, man möchte sagen ökonomische Funktion des objektiven Geistes im Haushalt der menschlichen Geschichte. Er ist vorgetane Arbeit, aufgestapelte Ernte, gesparter Schatz, gebahnter Weg“ (Freyer 1923, 86f.). Bei allem Unterschied zwischen dem das Objekt aneignenden, mit ihm umgehenden oder es rezipierenden Bewusstsein einerseits und dem es produzierenden Bewusstsein andererseits[33] muss ersteres an die im Gegenstand verobjektivierten Inhalte anzuschließen vermögen.

Im Verhältnis zwischen diesen beiden Seiten entsteht die Möglichkeit, dass die Produzenten durch das Produkt denjenigen, die mit ihm umgehen, solche Tätigkeiten abnehmen bzw. verstellen, die für ihre Entwicklung und Auseinandersetzung wesentlich sind. Hier können leicht Verwechselungen aufkommen. Komfort wird zum Problem, wo die Menschen mit Geschenken überhäuft werden wie verwöhnte Kinder. Ihnen fehlen Begegnung und Auseinandersetzung.

Zum Thema wird bspw., wie die vorfindliche Schwäche von Bedürfnissen und entsprechend schwache, menschlich arme Gegenstände sich gegenseitig bestärken. In der „Sinnentleerung“ des Gegenstands seitens der mit ihm Umgehenden oder ihn Rezipierenden nehmen sie das Objekt nur so wahr, wie es dessen „flachere Schichten“ nahelegen. Solche Sinnentleerung „schneidet den Sinngehalt in

---

Sache selbst ist ein gegenständliches menschliches Verhalten zu sich selbst und zum Menschen und umgekehrt“ (Ebd.).

33 Bei „allem Maximum an nachschaffender Aktivität“ des rezipierenden Bewusstseins „bleibt die Objektivation einer fremden Schöpferkraft, an die der Anschluss gesucht und gefunden wird. ... Wir können uns dem Sinn des fremden Gebildes nähern, weil er Geist vom menschlichen Geiste ist, aber er bleibt doch ein Gegenüberstehendes, in sich Ruhendes kraft der Tatsache, dass er sich zur Form objektiviert hat“ (Freyer 1923, 84). „Das Nachschaffen geschieht eben nicht frei und aus Antrieben heraus, die in uns selbst liegen, sondern es geschieht nach Vorlage und auf Forderung“ (Ebd., 85).

einer gewissen Tiefe ab. Die Form darf gewissermaßen nach der Tiefe nie zu Ende verstanden werden, sie muss relativ leer gehalten werden, – sonst würde die Divergenz zum Ausdruck kommen“ (Freyer 1923, 121). Im Seichten kann man nicht ertrinken.

c) Das Subjekt-Subjekt-Verhältnis (soziale Beziehungen)

Ein drittes Moment von ‘Praxis’ betrifft die Sozialbeziehungen. Sie erlauben es den Individuen, sich mit ihren Schwächen bzw. ihren „blinden Flecken“ auseinandersetzen, die sie als vereinzelte Einzelne notwendig aufweisen.[34] Menschen sind angewiesen auf die Rückmeldung, die sie von anderen erfahren in Bezug auf das, was sie tun und was sie darin für andere jeweils sind, erarbeiten und bilden. „Das Verhältnis des Menschen zu sich selbst (ist) ihm erst gegenständlich, wirklich durch sein Verhältnis zu dem andern Menschen“ (MEW-Erg.Bd. 1, 519).[35] Um sich entfalten zu können bedürfen Individuen Mit- und Gegenspieler, die mit bestimmten Sinnen und Fähigkeiten, Erfahrungen und Wissen „qualifiziert“ sind. In der Auseinandersetzung mit ihnen vermag der Einzelne, auf die menschlich-sozialen Inhalte seiner Sinne und Fähigkeiten reflektieren zu können. „Der wirkliche geistige Reichtum des Individuums hängt ganz von dem Reichtum seiner wirklichen Beziehungen ab“ (MEW 3, 37).

---

34 Die Partikularismen der gesellschaftsformations*spezifischen* Formen von Arbeit, Bewusstsein, Subjektivität und Kultur im Kapitalismus sowie in der modernen Gesellschaft überdeterminieren die gesellschaftsformations*unspezifische* Partikularität des einzelnen Individuums. Sie besteht in der „Beschränktheit des Inhalts einer jeden Persönlichkeit im Vergleich zum unermesslichen Reichtum des objektiven menschlichen Wesens, der Gesamtheit des gesellschaftlichen Erbes; relative Zufälligkeit des einmaligen Lebenslaufes im Vergleich zur ... historischen Entwicklung; Begrenzung durch die Lebenskurve und die Vergänglichkeit der Lebensalter bis zum Tod als grundlegender Sachverhalt und Gegensatz zum Fortdauern der gesellschaftlichen Welt durch die ständige und unmerkliche Ablösung der Generationen usw. Hier befindet sich ein unerschöpflicher Quell von Nichtübereinstimmung zwischen individuell Psychischem und gesellschaftlichen Bedingungen, von Ungleichheit in der Bedeutung der objektiven Gegebenheiten. Was vom Standpunkt der Gesellschaftsformation aus am stärksten zählt, ist mitunter vom Standpunkt der Persönlichkeit aus sehr nebensächlich, und umgekehrt“ (Sève 1977, 264).

35 „Erst durch die Beziehung auf den Menschen Paul als seinesgleichen, bezieht sich der Mensch Peter auf sich selbst als Mensch“ (MEW 23, 67). „Was ich nicht für andere sein kann, das bin ich nicht für mich und kann ich nicht für mich sein“ (MEW 1,73).

Sozialbeziehungen finden auch und gerade zwischen ungleichen „Partnern" statt: Zwischen Produzenten und Konsumenten bzw. von Arbeit und Konsum indirekt Betroffenen, zwischen Professionellen und Laien, Lehrern und Schülern usw. In der Weiter„gabe" von Wissen und Erfahrung an Schüler, Anhänger oder an andere Generationen ergeben sich eigene Schwierigkeiten – bis hin zum Proselytenproblem. Was andere sich erarbeitet haben, nehmen ihnen Nachfolgende als einfaches Resultat ohne die darin steckende Gedankenarbeit. „Ich bin dafür, dass man den Leuten verbietet, das, was ich *denke*, zu *meinen*" (Karl Kraus). Oft wird „die Wahrheit so geglaubt oder gesagt wie die Lüge. ... In diesen leichtfertigen Mäulern klingt sie wie Aberglauben" (Brecht).[36] Was man sich durch die Übernahme andernorts gebildeten Wissens an eigener Denk- und Auseinandersetzungsarbeit „schenkt", lässt den so bloß nachgesprochenen Gedanken leicht zur Phrase missraten. Zu dieser Halbbildung gehört allerdings auch eine pseudokritische Manier des Sprechens über etwas, die mangels geduldigen Sich-Einlassens auf ihren Gegenstand ihm äußerlich bleibt. Das Individuum hat sich durch die fehlende Abarbeitung am Anderen nicht verändert. Umgekehrt mündet aber auch das Sich-Vertiefen in den Bildungsstoff und die Hingabe an ihn oft in eine unfruchtbare Schülerexistenz ein. Sie ist nicht in der Lage, die Herausforderung von Gegnern wahrzunehmen.[37]

Schon das Kind befindet sich im Konflikt, einerseits den Erfahrungen der „Großen" zu trauen, andererseits seine eigenen Erfahrungen machen zu müssen, wenn anders nicht ein Leben aus zweiter Hand, mit unverstandenen Begriffen und als Tatsachen missverstandenen Thesen stattfinden soll. In einer solchen Existenz „wiederholt" man, „was andere wiederholt haben" und „treibt im Gänsemarsch der Phrase" (Bloch 1972, 17).

---

36 Der relative Wissensfortschritt missversteht sich oft als absolut. Er enthebt sich damit der Vergegenwärtigung seiner konstitutiven Kontexte. Damit wird es schwer, den Stellenwert des eigenen Wissens zu bestimmen. Ob des Fortschrittes entstehen Zuversicht, Elan und Eifer. Aus diesem Schwung setzt sich das Neue nicht einfach nur gegenüber dem von ihm Überwundenen ab, sondern dünkt sich so stark und überlegen, dass es die eigene Position abdichtet und totalisiert, damit aber im Überschwang über seinen rationalen Kern hinaustreibt. Vgl. dazu Lefebvre 1977, Bd. 3, 9ff.

37 Ein Paradebeispiel bildet die Orthodoxie der ersten namhaften Hegelschüler (Erdmann, Kuno Fischer, Rosenkranz u.a.). Bei allen ihnen zukommenden pädagogischen Verdiensten in der Hegel-Aufbereitung hatten sie dem 1840 erfolgenden, bis heute einflussreichen Angriff auf Hegels Logik durch Trendelenburg nichts entgegenzusetzen und bewegten sich ihm gegenüber advokatorisch und konfessionell in Hegelschen Termini und Gedanken, ohne die mit Hegel mögliche Widerlegung der Kritik (vgl. Schmidt 1977) leisten zu können.

Den Subjekt-Subjekt-Verhältnissen sind Gefahren eigen wie der Konformismus oder das „group-think“ (vgl. Janis 1972).[38] Die von Mead über den Symbolischen Interaktionismus bis zu Habermas einschlägige Überbewertung der Interaktion und Kommunikation hat überzeugende Kritiken erfahren, auf die ich hier aus Platzmangel lediglich hinweise.[39] Honneth denkt „*Anerkennung*“ v.a. im Kontrast zur Missachtung. Anerkennung verschwistert sich mit Konformität, wenn es darum geht, sich gegenseitig als „realitätstüchtig“, parkettsicher oder diskursfest anzuerkennen. Aus den gesellschaftlich maßgeblichen Anforderungen ans Verhalten und Handeln sowie aus der gesellschaftlichen Zirkulation der Ideologeme und Moden entstehen jeweils allgemein oder bereichsspezifisch geteilte Normalitätsvorstellungen, Rede- und Denkweisen. Sie bilden die „Mitten“, auf die sich die Individuen zur Anerkennung als Bürger dieser Welt beziehen. In Bezug auf das solchermaßen Anerkannte bewerten sie sich gegenseitig als leistungsstark oder -schwach, als erfolgreich oder gescheitert, als gelingend oder als „sich selbst im Wege stehend“, als „in“ oder „out“. Sozialisatorisch verläuft die Zirkularität des Anerkennens des Anerkannten auf eine Weise, die Musil auf den Punkt bringt: „‘Ein junger Mensch, wenn er geistig bewegt ist’, sagte Ulrich zu sich ..., ‘sendet unaufhörlich Ideen in allen Richtungen aus. Aber nur das, was auf die Resonanz der Umgebung trifft, strahlt wieder auf ihn zurück und verdichtet sich, während alle anderen Ausschickungen sich im Raum verstreuen und verlorengehen. Denn wenn sich im Lauf der Zeit die gewöhnlichen und unpersönlichen Einfälle ganz von selbst verstärken und die ungewöhnlichen verlieren, so dass fast jeder mit der Sicherheit, die ein mechanischer Zusammenhang hat, immer mittelmäßiger wird, so erklärt das ja, warum trotz der tausendfältigen Möglichkeiten, die wir vor uns hätten, der gewöhnliche Mensch nun einmal der gewöhnliche ist!’“ (Musil 1981, 116f.).[40] Bei Honneth wird zudem nicht zum Thema, wie die Suche nach Anerkennung sich mit Empathie als Zirkulationsqualifikation

---

38 Es wächst in Gruppen, deren Teilnehmer gut aufeinander eingespielt sind, die Scheu, das positive Gruppenklima zu stören. Irving Janis (1972) hat das Wirken des „groupthink“ und seine negativen Folgen an den verschiedensten Gruppen treffend beschrieben. Die Tendenz zum „groupthink“ ähnelt einem „leisen Dauerton, der die Warnsignale übertönt. Alle sind leicht voreingenommen zugunsten einer selektiven Aufmerksamkeit für jene Mitteilungen, die die gemeinsamen Gefühle von Vertrauen und Optimismus der Mitglieder nähren, und zuungunsten aller, die das nicht tun“ (Janis, zit. n. Goleman 1993, 205).

39 S. Furth 1979; Ottomeyer, Scheer 1976; Enderwitz 1994; Bubner 1992, 202.

40 Vgl. auch Schmidt (1995, 132-134) zur Amalgamierung von Anerkennung und Submission.

zwecks geschickter Akquise von Nachfrage und Kundschaft für die eigenen Dienste vermischt. Negative Folgen für die Qualität der Arbeit bleiben nicht aus. Wohl ist der Anerkennungsbeflissene kein Narr auf eigene Faust. Aber die dauernde Beobachtung der Konjunkturen und Moden, das Sich-Einfädeln und Networking sowie das beifallheischende Sich-in-Szene-Setzen gehen zu Lasten des eigenen Arbeitsinhalts. Wieviel Zeit und Energie wird mit Arbeiten, die eigentlich Bewerbungsschreiben sind, mit Gefälligkeitsdiensten, Sich-Andienen an den Zeitgeist und mit Stilkopien vertan! Wer sich auf die Anerkennung seines Tuns konzentriert, verpasst zudem leicht die Freude an ihm. Die Fokussierung auf Anerkennung ähnelt der Fixierung aufs Geld. In Honneths um den Begriff der Anerkennung gebauter Sozialphilosophie erfährt das 'Praxis'-Moment des Subjekt-Subjekt-Bezugs eine Hypostasierung und Hypertrophierung zulasten der anderen 'Praxis'-Momente.[41]

Sozialbeziehungen im Sinne von 'Praxis' sind weiterhin nicht zu verwechseln mit jener Zwischenmenschlichkeit, wie sie in der bürgerlichen Gesellschaft mit der Trennung von Erwerbsarbeit und Familie, mit romantischer Partnerwahl, Häuslichkeit und Intimisierung der Eltern/Kind-Beziehung entsteht.[42]

Die Relevanz der Sozialbeziehungen als Moment von 'Praxis' zu zeigen ist das eine. Etwas anderes ist es, den Sozialbeziehungen das Wächteramt über den Zustand der Gesellschaft zu übertragen. Dies fördert ein Verhalten der Individuen, in dem sie sich gegenseitig pädagogisch und therapeutisch gegenüberstehen oder gar vormundschaftlich einander kontrollieren und sich als Tugendwächter aufführen.[43] Etzionis kommunitaristisches Denken profiliert gegenüber den (vom Kommunitarismus teilweise durchaus zutreffend gesehenen) negativen Effekten des Marktes „die sozialen Bindungen und die wichtige Rolle der Gemeinschaften bei der Festigung ethischer Bindungen. ... Es ist unrealistisch, nur auf die innere Stimme der Individuen zu bauen und zu hoffen, dass sie stets von sich aus recht tun" (Etzioni 1998, 42). Etzioni bewegt sich im Horizont einer Balance zwischen Sozialbeziehungen und Freiheitsrechten und plädiert für ein stärkeres Gewicht der Sozialbeziehungen innerhalb dieser Balance. Das auf „Werte" fixierte Bewusstsein (vgl. S. 136, Anm. 1) nimmt eine vermeintlich voraussetzungslose Voraussetzung als

41 Zur Auseinandersetzung mit Honneth vgl. Bollenbeck 2008.

42 Vgl. zu den konstitutiven Problemen dieser Zwischenmenschlichkeit Creydt 2000, 283-291. Vgl. auch den zweiten Absatz in Kapitel II.4h. Zur Eltern-Kind-Beziehung im modernen Kapitalismus vgl. Creydt 2013.

43 Zum zentralen Stellenwert der Erziehung in der DDR vgl. kritisch Brückner, Sichtermann 1975, 54f.

entscheidend für den Zustand der Gesellschaft an und unterbestimmt die Konstitution der Gesellschaft durch Institutionen und Strukturen oder blendet sie aus.[44]

An den Vorschlägen (s. II.2g) zur gesellschaftlichen Einhegung oder Überwindung eines zentralen Problemsyndroms der gegenwärtigen Sozialbeziehungen – des Neides und der Vorteilsnahme zulasten anderer – wird deutlich, dass sich diese Probleme zwar im Horizont der Sozialbeziehungen artikulieren, in ihm aber nicht adäquat zu bearbeiten sind, sondern dafür gesellschaftliche Anstrengungen notwendig werden, die andere 'Praxis'-Momente betreffen.

Zu 'Praxis' tragen die Sozialbeziehungen auch insofern bei, als sie das Medium einer sozialen Erweiterung des Individuums über die Zwischenmenschlichkeit hinaus darstellen. Die Treuhänderschaft (s. II.4e, II.9a), die gesellschaftliche Repräsentation der verschiedenen Arbeitsbereiche füreinander und die „verhandelnde Koordination" werden zum Thema (s. II.9a). Ebenso die nichtregressive Überwindung des Sozialcharakters „bürgerliches Subjekt" (vgl. das Ende von II.4f, II.6b,e). Sozialbeziehungen sind nicht unmittelbar-naiv positiv zu verstehen, sondern verarbeiten bestimmte, für die kapitalistische Gesellschaft charakteristische, problematische Verhältnisse z.B. zwischen Anbietern und Kunden.[45]

---

44 Etzioni (1998) beschreibt in seinem „Programm des Kommunitarismus" ablehnenswerte Handlungs- und Verhaltensweisen in der Gesellschaft. Betrunken oder „high" während der Arbeit zu sein (ebd., 29), die Ehe als „Wegwerfbeziehung" zu betrachten (ebd., 31), „am Arbeitsplatz häufig krank zu spielen und blau zu machen" (ebd.), „für ein gutes Niveau in unseren Vierteln (zu) sorgen" (ebd., 38) oder eben nicht – all das erscheint in einer Reihe mit Skandalen im öffentlichen Leben, Unehrlichkeit dort und bei den Banken (Ebd., 32). Etzioni bezieht diese Probleme nicht auf die bestimmten Gesellschaftsstrukturen. Er widmet sich nicht den gesellschaftlich konstitutiven Voraussetzungen der Möglichkeit dieser Probleme und ihren Ursachen. Die angesprochenen problematischen Handlungs- und Verhaltensweisen gelten Etzioni als Ausdruck von ein und demselben: Es fehle an Bewusstsein und Willen dafür, sich zu orientieren an „einer Vielzahl von Geboten und Verboten, einem System moralischer Werte, das einen veranlasst, das Rechte zu tun, und ermutigt, das Unrechte zu lassen" (Ebd., 28). Die Schwierigkeiten bei der gesellschaftlichen Bearbeitung der Wirtschaft, der Lebensweise und der Politik kommen nicht in den Blick. Gewiss passen zu diesen Problemen auch normative Orientierungen als Begleitphänomen oder als Symptom davon, dass diese Probleme sich gesellschaftlich nicht substanziell verändern lassen. Und sicher tragen entsprechende normative Orientierungen dann zur Fortexistenz und Verschärfung der Misere bei. Etwas anderes ist es, die normativen Orientierungen der Beteiligten zur maßgeblichen Ursache zu erheben.

45 Beim Konzept des Menschen als *„Mittler"* zum Gattungswesen handelt es sich um keine salbungsvolle Erbaulichkeit. Der „Mittler" bildet die Gegenfigur zum *„Kuppler"*. Verarbeitet werden negative gesellschaftliche Erfahrungen mit jenen

d) Das Objekt-Objekt-Verhältnis (Objektivität der Technik, der Organisationen und Infrastrukturen)

Das vierte Moment von 'Praxis' bildet die Objektivität der modernen Zivilisation – also der Mittel, Organisationen und Infrastrukturen für die Bearbeitung der Natur und für die Prozesse der gesellschaftlichen Produktion, Organisation und Synthesis. Technik und Organisation vergegenständlichen Kompetenzen und Wissen zur Bewältigung von Natur und sozialer Koordination. Techniken und Organisationen bilden den Außenhalt von Sinnen, Fähigkeiten und Reflexionsvermögen, die sich erst in ihrem Kontext ergeben. An Techniken, Organisationen und Infrastrukturen lässt sich die Entlastung *und* Steigerung menschlicher Intelligenz und Fähigkeiten zeigen, die dadurch stattfinden, dass von den Individuen getrennte Artefakte intelligent und Vermögen außerhalb der Menschen verobjektiviert werden. Der Airbus – so lautete ein Werbeslogan – ist ein Flugzeug, das Pilotenfehler verzeiht.

Techniken und Sozialtechniken in einem Bereich haben Auswirkungen auf andere Bereiche, stimulieren einander und kombinieren sich miteinander. Verschränkungen und Rückkoppelungen entstehen, die eine eigene, autonome Ausbreitung und Steigerung von Techniken und Sozialtechniken ermöglichen. „Neue Technik ist nicht nur zunehmend Folgetechnik von Technik, sondern auch zunehmend Folgetechnik von Technikfolgen" (Teusch 1993, 396). Die Technikevolution und -diffusion stellen anonyme Prozesse dar. Im Kapitalismus wird dies von seinen gesellschaftlichen Strukturen übergriffen und überdeterminiert. Gleichwohl bleiben die *modernen* Eigenlogiken der technischen und sozialtechnischen Objektivität ein Problem, das nicht durch die Überwindung kapitalismusspezifischer Formen verschwindet, auch wenn es nach dieser Gesellschaftstransformation leichter zu bearbeiten sein dürfte. Techniken und Sozialtechniken sind einerseits sowohl eine notwendige *Bedingung* für die Entfaltung menschlicher Sinne, Fähigkeiten und Subjektivität als auch ein wesentliches *Moment* ihrer Bildung. Andererseits kommt es zu einer innertechnischen und

---

Sozialbeziehungen, innerhalb derer der Produzent sich vom Verkauf her versteht und der Verkäufer als „Kuppler" (MEW-Erg.bd. 1, 547) zwischen dem Konsumenten und den inhaltlich problematischen Warenangeboten fungiert. Der „Kuppler" sucht beim Konsumenten nach jenen Schwächen, die „die Fliege an die Leimstange heranführen wird" (Ebd.). Es geht darum, beim Konsumenten „krankhafte Gelüste" aufzuspüren, auszunutzen oder zu erregen, „sich seinen verworfensten Einfällen" zu fügen, „um dann das Handgeld für diesen Liebesdienst zu verlangen" (Ebd., 547f.). Verwandt mit dem „Mittler" ist der „Repräsentant" (vgl. S. 211, Anm. 1).

organisatorischen Selbststeigerung, die die Frage nach dem Geschick der menschlichen Sinne, Fähigkeiten und Subjektivität verstellt und vereitelt sowie nurmehr ein technisches Verhältnis zur Technik nahelegt. Die Divergenzen zwischen den Strukturen der modernen gesellschaftlichen Zivilisation und 'Praxis' werden in Kapitel II.8 und II.9b zum Thema.

Mit der Objektivität der modernen Zivilisation als Ausdifferenzierung und Selbstbezüglichkeit der Objekt-Objekt-Beziehungen stellt sich die Frage, inwieweit Sinne und Fähigkeiten durch Techniken und Sozialtechniken technomorph verformt oder – soweit dies unmöglich ist – ins Abseits geschoben werden. Der Ein- und Umbau von Techniken und Sozialtechniken in sie übergreifende Horizonte der Bildung menschlicher Fähigkeiten und Sinne wird zum Thema.[46] Die vielfältige und tiefgreifende Wirklichkeit der Veränderungen durch technische Innovationen und Organisationen kommt in den Blick. Soll die Welt nicht zur Nebenfolge und Senke der problematischen Effekte von Techniken und Sozialtechniken missraten, so sind Techniken und Sozialtechniken im Horizont einer Aufmerksamkeit zu bewerten, die – weit über deren unmittelbaren und offiziellen Resultate hinaus – sensitiv ist für ihre Wirkungen auf das In-der-Welt-Sein der Menschen.[47] Die Probleme, die aus Veränderungen der Sinne, Fähigkeiten und Reflexionsvermögen in den Technisierungsprozessen entstehen, bilden die Thematik einer weit verstandenen Technikfolgenabschätzung.[48]

Neben ihren problematischen Effekten (vgl. a. II.8a2) weisen Organisationen auch positive Effekte für 'Praxis' auf. Sie betreffen erstens die Erhöhung der Leistung und zweitens die Verbreitung von Mentalitäten und Habitus, die zur Mitgliedschaft in Organisationen oder zur Interaktion mit ihnen erforderlich sind. Die Verbesserung der Versorgung durch Organisationen erlaubt den Individuen

---

46 Es stellt sich die Frage, wie „der Gegenstand als Sein für den Menschen, als gegenständliches Sein des Menschen, zugleich das Dasein des Menschen für den anderen Menschen, seine menschliche Beziehung zum anderen Menschen, das gesellschaftliche Verhalten des Menschen zum Menschen ist" (MEW 2, 44, vgl. a. MEW Erg. bd. 1, 516).

47 Die Ausblendung der Maschinenräume der bürgerlichen Gesellschaft kritisierend bezeichnet Marx „die Geschichte der Industrie und das gewordene gegenständliche Dasein der Industrie" als „das aufgeschlagene Buch der menschlichen Wesenskräfte, die sinnlich vorliegende menschliche Psychologie ist" (MEW-Erg.bd. 1, 542). Er stellt fest, dass die Industrie „bisher nicht in ihrem Zusammenhang mit dem Wesen des Menschen, sondern immer nur in einer äußeren Nützlichkeitsbeziehung gefasst wurde" (Ebd.).

48 Vgl. Hieber 1984, vgl. Jütte 2000, vgl. Werkbund Bayern 1979.

(soziale Verteilung und ökonomische Konjunktur hier ausgeklammert) ein materiell gesicherteres und an Gebrauchswerten reicheres Leben. Die Vermeidung von desorganisiertem An-einander-Vorbeihandeln erspart den Individuen viel Zeit, Mühe und Ärger. Die Absorption menschlicher Energie und Aufmerksamkeit durch Beschaffung und Versorgung sinkt. Die gut organisierte Organisation hat ihren Wert gegen Schlendrian, Improvisation, Chaotik und Verschwendung von Ressourcen. Schon kapitalistische Nationen lassen sich daran unterscheiden, wie sie ihre Infrastrukturen mehr oder weniger gut organisieren.[49]

Organisationen sind bestimmte Prinzipien immanent, die sich positiv auf 'Praxis' beziehen. Es handelt sich um

- die Sicherung der Erwartbarkeit von Handlungen anderer. Das Ineinandergreifen der verschiedenen Handlungen sowie die Verlässlichkeit und Kalkulierbarkeit dieses Ineinandergreifens existieren allerdings unabhängig von den Inhalten der Arbeit. Auch die Realisierung barbarischer Zwecke kann gut organisiert sein;
- die Entkopplung der „Arbeitsabläufe und -ergebnisse von den Schwächen, Begrenztheiten, Irrationalitäten, Unterschiedlichkeiten und dem Ausmaß des Engagements einzelner Menschen. Wenn ein oder mehrere Organisationsmitglieder mal keine Leistung erbringen, ausfallen oder Fehler machen, fahren die Züge trotzdem weiter (das gilt allerdings nicht ausnahmslos: im Stellwerk darf es keine Fehlerhäufung geben)" (Girschner 1990, 71);
- die Emanzipation nicht nur von den Schwächen der Individuen, sondern auch von ihrer Endlichkeit, insofern Organisationen nicht wie Kleingruppen mit ihren Mitgliedern sich qualitativ ändern oder zerfallen (vgl. das Alter der Kirche, der Bahn usw.).

---

49 Der Stromausfall im Nordwesten der USA am 14.8.03 zeigte den veralteten, weniger eng vernetzten und mit wenig Reservekapazitäten ausgerüsteten Zustand des Stromnetzes in den USA. Ein Stromverbundnetz europäischen Standards hätte es ermöglicht, Kapazitäten aus nicht betroffenen Regionen zuzuschalten. Im Gegensatz dazu führte in den USA der Ausfall des ersten Kraftwerks zu Störungen in Spannung und Frequenz, und diese Störungen wiederum trennten mehrere Kraftwerke vom Netz und führten zu ihrer Abschaltung, so dass schlussendlich etwa eine Leistung in Höhe von 50% der gesamten deutschen Kraftwerkleistung ausfiel. „'Das ist weniger eine Frage der technischen Fähigkeiten', erläutert Gundolf Dany vom Institut für Elektrische Anlagen und Energiewirtschaft in Aachen. 'Das ist eher eine Frage der Philosophie. In Deutschland steht eben die Versorgungssicherheit an erster Stelle. In den USA dagegen findet der Wettbewerb einzig über den Preis statt. Dafür werden Risiken eher in Kauf genommen'" (Der Spiegel 34, 2003, S. 106).

e) Die gesellschaftlichen Institutionen und Strukturen

Das fünfte Moment von 'Praxis' bilden die gesellschaftlichen Institutionen und Strukturen.

Institutionen helfen den Individuen günstigenfalls dabei, die im Horizont ihrer Vereinzelung naheliegenden Handlungspfade und die damit verbundene eingeschränkte Handlungsfähigkeit zu verlassen. „Nur wenn hinreichend abgesichert ist, dass ein neuer Weg nicht nur erfolgversprechend, sondern auch einigermaßen sicher ist, wird er von den vorsichtigen Normalmenschen beschritten. 'Wirkliche' Innovationen sind selten, weil die Menschen ohne institutionelle Unterstützung nicht sehr wagemutig sind. Durchgreifende gesellschaftliche Neuerungen müssen daher stets von nachhaltigem institutionellem Wandel begleitet, nein: durch ihn vorbereitet und abgesichert sei. Herbert Simon erinnert nachdrücklich an die Hilfen, die gerade die Institutionen den Menschen angesichts ihrer begrenzten Vernunft bieten können: 'Institutionen nun verschaffen uns eine stabile Umwelt, die uns wenigstens ein bisschen Vernunft ermöglicht' (Simon)" (Esser 2000a, 17). Die Aufmerksamkeit für institutionelle und strukturelle Regelungen enthält eine Absage an eine Orientierung, die dort auf „Hilfe zur Selbsthilfe" und „Eigenverantwortung" setzt, wo diese die Individuen überfordern. Gegenüber fallweise verabredeter Kooperation entsteht ein „'in sich' lebensfähiges Erhaltungssystem, das selbständiger Träger historischer Kontinuität und Entwicklung ist und das der Einzelne in seinen unmittelbaren sozialen bzw. kooperativen Beziehungen als ihn selbst überdauernde Struktur, in die er sich 'hineinentwickeln' muss, vorfindet" (Holzkamp 1983, 306).

Bereits in den praktischen Vorhaben der ökologischen Umgestaltung finden wir Institutionen und Strukturen vor, die dabei helfen, die Produkte und Arbeiten auf ihre Voraussetzungen und Effekte durchsichtig zu machen. Beispiele sind: Jährliche Umweltbilanzen von Betrieben, Darlegungspflichten für Unternehmen, „welche Überlegungen und Untersuchungen sie angestellt hatten, um die Umweltverträglichkeit antizipierend abzuschätzen" (Fülgraff 1991, 328), und Produktlinienanalysen. Mit ihnen werden „das Produkt, die einzelnen Stoffe und Produktionsschritte im Hinblick auf ihre Gesamtbelastung der Umwelt vom Rohstoffeinsatz bis zum entscheidenden Abfall in allen Phasen untersucht und bewertet. Diese Prüfung sollte alle Stufen der Produktion und Nutzung umfassen, einschließlich Energieverbrauch und Abfallentstehung" (Ebd., 329). Über die ökologischen Belange hinaus wird es notwendig, entsprechende Verfahren zu institutionalisieren, die die 'Praxis' betreffenden Effekte, Voraussetzungen und Rückkoppelungen der Produkte und Arbeiten vergegenwärtigen.

Die diesbezüglichen Wissensinfrastrukturen ermöglichen allererst gesellschaftliche Einwirkung. Sie ist in einer von 'Praxis' dominierten Gesellschaft in die normalen Prozesse der Ökonomie eingebaut und bildet das Thema von in sie institutionell eingezogenen Reflexionen. Nicht den ad-hoc-Bemühungen eines sich spontan selbst organisierenden Publikums bleibt es überlassen, ob es zu solchen Reflexionen kommt.

Die von 'Praxis' dominierte Gesellschaft weist im Unterschied zum Kapitalismus ein anderes Gefüge der verschiedenen gesellschaftlichen Sphären auf. Im Kapitalismus ist mit der eigendynamischen Kapitalakkumulation die kapitalistische Ökonomie das System, dem sich – abkürzend gesprochen – die anderen gesellschaftlichen Bereiche unterzuordnen haben (s. I.8). In der von 'Praxis' dominierten Gesellschaft herrscht die Gleichrangigkeit verschiedener Belange (Erstellung des materiellen Reichtums, Qualität des Arbeitens, der Gegenstandswelt, der Sozialbeziehungen usw.). Schon aus der Aufmerksamkeit für die Kosten bspw. des „Verbrauchs" an menschlicher Gesundheit und aus dem Bewusstsein für die gesellschaftlichen Ursachen einer problematischen Kindheit und Jugend (vgl. I.8) – um nur zwei Beispiele zu nennen – resultieren Motive dafür, die „Reinheit" eines ökonomischen Leistungskerns der Gesellschaft und die Externalisierung aller diese „Reinheit" störenden Belange zu überwinden. Wiederum kann uns ein Beispiel aus der ökologischen Debatte dabei nützen, die für die institutionelle Struktur der von 'Praxis' dominierten Gesellschaft notwendige Perspektivenerweiterung zu denken. In den von Schweizer Autoren vorgelegten „agrarpolitischen Leitsätzen aus Sicht der Grünen" heißt es: „Gemeinnützige Leistungen wie Landschaftspflege und Naturschutz müssen vom Kollektiv bezahlt werden. ... Viele der Aufgaben im Natur- und Landschaftsschutz sind arbeitsintensiv und nicht maschinell durchführbar. Z.B. die Pflege von Hochstamm-Obstbäumen, wertvollen Wiesen an Hanglagen oder Hecken. Die eingesetzte menschliche Arbeitskraft ist im jetzigen Agrarsystem unterbewertet – die Fördermaßnahmen des Staates richten sich meistens an der Flächengröße der Betriebe und an der Produktionsmethode aus" (Behrens, Cuche, Karch 2004, 149).

Die Durchdringung der gesellschaftlichen Teilsphären im Sinne von 'Praxis' lässt sich am Beispiel der Arbeit verdeutlichen. Für die Bildung menschlicher Sinne und Fähigkeiten stellt sich die Frage nach der Arbeitsqualität. Anknüpfen lässt sich hier am DGB-Index für Gute Arbeit. Zu vergegenwärtigen ist, welche Arbeiten welches Ausmaß an körperlicher Belastung, an geistiger Beanspruchung, an Entscheidungen und an Mit-Bestimmung bzw. Partizipation mit sich bringen. In Bezug auf die Arbeitenden ist nach Arrangements zu fragen, die es ermöglichen, dass ihre Tätigkeitsbündel einen ungefähr gleichen Anteil an Belastungen und an positiven Entfaltungen im Sinne von 'Praxis' enthalten.[50] Gefragt sind Indikatoren dafür, ob Arbeiten 'Praxis' – bezogen auf das Individuum und auf die Gesellschaft – entgegenstehen, mit ihr verträglich sind oder sie fördern. Gesellschaftlich zu vereinbaren wäre, welche Arbeitslasten für welche Güter des weit verstandenen Konsums in Kauf zu nehmen sind. Zudem ist an gesellschaftlich festgelegte höhere Preise bzw. Steuern für schwere, subalterne und auf andere Weise gegenüber 'Praxis' abträgliche Arbeiten zu denken. Entsprechende Maßnahmen können die Konsumenten bzw. die Betriebe dazu veranlassen, den Verbrauch bzw. die Produktion von Gütern aus solcher Arbeit zu verringern bzw. technisch unnotwendig werden zu lassen. Ähnliche Maßgaben dürften auch in die Vergabekriterien für Aufträge der öffentlichen Hand eingehen.

Eine andere Problematik ist, wie sich ein positiver Bezug der Arbeitenden auf die Kunden und auf die von den Produkten und den Arbeiten indirekt Betroffenen realisieren lässt. Einschlägig dürften erstens eine professionsspezifische Festsetzung von Qualitätsnormen der Arbeit sein und Formen entsprechender Selbstkontrolle. Es gilt zu verhindern, dass die Kompetenzvorsprünge der Arbeitenden und Anbieter zur tricksenden und täuschenden Vorteilsnahme gegenüber den Abnehmern der Arbeitsprodukte oder Dienstleistungen führen. Dazu gehört eine Umgestaltung möglichst vieler Arbeiten zu Tätigkeiten, die ein Bewusstsein und Selbstbewusstsein ermöglichen, in dem deutlich wird, dass man jeweils der Repräsentant und Treuhänder eines gesellschaftlich wesentlichen Belanges und im Besitz entsprechenden Wissens, entsprechender Qualifikationen und Erfahrungen ist. Aus ihnen erwachsen Ansprüche an das eigene Tun. Zweitens sind gesellschaftliche Regelungen für Institutionen und Strukturen notwendig, die den „Egoismus" oder „Egozentrismus" des Arbeitsteams, des Betriebs oder der Profession[51] und entsprechend interessierte Problemdefinitionen und Angaben über Arbeitslasten, Ressourcenanforderungen, Lagerbestände usw. verhindern. Drittens ist bei personennahen Dienstleistungen nach den Arbeitsbedingungen

50 „In der Theorie ist ein perfekter Ausgleich der Tätigkeitsbündel immer möglich – im wirklichen Leben natürlich nicht. Schließlich geht es hier um Menschen und ihre gesellschaftlichen Lebensbedingungen, nicht um Geometrie oder Kunststoffchemie. Doch man kann sich diesem Ideal annähern, und Abweichungen sind eben menschliche Irrtümer, die im Lauf der Zeit korrigiert werden können, keine systematischen, lawinenartig anwachsenden Verzerrungen" (Albert 2006, 109f.).

51 Berufsverbände ähneln in ihrer unmittelbaren Gestalt oft einer Verschwörung gegen die Allgemeinheit (Max Weber).

und dem jeweiligen Stellenschlüssel zu fragen, um zu gewährleisten, dass die Arbeitenden überhaupt Zeit dafür haben, auf die Bedürfnisse der Kranken, Alten oder Kinder einzugehen. Viertens stellt sich im sozialen Verhältnis zwischen den Arbeitenden und den Empfängern der Arbeitsprodukte oder Dienstleistungen die Frage, wie deren Rückmeldungen bei den Arbeitenden ankommen und für sie relevant werden.

Konkrete Vorschläge für Institutionen und Strukturen einer von 'Praxis' dominierten Gesellschaft lassen sich nicht am grünen Tisch „ausdenken". Die in diesem Band enthaltenen Vorschläge knüpfen an schon vorfindliche Institutionen und Strukturen an. Nicht flächendeckende Vollständigkeit, sondern Profilierung einer Suchrichtung ist das Anliegen der folgenden Aufzählung. Eine von 'Praxis' dominierte Gesellschaft erfordert:

- Veränderungen von Größenstrukturen und Verflechtungsweise, so dass sie ein gesellschaftlich gestaltbares Maß aufweisen (vgl. II.2f, II.8e3),
- institutionelle und strukturelle Voraussetzungen für die Überwindung sowohl des Besitzindividualismus als auch der Orientierung an partikularen Vorteilen (vgl. II.2g),
- Wissensinfrastrukturen, die es ermöglichen, dass die indirekten Effekte der Arbeiten, der Gegenstände, der Sozialbeziehungen, der Organisationen, Technologien und Sozialtechnologien deutlich werden,
- Institutionen und Strukturen, die den Subsystemautismus überwinden, der mit der funktionalen Differenzierung nahe liegt (vgl. II.2e),
- institutionelle und strukturelle Voraussetzungen, die ein ausgewogenes Verhältnis zwischen verschiedenen Arten von Tätigkeiten möglich machen und insbesondere die Unterordnung der Care-Tätigkeiten unter sog. produktive Tätigkeiten überwinden (vgl. I.8),
- auf Verträglichkeit mit 'Praxis' abzielende Veränderung der Arbeitstechnologie (II.2b) und andere Maßnahmen, um die Depotenzierung der subjektiven Kultur gegenüber der objektiven Kultur zu überwinden,
- Abbau subalterner Tätigkeiten bzw. Überwindung der Festlegung von Arbeitenden auf subalterne Tätigkeiten; Rotation solcher Tätigkeiten (s. II.2.a), soweit sie sich nicht aufheben lassen.

Ein wesentliches Moment der institutionellen und strukturellen Ordnung der von 'Praxis' dominierten Gesellschaft bildet die *Eigentumsordnung.* Vorausgesetzt sind ihr die Aufmerksamkeit für die mit dem Privateigentum verbundenen Probleme (s. I.9a) und die Überlegungen, wie Privateigentum und Besitzindividualismus unnötig werden können (s. II.2g, II.6a). Die Eigentumsordnung im Sinne von 'Praxis' wird nur möglich durch gesellschaftliche Prozesse, die dafür sorgen, dass Privateigentum und Besitzindividualismus nicht länger einen zentralen subjektiven Motivationshintergrund für flexible, effiziente sowie kreative Leistungserbringung und für einen sorgsamen Umgang mit Produktionsmitteln und materiellen Ressourcen bilden.

Die genauen Regelungen der Eigentumsordnung bleiben dem gesellschaftlichen Prozess vorbehalten und lassen sich nicht vorab festlegen. „Gesellschaftliches Eigentum“ unterscheidet sich ebenso von Staatseigentum wie von genossenschaftlichem Eigentum. Betriebliche Selbstverwaltung tendiert leicht dazu, die Bedürfnisse und Belange der vom Betrieb direkt und indirekt Betroffenen (z.B. Kunden, Anwohner u.a.) auszublenden. Festlegungen zur Eigentumsordnung sagen nur sehr begrenzt etwas aus über reale Machtverhältnisse und das reale Procedere in der nachkapitalistischen Gesellschaft. Staatliches Eigentum hat sich in den RGW-Staaten als Fassade erwiesen, hinter der Planungszentralen und Betriebe sich gegenseitig zu manipulieren suchen (vgl. II.8a5). Neben die notwendigen demokratischen Netzwerke zwischen Produzenten, Konsumenten und von Produktion und Konsum direkt oder mittelbar Betroffenen (zur „Sozialisierung des Marktes“ vgl. I.2) treten Körperschaften, die über die Ressourcen entscheiden, die der gesamten Gesellschaft zur Verfügung stehen.

Für das Nachdenken über die Institutionen und Strukturen der Wirtschaftsordnung einer von ‘Praxis’ dominierten Gesellschaft erscheinen mir Hinweise aus der angelsächsischen Diskussion hilfreich. Ein wesentliches Problem bildet das *principal-agent-Verhältnis*. Der ‘agent’ oder der Beauftragte arbeitet für den ‘principal’ oder den Auftraggeber. Oft vermag letzterer wenigstens nicht vollständig zu beurteilen, inwieweit die von ihm Beauftragten so effizient wie möglich handeln. Letztere können ihrerseits aus dieser Ungleichheit von Informationen Vorteile gewinnen und eigene Interessen verfolgen. Allein unabhängige dritte Institutionen, als deren Vorläufer Adaman und Devine die kapitalistischen Banken ansehen (1997, 58 f.), wären in der Lage, ein Monitoring und eine Kontrolle der Handlungen der Agenten zu erreichen. Oder es existieren Holding-Gesellschaften (Estrin 1989, 187ff.) bzw. Investitionsagenturen (Miller 1989, 310f.), die den selbstverwalteten Betrieben Geld leihen und über die Kapazität verfügen, „soziales Kapital aus der Nutzung mit niedriger Produktivität heraus zu transferieren, selbst gegen den Widerstand der expliziten Opposition der betroffenen Werktätigen“ (Estrin 1989, 189).

„Wenn eine Körperschaft vereinbarter Koordination entscheidet, dass die Leistung eines ihrer Betriebe unbefriedigend wäre, würde das Unternehmen die Gründe dafür sich und den betroffenen anderen klar machen und ihm würde Zeit gegeben, korrigierend tätig zu werden. Wenn das Unternehmen schlussendlich zu reagieren versagt und Sanktionen als nötig angesehen werden, würden sie die Form einer Verweigerung von Zuschüssen für die laufende Produktion oder für neue Investitionen annehmen“ (Devine 1992, 85). In Absetzung von den Anreizsystemen des ‘Realen Sozialismus’ und des ‘Marktsozialismus’ arbeitet Devine das Problem heraus: „Der antisoziale Impuls enger sektionaler oder privatinteressierter Motivationen kann begrenzt werden, aber diesen Impuls zu begrenzen, heißt gerade nicht ihn auszunutzen und durch Anreize zu bedienen, die das zugrundeliegende enge Interesse belohnen und dadurch bestärken“ (Ebd.). Diese Problematik war bereits zu früherer Zeit in der Diskussion um ‘materielle Anreize’ im sog. Realen Sozialismus Thema.[52]

Für die „Sozialisierung des Marktes“ (vgl. a. I.2) ist die Sozialisierung des Preisbildungsprozesses zentral. Durch die Veröffentlichung der Informationen über Stückkosten und Gewinne soll für Transparenz gesorgt werden. „Käufer/Verkäufer-Netze wären die Grundlage für einen dezentralisierten sozialen Planungsprozess, in dem die Implikationen der Investitionspläne verschiedener Einheiten vor dem Abschluss der Pläne eingeschätzt werden könnten“ (Elson 1990, 94). Die auch in Marktwirtschaften ausgebildeten informellen Netze sollen „in öffentliche Informationsnetze mit allgemeinem Zugang überführt werden – statt in ‘inneren Kreisen’ oder ‘Industrieclubs’ stattzufinden, aus denen ‘Außenseiter’ ausgeschlossen bleiben. Derartige Netze hätten Sekretariate, die aus Steuergeldern bezahlt werden statt durch den Verkauf ihrer Dienstleistungen“ (Ebd., 91). Sozialisierte Märkte werden „von öffentlichen Körperschaften getragen, die mehr aus der Besteuerung der Unternehmen und Haushalte finanziert werden als aus ihren Umsätzen“ (Ebd.).

Die Sozialisierung des Informationsflusses erweist sich auch deshalb als notwendig, weil ohne sie selbstverwaltete Betriebe untereinander, aber auch zulasten von Auftraggebern und Konsumenten sich leicht an eigenen Vorteilen auf Kosten anderer orientieren. Verstecktes Nichtgehorchen („*shirking*“) und die Ausnutzung von Informationsvorsprüngen im Verhältnis zwischen Auftraggeber und Beauftragtem führen zu Misstrauen und zu gegen- und übersteuernden restriktiven Maßnahmen.

Elson spricht von einem „Amt für die Regulierung der öffentlichen Unternehmen“. Es solle nicht wie die Behörden einer Zentralplanwirtschaft Produktionsziele festlegen und Produktionsmaterial verteilen, „sondern be-

52 Vgl. die Debatte in der New Left Review in der zweiten Hälfte der 60er Jahre, dokumentiert in Strotmann 1972 und in Monthly Review (dt. Ausgabe) H. 10, 1. Jg. 1975/76. Vgl. a. Guevara 1972.

stimmte demokratisch festgelegte Normen für die Nutzung öffentlicher Anlagen durchsetzen. ... Der Regulator der öffentlichen Unternehmen würde im Namen der Gemeinschaft die Eigentumsrechte an den Unternehmen ausüben, während die Unternehmensangestellten auf Nutzerrechte beschränkt wären" (Ebd., 89f.). Die Unternehmensaktivitäten finden im Rahmen ebenso enger wie durch gut ausgestattete Inspektoren überprüfter Umweltschutz-, Gesundheits-, Sicherheits- und Verbraucherschutznormen statt (Ebd., 90). „Betriebsgründungen würden ermutigt. Teams von Arbeitern könnten beim Regulator die Erlaubnis beantragen, ein neues öffentliches Unternehmen zu gründen, und sich dafür (gegen Zinsen) öffentliche Gelder zuweisen zu lassen. In einigen Industriezweigen könnte ein System eingeführt werden, wonach Teams von Arbeitern beim Regulator beantragen könnten, öffentliche Einrichtungen für einen bestimmten Zeitraum zu betreiben. Es gäbe Spielraum für eine Vielfalt von Formen öffentlicher Kontrolle und dezentralisierter Initiative" (Ebd., 90). Elson schließt Kapitalmärkte mit Übernahmen und Bankrotten aus. Im Falle der Zahlungsunfähigkeit von Unternehmen und der Notwendigkeit, sie zu sanieren, handelt der Regulator der öffentlichen Unternehmen. Bei der Schließung von Betrieben bzw. Organisationen ist die Maxime, „den Angestellten vergleichbare Arbeitsplätze in anderen Unternehmen anzubieten oder ihnen nach einer Umschulung neue Arbeitsplätze zu verschaffen. Angestellte hätte in diesem Prozess klar definierte Rechte und könnten sie vor Gericht durchsetzen. Der Regulator der öffentlichen Unternehmen würde eine Übergangsfinanzierung organisieren und hätte auch das Recht, die Gelder zurückzuhalten, wenn Arbeiter eher einen bequemen Arbeitsplatz suchen als sich auf eine Restrukturierung einzulassen" (Ebd., 90).

Andere Institutionen und Strukturen, die für die von 'Praxis' dominierte Gesellschaft wichtig sind, nenne ich im Kapitel über die Gesellschaftsgestaltung (II.4.g). Das Thema dieses Kapitels und das von Kapitel II.4g überschneiden sich.

f) Die Subjektivität

Das sechste Moment von 'Praxis' ist die Subjektivität. Sie bildet im Kontext von 'Praxis' einen Gegenspieler zu den in den beiden letzten Kapiteln thematisierten 'Praxis'-Momenten. Die Subjektivität macht auf wesentliche Mängel der modernen zivilisatorischen Objektivität und der gesellschaftlichen Institutionen und Strukturen aufmerksam. Sie vergegenwärtigt, wie diese 'Praxis'-Momente menschliche Sinne, Fähigkeiten und Reflexionsvermögen tangieren. Letztere können sich erst im doppelseitigen Prozess der Vergegenständlichung humaner

Potenziale und ihrer individuellen Aneignung bilden. In Bezug auf die verobjektivierten Inhalte „muss" das Individuum „*diese* in sich einbeziehen, aber es muss sie auch in *sich* einbeziehen, darf sie nicht einfach als objektive Werte bestehen lassen" (Simmel 1986, 198). Zum Problem werden nun Divergenzen zwischen der subjektiven und objektiven Kultur, die zunächst aus Eigentümlichkeiten der objektiven Kultur resultieren. In einem zweiten Schritt frage ich nach der mit einer von 'Praxis' dominierten Gesellschaft einhergehenden grundlegenden Veränderung jenes Koordinatensystems, in dem sich die Subjektivität in der modernen bürgerlichen Gesellschaft bewegt.

In den mit der objektiven Kultur verbundenen Vergegenständlichungen liegt die Paradoxie, „dass sie zwar von Subjekten geschaffen und für Subjekte bestimmt sind, aber in der Zwischenform der Objektivität, die sie jenseits und diesseits dieser Instanzen annehmen, einer immanenten Entwicklungslogik folgen und sich damit ihrem Ursprung wie ihrem Zweck entfremden" (Ebd., 213). Die moderne objektive Kultur weist eigene Imperative sowie immanente Ergänzungs-, Vervollständigungs- und Wachstumsdynamiken auf. Kunstwerke z.B. bilden Momente eines sich ausdifferenzierenden und auf andere Werke antwortenden oder sich zu ihnen positionierenden Gefüges von Themen und Stilen. Wie andere Bestandteile des objektiven Kultur weisen sie eine „autonome Sachlichkeit" auf und „unterstehen Idealen und Normen, die nur von ihrem objektiven Inhalt ... hergenommen sind" (Simmel 1957, 91).[53] Zudem „wachsen" die verschiedenen „Zweige" der objektiven Kultur „zu einer Richtungsverschiedenheit und gegenseitigen Entfremdung auseinander, (so) dass ... ihr tiefster Wert, der gerade in dem Zusammenhang ihrer Teile besteht, mit Vernichtung bedroht scheint" (Simmel 16, 51f.). Sowohl die autonome Sachlichkeit der objektiven Kultur als auch ihre Differenzierung unterscheiden sich von den „Forderungen jenes einheitlichen, zentralen Punktes der Persönlichkeit" (Simmel 1957, 91). Zugleich ist aber auch auf der Seite der objektiven Kultur die Angewiesenheit auf ihr Gegenteil, die

53 Sie „halten uns so kräftig an dem fest, was sie an und für sich, innerhalb ihres eigensten Gebietes und gemessen am unmittelbaren Maßstab ihres Inhalts sind, ... sie sind zu sehr Herr innerhalb ihrer Provinz, um sich der Kategorie des Dienens zu fügen, unter die sie als Kulturfaktoren, als Mittel für die Bildung einer seelischen Gesamteinheit, treten müssten" (Simmel 1957, 92). Die entsprechende Forderung lautet bei Emil Staiger im Vorwort seiner dreibändigen Goethestudie aus den 1950er Jahren: „Nicht, was Goethe uns heute noch zu sagen hat, ist die Frage, sondern wie wir vor ihm bestehen können." Adorno treibt den Eigenwert des Kunstwerks gegenüber seiner Rezeption auf die Spitze: „Fast droht solchen Gebilden bereits die Apperzeption ihrer Priorität Unrecht an" (Adorno 1980, 448).

subjektive Kultur, präsent. Das individuelle Leben bildet gegenüber der tendenziellen Unendlichkeit[54] der Geistesobjektivationen oder der modernen objektiven Kultur deren letztliches Worumwillen. Allein in der subjektiven Kultur und d.h. in der individuellen Subjektivität stellt sich die Frage nach der Assimilierbarkeit der objektivierten Kultur. „Wir sind noch nicht kultiviert, wenn wir dieses oder jenes einzelne Wissen oder Können in uns ausgebildet haben; sondern erst dann, wenn all solches der zwar daran gebundenen, aber damit nicht zusammenfallenden Entwicklung jener seelischen Zentralität dient“ (Ebd., 196). Nicht die überwältigendste Perfektion der objektiven Kultur, sondern die auf die subjektive „harmonische Vollendung“ bezogene „innere Assimilation“ (Simmel 1957, 96) bildet „schließlich allein den definitiven Wert“ oder den Endzweck der objektiven Kultur (Ebd., 97). Die so verstandene Subjektivität ist als Moment von ‘Praxis’ nicht nur in Bezug auf andere ‘Praxis’-Momente von Belang, sondern hat auch einen eigenen Wert.

Die subjektive Kultur entwickelt sich nicht anders als im Medium der Vergegenständlichung. „Die Grundfähigkeit des Geistes – sich von sich selbst lösen zu können, sich gegenüberzutreten wie einem Dritten, gestaltend, erkennend, wertend, und erst in dieser Form das Bewusstsein seiner selbst zu gewinnen – hat mit der Tatsache der Kultur gleichsam ihren weitesten Radius erreicht, hat das Objekt am energischsten gegen das Subjekt gespannt, um es wieder in dieses zurückzuführen. Aber eben an dieser eigenen Logik des Objektes, von der das Subjekt sich als ein in sich selbst und sich selbst gemäß vollkommeneres zurückgewinnt, bricht dieses Ineinander der Parteien entzwei“ (Simmel 1986, 217). Dann divergieren im Prozess des „Objektivwerden des Subjekts und Subjektivwerden eines Objektiven“ (ebd., 199) diese beiden Belange.

Das Missverhältnis zwischen objektiver und subjektiver Kultur grundet darin, „dass zwar die Dinge immer kultivierter werden, die Menschen aber nur in geringerem Maße imstande sind, aus der Vollendung der Objekte eine Vollendung des subjektiven Lebens zu gewinnen“ (Simmel 1957, 94). Aus dem Missverhältnis zwischen objektiver und subjektiver Kultur folgt zudem, dass unassimilierte Bestände der modernen objektiven Kultur in die Sphäre der subjektiven Kultur

54 Die objektive Kultur „hat gar keinen Grund, sich nicht ins Unendliche zu vermehren, nicht Buch an Buch, Kunstwerk an Kunstwerk, Erfindung an Erfindung zu reihen“. Sie besitzt eine „schrankenlose Erfüllungskapazität“ und wird „mit dieser sozusagen unorganischen Anhäufbarkeit aber der Form des persönlichen Lebens im Tiefsten inkommensurabel. Denn dessen Aufnahmefähigkeit ist nicht nur nach Kraft und Lebensdauer begrenzt, sondern durch eine gewisse Einheit und relative Geschlossenheit seiner Form“ (Simmel 1986, 216).

vordringen. „Wir werden belehrt, werden zwecktätiger, reicher an Genuss und Fähigkeiten, vielleicht auch 'gebildeter' – aber unsere Kultivierung hält damit nicht Schritt" (Ebd., 208). „Vielerlei Inhalte des objektiven Geistes ... entwickeln ... nicht eigentlich *uns*, sondern sozusagen eine selbst objektive Seite oder Qualität, die an uns haftet" (Ebd., 207).[55]

Der Divergenz zwischen objektiver und subjektiver Kultur kann das Individuum nur sehr begrenzt damit begegnen, dass es „beiseite liegen lässt, was seiner Eigenentwicklung sich nicht assimilieren kann" (Simmel 1986, 216). Das nicht zu Bewältigende wird zum immanenten Problem für die subjektive Kultur: „Der ins Unabsehbare wachsende Vorrat des objektivierten Geistes" hat für die Individuen nicht nur positive Effekte. Er „weckt Velleitäten in ihm", also ein kraftloses, zögerndes Wollen oder einen Wunsch, der nicht zur Tat wird. Er „schlägt es mit Gefühlen von eigener Unzulänglichkeit und Hilflosigkeit" und mit dem „Gefühl, von einer Unzahl von Kulturelementen umgeben zu sein, die für ihn nicht bedeutungslos sind, aber im tiefsten Grunde auch nicht bedeutungsvoll; die als Masse etwas Erdrückendes haben, weil er nicht alles einzelne innerlich assimilieren, es aber auch nicht einfach ablehnen kann, da es sozusagen potentiell in die Sphäre seiner kulturellen Entwicklung gehört" (Simmel 1986, 216). Die „Menschen sehr reicher und überladener Kulturen" sind „omnia habentes, nihil possidentes" (Ebd., 217). Fällt „der Sachgehalt ihrer objektiven Faktoren zu viel und zu ablenkend" (Ebd., 204) aus, so führt dies zu einer „solchen Schwäche und Leere der (subjektiven – Verf.) Kultur, dass sie gar nicht imstande ist, die objektiven Faktoren ihrem Sachgehalt nach in sich einzuziehen" (Ebd., 204). Die subjektive Kultur ereilt die gleiche Schwäche wie sie für den erkrankten Körper typisch ist, der „sich nicht mehr aus den Nahrungsmitteln die Stoffe assimilieren kann, an denen der gesunde Wachstum und Kräfte gewinnt" (Ebd., 204). Dann „kann sich die individuelle Entwicklung aus den sozialen Normen nur noch das gesellschaftlich gute Benehmen, aus den Künsten nur noch den unproduktiven Genuss, aus den technischen Fortschritten nur noch das Negative der Mühelosigkeit und Glätte des Tagesverlaufes herausholen – es entsteht eine Art formal-subjektiver Kultur, ohne jene innere Verwebung mit dem Sachelement,

55 „Was man als die Behangenheit und Überladung unseres Lebens mit tausend Überflüssigkeiten beklagt, von denen wir uns doch nicht befreien können, als das fortwährende 'Angeregtsein' des Kulturmenschen, den all dies doch nicht zu eigenem Schöpfertum anregt, als das bloße Kennen oder Genießen von tausend Dingen, die unsere Entwicklung nicht in sich einbeziehen kann und die als Ballast in ihr liegen bleiben – all diese oft formulierten spezifischen Kulturleiden sind nichts anderes, als die Phänomene jener Emanzipation des objektivierten Geistes" (Simmel 1986, 218f.).

durch die der Begriff einer konkreten Kultur sich erst erfüllt" (Ebd., 204). Die Divergenz zwischen objektiver und subjektiver Kultur lässt diese nicht nur hinter jener zurückbleiben, sondern führt zu einer eigenen Problematik der subjektiven Kultur. Deren Zustand trägt nun seinerseits dazu bei, die Diskrepanz zwischen objektiver und subjektiver Kultur zu vergrößern. „Der Subjektivismus des modernen Individuallebens, seine wurzellose Willkür, ist nichts als der Ausdruck dafür, dass diese unabsehbar ausgedehnte, komplizierte, verfeinerte Kultur der Dinge, der Institutionen, der objektiven Gedanken dem einzelnen die innerlich einheitliche Beziehung zu dem Kulturganzen nimmt und ihn wieder auf *sich* zurückweist" (Simmel 1957, 96).

Von der objektiven Kultur gehen Zentrifugalkräfte aus gegenüber dem Bildungsprozess „Subjektivität – Objektivität – Subjektivität+". In der Verobjektivierung menschlicher Sinne, Fähigkeiten und Reflexionsvermögen können sie zu untergeordneten Momenten im tendenziell unendlichen Prozess „objektive Kultur – subjektive Kultur – objektive Kultur+" missraten. Wie lässt sich die objektive Kultur so gesellschaftlich gestalten, dass weder die eben benannte Verkehrung noch eine „Tragödie der Kultur" das letzte Wort bilden? Letztere schreibt das Missverhältnis zwischen objektiver und subjektiver Kultur und deren Subalternität sozialontologisch fest: „Je höher die objektive, desto niedriger im Vergleich zu ihr die subjektive (Kultur – Verf.)" (Landmann 1963, 229). In II.2b, f, II.6b und II.8e wird zum Thema, warum die von 'Praxis' dominierte Gesellschaft sich zwar mit der Depotenzierung der subjektiven durch die objektive Kultur auseinandersetzen muss, aber realiter über Möglichkeiten der Umgestaltung verfügt, die in Simmels Aufbereitung der Problematik nicht vorkommen können. Dem liegt eine Erklärung des erscheinenden Missverhältnisses zwischen objektiver und subjektiver Kultur zugrunde, die auf andere gesellschaftliche Kontexte zurückzugreifen vermag. Bei Simmel avanciert das Verhältnis *zwischen* objektiver und subjektiver Kultur zur Ursache seiner selbst.

In der modernen bürgerlichen Gesellschaft bleibt es nicht dabei, dass die Subjektivität wesentliche Mängel der Objektivität und der gesellschaftlichen Institutionen und Strukturen anzeigt und vergegenwärtigt, wie letztere menschliche Sinne, Fähigkeiten und Reflexionsvermögen bilden oder verunstalten und abstumpfen. Die Subjektivität sieht sich darüber hinaus dazu aufgerufen, aus Bordmitteln diese Problematik zwar nicht zu lösen, aber zu verwinden sowie subjektiv gegenzusteuern und Ausgleichsbewegungen zu ermöglichen. Die Subjektivität kommt damit in eine eigene Verkehrung. Deren Stationen sind:

– Zwischenmenschlichkeit, Freizeit und Kultur als scheinbar selbstverständliche Heimat der „vollen" Verwirklichung menschlicher Sinne und Fähigkeiten;

- deren erscheinende Selbständigkeit in diesen Bereichen, welche mit anderen Sphären nur äußere Bedingungs-Verhältnisse zu unterhalten und ihnen gegenüber gleichursprünglich zu sein scheinen;
- die Profilierung dieser Autonomiesphären gegenüber den Heteronomiesphären. Sie bilden dann den Hintergrund, vor dem das autonom Geltende sich abzuheben vermag;
- die Substanzialisierung der so entstandenen Sinne und Fähigkeiten zur „Subjektivität", also zu einem eigenen Vermögen, das sich selbst zum Ursprung und zum Zweck wird;
- der Schein einer Souveränität dieser Subjektivität über das, wovon sie nur äußerlich abzuhängen scheint.

Mit einem Denken im Horizont von 'Praxis' wird nicht nur der Objektivismus kritisch zum Thema, sondern ebenfalls die zu ihm komplementäre Subjektivität. Die Vergegenwärtigung des individuellen Seins in der Gegenwart krankt nicht zuletzt daran, dass sich der für die Individuen aversiven Objektivität die sich in sich eindrehende und hypostasierende Subjektivität entgegensetzt. Dann erscheinen negative Effekte der Objektivität auf die Individuen nach Maßgabe der eigenen Verkehrung der Subjektivität. Sie meint dadurch zu gelingen, dass sie den Umgang mit dem ihr gegenüber Heteronomen dem eigenen Selbstbezug und der vorgestellten Selbstverwirklichung ein- und unterordnet.[56] Diese Subjektivität versteht sich nicht als Nothilfe und Überlebensbedingung, sondern stilisiert diejenigen Mängel der gesellschaftlichen Objektivität, die der Subjektivität auffallen, zur Kontrastfolie, vor der die Subjektivität glänzt.[57]

---

56 In dieser Verkehrung reißt „das Organische das Unorganische unmittelbar in seine organische Materie" (Hegel 9, 485). Bspw. bildet der familiäre Lebenszusammenhang oft das subjektiv übergreifende Worumwillen, von dem her und auf das hin der Arbeitende seine Erwerbsarbeit versteht. „Der nach außen gehende Prozess wird so in den ersten formellen der einfachen Reproduktion aus sich selbst, in das Zusammenschließen mit sich, verwandelt" (Ebd., 480f.)

57 „Die Undurchsichtigkeit der entfremdeten Objektivität wirft die Subjekte auf ihr beschränktes Selbst zurück und spiegelt dessen abgespaltenes Für-sich-sein, das monadologische Subjekt und dessen Psychologie, als das Wesentliche vor" (Adorno 1979, 54). „Der (erscheinenden – Verf.) Objektivität des technischen Prozesses (der als Industriegesellschaft erscheinenden Gesellschaftsformation – Verf.) entspricht als ihre Kehrseite die Entfesselung der Subjektivität. Die Subjektivität ermächtigt sich dessen, was man ihr übrig lässt. Sie fühlt sich zugleich alleingelassen und befreit – zum Privatleben, zum Ästhetizismus, zum Moralismus. ... In der Abstraktion und im Dualismus erblickt die Subjektivität den Grund ihrer eigenen Absenz; zugleich

Die substanzielle Veränderung von Subjektivität im Sinne von 'Praxis' beinhaltet, die Effekte der Produktionen, der Organisationen, Technologien und Infrastrukturen nicht länger als ins Individuelle und Private wegdiffundierende Nebenfolgen zu betrachten und die „gesunde" Psyche nicht als ebenso unendliches wie „positives" Bewältigungsvermögen, das idealiter „mit allem klarkommt". Der Subjektivität kommt demgegenüber im Gefüge der 'Praxis'-Momente die Rückmeldung zu, die anzeigt, was die Wirkungen der ökonomischen, technologischen, organisatorischen und infrastrukturellen Veranstaltungen sind. Diese Rückmeldung bildet einen Beitrag dazu, diejenige Bilanzierung der Folgen dieser Veranstaltungen zu überwinden, die im Prokrustesbett von Mehrwert und Profit, von instrumenteller Rationalität und Bruttosozialprodukt verbleibt.

Ich komme zur sozialen Dimension der im Sinne von 'Praxis' verstandenen Subjektivität. Das Leitbild des autonomen Individuums übergeht den konstitutiven „Entwicklungsverzug des kollektiven Bewusstseins einer ganzen Gesellschaft" (Kilian 1971, 7). „Das egozentrische Weltbild ist angesichts der Amplifikation des gesellschaftlichen Feldes tatsächlich zum Weltbild eines 'unterentwickelten' Bewusstseins abgesunken, welches angesichts seines Mangels an integrativer Kompetenz und systemtranszendierender Potenz eher als das herrschende 'Unbewusstsein' denn als das herrschende 'Bewusstsein' der Gegenwart bezeichnet werden sollte" (Ebd. 171). Die „zeitgenössischen Generationen leben inmitten einer kollektiven Identitätskrise, ohne dass die betroffenen Menschen die positive Aussicht auf eine sich neu bildende kollektive Identität und auf einen Zuwachs an kollektiver 'Menschlichkeit' wahrnehmen können" (Ebd., 22). Gefragt ist nach einer anderen „Selbststeuerung" der „individuellen und kollektiven Entwicklung" (Ebd., 21). Subjektivität im Horizont von 'Praxis' zu denken heißt, dem „Individualismus den Alleinvertretungsanspruch auf Subjektivität" zu nehmen (Lippe 1981, 64). Auch wenn Adorno an das idealisierte frühbürgerliche Subjekt fixiert bleibt, findet sich in der 'Kritischen Theorie', wenn auch marginal, die Ahnung von einem emanzipatorischen Begriff der Sozialität. Adorno spricht davon, dass die „individualistische Organisationsform der Gesellschaft kollektive Verhaltensweisen ausschließt, die vielleicht subjektiv dem Stand der objektiv-technischen Produktivkräfte gewachsen wären" (Adorno 1958, 145). „Die Emanzipation des Individuums ist keine Emanzipation von

findet sie in ihnen das Material, mittels dessen sie ihre Präsenz inmitten der Absenz anzeigt" (Lefebvre 1978, 246).

der Gesellschaft, sondern die Erlösung der Gesellschaft von der Atomisierung" (Horkheimer 1974, 130).

Die Organisationen, Institutionen und gesellschaftlichen Strukturen sind im günstigen Falle so ausgelegt, dass sie helfen, Trennungen und Verkehrungen zu vermeiden oder zu überwinden, die *im* Feld der individuellen Existenz nicht bearbeitbar sind. Die moderne gesellschaftliche Zivilisation (s. 'Praxis'-Moment „Objektivität") und die gesellschaftlichen Strukturen erweitern die Individuen gegenüber ihrer Unmittelbarkeit und überwinden im günstigen Fall die Schranken und Grenzen der individuellen Handlungsfähigkeit, der die Individuen als vereinzelte Einzelne unterliegen. Aus dieser Aufmerksamkeit für das die Individuen Übersteigende folgt aber nicht, das Sein des Individuums und seinen Selbstbezug zu einem sekundären Thema herabzustufen. Das Votum für den Stellenwert der kollektiven Ermöglichung individueller Lebensqualität ist das eine. Etwas ganz anderes ist der Übergang zu jener Wertschätzung gesamtgesellschaftlicher Institutionen, die kollektivistisch und politizistisch die Probleme individueller Existenz als nachrangige, da vermeintlich „kleine" und „private" Sorgen abwertet.

Aus der Kritik an der Privatexistenz liegt das Bedürfnis nahe, ein unmittelbar positives Gegenteil zu fingieren und aufzubieten, um diese Kritik zu bekräftigen und zu fundieren. Eine naive bis autoritäre Beanspruchung des Gemeinwohls gegen die in der DDR vermeintlich existierende „Selbstausschließung aus dem gesamtgesellschaftlichen Verfügungsprozess" und gegen die damit verbundene „Kleinlichkeit des eigenen Daseins" und die „selbstgewählte 'private' Ohnmacht" (Holzkamp 1983, 384) setzt die Privatexistenz als problematisch, das Gemeinwohl als unproblematisch. Mich interessiert hier weniger Holzkamps Gleichsetzung der DDR mit der „Konvergenz zwischen allgemeinen und individuellen Interessen" (Ebd., 382).[58] Gar nicht erst in den Blick kommt die

58 Holzkamp kritisiert moralisch, dass „die Individuen einerseits angesichts der besonders in der gegenwärtigen Aufbauphase der sozialistischen Gesellschaft unter permanenter Gefährdung durch den Imperialismus erforderten Anstrengungen und Risiken sich in ihr 'Privatleben' einfrieden und hier die Möglichkeit der sozialistischen Lebensbedingungen 'geschickt' für sich ausnutzen, aber andererseits die Funktionalität dieser Handlungsrestriktionen nur dadurch subjektiv etablieren können, dass die in der hier vollzogenen Selbstausschließung aus dem gesamtgesellschaftlichen Verfügungsprozess liegende Kleinlichkeit des eigenen Daseins mit der selbstgewählten 'privaten' Ohnmacht entspringenden Ressentiment gegen die führenden gesellschaftlichen Kräfte 'verdrängt' wird ..." (Holzkamp 1983, 384). Es fehlt hier der Platz zu erörtern, inwieweit Holzkamp später (z.B. in seinem Buch

beide Pole des Gegensatzes – die Privatform der Existenz und die ihr gegenüberstehende gesellschaftliche Allgemeinheit – übergreifende Problematik. Dass die Individuen die gesellschaftlichen Produktivkräfte, Kapitalien und Verkehrsformen nicht als ihre, sie entfaltende Gegenwart wahrnehmen, liegt weder an einer „Selbstausschließung aus dem gesellschaftlichen Verfügungsprozess" noch an einer „selbstgewählten 'privaten' Ohnmacht", sondern daran, dass dieser Verfügungsprozess weder möglich noch für die Individuen wesentlich erscheint. Und dies hat nicht allein Ursachen im Kapitalismus, sondern auch in den Heteronomiesphären der modernen Gesellschaft (s. II.8) sowie in den Problemen, die sich in der Gestaltung der nachkapitalistischen Gesellschaft ergeben (s. II.4g, II.9).

Die Darstellung des Praxismoments Subjektivität überschneidet sich mit der Auseinandersetzung (in II.6b) über das Verhältnis zwischen Subjektivität im Kontext von 'Praxis' und Subjektivität im Kontext der bürgerlichen Lebensweise. Wenn diesem Thema nicht ein eigenes Kapitel gewidmet wäre, müsste vieles von dem dort Dargestellten an dieser Stelle zur Sprache kommen.

g) Die Gesellschaftsgestaltung

Die Gesellschaftsgestaltung in einer von 'Praxis' dominierten Gesellschaft – das siebte und letzte Moment von 'Praxis' – ist nicht gleichbedeutend mit dem Primat der Politik über die anderen Gesellschaftsbereiche. Es geht nicht darum, die Ökonomie zu „politisieren". Die Perspektive besteht vielmehr darin, die in der bürgerlichen Gesellschaft herrschende Konstellation von Ökonomie und Politik zu überwinden (vgl. Creydt 2000, 261). Im Kapitalismus soll der Staat die negativen Folgen, die durch die Ökonomie entstehen, auf Grundlage ihrer Abstraktionen bearbeiten. Die Gesamtheit der sozialen Lebensbezüge wird in der modernen bürgerlichen Gesellschaft nicht maßgebend für die Ökonomie. Demgegenüber ist zu fragen: „Wie mache ich aus den unternehmerischen Einzelentscheidungen soziale Prozesse, an denen die Mitarbeiter des Betriebes mitwirken, und wie mache ich aus den Produktionsentscheidungen soziale Prozesse nach außen, an welchen die Konsumenten mitwirken? Was anderes kann es heißen,

über das „Lernen" 1995) grundlegend anders argumentiert. An dieser Stelle geht es um eine bestimmte Position und nicht um die Charakterisierung eines Werks oder gar Lebenswerks durch *ein* Zitat.

wenn heute die Reintegration der Ökonomie in kulturelle und soziale Bezüge gefordert wird?" (Heyder 1994, 114).[59]

Die gesellschaftliche Selbstgestaltung im Sinne von 'Praxis' unterscheidet sich von

- einer formellen Allgemeinheit oder verwaltungsförmigen bzw. rechtlichen Synthesis;
- der Einregulierung der Relationen der verschiedenen gesellschaftlichen Sphären via Gleichgewicht, checks and balances und den in den modernen Gesellschaften typischen Formen der Gewaltenteilung;[60]
- einer Einregulierung der Synthesis auf Märkten;[61]
- der Vorstellung einer Gesellschaftssteuerung von einem Zentrum und einer Spitze aus;
- Wahlen in der repräsentativen Demokratie.[62]

Die Gestaltung der Gesellschaft durch ihre Mitglieder schließt ein, die Art der gesellschaftlichen Selbstvergegenwärtigung, Selbstbeobachtung und Selbstbeschreibung zum Thema zu machen. „Fehler" werden nicht unmittelbar offenbar. Vielmehr ist mit indirekten und emergenten Wirkungsverknüpfungen, mit Grenz- und Schwellenwerten, zunächst problematische Handlungen abpuffernden Momenten[63] sowie Verzögerungen und dem Versickern von Effekten zu rechnen. Insgesamt stellt sich die Frage, wie sich Entscheidungssituationen adäquat begreifen lassen. Rückmeldungen in komplexen Situationen müssen

---

59 Vgl. dazu auch II.9a.

60 Zur Problematisierung der Gewaltenteilung vgl. Demirović 2009, 192f.

61 Vgl. die Literatur zum Marktversagen und die Überlegungen zu den „menschlichen Kosten" des Marktes.

62 „Der Mechanismus der allgemeinen, freien und geheimen Wahl wirkt wie eine Rührmaschine, die die Entscheidungen der einzelnen Wähler zu einem solch trüben Brei verrührt, dass die gemeinten 'Botschaften' von den Empfängern, den gewählten Parteien, beim besten Willen nicht zu entziffern sind. In der Politik zählen nur die auf die Parteien entfallenden Stimmenpakete, nicht aber die (policy-) Präferenzen, die den Wahlentscheidungen zugrundelagen" (Wiesenthal 1991, 18).

63 Die Leber wächst mit ihren Aufgaben. Sie schluckt zunächst und eine lange Zeit recht viel und täuscht über die sich langsam anhäufenden negativen Effekte hinweg, die dann umso überraschender schließlich zu katastrophalen Krisen führen können, gerade insofern das sich langsam Aufbauende bzw. lange Abgepufferte in seiner Latenzzeit nicht wahrgenommen wurde.

„Fehler“ des Handelns nicht zuverlässig anzeigen. Um von einer zutreffenden Zuordnung der Probleme zu Ursachen ganz zu schweigen.[64]

In der Gesellschaftsgestaltung geht es darum, die gesellschaftlichen Schnittmuster von Handlungen sowie Rückkopplungen und Selbstvergegenwärtigungen im Sinne von ‘Praxis’ zu gestalten. Das schließt ein, Supervision (s. II.9c) zu ermöglichen, Informationsgrundlagen bereitzustellen und Moratorien zu erlauben. Evaluationen werden notwendig, die das In-der-Welt-Sein der Betroffenen in den Blick kommen lassen. Dafür sind die für die funktional ausdifferenzierten Bereiche (z.B. Gesundheits- und Schulwesen) charakteristischen engen Frequenz- und Resonanzbereiche zu überschreiten.[65] Das Wegdiffundieren der Aufmerksamkeit zwischen den Rollen, Organisationen und Bereichen muss verhindert oder wenigstens vermindert werden. Um eine Integration der Aufmerksamkeiten geht es und um eine Arbeit, die die Ursachen dafür massiv verringert, dass Zusammenhängendes als nicht zusammenhängend erscheint. Zum Problem werden die Kontrastprofilierungen, Kontaktunterbrechungen, Verfremdungen und der folgenblinde Tunnelblick. Arbeitsteilige (Un-)Zuständigkeiten erschweren die Aufmerksamkeit für das Zusammenspiel der vielen einzelnen Komponenten. Deren indirekte und nichtintendierte Effekte sowie deren Wechselwirkungen und Rückkoppelungen überfordern das auf Ressorts und Disziplinen fixierte Schubladendenken. Not-wendig werden Aufmerksamkeiten und Kommunikationen, die die Folgen und Voraussetzungen der verschiedenen Momente von ‘Praxis’ überhaupt miteinander in Verbindung bringen.[66] Nur so lässt sich die

64 „Die Welt ist komplex. Es gibt keinen Grund zu der Annahme, dass sie gleichsam aus freien Stücken den Planern mitteilte, wann ein bestimmter Entscheidungstyp inadäquat wird. Die Annahme, dass (im Doppelsinne:) entscheidende Fehler in Komplexität als solche erfahren werden, kann selbst unterkomplex werden, da sie die Effektivität des Rückkoppelungsmechanismus zu überschätzen droht. ... Kurz: eine adäquate Definition der Problemsituation ist selbst problematisch, ‘die roten Lichter’ – wie Franz Janossy, ein langjähriger Mitarbeiter des ungarischen Planbüros, dies einmal ausdrückte – ‘leuchten nicht von selbst auf’“ (Masuch 1981, 93f.).

65 In der Sozialpsychiatrie bspw. ist der Unterschied zwischen einer psychiatrischen und einer die Lebenswelt der Betroffenen sowie ihre sozialen „Ressourcen“ vergegenwärtigenden Diagnostik seit langem Thema.

66 Um die Fragerichtung zu verdeutlichen weise ich exemplarisch hin auf eine Vergegenwärtigung der Effekte des Subjekt-Objekt-Verhältnisses für den Sozialcharakter der Individuen und den Charakter der Gesellschaft. Negts Überlegungen knüpfen an Wittfogels 1931 erschienenen Band „Wirtschaft und Gesellschaft Chinas’ an. „Der Reisbau mit den ihm eingegliederten Nebenkulturen nähert sich mehr als irgendein anderer Getreidebau dem kunstvoll-intensiven Arbeitsverfahren des Gärtners an.

mangelnde Aufmerksamkeit für die eigene Existenz überwinden, die sich an unterkomplexen Kriterien und Kennziffern festmacht (z.B. Fallzahlen, Betriebsgewinn, Bruttosozialprodukt).

Die Schwierigkeit dieser Materie steigert sich noch durch die nichtintendierten Effekte und Rückkoppelungen sowie durch eigendynamisch sich verstärkende problematische Prozesse (vgl. dazu II.6d). Die Verselbständigung des Sozialen gegen die Individuen ist kein Alleinstellungsmerkmal kapitalistischer Gesellschaften.

Zum Verhältnis der Gesellschaft zu sich im Sinne von 'Praxis' gehören Arbeiten der Gestaltung und Formung der gesamtgesellschaftlichen Einwirkungsmöglichkeiten und die entsprechenden institutionellen Vorkehrungen. Sie verarbeiten die Erfahrung, „dass der 'Wille' des Volkes ein Artefakt derjenigen institutionellen Verfahren ist, die wir vorgeblich nur in seiner *Messung* verwenden. Der Volkswille *besteht* nicht *vor* diesen Verfahren und unabhängig von ihnen, sondern er *entsteht* in ihnen“ (Offe 1992, 129). Maßgebend bei der Gestaltung ist die Frage, welche institutionellen Arrangements es erlauben,

---

Von den Kennern der ostasiatischen Agrikultur wird die Landwirtschaft Chinas geradezu als ein über einen ganzen Erdteil ausgebreiteter Gartenbau bezeichnet“ (Wittfogel 1931, 141). Gartenbaukultur war in Europa nicht Grundlage der Produktion. Die chinesische Gartenbaukultur verträgt sich nicht mit großflächigem Wirtschaften. Demgegenüber hat man es in der europäischen Landwirtschaft „im allgemeinen mit Massenkulturen zu tun, die der einzelnen Pflanze keine besondere Sorgfalt angedeihen lassen. Eine Gartenkultur dagegen gebietet erhöhte Aufmerksamkeit für bestimmte Pflanzen, die Beseitigung des Unkrauts in ihrem Umfeld, für die Verschiedenartigkeit von Pflanzen auf einem Felde. Das Arbeitsverhalten ist nicht disponierend, verfügend, wie bei großflächigen Bepflanzungen, sondern differenzierend. Unterscheidungsvermögen und intensive Beobachtung sind zentrale Voraussetzungen eines Verhaltens, das auch in einer klassifikatorischen Denkweise gründete. ... Wo aber Differenzierungs- und Unterscheidungsvermögen wesentliche Arbeitseigenschaften sind, kann nur schwer gesellschaftliche Urteilskraft sich bilden, die auf Subsumtion des Besonderen unter das Allgemeine angewiesen ist. Samen werden nicht gesät, also breit über die Oberfläche gestreut, sondern gesteckt und umgesteckt. Das berührt die Elemente der lebendigen Arbeitsqualität im Verhältnis zu den Produkten. Es entsteht eine Art symbiotischer Arbeitsbeziehung. Unter dieser Voraussetzung, die eine intime Einstellung zum Wachstum einschließt, bilden sich eine ganz eigentümliche Zeitstruktur und Zeitperspektive im Verhältnis zum Produktionsvorgang. Der Gärtner wird die Neigung haben, mit äußerster Geduld die Pflanzen wachsen zu sehen. Er wird nicht versuchen, das Wachstum künstlich zu beschleunigen“ (Negt 1988, 526).

- nicht nur weit in die Zukunft weisende Folgen gegenwärtigen Handelns zu antizipieren, sondern auch daraus folgende Maßnahmen gegen den Sog des Kurzfristigen durchzusetzen;[67]
- die sachlichen Zusammenhänge von Entscheidungen den Wählern aufzubereiten. Mit der Komplexität der Probleme wachsen die für Entscheidungen notwendigen kognitiven Voraussetzungen.

Die eigene Logik der Emergenz (das „Ganze" ist mehr – oder weniger – als seine „Teile") wird nun zum Thema. Dörner (1992) vergegenwärtigt prägnant die Formen des Alltagsdenkens, die einer der Problematik angemessenen Herangehensweise im Weg stehen. Im Zuge des Paradigmenwechsels von der Produktion isolierter Güter zur Gestaltung der sieben 'Praxis'-Momente gilt der Qualität des Bewusstseins und der öffentlichen Diskurse eine ganz andere gesellschaftliche Aufmerksamkeit als beim gegenwärtigen Wildwuchs.

Konkrete Vorschläge für Institutionen und Strukturen der Gesellschaftsgestaltung in einer von 'Praxis' dominierten Gesellschaft lassen sich nicht am grünen Tisch „ausdenken". Die in diesem Band enthaltenen Konzepte können zum großen Teil an Institutionen und Strukturen, die existierten oder existieren, anknüpfen, indem sie sie ausweiten, modifizieren und integrieren. Nicht flächendeckende Vollständigkeit, sondern Profilierung einer Suchrichtung ist das Anliegen der folgenden Übersicht. Die Gesellschaftsgestaltung im Sinne von 'Praxis' umfasst verschiedene institutionelle Elemente:

- eine Wissensinfrastruktur der Produktlinienanalysen, Umweltbilanzen, Umweltverträglichkeitsprüfungen (s. II.4.c). Diese Wissensinfrastruktur,

---

67 Mit der Gesellschaftsgestaltung im Sinne von 'Praxis' werden die „*Zusammensetzungsfehlschlüsse*" (vgl. Koslowski 1994, 212ff.) im Markt und in der Demokratie zum Thema. Der Maxime, es sei für die Gesellschaft als ganze vorteilhaft, was auch für den Einzelnen vorteilhaft ist, stehen unvorteilhafte Effekte der Summe individuell vorteilhafter Handlungen entgegen. Wenn viele Einzelne gegen die Inflationsgefahr Abhilfe in Sachwerten suchen, so wird die Inflation dadurch gerade gefördert. Wenn viele Einzelne das Einfamilienhaus im Grünen vorziehen, so resultiert Zersiedelung.
Zusammensetzungsfehlschlüsse führen nicht nur zu Markt-, sondern auch zu *Demokratieversagen*. Ebenso wie der Zeithorizont am Markt kurzfristig ist (Interesse an kurzfristiger Rentabilität), ebenso ist auch bei Wahlen der Zeithorizont der Wähler kurzfristig und blendet langfristige Folgen und Nebenfolgen von Maßnahmen aus. Märkte *und* Wahlen sind wenig sensitiv für die „Optionsnachfrage" (Weisbrod 1964). Beide Institutionen drücken unmittelbare Präferenzen aus, nicht aber Zahlungs- oder Zustimmungsbereitschaft „für die Güter eines möglichen zukünftigen Konsums" (Koslowski 1994, 216).

die die mit den Produkten verbundenen Effekte, Voraussetzungen und Rückkoppelungen vergegenwärtigt, ermöglicht allererst gesellschaftliche Einwirkung;

- Szenarien, die die Effekte von Technologien, Produkten und Dienstleistungen für die Individuen, für die allgemeine Lebensqualität und für die Einwirkungen der Gesellschaft auf sich selbst zeigen;
- auf der Basis solcher Wissensinfrastrukturen und Szenarien lassen sich Indizes entwickeln, für die heute Beispiele wie das MIPS (Material-Intensität Pro Serviceeinheit – s. I. 2), der DGB-Index „gute Arbeit" (s. II.4), der Human-Development-Index oder das Corporate Responsibility-Rating (s. I.2) stehen. Diese Indizes konkretisieren allgemeine Belange einer Lebensqualität im Sinne von 'Praxis';
- Institutionen, mit denen die kontinuierliche Aufmerksamkeit „Bürger beobachten die Reproduktion" und entsprechende Einwirkungen der „Marktöffentlichkeit" (s. I.2) möglich werden;
- die „Sozialisierung des Marktes", die an Netzwerke von Verbraucherverbänden, Verbraucherschutzinstituten, NGOs und Gewerkschaften anknüpft (s. I.2., II.4e);
- die Schließung der „Kommunikationslücke" zwischen Anbietern und Verbrauchern „durch Bündelung und Politisierung der Verbraucherinteressen" und durch „gesetzlich geregelte Wahlprozeduren für einen 'Verbraucherrat' ... Er könnte einen Teil der Lenkungsbefugnisse übernehmen, die bisher über das Depotstimmrecht von den Großbanken wahrgenommen wurden und die Aufgabe bekommen, allgemeine Konversionsszenarien zu entwickeln" (Brüggen 1996, 9);
- „Marktwahlen" (s. II.2.d);
- Regelungen für den Umgang mit Hierarchien, wie sie in Kibbuzim üblich waren bzw. sind (II.2c),
- Regelungen, die es ermöglichen, dass bestimmte Gruppen in ihren Arbeiten und Tätigkeiten zum Repräsentanten und Treuhänder besonderer, gesamtgesellschaftlich relevanter Belange werden;
- die Institutionalisierung der auf die Folgen der Organisation für die verschiedenen 'Praxis'-Momente bezogenen Reflexion in Organisationen (vgl. Girschners Überlegungen in II.2a, II.7d) sowie die interne Demokratisierung von Organisationen;
- die externe Demokratisierung von Organisationen. Bspw. entsenden die von den Voraussetzungen und Effekten der Organisationen Betroffenen Vertreter in Leitungsgremien (Aufsichtsrat) der jeweiligen Organisation;

- die verhandelnde Koordination (Devine) (s. II.9c), Foren und Institutionen, die die Begegnung, Hospitation und Beratung zwischen den verschiedenen Interessengruppen und Belanggruppen organisieren;
- reflexive Institutionen (s. II.9c);
- Supervision (s. II.9c);
- die Einwirkung auf das Handeln von wirtschaftlichen Akteuren durch positive oder negative Sanktionen (bezüglich Auftragsvergabe, Kredite, Steuern, Subventionen) je nach ihrer Bilanz[68] in der Erfüllung allgemein festgelegter Kriterien bzw. Indizes, die das Leitbild 'Praxis' konkretisieren.[69]

---

68 „Neben der Steuerung durch die Partizipation der beteiligten Anspruchsgruppen muss der Staat durch einen entsprechenden gesetzlichen Rahmen Sorge tragen, dass Unternehmen im Sinne des Gemeinwohls handeln" (Bender, Bernholt, Winkelmann 2012, 137). Ich gehe auf das Problem dieses Verhältnisses in Kapitel II.9c ein. „Der Staat kann dies v.a. durch Anreizsysteme und ggf. auch durch Bestrafungen oder Verbote tun. Um die hierfür notwendigen Daten zur Verfügung zu haben, verpflichtet der Staat die Unternehmen zu einer umfangreichen Bilanzierung des unternehmerischen Erfolgs. In einer solidarischen Ökonomie geht es dabei nun weniger um den erwirtschafteten Gewinn, sondern ... um die soziale und ökologische Nachhaltigkeit des Unternehmens. Die Erfolgsmessung eines Unternehmens muss also um diese Kriterien ausgeweitet werden. Die daraus entstehende Bilanz nennen wir Nachhaltigkeitsbilanz. Sie erfasst den unternehmerischen Erfolg aus wesentlich mehr Perspektiven als die herkömmliche Finanzbilanz und lässt sich unseres Erachtens am besten mit Hilfe der in der Betriebswirtschaftslehre bereits bekannten und von vielen Unternehmen eingesetzten Balanced Scorecard erstellen" (Ebd.). Zur konkreten Ausformulierung der „Nachhaltigkeitsbilanz" vgl. ebd., 137-143. Dass es im Sinne von 'Praxis' mit sozialer und ökologischer Nachhaltigkeit nicht getan ist, sondern eines grundlegenderen Paradigmawandels bedarf, ändert nichts am Wert der (dann eben inhaltlich modifzierten) Bilanzierung betrieblicher Aktivitäten nach Kriterien des gesamtgesellschaftlichen Leitbildes.

69 Im Horizont einer weit gefassten, ökologische Belange umfassenden *und* überschreitenden Nachhaltigkeit heißt es: „Die Besteuerung und die Unterstutzung der Unternehmen durch staatliche Aktivitäten sind abhängig von den Werten der Nachhaltigkeitsbilanz. Aggressive Unternehmenspolitik, die den anderen Marktteilnehmern Schaden zufügt, bewirkt eine Verschlechterung der Nachhaltigkeitspunkte. Anders ausgedrückt, auf individuelle Konkurrenz ausgerichtete Unternehmenspolitik bringt erhebliche ökonomische Nachteile mit sich, während auf Kooperation ausgerichtetes Verhalten Vorteile bringt" (Bender, Bernholt, Winkelmann 2012, 73). Zugrunde liegt das Votum für einen kooperativen Wettbewerb, in dem die Beteiligten um die beste Lösung ringen, im Unterschied zu einem konkurrierenden Wettbewerb. In ihm „steht der Sieg eines Einzelnen, der mit allen Mitteln versucht, die Konkurrenz zu verdrängen, im Vordergrund" (Ebd., 69). Bspw. könnte ein Bäcker „durch eine besonders billige Brötchenvariante und Verwendung entsprechender Materialien

Notwendig werden sowohl gesamtgesellschaftlich als auch die einzelnen Bereiche betreffend institutionelle Formen von öffentlichen Beratungen, Erwägungen, Auseinandersetzungen und Willens*bildung*sprozessen. Dazu gehört z.B. die Sozialisierung des Marktes (vgl. I.2, vgl. II.4e). Überlegungen zu einer entsprechenden institutionellen Ordnung motivieren sich auch aus dem Ungenügen am gegenwärtigen parlamentarischen System.[70] Massarrat (1995, 693) schlägt „Dritte Kammern neben Bundestag und Bundesrat für die wichtigen gesellschaftlichen Themenbereiche wie Umwelt und Entwicklung, Friedenssicherung, Arbeitslosigkeit, Gleichstellung etc." vor.[71] Massarrat (2006) stellt Konzepte für an die NGOs anknüpfende „themen- und gruppenspezifische Foren" vor und Vorschläge für deren Rückkoppelung mit der Parteiendemokratie (257ff.). Heinrichs (2003) plädiert für ein „gestuftes Kompetenzsystem von vier Parlamenten" (172): Grundwerteparlament, Kulturparlament, Politisches Parlament und Wirtschaftsparlament (172ff.). Felber (2011, 25ff.) spricht von einem nationalen „Wirtschaftskonvent". Ich weise auf diese Überlegungen nicht hin, um ihre konkreten Vorschläge zu bejahen. Diese Konzepte sollen allein dazu motivieren, die Fragen nach der institutionellen Ordnung einer nachkapitalistischen Gesell-

---

und ggf. auch durch schlechte Bezahlung der Beschäftigten versuchen, einen größeren Marktanteil zu erobern. Dieses Verhalten steht ihm natürlich zu, er wird aufgrund dieser Unternehmensstrategie allerdings durch die Nachhaltigkeitsbilanz mit höheren Steuersätzen rechnen müssen. Es ist fraglich, ob diese Strategie dann noch für ihn vorteilhaft ist. Handelt es sich um eine Großbäckerei mit 30 oder mehr Beschäftigten, muss diese Politik zudem von den innerbetrieblichen partizipatorisch besetzten Aufsichtsgremien beschlossen werden" (Ebd., 74f.).

70 In politischen Wahlen werden die unterschiedlichsten und gegensätzlichsten Themen zu Konglomeraten verknüpft. Man kann sich nur im Vergleich zwischen verschiedenen zur Wahl stehenden Gesamtpaketen entscheiden. Meist steht dann faktisch nicht das Votum *für* etwas zur Wahl. Die Logik des Vergleichs und die Akzeptanz des „kleineren Übels" dominieren.

71 „Durch die Einrichtung einer zusätzlichen und auf Einspruchskompetenz und Gesetzesinitiative beschränkten Kammer für Einzelanliegen wird erstmalig die Möglichkeit eröffnet, sich in Einzelfragen nach sachlichen und ethischen Gesichtspunkten zu entscheiden, ohne gezwungen zu werden, die eigene Weltanschauung zu verleugnen bzw. sich deshalb gegen tiefe Überzeugung für eine andere Partei zu entscheiden. Konservative Gegner der Atomenergie wären dann bspw. nicht gezwungen, grün zu wählen, denn sie könnten ja ihre Opposition in dieser Frage unabhängig von ihrer Parteipräferenz durch die Dritte Kammer zur Geltung bringen. Umgekehrt bliebe liberalen Gegnern der Abtreibung nicht als einzige Möglichkeit, sich bei Parlamentswahlen auf die Seite der Konservativen zu schlagen" (Massarrat 1995, 694).

schaft nicht im Prokrustesbett der für die bürgerliche Gesellschaft einschlägigen institutionellen Formen zu formulieren.[72]

Die Gesellschaftsgestaltung im Sinne von 'Praxis' hat nicht nur instrumentelle Funktionen. Sie besitzt einen Eigenwert. Die „starke Demokratie" „entwickelt eine Politik, die Uneinigkeit durch Bürgerbeteiligung, öffentliche Beratung und Erziehung ... in Kooperation zu verwandeln vermag. Starke Demokratie beginnt mit Uneinigkeit, aber endet nicht dort: sie erkennt Uneinigkeit an, verändert sie aber letztlich, ohne die Konflikte dabei verschwinden zu lassen oder herunterzuspielen" (Barber 1994, 126).[73] Gefragt sind öffentliche „anhaltende Gespräche. Wählen ist ein statischer Akt, in dem sich die jeweiligen Vorlieben einer Person äußern, wohingegen Partizipation ein dynamischer Akt der Vorstellungskraft ist, der von den Teilnehmern eine Veränderung ihrer Weltsicht verlangt. Der Akt des Wählens lässt uns an eine Gruppe von Menschen in einem Selbstbedienungsrestaurant denken, die darüber verhandeln, was sie als Gruppe kaufen können, um ihre je persönlichen Geschmacksrichtungen zu treffen; in einer starken Demokratie würde dieselbe Gruppe neue Menüs ersinnen, neue Rezepte erfinden und mit neuen Ernährungsplänen experimentieren" (Ebd., 127f.).

Der Sinn, die Fähigkeiten und die Ressourcen für das Wirken und Bewirken sind geschwächt, wo das Individuum von der Gestaltung der Gesellschaft getrennt bleibt. Demgegenüber geht es darum, der „wachsenden Leidenserfahrung des Bürgers als eines 'Beraubten', eines 'homo privatus'" (Vilmar, Runge 1986, 103) Ausdruck zu verleihen und sie praktisch zu wenden. Diese Leidenserfahrung sorgt dafür, dass „die Heilung der Bürger von politischer Apathie, einem bedrohlichen sozialen Krankheitszustand", kein „idealistischer Wunsch von Demokratietheoretikern" bleibt (Ebd.). Vielmehr kann gewiss werden, dass die Menschen in der gegenwärtigen Gesellschaft „eines wesentlichen, sinngebenden Elements ihres Daseins beraubt sind, wenn sie am Schicksal eines größeren Ganzen keinerlei aktiven, mitgestaltenden Anteil nehmen" (Ebd., 104). Um die Befreiung der Menschen aus der „beschränkten Privatexistenz" geht es und um einen „Gewinn an Lebensinhalt, an Ichstärke ..., der ihnen durch Teilnahme erwächst – und zwar mehr noch konstruktiv-gestaltende Teilnahme ... als durch die im Ergebnis oft frustrierende Teilnahme an Protestaktionen (Bürgerinitiativen gegen ...), so wichtig auch diese Form politischer Partizipation sein mag" (Ebd., 107).

---

72 Im institutionellen Design einer sich am Paradigma der 'Praxis' orientierenden Gesellschaft wären die verschiedenen Bereiche und Ebenen und ihr Zusammenspiel anders zu gliedern als bei Massarrat und Heinrichs.

73 Vgl. a. Devine und Heyder (zit. in II.9a).

h) Schluss: Die Bildung menschlicher Sinne, Fähigkeiten und Reflexionsvermögen im Sinne von 'Praxis' als Inhalt des Zusammenwirkens der Praxismomente

Mit den Prozessen der Vergegenständlichung und individuellen Aneignung humaner Vermögen wird eine Not zum Thema, die jener Linken, bei der Verteilungsfragen im Zentrum stehen, meist entgeht. „Die Not, die Marx im Auge hat, ist nicht die wirtschaftliche, die Bedürftigkeit an Gebrauchsgegenständen … . Wenn Marx die eigentliche Produktion dort ansetzt, wo der Mensch frei 'vom physischen Bedürfnis' produziert, dann liegt für Marx die menschliche Not in einer tieferen als der wirtschaftlichen Dimension" (Fraentzki 1978, 133). Diese Not resultiert aus der mangelhaften, verzerrten oder widersprüchlichen Entfaltung der Momente von 'Praxis'.

Bereits im Arbeiten und Tätigsein und in der Bildung von Sinnen und Fähigkeiten an Gegenständen außerhalb der Arbeit wird implizit zum Problem, wie menschliche Sinne, Fähigkeiten und Reflexionsvermögen sich entwickeln. Die Aufmerksamkeit gilt dann nicht allein der Frage, wie Arbeiten instrumentell gelingen und Bedürfnisse effizient befriedigt werden, sondern welches „Menschentum" (Max Weber) die Individuen in Arbeiten und Tätigkeiten und in der Bildung von Sinnen und Fähigkeiten an Gegenständen außerhalb der Arbeit entwickeln. Zum Thema wird, metaphorisch formuliert, die Frage, wie „der Mensch den Mensch produziert, sich selbst und den andren Menschen" (MEW-Erg.bd. 1, 537).[74] Arbeit ist nicht nur Mittel zum Leben, sondern „Lebenstätigkeit" (Ebd., 516).

In den ersten beiden Momenten von 'Praxis' geht es um die Auseinandersetzung der Menschen mit der Qualität ihrer Fähigkeiten, Sinne und Reflexionsvermögen, die sich im Erarbeiten eines Gegenstands oder einer Dienstleistung oder im Umgang mit dem Arbeitsprodukt oder Tätigkeitsresultat sowie in seiner Rezeption bilden. Die Sinne, Fähigkeiten und Reflexionsvermögen entwickeln sich in dem Maße, wie sie sich an ihrem Gegenstand abarbeiten und erarbeiten und das Individuum in diesem Prozess in ein Verhältnis zu seinen Sinnen, Fähigkeiten und Reflexionsvermögen tritt.[75] Es kann sie nun aus einer anderen

74 „Der Kommunismus ist nicht mehr Produktion für die Bedürfnisse, sondern eine Praxis der Veränderung dieser Bedürfnisse, die Produktion des Produzenten durch ihn selbst. Dies macht die freie Arbeit, verstanden als Mehrarbeit, aus" (Balibar 1986, 674).

75 „Indem das Selbst, d.i. das Ich sich im Medium des 'Stoffes' ihm selbst gegenüberstellt, gewinnt es Stand, d.h. tritt es aus seinem Nichtsein ein ins Sein, welches Eintreten

Perspektive wahrnehmen. Der Abstand von den eigenen Sinnen, Fähigkeiten und Reflexionsvermögen bildet ein Moment ihrer Entwicklung. Das Individuum muss nicht in einem privaten Verhältnis zu seinen Vermögen befangen bleiben, in dem es sich blauen Dunst über *seine* Selbstverwirklichung vormachen kann.[76] Im Unterschied zu dieser individuellen Selbstbespiegelung wird eine soziale Dezentrierung möglich. Sie eröffnet die Aufmerksamkeit dafür, dass der Gegenstand nicht im partikular-idiosynkratischen Horizont des Privatindividuums verbleibt, sondern auf übergreifenden gesellschaftlichen Prozessen der Erfahrungsverarbeitung, Wissens- und Reichtumsentwicklung aufbaut und zu ihnen auf eigene Weise in unterschiedlichem Maße beiträgt.

Dass die Individuen sich zu ihrem „Menschentum" (Max Weber) in ein Verhältnis setzen, findet seine erste, insofern notwendigerweise unentwickelte, soziale Gestalt in der Zwischenmenschlichkeit. Hier wird deutlich, dass das Individuum nicht kraft eigener Autonomie ist, was es ist. Im Horizont der Zwischenmenschlichkeit droht allerdings die individuelle „Erdung" sich in zirkuläre Zuschreibungen aufzulösen.[77] Demgegenüber profiliert sich die Selbständigkeit der zivilisatorischen Objektivität, in der es im Unterschied zur Zwischenmenschlichkeit „sachlich" zugeht.

---

gleichbedeutend ist mit dem Heraustreten aus der Verborgenheit in die Helle der Unverborgenheit, also nichts anderes ist als die Pro-duktion seiner selbst" (Fraentzki 1978, 155).

76 Gegenüber dem als Ausdruck des Individuums und seiner Selbstverwirklichung verstandenen „Werk" findet „überhaupt weder Erhebung, noch Klage, noch Reue statt; denn dergleichen alles kommt aus dem Gedanken her, der sich einen anderen Inhalt und ein anderes Ansich einbildet, als die ursprüngliche Natur des Individuums und ihre in der Wirklichkeit vorhandene Ausführung ist" (Hegel 3, 299). Das Individuum findet nur sich und sein Werk, es hat ein *„ehrliches Bewusstsein"*, das, insofern es sich im Werk selbst zu äußern und darüber sich zu prüfen können meint, zugleich nur auf sein (im doppelten Sinne) eigenes Bewusstsein zurückzugreifen weiß. „Das Individuum kann also, da es weiß, dass es in seiner Wirklichkeit nichts anderes finden kann als ihre Einheit mit ihm oder nur die Gewissheit seiner selbst in ihrer Wahrheit, und dass es also immer seinen Zweck erreicht, nur Freude an sich erleben" (Ebd., 299f.).

77 „'Aufgehoben' sind sie nicht 'beim andern', sondern in dem 'Beieinander'. Oder: Sie leben nicht 'mit dem anderen', sondern im 'Beieinander'. Nicht 'auf' den anderen sind sie bezogen, sondern auf die 'Beziehung'. ... Das Individuum, das zunächst ganz auf sich selbst gestellt war, hat aufgehört, sich selber anzugehören, und ist, infolge seines Versuchs, sich seiner selbst gewiss zu werden, der Angehörige eines Verhältnisses geworden" (Boettcher-Achenbach 1984, 150).

Der Horizont der für die emphatische menschliche Wirklichkeit in Betracht zu ziehenden Realität erweitert sich. Das „Gattungswesen" realisiert sich nicht nur in Gestalt individueller Mit- und Gegenspieler, sondern auch in Gestalt eines Außenhalts der objektiven Kultur. Die „Gattung" umfasst nun auch jene Emergenz menschlicher Erfahrungen, Qualifikationen und Wissensbestände, die sich in der objektiven Kultur materialisiert.[78] Sie ermöglicht, dass Menschen nicht immer wieder bei Null anfangen müssen, sondern in eine Welt hineingeboren werden, die Resultat menschheitsgeschichtlicher Entwicklung ist.

Bereits in der Bildung von Sinnen und Fähigkeiten an Gegenständen außerhalb der Arbeit war Thema, wie letztere bestimmte Sinne und Fähigkeiten ermöglichen und entwickeln, andere aber nicht. Die Perspektive, diesen spiralförmigen Prozess (mit seinen beiden Polen der Vergegenständlichung und der subjektiven Aneignung der herausgebildeten menschlichen Potenziale) gesellschaftlich zu gestalten, sieht sich in dem Maße mit Problemen konfrontiert, wie die „objektive Kultur" ihrer eigenen Immanenz folgt und diese in Gegensatz steht zu Entwicklungskriterien der „subjektiven Kultur". Es stellt sich die Frage nach den darauf bezogenen Gestaltungsmöglichkeiten. Sie waren in der Sphäre der Zwischenmenschlichkeit oder der unmittelbar verstandenen Sozialbeziehungen den Individuen zugeschrieben und auf sie beschränkt. Bereits in der Sphäre der zivilisatorischen Objektivität, dem vierten 'Praxis'-Moment, entstehen mit Organisationen Formen der (nun: gesellschaftlichen) Einwirkung auf gesellschaftliche Sachverhalte selbst, die die Möglichkeiten der Individuen übersteigen.

Im 'Praxis'-Moment der gesellschaftlichen Institutionen und Strukturen steigert sich die bereits im Moment der zivilisatorischen Objektivität (der modernen Technik, Organisationen und Infrastrukturen) enthaltene Tendenz, Handlungen und Verhalten nicht primär durch eine Veränderung des individuellen Bewusstseins zu beeinflussen. Vielmehr legen bereits Technologien und Sozialtechnologien und, in gesteigertem Maße, Institutionen und gesellschaftliche Strukturen ein bestimmtes Handeln und Verhalten indirekt und umwegig vermittelt nahe. In beiden 'Praxis'-Momenten geht es darum, die gesellschaftlich konstituierte „Materie" zu formen, mit der Individuen zu tun haben. Institutionen und gesellschaftliche Strukturen im Sinne von 'Praxis' bilden auch eine Antwort auf den Einwand, für die Realisierung von 'Praxis' bedürfe es einer Art titanischer Subjektivität, die alles überschaue und alle Energie zur Gesellschaftsgestaltung aus sich schöpfe.

78 Auf dieser Stufe bilden die gesellschaftlich erzeugten „Produktionskräfte, Kapitalien und sozialen Verkehrsformen" (MEW 3, 38) das „menschliche Wesen".

Bei den Vorschlägen in Bezug auf die gesellschaftlichen Institutionen und Strukturen (II.4e) und in Bezug auf die Formen der Gesellschaftsgestaltung (II.4g) entsteht die Frage, inwieweit sie dem Typus indirekter Steuerung zugehören. Sie verknüpft das Handeln mit negativen oder positiven Folgen und setzt auf diesem Wege ein 'Praxis' entsprechendes Handeln *extrinsisch* durch.

Im 'Praxis'-Moment „Subjektivität" wird zum Thema, wie die Subjektivität in Spannung zur Objektivität der modernen gesellschaftlichen Zivilisation und der Institutionen und Strukturen steht.[79] Zudem stellt sich in und mit dem 'Praxis'-Moment der Subjektivität die Frage nach dem Verhältnis zwischen objektiver und subjektiver Kultur oder zwischen gesellschaftlichem Reichtum und dem guten Leben der Menschen. Die Individuen eignen sich die Inhalte der objektiven Kultur an und assimilieren sie. Gesellschaftlich gestalten sie in einer von 'Praxis' dominierten Gesellschaft die objektive Kultur so, dass die subjektive Kultur – also die bei den Individuen präsenten Sinne, Fähigkeiten und Reflexionsvermögen – eine reich entwickelte Existenz bildet.

In den gesellschaftlichen Institutionen und Strukturen materialisieren sich bereits bestimmte historisch entwickelte Standards, die die Erwartungen einer Gesellschaft an sie selbst betreffen – in Bezug auf den gesellschaftlichen Reichtum und das gute Leben der Menschen. Im letzten 'Praxis'-Moment – der Gesellschaftsgestaltung – wird nun zum Thema, wie diese Erwartungen und Standards selbst explizit zum Gegenstand gesellschaftlicher Auseinandersetzung, öffentlicher Erwägungen und Urteilsbildung sowie kollektiver Entscheidung werden und wie entsprechende Formen, Strukturen und Institutionen dieser Prozesse aussehen. Es geht nicht nur darum, wie die objektive Welt von Menschen für Menschen erarbeitet und strukturiert wird, um ihr „Menschentum" zu formen, sondern darum, wie diese Gestaltung ihrerseits von den Mitgliedern der Gesellschaft reflektiert, diskutiert und beschlossen wird. Diese gesellschaftliche Auseinandersetzung macht die Gestaltung der Momente von 'Praxis' zum Thema und bildet zugleich einen Bestandteil von 'Praxis'.

Jedes der sieben 'Praxis'-Momente verweist aus sich heraus auf andere Momente. Im Subjekt-Objekt-Verhältnis und im Objekt-Subjekt-Verhältnis existieren bspw. bereits die objektive Dezentrierung sowie die subjektive Assimilierung, die dann später in weiterem Kontext der gesellschaftlichen Objektivität von

79 Bipolare Tendenzen beinhalten nicht notwendigerweise Konflikte. Das Zusammenspiel von Agonisten und Antagonisten im Muskelsystem ist etwas anderes als ein Kampf beider gegeneinander.

Zivilisation, Institutionen und Strukturen (Moment vier und fünf) sowie in der Subjektivität Thema werden.

Die in der Reihenfolge der Darstellung später genannten 'Praxis'-Momente enthalten Foren der öffentlichen Erwägung, Beratung und Auseinandersetzung, die das, was in den früher genannten Momenten bereits implizit präsent ist, zum Thema machen. Zugleich erweitern die „späteren" 'Praxis'-Momente den Horizont, mit denjenigen Spannungsverhältnissen umzugehen bzw. sie aufzuheben, die „frühere" 'Praxis'-Momente enthalten. Die Gliederung der 'Praxis'-Momente ist allerdings nicht mit einer Hierarchie zu verwechseln, in der das siebte und letzte Moment das „höchste" darstellt und alles in ihm kulminiert. Vielmehr bilden die „früheren" 'Praxis'-Momente ein Korrektiv der „Erdung", das die „späteren" Momente (gesellschaftliche Strukturen und Institutionen, Gesellschaftsgestaltung) daran erinnert, dass sie nur in dem Maße gelingen können, wie sie nicht das Alltagsleben der Individuen depotenzieren (vgl. Creydt 2010).

Keinem 'Praxis'-Moment lässt sich isoliert oder exklusiv das Kriterium guten Lebens entnehmen. Oft wird jeweils eines der 'Praxis'-Momente verabsolutiert. Die dominanten Strömungen in der früheren Arbeiterbewegung erhoben das Subjekt-Objekt-Verhältnis als Arbeit zum neuen Höchstwert.[80] Für die Dialogik, für emphatische Vorstellungen von Kommunikation und Intersubjektivität sowie für manche feministische Strömung (vgl. Creydt 2000, 284 f., Creydt 2001c) bildet das Subjekt-Subjekt-Verhältnis das analytische und normative Paradigma. Der sog. historische Materialismus in den Gesellschaften sowjetischen Typs hypostasierte das 'Praxis'-Moment der Objektivität der Produktivkräfte.

Der Praxisbegriff erlaubt es, die Unterschiede und Spannungen zwischen den verschiedenen Dimensionen der 'Praxis' darzustellen. 'Praxis' ist kein Substanzbegriff, in dem alle Katzen grau bleiben und alle Differenzierung als peripher und akzidenziell gegenüber der substanziellen Einheit gelten muss. Es geht vielmehr darum, das Zusammenspiel und die Divergenzen der verschiedenen Praxissphären und -momente zu denken. Jedes Moment von 'Praxis' baut diese auf besondere Weise mit auf und verwirklicht sie auf eigene Weise. Jedes Moment bildet einen Engpass für die anderen Momente. Ermöglicht z.B. die Subjekt-Objekt-Sphäre es nicht den Individuen, ihre eigenen Fähigkeiten im Sinne des Bewirkenkönnens zu erfahren, dann beschädigt dies auch die anderen 'Praxis'-Momente.

Die Aufmerksamkeit für die sieben Momente der 'Praxis' gilt auch den ihnen eigenen Verwechselungen, Versuchungen und Abwegen. Aus der jeweils spezifischen gesellschaftlichen Aufbauordnung lässt sich erklären, wie bspw. die

80 Zur Kritik an der Ontologisierung des Arbeitsbegriffs vgl. Deutschmann 1974.

Zwischenmenschlichkeit (als Gestalt der Sozialbeziehungen) oder die Subjektivität an eine (im Sinne von 'Praxis') unangemessene Stelle rücken. Zum Thema wird, wie einzelne Momente etwas verarbeiten oder kompensieren sollen, wozu sie gar nicht in der Lage sind. Zu dieser Problemfamilie gehört auch das in vielen Feminismen beliebte Ausspielen des vermeintlich weiblichen Subjekt-Subjekt-Verhältnis gegen das angeblich männliche Subjekt-Objekt-Verhältnis. Meine Auseinandersetzung damit findet sich in Creydt 2001c.[81] Die problematischen und für 'Praxis' wesentlichen Momente der zivilisatorischen Objektivität sind in Kapitel II.4d, II.4f und II.8 Thema.

Die gelungene Integration der sieben 'Praxis'-Momente bemisst sich am Zustandekommen von Prozessen, die idealiter in *einem* Gesamtprozess konvergieren: Der Bildung und Gestaltung einer Welt, die Sinne, Fähigkeiten und Reflexionsvermögen im Sinne von 'Praxis' nicht nur ermöglicht, sondern neben allen Notwendigkeiten, die sich durch die Aufgaben guter Versorgung, gesellschaftlicher Infrastrukturen und des „Rundlaufens" komplexer gesellschaftlicher Prozesse ergeben, dafür gestaltet wird, dass sich in ihr humane Potenziale im Sinne von 'Praxis' bilden. Im Fokus der gesellschaftlichen Aufmerksamkeit, Sorge und Gestaltung stehen die Prozesse, in denen die Menschen nicht nur „Schöpfer, sondern auch Geschöpf der Kultur" (Landmann 1975, 31) sind, also „Ursache und Bewirktes zugleich, rückgeprägtes Produkt" des eigenen Produkts (Ebd., 33).[82] Die Entwicklung humaner Potenziale per Vergegenständlichung und individueller Aneignung ist erst in diesem Prozess verwirklichbar, nicht schon in der isolierten Erzeugung eines Werks, und sei es auch eines Kunstwerks.

---

81 Lehrreich sind zu diesem Thema die Arbeiten von Klaus Ottomeyer aus den 1970er und 1980er Jahren. Zum Thema wird u.a. eine komplementäre Vereinseitigung zwischen einer instrumentalistischen Verengung einerseits (als „zweckrationalem", quasi-autistischem Produktbezug), einer „sozial clinchigen" (Ottomeyer 1987, 135) Verengung andererseits – z.B. als pädagogische oder therapeutische Personenfixierung unter „Vermeidung von individuierender Gegenstands- und Produkterfahrung" (Ebd., 135). Oder als domina privata. Dieckmann (1995) beschreibt prägnant, wie sich die mütterliche Einfühlung ins (Klein-)Kind und das Hineinwachsen des Kindes in diejenige Bedeutungswelt amalgamieren, die die Mutter (als bislang mit dem Kind zumeist Interagierende) seinen Empfindungen und Gefühlen gibt. Vgl. a. Creydt 2013.

82 „Indem wir die Dinge kultivieren, d.h. ihr Wertmaß über das durch ihren natürlichen Mechanismus uns geleistete hinaus steigern, kultivieren wir uns selbst: es ist der gleiche, von uns ausgehende und in uns zurückkehrende Werterhöhungsprozess, der die Natur außer uns oder die Natur in uns ergreift" (Simmel 6, 618).

Ohnehin lässt sich 'Praxis' nicht auf eine von den Heteronomiesphären abgesetzte Autonomiesphäre (etwa der Kultur) beziehen.

Mit der internen Differenzierung von 'Praxis' in verschiedene 'Praxis'-Momente wird ein Denken in Konstellationen notwendig. Es artikuliert den Vorbehalt gegen die Schlüsselattitüde, im direkten Zugriff des Praxisbegriffs positiv habbar werden zu können. Ent-täuscht wird die Erwartung, ihn unmittelbar sozusagen auf einen Schlag geistig zu erfassen. Der Begriff der 'Praxis' baut sich erst aus seinen Momenten und ihrem Gefüge auf.

II.5 Zwischenbetrachtung: Überblick über die zentralen Unterschiede zwischen den Prioritäten der modernen kapitalistischen Gesellschaft und den Prioritäten der nachkapitalistischen, von 'Praxis' dominierten Gesellschaft[83]

Eine zusammenfassende Gegenüberstellung kann nur holzschnittartig sein und keinen Anspruch auf Vollständigkeit erheben, ermöglicht aber gerade durch ihre Kürze einen Überblick und vergegenwärtigt das Ineinandergreifen der verschiedenen Momente. Die Synopse „funktioniert" nur, wenn die Zeilen nicht horizontal als isolierte Gegenüberstellung gelesen, sondern diese Oppositionen vom vertikal sich aufbauenden Gesamtkontext her begriffen werden. Das Schloss öffnet sich nicht durch *eine* Ziffer, sondern durch eine Ziffernkombination.

Die Synopse enthält weder die in Kapitel II.7-11 thematisierten gesellschaftlichen Vorgehensweisen, die die Gestaltung der Gesellschaft betreffen, noch die „Antworten" auf die dort besprochenen Probleme der nachkapitalistischen Gesellschaft. Wer davon absieht, kann die hier skizzierte Gegenüberstellung missverstehen. Die These, die nachkapitalistische Gesellschaft sei unproblematisch „gut", *weil* ihre Prioritäten „gut" seien, entsteht nur für den Leser, der die *Zwischen*betrachtung als abschließendes Resultat des Bandes verkennt.

Die Synopse zeigt: Zentrale Essentials der nachkapitalistischen Gesellschaft im Sinne von 'Praxis' stehen zu den Maßstäben der bürgerlichen und kapitalistischen Gesellschaft nicht im Verhältnis des Komparativs oder der Überbietung in der Konkurrenz um die bessere Erfüllung gleicher Maßstäbe, sondern bilden einen weiteren und substanziell veränderten Horizont.

83 Dieses Kapitel ist die überarbeitete Fassung von Creydt 2012.

Die von 'Praxis' dominierte Gesellschaftsordnung	*Moderne und kapitalistische Strukturen*
Verhältnis zwischen Produzenten und Konsumenten Bezug der Arbeitenden auf die Konsumenten und auf die von den Arbeitsresultaten mittelbar Betroffenen mit der Frage: Welche Sinne, Fähigkeiten und Reflexionsvermögen entfalten sich an den Produkten und Dienstleistungen bzw. werden durch sie nahegelegt?	*Verhältnis zwischen Produzenten und Konsumenten* Interesse der Arbeitenden am Sinn, den ihr Produkt für die Konsumenten und mittelbar Betroffenen hat, nach Maßgabe der Bezahlung
Bezug der Konsumenten auf die Arbeitenden als Repräsentanten[1] von Kompetenzen, die zur Beurteilung des Produkts sowie der Voraussetzungen, Möglichkeiten und indirekten Effekte der Bedürfnisbefriedigung nötig sind	Interesse der Konsumenten an der schnellen und billigen Erledigung und Bereitstellung der Arbeit
Gegenseitige „Erziehung"[2] von Anbietern und Nachfragern, Reflexion der einen Seite auf die Ursachen der anderen und auf die Bedingungen ihrer Möglichkeit	Produktion und Konsum als gegenseitige Rechtfertigung: Die vorfindliche Nachfrage dispensiert von der Beurteilung der menschlich-sozialen Qualität des Angebots. Die Arbeitsbelastung entlastet von der Reflexion auf die Qualität der Bedürfnisse[3]

1 „*Repräsentation* gründet sich auf Zutrauen. Zutrauen aber ist etwas anderes, als ob ich als dieser meine Stimme abgebe. ... Man hat Zutrauen zu einem Menschen, indem man seine Einsicht dafür ansieht, dass er meine Sache als seine Sache, nach bestem Wissen und Gewissen, behandeln wird" (Hegel 7, 478). Es geht um „Repräsentation in dem Sinne, wie jede Funktion repräsentativ ist, wie z.B. der Schuster, insofern er ein soziales Bedürfnis verrichtet, mein Repräsentant ist, wie jede bestimmte soziale Tätigkeit als Gattungstätigkeit nur die Gattung, d.h. eine Bestimmung meines eigenen Wesens repräsentiert, wie jeder Mensch der Repräsentant des anderen ist. Er ist hier Repräsentant nicht durch ein anderes, was er vorstellt, sondern durch das, was er ist und tut" (MEW 1, 325).

2 „Leiste deinen Zeitgenossen, aber was sie bedürfen, nicht was sie loben!" (Schiller: Wie und zu welchem Ende studiert man Universalgeschichte). Bspw. wird ökologisch zum Thema, wie Konsumenten mit ihren Nachfrageentscheidungen die Produzenten zu mehr ökologischer Rationalität veranlassen können und umgekehrt die Produzenten durch ihre Produkte das ökologische Verhalten der Konsumenten beeinflussen.

3 Die Produzenten und Anbieter nehmen die problematischen Bedürfnisse der Konsumenten und Nachfrager als Rechtfertigung für ihre Produkte. Der Konsument habe es ja so gewollt. Die Konsumenten nehmen, insofern sie auch Arbeitende sind, den problematischen Zustand ihrer Arbeit zur Legitimation dafür, ein Recht auf Kompensation anzumelden und ihre Bedürfnisse nicht kritisch zu befragen. Die Vermittlung beider Fraktionen wird in einer von 'Praxis' dominierten Gesellschaft zum Gegenstand von gesellschaftlicher Reflexion und Gestaltung. Zum Thema werden die Konstitution der Bedürfnisse durch die Arbeit und die Konstitution der Arbeiten durch die Bedürfnisse.

Die von 'Praxis' dominierte Gesellschaftsordnung	*Moderne und kapitalistische Strukturen*
Arbeit gilt gesellschaftlich als effizient und effektiv[4] zu bewältigende Aufgabe *und* zugleich als eine Späre der Bildung menschlicher Sinne, Fähigkeiten und Reflexionsvermögen	Unterordnung menschlicher Sinne, Fähigkeiten und Reflexionsvermögen unter die Imperative von Effizienz und Mehrwert[5]
Arbeit wird aus Sicht der Arbeitenden bestimmt durch ihren Sinn für den Gegenstand und das Produkt der Arbeit, für deren Adressat und die mittelbar von der Arbeit und ihren Resultaten Betroffenen	Arbeit wird aus Sicht der Arbeitenden bestimmt durch Interessen an der schnellen Bewältigung und Erledigung der Arbeit sowie an deren Bezahlung
Arbeit an der Konvivialität[6] von unabdingbaren Organisationen sowie Techniken	Primat objektiver Zivilisation über subjektive Kultur, Kapitalfetisch (Marx), Überhang an Objektivität
Verringerung unattraktiver Arbeiten, maschinelle Erledigung unattraktiver Arbeiten, Verteilung der unumgänglichen unattraktiven Arbeiten auf alle Mitglieder der Gesellschaft[7]	Jeder muss individuell zusehen, wie er in der Hierarchie der Arbeiten eine möglichst günstige Arbeit bzw. Position erlangt
Geringe Unterschiede der Arbeitseinkommen. Kriterium ihrer Höhe: die Arbeitsbelastungen	Große Unterschiede der Arbeitseinkommen fördern extrinsische Motivation

4 Effizienz heißt, die Dinge richtig zu tun. Effektivität heißt, die richtigen Dinge zu tun (Peter F. Drucker).

5 Thema ist hier das gesellschaftlich maßgebliche objektive Verhältnis zur Arbeit. Etwas anderes ist die sekundäre subjektive Besetzung der Arbeit.

6 „Konvivialität" soll hier eine Qualität der objektiven Kultur (Simmel) bezeichnen, die negative Effekte auf die subjektive Kultur und für das Psychosozialprodukt vermeidet. Ich benutze den Begriff nicht im „strengen" Sinne seines Urhebers – Ivan Illich. Vgl. sein Buch „Selbstbegrenzung. Eine politische Kritik der Technik", Reinbek 1980. Die Originalausgabe trug den Titel „Tools for Conviviality" (New York 1973).

7 Anzustreben ist, „dass jeder eine solche Kombination von Aufgaben übernehmen muss, dass die daraus resultierenden Belastungen im allgemeinen Durchschnitt überall gleich leicht oder gleich schwer zu ertragen sind" (Albert 2006, 103). Vgl. S. 183, Anm. 50.

Inhaltliche Bewertung eines Produkts in der Vergegenwärtigung der mit ihm verbundenen Arbeiten und Sozialbeziehungen sowie der in ihnen und am Produkt selbst möglichen Entfaltung von Sinnen, Fähigkeiten und Reflexionsvermögen[8]	Bemessung eines Produkts oder einer Dienstleistung am Erfolg bzw. an der Quantität der Nachfrage. Zirkuläre Definition des Erfolgs[9]
Konsum als Sphäre der Auseinandersetzung damit	Konsum als Entlastung, Fortsetzungsverhalten oder Kompensation
Kriterium der „guten Gesellschaft" ist das gelungene Verhältnis zwischen a) Wirtschaft, Techniken und Organisationen als Bedingung für ein gesellschaftliches Leben, in dem die sozial bezogene Entfaltung menschlicher Sinne und Fähigkeiten möglich wird, und b) dieser Entfaltung selbst. Durchdringung von (a) durch (b) soweit möglich und notwendig. Ebenso Beschränkung von (a) für (b)	Verselbständigte Entfaltung von Wirtschaft und Technik. Davon getrennt und unabhängig erfolgende Entfaltung von Sinnen und Fähigkeiten. Trennung und Gegensatz zwischen Heteronomie- und Autonomiesphäre
Gesellschaftliche Gestaltung, die den Gegensatz zwischen Heteronomie- und Autonomiesphären verringert[10]	Wechsel der Menschen zwischen überanstrengender Arbeit und einem Konsum- und Mediengenuss, der die in der Arbeit geweckten, aber nicht erfüllten Sinne absorbiert und ausagiert und den Betroffenen auch von dieser Seite das Wenige an Ruhe und Besinnung nimmt, das ihnen nach der Arbeit geblieben ist

8 Die gegenwärtige, faktenschaffende Masse an Autos, das damit verbundene Verkehrssystem, die ‘autogerechte Stadt’ usw. gibt es auch deshalb, weil die Frage, ob alle eine Dominanz des Autoverkehrs im Verkehrssystem wollen, nicht gesellschaftlich gestellt bzw. in der Vergegenwärtigung der Folgen antizipierend ausbuchstabiert wird. Gefragt wird vielmehr, ob jeder Einzelne ein Auto wolle. Zum Teufelskreis der privaten Nachfrage vgl. II.6d.

9 Dann erscheint als „bester Sänger einfach derjenige, der die meisten Tonträger verkauft, die beste Wissenschaftlerin jene, welche die ausgeschriebene Stelle kriegt und der beste Politiker derjenige, der die meisten Stimmen auf sich vereinigt" (Rosa 2006, 96).

10 Es geht darum, „die scharfe Grenze zwischen notwendiger Arbeit ... und freier Tätigkeit zwar nicht einzuebnen (das hieße sicherlich zuviel erhoffen), doch immerhin durchlässig zu machen" (Bahro 1977, 495). Das „Produktionsziel reiche Individualität" (ebd., 489ff.) erfordert für die notwendige Arbeit: „Verkürzung der psychologisch unproduktiven Arbeitszeit innerhalb der notwendigen Arbeitszeit" (Ebd., 495). „Diese neue Ökonomie der Zeit wird auch Kosten (abstrakte Arbeitszeit) sparen, aber in erster Linie konkrete Lebenszeit gewinnen" (Ebd., 496).

Die von 'Praxis' dominierte Gesellschaftsordnung	*Moderne und kapitalistische Strukturen*
Wachstum bekommt seinen Stellenwert aus dem Verhältnis von Entgrenzung und Begrenzung und aus seinen Effekten auf die Entwicklung der verschiedenen Momente von 'Praxis'	*Wachstum* wird verstanden als Maximierung isolierter Größen. Disproportion zwischen „äußerem" und „innerem" Wachstum, zwischen objektiver und subjektiver Kultur
Maß[11] und Gestalt	Rastloses, unendliches Wachstum und Bedienung der Profitzwecke der selbstzweckhaften kapitalistischen Wirtschaft
Einbettung der Ökonomie in soziale Beziehungen. Gesellschaftliche Gestaltung als die Ökonomie, Techniken und Organisationen übergreifend	Tendenzielle Einbettung der sozialen Beziehungen in die Ökonomie. Engführung von gesellschaftlicher Gestaltung auf Politik als kompensatorische, flankierende und subsidiäre Begleitung der primär selbstbezüglichen Ökonomie
Ökonomie als dienende Funktion	Ökonomie als selbstzweckhaftes Zentrum sowie als entscheidende Schranke und Grenze ökonomie-externer Bereiche
Gleichrangigkeit verschiedener gesellschaftlicher Belange	Asymmetrisches Verhältnis zwischen der Ökonomie und den ökonomieexternen Bereichen. Sie erfahren durch die Ökonomie eine weit größere Einschränkung ihrer Möglichkeitsspielräume und Formierung ihrer Inhalte als umgekehrt
Aufhebung der Unterordnung von sorgenden, regenerativen und pflegenden Tätigkeiten (Care) unter die Ökonomie	nachrangige Versorgung der Bereiche des Umgang mit Kindern, Kranken und Alten nach Maßgabe des Florierens der kapitalistischen Ökonomie

11 Hegel kommt mit dem Begriff des Maßes (vgl. a. S. 153, Anm. 18) zu einer Formulierung für die Einheit von Qualität und Quantität. Hegel sieht in der „unorganischen Natur" ein Sein, das diese Bestimmung nicht erreicht hat. Es „tritt hier das Maß insofern gleichsam in den Hintergrund, als hier vielfältig die vorhandenen qualitativen und quantitativen Bestimmungen sich als gleichgültig gegeneinander erweisen. So ist z.B. die Qualität eines Felsen oder eines Flusses nicht an eine bestimmte Größe gebunden" (Hegel 8, 225). Anders in der Kunst: „Das anschaulichste Beispiel des qualitativen Maßes ist die Kunst. Ein lyrisches Gedicht hat in seiner Beschaffenheit das Maß seiner Größe. Wenn die Empfindung sich breit macht, so wird sie langweilig. Nichts ist weniger poetisch als das Langweilige. Wenn ein lyrisches Gedicht lang ist, so hört es auf, poetisch zu wirken und zu sein, oder es verliert wenigstens an seiner poetischen Geltung. Umgekehrt braucht ein erzählendes Gedicht, um anschaulich darzustellen, eine gewisse Fülle des Spielraums, die ein ausgedehntes und bequemes Größenmaß fordert. Man kann nicht in derselben Kürze erzählen als empfinden. Ein anderes qualitatives Maß hat die lyrische Poesie, ein anderes die epische" (Fischer 1865, 315).

Symmetrie der Aufmerksamkeit für die Entfaltung der menschlichen Sinne, Fähigkeiten und Reflexionsvermögen im Siebeneck verschiedener Dimensionen (= „Momente von 'Praxis'"), innerhalb derer sie sich auf gelingende oder problematische Weise entwickeln: das Arbeiten, der Umgang mit Gegenständen außerhalb der Erwerbsarbeit, die Sozialbeziehungen, die Objektivität (von Techniken Organisationen und Infrastrukturen), die Subjektivität, die gesellschaftlichen Institutionen und Strukturen und die Gesellschaftsgestaltung	Vorrang des effizienten und profitablen Herstellens verkaufbarer Waren vor anderen Prozessqualitäten (des Arbeitens und der Sozialbeziehungen) und Gegenstandsqualitäten sowie vor Reproduktion und Entsorgung
Arbeitsplätze als Orte der Teilhabe an gesellschaftlicher Gestaltung	Arbeitsplatz als Mehrwertquelle (für das Kapital) und (sehr davon abhängig) als Einkommensquelle (für die Arbeitenden).
„Statt des Besitzes erlernt man den Bezug" (Rilke 1966, 820)	Orientierung im Horizont partikularer Vorteile, Besitzindividualismus, Distinktionsgehabe
Vergegenwärtigung der Effekte des Tuns, der Objekte, der Sozialbeziehungen entlang ihrer quantitativen *und* qualitativen Dimensionen sowie in Bezug auf ihre gesamtgesellschaftlichen Effekte;[12]	*Vergegenwärtigung der Effekte des Tuns, der Objekte, der Sozialbeziehungen* vornehmlich entlang quantitativer Indizes in Bezug auf den Erfolg des Unternehmens und der gesamten kapitalistischen Wirtschaft
Internalisierung folgen- und voraussetzungsreflexiver Aufmerksamkeit in die besonderen Arbeiten und gesellschaftliche Bereiche: Wie bauen sie die gesellschaftlich allgemeinen Inhalte in jeweils besonderer Weise auf? Wie spezifizieren und konkretisieren sich in den besonderen Bereichen die übergreifenden, gesellschaftlich maßgeblichen Inhalte?[13]	Funktionale Differenzierung als Freisetzung von bereichsspezifischer Produktivität und als scheuklappenförmige Immunisierung der ausdifferenzierten Bereiche gegen die Vergegenwärtigung der mit ihnen verbundenen Voraussetzungen, Externalisierungen und nichtintendierten Effekte.

12 Vgl. Bender, Bernholt, Winkelmann 2012, 137-143, zitiert in II.4.g.

13 Ein gutzuheißendes Tun kommt nur in dem Maße zustande, wie die Externalisierung negativer Effekte ebenso abgelehnt wird wie die Ausnutzung des Schadens des anderen als Gelegenheit, das eigene Tun (bzw. dessen Resultate) unter positiver Voraussetzung der Schadensursachen anzubieten. Gesellschaftliche Bedingungen und Strukturen sind gefragt, die Urteilskraft ermöglichen, um in den verschiedenen besonderen Bereichen herauszu-

Die von 'Praxis' dominierte Gesellschaftsordnung	*Moderne und kapitalistische Strukturen*
Wettbewerb. Kooperativer Suchprozess. Andere Unternehmen sind Trainingspartner	Konkurrenz. Kampfstrategie, um andere auszuschalten. Fressen, um nicht gefressen zu werden
Unterscheidung zwischen Zielsetzung bzw. Auftrag und Zielrealisierung. Wettbewerb bezieht sich auf den effektivsten Mitteleinsatz zur Erreichung extern vorgegebener Ziele	Inhaltliche Zielsetzungen als Instrument im Kampf um Konkurrenzfähigkeit und von ihren Imperativen übergriffen[14]
Arbeitsvergütungen, Preise, Mieten und die Abgaben, die Arbeitskollektive für die Verwendung von Ressourcen zu zahlen haben, sind Thema gesellschaftlicher Beratung und Entscheidung	Einregulierung der Größen auf Märkten
Dominanz des gesellschaftlichen *Eigentums*	Dominanz des Privateigentums
Zuteilung der Ressourcen auf der Grundlage demokratischer Entscheidungen; gesellschaftliche Inbesitznahme und Gestaltung des allgemeinen Reichtums, der nur durch das Zusammenwirken aller erreicht und gesichert wird	Zuteilung der Ressourcen auf der Grundlage des Erfolgs in der Konkurrenz und nach Maßgaben der Kapitalakkumulation

finden, wie das allgemein herrschende gesellschaftliche Paradigma (das gute Leben im Sinne von emphatisch verstandener 'Praxis') erst *in* bzw. *durch* die besonderen Bereiche und in ihrem Zusammenspiel verwirklicht wird. Über die Frage der Effizienz isolierter Erzeugungen und entsprechender Optimierungen hinaus stellt sich die Frage, welche Gesellschaftsqualität, welche Qualität der eigenen Einwirkung auf sich selbst und welche sich dazu negativ verhaltenden Aufmerksamkeits-, Energie- und Kontrollverluste die Gesellschaft sich mit bestimmten Arbeiten und Aufgaben, bestimmten Organisationen und Institutionen einhandelt. Die Implementierung dieser Reflexion in die Ökonomie, in die Technik und in die Infrastrukturen trägt dazu bei, sie von der ihnen eigenen spontanen Tendenz zu schlechter Unendlichkeit und Maßlosigkeit zu befreien.

14 Auch Wissenschaftler, Forscher und Künstler „operieren ... längst nicht mehr nach den Vorgaben sachlich begründeter, wettbewerbs-exogener Erfordernisse, sondern nach der endogenen Logik der sich verselbständigenden Konkurrenz: Wer viel publiziert hat, muss noch mehr publizieren, wer viele Fördermittel eingeworben hat, sollte noch mehr beantragen etc. ... Was produziert wird, was erforscht wird, ist letztlich gleichgültig, solange es die Wettbewerbsfähigkeit steigert und Wachstums- oder Beschleunigungspotentiale verspricht" (Rosa 2006, 94f.).

II.6 Einwände und Widerstände, die sich aus dem bürgerlichen Selbst- und Weltverständnis gegen das Konzept einer von 'Praxis' dominierten Gesellschaft ergeben

Einleitung

Die Frage, wie der Kapitalismus unnötig werden kann, zu beantworten heißt nicht nur zu begreifen, wie die objektiven Strukturen der modernen kapitalistischen Gesellschaft

- an ihre Grenzen kommen, dies von beachtlichen sozialen Kräften zum Thema gemacht wird und daraus wiederum die Suche nach einer nachkapitalistischen gesellschaftlichen Synthesis resultieren kann,
- sich durch andere Strukturen der gesellschaftlichen Synthesis ablösen lassen.

Bei der Arbeit an der Antwort auf die Frage, wie der Kapitalismus unnötig werden kann, wird auch das Selbst- und Weltverständnis der bürgerlichen Gesellschaft in westlichen Gesellschaften zum Thema. Die mit der bürgerlichen Gesellschaft möglichen Freiheiten und Rechte sind nicht auf wirtschaftliche und technologische Handlungsoptionen beschränkt.[84] Bürgern geht es nicht allein um ihren Nutzen oder ihre Interessen, sondern auch um eine bestimmte Lebensweise und den mit ihr verbundenen Sinn. Kernmomente des bürgerlichen Leitbildes sind die individuelle Unabhängigkeit und der Mut zur Mündigkeit als Fähigkeit des vereinzelten Einzelnen, eigenverantwortlich für sein Wohlergehen, seine äußere und innere Selbstbehauptung und freie Persönlichkeitsentfaltung sorgen zu können. Zu den bürgerlichen Tugenden gehören die „Eigeninitiative" und „Kreativität" desjenigen, der in der Konkurrenz die ebenso kompromisslose wie heilsame Konfrontation mit den eigenen Schwächen sowie die Herausforderung zur Entfaltung seines „persönlichen Potentials" sieht und diese sich selbst abverlangt. Mit Leistungsbereitschaft und -fähigkeit sowie Risikofreude und „Augenmaß" bei der Chancenverwertung soll der Entdeckergeist einhergehen, der „Innovationen" ermöglicht („schöpferische Zerstörung" Schumpeter). Die „dynamische" bürgerliche Persönlichkeit segelt gern hart am Wind und trainiert ihr „Durchsetzungsvermögen" gegen „mittelmäßige" Mehrheiten, Vetomächte

---

84 Dem bürgerlichen Selbst- und Weltbild zufolge „entwickeln" sich die Werte der „Meinungs- und Redefreiheit, des Rechts auf Schutz gegen staatliche und private Gewalt ... unabhängig von der Handelsfreiheit und waren grundlegender als diese. ... Daher ist es auch nicht überraschend, dass liberale Gesellschaften ... die Religionsfreiheit oder das Recht des Angeklagten, den Anschuldigungen in einem öffentlichen Prozess entgegnen zu dürfen, als heiliges Gut ansehen" (Holmes 1995, 367).

und diejenigen, die sich auf dem Erreichten ausruhen.[85] „Bürgerlich" ist nicht abwertend zu verstehen, sondern kann sich gegenüber vormodernen und autoritären Gesellschaften positiv profilieren. Die Begriffe „bürgerliche Lebensweise" oder „bürgerliche Gesellschaft" beziehen sich weder auf eine vergangene Zeit (des noch gegen feudale Verhältnisse opponierenden Bürgertums) noch auf eine exklusive Gruppe der Bevölkerung.[86]

Innerhalb dieses Bandes ist die Auseinandersetzung mit dem bürgerlichen Selbst- und Weltverständnis nur beschränkt möglich. Aufbauen kann sie auf Ausführungen zu einzelnen seiner Elemente, als da sind: das Privateigentum (I.9a), der Besitzindividualismus (II.2g), der Markt (am Ende von I.2 und in II.2d), die Konkurrenz (I.9b) und die Subjektform (s. I.4). Ich verweise auch auf meine andernorts vorgelegte Argumentation zur Demokratie und zu den Menschenrechten in der bürgerlichen Gesellschaft (Creydt 2007, 2008). Der mit den Grund- und Menschenrechten, der repräsentativen Demokratie und dem Rechtsstaat verbundene menschheitsgeschichtliche Fortschritt ist bereits vielfältig anderweitig gewürdigt worden. In diesem Kapitel geht es sowohl um die bürgerlichen Maßstäbe der Sozialbeziehungen als auch um das bürgerliche Selbst- und Weltverständnis v.a. im Rahmen des Erwerbs- und Geschäftslebens. Die bürgerliche Politik und Moral setzen bei allen notwendigen korrektiven Bestrebungen gegenüber der bürgerlichen Gesellschaft diese voraus. Bereits die französische Revolution von 1789 habe gezeigt, wohin die Verabsolutierung von Politik und Moral führe. Der „bürgerliche Realismus" steht in einem Spannungsverhältnis sowohl zum Staatsbürger und seinem Citoyenenthusiasmus als auch zur „bürgerlichen Humanität". Den Rahmen dieses Kapitels würde eine Analyse sprengen, die zeigt, wie die bürgerliche Anständigkeit, Wohltätigkeit, Moral und Religiosität bei allem Unterschied (und

85 Bürger verstehen sich in dem Maße als nichtelitäre Elite, wie es ihnen gelingt, ihre Werte zu praktizieren und gesellschaftlich durchzusetzen. Bequeme, Subalterne und Konformisten erscheinen den Vertretern der bürgerlichen Werte als deren Gegenteil. Es findet sich diesem Verständnis zufolge bei der Mehrheit der Sozialstaatsklienten und der DDR-Bevölkerung.

86 Wenn wir heute von der *modernen* bürgerlichen Gesellschaft sprechen, so beziehen wir diesen Begriff nicht auf die von den ökonomisch Selbständigen getragene Gesellschaft (7-10% der Bevölkerung im späten 19. Jahrhundert), sondern auf eine gegenwärtig von einer breiteren Basis getragene bürgerliche Gesellschaft. „Heute werden die Prinzipien der Bürgergesellschaft auch von anderen Gruppen unterstützt, über das Bürgertum hinaus. ... Ihre Prinzipien und Praktiken werden breit anerkannt, auch in anderen sozialen Milieus, wenn auch nicht völlig und mit Abstufungen. Gerade deshalb ist die Bürgergesellschaft heute fester verwurzelt, als sie es vor einem Jahrhundert war" (Kocka 2008, 8f.).

bei allen mit ihnen möglichen Verselbständigungen und paradoxen Effekten) zum bürgerlichen Erwerbs- und Geschäftsleben sich mit ihm vertragen und es indirekt und direkt befördern. Entsprechendes gilt für die ebenfalls auf den grundlegenden bürgerlichen Vergesellschaftungsformen aufbauenden emphatischen Vorstellungen von „zweckfreien" Freundschafts-, Liebes- und Eltern/Kind-Beziehungen sowie von menschlicher Integrität und Würde. Zum bürgerlichen Paradigma gehört die Fokussierung auf das, was dem einzelnen Individuum möglich zu sein (vgl. II.4f) bzw. von ihm abzuhängen scheint. In diesem Kapitel werden zentrale Trennungen und Abstraktionen zum Thema, die für die grundlegenden Formen und Strukturen der bürgerlichen Vergesellschaftung charakteristisch sind. Letztere erscheinen dem bürgerlichen Selbst- und Weltverständnis als sachlich notwendig und gesellschaftlich unübersteigbar. Den die gesellschaftliche Gestaltung begrenzenden Objektivismus begleitet ein zu ihm komplementärer Subjektivismus. Die bürgerliche Lebensweise stellt die moderne und kapitalistische Welt in einen von ihnen verschiedenen Sinnhorizont ein und assimiliert sie *ihm* (vgl. a. S. 192, Anm. 57; S. 236, Anm. 112; S. 243, Anm. 125). Dies ermöglicht den Bürgern, ihr Leben „führen" und in der Gestalt „*ihrer*" Gegenwart das Gegenwärtige selbst wollen zu können. Ihr Sicheinfügen in die gegenüber zentralen menschlichen Belangen aversive gesellschaftliche Objektivität verstehen sie als untergeordnetes Moment einer diese Anpassung imaginär übergreifenden Perspektive gelingender Existenz. Diese dem bürgerlichen Selbst- und Weltverständnis eigene Transformation geht mit Einwänden und Widerständen gegen eine von 'Praxis' dominierte nachkapitalistische Gesellschaft einher. Sie bilden das Thema dieses Kapitels.

a) Das „realistische Menschenbild", der bürgerliche Materialismus und das Allgemeinwohl

Das kapitalistische Geschäfts- und Erwerbsleben erscheint dem Bürger doppelt. Zum einen als in sich geschlossener objektiver Zusammenhang[87] und als ein nicht auf subjektive Intentionen zurückführbares, in sich selbstbezügliches

87 Buckel verkennt den Systemcharakter der kapitalistischen Ökonomie und ihren formreproduktiven „stummen Zwang" (MEW 23, 765), wenn sie in affirmativer Darstellung einer Position von Laclau und Mouffe schreibt: „Die Ökonomie selbst ist kein homogenes Medium, welches durch irgendwelche 'Gesetze' angetrieben würde, sondern ein Kampffeld, das keine anderen 'Bewegungsgesetze' kennt, als die, welche einem Feld antagonistischer Kräfte entstammen. Auch der ökonomische Raum konstituiert sich ausgehend von einem *politischen* Kräfteverhältnis" (Buckel 2006, 135).

Geschehen,[88] zum anderen aus der Akteursperspektive des „bewussten Willens und der besonderen Zwecke der Individuen" (Marx 1974, 111). Aus der Akteursperspektive ergibt sich eine subjektivierende Wahrnehmung des gesellschaftlichen Geschehens. Sie steht quer zum Begreifen seiner objektiven Struktur.

Die Subjektform mit ihrer Einheit von Selbstbestimmung, Selbstverantwortung und Selbstbeschuldigung als zentrales Moment der westlichen bürgerlicher Gesellschaft war bereits am Anfang von I.4 Thema. Die dortigen Ausführungen sind an dieser Stelle wieder aufzurufen, aber nicht zu wiederholen. In der Perspektive des Subjekts rückt die Aufmerksamkeit für die „hauptsächlichen Verhältnisse ... unabhängig von dem Willen der Einzelnen" in den Hintergrund zugunsten der Konzentration auf „die Stellung der Einzelnen zu diesen gesellschaftlichen Verhältnissen, die Privat- Exploitation einer vorgefundenen Welt durch die einzelnen Individuen" (MEW 3, 398). Die pragmatisch interessierende Frage „Wie soll ich handeln?" verstellt die Erkenntnis des Systems, in dem man handelt, und die Vergegenwärtigung der das Denken und Handeln des Individuums übergreifenden nichtsubjektiven Strukturen (s. Creydt 2000, 217ff.). Es geht den Einzelnen um ihre Interessen, ohne dass ihnen bewusst würde, wie die unabhängig erscheinenden Einzelnen ein sachlich erscheinendes und verselbständigtes System reproduzieren, dessen Funktionsstellen und Handlungsmöglichkeiten die Individuen ausfüllen (vgl. MEW 23, 113).[89] Im pragmatischen Verständnis des Geschäfts- und Erwerbslebens erscheinen dessen Momente (Geld, Lohnarbeit, „Arbeitsplatz" u.a.) als Mittel der Individuen. Die dem Nutzen gemäß Handelnden „bedienen sich ... der Verhältnisse, in die sie als Dienende eintreten. Sie benutzen die Bedingungen, die ihnen fremd gegenübertreten. Ihre Anpassung ist hier eine Funktion ihres partikularen Interessenkalküls, ihre Heteronomie das Medium ihrer Disposition als autonome Utilitaristen, ihre Unterwerfung

---

88 „Die expansive Dynamik der kapitalistischen Produktionsweise kann nicht aus den Absichten ihrer 'Träger' begriffen werden, vielmehr sind diese analytisch auf die strukturdeterminierten Handlungsmöglichkeiten und -imperative zu beziehen. Gesellschaftliche Prozesse vollziehen sich über das Handeln menschlicher Subjekte, gleichsam 'durch ihr Bewusstsein hindurch', ohne deshalb auf Bewusstsein und Intentionalität zurückführbar zu sein. Kennzeichnend für den Objektivitätscharakter gesellschaftlicher Strukturen ist gerade, dass sie weder qua Aufklärung reflexiv aufhebbar noch durch willentliches Handeln wie Konventionen willkürlich veränderbar sind" (Koczyba 1979, 184).

89 Dem Privatinteresse erscheint nicht, dass und wie es „selbst schon ein gesellschaftlich bestimmtes Interesse ist und dessen Inhalt, wie Form und Mittel der Verwirklichung, durch von allen unabhängige gesellschaftliche Bedingungen gegeben ist" (Marx 1974, 74).

das Instrument zur Verwirklichung ihrer Souveränität als nutzenmaximierender Subjekte. In dieser Hinsicht synthetisiert die utilitaristische Praxis den Zwang zur Anpassung mit der Souveränität einer Funktionalisierung aller Umweltbezüge für privatisierte Interessen und markiert somit eine spezifische Form der Verschränkung von Heteronomie und Autonomie" (Prodoehl 1983, 131).

Die Selbstauffassung der Individuen in der bürgerlichen Gesellschaft als *ihr* Leben *führende* Subjekte verdankt sich einer Verkehrung. Dann fasst der Handelnde „das Endergebnis, das sich aus den Dingen ergibt, nachträglich als sein eigenes, gewolltes Ziel auf". Es kommt zu einer „umgekehrten Teleologie", so dass der Handelnde „als seines erkennen kann", was er unter dem stummen Zwang der Verhältnisse vollbringt (Almasi 1977, 207).

Im bürgerlichen Selbst- und Weltverständnis spielen der freie Wille bzw. die „Unabhängigkeit von eines anderen nötigender Willkür" (Kant) eine zentrale Rolle. Was dem Burger als willkürlich erscheint, dem gilt seine Kritik. Wofür er hingegen einen guten Grund oder einsehbaren Sachzwang zu nennen weiß oder anzuerkennen vermag, dem gilt seine Akzeptanz. Die Aufmerksamkeit für gesellschaftlich verursachte Zumutungen findet hier ihre Grenze. Für das bürgerliche Paradigma ist *Freiheit auf sachlicher Grundlage* zentral. Kapitalistische Strukturen erscheinen als gesellschaftsformations*un*spezifisch oder als „Sachzwang" jedweder modernen Gesellschaft. Demgegenüber setzt das 'Praxis'-Paradigma das Konstitutionsdenken (vgl. zu diesem Begriff s. S. 107, Anm. 92, und S. 109f., Anm. 98) voraus. Es dechiffriert, wie bestimmte gesellschaftliche Verhältnisse und ihre strukturellen Formen, Vorgaben, Prioritätenhierarchien und Widersprüche sachlich und sachzwänglich erscheinende und wirkende gesellschaftliche Tatsachen konstituieren und nimmt damit letzteren den Nimbus struktureller Alternativlosigkeit. Bspw. lässt sich zeigen, dass die im Kapitalismus als alternativenlos geltenden sozialen Phänomene der Arbeitstechnologie (s. I.9c) und der starken Stellung des Markts in der gesellschaftlichen Synthesis (s. I.2, I.10e, s. a. II8a, b) unter nichtkapitalistischen Verhältnissen in einer von 'Praxis' dominierten Gesellschaft substanziell anders gestaltbar sind. Erodiert der Schein sachlicher Unausweichlichkeit, so wird die Vorstellung von Freiheit problematisch, die Freiheit (als Freiheit auf sachlicher Grundlage) zur Vorstellung vom sachlich notwendigen Charakter der kapitalistischen Strukturen komplementär verortet.

Das burgerliche Selbst- und Weltverständnis verknüpft den sorgsamen und pfleglichen Umgang mit Gerätschaften und Ressourcen mit der Zurechnung von individueller Verantwortung für das *Privateigentum*. Jedermanns Eigentum gilt demgegenüber als Niemandseigentum. Im Horizont von 'Praxis' wird der Sinn für die *nicht* in Waren dekomponierbaren Lebensqualitäten wie die Arbeitsqualität, die Qualität der Sozialbeziehungen sowie die Sinne und Fähigkeiten, die sich z.B. in der Stadtbauwelt entfalten, wichtiger als der Besitzindividualismus. Dessen Kritik war bereits in I.9a und II.2g Thema.

Das bürgerliche Selbst- und Weltverständnis ist negativ auf das Kollektiv bzw. die Gemeinschaft fixiert. Schon die rechtliche Zuschreibung individueller Belangbarkeit („Haftung") zeigt sich auf soziale Assoziation und kollektive soziale Phänomene nicht eingestellt und bildet eine Form, über die die soziale Realität zunehmend hinauswächst.[90] Im Horizont von 'Praxis' wird eine andere gesellschaftliche Synthesis der Menschen möglich. Zu ihrer Verwechselung mit moralischen, altruistischen oder gemeinschaftlichen Vorstellungen von Sozialität besteht kein Grund. In Bezug auf die Arbeit geht es in der von 'Praxis' dominierten Gesellschaft darum, dass die Arbeitenden und Tätigen sich in und mit ihren Arbeiten und Tätigkeiten positiv auf diejenige Entwicklung der Sinne und Fähigkeiten anderer beziehen, die durch die Arbeitsprodukte bzw. Dienstleistungen möglich wird. Dafür bedarf es eines Geflechtes

- von Maßgaben in Bezug auf die Standards solcher Tätigkeiten und Arbeiten,
- von Reflexionen auf den besonderen Impuls und Beitrag, den bestimmte Sorten von Tätigkeiten und Arbeiten (z.B. technische Arbeiten, z.B. Care-Tätigkeiten) sowohl im Positiven wie im Negativen für die Mentalitäten und den Reichtum des Gemeinwesens beinhalten. Das schließt die Frage ein, wie die jeweiligen besonderen Arbeitszweige das Gemeinwesen prägen und formen,
- von gesellschaftlichen Formen einer neuen Synthesis von Arbeitenden, Konsumenten und von Arbeit und Konsum indirekt Betroffenen (s. I.2),
- von Reflexionen in allen gesellschaftlichen Bereichen (Arbeit, Konsum, Erziehung u.a.), welche Voraussetzungen sie weiter verarbeiten und welche Folgen diese Bedingungen und die Anpassung an sie bzw. ihre Assimilierung haben,
- von entsprechenden öffentlichen Erwägungen, Beratungen, Auseinandersetzungen und Entscheidungen,
- von institutionellen und strukturellen gesellschaftlichen Schnittmustern, die sie ermöglichen (s. II.4.e, g).

Diese Momente konvergieren idealiter in der Perspektive, die gesellschaftlichen Ursachen von Konkurrenz, Besitzindividualismus, Privateigentum und Wertab-

90 „Die Produktions- und Konsumaktivitäten privater Akteure werden immer mehr zu einem Prozess mit massiven kollektiven Wirkungen und damit immer mehr zu einem in der Substanz kollektiven Prozess ..., der die Grundvoraussetzungen des ökonomischen Basismodells unabhängiger Akteure unterhöhlt, die ausschließlich über den Markt in Interaktion treten" (Leipert 1993, zit. n. Müller, Hennicke 1994, 30f.).

straktion unnötig werden zu lassen. Lassen sie sich überwinden, so fördert dies gesellschaftlich die Erfahrung von gegenseitiger Ergänzung, Perspektivenverschränkung und Sich-etwas-zu-sagen-haben.[91] All dies eröffnet ein das Niveau der bürgerlichen Gesellschaft übersteigendes In-der-Welt-Sein (s. a. II.2.g). Die Orientierung des Individuums im Horizont partikularer Vorteilserwartung zulasten anderer weicht Prozessen, die die Akteure in Netzwerke und Verkehrsformen einbinden, welche die Aufmerksamkeit des Individuums ausweiten. In diesen Netzwerken und Verkehrsformen können sich die Perspektiven der Arbeitenden und der in Dienstleistenden Tätigen, der Kunden und Konsumenten sowie der von Arbeit und Konsum indirekt Betroffenen miteinander positiv vermitteln. Die die Gesellschaft im emphatischen Sinne *bildende* Kommunikation und Auseinandersetzung, Beratung und Entscheidungsfindung entfaltet sich. Dies trägt immer wieder dazu bei, die Vorstellung zu überwinden, derzufolge „die Beiträge der anderen Subjekte als Mittel zur eigenen Entwicklung gesehen und eingeplant werden, und nicht der eigene Beitrag als Mittel des Einander-Entwickelns" (Raeithel 1983, 168).

Die Notwendigkeit von einzelbetrieblichem Gewinn als maßgeblichem Anreiz und Sanktion in der Privatwirtschaft entspricht der im kapitalistischen Wirtschaften grassierenden Vorherrschaft von miteinander rivalisierenden partikularen Interessen. Ein anderer Motivationshorizont als der des exklusiven Eigeninteresses gilt dem bürgerlichen Selbst- und Weltverständnis zufolge im außerfamiliären Alltag als wenig belastbar. Nur wer ebenso unrealistische wie „idealistische" Annahmen von der Güte der Menschen hege, konne von ihnen eine „altruistische" Orientierung erwarten.[92] Ihren Verfechtern zufolge entspricht die Marktwirtschaft einem „ehrlichen" Menschenbild.[93] Der Libera-

91 Auseinandersetzung beinhaltet hier nicht das Besiegen des anderen oder ein Nullsummenspiel, in dem der Gewinn der einen Seite dem Verlust der anderen entspricht, sondern die Entwicklung beider Beteiligten.

92 Eine solche Argumentation kann sich ex negativo auf eine lange Zeit bei Linken prominente Auffassung stützen, die hohe Anforderungen an die moralische Grundausstattung des Mitglieds einer sozialistischen Gesellschaft stellt: „Die Proletariermassen ... müssen Fleiß ohne Unternehmerpeitsche, höchste Leistung ohne kapitalistische Antreiber, Disziplin ohne Joch und ohne Herrschaft entfalten. Höchster Idealismus im Interesse der Allgemeinheit, straffste Selbstdisziplin, hoher Bürgersinn der Massen sind für die sozialistische Gesellschaft die moralische Grundlage, wie Stumpfsinn, Egoismus und Korruption die moralische Grundlage der kapitalistischen Gesellschaft" (Programm der KPD (Spartakusbund) 1918/19).

93 „Der Sozialismus ist schon an seinem unrealistischen Menschenbild gescheitert. Er setzte nämlich die Existenz von Menschen voraus, die quasi Engel sind – oder

lismus ist stolz darauf, den „Egoismus" weder zu beschönigen noch zu verteufeln. Vor allem verberge er ihn nicht. Versuche, ihn zu überwinden, verfallen dem bürgerlichen Bewusstsein zufolge der Heuchelei. Realistisch sei es, den Zielkonflikt zwischen individueller Freiheit und sozialer Gerechtigkeit anzuerkennen. „Versuche, solche Harmonisierungen herbeizuführen, haben sich in der Konsequenz immer als schädlicher erwiesen als dieser unaufhebbare Konflikt selbst" (Herzinger 1997, 114).

Das Plädoyer für eine nachkapitalistische Gesellschaft verfällt dem bürgerlichen Paradigma zufolge einem Irrtum über das Zustandekommen des Gemeinwohls. Der bürgerliche Materialismus des seine eigennützigen Interessen verfolgenden Individuums befördere das Allgemeinwohl auf umwegig-indirektem Wege mehr, als jede direkte Orientierung am Allgemeinwohl dies vermöge.[94] Das Allgemeinwohl könne sich allein hinter dem Rücken der Individuen als Resultat der Interessen und Aktivitäten der Einzelindividuen, wie sie auf Märkten auftreten, herausbilden. Die in einer Marktwirtschaft notwendigerweise sekundären staatlichen Aktivitäten werden in dieser Auffassung ausgeklammert.

Die soziale Einhegung von Märkten und die Verstetigung von Kooperationsnetzwerken zwischen Unternehmen finden ihre Grenze an einer zentralen Voraussetzung der gesellschaftlich (bislang) als positiv bewerteten Leistungseffekte von Märkten. Die sozialen Umwelten von Märkten sollen elastisch und indifferent ausfallen und eine geringe normative Erwartungsdichte aufweisen. Märkte erfordern die Auswechselbarkeit von Interaktionspartnern, hohe Flexibilität und Wahlfreiheit der Marktakteure. Eingespielte Kooperationen mit festen Partnern verhindern den „Partnerwechsel". Allein er ermöglicht das Wahrnehmen günstigerer Angebote und die „schöpferische Zerstörung" (Schumpeter).

---

dazu erzogen werden können. Demgegenüber trägt das christliche Menschenbild den realistischen Zug der Erbsündenlehre, wonach die menschliche Natur, auch das Erkenntnisvermögen, nachhaltig durch egoistische Begehrlichkeiten geschwächt ist. Von daher musste eine Wirtschaftsordnung ins Auge gefasst werden, die nicht erst dann funktioniert, wenn ihre personalen Subjekte von den eigenen Interessen absehen und nur tugendhaft leben" (Ockenfels 2004, 43).

94 A. Smith zufolge *sollen* die Individuen gerade an ihr Privatinteresse denken, und allein dadurch fördern sie das Wohl der Allgemeinheit. Da jeder „sucht, dass sein Produkt den größten Wert erhält, so arbeitet auch jeder notwendig dahin, das Jahreseinkommen des Volkes so groß zu machen, als er kann. Allerdings beabsichtigt er in der Regel weder, das allgemeine Wohl zu fördern, noch weiß er, in welchem Maß er es befördert. ... Oft fördert er durch die Verfolgung seines eigenen Interesses das der Gesellschaft weit wirksamer, als wenn er es zu befördern wirklich beabsichtigte" (Smith 2009, 524).

Märkte müssen ein offenes Feld von stets reversiblen Interaktionen sein. Nur so bleibe die „offene Gesellschaft" offen. Zugrunde liegt ein Paradigma, in dem die Vermeidung der Abhängigkeit von anderen im Vordergrund steht. Demgegenüber dominiert im 'Praxis'-Paradigma nicht länger die Option „Exit" über die Option „Voice" bzw. „Auswählen" über „Einwirken".[95] Das wird allerdings nur in dem Maße gesellschaftlich möglich, wie Rückmeldungen z.B. von Kunden an Anbieter anders als über anonyme Marktsignale funktionieren und die Anbieter sich auch aus intrinsischen Motiven an der Beachtung der Rückmeldungen orientieren.

In einer von 'Praxis' dominierten Gesellschaft wird in Bezug auf die im Kapitalismus hochgeschätzten Werte von „Initiative", „Kreativität" und „Dynamik" zu unterscheiden sein zwischen

- Fähigkeiten und Mentalitäten, die im Kontext des kapitalistischen Verdrängungswettbewerbs, der Hypertrophie des Agonalen („Wirtschaftskrieg"), der Rosinenpickerei u.ä. Relevanz haben, und Fähigkeiten und Mentalitäten, die auch in einer nachkapitalistischen Wirtschaft wichtig sind,
- unterschiedlichen individuellen Fähigkeitsschwerpunkten und „Begabungen" in Bezug auf Initiative, Kreativität sowie Dynamik einerseits und ihrer persönlichkeitsprägenden Dominanz andererseits.

Dem bürgerlichen Selbst- und Weltverständnis sind *Gründe für die Legitimität des Kapitalismus* immanent: Allein die Konkurrenz der verschiedenen Kapitale untereinander auf Kapital- und Warenmärkten sorge für Druck oder Anreiz und damit dafür, dass kapitalistische Unternehmen Höchstleistungen erbringen.[96] Nur die von allen anderen materialen Gesichtspunkten emanzipierte „Kapitalrechnung" (Weber) – die profitabelste Verwendung des Kapitals betreffend[97] –

95 „Bei Einwirken gestaltet das Subjekt eine bereits vorhandene Komponente der Situation um, was in der Regel eine gewisse Zeit beansprucht. Beim Wählen wird eine Komponente der Situation eliminiert, ausgetauscht oder neu hinzugenommen. Meist vollzieht sich dies von einem Moment zum nächsten" (Schulze 1992, 201; vgl. auch 204 und 208).

96 „Die Intoleranz gegenüber Minderleistung und Drückebergerei" sollte „kein Thema sein, das sich nur die Führungskräfte zu eigen machen, sondern es muss ein Anliegen der ganzen Mannschaft sein. Die Mitarbeiter müssen sich, ähnlich wie in einer Fußballmannschaft, bewusst sein, dass Minderleistung das ganze Unternehmen und damit auch den eigenen Arbeitsplatz gefährdet" (Simon 2007, 310).

97 Sie wird notwendig, „sobald Produktionsmittel verschiedener Art und mehrfacher Verwendbarkeit oder qualitativ verschiedene Endprodukte in Betracht kommen" (Weber 1976, 54), sowie bei der Frage, „welche Bestandteile des naturalen Aufwan-

sichere die Effizienz, die Dynamik und die Innovationsneigung der Wirtschaft. „Die Kapitalrechnung in ihrer formal rationalsten Gestalt setzt daher den Kampf des Menschen mit dem Menschen voraus" (Weber 1976, 49).

Konkurrenz und soziale Antagonismen gelten nicht nur als realitätstüchtig in Rechnung zu stellen. Ein Kernbestandteil des bürgerlichen Paradigmas bildet die von Kant besonders prägnant formulierte Auffassung, derzufolge „Ungeselligkeit", „Unvertragsamkeit", „die missgünstig wetteifernde Eitelkeit" und „die nicht zu befriedigende Begierde zum Haben" (Kant XI, 38f.) aufgrund ihrer nichtintendierten und indirekten positiven Folgen gutzuheißen sind.

Erst der „durchgängige Widerstand (zwischen den Menschen – Verf.), welcher diese Gesellschaft beständig zu trennen droht, ist es nun, welcher alle Kräfte des Menschen erweckt, ihn dahin bringt, seinen Hang zur Faulheit zu überwinden" (Ebd.). Ohne Antagonismen „würden in einem arkadischen Schäferleben bei vollkommener Eintracht, Genügsamkeit und Wechselliebe alle Talente auf ewig in ihren Keimen verborgen bleiben: die Menschen, gutartig wie die Schafe, die sie weiden, würden ihrem Dasein kaum einen größeren Wert verschaffen, als dieses ihr Hausvieh hat" (Ebd.).

Das Auseinanderfallen von individuellen Interessen und gesamtgesellschaftlichen Belangen hat auch in einer nachkapitalistischen Gesellschaft Ursachen und Kontexte, die sich nicht moralisch überwinden lassen. Die Schwierigkeiten von Demokratie, gesellschaftlicher Assoziation, Steuerung und Gestaltung sowie die Asymmetrie zwischen der objektiven Kultur und der subjektiven Kultur bilden einen guten Nährboden für eine Orientierung des Individuums im Horizont individueller und exklusiver Vorteilssuche. Wird das Individuum bspw. vorrangig als Arbeitskraft eingespannt in eine Arbeit, die gegenüber der Entwicklung seiner Fähigkeiten, Sinne und Reflexionsvermögen gleichgültig oder abträglich ist, dann hat es eine doppelte Perspektive auf diese hier einmal als gesellschaftlich nützlich unterstellte Arbeit. Einerseits verbessert sie (vermittelt und langfristig) auch seine Lebens*bedingungen*. Andererseits wird ihm – wie diffus auch immer – gewiss, dass das Arbeitsentgelt das ungelebte Leben *in* der unattraktiven Arbeit, die bei Vollzeitstellen nichts weniger als den größten zusammenhängenden Teil des Tages betrifft, nicht aufzuwiegen vermag. Insoweit diese Erfahrung sich mit keiner gesellschaftlichen Perspektive verbinden kann, entsteht ein individuelles, partikulares und idiosynkratisches Verlangen nach Entschädigung dafür, zu kurz gekommen zu sein bzw. Wesentliches versäumt zu haben. Vielfältige Versuche

---

des (kapitalrechnerisch: der 'Kosten') zweckmäßigerweise erspart oder, vor allem: anderweitig rationaler verwendet werden könnten?" (Ebd., 55).

bleiben nicht aus, individuell so etwas wie „ausgleichende Gerechtigkeit" ganz subjektiv zu definieren und zu erlangen. Die diffuse Wahrnehmung „das kann es nicht gewesen sein" motiviert zu allerhand privaten Kompensationen. Diese Wahrnehmung kann auch mit Ressentiments gegenüber gesellschaftlichen Verpflichtungen einhergehen, habe man selbst sich doch „für andere" schon genug angestrengt.

Unter der Voraussetzung, intrinsische Motive aus der Betrachtung auszuklammern, lässt sich feststellen: In der nachbürgerlichen Gesellschaft fallen zentrale leistungsförderliche Sanktionen bzw. Motivationen weg, die in der kapitalistischen Wirtschaft einen großen Raum einnehmen. Die Arbeitsplatzgarantie bzw. das Grundeinkommen würden den Angebotszwang für die Arbeitskraft bzw. das Unversorgtheitsrisiko bei Arbeitslosigkeit mindern. Egalitäre(re) Löhne und Gehälter und der Abbau von Hierarchien schwächen Aufstiegsambitionen. In nichtkapitalistisch verfassten Betrieben und Organisationen herrscht nicht länger der Tausch zwischen Arbeitseinkommen und Unterordnung der Arbeitenden unter die Imperative der Unternehmensleitung. Betriebe stehen nicht mehr unter dem Damoklesschwert des Verdrängungswettbewerbs und der Schließung bei unzureichenden Renditen.

Aus den im bürgerlichen Selbst- und Weltverständnis enthaltenen Gründen für die Legitimität des Kapitalismus lassen sich Schlussfolgerungen ziehen für ein den Kapitalismus überwindendes Paradigma. Auf der *Motivationsebene* muss es andere Beweggründe geben für Arbeitsleistungen und für notwendige, die Arbeit betreffende Umstellungen und Innovationen als den Druck der Konkurrenz im Kapitalismus und als Versuche, die Gesellschaftsmitglieder entweder „für den Sozialismus" moralisch zu mobilisieren oder durch materielle Anreize geeignete Leistungsbereitschaft zu „kaufen". Die Wirtschaft der RGW-Staaten (s. II.8a5) zeigt, dass die Kritik am Kapitalismus einmünden kann in eine Gesellschaft, die – nach einer Formulierung des in der Frühzeit der SU zentralen Ökonomen Preobrazenskij – die Vorteile des Sozialismus nie besessen, die Vorteile der kapitalistischen Ökonomie jedoch verloren habe. In Kapitel II.4 wurden Inhalte eines anderen In-der-Welt-Seins im Sinne von 'Praxis' entwickelt. Mit ihm bilden sich Motive heraus, die den Vorstellungsraum des bürgerlichen Selbst- und Weltverständnisses überschreiten.

Auf der *Ebene gesellschaftlicher Prioritäten* wird in einer von 'Praxis' dominierten Gesellschaft die pauschale Wertschätzung von Dynamik, Effizienz und Wachstum infrage gestellt (s. Kapitel I.9b, c, 10c, d). Allerdings nimmt eine im emanzipatorischen Sinne nachkapitalistische Gesellschaft die bürgerliche Negation von Traditionalismus und Gemütlichkeit in ihrem rationalen Kern auf. Bei einer bloß reaktiven Negation des Kapitalismus kann es nicht bleiben. Letztere richtet sich zu Recht gegen Überforderungen, ohne allerdings ein neues Paradigma des Selbst- und Weltverständnis zu erreichen.[98] Es liegt dann bspw. nahe, die Arbeitsbelastung zum Nachteil der Konsumenten zu reduzieren. So der Fall bei der für die ehemalige DDR typischen Dominanz der Produzenten und Dienstleister gegenüber den Konsumenten.[99] Die gesellschaftliche Arbeit an der Verringerung unattraktiver und subalterner Arbeiten ist bereits in II.2a als Aufgabe materialiter konkretisiert worden. Es handelt sich bei dieser Veränderung um ein zentrales Moment, das über das Ausmaß entscheidet, in dem individuelle und gesellschaftliche Belange divergieren (vgl. II.2g2).

Auf der *Ebene der gesellschaftlichen Synthesis* stellt sich die Frage nach der Kostenrechnung allein schon durch die Erfahrung der ökologischen Probleme anders als zu Max Webers Zeit. Notwendig wird eine gesellschaftliche Synthesis, die unter der Voraussetzung der Maßgeblichkeit bestimmter materialer Qualitäten Kostenrechnung möglich macht und eine hohe Allokationseffizienz der Ressourcen ermöglicht. Es stellt sich die Frage nach einer Ökonomie des Maßes – als höherer Einheit von Quantität und Qualität (vgl. a. S. 153, Anm. 18 und S. 214, Anm. 11). Nicht nur die Internalisierung der Maßgaben von 'Praxis' in den Stoffwechsel mit der Natur und in die Prozesse der gesellschaftlichen Produktion und Synthesis bildet dabei das Problem. Wird umgekehrt in beiden Sphären keine rationale Erledigung des Notwendigen möglich, so stellt auch dies Motivationen für eine im emanzipatorischen Sinne verstandene nachkapitalistische Gesellschaft infrage.[100]

---

98 Aus seiner DDR-Erfahrung schreibt Hermann Jakobs, „dass viele ... den Sozialismus so beginnen, dass sie es gemütlicher, weniger getrieben haben wollen; sie wollen alles 'in Ruhe' gehen; Aufhebung der Ausbeutung heißt im Verständnis vieler Aufhebung von nichts als der Intensität der Arbeit. Es geht in der Tat der kapitalistische Zwang zunächst von den Menschen; Menschen, die für sich arbeiten, treiben sich zunächst nicht so an, als würden sie noch für andere – und deren Maß – arbeiten. Nur, hat das mit den neuen, oder nicht mehr mit der Aufhebung der alten Verhältnisse der Produktion zu tun?" (Jakobs 2001, 198).

99 Vgl. sehr plastisch Böhme 1982, 30f. Die einfache Negation der in der kapitalistischen Ökonomie üblichen Arbeitsanforderungen lautet bei Heiner Müller im Gedicht „Film":

„O nicht genug zu preisende Langsamkeit
Der nicht mehr Getriebenen! Schöne Unfreundlichkeit!
Der zum Lächeln nicht mehr Zwingbaren!"

100 „Langjährige Erfahrung lehrt, dass es in der zentral geleiteten Wirtschaft vollkommen sinnlos ist, sich bei der Arbeit 'zu überschlagen'. Arbeitet man schnell, ist das

In der bürgerlichen Gesellschaft herrscht die *Dekomponierung des In-der-Welt-Seins* durch

- die faktische Behandlung des Reichtums als Warensammlung, durch das Fehlen eines übergreifenden „Zielguts“ oder Leitbilds des Reichtums und durch seine Bemessung nach Renditen, Bruttosozialprodukt u.ä.,
- die Warenproduktion, in der gesellschaftlich vorfindliche Mängel nicht mit deren Bearbeitung oder gar mit vorsorgender Problemvermeidung, sondern mit dem Absatz von Waren beantwortet werden, die die Mängel als Bedingung der Möglichkeit ihres Angebots voraussetzen,
- den im bürgerlichen Recht maßgeblichen Bezug auf andere Individuen im Vertrag,[101]
- den auf Waren- und Arbeitsmärkten maßgeblichen Bezug auf andere Individuen als Eigentümer von Waren.

In Absetzung von einer naturwüchsigen Einheit oder Amalgamierung votiert das bürgerliche Paradigma moderne-affirmativ für die „funktionale Differenzierung“ zwischen gesellschaftlich spezialisierten Bereichen. Das bürgerliche Selbst- und Weltverständnis bleibt antithetisch fixiert auf die Selbstversorgungsgemeinschaft oder auf geschlossene soziale Milieus.[102] Zwischen Liberalismus und funktionaler Differenzierung (zu ihr vgl. II.2e, II.8a3) besteht eine Wahlverwandtschaft. Ihr Credo: Indifferenz zwischen Individuen und gesellschaftlichen Bereichen sei freiheitsförderlich und effizient zugleich. Ebenso wie das Innenleben des Indi-

---

Material schnell verbraucht, es stoppt die Zulieferung, es entstehen Wartezeiten. Schafft man sein Pensum vorfristig, muss man dennoch die Arbeitszeit absitzen“ (Böhme 1982, 29f.).

101 „Auf der Grundlage der Privatautonomie, die Strukturelement einer freiheitlichen Gesellschaftsordnung ist, gestalten die Vertragspartner ihre Rechtsbeziehungen eigenverantwortlich. Sie bestimmen selbst, wie ihre gegenläufigen Interessen angemessen auszugleichen sind, und verfügen damit zugleich über ihre grundrechtlich geschützten Positionen ohne staatlichen Zwang. Der Staat hat die im Rahmen der Privatautonomie getroffenen Regelungen grundsätzlich zu respektieren“ (BVerfGE 81, 242, 254f.).

102 Ein wesentliches Moment des bürgerlichen Selbst- und Weltverständnisses ist der „Universalismus“ (Parsons). Er bezeichnet jene Wertegeneralisierung, die die „magischen Schranken zwischen Sippen, Stämmen und Völkern“ aufhebt (Weber 1958, 276f.) und die damit verbundene Unterscheidung zwischen Binnen- und Außenmoral (Ebd., 269f., s.a. 304). Werteinhalte bewegen sich dann „auf einer höheren Allgemeinheitsstufe“ (Parsons 1985, 126). Das Individuum fühlt sich nun nicht nur seinen unmittelbar Nächsten verpflichtet. Die Pflichten werden abstrakter, versachlichter und verrechtlicht.

viduums A das Individuum B nichts angehe, solange A die Mindeststandards einhält (Bewahrung der Geschäftsfreiheit von B als Bürger), ebenso verhalte es sich mit den einzelnen gesellschaftlichen Teilbereichen, solange sie gegenseitig nicht ihre jeweilige Autonomie antasten.

Das bürgerliche Paradigma verneint ein gesellschaftliches „Zielgut" oder Leitbild, insofern darunter etwas verstanden wird, das über die Freiheiten, Rechte und Pflichten der voneinander und von der Gestaltung der „gesellschaftlichen Tatsachen" getrennten Bürger hinausgeht. Das bürgerliche Paradigma setzt ein solches „Zielgut" oder Leitbild mit moralischen Vorschriften und Tugendvorgaben gleich. Ihnen gegenüber sei das Votum für negative Freiheiten (von etwas) notwendig. Beim Verzicht auf „positive Freiheiten" (zu etwas) und gesellschaftlich übergreifende Antworten auf die „Fragen des Lebens" handele es sich um keine Schwäche, sondern um eine Stärke.

Diese Position sieht vom Inhalt der basalen Formen der bürgerlichen Gesellschaft ab.[103] Prominent ist die Zentralität des Privateigentums im bürgerlichen Recht.[104] Es beinhaltet das sog. Befugnisbelieben des Eigentümers einer Sache. Er „kann, soweit nicht das Gesetz oder Recht Dritter entgegenstehen, mit der Sache

---

103 Die Auffassung des Bundesverfassungsgerichts, das Grundgesetz sei wirtschaftspolitisch neutral (BVerfGE 50, 290/336), ist nicht misszuverstehen. Es schreibt keine bestimmte Wirtschaftspolitik vor. Deren Spielräume sind aber insofern begrenzt, als sich das Grundgesetz auf persönliche Berufs- und private Eigentumsfreiheit festlegt. Die in Art 2 Abs. 1 des Grundgesetzes gewährleistete Privatautonomie umfasst die Vertragsfreiheit. Auch Berufsfreiheit lässt sich ohne Konkurrenz nicht denken. All dies schließt eine Zentralverwaltungs- oder Planwirtschaft aus.

104 Bei dem die Sozialisierung betreffenden Artikel 15 des Grundgesetzes handelt es sich keineswegs um die Erlaubnis zur sozialistischen Umgestaltung, sondern um eine Ausnahmevorschrift. Einzelnes Privateigentum kann enteignet werden, wenn der Eigentümer sich weigert zu verkaufen und falls damit Schaden für Belange droht, die für die Entfaltung des bürgerlichen Gemeinwesens notwendig sind (z.B. Straßenbau, Gewerbeansiedlung). Die Sozialisierung unterliegt vielfältigen Einschränkungen und ist an die Entschädigung des Kapitals gebunden, das, der besonderen materiellen Güter enteignet, nun anderwärtig, in seiner allgemeinen Gestalt als Geld, investiert werden können muss. Die Sätze „Eigentum verpflichtet. Sein Gebrauch soll zugleich dem Wohl der Allgemeinheit dienen" (GG Art 14.2) sind zum einen im Kontext dieser in sehr engen Grenzen innerhalb der bürgerlichen Gesellschaft möglichen rechtlichen Unterordnung des Privateigentums unter übergeordnete Belange in dieser Gesellschaft zu verstehen. Zum anderen im Kontext der Vorstellung, im normalen Gang der bürgerlichen Gesellschaft resultiere das Allgemeinwohl primär gerade daraus, dass die Bürger ihre Privatinteressen verfolgen und mit ihrem jeweiligen Eigentum (Kapital, Arbeitskraft u.a.) wirtschaften.

nach Belieben verfahren und andere von jeder Einwirkung ausschließen“ (BGB § 903). Alle aneigenbaren Objekte sollen als Sachen und alle Individuen sollen als freie Rechtspersonen in ein System einbezogen sein, das durch die Möglichkeit des Eigentumswechsels charakterisiert ist. Schutz des Privateigentums beinhaltet keine Bestandsgarantie für den jeweils bestimmten Privatbesitz, sondern Schutz des freien Händewechsels der Waren, d.h. Ausschluss von Gewaltausübung der Tausch„partner“. Die freie Beweglichkeit der „Sachen“ ist notwendig, damit der Besitz frei ist, nach Markt- und Verwertungschancen verkauft, gekauft oder ‘angelegt’ zu werden. Anders kann das ökonomische Wertgesetz nicht existieren. „Was und wieviel ich besitze“, das stellt vom Standpunkt des Eigentums „eine rechtliche Zufälligkeit“ dar (Hegel 7, 112).

Basale Formen der bürgerlichen Gesellschaft wie Konkurrenz, Besitzindividualismus, die Einheit von Selbstbestimmung, Selbstverantwortung und Selbstbeschuldigung sowie die gesellschaftliche Synthesis hinter dem Rücken der Beteiligten geben ein bestimmtes Spektrum des Handelns vor und schließen vieles aus. Viele Freunde der „offenen Gesellschaft“ belassen es bei einer abstrakten Vorstellung von Freiheit und geben sich keine Rechenschaft über den konkreten Begriff von Freiheit in der bürgerlichen Gesellschaft. Die basalen Formen der bürgerlichen Gesellschaft beinhalten Festlegungen und Einengungen der Handlungsmöglichkeiten. Von ihnen sieht das Modell einer „offenen Gesellschaft“ (Popper) mit seiner Vorstellung eines „leeren Spielraumes“ (Tuschling 1978, 420) und der „Freiheit, anders sein zu können als die anderen“ (Popper 1965, § 32), ab.

Die für die entwickelte westliche bürgerliche Gesellschaft charakteristische Individualisierung beinhaltet, dass die vereinzelten Einzelnen gesellschaftlich konstituierte Probleme im Rahmen ihrer individuellen Existenz zu bewältigen haben. In einer affirmativen Darstellung des bürgerlichen Selbst- und Weltverständnisses heißt es offenherzig: Die Mitglieder der bürgerlichen Gesellschaft genießen die ihnen gewährten Freiheiten „nicht ohne Gegenleistung. … Die industrielle Gesellschaft hat dem privaten Dispositionsspielraum, den sie ermöglicht, eine Funktion zugeteilt. Sie belastet die Arbeitnehmer mit dem Risiko der Anpassung an die rasch wechselnden Bedingungen der materiellen Produktionsstruktur. Den Preis der Freiheit bildet das Risiko der Existenzsicherung in einer Gesellschaft, für die der Wandel der Daseinsbedingungen zum Ziel geworden ist. Die Freiheit wird also auch zum Ausdruck der Existenzgefährdung und der Risikobereitschaft“ (Ferber 1965, 36).

Das Mitglied der bürgerlichen Gesellschaft ist frei *und* zugleich Zwängen der selbstbezüglichen und eigengesetzlichen Bewegung des abstrakten Reichtums unterworfen. Die Koexistenz von Freiheit und Zwang betrifft auch die Unternehmer, Manager und Bankiers. So sehr sie über andere herrschen, so wenig verfügen sie über die Gesetze des Wirtschaftens, denen sie unterworfen sind.

Eine massive Formierung und Festlegung von Handlungsmöglichkeiten, von der die Ideologie der „offenen Gesellschaft" notorisch absieht, vollzieht sich auch durch den für die bürgerliche Gesellschaft zentralen Gegensatz zwischen Form und Stoff. Die Aufmerksamkeit, auf die es gesellschaftlich ankommt, gilt dann nicht primär der Entfaltung menschlicher Sinne und Fähigkeiten im Arbeiten, an Gegenständen außerhalb der Arbeit und in den damit verbundenen Sozialbeziehungen, sondern der Form des Austausches. Der Inhalt „fällt außerhalb der ökonomischen Formbestimmung" (Marx 1974, 154). Die Stoffe sind Anlass und Gelegenheit für mehrwertträchtige Arbeit für die Kapitale, Möglichkeit für die Vermietung der Nutzungsrechte an der eigenen Arbeitskraft für die Arbeitenden und Chance zum Absatz der eigenen Produkte oder Dienstleistungen für Warenproduzenten. In der kapitalistischen Gesellschaft ergibt sich keine subjektive Verbindung zwischen Produzenten, Konsumenten und von Produktion und Konsum indirekt Betroffenen – außerhalb technischer und organisatorischer Abstimmung zwischen Zulieferern und Hauptbetrieb, antagonistischer Kooperation zwischen Lohnarbeit und Kapital und wechselseitiger Abhängigkeit bei gleichzeitigem Interessengegensatz zwischen den Marktteilnehmern. Alle Akteure verfolgen ihre eigennützigen Sonderinteressen. „Jedes (Individuum – Verf.) dient dem anderen, um sich selbst zu dienen" (Ebd., 155). Im Kapitalismus existieren „keine anderen gesellschaftlichen Beziehungen, Zwecke und Interessen der vergesellschafteten Individuen, die allen gemeinsam und deshalb wirklich allgemein sind" als eben jene „formalen Zwecke und Interessen, die sie alle als Eigentümer von Waren überhaupt haben, nämlich der allgemeine Zweck der Garantie der Formen der Prozesse wechselseitiger, freier und gleicher Aneignung und Enteignung und das allgemeine Interesse an dieser Garantie" (Tuschling 1976, 51). Die spezifischen *bürgerlichen* Ursachen und Formen der Trennung zwischen Form und Stoff unterscheiden sich von den *modernen* Ursachen und Formen der Trennung zwischen Form und Stoff (qua formaler Rationalität – vgl. II.8a4).

Demgegenüber geht es im Paradigma der 'Praxis' um „die Unterordnung ihrer gemeinschaftlichen, gesellschaftlichen Produktivität als ihres gesellschaftlichen Vermögens" (Marx 1974, 75).[105] Not-wendig wird die Überwindung einer gesellschaftlichen Dreiecks-Konstellation, die sich zusammensetzt aus Vereinzelung

105 „Die Fremdartigkeit und Selbständigkeit, worin er (der gesellschaftliche Zusammenhang der Individuen – Verf.) noch gegen sie existiert, beweist nur, dass sie noch

der Individuen, aus durch die Gesellschaft nicht gestaltbaren selbstreferenziell-eigendynamisch verselbständigten Prozessen der Kapital-Akkumulation und aus der staatspolitischen Perspektive.

Die bürgerliche Freiheit der Individuen und ihre Unterwerfung unter von ihnen unabhängige und ihrer gesellschaftlichen Einwirkung entzogene Strukturen bilden zwei Seiten ein und derselben Medaille. Die Konzentration der Bürger auf ihr Privatinteresse steigert die Selbständigkeit und Eigenlogik eines sich in Abstraktion von ihnen und gegen sie entwickelnden gesellschaftlichen Geschehens, das wiederum das Privatinteresse verstärkt.[106]

Die Grenzen des bürgerlichen Paradigmas betreffen die Beachtung derjenigen qualitativen Belange, die mit Ökologie, Gesundheit und Care beginnen – s. I.5 – und in den sieben 'Praxis'-Momenten kulminieren. Charakteristisch für die bürgerliche Gesellschaft ist die Verengung des Handlungsvermögens durch Besitzindividualismus, exklusive Interessen und Konkurrenz. Die Aufgabenstellung besteht darin, an dem allererst im Kontext von 'Praxis' möglichen umfassenden Bewusstsein von den Grenzen des bürgerlichen Paradigmas festzuhalten und zugleich nicht mit illusorisch-schnellschüssigen Alternativvorstellungen hinter das Problembewusstsein des bürgerlichen Paradigmas zurückzufallen (vgl. dazu II.2d, II.8a5).

Mit ihren unterkomplexen Vorstellungen von gesellschaftlicher Synthesis formulieren viele Linke Steilvorlagen für die bürgerliche Seite. Sie sieht sich darin bestätigt, die Kritik an Marktwirtschaft und Kapitalismus durch die „realistische" Annahme, kapitalistische Marktwirtschaft sei unüberwindbar, ins Abseits stellen zu können. Verdrängt wird damit auch die substanzielle Kritik an den problematischen Voraussetzungen und Effekten, die der Marktwirtschaft immanent sind (vgl. dazu II.2d, II.8a5). In Bezug auf die gesellschaftliche Synthesis in einer von 'Praxis' dominierten Gesellschaft habe ich bereits auf geeignete institutionelle Formen hingewiesen (s. I.2, II.4e, g) und vertiefe dieses Thema im Kapitel II.9.

b) Die Individualitätsform „bürgerliches Subjekt" und das mit ihr verbundene In-der-Welt-Sein

Das bürgerliche Subjekt wird auf der Abstraktionsstufe des für die westliche bürgerliche Gesellschaft charakteristischen und alle ihre Mitglieder betreffen-

in der Schöpfung der Bedingungen ihres sozialen Lebens begriffen sind, statt von diesen Bedingungen aus es begonnen zu haben" (Marx 1974, 79f.).

106 Vgl. a. Marx 1974, 909.

den Sozialcharakters zum Thema (vgl. S. 218, Anm. 86). Zentrale Formen der kapitalistischen Gesellschaft konstituieren das bürgerliche Individuum als sich frei und autonom vorstellendes Subjekt. Zu nennen sind

- der Unterschied zwischen der Akteursperspektive[107] und der Eigenlogik der gesellschaftlichen Strukturen (vgl. den Anfang von II.6a)[108],
- die rechtliche Gleichheit sowie die wirtschaftlichen und politischen Freiheiten der Bürger,[109]
- der Unterschied zwischen persönlichem und gesellschaftlichem Individuum,[110]

---

107 Das geschäftsfähige Mitglied der bürgerlichen Gesellschaft gilt als „selbständiges Zentrum der Zirkulation" (Marx 1974, 322). Ihm erscheinen „die verschiedenen Formen des gesellschaftlichen Zusammenhangs ... als bloßes Mittel für seine Privatzwecke, als äußere Notwendigkeit" (Ebd., 6).

108 „In der Bewegung des gesellschaftlichen Kapitals – d.h. der Gesamtheit der individuellen Kapitale – stellt sich die Sache anders dar, als sie sich für individuelles Kapital, besonders betrachtet, also vom Standpunkt jedes einzelnen Kapitalisten darstellt" (MEW 24, 384).

109 Freiheit, Gleichheit und Selbstverwirklichung teilen die Problematik einer Gesellschaft, in der Konkurrenz, Indifferenz und Antagonismen den Schutz vor anderen und vor herrschaftlichem Übergriff notwendig werden lassen. Rechtsformen nehmen dann in den öffentlichen Sozialbezügen eine dominante Stellung ein und Kooperation sowie Solidarität finden im Sinnhorizont privater und partikularer Kalküle statt. „War es nicht schon das Anzeichen für eine gewisse Enge des 68er linken Geschichtsverständnisses, dass es sich so monoman auf Emanzipation eingeschworen hat? Das Sich-frei-machen aus Fesseln ist ja doch nur das eine, Bedingte; das unbedingte Andere ist das freie Eingehen in neue und sogar weiter reichende Verbindlichkeiten, ein Akt der (Um-)Vergesellschaftung" (Fleischer 1990, 18). „Nicht nur in der antiautoritären Bewegung der späten 60er Jahre war man der Ansicht, ein ausgeprägter Individualismus und ein die herkömmlichen Verhaltens- und Moralkonventionen sprengender Selbstverwirklichungs-Egoismus müssten der Funktionsweise des Kapitalismus schaden und könnten ihm unter keinen Umständen nützen. ... Die Neue Linke ... zerbrach an der aufgezeigten Spannung zwischen dem gleichzeitig vertretenen radikal-sozialistischen und radikal-individualistischen – und dabei auch radikal-egoistischen – Anspruch" (Scheer 1995, 41f.).

110 Bleibt „ein Adliger stets ein Adliger, ... eine von seiner Individualität unzertrennliche Qualität" (MEW 3, 76), so hat sich demgegenüber mit der bürgerlichen Gesellschaft ein Unterschied herausgestellt „zwischen dem Leben jedes Individuums, soweit es persönlich ist, und insofern es unter irgendeinen Zweig der Arbeit und die dazugehörigen Bedingungen subsumiert ist" (Ebd.). Als Folge kommt es zu einer „Zufälligkeit der Lebensbedingungen für das Individuum. ... In der Vorstellung sind daher die Individuen unter der Bourgeoisieherrschaft freier als früher, weil ihnen ihre Lebensbedingungen zufällig sind" (Ebd.).

- die mit der verallgemeinerten Warenzirkulation verbundene Verallgemeinerung von Vertragsverhältnissen und die diesbezügliche Relevanz von Willensakten (s. I.4.),
- die Existenz von individueller Autonomie und Spielräumen im Sich-Bewegen des Individuums innerhalb der gesellschaftlich herrschenden Strukturen,
- die Praxis der Marktteilnehmer, Selbstbestimmung als kognitive und praktische Wahrnehmung ihres jeweiligen Sonderinteresses gegen Vereinnahmungsversuche zu üben.

Ein zentraler Beitrag der Individualitätsform des bürgerlichen Subjekts zur kapitalistischen Gesellschaft setzt an der Verschränkung von Autonomie und Heteronomie an, die bereits im vermeintlich instrumentellen Bezug auf maßgebliche Bestandteile der kapitalistischen Ökonomie steckt (vgl. den Anfang von II.6a). Innere Antriebskräfte, die Identifikation mit den eigenen Entschlüssen und die Selbstbindung werden dadurch intensiviert, dass das Individuum gesellschaftlich aufgerufen ist, sich selbst „seinen Platz" innerhalb der gegenüber zentralen menschlichen Belangen abträglichen gesellschaftlichen Strukturen zu suchen. Aus der Perspektive der bürgerlichen Subjektivität bildet sie selbst die übergreifende Einheit des Individuums und seines In-der-Welt-Seins. Ihrem Selbstverständnis zufolge verhält sich die bürgerliche Subjektivität zu ihrem In-der-Welt-Sein so, als ob „das Organische das Unorganische unmittelbar in seine organische Materie" (Hegel 9, 485) zöge. „Der nach außen gehende Prozess wird so in den ... der einfachen Reproduktion aus sich selbst, in das Zusammenschließen mit sich, verwandelt" (Ebd., 480f.).[111] Das bürgerliche Subjekt meint, sich aus seinen Auffassungen und Absichten heraus auf die gesellschaftlichen Institutionen und Strukturen zu beziehen. Zugleich sieht sich das Individuum genötigt, sich auf deren Maßgaben einzulassen und sich ihnen anzupassen. Beide Positionen koexistieren und schlagen ineinander um: In der „Willkür" ist „beides enthalten, die freie von allem abstrahierende Reflexion und die Abhängigkeit von dem innerlich oder äußerlich gegebenen Inhalte und Stoffe" (Hegel 7, 66). Während das bürgerliche Subjekt meint, für sich etwas zu tun, nimmt es oft nichtwollend wollend faktisch gegen sich Partei. Dem (gemäß dem Werbeslogan „Ich weiß doch, was ich will") bewusst agierenden bürgerlichen Subjekt „erscheint alles Handeln, weil durchs Denken vermittelt, auch in letzter Instanz im Denken begründet" (MEW 37, 97). Materialiter vollzieht sich im Bewusstsein

111 Das Sich-geltend-Machen des Unorganischen im Organischen als dessen Störung und Verkehrung bleibt nicht aus. Gelitten wird dann an Objektivem, das nicht als solches auftritt, sondern in der Gestalt des Subjektiven.

eine „umgekehrte Teleologie" (Almasi – s. II.6a) oder die „Interiorisierung der Exteriorität" (Bourdieu 1979, 147). „Das Prinzip der modernen Staaten hat diese ungeheure Stärke und Tiefe, das Prinzip der modernen Subjektivität sich zum selbständigen Extreme der persönlichen Besonderheit vollenden zu lassen und zugleich es in die substantielle Einheit zurückzuführen und so in ihm selbst diese zu erhalten" (Hegel 7, 407).

Das bürgerliche Subjekt meint, als außergesellschaftliches Wesen aus seinen eigenen Interessen zu seinem Nutzen oder aus persönlichen Wertvorstellungen sich sinnvoll auf seine Umwelt zu beziehen.[112] Umwelt bildet hier einen Sammelbegriff für Natur und Gesellschaft. Bürgerliche Subjektivität geht einher mit der Blindheit gegenüber den für sie konstitutiven gesellschaftlichen Formen. Das bürgerliche Subjekt „fühlt sich innerhalb seiner eigenen Grenzen als frei, schrankenlos, d.h. nur durch sich selbst ... begrenzt" (Marx 1974, 543; vgl. a. ebd., 157). Es kennt äußere Bedingungen und Einflüsse und erfährt in ihnen Schranken, die ihm durch „die gesellschaftlichen Bedingungen" gesetzt seien, aber keine Grenzen (vgl. zu diesem Unterschied S. 17, Anm. 5). Das für das bürgerliche Selbst- und Weltverständnis zentrale Bedingungs- und Einflussdenken übersieht, „dass nicht nur das Individuum, sondern schon die Kategorie der Individualität ein Produkt der Gesellschaft ist. Anstatt erst das Individuum aus den gesellschaftlichen Prozessen herauszuschneiden, um dann deren formenden Einfluss zu beschreiben, hätte eine analytische Sozialpsychologie in den innersten Mechanismen des Einzelnen bestimmende gesellschaftliche Kräfte aufzudecken" (Adorno 1979, 27).

Das bürgerliche Subjekt fasst sich als (wenigstens „eigentlich") frei und besonders auf, die Gesellschaft als es einengend und von seiner Besonderheit absehend. In diesem Horizont wird ein Selbstverständnis eher unwahrscheinlich, das die eigene Verwirklichung an die Teilhabe und Teilnahme an der Gestaltung der

112 Das Vertrauen auf das Bewusstsein setzt voraus, „dass das Individuum 'in allem seine Vernunft anwenden kann'". Dieses Vertrauen „lehnte sich deshalb gegen jede Autorität und Tradition auf; und (es) wollte alles durch ... Vernunft erforschen und erkennen. Neben dieser positiven Seite, die ein dauerhafter Bestandteil des modernen Denkens ist, enthielt sie freilich einen negativen Zug in der Naivität, mit der sie die Tatsache außer acht ließ, dass das Individuum nicht nur ein Subjekt des Setzens, sondern auch seinerseits gesetzt ist, dass die Vernunft des atomisierten Individuums, sobald sie sich realisiert, notwendigerweise die Unvernunft produziert, weil sie von sich selbst als von etwas Unmittelbarem ausgeht und weder praktisch noch theoretisch die Totalität der Welt einschließt. Die Rationalisierung und der Irrationalismus sind die Inkarnation der rationalistischen Vernunft" (Kosik 1967, 98).

gesellschaftlichen Welt (in den sieben 'Praxis'-Momenten) bindet. Das Terrain des Gesellschaftlichen gilt als heteronom. Vor diesem Hintergrund kultiviert das bürgerliche Subjekt die von der Gesellschaft vermeintlich abgetrennte, weil auf ihrer Wahrnehmung als „äußerliche Notwendigkeit" (MEW 13, 615f.) gründende, nurmehr sich aus sich selbst verstehende und sich auf sich selbst hin entwerfende Persönlichkeit.[113] Ihre Heimat findet sie in Autonomiesphären, die versprechen, das Subjekt ganz zu sich kommen zu lassen. Gegenüber der Gesellschaft, deren Einrichtungen nurmehr als äußere Bedingungen und Mittel erscheinen, gelten nun die Persönlichkeit und ihr inneres Wachstum als zentral. Die letzte Gestalt der persönlichen Freiheit auf sachlicher Grundlage ist die Freiheit der Selbstkultivierung. „Für das Individuum wird die Selbsterfahrung realer als seine Erfahrung der objektiven sozialen Welt. Es sucht deshalb seinen Halt in der Wirklichkeit mehr in sich selbst als außerhalb seiner selbst" (Berger, Berger, Kellner 1975, 71). Das „subjektive Reich der Identität" gibt den „hauptsächlichen Halt des Individuums in der Wirklichkeit" ab und soll insofern das „ens realissimum" bilden (Ebd.).

Ein Luxusphänomen stellt diese Selbstbezüglichkeit nicht dar. Vielmehr besteht ihre konstitutive Voraussetzung in der Eindrehung der Individuen in sich selbst zu Subjekten, die für „ihre" Lebensweise und Identität letztlich selbst verantwortlich gemacht werden.[114]

Als *Identität* wird gesucht und gepflegt, was zugleich den Zwang darstellt, die stattfindende individuelle Existenz als 'eigenes' Leben zu leben, wenn nicht sogar zum eigenen 'Entwurf' umzudeuten, wenigstens aber subjektiv Ordnung zu bewerkstelligen. Unter Bedingungen der Naturwüchsigkeit und Widersprüch-

113 „Die Ideologie der 'autonomen Persönlichkeit' präsentiert das Idealmuster des selbstzufriedenen Einzelkämpfers, nach dem Urbild des literarischen und künstlerischen Kleinproduzenten früherer bürgerlicher Epochen; die gesellschaftlich erzwungene Isolation wird mit dem vom Existenzialismus ererbten Glanz der Verlassenheit als 'menschliches Schicksal' verklärt, schließlich hingenommen als optimale Chance, 'zu sich selbst zu finden'. ... Autonomie wird vorausgesetzt, wo sie erst erkämpft werden müsste in der permanenten Kritik der Banalisierung unserer Wünsche durch die Bewusstlosigkeit des privaten Alltags, im bewussten Gebrauch unserer sozialen Wirklichkeit" (Bittermann 1979, 12).

114 „Beruflichen Erfolg ebenso wie privates Glück verdanken wir persönlichen Eigenschaften, die – obwohl im Verkehr mit unserer Umwelt (und häufig absichtslos) erworben – unserer Verantwortung unterstellt sind. Die Eigenverantwortlichkeit der Persönlichkeit .... gründet in der Vermutung, dass der einzelne an seiner Charakterbildung sowie an der Entfaltung und Verwertung seiner Fähigkeiten maßgebend beteiligt ist" (Ferber 1965, 8).

lichkeit der kapitalistischen Ökonomie haben es die Individuen mit untereinander nur schwer oder nicht zu vereinbarenden Anforderungen sowie undurchsichtigen Voraussetzungen und unabsehbaren Konsequenzen des Handelns zu tun.[115] Diesen Momenten der Weltlosigkeit versucht das Individuum mit der Selbstaufmerksamkeit und Selbstsorge ein individuell gelingendes Leben abzugewinnen.

Das Verhältnis des bürgerlichen Subjekts zur ihm äußerlich erscheinenden Gesellschaft hat auch eine intersubjektive Dimension. Der „qualitative" Individualismus (Simmel 1957, 267) entsteht unter Voraussetzung der rechtlichen Gleichheit der Bürger sowie unter der Bedingung des „numerisch" bezeichneten Individualismus der Aufklärung, indem er sich von beiden absetzt. „Sobald das Ich im Gefühl der Gleichheit und Allgemeinheit hinreichend erstarkt war, suchte es wieder die Ungleichheit, aber nur die von innen heraus gesetzte" (Ebd., 265).[116] Seine Frustrationen in der gesellschaftlichen Realität verarbeitet das bürgerliche Individuum als „Nivellierungserfahrung" und beantwortet sie mit

---

115 „Das Ziel der 'gut integrierten Persönlichkeit' ist verwerflich, weil es dem Individuum jene Balance der Kräfte zumutet, die in der bestehenden Gesellschaft nicht besteht und auch gar nicht bestehen sollte, weil jene Kräfte nicht gleichen Rechtes sind. Man lehrt den einzelnen die objektiven Konflikt vergessen, die in jedem notwendig sich wiederholen" (Adorno 1979, 65f.).

116 Ulrich Eisel würde Simmels Dualismus von numerischem und qualitativem Individualismus, so vermute ich, im umfassenderen Kontext einer anderen Problematik denken – dem Verhältnis zwischen der der modernen bürgerlichen Gesellschaft entsprechenden rechtlichen Gleichheit und der mit dem christlichen Humanismus begründeten vormodernen Subjektform. In ihr geht es um die besondere Verwirklichung des allgemeinen Leitbildes bzw. seine Konkretisierung in jeweils individueller Gestalt. In Publikationen Eisels und seiner Schüler finden sich instruktive Überlegungen zu den mit dieser Unterscheidung verbundenen Voraussetzungen, Implikationen und Effekten. Die entwickelten Argumentationen betreffen nicht nur die Geographie, Landschaftsplanung und Ökologie sowie die in der Wissenschaftstheorie zentrale Unterscheidung zwischen nomothetisch und idiographisch. Darüber hinaus wird die ideenlogische Konstitution und Transformation von politischen Ideen, Weltbildern und Subjektivitätsformen zum Thema (vgl. z.B. bei Kötzle 1997). Eine erste Vorstellung von der Neuordnung des Feldes durch die für den christlichen Humanismus zentrale Figur der „Eigenart" und weiterführende Literaturhinweise finden sich bei Eisel 2005, 45-52, 56-59 sowie Eisel 2009, 232-238, 246-254. Die Rezeption dieser Argumentation ist nicht nur für die Auseinandersetzung mit dem bürgerlichen und modernen Paradigma relevant. Eisels Überlegungen helfen zudem, den Wert eines gesellschaftlichen Leitbildes zu begreifen, das die Individuen erfüllt und in dessen Horizont die Konkretisierung seines Inhalts in jeweils individueller Gestalt und das Gelingen der Eigenart des Individuums konvergieren. Aus Platzgründen muss ich es hier bei diesem telegrammstilartigen Hinweis belassen.

einem reaktiv „exaggerierten Subjektivismus“ (Simmel 8, 382). Die subjektive Fokussierung auf die individuelle Besonderheit und die Distinktion gegenüber anderen sollen mit der Aufmerksamkeit für die vermeintliche „unbestreitbare Eigenheit“ das Individuum „für alle Leiden entschädigen“ (MEW 3, 296). Der „qualitative Individualismus“ bildet einen pluralen Begriff, der ganz Verschiedenes zusammenfasst:

- die individuelle Entfaltung von Sinnen, Fähigkeiten und Reflexionsvermögen,
- jene individuellen Sinne, Fähigkeiten und Reflexionsvermögen, die gesellschaftlich wenig oder keine Resonanz erhalten und dann widerständig oder exzentrisch-schrullig ausfallen oder verelenden,
- die Persönlichkeitsstilisierung, die aus der Not (private Integration von individuell nicht Bewältigbarem) eine Tugend macht.

Die Gesellschaftlichkeit der eigenen Existenz wird in einer von ‘Praxis’ dominierten Gesellschaft nicht als bloß faktische Bedingung individuellen Lebens und seiner Ausgestaltung und Kultivierung aufgefasst. Vielmehr umfasst das Selbst- und Weltverständnis im Sinne von ‘Praxis’ die Aufmerksamkeit dafür,

- dass die Beschaffenheit der Sinne und Fähigkeiten eines Individuums von seinen Mit- und Gegenspielern abhängt;
- dass die Vorherrschaft von Konkurrenz und Hierarchie sowie die Vorherrschaft utilitaristischer oder instrumenteller Orientierung dem Gelingen von Subjektivität abträglich sind;
- dass individuelle Verwirklichung und die Teilhabe an der gesellschaftlichen Gestaltung von Gesellschaft kein Nullsummenspiel bilden,[117]

In meine Argumentation in diesem Kapitel nehme ich die vormoderne Subjektform der „Eigenart“ nicht auf. Sie verweist auf die Problematik, wie kapitalistische Gesellschaften mit Individualitätsformen kompatibel sind, die in Europa (nicht aber in Asien) als vormodern gelten bzw. von der westlichen Individualisierungslogik abweichen. Ebensowenig wie dieser Frage kann ich hier auch einem anderen Problem nachgehen: Kapitalismus als (Tendenz zur) Totalität bezeichnet den der kapitalistischen Gesellschaftsformation immanenten Drang, sich alle sozialen Momente zu unterwerfen, sie zu überformen oder sie aus sich heraus zu schaffen und nicht von historisch früheren, vorkapitalistischen Voraussetzungen abhängig zu sein. Das schließt auch die gesellschaftlichen Individualitätsformen ein. Diese Kapitalismusauffassung verträgt sich schlecht mit Eisels (komplex gebauter) ideenlogischer Argumentation. Ihr zufolge bildet eine vormoderne, dem christlichen Humanismus entsprechende Subjektform die Quelle einer wirkmächtigen Variante des Bewusstseins und der Subjektivität in der deutschen Gegenwart.

117 „Wenn wir uns die griechische Definition des Idioten als eines Menschentyps der ausschließlichen Privatsphäre zu eigen machen, dann müssen wir zu dem Schluss

- dass die Frage „Wie soll unser Gemeinwesen beschaffen sein?" Vorrang hat gegenüber der Frage „Wie setze ich meine Interessen am besten durch?" (Barber, zit n. Rosa 1998, 210).

Die Subjektivität im Kontext von 'Praxis' knüpft an am berechtigten Einspruch gegen negative Effekte der modernen technischen und sozialtechnischen Zivilisation, der gesellschaftlichen Institutionen und Strukturen auf die Individuen.[118] Gegenüber der im bürgerlichen Paradigma zentralen Dichotomie zwischen Person und Sache sowie Freiheit und Bedingungen eröffnen sich im Horizont von 'Praxis' auf beiden Seiten des Verhältnisses neue Unterscheidungen, die den Raum der Gestaltungsmöglichkeiten erweitern. Im Kontext von 'Praxis' steht das Individuum nicht isoliert der Übermacht des Faktischen gegenüber. Vielmehr besteht ein wesentlicher Inhalt von ‚Praxis' darin, die Interessengegensätze zwischen den Individuen, die Konkurrenz, die Hierarchie, die aus dem Erwerbs- und Geschäftsleben herrührende Gleichgültigkeit der Individuen untereinander zu überwinden. Relevant dafür sind keine Mobilisierung von Brüderlichkeit, Solidarität oder Gemeinschaft, sondern die Arbeit an den Ursachen von sozialen Gegensätzen, Konkurrenz und Hierarchien. Die für eine von 'Praxis' dominierte Gesellschaft charakteristische Subjektivität und Lebensweise machen ein Syndrom vielfältig miteinander verwobener Phänomene unnotwendig. Es handelt sich um den Besitzindividualismus, die individuelle Vorteilsnahme zulasten anderer, die Konkurrenz, den Spezialistendünkel und Ressortegoismus, die Distinktion, den Narzissmus der kleinsten Differenz, den Egozentrismus und die neurotische Selbstbehauptungsguerilla. Um eine gesellschaftliche Lebensweise geht es, in der

- die genannten Formen von Sozialität an Relevanz verlieren;
- bestimmte Formen von Sozialität in ihrer Ambivalenz wahrgenommen werden. Es handelt sich dabei u.a. um Kooperation in partikularen Anliegen[119] und um exklusive Solidarität[120];

---

kommen, dass viele Mitglieder vieler Gesellschaften tatsächlich Idioten sind" (Mills 1963, 83).

118 Das auf sich zurückgeworfene Individuum macht einen „Einheits- und Ganzheitstrieb, den das Individuum für sich allein hat", geltend. „Es will in sich abgerundet sein und nicht nur die Gesellschaft abrunden helfen" (Simmel 10, 87).

119 Es geht nicht nur um quantitativ mehr, sondern um qualitativ anderes als Zweckverein und Arbeitsgemeinschaft zur Erstellung kollektiver Güter. Schließlich „ist die Kooperation nicht unbedingt moralisch höher zu bewerten als nicht-kooperatives Verhalten; denn sie kann auch abgleiten in Konformismus, Kollusion, Feigheit und Unterwerfung unter mafiose Machtverhältnisse" (Bühl 2000, 63).

120 Zu den Grenzen von exklusiver Solidarität vgl. Hoffmann 1994, 150f., zitiert in I.3.

– solche Formen von Sozialität an Bedeutung gewinnen, die den „Reproduktionsprozess des gesamten Gemeinwesens als komplexen Prozess des Einander-Entwickelns verstehbar“ (Raeithel 1983, 162) machen.

Beim In-der-Welt-Sein im Sinne von ‘Praxis’ umfasst die Welt, in der die Menschen sind, jene konstitutiven Kontexte, die das Individuum nicht allein äußerlich *bedingen*, sondern auch „innerlich“ erst das jeweilige bestimmte Leben der Individuen ermöglichen, konstituieren und erfüllen. Das Individuum hat nicht nur eine Umwelt, sondern auch eine Welt. „Unsere eigenen Entwürfe setzen einen sozialen Gesamtspielraum voraus. Wir können heute vielleicht Ministerpräsident aber nicht mehr ‘Pharao’ werden. ... Unsere eigenen Entwurfsfelder sind in die viel größeren Entwurfsfelder der Lebensgemeinschaft und ihrer Geschichte einbezogen und können sich nur in deren Rahmen bewegen. Diese soziale und geschichtliche Rückbindung ist dem Dasein wesentlich, ist nicht nur eine äußere Begrenzung, sondern auch eine innere Ermöglichung“ (Rombach 1994, 130f.). Es geht darum, sich des In-der-Welt-Seins als Sein in der Gesellschaft anders gewiss zu werden als in einer bloß faktischen Anerkennung der „gesellschaftlichen Tatsachen“. Die Frage nach der *Konstitution* des individuellen Seins in der Gesellschaft unterscheidet sich von der Rede von „Bedingungen“.[121] Dies zeigen Theorien der gesellschaftlichen Bewusstseins- und Subjektivitätsformen, wie sie von Marx bis Boudon (1988) vorgelegt wurden.[122]

Im bürgerlichen Paradigma kommt die Aufmerksamkeit für die „Sozialgeburt von Geist und Wille“ konstitutiv zu kurz. „Der Einzelne hat nur Geist, Seele, Wille und Sinn, insofern er an einer solchen Sozialgenese teilnimmt. Er braucht dabei nicht genau das zu übernehmen, was die Sozialgenese erbringt, aber er muss das, was er seinen eigenen Geist nennen will, aus der Gesamtdynamik abzweigen und in lebendig spannungsreicher Beziehung zu ihr konstituieren“ (Rombach

---

121 „Das durch derartige Sprach- und Denkkonventionen heraufbeschworene Bild ist das einer hohen Mauer um ein einzelnes Individuum herum, von der herab geheimnisvolle Zwerge – die ‘Umwelteinflüsse’ – kleine Gummibälle nach dem Betreffenden werfen, die bei ihm ‘Ein-drücke’ hinterlassen“ (Elias 1972, 19).

122 Eine andere Konkretion formuliert Elias, wenn er danach fragt, „wie sich das Schicksal eines Volkes im Lauf der Jahrhunderte im Habitus seiner einzelnen Angehörigen niederschlägt.“ Zum Thema werden „Zusammenhänge“ „zwischen den langfristigen Schicksalen und Erfahrungen eines Volkes und seinem jeweils gegenwärtigen sozialen Habitus. Auch in dieser Schicht des Persönlichkeitsaufbaus – nennen wir sie provisorisch die ‘Wir-Schicht’ – sind oft Komplexe, Störungserscheinungen am Werk, die denen der individuellen Neurosen an Kraft und Leidenschaft kaum nachstehen“ (Elias 1987, 27f.).

1994, 165f.). Gängige Vorstellungen von Selbstverwirklichung laufen auf ein Individuum hinaus, das sich als seines Glückes eigener Schmied dünkt oder gar münchhausiadisch sich am eigenen Schopf aus dem Sumpf zu ziehen gedenkt. Demgegenüber geht es darum, dass das Individuum sich in seiner Teilhabe am gesellschaftlichen Reichtum und in dessen Gestaltung versteht und in seiner Lebensführung die gesellschaftlichen Schnittmuster (Arbeitsteilung, Hierarchien, Interessengegensätze u.a.) als seine bestimmte Existenz formend begreift.

„Der Mensch ist nicht zuerst Subjekt und nimmt dann noch Beziehungen zu anderen Subjekten auf, sondern er lebt als eine ausgespannte Gesamtstruktur, aus der er auf sich 'selbst', als ein bloßes Moment dieser Struktur, zurückkommt. Nur in diesem ontologischen Geschehen von Ausspannung in eine Gesamtstruktur und Zurückkehren zu einem Bestimmungspunkt innerhalb ihrer, gewinnt sich der Mensch dergestalt, dass er immer schon auf andere angewiesen, von anderen beeindruckt, im Hinblick auf Fremdes profiliert und durch diese Profilation in der Ganzheit seines Lebens gekennzeichnet ist" (Ebd., 127; vgl. a. Tillich XI, 70f.). Zum Thema wird eine Existenz, die das Involviertsein des Individuums in für es wesentliche Begegnungen und Auseinandersetzungen nicht bloß als Zufluss für seine privateigentümlich verbleibende Substanz anzapft, das Soziale also auf private Flaschen zieht, sondern die soziale Assoziation, in der das Individuum so oder so implizit immer steht, explizit lebt und gestaltet.[123]

---

123 Burow (1999, 20) bemüht das Beispiel einer Jazzband: In ihr „spielen unterschiedliche Personen miteinander, die alle ihr Instrument beherrschen und über ein gemeinsames vereinbartes Thema – ohne Führung von oben – improvisieren. Wenn es ihnen gelingt, gut aufeinander zu hören, sich synergetisch zu ergänzen, dann kann etwas Neues entstehen ..." Mit „neuen kreativen Synergiegemeinschaften" befreien wir uns von der „Zwangsindividualisierung". „Im Team kann ich fast alles mitentscheiden, aber ich bin zugleich durch die Kompetenz der anderen entlastet. Die Vielfalt der zu berücksichtigenden Informationen ist im Idealfall durch die Unterschiedlichkeit der Teammitglieder und ihrer Zugänge angemessen repräsentiert. Der einzelne wird von der unrealistischen Zumutung entlastet, alles können zu müssen, und kann sich auf die Ausbildung seiner spezifischen Fähigkeiten konzentrieren, ohne den Gesamtzusammenhang zu verlieren" (Ebd., 35). Das einzelne Individuum wird Moment einer „schöpferischen Gemeinschaft ..., indem er Synergiepartner im Feld wird" (Ebd., 36). Es geht darum, den Mythos des Einzelkämpfers zu verlassen. Gegen die Vorstellung vom einsamen kreativen Genie, das titanenhaft allein Großes schafft, ist auf die Fähigkeit oder die glückliche(n) Gelegenheit(en) hinzuweisen, sich „ein geeignetes Unterstützer- bzw. Synergiefeld zu suchen oder zu schaffen" (Ebd., 15). Es entsteht das kreative Produkt nicht „aus den unergründlichen Tiefen eines isolierten Geistes, sondern (ist) immer auch Ergebnis einer Kette berührender zwischenmenschlicher Begegnungen" (Ebd., 124). Oft glauben wir, „jemand sei unfähig,

Sozialität im Sinne von 'Praxis' ist nicht gleichbedeutend mit jener „*Gemeinschaft*", die

- sich komplementär zu den gesellschaftssystemischen Ursachen von Konkurrenz, von gegensätzlichen Privatinteressen und von der Gleichgültigkeit der Akteure gegeneinander einrichtet und allein subjektiv-imaginär das Gegenteil oder die Abhilfe zu realisieren beabsichtigt;
- die Übernahme von Verantwortung mit ihrem Gegenpol, dem vereinzelten Subjekt, teilt und nun nicht mehr ihm, sondern der jeweiligen Gemeinschaft die Aufgabe zuschreibt, statt in der individuellen Subjektivität nun in der Intersubjektivität negative Effekte verwinden oder ausgleichen zu wollen, deren Ursachen keine individuelle oder gemeinschaftliche Betätigung, sondern allein gesellschaftliche Praxis und gesellschaftliche Regelungen gewachsen sind;
- der problematischen Eindrehung des Individuums in sich selbst und der entsprechenden subjektiven Gestaltschließung (inklusive Narzissmus) die gemeinschaftliche oder kollektive Variante hinzugesellt.

Im Unterschied zur bürgerlichen Dreieinigkeit von Selbstbestimmung, Selbstverantwortung und Selbstbeschuldigung geht es im Kontext von 'Praxis' um eine Subjektivität, die nicht den für die Subjektivität in der bürgerlichen Gesellschaft konstitutiven Mangelerfahrungen unterliegt. Sie betreffen

- die Erfahrung der Ohnmacht der Individuen, auf die „gesellschaftlichen Tatsachen" keinen Einfluss zu haben;
- den Mangel an sinnvoller Verbindung[124] zwischen den durch Arbeitsteilung sowie funktionale Differenzierung, Privateigentum und Konkurrenz voneinander Isolierten;
- die Folgeprobleme einer überkompensatorischen Verarbeitung der Probleme, die die Individuen sich sowohl mit deren Subjektivierung (s.o.) einhandeln als auch mit Selbstbehauptungen am unangebrachten Ort.[125]

---

und erkennen nicht, welche Möglichkeiten bei geeigneten Beziehungsbildungen in ihm liegen. Die Förderung kreativer Fähigkeiten ist somit immer auch ein sozialer Prozess" (Ebd., 46).

124 Zum positiven Bezug auf die Termini „sinnvoll" und „Sinn" vgl. den Anfang von Kapitel II.6f.

125 Man kann die von Adorno prägnant formulierte Einsicht gar nicht ernst genug nehmen: Aus der erscheinenden Unabhängigkeit des Individuums entwickelt es, „indem es als ein von der Gesellschaft Abgedichtetes, Abgespaltenes existiert, nochmals die Pathogenese einer gesellschaftlichen Totalität aus sich heraus" (Adorno 1979, 55f.). Vgl. S. 257, Anm. 139.

Der Wunsch nach einer vollen und autonomen, in sich abgerundeten Existenz des Individuums ist problematisch. Verständlich ist dieses Bedürfnis als Reaktion gegenüber den negativen Effekten der zivilisatorischen Objektivität der modernen Technik, Organisationen und Infrastrukturen, der Institutionen und Strukturen auf die Fähigkeiten und Sinne der Menschen (vgl. S. 240, Anm. 118). Unaufhhebbar bildet das Individuum einen eigenständigen Bezugspunkt von 'Praxis'. Nur Individuen können Schmerz oder Glück empfinden, nur Individuen sind sterblich. Aus dem Umstand, dass die übergreifenden gesellschaftlichen Strukturen und der objektive Reichtum ein gedeihliches individuelles Leben erst ermöglichen, darf dies selbst nicht als normativer Bezugspunkt verloren gehen. Problematisch wird das Votum für eine volle und autonome, in sich abgerundete Existenz des Individuums, wo sie dem In-der-Welt-Sein des Individuums entgegensteht. Erst ein solches In-der-Welt-Sein vermag die das Individuum als vereinzelten Einzelnen bedrängende Objektivität zu entmächtigen, das sich nicht in der Komplementarität von vereinzeltem Ich und gesellschaftlichen Tatsachen bzw. autonomem Subjekt und Bedingungen bewegt, sondern in einer individuellen, sozialen und gesellschaftlichen Realität, die diese Dichotomie aufhebt (vgl. a. II.4f.).[126] Die nachkapitalistischen Formen von Subjektivität und Sozialität schließen jene nicht-regressive Überwindung des bürgerlichen Subjekts ein, die bereits am Ende von II.4f Thema war. Im Unterschied zum hegemonialen Leitbild des autonomen ichstarken Ich (vgl. dazu auch die ersten Seiten von I.4) geht es um den Bezug der Menschen zueinander. Zur Sprache kommen die jeweiligen sozialisatorisch erworbenen und die mit spezifischen sozialen Positionen und Lagen verbundenen blinden Flecken. Sich zusammen mit anderen verwirklichen zu wollen, weil dies nicht nur faktisch-äußerlich, sondern „wesentlich“ zur Verwirklichung gehört, beinhaltet keine Unmittelbarkeitsfiktion, sondern den durch zahlreiche Institutionen (vgl. II.4e und g) vermittelten Bezug der Menschen aufeinander in der gemeinsamen Gestaltung der Arbeiten, der Gegenstandswelt, der Organisationen, Institutionen und sozialen Strukturen.[127]

---

126 H. E. Richter warf Marcuse die Utopie eines „grandiosen, voll autonomen Individuums“ vor und plädiert demgegenüber für „Menschen, die nicht eine individualistische Autonomie anstreben, sondern sich miteinander bestimmen wollen ... (im Unterschied zu einem) gottähnlich autonomen Wesen. In dieser Variante enthüllte sich das Antiautoritätsprinzip als eine Form von Egozentrismus, den jeder gegen jeden verteidigte“ (Richter 1974, 74-76). Vgl. a. Feuerbach 1978, 231, 242, 244.

127 Für die in diesem Kontext mögliche und für die von 'Praxis' dominierte Gesellschaft essenzielle soziale Erweiterung des Ich vergleiche auch

Die Subjektivität im Kontext von 'Praxis' ist anders verfasst und stellt andere Fragen als jene Subjektivität, die in der Dichotomie zwischen Person und Sache, Individuum und Bedingungen, „Freiheit" und Gesellschaft als „ärgerlicher Tatsache" (Dahrendorf) festsitzt. Auch auf dem anderen Pol des Gegensatzes verändert sich die Situation. Im Kontext von 'Praxis' wird deutlich, dass substanziell verschiedene Wege der Technikentwicklung (s. II.2b), der Zusammensetzung von Effizienzimperativen und Imperativen der Humanisierung der Arbeitsgestaltung sowie der Organisationsweise existieren – im Unterschied zur Annahme einer endogenen und autonomen sachzwänglichen Logik. Das Verhältnis zwischen Institutionen und Individuen verändert sich dann substanziell, wenn die praktische Frage lautet, wie institutionelle Arrangements die Gestaltung der Gesellschaft durch ihre Mitglieder erleichtern, wie sich durch institutionelle Arrangements die gesellschaftliche Einflusslosigkeit der Individuen verringert und sie weniger Objekt von nichtintendierten Handlungseffekten und gesellschaftlichen Teufelskreisen (s. II.6d) werden. In der von 'Praxis' dominierten Gesellschaft geht es darum, Technik, Organisationen, Institutionen und gesellschaftliche Strukturen so zu gestalten, dass sie nicht Gefangene ihrer Eigenlogik bleiben. Sie bilden dann Momente eines sozialen Stoffwechsels, in dem nicht länger die Scheidung zwischen instrumenteller, formaler und materialer Rationalität die Aufmerksamkeit für die Effekte des Tuns, der Objekte, der Mittel sowie der Techniken, Organisationen und Strukturen verstellt und vereitelt. Subjektivität steht also nicht einfach nur dieser Objektivität gegenüber, sondern ist in ihr als Intersubjektivität präsent. Gegenüber der Dichotomie zwischen Mensch und Sache stellt sich gerade inmitten der Sphäre der vermeintlichen Sachzwänge die Frage, wie „der Gegenstand als Sein für den Menschen, als gegenständliches Sein des Menschen, zugleich das Dasein des Menschen für den anderen Menschen, seine menschliche Beziehung zum anderen Menschen, das gesellschaftliche Verhalten des Menschen zum Menschen ist" (MEW 2, 44, vgl. a. MEW Erg.bd. 1, 516).

Konflikte zwischen der Subjektivität und den Eigenlogiken von Organisationen, Technologien und Institutionen sind damit nicht aufgehoben. Die Frage nach solchen Divergenzen stellt sich aber anders als in jenem Horizont, der von vornherein zwischen Person und Sache, „Lebenswelt" und „System" dichotomisiert oder sich auf ein Szenario von subjektiver und objektiver Kultur festlegt,

---

- die Ausführungen zum Thema sozialer Repräsentation und Treuhänderschaft (s. II.9.a),
- die Überlegungen (in II. 9a) zur Ablösung von sich hinter dem Rücken der Menschen abspielender Prozesse durch soziale Kommunikation und Öffentlichkeit(en).

in dem nur zwei Parteien vorkommen. Die Überwindung der Vereinzelung des Individuums durch gesellschaftliche Assoziationsformen und die gesellschaftliche Gestaltung der gesellschaftlichen Objektivität bleiben in diesem dualistischen Denkraum ausgeschlossen. Er ist dem bürgerlichen Paradigma immanent.

c) Pluralität der Lebensstile – Das Recht auf Differenz und die Vergleichgültigung des Differenten

Die Scheidung zwischen öffentlicher und privater Sphäre bildet ein weiteres wesentliches Moment der bürgerlichen Gesellschaft. Was die Privatperson angeht, geht niemanden sonst etwas an. Privatheit gilt wie Freiheit als um ihrer selbst willen schätzenswert, als Selbstzweck. Abgelehnt werden Einmischungen des Staates, der Gesellschaft sowie von Mitbürgern in die eigene Lebensführung. Einwände gegen ein gesellschaftlich verbindliches Paradigma des guten Lebens setzen es gleich mit Gesinnungspädagogik oder mit einer an dörfliche Enge und Kontrolle erinnernden Sozialintegration.[128]

Die Pluralität der privaten Vorlieben und Meinungen gilt als hoher Wert. Einheit erscheint nicht nur den Anhängern des Pluralismus, sondern in verschärftem Maß vielen Vertretern postmoderner und poststrukturalistischer Theorien als Monismus und Monopolismus. Und wird mit Uniformierung, Gleichschaltung und Gewalt gegen das Besondere oder zumindest mit Konformitätsdruck identifiziert. An dieser Position fällt auf, dass sie die Pole eines Gegensatzes (Einheit und Vielfalt) und zwei verschiedene Wertprädikate (positiv und negativ) kennt und unterscheidet. Unter den damit entstehenden vier Feldern spielen aber nur zwei Felder eine Rolle: Die negativ beurteilte Einheit und die positiv vorgestellte Vielfalt. Die Fragen, ob es nicht auch eine als positiv beurteilbare Einheit, die sich gegenüber der Vielfalt nicht negativ verhält, und eine problematische Vielfalt geben kann, rücken in den Hintergrund. Das zunächst plausibel erscheinende Votum für Vielfalt sowie gegen Gleichschaltung und gegen die Diskriminierung anderer Lebensformen („Ich will, dass es alles gibt, was es gibt" – Konstantin Wecker) blendet die problematischen Varianten der Vielfalt aus. An ihnen herrscht aber kein Mangel.

Eine erste problematische Variante von Vielfalt entsteht bereits schlicht subjektiv aus der Unvertrautheit des Beobachters mit der Materie. Der Wald erscheint nicht vor lauter Bäumen. Erst wer sich in einem Feld auskennt, gewinnt Übersicht.

128 „In einem Dorf braucht man nur zu niesen, und gleich ist jemand da mit einem Taschentuch" heißt es im Film „Die letzte Vorstellung" von Peter Bogdanovic (1971).

Und vermag, die verschiedenen Variationen des Selben als eben dessen Varianten zu erkennen und nicht mit Unterschieden zu verwechseln, von denen wirklich etwas abhängt. „Der Anfänger kennt viele Möglichkeiten, der Meister wenige" (Suzuki).

Eine zweite problematische Variante von Vielfalt entsteht aus der entfalteten Warenwirtschaft. In ihr sind die Sinne und Fähigkeiten nicht auf ein Integrum des guten Lebens bezogen. Schon insofern entsteht eine Diversifizierung von Objekten. Anbieter übertreiben die positive Differenz ihres Angebots zu anderen Offerten. Gerade Geistesarbeiter sehen sich infolge der Konkurrenz gezwungen, „jeden Gedanken nicht zu prägen, was sehr nützlich wäre, sondern ihn überscharf zu profilieren …, (so) dass der Gedanke von all seinen unendlich vielen Brüdern von vornherein sich mehr abhebt, als es von Haus aus in seinem Wesen steckt" (Bry 1988, 37).

Eine dritte problematische Variante von Vielfalt resultiert aus der Arbeitsteilung und der funktionalen Differenzierung in modernen Gesellschaften sowie aus den entsprechenden Tunnelblicken und déformations professionelles. Diese Problematik verschärft sich noch durch die bürgerliche Gesellschaft. In ihr verarbeiten die verschiedenen Sphären (Recht, Politik, Moral, Zwischenmenschlichkeit, Kultur) Erfahrungen mit der selbstbezüglichen und eigengesetzlichen Bewegung des abstrakten Reichtums in einer bestimmten Weise. Die kapitalistische Ökonomie wird aus der Perspektive der jeweiligen ökonomieexternen Sphäre wahrgenommen. Diese jeweils besondere Wahrnehmung setzt sich zugleich immer auch von den Stellungnahmen zur kapitalistischen Ökonomie aus den anderen gesellschaftlichen Sondersphären ab. Ein unendlich sich fortwälzender Kreislauf und eine auf der Stelle tretende Geschäftigkeit sind das Resultat. Die Kritik an der Ökonomie führt zur Affirmation des Politischen. Die Beanstandungen der Politik formulieren sich moralisch und zahlen den Tribut der Affirmation der Moral. Vor dem Hintergrund von Ökonomie, Politik und Moral sonnen sich Kunst und Kultur. Der Überdruss am Subjektivismus und Ästhetizismus motiviert dazu, zum positivistischen Einverständnis mit den ökonomischen und politischen Sachzwängen überzugehen. Mängel und Probleme einer Sphäre werden nicht selbst bearbeitet, solange sie für *andere* Sphären willkommener Anlass sind, *ihre* Angebote absetzen zu können. Der Pluralismus vermag die zueinander komplementären partikularen Erfahrungsverarbeitungen nicht in ihrer Einheit wahrzunehmen. Unechte Alternativen verhalten sich wie die verschiedenen Seiten eines Berges, die allein von seinem Gipfel aus gleichzeitig sichtbar sind.

Eine vierte Variante der problematischen Vielfalt resultiert aus der Erfahrungsverarbeitung, die sich anschickt, Probleme des individuellen In-der-Welt-Seins mit einer ganz aparten Identität überkompensieren zu wollen. Das Material für das unendliche Sichverlaufen in Partikularismen entsteht aus den genannten problematischen Varianten von Vielfalt. Im Horizont von 'Praxis' ist zu unterscheiden: Auf der einen Seite stehen die „unproblematischen" Geschmacksvarianten der Individuen sowie die legitime Vielfalt (verschiedene Lebensphasen, verschiedene Wissens- und Erfahrungsbestände und Mentalitäten in den durch Arbeitsteilung und funktionale Differenzierung unterschiedenen Tätigkeiten und Bereichen). Auf der anderen Seite steht die Verarbeitung der wirklichen oder vermeintlichen Frustrationen in der gesellschaftlichen Realität als „Nivellierungserfahrung" und deren Beantwortung mit einem „exaggerierten Subjektivismus" (Simmel 8, 382).[129]

In welchem Ausmaß Vielfalt Wertschätzung genießt, hängt auch von der Zeitdiagnose ab. Sie betrifft bspw. das Geschlechterverhältnis in der modernen kapitalistischen Gesellschaft der Metropolenländer in den letzten zwanzig Jahren. Es fragt sich, ob die Konzentration des Dekonstruktivismus und der Gender-Theorie auf normative geschlechtliche Identitätsfestschreibungen eine Gegenfixierung auf die disziplinierende Normierung bildet. Bereits an der westdeutschen APO 1968 wurde vielfach gezeigt, wie sie in der Bekämpfung von bereits im Kapitalismus überaltert erscheinenden Formen zu dessen Modernisierung beitrug. „Glauben wir nicht, ... dass man zur Macht Nein sagt, indem man zu queer Ja sagt: man folgt damit vielmehr dem Lauf des neoliberalen Flexibilisierungsparadigmas" (Soiland 2005, 9). Die disziplinierende Normierung, die die Individuen auf bestimmte Eigenschaften festlegt, ist nicht verschwunden, wie sich prominent im kapitalistischen Erwerbsleben zeigt. Etwas anderes tritt hinzu: Die Förderung und Anregung einer Subjektivität, die sich im Horizont von Marktflexibilität und jener Normenrelativierung bewegt, die der Diversifizierung des Warenangebots entspricht. So kreativ und undogmatisch eine solche „Bastelexistenz" sich auch

129 Hier macht sich die Kehrseite der Arbeitsteilung geltend. Zwar beansprucht sie das Individuum allein mit einem zur Austauschbarkeit objektivierten Segment seiner selbst. Zugleich aber „saugt" das verobjektivierte Ganze „seine Elemente nicht so vollständig in sich ein, dass nicht ein jedes noch ein Sonderleben mit Sonderinteressen führte" (Simmel 6, 629f.), in dem der 'Rest' zur Geltung zu bringen ist, der das Individuum ausfüllt neben der in der Arbeitsteilung beanspruchten Seite. Auf diesen Rest kaprizieren sich nun die Individuen. Sie steigern „das verbleibende Privateigentum des geistigen Ich zu um so eifersüchtigerer Ausschließlichkeit" (Ebd., 653). Es kommt dann dazu, „dass man dem, wodurch sich Menschen voneinander unterscheiden, ihrer Ich-Identität, einen höheren Wert beimisst als dem, was sie miteinander gemein haben, ihrer Wir-Identität" (Elias 1987, 21).

verstehen mag, sie arbeitet sich nicht zuletzt daran ab, unvereinbare Imperative in der individuellen Lebensführung irgendwie vereinbar zu machen.[130]

Aus dem „Recht auf Unterschied" folgt oft die Fixierung auf die besondere Lebensart. Ihr entspricht die Weigerung, in der spezifischen Erfahrungsverarbeitung, die durch die gesellschaftlich herrschenden Strukturen und Formen sowie deren interne Differenzierung vorstrukturiert ist, den konstitutiven Kontext für das Zustandekommen der partikularen individuellen Orientierung zu sehen. Die Abdichtung gegen diese Frage und das Verschwinden der Konstitution im als unmittelbar imponierenden Resultat scheinen notwendige Bedingungen des Lebens*stils* zu sein (Bourdieu 1982, 317).

Die vereinzelten Einzelnen sehen sich aufgerufen, nach ihrer jeweils individuellen „Wahrheit" zu suchen. Jene Variante von Subjektivität, die sich in partikularen Selbstbildern und in deren Kultivierung festrennt, geht mit einem Narzissmus der kleinsten Differenz einher. „Eine kritische und psychoaffektive Verarmung liegt in der Luft, nachdem das Recht auf Unterschied hochgejubelt worden ist und Hunderte von sektoriellen und exklusiven Apartheiten geschaffen hat" (Errata-Redaktion 1979, 7). Die Segmentierung und (imaginierte) Sezession qua special-interest-Medien und qua partikularen Affinitätsgruppen[131] erhöhen

130 „Das Konzept von gender übersieht, dass wir längst mit massiven Deregulierungsanforderungen an unser Verhalten konfrontiert sind, denen die Forderung nach einer Flexibilisierung der gender-Norm, weit davon entfernt, deren Kritik zu sein, gerade zuarbeitet. Indem es uns glauben macht, wir müssten uns gegen Festschreibungen wehren, lässt uns das Konzept von gender genau jene Fähigkeiten erwerben, die es uns erlauben, die unterschiedlichsten, ja sich vielleicht gegenseitig auch ausschließenden Anforderungen unter einen Hut zu bringen. Die These vom Geschlecht als sozialem Konstrukt und die damit verbundene Vorstellung von der Verhandelbarkeit des eigenen genders scheint damit selbst zu einer politischen Technologie der Individuen geworden zu sein" (Soiland 2009, 416).

131 Die narzisstische Personalisierung muss keine Vereinsamung nach sich ziehen. Vielmehr entstehen Kollektive, die „miniaturisierte, hyperspezialisierte Interessen (und Ansichten – Verf.) verfolgen: etwa die Vereine von Witwern, von Eltern homosexueller Kinder, von Alkoholikern, Stotterern, lesbischen Müttern, Bulimikern" (Lipovetsky 1995, 19). Im Vergleich mit dem „politischen Militantismus von einst" kommt es zur „Schrumpfung der universellen Zielsetzungen", und wir haben es zu tun „mit dem Wunsch, sich unter Seinesgleichen wiederzufinden … sich mit 'identischen' Wesen zusammenzuschließen" (Ebd., 19f.). Zur Logik dieser „Zersplitterung in Partikularismen" gehört, dass das „Recht auf Differenz" sich in einer „endlosen Miniaturisierung" leerläuft. Die Gruppen werden aus ihren weiter gefassten Bezugsrahmen gelöst, Mikrosolidaritäten bekräftigt und „immer wieder neue Singularitäten" emanzipiert (Ebd., 234).

die Schwierigkeiten einer gesellschaftlichen Assoziation und fördern die gesellschaftliche Synthesis qua Geld und Recht. Die Tendenzen zur „Universalisierung und Homogenisierung des gesellschaftlichen Lebens“ und „zur Zergliederung und Individualisierung desselben“ (Marmora 1983, 78) koexistieren. Sie steigern sich gegenseitig. Die Vergesellschaftung durch Markt und ökonomischen Wert bringt Vereinseitigungen und Trennungen sowie verschrobene private Ausblendungen und ebenso idiosynkratische wie imaginäre Versöhnungen von Gegensätzen und Widersprüchen hervor. Zum Partikularen passt wiederum eine abstrakte Synthesis oder Verkehrsform. Die Verallgemeinerung und Internationalisierung des Kapitalverhältnisses setzt sich nicht trotz, sondern wegen tausendfacher Segmentierung durch. Universalismus und Partikularität bilden im modernen Kapitalismus zwei Seiten einer Medaille.

Bevormundung, Wertepaternalismus, Gesinnungspädagogik und -kontrolle abzulehnen ist das eine. Ein Plädoyer für eine partikularistische Selbstdefinition folgt daraus nicht. Letztere nimmt das Besondere gerade *nicht* als Besonderes wahr. Das Besondere ist von anderem Besonderen unterschieden. Das Verhältnis des einen Besonderen A zum anderen Besonderen B beinhaltet aber nicht, dass A sich *nur* negativ auf B bezieht, sozusagen nur die Außensicht auf B pflegt und sich von ihm abstößt, B also zur Kontrastfolie seines positiven Selbstverständnisses stilisiert. Im Unterschied zu dieser partikularistischen Selbstverortung von A nimmt sein Selbstverständnis als Besonderes den positiven Gehalt von B so mit in sich hinein, dass es sich auf ihn bezieht, also „sagt“: Ich bin etwas anderes als das andere, das ich in seinem eigenen Gehalt wahr-nehme. Dann verortet sich das Besondere immer schon in einem Gefüge oder System von Unterscheidungen und kann als Besonderes (im Unterschied zum Partikularen) nur existieren, indem es die anderen Inhalte präsent hat, wenngleich es *als* Besonderes sie auch nicht selbst enthält.

Die Defizienz des Partikularen zeigt sich immanent an ihm selbst in der mit der Vervielfältigung von Differenzen verbundenen Vergleichgültigung des Differenten. Nicht allein die Unterdrückung von Pluralität, auch die antithetische Fixierung auf diese Unterdrückung bildet dann ein Problem, wenn man es pauschal auf die Freigabe von Differenzen absieht und davon absieht, wie daraus bedeutungslose Differenzen resultieren, also: Indifferenz.[132] Die reiche Vielfalt

132 Im Unterschied zur postmodernen Begrüßung der Vermehrung von Differenzen und der Maxime „'Zersplitterung ist gut'“ (Eisel 2003, 410) lässt sich festzustellen, dass das Besondere auch durch eine bloße Vermehrung partikularer Einzelzustände bedroht ist. „Wenn nämlich gilt, dass jedes einzelne Ding nur dann allgemeinen

ist nicht mit der Vielheit und Vielzahl zu verwechseln. Aus der Ablehnung des redundanten Monopols und der Reduktion auf Einunddasselbe folgt nicht notwendigerweise das Plädoyer für den dogmatischen Pluralismus. Erst wer beide Seiten des Gegensatzes zusammen vergegenwärtigt, sieht ihre Komplementarität. Diversifizierende Heterogenität und gewaltsam homogenisierende Identität bilden zwei Seiten einer Medaille. Sie stellen für einander Wunschgegner dar, die die Orientierung darauf festlegen, endlos zwischen diesen beiden Polen zu wechseln. Die eine Seite soll dann die Alternative zur anderen bilden. Die Perspektive besteht nicht darin, auf der Ebene der Begriffe von Einheit und Vielfalt weiterzudenken (in Richtung einer wie auch immer gearteten Einheit von Einheit und Vielfalt). Vielmehr geht es um die gesellschaftliche Arbeit zur Einhegung oder Überwindung der Ursachen, die Besonderes und Allgemeines, Vielfalt und Einheit zum Problem werden lassen.

Die Emphase für die Pluralität der Geschmacksfinessen und Lebensstile enthebt die Bürger davon, sich von den herrschenden gesellschaftlichen Formen und Strukturen Rechenschaft abzulegen, innerhalb derer sie sich bewegen. Die Aufmerksamkeit richtet sich auf den scheinbar unendlichen Reichtum der Stoffe, die Bürgern dafür zur Verfügung stehen, ihren Vorlieben dort frönen zu können,

---

Wert hat, wenn und insofern es einzeln ist und bleibt, dann gelten alle Einzelheiten gleich viel. Es ist gleichgültig, wie man ist, Hauptsache, man ist einzeln. Wenn es aber gleichgültig ist, wie man ist, dann gilt das Besondere nichts" (Ebd.). Die „Vervielfältigung der konkurrierenden Besonderheiten (erhöht) die eigene Bedeutungslosigkeit" (Ebd.), insofern es zu einer verwirrenden und chaotisierenden Beliebigkeit kommt. Die entstehende Gleichgültigkeit resultiert dann nicht aus der vom Verschiedenen abstrahierenden formellen Einheit, sondern aus einer schlecht-unendlichen Verschiedenartigkeit. Sie treibt aus sich heraus Gleichgültigkeit hervor. „Die Ungleichheit hat kein System, der Zusammenhang der Vielen ergibt kein einheitliches Bild mehr. ... Wenn man also auf der Wichtigkeit der Besonderheit besteht, muss man auf einem System von Ungleichheiten bestehen, statt auf einer Vielzahl von Andersartigkeiten. Nur dann kann man ein Individuum in seiner Stellung in einem Ganzen beurteilen, d.h. seine Besonderheit würdigen" (Ebd.). Besonderheit verträgt sich mit Vielfalt, nicht aber mit „Vielzahl" (Ebd., 411). „Vielfalt hat immer den Bezug auf eine Einheit, Vielzahl nicht" (Ebd.). Die Position der in sich differenzierten und gegliederten Totalität setzt sich ebenso ab von der formellen Einheit wie von chaotisierender Vielzahl oder Vielheit.

Wenn Eisel von „System" spricht, dann in dem Sinne, dass es sich dabei nicht um „ein mehr oder weniger willkürlichen und zweifelhaften Ausgangspunkt aller unsrer Argumente" handelt. Vielmehr „gehört" es „zum Wesen dessen, was wir ein Argument nennen. Das System ist nicht so sehr der Ausgangspunkt, als das Lebenselement der Argumente" (Wittgenstein 1984, 105).

wo es gesellschaftlich nicht darauf ankommt, subjektiv aber umso mehr – also in ihrer Freizeit und in ihrer Selbststilisierung. Das bürgerliche Bewusstsein, als Individuum frei und nur äußerlich beschränkt zu sein durch gesellschaftliche „Bedingungen", radikalisiert sich. Die postmoderne Beliebigkeit des Verfügens über Stile aller Orte und Zeiten zur Ausgestaltung des subjektiven Selbstverständnisses und zur Beschäftigung der eigenen Aufmerksamkeit ergeht sich ebenso stoffselig wie lustvoll in den dafür mobilisierbaren Materien. Sie suggerieren einen Reichtum, der dazu beiträgt, der mit den herrschenden gesellschaftlichen Formen verbundenen Armut des In-der-Welt-Seins nicht gewahr werden zu müssen.

d) Die der bürgerlichen Gesellschaft immanenten, sich selbst bestärkenden zirkulären Prozesse („Teufelskreise")

Anders als in der bürgerlichen Gesellschaft werden in der Perspektive von 'Praxis' zentrale, sich selbst positiv bestärkende zirkuläre Prozesse zum Problem. Zu nennen sind:

- der *Konkurrenzzirkel*: Fressen, um nicht selbst gefressen zu werden;
- der Zirkel der Einkommensungleichheit. Je gravierender Einkommensunterschiede ausfallen, desto schwerer haben es intrinsische Motivationen. Vor dem Hintergrund ihrer Schwächung gewinnen extrinsische Prämien zusätzlich an Relevanz;
- der *Selbstverhärtungszirkel*. Die Selbstverhärtung des Individuums dagegen, beschädigtes und ungelebtes Leben wahrzunehmen, hat einen geringeres Ausmaß von Empathie für andere, von Thematisierung und dann auch Bekämpfung der Ursachen zur Folge (vgl. Kapitel I, 4, 6);
- der *Erfolgszirkel*.[133] Was – aus welchen Ursachen auch immer – eine hohe Nachfrage, Aufmerksamkeit oder Reputation erlangt, dem werden bereits

---

133 Die zirkuläre Definition des Erfolgs entfaltet sich vor dem Hintergrund einer vorfindlichen tiefen Ungewissheit über den Wert der Angebote. Die Medien übernehmen eine Funktion stellvertretender Urteilsbildung. Im medialen Kosmos unterliegen geistige Werke dem „eigenartigen Schicksal, ... 'sehr gut zu gehen' oder gleich nach der Geburt zu sterben. Genauer: entweder die Maschine setzt sich in Gang, der Schneeball kommt ins Rollen; man spricht davon, weil man davon spricht, weil man davon spricht und so fort: das Medium geht zum Medium, die Zelebrationen zu den Zelebritäten wie das Geld zu den Reichen. Oder es bewegt sich nichts" (Debray 1981, 138).
Auch in der Internet-Suchmaschine „Google" wird die Relevanz eines vorkommenden Sachverhalts an der Zahl der Treffer bemessen. Ob die „Verlinkungen" auf den entsprechenden Begriff oder Namen kritisch oder positiv ausfallen, geht die bloße

infolge dieses Faktums weiteres Interesse und zusätzliche Geltung zuteil. Der Erfolg bekommt ein unangemessenes Gewicht. Er rückt zum Güteausweis vor, wo der menschlich-soziale Wert von Angeboten nicht vergegenwärtigt werden kann oder soll. Die magnetenhafte Anziehungskraft des Erfolgs verstärkt die Schwindsucht der Urteilskraft;

- der *Kompensationszirkel.* Erleben die Individuen ihre Teilhabe und Teilnahme an der Gesellschaft nicht als ihre Sinne und Fähigkeiten und ihren Horizont entfaltend, so liegt die Perspektive konsumtiver oder kultureller (Über-)Kompensation nahe. Diese erfordert oft wiederum ein höheres Ausmaß der Arbeiten, Techniken, organisatorischen Leistungen usw., die den Heteronomiesphären angehören. Unbefriedigende Arbeitserfahrung und kompensatorischer Konsum verstärken sich gegenseitig;
- der *Marktzirkel.* Märkte schwächen bestimmte soziale Motive, Fähigkeiten und Zusammenhänge (vgl. Kapitel II.8a5). Diese Schwäche erscheint als unabhängig vom Markt existierende Bedingung, der er Rechnung zu tragen habe;
- der *Teufelskreis der privaten Nachfrage*;[134]
- der *Hierarchiezirkel.* Mit Hierarchien gehen Subalternitätseffekte „unten" einher und Effekte von „Verantwortungsübernahme" „oben", inklusive der Legitimation der Hierarchie aus den wenig interessierten und wenig umsichtigen Handlungen der Untergebenen. „Die Spitze vertraut den unteren Kreisen die

---

Quantität nichts an. Blind wie ein Maulwurf ist google in Bezug auf die Inhalte. Die Zahl der Klicks zeigt an, wie oft etwas für erwähnenswert gehalten wird. Umso öfter auf eine Netzseite verwiesen wird, desto höher ihr Rang bei der Suchanfrage. Ein sich selbst positiv verstärkender Kreislauf kommt ingang.
Wem es gelingt, die nicht selbst in ihren konstitutiven Ursachen transparente Nachfrage zu befriedigen, vermag im jeweiligen Segment der Öffentlichkeit Anerkennung auf sich zu ziehen. Die Aufmerksamkeit für deren Konstitution unterliegt der Suggestion, die vom Erfolg ausgeht. Er marginalisiert und depotenziert andere Leistungen im Feld der Aufmerksamkeit (zur Realabstraktion „Erfolg" vgl. Creydt 2000, 296-303)

134 „Es ist dem einzelnen objektiv nicht möglich, Befriedigung für Bedürfnisse zu finden, die er (nach Unterscheidung von Marx) als 'gesellschaftliches Individuum' empfindet und nicht als 'zufälliges Individuum'. Sich selbst überlassen, wird er immer dazu neigen, eher individuelle Güter zu fordern als kollektive Dienstleistungen oder Einrichtungen. ... Es gibt also kein spontanes Votum für die Prioritäten und Werte der 'Konsumgesellschaft' ...; es gibt nur die Ohnmacht, eine Alternative zu definieren und dafür einzutreten" (Gorz 1967, 119f.). Zum Problem werden die Schwierigkeiten kollektiver Assoziation, da „die kollektiven Bedürfnisse in ihrem Inhalt nur kollektiv definiert werden können" (Ebd., 119).

Einsicht ins Einzelne zu, wogegen die unteren Kreise der Spitze die Einsicht ins Allgemeine zutrauen, und so täuschen sie sich gegenseitig" (MEW 1, 249). Wo die vertikale Dimension im Vordergrund steht, werden unabhängig von den Inhalten der Arbeit das „Aufsteigen" und das „Bestimmertum" wegen der damit verbundenen Weisungsbefugnisse, Freiräume und Einkommenssteigerungen relevant;

- der *Kontrollzirkel.* Er existiert schon zwischen Vorgesetzten und „Mitarbeitern". Letztere können Informationen zurückhalten, um dem Vorgesetzten die Fehlerbeurteilung zu erschweren. In größerem gesellschaftlichem Maßstab war der Kontrollzirkel maßgeblich für die Beziehungen zwischen der Planungszentrale und den Einzelbetrieben in den früheren „realsozialistischen" Gesellschaften (s. II.8a5);
- der *Eigentumszirkel.* Die Fokussierung oder gar Fixierung auf das Privateigentum und der schlechte Zustand der Gemeingüter bilden wechselseitig Voraussetzung und Resultat;
- der ähnlich geartete *Besitzzirkel.* Über das Privateigentum hinaus versucht das Individuum sich Enklaven möglichst ungestörter Realitätskontrolle zu schaffen oder „vom Umfeld der nicht-reservierten Dinge abschließbare bzw. abgrenzbare Domänen privater Souveränität". Diese „mikrokosmischen Enklaven" sind oft von der Verfügung über Geldmittel abhängig, müssen aber nicht an sie gebunden sein. Auch eröffnen „bestimmte Dispositionschancen über Arbeitsmittel, Arbeitsgegenstände, Arbeitsbedingungen und Arbeitsräume", oft „vermittelt über die Aneignung spezifischer Qualifikationen", Spielräume und Reservate, in denen die Individuen „abgeschirmt von Marktzufällen und Fremdsteuerungen bestimmte Fähigkeiten zur mikrokosmischen Realitätskontrolle zu entwickeln vermögen" (Prodoehl 1983, 142f.);
- der *Konformitätszirkel*: Aus Angst vor sozialer Isolation und vor Einbußen an entsprechenden Gratifikationen unterbleiben vom öffentlichen Konsens abweichende Äußerungen und dies trägt dazu bei, dass der „Konsens" umso stärker und unangefochtener und die abweichende Meinung umso minoritärer erscheint;
- der *Zirkel der restriktiven Handlungsfähigkeit* (vgl. a. II.2h). Seine Elemente sind: 1. Angst vor Risiken, die durch Gegenwehr gegen die Vertreter der herrschenden Gesellschaftsordnung entstehen, 2. Verzicht auf Erweiterung des eigenen sozialen Handlungsvermögens und der sozialen Assoziation, 3. Behauptung und Verteidigung des status quo als unausweichlich gegen andere, Weitergabe restriktiver Maßgaben an andere;
- die *Zusammensetzungsfehlschlüsse* (s. II.4.g);

– der Zirkel der *gegenseitigen Instrumentalisierung*.[135]

Wer diese zirkulären Prozesse in den Blick nimmt, hat es mit den Maschinenräumen der bürgerlichen Gesellschaft zu tun.[136] Die Diagnose „alle Systeme laufen störungsfrei" unterstellt das Funktionieren dieser Teufelskreise und kommt nicht in die Verlegenheit, sie selbst zum Problem zu machen. Die zirkulären Prozesse bilden den „Schatten" der bürgerlichen Gesellschaft oder den prosaischen Hintergrund ihres emphatischen Selbst- und Weltverständnisses. Wie eine von 'Praxis' dominierte Gesellschaft diese Zirkel bearbeiten bzw. überwinden kann, ist ein Thema des vorliegenden Bandes. Diese Teufelskreise erfordern eine gegenüber der Unmittelbarkeit von Sozialbeziehungen höherstufige, auf Institutionen und Strukturen bezogene, substanzielle Veränderung.

e) Charakteristika des 'Praxis'-Paradigmas im Unterschied zum bürgerlichen Paradigma

Im Kontext von 'Praxis' wird es möglich, „die Frage nach dem 'Sinn' unseres Tuns, namentlich unseres Arbeitens" auf „die antizipierende Frage" zu beziehen: „Was ist der Effekt des Effektes der Verwendung des Produktteils, den ich mitherstelle?" (Anders 1988, 389). Es geht darum, „aus dem Jetzt herauszutreten und uns in einen sehr breiten, oft unwahrnehmbaren, nur vorstellbaren, oft noch nicht einmal vorstellbaren, sondern nur denkbaren Raum der Voraussicht und der Verantwortung hinein zu begeben" (Ebd.).[137] In den gesellschaftlichen Bereichen

135 „Meine Instrumentalisierung des anderen impliziert notwendig, dass auch der andere mich instrumentalisiert. Indem ich mich von ihm isoliere, isoliert er mich von sich. Damit bin ich, im Versuch, mich durch die Kontrolle anderer abzusichern, immer mehr auf mich selbst zurückgeworfen, also immer ohnmächtiger den von mir unverfügbaren Lebensbedingungen ausgeliefert" (Holzkamp 1983, 377).

136 In Kapitel II.8 wird zum Thema, dass manche dieser Zirkel sich auch (von bürgerlichen und kapitalistischen Strukturen unterschiedenen) modernen Strukturen verdanken.

137 Gerade therapeutische oder quasireligiöse Sinnangebote verdrängen diese Sinnleere. Sie machen nicht deren Ursachen zum Thema, sondern „behandeln statt die effektive Sinnlosigkeit nur das Gefühl der Sinnlosigkeit" (Anders 1988, 367), „so als wäre dieses Gefühl das eigentliche Unglück, nur dessen Beseitigung erforderlich; so als wäre der Zahnschmerz die Krankheit" (Ebd. 365). Übergangen und verstellt wird so, dass die „Sinnlosigkeit ein völlig berechtigtes Gefühl, ein Zeichen von unbeschädigter Wahrheitsbereitschaft, um nicht geradezu zu sagen: ein Symptom von Gesundheit" darstellt (Ebd., 369f.). Demgegenüber bedienen viele therapeutische und religiöse Angebote das Bedürfnis, die faktische Sinnlosigkeit mit einem Willen zum Sinn zu

(Arbeit, Konsum, Erziehung u.a.) ist zu fragen, welche Voraussetzungen sie nolens volens weiter verarbeiten und welche Folgen diese Bedingungen und ihre Assimilierung haben. Sinn erwächst in einer von 'Praxis' dominierten Gesellschaft aus dem den Aktivitäten und Rezeptionen immanenten Bewusstsein davon,

- wie das jeweilige besondere Moment die gesellschaftliche Welt und ihren übergreifenden Inhalt auf jeweils bestimmte Weise aufbaut,
- wie im Besonderen der positive oder negative Bezug auf anderes Besondere enthalten ist,
- wie die allgemeinen, gesellschaftlich übergreifenden Inhalte und Strukturen im Besonderen anwesend sind,
- wie die allgemeinen, gesellschaftlich übergreifenden Inhalte und Strukturen günstigenfalls das Besondere in einer Weise ermöglichen, derzufolge es nicht nur Element des Allgemeinen oder „Dünger für ein 'Später'" (Gerson 1982, 186), sondern in sich selbst erfüllt ist.

Erst diese in sich differenzierte Einheit eröffnet eine Alternative zum bürgerlichen In-der-Welt-Sein mit

- seiner getrennten Buchführung der verschiedenen ausdifferenzierten gesellschaftlichen Sphären,
- seiner Radikalisierung von Eigenverantwortung und der entsprechenden Überforderung der Individuen,
- seinen Sinn-Surrogaten wie „Erfolg", „Karriere", Status und Geldbesitz,
- seinem die Erwerbs- und Geschäftssubjekte verunstaltenden „Schutzpanzer gegen die anderen Menschen" bzw. der „Isolierschicht, die sie vor der Berührung durch die Lebensereignisse bewahren soll" (Gerson 1982, 193f.).

Der Sinn *für* Praxis und Sinn *durch* 'Praxis' unterscheidet sich von einem „Glauben, dessen wir zu sehr bedürfen, um ihn den Chancen eines Examens zu unterwerfen" (Nestroy, Notizen aus dem Nachlass). Irgendein Sinn gilt dann als besser als keiner. Oft bleibt es dabei, den „Unbegreiflichkeiten des Lebens ... einen Sinn beizulegen" und dies der Mühe vorzuziehen, deren „Unsinn zu entlarven" (Brecht, zit. n. Grimm 1979, 176).

Der bürgerliche Materialismus sieht es bei der Arbeit ab auf ihren Nutzen für die Konsumenten und auf das Interesse der Arbeitenden, durch Arbeit

---

überspielen. Es geht nurmehr um die subjektive Funktion des Sinns, ein Sinn-Gefühl auch dort zu schaffen, wo faktisch kein Sinn ist, nur um diesen Mangel nicht länger wahrnehmen und erleiden zu müssen.

Einkommen zu erzielen.[138] Bürgerlichen Materialisten fallen zum Thema Sinn schnell höherer Blödsinn und imaginäre Trostgründe ein sowie übergeordnete Gesichtspunkte, die das Einverständnis mit für sich genommen schädlichen „Notwendigkeiten" ermöglichen. „Hat man sein warum? des Lebens, so verträgt man sich fast mit jedem wie?" (Nietzsche 2, 944).

Im Kontext von 'Praxis' verliert manches, was im bürgerlichen Selbst- und Weltverständnis als „Erfolg" gilt, seine Attraktion: Das Bewusstsein von den negativen Folgen des Besitzindividualismus kränkelt die Freude am Privatbesitz an. Der Stolz über die Expertise sieht sich mit der Abneigung gegen das Fachidiotentum konfrontiert und mit dem Bewusstsein von der „ungeheuerlichen Mischung aus Schärfe im Einzelnen und Gleichgültigkeit im Ganzen" oder dem „ungeheuren Verlassensein des Menschen in einer Wüste von Einzelheiten" (Musil). Die Differenzierung zwischen „System" und „Lebenswelt" muss sich nachsagen lassen, mit ihr gehe ein „Menschentum" einher, in dem „Fachmenschen ohne Geist und Genussmenschen ohne Herz" dominieren (Weber). Das bürgerliche Paradigma versteht den Bürger im Rahmen ungestaltbarer Märkte als selfmademan, als Arrangeur der Bedingungen seines Lebens. Der Subjektstolz erleidet empfindliche Einbußen durch das Bewusstsein von der mit der Subjektform verbundenen Überkompensation der eigenen Lage durch selbstwertdienliche Beschönigung und distinktives Selbstverständnis sowie Wichtigtuerei und Ichhaftigkeit[139]. Die Subjektautonomie wird auch insofern zum Problem, als der auf sich zurückgeworfene vereinzelte Einzelne gesellschaftlich konstituierte Probleme individuell bzw. privat zu bewältigen hat. Das geht mit Selbstbezichtigung, Scham- und Schuldgefühlen sowie (über)kompensatorischen Ausgleichsbewegungen einher. Beim „Erfolg" werden seine Kosten gewiss, die ebenso durch den für ihn oft notwendigen Konformismus[140] anfallen wie durch die mit ihm verbundene „Marketing-Orientierung". Fromm (1985, 64ff.) charakterisiert sie prägnant. An der Konkurrenz wird die mit ihr verbundene Bornierung gewiss. Sie lässt die Konkurrenten missraten zu „Rennfahrern, die fleißig darauf los treten und nichts in der Welt bemerken wie das Hinterrad ihres Vordermannes" (Musil 1981,

138 „Das Produkt seiner Tätigkeit ist daher auch nicht der Zweck seiner Tätigkeit. ... Die zwölfstündige Arbeit ... hat ihm keinen Sinn als Weben, Spinnen, Bohren usw., sondern als Verdienen, das ihn an den Tisch, auf die Wirtshausbank, ins Bett bringt" (MEW 6, 400f.).

139 Vgl. zu diesem Thema meine Artikel in der Wiener Zeitschrift „Streifzüge" (Nr. 56-58, 60; 2012-2014). Vgl. www.meinhard-creydt.de

140 Zum „Erfolgszirkel" s. II.6d.

40). Der Aktivismus erleidet eine Abwertung durch das Bewusstsein von der mit ihm verschwisterten besinnungs- und reflexionsfeindlichen Geschäftigkeit.[141]

Das 'Praxis'-Paradigma beinhaltet die gesellschaftliche Arbeit zur Überwindung der konstitutiven gesellschaftlichen Ursachen für die individuelle Orientierung im Horizont von partikularen und exklusiven Vorteilen zulasten anderer (s. II.2g). Es kultiviert nicht wie das bürgerliche Paradigma die Skepsis gegenüber der sozialen Assoziation der Menschen. Es setzt nicht auf eine Entwicklung des Reichtums durch Konkurrenz und Kampf zwischen den Menschen. Das 'Praxis'-Paradigma geht von einem „außermittigen" Wesen der menschlichen Existenz aus (Sève 1972, 156). Ihm zufolge ist „das menschliche Wesen kein dem einzelnen Individuum innewohnendes Abstraktum. In seiner Wirklichkeit ist es das Ensemble der gesellschaftlichen Verhältnisse" (Marx, 6. Feuerbachthese). Die Gestaltung der gesellschaftlichen Strukturen bildet einen integralen Bestandteil des gesellschaftlichen Reichtums. Nicht länger lässt sich an der Spaltung festhalten zwischen gestaltungsverschlossener Um- und Außenwelt und ihrer Verdauung durch die jeweils individuelle Innenwelt in Zuständigkeit der Privatperson. Das 'Praxis'-Paradigma nimmt die Gesellschaftsgestaltung als wesentliches Moment erfüllter Existenz wahr im Unterschied zur bürgerlichen Dichotomie zwischen Markt und Politik und zur fatalen Alternative zwischen moralischem Verantwortungsbegriff und der Akzeptanz, die gesellschaftliche Synthesis sei nun einmal nicht steuerbar.[142]

Das vergleichsweise schlichte Milieu der modernen und der kapitalistischen Gesellschaft prämiert alle Innovationen, die sich als technisch praktikabel und als wirtschaftlich profitabel erweisen. Hochspezialisierte Leistungen erlangen in der modernen und kapitalistischen Gesellschaft Evolutionsvorteile. Man trifft ins

---

141 „Und mein ganzes Land ist durchsetzt von derartigen Unermüdlichen, Putzmunteren, bis hin zu den sogenannten Führungskräften; statt je auch nur für einen Augenblick den Zug der Müdigkeit zu bilden, setzt dreist sich in Szene ein wimmelnder Haufen fortgesetzter Gewalttäter und Handlanger" (Handke 1989, 31).

142 Demgegenüber „zwingt Systemverantwortung unausweichlich dazu, die Architektonik des Systems, seine Programmierung und seine Entwicklungstendenzen zu ermitteln und jedem moralischen Urteil zugrunde zu legen" (Bühl 1998, 27f.). Es geht darum, „das 'Gesamtsystem der Verantwortungen' (Birnbacher) daraufhin zu beobachten, ob die Belastbarkeit der Verantwortungssubjekte nicht überschritten wird" (Ebd., 29). Dann „verschiebt sich das Verantwortungsproblem zunehmend von der unmittelbaren Handlungsverantwortung zur vorgelagerten Designverantwortung" (Ebd.).

Schwarze und verfehlt den Rest. Die Perfektionierung enger Realitätsenklaven geht einher mit einer Kultivierung der Spezialistenexistenz.

Idealiter ist dem bürgerlichen Paradigma die Perspektive der „schöpferischen Zerstörung" eigen. „Freie Bahn dem Tüchtigen" heißt es. „Was gefällt, ist erlaubt". Womit man sich am Markt durchsetzen kann, das ist eine „gute Geschäftsidee". Diese ökonomische Gelegenheitsvernunft und dieser wirtschaftlich-technische Okkasionalismus orientieren sich an der Freisetzung aller technischen Leistungen und ökonomischen Initiativen und an der Findigkeit, herauszubekommen, aus welchem existierenden Mangel sich unter Voraussetzung des Mangels und unter Desinteresse an vorsorglicher Problemvermeidung ein gutes Geschäft machen lässt. Es kommt darauf an, „die Nase vorn" zu haben. Wer am geschicktesten im Abstecken neuer Claims ist, wer sich am gerissensten im Konkurrenzkampf erweist, wer am schnellsten auf neue Gelegenheiten setzt und suboptimal rentable Betätigungsfelder abzustoßen weiß, der macht in der Konkurrenz Punkte. Die Welt missrät in dieser, die isolierten Produktivitäten herausfordernden und alle einzelnen Betriebsamkeiten bis an ihre Leistungsgrenze anstachelnden und ausreizenden bürgerlichen Gesellschaftsform zu einer Ansammlung von Freilandversuchen. Von Extremen wie den Kernkraftwerken und der Gentechnik fallen Licht und Schatten auf „normalere" Vorstufen.

Sich von der Dekomponierung der Welt durch ihre Verwandlung in kaufbare und verkaufbare Waren und Dienstleistungen zu befreien, das schließt ein, die Waren zu Kuppelprodukten zu verwandeln, die ein In-der-Welt-Sein im Sinne der 'Praxis'-Momente eröffnen. Es geht darum, den Zirkel der kapitalistischen Ökonomie zu überwinden, durch den diese davon lebt, dass sie die Wunden, die sie schlägt, mit Produkten, Dienstleistungen und von den Schädigungen und ihren Ursachen getrennten immer neuen Sondermaterien beantwortet. Der unendliche Prozess der Überkompensation reproduziert das, wovor sie flieht. „Wenn man meint, durch das Hinausschreiten in jene Unendlichkeit sich vom Endlichen zu befreien, so ist dies in der Tat nur die Befreiung der Flucht. Der Fliehende aber ist noch nicht frei, denn er ist im Fliehen noch durch dasjenige bedingt, wovor er flieht" (Hegel 8, 199f.). Die Gegensätze zwischen Produzent und Konsument[143] sowie zwischen den Heteronomiesphären des „Systems" und den vermeintlichen Autonomiesphären der „Lebenswelt" bilden nicht das letzte Wort der Geschichte. Entsprechendes gilt für die Koexistenz von scheinbarer Erhabenheit des Subjekts über die Objektivität bei gleichzeitiger faktischer Unterordnung unter sie.

143 Das Konsumenteninteresse an preiswerten Konsumgütern steht dem Interesse der Arbeitskräfte an möglichst hohen Arbeitseinkommen entgegen.

„Das überschüssige Bewusstsein ..., die freie, nicht mehr vom Kampf um die Existenzmittel absorbierte psychische Kapazität" (Bahro 1977, 321), ist nicht mehr länger absorbiert von der überkompensatorischen Freizeitkultur, in der die Armut der sozialen Form der Existenz mit dem Reichtum der Effekte überspielt werden soll. Im Gegensatz zur manischen Begeisterung[144] ob der Freisetzung aller technischen und ökonomischen Potenziale des objektiven Reichtums rückt die mit ihnen einhergehende Weise der Entwicklung der Momente von 'Praxis' zum maßgeblichen Kriterium der ökonomischen, technischen und organisatorischen Veranstaltungen vor.

Im bürgerlichen Modell koexistieren

- der Wildwuchs der technischen und ökonomischen Initiativen, die idealiter alle gleich nahe zum Markterfolg sind und nur daraus ihre Bewertung beziehen und insofern tropische Wachstumsbedingungen vorfinden sollen,
- flankierende, nachträgliche, subsidiär-aushilfsweise staatliche Aktivitäten.

In der Gegenwart ist diese für das bürgerliche Modell einschlägige Aufgabenverteilung zum Problem geworden. In einer von 'Praxis' dominierten Gesellschaft wird nach den Effekten der einzelnen Betätigungen und der besonderen Tätigkeitsfelder für das Allgemeine gefragt und nach den Effekten des Besonderen für die Gestaltung der gesellschaftlichen Welt.[145]

Die Unterscheidung von bürgerlichem und 'Praxis'-Paradigma zu begreifen heißt, die *Reichweiten der Paradigmen* zu erkennen und die mit ihnen verbundene umfassende Veränderung, in der alle besonderen Momente einen anderen Platz erhalten. Im Unterschied zum für die bürgerliche Gesellschaft charakteristischen

---

144 „Es ist gerade der Sinn funktionaler Differenzierung, jedem System die Hypostasierung der eigenen Funktion zu erlauben, ja abzuverlangen" (Luhmann 1983, 29f.).

145 „Der Begriff Produktion bezeichnet hier nicht eine bloße Analogie zur materiellen Güterproduktion, vielmehr geht es um den umfassenden Begriff gesellschaftlicher Produktion, zu dem sich die materielle Güterproduktion als besondere Ausformung verhält. Wenn Marx vom 'Kommunismus als der Produktion der Verkehrsform selber' spricht, so bezieht er sich auf diesen allgemeinen Begriff gesellschaftlicher Produktion. ... Unter den Bedingungen der bürgerlichen Gesellschaft steht die Warenproduktion so sehr im Vordergrund, dass sie diesen allgemeinen Begriff der Produktion, der auch die Produktion der Lebensweise umfasst, verdeckt. ... Produktion als Begriff der Kritik der bürgerlichen Ökonomie muss sich eng fassen, um die kapitalistische Verwertung der Arbeitskraft im Industrieprozess zu treffen. Produktion als Begriff im Zusammenhang der Konstitution neuer Produktivkräfte und als Produktion des gattungsmäßigen Reichtums der Menschen muss dagegen weit gefasst sein und die Produktion aller Lebensbereiche umfassen" (Negt, Kluge 1973, 28 und 187).

Gegensatz zwischen Inhalt und Form (s. II.6a) geht es im 'Praxis'-Paradigma darum,

- das Besondere (besondere Tätigkeitssorten, soziale Bereiche) sinnvoll auf anderes Besonderes und auf das allgemeine Paradigma der Gesellschaft ('Praxis') zu beziehen und dem Besonderen eine Verortung in diesen Bezügen zu ermöglichen,
- das allgemeine „Zielgut" oder Leitbild der Gesellschaft ('Praxis') im Bezug auf das Besondere und im Bezug des Besonderen auf anderes Besonderes zu entwickeln.[146] Das Allgemeine konkretisiert und entwickelt sich in seiner Ausgestaltung durch die Fragen und Herausforderungen, die vom Besonderen ausgehen,
- die für die gesamte Gesellschaft wesentlichen allgemeinen Inhalte durch gesellschaftlich übergreifende Strukturen zu ermöglichen und zu sichern.

Das Verhältnis zwischen Allgemeinem, Besonderen und Einzelnem im Kontext von 'Praxis' bildet das Thema der nächsten Kapitel.

II.7 Die Sphäre von 'Praxis' als Paradigma (Das Leitbild)

Mit den sieben 'Praxis'-Momenten sind die wesentlichen *Momente* von 'Praxis' dargestellt. 'Praxis' baut sich aus diesen verschiedenen Momenten auf. Etwas anderes ist es, die Einheit von 'Praxis' oder 'Praxis' als Emergenz zu denken. Das „Ganze" ist mehr (oder weniger) als seine „Teile". Auf seiner Ebene stellen sich neue Probleme und Fragen. Die Einheit der 'Praxis' gliedert sich in drei *Sphären*: den Bezug von 'Praxis' auf sich selbst (II.7), den Bezug von 'Praxis' auf das ihr gegenüber andere (II.8) und die 'Praxis' als Gestaltung der Gesellschaft durch sich selbst (II.9). Probleme werden nun zum Thema, die in II. 4 schon enthalten sind und z. T. auch dort bereits angesprochen wurden, aber zur Klärung ihrer gesellschaftlichen Einhegung, Bearbeitung oder Überwindung eines weiteren Horizontes bedürfen.

Zum Thema wird, wie die Einwirkung der Gesellschaft auf sich selbst bzw. die Gestaltung der Gesellschaft durch ihre Mitglieder „funktionieren", und wie sich

146 Ein Beispiel: Die Wahrheit, pathetisch gesprochen, der Erwerbs- und Geschäftswelt zeigt sich nicht allein an ihren unmittelbaren Ergebnissen, sondern gerade und vor allem auch an den indirekten Effekten, die sich in Kindheit und Jugend sowie im höheren Alter zeigen. Erst die Vergegenwärtigung des inneren Zusammenhangs der allenthalben beklagten Probleme dieser Lebensphasen mit den herrschenden Strukturen des Erwerbs- und Geschäftslebens zeigt deren wirkliche Bilanz.

darin 'Praxis' verwirklicht. Wie lässt sich realisieren, dass die Prozesse der Vergegenständlichung humaner Potenziale und ihrer subjektiven Aneignung nicht hinter den gesellschaftlichen Notwendigkeiten zurücktreten?[147] Zum Thema wird, wie die Gestaltung der Gesellschaft nicht nur Mittel ist zur Gewährleistung von 'Praxis', sondern in dieser Gestaltung selbst sich der Inhalt von 'Praxis' bildet und verwirklicht. Wir kommen also voran beim Unterfangen, den Inhalt des 'Praxis'-Paradigmas in seiner gegliederten Einheit herauszuarbeiten. Sie lässt sich aufgrund ihrer komplexen Architektonik (elf Elemente – s. II.2, sieben Momente – s. II.4, drei Sphären – s. II.7-9) allein sukzessive entfalten.

'Praxis' als Paradigma ist in sich selbst differenziert und einheitlich, weder Einerleiheit noch monolithisch.[148] Dies betrifft nicht nur die sieben Momente, sondern auch die drei Sphären von 'Praxis'. Die im emphatischen Sinne verstandene 'Praxis' in der Gesellschaft zu verwirklichen erfordert für die Gestaltung von Gesellschaft

---

147 Bereits am Subjekt-Objekt-Verhältnis des Arbeitens und der Tätigkeit ist zwischen Verfertigen bzw. Erledigen einerseits, der Entwicklung von Sinnen, Fähigkeiten und Reflexionsvermögen durch ihre Vergegenständlichung andererseits *analytisch* zu unterscheiden. *Realiter* lassen sie sich nicht zwei sauber voneinander getrennten Sphären zuordnen.

148 Eine der seltenen Bemühungen um die Differenzierung des Praxisbegriffs findet sich bei Dieter Hassenpflug. Er knüpft an der Bemerkung an, in der Marx „drei Momente" unterscheidet: „Produktionskraft", „gesellschaftlicher Zustand" und „das Bewusstsein" (MEW 3, 32). Hassenpflug gliedert 'Praxis' als die Einheit von erstens Denken, zweitens dem auf eine weit verstandene Dimension des Politischen bezogenen Handeln und drittens Arbeiten als Stoffwechsel mit der Natur (Hassenpflug 1990, 93). Die Einheit ist nicht äußerlich, mechanisch, additiv. Vielmehr durchdringen sich diese drei Momente. Jedes Moment ist auf spezifische Weise zugleich das Ganze (Ebd.). Das Denken übergreift bspw. Handeln und Arbeit, insofern es sie ihnen vergegenwärtigt (vgl. dazu S. 392, Anm. 282). Zugleich ist auch das Denken und das Arbeiten immer zugleich politisch, insofern es um die Gestaltung der gesamten Gesellschaft geht, wie sie durch jedes einzelne Arbeiten und jedes einzelne Denken in nuce geschieht. Die Einheit dieser drei Momente lässt sich aus dem Schicksal der Verabsolutierung jedes Moments erschließen: „Ein Denken, welches sich im Denken erschöpft (abstraktes Denken), ... verzichtet auf bewusste Gestaltung des Gemeinschaftslebens und der Naturbeziehung der Menschen. Umso mehr jedoch ist dieses Denken, welches sich nicht zugleich als politisch und industriell weiß, von Politik und Industrie beherrscht. Indem es alles zu sein beansprucht, seine Subjektivität als absolute 'Praxis' inszeniert, ist es immer schon zum Objekt jener Momente geworden, deren Gegenwart im Denken es nicht wahrhat. In diesem Sinne hat es eine praxisferne Spekulation noch nie gegeben" (Hassenpflug 1990, 94).

- erstens ein allgemeines Leitbild von 'Praxis', von dem aus und auf das hin Gesellschaft gestaltet werden soll;
- zweitens Wissen und Erfahrung für die Aufgabe, die sich diesem Leitbild entziehenden Materien und Sozialverhältnisse möglichst weit mit 'Praxis' zu durchwirken und auf 'Praxis' hin umzugestalten;
- drittens die Selbstgestaltung der Gesellschaft;
- viertens die Selbstregeneration und -reproduktion der Urteilskraft und Energie für 'Praxis'.

Die guten Dienste, die ein allgemeines gesellschaftliches Leitbild leisten kann, und die in Bezug auf es möglichen Verwechselungen waren bereits in II.1 Thema.

Der *allgemeine Begriff* von 'Praxis' beinhaltet, dass die Gesellschaft durchdrungen ist von einem in sich differenzierten *und* in sich stimmigen maßgebenden Paradigma. Das *Außenverhältnis* von 'Praxis' bezieht sich auf den gesellschaftlichen Stoffwechsel mit der Natur und auf die modernen Strukturen gesellschaftlicher Produktion, Organisation und Synthesis. Zur *Selbstgestaltung* der 'Praxis-Gesellschaft' gehört die den komplexen psychischen und sozialen „Systemen" eigene Fähigkeit zu interner Repräsentation und Reflexion.

Der allgemeine Begriff von 'Praxis' beinhaltet die 'Praxis', so wie sie bei sich ist und in sich ruht. Die besonderen Verwirklichungen von 'Praxis' betreffen die 'Praxis', so wie sie sich im ihr gegenüber Anderen und Indifferenten bewährt, dieses Äußere sich assimiliert *und* zugleich diesem Äußeren sich anpasst, um auf es einwirken zu können. Die Selbstgestaltung einer von 'Praxis' geprägten Gesellschaft betrifft a) die Pluralität gesellschaftlicher Lagen und Perspektiven und die gesellschaftliche Synthesis, b) Abwägungen über Zielkonflikte in der Gestaltung der Gesellschaft durch ihre Mitglieder und c) die Selbstreflexion der gesellschaftlichen Selbstgestaltung. Eine zentrale Aufgabe der gesellschaftlichen Selbstgestaltung besteht darin, sich ins Verhältnis zu setzen zu der Differenz, die zwischen dem nicht durch 'Praxis' Gestaltbaren und der Gestaltung von 'Praxis' trotz aller Bemühungen existiert. Das Ziel der Arbeit an dieser Differenz ist, dass sie 'Praxis' und die Selbstgestaltung und Selbstbestimmung der Gesellschaft im Sinne von 'Praxis' nicht infrage stellt.

Das allgemeine Verständnis von 'Praxis' bildet *ein* Moment ihrer Verwirklichung. Dieses Moment in seiner Bestimmtheit zu begreifen heißt positiv, die Konzentration auf das 'Praxis'-Paradigma als Zentripetalbewegung im Unterschied zu den vielen Zentrifugalkräften aus den besonderen Verwirklichungen von 'Praxis' wahrzunehmen.

Der allgemeine Begriff von 'Praxis' kann für 'Praxis' dadurch zum Problem werden, dass er immer wieder latent die Meinung nahe legt, in der allgemeinen

Rede von 'Praxis' sei man bereits bei sich zu Hause und schon angekommen.[149] 'Praxis' kann sich aber nicht als allgemeiner Begriff von 'Praxis' oder als selbstgenügsame Substanz verwirklichen. Hegels bildhafte Vergleiche in Bezug auf die Durchwirkung der Wirklichkeit mit Vernunft sind hier hilfreich. Diese Durchwirkung kann sich nur so ereignen, „wie das Salz ein Gericht durchdringt, aber, wenn es gut bereitet ist, nirgends in einem Klumpen sich zeigen darf, aber seinen Geschmack doch dem Ganzen mitteilt, oder wie das Licht alles durchdringt, erfüllt, seinen Einfluss in der ganzen Natur zeigt, aber nicht als Substanz dargestellt werden kann" (Hegel 1, 11).

Den allgemeinen Begriff von 'Praxis' angemessen aufzufassen heißt, die Position zu überwinden, in der das abstrakt Positive oder Ideal gegen die Realität gehalten werden, um sie an ihnen zu messen. Unbegriffen bleibt dann, dass die Ver-Wirklichung des Wesentlichen sich von seiner Anwendung oder Durchsetzung unterscheidet. Für die Ver-Wirklichung des Wesentlichen gilt, dass seine Konkretion Phänomene beinhaltet, die sich von der Unmittelbarkeit des Wesentlichen – seiner Gestalt vor der Ver-Wirklichung – unterscheiden. Das gesellschaftliche Leitbild zu verwirklichen ist etwas anderes als die extensive Anwendung des abstrakten Ideals in der Realität oder die Ausdehnung einer sonst unveränderten Substanz. Sie wäre dann nur das abstrakt Positive, das sich unabhängig von dem ihm zugehörigen Gegenteil versteht, statt sich durch die Abarbeitung an ihm selbst zu verändern. Das abstrakt Positive muss erfahren, dass es selbst in sein Gegenteil umschlägt. Das Böse ist „dasselbe, was die gute Gesinnung des abstrakt Guten" ist (Hegel 10, 317). Die Ver-wirklichung des allgemeinen Begriffs von Praxis umfasst die Durchwirkung des Besonderen mit dem wesentlichen Allgemeinen und die Überwindung eines für das wesentliche Allgemeine notorischen Missverständnisses, das es als Substanz auffasst. Das Wort Ver-wirklichung soll diesen Doppelcharakter ausdrücken. Die Substanz ist das allem Zugrundeliegende und das alles auf sich Zurückführende. Es geht alles von ihr aus, sie geht aber nicht über sich hinaus. Die Substanz ist insoweit unwirklich, als sie das wesentliche Allgemeine darstellt, das vom Besonderen getrennt und ihm entgegengesetzt gilt. Die von der Substanz behauptete Überordnung über die vielen besonderen Gestalten der Wirklichkeit sowie die Zuschreibung von Unendlichkeit zur substanziellen Allgemeinheit müssen erfahren, dass die so verstandene Allgemeinheit unter die Besonderheiten fällt und genau so end-

---

149 Während die Versuchung in der Sphäre des Außenverhältnisses „Fakten, Fakten, Fakten" heißt, liegt die Versuchung in der Sphäre der Allgemeinheit in der Sonntagsrede: „If you don't know the facts, state the principles."

lich ist wie sie. Die Ver-wirklichung des wesentlichen Allgemeinen schließt die Überwindung der Unwirklichkeit ein, die dem als Substanz missverstandenen Allgemeinen eigen ist.

Der allgemeine Begriff von 'Praxis' hält das gelungene Zusammenspiel der sieben Momente fest und macht es als allgemeines gesellschaftliches Paradigma und als Leitbild des In-der-Welt-Seins stark. Im allgemeinen Verständnis von 'Praxis' oder in der 'Praxis' in ihrer Allgemeinheit sind die verschiedenen Momente der 'Praxis' „ein System, worin alles wesentliche Beziehung aufeinander hat, nichts isoliert ist, – ein in sich Geordnetes, wo jedes seine Stelle hat, ins Ganze eingreift, durchs Ganze subsistiert und ebenso zur Hervorbringung, zum Leben des Ganzen tätig, wirksam ist“ (Hegel 17, 520). In der gesellschaftlichen Realität haben wir es demgegenüber mit dem Wegdiffundieren negativer Folgen und mit ihren nichtintendierten Verkettungen zu tun. Und mit sozialen Strukturen, die zwischen zwei Extremen rangieren. Das eine Extrem sind ohne Verlust von Gesamteigenschaften komplett zerlegbare Aggregate. Das andere Extrem bilden in allen ihren Komponenten mit allen anderen Komponenten voll verknüpfte und vernetzte Strukturen. Demgegenüber umfassen modulare Strukturen (Willke 1998, 72) voneinander unterschiedene Unterstrukturen, die über selektive Schnittstellen miteinander Informationen, Energie und Stoff austauschen, in anderen Hinsichten aber voneinander unabhängig sind. Ereignisse in diesen Unterstrukturen sind für andere Unterstrukturen und für die Gesamtstruktur nicht notwendigerweise relevant.

II.8 Die Sphäre des Außenverhältnisses von 'Praxis' (Das Verhältnis von 'Praxis' zu den notwendigen Bedingungen und Voraussetzungen *von* 'Praxis', die *für* 'Praxis' problematisch sind)

Wessen gesellschaftliches Leitbild dem Inhalt von Sonntagsreden oder gar einer Art von Dauerweihnachten ähnelt, der fällt tief, wenn er es mit dem ernüchternden Gegenteil zu tun bekommt: dem beschwerlichen Werktag und dem spröden Alltag. Der Gestaltung der Gesellschaft durch ihre Mitglieder im Sinne von 'Praxis' stehen nicht nur die kapitalistischen Strukturen entgegen, sondern auch Heteronomien, die sich aus modernen Gesellschaftsstrukturen ergeben. Diese Aufzählung soll nicht den Eindruck entstehen lassen, das Verhältnis zu diesen beiden „Hindernissen“ einer von 'Praxis' dominierten Gesellschaft sei ähnlich. Der Unterschied zwischen der gesellschaftlichen Überwindung kapitalistischer Strukturen und der gesellschaftlichen Einhegung der problematischen Momente moderner gesellschaftlicher Strukturen spielt aber an dieser Stelle keine Rolle. Das Thema dieses Kapitels ist das Verhältnis von 'Praxis' zu den eigenen Anforderungen und Zugzwängen des gesellschaftlichen Stoffwechsels mit der Natur, des Wirtschaftens, der Reproduktion und der Synthesis in der modernen Gesellschaft. Unter modernen gesellschaftlichen Strukturen werden hier nicht das moderne Recht sowie die moderne repräsentative Demokratie verstanden. Bei den am Anfang dieses Kapitels dargestellten fünf Momenten der so verstandenen modernen Gesellschaft handelt es sich um *analytische Abstraktionen*. Die mit ihnen bezeichneten Strukturen existieren in den gegenwärtigen modernen kapitalistischen Gesellschaften nicht unabhängig von kapitalistischen Strukturen. Insofern beanspruchen die in diesem Kapitel genannten Attribute bspw. der modernen Technik, der modernen Organisation oder des modernen Marktes nicht, gegenwärtig vorfindliche Techniken, Organisationen oder Märkte hinreichend zu charakterisieren. Um ein anderes Objekt geht es: Strukturen der modernen Gesellschaft, die nicht in kapitalistischen Ursachen, Kontexten und Formen aufgehen und auch mit der Überwindung kapitalistischer Strukturen nicht einfach verschwinden. Ich stelle die Momente der modernen Heteronomiesphären zunächst materialiter dar (II.8a) und thematisiere danach das Verhältnis zwischen modernen und kapitalistischen Gesellschaftsstrukturen (II.8b).

Der Akzent liegt in diesem Kapitel auf den für 'Praxis' problematischen Implikationen von fünf zentralen Momenten der modernen Gesellschaft. Deren positive Momente sind auch an anderer Stelle in diesem Band Thema.[150] Alle Überlegungen zu den Strukturen einer nachkapitalistischen Gesellschaft sind daraufhin zu prüfen, ob die favorisierten Konzepte sich der Problematik gewachsen zeigen, die mit den Heteronomiesphären der modernen Gesellschaft entsteht.

---

150 Zu den positiven Effekten von Technik und Organisationen für Praxis vgl. II.4d. Zu einer positiven Würdigung des „technischen Menschen" vgl. Hardensett, zit. in I.1 und I.6.

a) Zentrale Momente der modernen Gesellschaft, die ihren Stoffwechsel mit der Natur und ihre Prozesse des Produzierens, Organisierens und der Synthesis betreffen und für 'Praxis' problematisch sind (Die Heteronomiesphären)

Die moderne Gesellschaft ist erst mit einem naturwissenschaftlichen Verständnis von Natur und einer mit der Naturwissenschaft verbundenen Technologie möglich (1). In modernen Gesellschaftsstrukturen haben Zweck-Mittel-Rationalität und Effizienz Vorrang. Dem entsprechen Organisationsstrukturen und ihre eigenen, mehr oder weniger heimlichen Lehrpläne (2). Hohe Arbeitsteilung, die Ausdifferenzierung möglichst funktional 'reiner' Bereiche und die Scheidung von Experten und „Laien" herrschen vor (3). Die Prozesse der gesellschaftlichen Produktion und Synthesis gehen in der modernen Gesellschaft mit einer großräumigen Vernetzung von Handlungsketten einher. Für sie wird die Standardisierung und Formalisierung der Inhalte – im Recht, in organisatorischen und technischen Normierungen und in Infrastrukturen (z.B. Verkehrssystem) – notwendig („formale Rationalität") (4). Märkte in der modernen Gesellschaft erfüllen eigene, alles andere als leicht ersetzbare Leistungen und schaffen massive Probleme für 'Praxis' (5).

1) Modernes Naturverständnis und Technik

Technik und Naturwissenschaft emanzipieren sich aus magischen, mythischen, religiösen und weltanschaulichen Selbst- und Weltbildern und normativen Bindungen. Die desanthropomorphisierende Dezentrierung, die Naturwissenschaft und Technik legitimerweise eigen ist, trägt zu einer bestimmten Formierung von Subjektivität bei. Schon das Medizinstudium verwandelt die Aufmerksamkeit für den menschlichen Körper zur Beschäftigung mit Organfunktionen. Der nicht ohne Grund am Anfang des Studiums zu durchlaufende Präparierkurs hat seinen heimlichen Lehrplan. Die Medizinstudenten sollen sich daran gewöhnen, an toten Körpern zu hantieren wie an einem defekten Motor. Instrumentelle Fertigkeiten bilden das Lernziel und den Horizont. Die Leiche soll zum Naturstoff verobjektiviert werden. Emotionen sind durch die Konzentration auf das instrumentell bearbeitbare Segment abzudrangen. Die Präparieranleitung gibt die technischen Aufgaben vor: die Haut ist von Fett zu befreien, Gefäße, Nerven oder Muskeln sind freizulegen.

Der Technizismus knüpft an am Gegensatz zwischen Menschheit und Natur. Viele Naturprozesse, die Menschen gefährlich werden können, lassen sich im

Labor isolieren sowie technisch kontrollieren und dergestalt nutzbar machen. Insofern tragen Naturwissenschaft und Technik zur Verbesserung der Lebensbedingungen bei. Man muss nicht selbst ins Reagenzglas mit hinein. Die Erfahrung der Menschheit, Objekt der Natur zu sein und sich gegen sie schützen und ihr Raum abtrotzen zu müssen, ist das eine. Etwas anderes ist die Verarbeitung dieser Erfahrung, in der sich – wie im technologischen und naturwissenschaftlichen Zugang zur Natur – das Moment der Distanz totalisiert. Die Dinge und wir stehen im naturwissenschaftlich-technischen Universum in dritter Person. Es besteht aus anonymen Prozessen. Ihnen gegenüber existiert wenig Anlass zu Resonanz und Vertrautheit. Die gesellschaftlichen Teilbereiche neigen in dem Maße, wie sie nicht von einem übergreifenden Paradigma des guten Lebens durchdrungen werden, dazu, sich in ihrem Selbstverständnis absolut zu setzen. Für Dichter erscheint die Welt dann als lachhafte Kopie unserer großen Romane (Arno Schmidt). Und aus der Techniker-Perspektive ergibt sich das Urteil: „Die Welt ist einfach komisch, wenn man sie vom technischen Standpunkt ansieht; unpraktisch in allen Beziehungen der Menschen zueinander, im höchsten Grade unökonomisch und unexakt in ihren Methoden" (Musil 1981, 37).

Die naturwissenschaftlich-technische Perspektive des Außen fokussiert sich auf das Registrieren, Berechnen und das In-Kausalzusammenhänge-Eintragen von Sachverhalten. Galilei beschreibt die Abstraktionen, die den Naturwissenschaften und der Technik eigen sind: „Ich glaube nicht, dass in äußeren Körpern irgend etwas existiert, das Geschmack, Geräusche und so fort erregt, nur Größe, Form und Bewegung. ... Ich denke, wenn Ohren, Zunge und Nase entfernt würden, dann würden Formen und Zahlen bleiben, nicht aber Gerüche, Geschmack oder Geräusche". So legitim das Vorgehen des Naturwissenschaftlers in seinen Grenzen sein mag, so problematisch sind die Folgewirkungen, die von diesem Vorgehen und seinen Scheuklappen ausgehen. Die Ausschaltung der Störfaktoren betrifft auch die leibliche und psychische Gegenwart der Menschen.

Im Unterschied zu vormodernen Zuständen spielen in der Moderne sinnliche, mythische und religiöse Bedeutungen, die bspw. Boden, Pflanzen und Tieren für den Bauern hatten, keine Rolle mehr. Natürlich resultiert auch aus kapitalistischen Kraftfeldern, dass die Natur nun als „Sparkasse" des Landwirts und als „arbeitendes Kapital" (Liebig 1862, 152) gilt. Das moderne Naturverständnis bildet jedoch für die kapitalistischen Geschäftsweise eine nicht auf sie reduzierbare Voraussetzung. Die in der Moderne dominante naturwissenschaftliche und technizistische Wirklichkeitsauffassung trägt mit der in ihren Grenzen legitimen Entzauberung der Natur dazu bei, die Frage nach dem die menschlichen Sinne und Fähigkeiten entwickelnden *Umgang* mit der Welt abzublenden. Arbeitserleichternd und den materiellen Reichtum mehrend ist die Überwindung eines animistischen Naturverhältnis gewiss. Zugleich fällt mit dem objektivierenden und distanzierenden Naturverhältnis ein *subjektives* Moment der Achtsamkeit weg, das für die Entwicklung von Sinnen und Fähigkeiten positiv von Bedeutung ist.[151] Die Vorstellungswelt des Animismus bedarf „einer rationaleren Würdigung, als ihr bisher zuteil geworden ist“ (Bookchin 1985, 214), insofern der Animismus auf eine „umfassendere Logik“ verweist (Ebd.).[152] Tugenden der fälschlicherweise „Naturvölker“ genannten Kulturen sind allerdings nur zu beurteilen, wenn die Idealisierung („der edle Wilde“) als Auffassung begriffen wird, die aus einer anderen Gesellschaft stammt und deren vage Ideale rückprojiziert (vgl. Bargatzky 1993).

Die moderne Naturwissenschaft gründet sich zu Recht gegen mythische und religiöse Horizonte. Sie begrenzen die Naturerkenntnis und deren Umsetzung in Technologien, die die Lebensbedingungen gravierend verbessern.[153] Zugleich

---

151 De facto sind auch Völker mit einem vormodernen Naturverständnis nicht frei von katastrophalen Eingriffen in ihre natürlichen Lebensbedingungen. Vgl. Maxeiner, Miersch 1996, 106f. Vgl. a. Bargatzky 1993, 162f.

152 „Ein Anvilik-Eskimo irrt, wenn er glaubt, dass in dem Elfenbein ein stimmbegabtes Subjekt steckt, ebenso wie der Prärie-Indianer, der meint, mit seinem Pferd reden zu können. Aber beide, der Eskimo und der Indianer, treten, indem sie dem Elfenbein und dem Pferd Subjektivität zusprechen, mit einer Wahrheit in Verbindung, die durch das mythische Verhalten nur verdunkelt, nicht aber negiert wird. ... Elfenbein hat in der Tat eine 'Maserung'. Eine innere Struktur und Form, und gute Handwerker müssen wissen, wo sie schnitzen und wie sie die Form herausarbeiten, um das Material auf die Höhe seiner ästhetischen Vollendung zu bringen. Jedes Ergebnis, das weniger vollkommen ist als es sein könnte, verletzt diese 'Maserung' und ist eine Beleidigung ihrer Integrität. Auch ein Pferd hat seine 'Maserung' oder Aufmerksamkeit, seine Fähigkeit, Furcht zu empfinden, seine Freude am Spiel. Hinter seiner verbalen Stummheit liegt eine reiche Sensibilität, die der Reiter erforschen muss, wenn das Pferd seine eigene Fähigkeit zur Vollkommenheit erlangen soll, wenn seine Möglichkeiten verwirklicht werden sollen“ (Bookchin 1985, 215).

153 Einer weitergehenden Argumentation zufolge bildet „das formale Denken eine Errungenschaft der modernen Gesellschaftsentwicklung“ (Oesterdiekhoff 1992, 13) und eine ihrer konstitutiven Voraussetzungen. „Abstrakte Institutionen wie Schule, Bürokratie, Technostrukturen, Stadt usw. verlangen abstrakte Denkprozesse, während die agrarischen und persönlich-konkreten Sozialverhältnisse traditionaler Gesellschaften die Populationen nicht nötigen, sich über das präformale Denkniveau zu entwickeln“ (Ebd., 14). Moderne Strukturen wie „Naturwissenschaft, Technik, Industriewirtschaft, formales Recht, abstrakte Kunst, Bürokratie usw. sind gleichermaßen Ursache und Wirkung abstrakten, formalen Denkens. Interferenzprozesse lassen sich nicht auf lineare Beziehungen, ausgedrückt in einer monokausalen Spra-

befördert die Freisetzung von Naturwissenschaft und Technik eine künstliche Realität, die *jede* sinnvolle Einordnung, Grenz- und Maßsetzung von Naturwissenschaft und Technik durch übergreifende und übergeordnete Kontexte leicht als Themaverfehlung erscheinen lässt. Eine „wertneutrale methodische Haltung, die nur noch Fakten und Formeln im Auge hat" entsteht (Wagner 1964, 94). Ein sehr anderer Bezugs'punkt' oder ein substanziell anderes Worumwillen wären die menschlichen Sinne, Fähigkeiten und Reflexionsvermögen im Bezug der Menschen zueinander sowie auf ihre gesellschaftliche Wirklichkeit und deren Gestaltung. Diese (in der Perspektive des guten Lebens) *primäre* Realität wird seitens der naturwissenschaftlich-technischen Verfahrenslogik depotenziert. In der Naturwissenschaft und der modernen Technik kommt es an auf „die mathematischen Formen ihrer Strukturen und Kräftefunktionen, soweit man diese der rechnenden Kalkulation und dem messenden Experiment unterwerfen kann" (Ebd.). Damit einher geht eine „Entwirklichung aller Stoffe und Kräfte in funktionale Beziehungen einiger 'universeller Konstanten' (Max Planck), auf die sie die Physik reduziert" (Ebd., 96). „Da ihr alles Nicht-Messbare als 'sekundär' (weil 'objektiv' nicht erfassbar) galt, wurde die Wissenschaft zu einer außermenschlichen und dadurch auch unmenschlichen Welt, die das geistiggeschichtliche und das soziale Dasein des Menschen ausschloss" (Ebd., 94f.). Naturwissenschaft und Technik zeigen sich geschäftig darin, mit ihrer Logik die alten metaphysischen und religiösen Ordnungen auszuhöhlen, ohne selbst Normen zu errichten außerhalb ihres eigenen Fortschritts und „ihrer 'wertfreien' Normlosigkeit. ... Ihre Erdentfremdung schloss, wie die Selbstentfremdung der Forscher, die Menschenwelt grundsätzlich aus derart entmenschter Wissenschaft aus, während diese immer mächtiger wurde und immer stärker, mittelbar oder unmittelbar, auf die Menschenwelt wirkte" (Ebd.). Die naturwissenschaftlich-technische Welt geht von „der Verinselung eines Naturphänomens im Versuch" über „zur Selbstisolierung der Wissenschaft von der Gesellschaft" (Ebd., 98). Die Naturwissenschaften und Technologien müssen selbst keine Einheit des Weltverständnisses aufweisen. Dies mag unter kognitiven Gesichtspunkten Redlichkeit anzeigen. Die Naturwissenschaften treten als „Konglomerat von Teilen auf, deren Beziehungen untereinander oft sehr verschieden sind" (Ebd., 96). Ein gesellschaftliches – gewiss in sich differenziertes – Leitbild des guten Lebens steht in Divergenz zur Logik des naturwissenschaftlich-technischen Weltzugangs. Er

---

che, reduzieren. ... Die Frage nach dem Vorher von Huhn und Ei stellt sich nicht. Kognitive Strukturen sind nicht nur das Resultat, sondern auch die Ursache sozialer Modernisierung" (Ebd., 15).

geht mit einer „Auflösung in Einzelfächer" einher, „die nur noch Ausschnitte der Natur untersuchen und deren Einheit nur auf der Methode, nicht auf einer Welt- und Natursicht beruht" (Ebd., 36). Die naturwissenschaftlich-technische Perspektive schwächt den Sinn für die menschliche Gegenwart, insofern sie zwar im günstigen Falle für sie Bedingungen schafft, aber das In-der-Welt-Sein tendenziell zugunsten eines Aufenthalts in der künstlichen Welt verstellt. Die Natur der Naturwissenschaft „ist nicht mehr das Ganze, Umfassende der Erscheinungen, das auch den Menschen als Ganzes umgreift, sondern nur noch jener Ausschnitt, der durch die Forschungsmethode ausgegrenzt wird, und jener Abschnitt des Ausschnitts, dem eine Untersuchung gilt. ... Primär ist in dieser Forschungsart nicht mehr die Sinnenerfahrung oder gar eine Welterfahrung im geistigen Sinn, sondern die mathematische Kalkulation" (Ebd., 31). Der „Weltverlust durch die methodische Reduktion des Makro- und Mikrokosmos auf quantifizierbare Größen" verschwindet tendenziell angesichts der die Aufmerksamkeit okkupierenden „Ersatzwelt forscherlicher Errungenschaften" (Ebd., 37). Die naturwissenschaftlich-technische Perspektive legt einen „'archimedischen' Standpunkt außerhalb unserer Erde" nahe (Ebd.). „Die „Denaturierung und Abstraktion" sowie die gleichzeitige „Technisierung und Objektivierung" (ebd., 97)[154] kulminieren in der „Utopie einer künstlichen Gegenwelt als der Schöpfung der Forschung, die diese Welt aus ihrer Erkenntnis der Kräftefunktionen hervorbringt. Diese Gegenwelt sekundärer Realität drängt die primäre Wirklichkeit der Natur durch künstliche Isolate zurück, die, aus Stoffen und Kräften dieser Natur abstrahiert, nun zu Zwecken, ja zu Funktionen dienen, die unsere Erde nicht kennt. Solche Manipulierung zielt von dem Ersatz der Naturstoffe dieser Erde durch künstliche Stoffe über die Überbietung tellurischer Kräfte durch die atomare kosmische Kraft bis zur Umwandlung der Organismen, um Pflanzen und Tiere, ja selbst den Menschen zu ändern und zu ersetzen" (Ebd., 99).

Die Prominenz des 'Machen' und 'Verfügen' im Horizont der Naturwissenschaft und Technik wäre missverstanden, würde angenommen, die gesamte Gesellschaft sei solchem Machen und Verfügen unterworfen. Die Utopie eines sich über seine Grenzen hinaus radikalisierenden technischen und sozialtechnischen Verstandes mag so aussehen. Gerade Marktwirtschaften ist aber die Unverfügbarkeit und die Absage an gesellschaftliche Steuerung (im Unterschied

154 Naturwissenschaft ist schon in der Gewinnung ihrer Erkenntnisse immanent auf Technik angewiesen – vgl. Wagner 1964, 98, Trowitzsch 1988, 117.

zu staatlicher Flankierung und nachträglicher Folgen„bewältigung") eigen.[155] Davon sieht ab, wer „die heutige Gesellschaft" als „die Verabsolutierung der modernen Subjektivität" versteht (Heidegger 1970, 68), Technik als „Subjekt der Geschichte" charakterisiert (Anders 1988, 9) und „den Machbarkeitswahn" als Charakteristikum der Epoche auffasst.

Die charakteristische Problematik der modernen Technik betrifft ihre Kompetenz – die unbefangene Dekomponierung und Rekombination der Artefakte und Komponenten. Abstrahiert wird von den negativen Effekten der Trennungen. Fokussiert ist der Blick auf das, was durch die Herauslösung des Abstrahierten aus seinen Kontexten möglich wird. Vor der Konzentration auf die imponierenden synthetischen Resultate (Kunststoffe) verblassen die gemachten Einschnitte, Vereinseitigungen und Funktionalisierungen.

Die Technikgestaltung im Sinne des guten Lebens findet ihre Aufgabe sowie ihre Herausforderung in der Befreiung der Techniken vom Technizismus. Technizismus heißt, den Fortschritt, den die technische Herangehensweise und das technische Wissen darstellen, unmittelbar aufzufassen. Gewiss besteht eine Emanzipation darin, das Wissen um technisch ausnutzbare Gesetzmäßigkeiten und das technische Knowhow herauszuarbeiten aus ganzheitlichen Weltbildern, aus geschlossenen sozialen Zusammenhängen und aus zyklischer Selbstreproduktion des Gegebenen. Diese Emanzipation wird nun aber vom Technizismus an einer Stelle geltend gemacht, an der sich eine andere Frage stellt. Das technizistische Selbstverständnis ist auf das fixiert, was mit der Technik überwunden wird und feiert sie in ihrer unmittelbaren Gestalt als einzige Gewähr für diesen Fortschritt und für diese Emanzipation. Der Technizismus ignoriert die Frage nach *seinen* Kosten und fixiert sich auf die Frage nach den Kosten, die entstünden, käme dieser Fortschritt nicht zustande. Der Technizismus betrachtet die Technik als Angebot und als Bereitstellen von Möglichkeiten. Dieser Perspektive entgeht, dass mit der unmittelbar vorfindlichen modernen Technik bereits eine eigene

155 Hayek hat den Markt unter die spontanen Ordnungen eingeordnet und diese von den geplanten Ordnungen der Organisationen abgegrenzt (Hayek 1969, §§ 9, 14, 31, 34). Nicht allein die Verstandeskräfte des Individuums, sondern auch eines – wie auch immer zustandegekommenen – geeinten Kollektivwillens würden übersteigen. Hayek folgt der angelsächsischen Tradition des Liberalismus. Sie „basiert auf einer evolutionären Interpretation aller Kultur- und Geistesphänomene und auf der Einsicht in die Begrenztheit menschlicher Verstandeskräfte" – im Unterschied zu einem eher Rousseau, Voltaire und der Französischen Revolution zuschreibbaren „'konstruktivistischen' Rationalismus", der „die unabhängige Vernunft für fähig hält, Zivilisation zu schaffen" (Hayek 1969, 109).

Realität vorliegt, die den Gebrauch der technologischen Möglichkeiten und des technischen Könnens unter technomorphe Vorzeichen stellt.

2) Effizienzorientierung und Zweck-Mittel-Rationalität

Mit möglichst geringem Aufwand (input) soll in der modernen Gesellschaft möglichst große Leistung (output) erbracht werden. Die Aufmerksamkeit für die positiven Effekte der Zweck-Mittel-Rationalität sieht häufig ab von ihren Grenzen. In einem Mittel-Universum existieren „keine Akte oder Gegenstände mehr, deren Zweck nicht darin bestünde, die Produktion oder Wartung weiterer Mittel zu gewährleisten, weiterer Mittel, deren Zweck wiederum darin besteht, weitere Mittel zu erzeugen oder erforderlich zu machen" (Anders 1988, 364f.). Es kommt zu einer schlechten, das heißt nie an ihr in sich gesättigtes Ende oder ihr Optimum (vgl. II.8e7) gelangenden Unendlichkeit des Instrumentellen. „Zweckrationales Handeln ist ja, wie schon Aristoteles deutlich gemacht hat, nur dann sinnvoll, wenn es in nicht zweckrationales Handeln übergeht, also z.B. weder in einen teleologischen Zirkel oder einen unabgeschlossenen Regress führt noch lediglich auf Illusionen über die Folgen und Möglichkeiten des eigenen Handelns beruht. Ein teleologischer Zirkel liegt etwa dort vor, wo jemand seine Arbeitstätigkeiten als bloßes Mittel der Lebensfristung und diese als Mittel, arbeitsfähig zu bleiben, begreift … . Sinnvolles zweckrationales Handeln muss daher letztendlich zu Situationen und Tätigkeiten führen, die 'um ihrer selbst willen' eingegangen werden" (Kambartel 1989, 23).

Leistung bildet das Kriterium für die Beurteilung von Positionen und Personen – im Unterschied zur Rekrutierung nach zugeschriebenem Status qua Geburt: der Sohn des Feudalherren wird unabhängig von seinen Leistungen wieder Feudalherr. Demgegenüber ist in modernen Gesellschaften die Macht von Personen sekundär gegenüber den Sachzwängen der Organisationen und Strukturen.[156]

156 „Der mechanische Automat einer großen Fabrik ist um vieles tyrannischer, als es jemals die kleinen Kapitalisten gewesen sind. … Wenigstens was die Arbeitsstunden betrifft, kann man über die Tore dieser Fabriken schreiben: Lasst alle Autonomie fahren, die Ihr eintretet! Wenn der Mensch mit Hilfe der Wissenschaft und des Erfindergenies sich die Naturkräfte unterworfen hat, so rächen diese sich an ihm, indem sie ihn, in dem Maße, wie er sie in seinen Dienst stellt, einem wahren Despotismus unterwerfen, der von aller sozialen Organisation unabhängig ist" (MEW 18, 306). Zum historischen Kontext von Engels' Text „Von der Autorität" vgl. Enzensberger 1968, 67-70.

Dem modernen Verständnis von Effizienz folgend gilt die herrschaftsförmige Struktur von Betrieben und Organisationen als unvermeidlich und effizienzfördernd. Die Bearbeitung komplexer Materien in Organisationen erfordert, so der Konsens von Friedrich Engels bis zur modernen Organisationssoziologie, eine interne Staffelung von Kompetenzen und Verantwortlichkeiten. Unabhängig von betriebs- und wirtschaftspolitischen Wertvorstellungen sei „die hierarchische Autoritätsstruktur eine Grundbedingung des Funktionierens kooperativer Systeme" (Dahrendorf 1967, 77).[157] Das „Vorhandensein immanenter oligarchischer Züge in jeder menschlichen Zweckorganisation" (Michels 1957, 13) gilt als Tatsache. Der funktionalistischen Schichtungstheorie zufolge wird eine hierarchische Abstufung von Weisungsbefugnissen, Status und Prestige sowie last not least Einkommen notwendig, um den Anreiz für bestimmte gesellschaftlich höher bewertete (weil funktional relevantere) Tätigkeiten zu erhöhen und ihre Ausführung sicherzustellen. „Das Führertum" mutet als eine „notwendige Erscheinung jeder Form gesellschaftlichen Lebens" an (Michels 1957, 369). Von „Führertum" redet heute zwar kaum jemand mehr, dafür sprechen viele von „Funktionseliten". Ein substanziell anderes gesellschaftliches Verhältnis zu Hierarchien ist in II.2.c und in II.8e5 Thema.

Die für moderne Gesellschaften zentralen Hierarchien[158] in Betrieben und Organisationen sind mit Effizienzvorteilen verbunden und gehen zugleich mit Subalternitätseffekten „unten" und den Effekten von „Verantwortungsübernahme" „oben" einher. Wenig interessierte und wenig umsichtige Handlungen der Untergebenen werden zum Argument für Hierarchien.

Organisationsstrukturen legen die Regelordnung fest, grenzen Kompetenzen ab und definieren Rollen. Die Organisationsstruktur trennt Rollenanforderungen und interne Funktionsbedingungen von zwar informell in die Organisation einfließenden, durch sie aber idealiter ausgeklammerten und dann als nur individuell-idiosynkratisch geltenden Motiven der in ihr arbeitenden Individuen. Von ihnen idealiter unabhängig legen Organisationsstrukturen fest, was wer von wem zu fordern hat und erwarten darf, was wer mit wem wann tun soll, wessen Weisungen wer wann zu folgen hat. Organisationen ist die Aufgliederung in

---

157 Zur Kritik daran vgl. Flieger 1996.

158 Die in den 90er Jahren von manchen auf 'lean production' bezogenen Hoffnungen haben sich nicht erfüllt. Zum Teil sind die einschlägigen Versuche wieder zurückgenommen worden ('Retaylorisierung'). Aber auch selbst dort, wo Hierarchien abgeflacht wurden, bleiben flache Hierarchien immer noch Hierarchien.

Teilaufgaben oder Einzeltätigkeiten und deren Zusammenfügung qua Ablaufschema, Stellengliederung und Instanzenordnung gemeinsam.

Die durch Organisationen mögliche Verlängerung und Vernetzung von Handlungsketten geht mit deren Unüberschaubarkeit für das einzelne Organisationsmitglied einher.[159] Es ist in hierarchische Verhältnisse eingespannt und weisungs- und auftragsgebunden bzw. den Regeln und Methoden der Organisation verpflichtet. Alle Beteiligten sollen ihr Beurteilungsvermögen in Bezug auf den Sinn oder Unsinn des organisatorischen Handelns als ihre Privatsache behandeln, sich in die Organisation einfügen und sich auf die effiziente Erfüllung der organisatorisch vorgegebenen Teilaufgaben konzentrieren. Nicht gegenüber eigenen Maßstäben, sondern gegenüber den Zwecken, Programmen und Zugzwängen der Organisation sind die Organisationsmitglieder verantwortlich. Das Individuum dient als Funktionsträger. Auf die Erfüllung der Funktion kommt es an. *Wer* dies leistet, das ist nachrangig. Insofern kann das austauschbare Individuum zu Recht annehmen, die erforderliche Handlung würde ohnehin vollzogen, ob nun von ihm oder jemand anderem. „Die Handelnden sind im 'Agens-Zustand' sowohl von den zielbewussten Urhebern als auch vom Endresultat entfernt, Teil einer mediatisierenden Kette und daher nur in Ausnahmefällen mit Entscheidungssituationen konfrontiert. … Der einzelne trägt keine Verantwortung; um kausales Gewicht zu haben, ist der individuelle Beitrag zu klein oder zu partiell" (Bauman 1992, 242).

Die in Organisationen Tätigen sollen sich als Träger von organisationsrelevantem Fachwissen auffassen. Organisationen gewöhnen mit ihren Problemverfremdungen an einen recht speziellen Blick auf die zu erledigenden Arbeiten und die von ihnen Betroffenen. Insofern „entlastet" die Befassung mit den organisationsspezifisch definierten Zielen und Methoden von der Aufmerksamkeit für die direkten und indirekten Folgen, Implikationen und Voraussetzungen des organisationsförmigen Handelns und bindet die Vergegenwärtigung ihres Ge- oder Misslingens an organisationsimmanente Maßstäbe. Allein die sachgemäße

159 „Indem die meisten sozial signifikanten Handlungen durch eine lange Kette komplexer Kausal- und Funktionszusammenhänge vermittelt sind, rücken moralische Probleme aus dem Blickfeld. … In der funktionalen Arbeitsteilung ist jede Handlung im Prinzip multifunktional, das heißt, sie kann mit anderen vielfach kombiniert und integriert werden, und so unterschiedlichen Zwecken dienen. Funktionalisierte Arbeitsteilung heißt, dass eine Handlung für sich keinen Sinngehalt hat; Bedeutung erlangt sie erst im Nachhinein, und zwar losgelöst vom Agieren der Funktionsträger. Es werden immer 'die anderen' (fernab in irgendeiner Anonymität) sein, die irgendwann, irgendwo diese Sinngebung vollziehen" (Bauman 1992, 39, 115).

Erledigung der Aufgabe zählt und die diesbezügliche Effizienz, die optimale Ressourcennutzung und Mittelwahl. Die Ab- und Eingrenzung dieser Vergegenwärtigung geht mit einer Entlastung der Organisationsmitglieder von Verantwortung und Umsicht einher. Wie effizient Organisationen auch sein mögen, sie bilden bereits für die in ihnen Tätigen ein problematisches Milieu. Die Sinne und Fähigkeiten dafür, die gesellschaftlichen Voraussetzungen und Kontexte, die das eigene Handeln hat, ebenso wie seine indirekten Wirkungen sich zu vergegenwärtigen und zu beurteilen, werden nur höchst selektiv beansprucht und verkümmern tendenziell.[160] Die moderne Organisation gilt Bauman (1994, 32) als „Vorrichtung, Verantwortung zu umgehen – insbesondere moralische Verantwortung". Für Klaus Türk (1995, 13) ist die Organisation „ein entsolidarisierender, entmoralisierender, verantwortungsentlastender Sozialmechanismus, der Reziprozitäten unterbricht durch selektive Desymbolisierung." Wer organisatorisch vorgegebene Rollen und Positionen ausfüllt, kann sich an typisierten und schematisierten Erwartungen orientieren und muss die Situation nicht mehr als ganze begreifen. In der ökologischen Aufmerksamkeit wird die Verselbständigung der Gesellschaft gegen ihre Lebensgrundlagen Thema, nicht aber die menschliche Energiekrise, die Schwächung ethischer Potenziale und die Verflachung des Sinnes für die eigene Gegenwart. Dieser (un)heimliche Lehrplan von Organisationen geht einher mit der an ihnen für positiv befundenen Entlastung. Eine mit 'Praxis' verträgliche Art, Organisationen zu gestalten, ist in II.8e5 Thema.

Die Aufmerksamkeit für das mit Organisationsstrukturen verbundene problematische Sozialisationsmilieu ist das eine. Die Diagnose der flächendeckenden Vorherrschaft bürokratischer Organisationen und des „organisational man" als dominantem Sozialcharakter ist etwas anderes. Sie übergeht die kapitalistische und bürgerliche Form der Gesellschaft sowie die ihnen entsprechenden Sozialcharaktere. In Betrieben und Organisationen wird zudem mit neuen Steuerungsformen experimentiert. „Neu" sind sie insofern, als „sich das Management darauf 'beschränkt', den weiteren Rahmen (die technische Ausstattung, strategische Prioritäten etc.) festzulegen und spezifische Ziele vorzugeben (Umsatz, Erträge, Kosten, Termine u.ä.). Die konkrete Bearbeitung wird weitgehend dezentralen Einheiten und in letzter Konsequenz den Beschäftigten selbst überlassen. 'Macht

160 Das Individuum arbeitet in der Organisation oft nurmehr auf Unterzwecke hin, ihm „zerfällt der Gesamtzusammenhang von Arbeits- und Entscheidungsprozessen in sinnleere, kaleidoskopartige Einzelelemente" (Girschner 1990, 149). Das Organisationsmitglied braucht sich nur um seine Aufgaben und um „die Anschlußstellen an die Aufgaben ihrer unmittelbaren Handlungspartner zu kümmern" (Ebd. 58).

was ihr wollt, aber seid profitabel', so lautet die zugespitzte Parole“ (Sauer 2013, 42). Unternehmen konfrontieren die Arbeitenden unmittelbarer mit Marktprozessen und mit unternehmerischen Problemstellungen. „Während es in der Perspektive fordistischer Unternehmen darum ging, die konkreten Produktionsabläufe gegenüber den Unwägbarkeiten des Marktes abzuschotten, setzen neue Konzepte darauf, den Markt zum Motor der permanenten Reorganisation der Binnenstrukturen zu machen“ (Ebd., 43). Die neue Unmittelbarkeit zum Markt soll zugleich helfen, Initiative und Kreativität der Arbeitenden insofern zu wecken, als sie nun quasi als Selbständige agieren. So soll das bürgerliche Individuum in die Arbeitswelt einziehen. „Durch eine bloße Scheinselbständigkeit oder durch Implantation von neoliberalem Gedankengut in Arbeitnehmerhirne sind diese Effekte nicht zu erreichen. Bürokratische Anweisungsstrukturen müssen realiter demontiert werden“ (Ebd., 44). Angestrebt werde in kapitalistischen Betrieben „eine Arbeitsorganisation, die zunehmend auf die Selbstorganisation von Beschäftigten setzt“ (Ebd., 43).

Mich interessieren an dieser Stelle nicht die mit solchen neuen Formen der Organisation betrieblicher Prozesse verbundenen Risiken für die kapitalistischen Unternehmen, insofern sie Qualifikationen und Fähigkeiten zur Selbstorganisation bei den Arbeitskräften erhöhen (vgl. dazu I.1). Zu fragen ist hier vielmehr: Inwieweit lassen sich „bürokratische Anweisungsstrukturen“ in modernen Gesellschaften „demontieren“? Wie weit reichen die Selbstorganisationsfähigkeiten von Arbeitsteams? Welche organisatorischen Notwendigkeiten hoch vernetzter und bewusst zu koordinierender Prozesse lassen sich *nicht* durch „indirekte Steuerung“ bewältigen, in der „die Form der Abhängigkeit, in der sich der 'freie Unternehmer' gegenüber seinen Rahmenbedingungen befindet, zur Steuerung unselbständig Beschäftigter“ verwendet wird (Ebd., 42f.)? Bahn und Post funktionieren allein als Koordination hoch arbeitsteiliger und sehr eng miteinander verkoppelter Prozesse. Ähnliches gilt bspw. für Betriebe, die regelmäßig Produkte von Zulieferern weiterverarbeiten oder auf anderweitig mit ihren Arbeitsprozessen eng verzahnte Anschlussleistungen angewiesen sind. In der Diskussion um die „organisatorische Revolution“ (ebd., 42) müsste stärker herausgearbeitet werden, bei welchen Organisationsprozessen die skizzierten Experimente möglich sind und bei welchen nicht. Die Problematik des mit Organisationsstrukturen verbundenen Sozialisationsmilieus als Teilmenge der nur schwer zu gestaltenden Heteronomiesphären entfällt nicht infolge einer vorschnellen Diagnose der Verabschiedung „bürokratischer Anweisungsstrukturen“ und aufgrund einer Überverallgemeinerung von Prozessen, die realiter in ihrer Ausdehnung Grenzen unterliegen.

3) Hohe Arbeitsteilung und funktionale Differenzierung

Ein drittes Moment der modernen Gesellschaft bilden hohe Arbeitsteilung, die Ausdifferenzierung möglichst funktional 'reiner' Bereiche und die Scheidung von Experten und „Laien".

Die hohe Arbeitsteilung und die Durchsetzung des Verstandesdenkens gehen Hand in Hand. Die Leistung des Verstandes besteht darin, ein uns kompakt und ungeschieden vorkommendes Ganzes in verschiedene Teile, Momente und Ebenen zu zergliedern. Von der Seite der Ganzheit gesehen erscheint dies als Akt ihrer Zerstörung. Das selbe Geschehen gilt aus der Perspektive des Besonderen als „Aufschließung von etwas, das unter Verschluss gehalten ist", als „Absonderung von etwas, das in seiner Umgebung gefangen ist" und als „Beiseiteschaffen von etwas, das im Großen und Ganzen untergeht" (Gronemeyer 2012, 99). Zum Problem wird der Verstand, wenn er sich infolge seiner Leistungen als das non plus ultra vorkommt. Dann gilt: „Das Denken als Verstand bleibt bei der festen Bestimmtheit und der Unterschiedenheit derselben gegen andere stehen; ein solches beschränktes Abstraktes gilt ihm als für sich bestehend und seiend" (Hegel 8, 169). Der Verstand kommt zur „absoluten Trennung und Zersplitterung" (Hegel 17, 232). Er „ist dies Festhalten, Perennieren bei den Denkbestimmungen als schlechthin außereinander, verschieden, selbständig gegeneinander bleibender, feststehender. Das Positive ist nicht, was das Negative, Ursache (nicht) Wirkung. ... Für den Verstand ist jedes für sich" (Ebd., 228f.).

Die Dekomponierung komplexer Aufgaben geht leicht über in die *technokratische Problembearbeitung.* Sie trainiert das Spezialistentum. Hier rennt sich der Verstand in den ihm möglichen Unterscheidungen fest. Die Aufmerksamkeit für die Vielschichtigkeit und Komplexität von Problemen unterliegt dem Druck von „Sachbearbeitern", die Probleme vom eigenen Tisch weg zu bekommen. Die technokratische Problembearbeitung frönt der Symptombehandlung, vernachlässigt die Ursachen von Problemen und die strukturpolitisch vorsorgende Komponente zugunsten nachträglicher Reparatur-Maßnahmen. Die Einengung der Problemdefinitionen fördert in Organisationen und Administrationen *ihr* Leistungspotenzial bei gleichzeitiger Ausblendung von Interdependenzen und komplexen Wirkungszusammenhängen. Eine ähnliche Aporie charakterisiert viele Wissenschaftsbereiche. Ihr munterer Ausstoß von Kenntnissen und Theoremen geht oft mit wenig Zuwachs von systematischem Wissen einher. Vielmehr türmen sich Unmengen an partikularen Kenntnissen auf. Wissensentropie ist die Folge.[161]

161 „Ein Wissenschaftsbetrieb, der international nach der Devise 'publish or perish' – veröffentlichen oder untergehen – funktioniert, kann nicht anders, als eine Flut

Naturwissenschaft und Technik „zerdenken“ die Welt und fassen das „Zerdachte“ nach Maßgabe seines Kombinationspotenzials auf. „Die Elemente, in die sie die Wirklichkeit zerschlägt, sind von Anfang an so konstruiert, dass sie die geeigneten Träger für Relationen sind. Sie sind ein Nichts für sich selbst; sie sind lediglich Bezugspunkt für Beziehungen zu ihresgleichen. Alles, was dem wirklichen Gegenstand an konkreter Fülle innewohnt, wird ihm in der wissenschaftlichen Formung genommen, und nur ein Minimum an Bestimmungen wird ihm zugesprochen: diejenigen, die ihn zum realen Ansatzpunkt von Relationen geeignet machen. Das gediegene Ineinander von charakteristischen Merkmalen, das seine Natur ausmachte, wird aufgedröselt in eine Summe von Lagebeziehungen und Abhängigkeiten, von Einflüssen und Ausstrahlungen, von Ursachen und Wirkungen; wird zerfasert zu Relationen. Der Gegenstand leuchtet nicht mehr im eignen Licht; er ist ein Element in bestimmter Konstellation zu andern Elementen … . Wissenschaft zerreißt nicht nur das konkrete Ganze der Wirklichkeit; sie zerzupft jeden einzelnen konkreten Gegenstand; um stattdessen

---

unübersichtlicher und oft zusammenhangloser Daten und Fakten zu produzieren. Für die Karriere eines Forschers zählt bekanntlich die Anzahl der Publikationen. … Schön dumm wäre, wer einige Jahre lang an einer Fragestellung arbeiten und die erlangten Kenntnisse dann in einem längeren Aufsatz veröffentlichen würde. Der Trend geht stattdessen zur ‘kleinsten publizierbaren Einheit’. Die Ansammlung solcher Daten ist sowenig ‘Wissen’, wie ein Haufen Steine ein Gebäude wäre. Eine Wissenschaft, die nicht nur den ‘Rohstoff Information’ liefern will, muss ihre Erkenntnisse wieder in Zusammenhänge sehen und darstellen, die nicht nur engsten Insider-Kreisen verständlich sind. Auch hier gilt: Informationsmüllvermeidung geht vor -verwertung“ (Rögener 1996, 13). „Der Marburger Neurobiologe Karl Heinz Voigt diagnostiziert für sein Fach einen ‘Faktenreichtum, der zur Theoriearmut’ führe. Die Forschung verfüge heute über so verfeinerte experimentelle Instrumente, dass sie einen unablässig wachsenden Strom von Einzeldaten liefern könne. Die Wissenschaftler überschwemmten sich förmlich selbst mit Informationen aus zahllosen, weltweit durchgeführten Experimenten. Immer schwieriger werde es aber, kritisiert Voigt, eine ‘Zusammenschau’ dieser Datenmengen zu leisten: Was bedeuten die vielen Einzelbefunde, die quasi ‘auf Halde’ produziert werden? Verzweifelt gesucht werden Theorien, mit denen sich die Informationen zu einem sinnvollen Ganzen integrieren lassen. Was für die Neurobiologie gilt, gilt für alle Wissenschaften, in denen dank moderner Technologien und Beobachtungsinstrumente riesige Mengen von Daten erhoben werden können“ (Ernst 1998, 22).

ein Netz von lauter Relationen zwischen lauter abstrakten Realitäten zu spinnen" (Freyer[162] 1925, 76).[163]

Mit den Elementarteilchen lässt sich nun experimentieren. Die Frage lautet, was sich mit und aus ihnen machen lässt – „ohne vorgegebenen Zweck, durch bewegliches Durchprobieren" (Gehlen 1957, 29). Dieses Vorgehen übergreift auch die Künste und Wissenschaften. Das Eindringen des experimentellen Geistes führt „notwendig auf der Seite der Gegenstände zu deren Denaturierung, zu ganz unbefangenen Dekompositionen und Neuverteilungen der Inhalte" (Ebd., 32). „Aus der Führung vorgegebener Zielsetzungen entlassen" geht es darum, „die zunächst für einen bestimmten Zweck ausgearbeiteten Mittelzusammenhänge und Verfahrensweisen von diesem Zweck abzulösen, sie frei zu variieren, sie nach allen Möglichkeiten, die sie etwa in sich enthalten könnten, durchzuprobieren und zu sehen, was dabei herauskommt – auch an Zielsetzungen" (Ebd., 124f.).

Moderne Organisationen und Institutionen konzentrieren sich auf bestimmte Funktionen. Die mit der funktionalen Differenzierung möglichen Leistungsgewinne (s. II.2e) resultieren aus der Ermöglichung von Effizienz in bestimmten Segmenten und Sektoren.[164] Die Unabhängigkeit der einzelnen Bereiche ist

---

162 Hans Freyers Nähe zu Positionen der NSDAP in der ersten Hälfte der 1930er Jahre ist manchen Anlass, sein gesamtes Werk pauschal zu diskreditieren. Vgl. kritisch dazu Kruse 1994, 141-145. Freyer „ging ... ab 1934/35 mehr und mehr auf Distanz zum Nazi-Regime" (Ebd., 144). Er wurde „von den Nazis nicht als einer der Ihren angesehen" (Ebd., 143). Die Rezension von zwei soziologischen Büchern Freyers aus den Jahren 1930/1931 in der von M. Horkheimer herausgegebenen „Zeitschrift für Sozialforschung" (Jg. 1, 1932, S. 157f.) ordnet diese Veröffentlichungen nicht der NS-Ideologie zu. Den Umgang mit eindeutig „rechten" Autoren betreffend ist Adornos Bemerkung zu Spengler bemerkenswert: Spengler habe „kaum einen Gegner gefunden, der sich ihm gewachsen gezeigt hätte: das Vergessen wirkt als Ausflucht" (Adorno 1992, 44). „Spengler zählt zu jenen Theoretikern der extremen Reaktion, deren Kritik des Liberalismus der progressiven sich in vielen Stücken überlegen zeigt" (Ebd., 59).

163 „Jedes Objekt, das die Wissenschaft denkt, ist lauter Relativität: Treffpunkt soundsovieler Beziehungen zu ebensolchen Beziehungszentren, ohne dass ein lebendiges Subjekt, ohne dass überhaupt irgendein absoluter Standpunkt dem Gefüge sein ruhendes Zentrum gäbe. Selbst Menschliches, wenn es von der Wissenschaft gedacht wird, wird entmenschlicht: der Mensch denkt sich hier: als wäre er selbst keiner. Er setzt sich gleichsam absolut gegenüber sich selbst, um sich als Realität in das große System der Relationen einrechnen zu können" (Freyer 1925, 77).

164 Analysen der Zivilisation, so wie sie in diesem Band verstanden wird (s. S. 24, Anm. 20), beziehen sich auf den Erfolg konkreter Praktiken, Kenntnisse und Fertigkeiten. Hier lassen sich schlechtere und bessere Lösungen unterscheiden („vom Standpunkt

Bedingung ihrer Effizienz und der Steigerung ihrer Handlungsfähigkeit. Zur Autonomie und Selbstreferenz herausgebildete „Subsysteme" tendieren zugleich zu „Defizienzen in der Umweltwahrnehmung", zur „Kurzschließung der Selbstreferenz" (Luhmann 1981, 37) und zum „Leerlauf bloßer Selbstreferenz" (Ebd., 68). „Die Gefahr ist: dass das System ... zu selektiv operiert und zu sehr auf eigene Funktionsnotwendigkeiten ausgerichtet bleibt" (Ebd.). Die Perfektionierung der Bereiche dabei, sich immer neue Handlungsmöglichkeiten zu eröffnen, geht mit ihrem „Unvermögen" einher, „die fatalen Zusammenhänge, die sie damit auf der Makro-Ebene laufend stiften, unter Kontrolle zu nehmen oder verantwortlich abzuändern. ... Je mehr Optionen wir uns erschließen, desto weniger steht das institutionelle Gefüge, mit dessen Hilfe wir sie uns erschließen, selbst zur Option" (Offe 1986, 104). Die Aporie der funktionalen Differenzierung besteht in der Gleichzeitigkeit zweier Prozesse: der Steigerung von Leistungen und Freiheiten der einzelnen ausdifferenzierten Bereiche einerseits und der Freisetzung von leistungs- und freiheitsabträglichen Effekten in Bezug auf die Interaktion dieser Bereiche andererseits. Den sektoralen Optionssteigerungen „entsprechen nicht Prozesse, mit denen die Gesellschaft *als* Gesellschaft über Optionen, wie über dieses Ensemble von Teilmodernitäten und ihren Zusammenhang" disponieren könnte (Ebd., 106). Die „Modernisierung der Teile" geht auf Kosten „der Modernität des Ganzen" (Ebd.). „Gerade wegen der Zukunftsoffenheit der Teilsysteme und ihrer innovationsbeschleunigenden sektoralen Rationalitäten scheint die Gesellschaft selbst unfähig geworden zu sein, ihre eigene Zukunft als Projekt zu konzipieren" (Ebd., 106). Die notwendigen Grenzen der funktionalen Differenzierung betreffen „Modernisierungsprobleme zweiter Ordnung" (Ebd., 111), also die Abstimmungs-, Koordinations- und Steuerungsprobleme, oder die „Rationalisierung des Zusammenspiels zwischen schon rationalisierten Teilsystemen" (Ebd.). Mit einem Sinn für umfassende Verantwortung und mit der Frage nach den Voraussetzungen und Konsequenzen des Betriebs über die funktional spezifizierte Sphäre hinaus vertragen sich die Scheuklappen des Rollenhandelns und der funktionalen Differenzierung denkbar schlecht.

---

der von den betreffenden Gruppen selbst gesetzten Ziele, z.B. der Jagd- und Fangtechnik, der landwirtschaftlichen Methoden, der Heilkunde usw." (Mühlmann 1972, 941). Man „gelangt damit zu einer objektiven Eingrenzung des 'Fortschritts', der in Gelingens-, Erfolgs- und Leistungsquoten angegeben werden kann. Solche Angaben gelten aber immer nur für bestimmte 'Sektoren' der Praxis, die methodisch künstlich isoliert werden. Die Frage der sekundären Rückwirkungen eines erzielten 'Fortschrittes' auf andere Sektoren ... führt bereits in eine allgemeinere Kulturproblematik hinein" (Ebd.).

In und zwischen Organisationen ergeben sich allerhand Verschiebebahnhöfe für Probleme und Zuständigkeiten. Vertikal wird es möglich, dass „jeder die Verantwortung nach oben abwälzen kann, auf höheren Ortes vorentschiedene Prämissen des eigenen Handelns". Und horizontal führt „die Omnipräsenz abrufbaren Spezialisten- und Expertenwissens zur chronischen Inkompetenzvermutung gegen soziale Akteure wie der Akteure gegen sich selbst – auch bei den schlichtesten alltagspraktischen Handlungen. (‘Wenn Sie einen Unfall mit Verletzten sehen’, lehrt der Fahrlehrer, ‘dann fahren Sie schnell weiter. Wenn Sie das Unfallopfer transportieren, versaut es Ihnen den Rücksitz, und hinterher sind Sie auch noch schuld, wenn etwas schiefgeht. Wenn Sie weiterfahren, kann Ihnen nichts passieren.’) ... Bürokratie, Verwissenschaftlichung und Professionalisierung können so beitragen zur Unterforderung des common sense und zur Schwächung alltäglicher Gesittung" (Offe 1996, 286).

4) Infrastrukturen, weiträumige Vernetzungen und formale Rationalität

Zentral für moderne Gesellschaften sind der Universalismus sowie die Standardisierung und Formalisierung der Inhalte – im Recht, in organisatorischen und technischen Normierungen und in Infrastrukturen (z.B. Verkehrssystem). „Universalismus" (Parsons) bezeichnet hier die die gesamte Gesellschaft vernetzende Zirkulation und Arbeitsteilung i.U. zu tendenziell autarken Gemeinschaften und Kleinstaaten mit untereinander inkompatiblen Sitten und Gebräuchen. Synergieeffekte zwischen verschiedenen ausdifferenzierten Bereichen (z.B. zwischen Naturwissenschaft, Technologie und Wirtschaft) werden möglich. Und die Diffusion technischer und naturwissenschaftlicher Neuerungen in die Produktion und Organisation – i.U. bspw. zum mittelalterlichen China. Dort entstanden zwar technische Neuerungen, der Transfer in die Ökonomie aber unterblieb. Gewährleistet werden mit der formalen Rationalität Reibungslosigkeit und hohe Geschwindigkeit der Zirkulation und Mobilität von Gütern, Personen und Informationen. Geld, Recht, technische Normierungen und organisatorische Infrastrukturen bilden objektiv vorfindliche Bahnen und Filter der gesellschaftlichen Arbeit und Synthesis.

In der modernen kapitalistischen Gesellschaft gewinnen Kommunikationsmittel an Relevanz. Sie stellen die „allgemeinen Bedingungen der gesellschaftlichen Produktion" dar (Marx 1974, 422; s.a. 429, 432). Kommunikation erlaubt und befördert „die Vernichtung des Raums durch die Zeit" (Ebd., 423). Bereits zu seiner Zeit diagnostizierte Marx: „Das Hauptmittel zur Verkürzung der Zirkulationszeit sind verbessere Kommunikationen. Und hierin haben die letzten fünfzig

Jahre eine Revolution gebracht, die sich nur mit der industriellen Revolution der letzten Hälfte des vorigen Jahrhunderts vergleichen lässt“ (MEW 25, 81). Organisationen, die funktionale Differenzierung und die Märkte bilden zentrale *moderne* Gesellschaftsstrukturen, die allesamt Kommunikationsaufwand und -zeit verringern. Selbstverständlich sind sie in der modernen kapitalistischen Gesellschaft nicht allein durch diese Aufgabe charakterisiert, sondern durch kapitalistische Maßgaben geformt. Ebenso wenig aber, wie die Rede von Organisation, Markt und funktionaler Differenzierung im modernen Kapitalismus *soziologistisch* auf ihren modernen Charakter verkürzt werden kann, ebenso wenig lässt sich *allein* von ihrem kapitalistischen Charakter sprechen.

Der Reichtum der Gesellschaft hängt nicht nur von der Produktion ab, sondern auch von der „Kombination der menschlichen Tätigkeiten und der Entwicklung des menschlichen Verkehrs (MEW 25, 592). Beides gehört zum Leistungsangebot moderner Organisationen und Märkte sowie der funktionalen Differenzierung und der gesellschaftlichen Infrastrukturen. Analytisch und nicht zeitlich gesprochen gilt: Schon aus diesen modernen Strukturen, nicht erst aus kapitalistischen Strukturen erwächst die „aus der gesellschaftlichen Gliederung in der Gesamtproduktion hervorgehende allgemeine Produktivkraft“ (Ebd., 587). Die moderne kapitalistische Gesellschaft entwickelt nicht nur materielle Produktionsbedingungen, sondern auch „Verkehrsverhältnisse“ (Ebd., 77). Sie sorgen dafür, dass das jeweils Notwendige bzw. Gewünschte zur rechten Zeit am rechten Ort ist. Zum Thema wird, wie Teilprozesse der gesellschaftlichen Reproduktion „zusammengehalten“, „vereinigt“, „verbunden“ und „assoziiert“ werden (MEW 3, 50-54, 65-67, 70-75). Organisationen, Märkte und funktionale Differenzierung erhöhen auch dann, wenn sie nicht auf längeres und intensiveres Arbeiten hinwirken, die Leistung bzw. den Output, indem sie ein „interzelluläres Wachstum, also das Wachstum des Nutzens einer gegebenen Wertsumme durch ihre zweckmäßige Verteilung“ ermöglichen (Simmel 6, 387). Mit dem Begriff des „Verkehrs“ und der Verkehrsverhältnisse und -formen übersteigt Marx den Lebensbegriff bzw. die Vorstellung eines organischen Ganzen (Krüger 1990, 107f.).

Gemeinschaftliche und gesellschaftliche Arbeit unterscheiden sich. Erstere „unterstellt die unmittelbare Kooperation der Individuen“, letztere Kommunikation über den Kreis der unmittelbar Anwesenden hinaus, bedingt „teils durch Kooperation mit Lebenden, teils durch Benutzung der Arbeiten Früherer“ (MEW 25, 113f.). Vermittelt-indirekte Kommunikation gewinnt mit den Größenausmaßen des zu Koordinierenden und zu Regelnden an Relevanz.

Die Fortschritte der Vernetzung gehen mit Leistungssteigerungen einher, aber teilweise auch mit erhöhten Risiken. Perrow schildert die wenig voraussehbaren und potenziell schädlichen nichtintendierten Verkoppelungen von für sich genommen sinnvollen Vorrichtungen. Probleme entstehen bei Systemkomponenten, die entweder verschiedene Funktionen bedienen oder benachbart sind, etwa „wenn ein Kurzschluss in einem Kabel ein in der Nähe verlaufendes zweites Kabel außer Funktion setzt, das zu einer Sicherheitsvorrichtung läuft, die sich für den Fall eines Defekts im ersten Kabel einschalten soll“ (Perrow 1988, 199f.). Es bricht also möglicherweise nicht nur ein Feuer aus, sondern zugleich fällt auch die Vorrichtung für den Feueralarm aus. Perrow hat die Sorte dieser seltenen, aber umso unheilbringend wirkungsvolleren Interaktionen in komplexen *und* eng[165] gekoppelten großtechnischen Systemen als Ursache für das Auftreten von Unfällen in Systemen der Großtechnik (Kernkraftwerke, Schiffe, Weltraumflüge usw.) herausgearbeitet. Sein Thema ist die strukturelle Wahrscheinlichkeit des Auftretens solcher wenig beherrschbaren Interdependenzen im Unterschied zur Interpretation ihres Auftretens als Zufall oder menschliches Versagen. „Normale Katastrophen“ – so der Titel seines Buches. Die Verbesserung der Schulung und Qualifikation sowie die Erhöhung der Sicherheitstechnik sind dem Problem letztlich nicht gewachsen: „Beim nächsten Mal wird die Konstruktionsabteilung ein zusätzliches Alarmsystem und eine zusätzliche Löschvorrichtung vorsehen, die dann jedoch möglicherweise ihrerseits drei zusätzliche unerwartete Interaktionen zwischen zwangsläufig auftretenden Störungen zulassen“ (Ebd., 17). Die Steigerung von Komplexität und enger Kopplung führen dazu, dass die Sicherheitsvorkehrungen „von verborgenen Pfaden innerhalb des Systems umgangen oder außer Funktion gesetzt werden. ... Wir sind möglicherweise an einem Punkt angelangt, wo die Kurve unseres Lernfortschrittes fast horizontal verläuft“ (Ebd., 27).

Die für moderne Gesellschaften charakteristischen langen Handlungsketten und deren Vernetzungen formen die Aufmerksamkeit für die menschliche Existenz auf eine ihr abträgliche Weise. Sie führen zu Unübersichtlichkeit, Anonymität, Indirektheit, zu Rückkopplungs- und Kontaktverlust. In diesem Element wird die Frage schwierig, was Arbeiten *von* Menschen *für* Menschen sind. Und immer mehr Arbeitende sind mit der Aufrechterhaltung der Infrastrukturen, der Zirkulation und der Kommunikation befasst. Ihre Aufmerksamkeit gilt

---

165 „Seine Prozesse laufen sehr schnell ab und lassen sich nicht ohne weiteres abschalten, die ausgefallenen Aggregate lassen sich nicht von den übrigen Bauteilen isolieren, oder es besteht keine andere Möglichkeit, einen ungestörten Produktionsablauf zu gewährleisten. ... In diesem Fall wird sich die Störung rasch und ohne erkennbare Ursache zumindest für eine gewisse Zeit ausbreiten“ (Perrow 1988, 17).

schon insofern nicht dem menschlich-sozialen Inhalt von Gütern oder Dienstleistungen. Die Masse der zirkulierenden bzw. der zu verwaltenden Erzeugnisse und Objekte legt marktförmige Abstraktionen (Preise) bzw. verwaltungsförmige Abstraktion (bürokratische Schemata) nahe. Sind große Massen abzuarbeiten und hohe Komplexität kleinzuarbeiten, dann erscheinen dazu Transformationen der zu bearbeitenden Materien notwendig. Unumgänglich wird die Anerkennung der abstrakten Selektionsfilter, die Handlungen synthetisieren und sie zugleich als Bedingung ihrer „Anschlussfähigkeit" präformieren, Probleme verfremden und Informationen standardisieren. Unumgänglich wird die Anerkennung der Reißfestigkeit von Handlungsketten, der Schnelligkeit und große Reichweite erlaubenden „Kommunikationsmedien".

Die Kompatibilität innerhalb und zwischen Handlungsketten setzt eine Transformation der zu verwaltenden und der zirkulierenden Materien voraus. Die die formale Rationalität sichernden Verwaltungen und Organisationen, aber auch der Markt, avancieren zur Definitionsmacht und zum Selektionsfilter für die zugehörigen Kommunikationskanäle und die in sie einspeisbaren Anliegen. Die Schnelligkeit der Zirkulation von Informationen wird zum maßgeblichen Kriterium oder zur Zulassungsbedingung für das in diese Zirkulation Eingehende. Informationen, die rasch zirkulieren sollen, können dies umso eher, desto stärker sie die Mehrdimensionalität von Erfahrungen reduzieren. Je formalisierter und standardisierter sie ausfallen, desto besser passen sie zusammen und verdrängen Mitteilungen, die nicht so leicht anschlussfähig sind wie Legosteine.

Der Großbetrieb, die moderne Verwaltung, aber auch der Großstadtverkehr oder das moderne Versicherungswesen „betreffen" das Individuum in einer bestimmten Hinsicht, nehmen es nicht als ganze Person wahr. In „sekundären Systemen"[166] ist faktisch ein „gegebener Sachzusammenhang einfach zu voll-

166 Freyer grenzt *„sekundäre" Systeme* von vormodernen Sozialordnungen ab. In ihnen waren die gesellschaftlichen „rationalen Gebilde, jdf. die dauerhaften und breit wirksamen, in sozialen Ordnungen gegründet und verankert, die vor ihnen da waren: nicht von ihnen geschaffen, sondern eigenen Rechts" (Freyer 1955, 86). Das „zu Ordnende (hat) schon eine Ordnung in sich" (Ebd.). Mit dem sekundären System „wird nicht auf gewachsenem Grunde, d.h. im schon gestalteten sozialen Raum gebaut" (Ebd., 88). Sekundäre Systeme zeigen vielmehr „ein äußerstes Maß an Voraussetzungslosigkeit" (Ebd., 83). Es „soll alles, was in diese Struktur eingeht, in ihrem Bauplan vorgesehen und von ihren Antrieben in Bewegung gesetzt sein… . Die Elemente eines solchen Systems (im Falle einer sozialen Struktur also die Menschen) müssten ebenfalls durch einige wenige Eigenschaften definiert sein und dürften nur in dieser abstrakten Form in das System eingehen. … Diese Struktur entwirft sich in einem Raum, der nichts als ein Koordinatensystem ist, kein Kraftfeld, keine geschichtlich

ziehen. ... Die Sachkomponente in den Handlungen des Alltags ... ist so stark, dass eigentliche Entscheidungen nicht vonnöten sind oder sich nach der Formel darstellen: 'Wenn überhaupt, dann so'" (Freyer 1955, 59). Organisationen und technische Systeme bilden Teilmengen „sekundärer Systeme". Wer sich im Autoverkehr unsachgemäß, d.h. verkehrswidrig verhält, riskiert zu verunfallen. Die den „sekundären Systemen" angemessene Handlungsweise ist die Anpassung.[167] Das Handeln verliert an Relevanz gegenüber dem Sich-Verhalten (vgl. Freyer 1965, 265-273). „Das Normalverhalten des Menschen in seiner Umwelt wird dann gleichsam unabhängig von seiner Person" (Freyer 1960, 308).

Die Analyse und Synthese der Elemente erlauben es, mit ihnen gewagte Kombinationen und idealiter freitragende Konstruktionen zu bauen. Es kommt zu in viele Richtungen möglichen Querverbindungen zwischen den einzelnen Komponenten, zur „steigenden Verwandlung aller Lebensbestandteile in Mittel" und zur „gegenseitigen Verbindung der sonst mit selbstgenügsamen Zwecken abgeschlossenen Reihen zu einem Komplex relativer Elemente" (Simmel 6, 594). Ermöglicht wird jeweils eine „in sich zusammenhängende Welt, die an immer weniger Punkten auf die subjektive Seele zurückgreift" (Ebd., 638f.). Selbsttragen-

---

vorgeprägte Welt; was davon da ist, wird ignoriert oder entrümpelt" (Ebd., 83). Sekundäre Systeme beschäftigten die Individuen nach bestimmten Rollenanforderungen. In sekundären Systemen wird die „zu Ende geführte Rationalität nur von der einen Seite, nämlich von der Seite der Institutionen her vorangetrieben. Die Elemente werden vom System her definiert. Der Mensch wird zu den Institutionen willig gemacht und ihnen angepasst. Was er zu sein hat, sogar was er ist, wird nicht von ihm selbst aus, sondern von seiner Stellung und Funktion im Sachprozess aus entschieden" (Ebd., 89). „Diese Ordnung ist nicht ein Rahmenwerk, das ihn hält, sondern ein Maschennetz, das ihn lediglich auf Zug beansprucht" (Ebd., 97). Die sekundären Systeme haben „keine 'Legitimität' in dem Sinne, dass ein vollständiges Leben sie als seine wesentliche Ordnung anerkennt ... . Sie gelten vielmehr nur faktisch. Sie sind positiv im reinlichsten Sinne des Wortes. Die adäquate menschliche Haltung ihnen gegenüber ist: sich auf sie einstellen, sich in ihnen zurecht- oder mit ihnen abfinden, sich ihnen anpassen" (Ebd.).

167 „Sozial relevante Verhaltensweisen spielen sich wesentlich dadurch ein, dass sie sich bewähren, das heißt für den sich so Verhaltenden einen Erfolg einbringen", sei er positiv oder betreffe er das Damit-Durchkommen als „Nicht-Anecken". „Damit rückt die Kategorie des Sichverhaltens dem Begriff der Anpassung nahe und nimmt ihn großenteils in sich auf. ... Das soziale Feld gilt dann als Umwelt im Sinne der Biologie, als ein vorgegebener Komplex von Bedingungen, die der gesellschaftlich lebende Mensch, wie dort der tierische Organismus, nicht umgestalten, denen er sich aber auch nicht entziehen kann, mit denen er also fertig werden muss, indem er sich ihnen anpasst" (Freyer 1965, 268, 269).

de apparative und organisatorische Vernetzungen entstehen, die den Menschen Arbeit und Aufmerksamkeit abnehmen können. Die Relationierung entkontextualisierter Elemente produziert ein „Maschenwerk fester Beziehungen ..., nicht eine Welt, aber ein System" (Freyer 1925, 75).

Die Verlängerung der Handlungsketten schiebt sich zwischen Subjekt und Objekt. Die Subjektivität „bricht" sich am „objektivierten" „Gesamtcharakter des Verkehrs", der in „kühle Reserviertheit und anonyme Objektivität übergehen muss" durch die Vermehrung der „Zwischeninstanzen" zwischen Produzenten und Konsumenten. Der eine rückt dann aus dem Blickkreis des anderen. „Desto objektiver ist das Ganze, desto mehr lebt es ein Leben jenseits aller Subjekte, die es produzierten" (Simmel 6, 630). Mit der „Objektivität des wirtschaftlichen Kosmos (wächst) seine überpersönliche Selbständigkeit" (Ebd.). Das Übergewicht der objektiven über die subjektive Kultur (s. dazu auch II.4f) resultiert aus der Überlegenheit des „in Produktionen irgendwelcher Art vergegenständlichten Geistes" gegenüber den Individuen. Diese Überlegenheit gründet in der „Komplikation der Herstellungsweisen, die außerordentlich viel historische und sachliche Bedingungen, Vor- und Mitarbeiter voraussetzen. Dadurch kann das Produkt Energien, Qualitäten, Steigerungen in sich sammeln, die ganz außerhalb des einzelnen Produzenten liegen" (Ebd., 645f.). Erst durch „eine raffinierte Arbeitsteilung" werde das Produkt zur „Sammelstelle von Kräften, die aus einer sehr großen Anzahl von Individuen auserlesen sind" (Ebd., 646). Daraus folgt eine Synthese von „Eigenschaften und Vollkommenheiten" im Objekt, die „ins Unbegrenzte" gehe, „während der Ausbau der Individualitäten für jeden gegebenen Zeitabschnitt an der Naturbestimmtheit derselben eine unverrückbare Schranke findet" (Ebd.).

In der modernen Zivilisation ermöglicht der Verstand (sensu Hegel, s. II.8a3) es, die Materien analytisch zu zerlegen und die Synthesemöglichkeiten der so gewonnenen Elemente durchzuspielen. Die Selbstverständlichkeit der analytischen Dekomponierung und der Kombinierung der Komponenten gewöhnt daran, davon abzusehen, welche Schnitte gemacht werden, *wovon* jeweils praktisch abgesehen wird, insofern man es *auf* anderes abgesehen hat, und was es heißt, Abstraktionen in der Realität geltend zu machen. Die Problematik dieses Vorgehens liegt in seiner notorischen Sorglosigkeit gegenüber den Negativeffekten, die durch all die für es konstitutiven Trennungen und Kombinationen des Getrennten anfallen. Die Negativeffekte betreffen die Entwicklung menschlicher Sinne, Fähigkeiten und Reflexionsvermögen im Sinne von 'Praxis'.

„Die lebendige Perspektive einer menschlich gedeuteten Welt ist aus den Fugen gebracht durch die gegenständliche Wendung des Objekts. Was irgendein Wort dem sprechenden Munde, irgendein Ort dem gläubigen Gemüt, irgendein Ding der tätigen Hand bedeutet, ist ausgelöscht, wenn das System der Wissenschaft diese Objekte ergreift. ... Ich schalte mich selbst aus dem Zusammenhang des Aufgefassten aus. Ich suche das freie, allen Perspektiven entnommene Objekt und seine Zusammenhänge mit den andern, ebenso unmenschlichen, ebenso absoluten Objekten" (Freyer 1925, 74f.).

Die Frage nach individueller Verantwortung *und* gesellschaftlicher Gestaltung rückt an den Rand und wird tendenziell zu einer Themaverfehlung. Ein prägnantes Beispiel bietet jener Fluglotse Peter Nielsen, der am Züricher Flughafen am 1.7.2002 mitverantwortlich war für den Zusammenstoß einer russischen Passagiermaschine und einer deutschen Frachtmaschine mit insgesamt 71 Toten. Nur ein einziges nach Juristendeutsch klingendes Zitat ist nach der Katastrophe von ihm überliefert: „Ich war Teil eines Netzwerks von Menschen, Computern, Überwachungs-, Übermittlungsgeräten und Regelungen. Alle diese Teile müssen nahtlos und fehlerfrei zusammenarbeiten. Der Unfall zeigt, dass in diesem Netzwerk Fehler aufgetreten sind" (Der Stern H. 11, 4.3.2004, S. 38).

Die Aufmerksamkeit konzentriert sich leicht auf die Verknüpfungen von Faktoren und Komponenten. Von der Beschäftigung mit der Immanenz und Selbstbezüglichkeit der technischen und organisatorischen Kombinatoriken geht ein Sog aus. Sie okkupieren die Aufmerksamkeit der Techniker, Organisatoren und Sozialingenieure. Die vielgliedrigen Konstellationen von Mitteln und Komponenten bilden eine eigene Sphäre. In ihr hängen tendenziell „alle Mittel untereinander nach rein sachlichen Notwendigkeiten zusammen, und diesem Zusammenhang muss sich unterordnen, wer sie benutzen will; ein eigengesetzlicher und unabsehbarer Differenzierungsprozess immanent-technischer Art greift Platz" (Freyer 1921, 134f.). Anders als in der Marktwirtschaft gilt auch in der zivilisatorischen Objektivität der modernen Technik, Organisationen und Infrastrukturen die Aussage: „Die einzige verständliche Sprache, die wir zueinander reden, sind unsere Gegenstände in ihrer Beziehung aufeinander" (MEW-Erg.bd. 1, 461).

5) *Moderne Märkte*

„Nirvana-Approach" (Demsetz 1969) lautet das Schlagwort, das linker Marktkritik von ihren Gegnern angeheftet wird. Gemeint ist damit die Herangehensweise, die gesellschaftliche Wirklichkeit an der bloß *denkbaren* Funktionsfähigkeit einer gewünschten Ordnung zu messen. Der „Nirvana-Herangehensweise" entgeht nur, wer in seiner Marktkritik zugleich sich vergegenwärtigt, auf welche Probleme der modernen Gesellschaft Märkte eine Antwort bilden. Die Leistungen des Marktes können in seiner Kritik nicht einfach als gesichert vorausgesetzt werden. Ich vergegenwärtige in diesem Kapitel die Vorzüge des Marktes und zeige dann, wie sich die Marktwirtschaft gegenüber der für Gesellschaften sowjetischen Typs charakteristischen wirtschaftlichen Synthesis positiv profilieren kann. Abschließend komme ich auf Grenzen der Marktwirtschaft zu sprechen.

Märkte synthetisieren die Massen heterogener und untereinander disparater Güter, Arbeiten und Bedürfnisse auf eine Weise, die dieser Massenhaftigkeit entspricht. Moderne Gesellschaften sind dezentralisiert-arbeitsteilige Gesellschaften, die historisch im Vergleich zu früheren Gesellschaften eine um Größenordnungen höhere Zahl von voneinander verschiedenen Akteure miteinander vernetzen. Aus dieser Eigenschaft der Wirtschaft moderner Gesellschaften resultieren Fragen:

- wie können verschiedene Güter und Arbeiten gemessen und miteinander ins Verhältnis gesetzt werden (Kommensurierungsproblem)?
- wie kommen Informationen über Bedürfnisse, technische Neuerungen u.ä. dort an, wo sie gebraucht werden und wie verbreiten sie sich weiter?[168]
- wie werden Ressourcen verschiedenen Belangen, Bereichen und Betrieben oder Organisationen so zugeteilt, dass die gesellschaftlich effizientesten Effekte entstehen (Allokationsproblem)?
- was sind die Anreize, die die Handelnden dazu motivieren, ihre Arbeit bzw. Tätigkeit effizient und gut zu tun?
- was ist dafür nötig, dass Steuerungsimpulse dort ankommen, wo sie wirken sollen?

Märkte gelten in modernen Gesellschaften als Strukturen, die diese Aufgaben am effizientesten realisieren. In Märkten sind die verschiedenen wirtschaftlichen Akteure durch Tauschakte miteinander vernetzt. Es kommt zu einer „generellen Öffnung des potentiellen Interaktionsfeldes auf eine unübersehbare Vielzahl verschiedenartiger Tauschpartner“ (Geser 1983, 112). Märkte „bündeln Erwartungen und Informationen, Spekulationen und Eindrücke. Sie bündeln Bewertungen und Reaktionen, Herausforderungen und Antworten, die sich zu neuen Mustern der Weltwirtschaft ordnen“ (Hank 2008, 164). Der Markt gilt

168 An der Utopie einer Gesellschaft kleiner, weitgehend autonomer Einheiten wird zu Recht kritisiert: Die „wünschenswerte interkollektive Diffusion von Neuerungen unterbleibt, es gibt keine Koordinationsinstanz, um die Wirtschaftspläne unterschiedlicher Kollektive konsistent zu regulieren. Fehlsteuerungen, die mehrere Kollektive betreffen, werden nicht automatisch korrigiert. Was für das eine Kollektiv wünschenswert ist, kann für die anderen negative Folgen haben – der typische Fall externer Effekte“ (Bergmann, Krischausky 1985, 115).

als Wettbewerb, in dem sich allererst herausstellen kann, wie preiswert ein Gut zu werden vermag. Der Wettbewerb fungiert als „ein Verfahren zur Entdeckung von Tatsachen, die ohne sein Bestehen entweder unbekannt bleiben oder doch zumindest nicht genutzt werden würden“ (Hayek, zit. n. Hank 2008, 155).

Wettbewerb ist „ein System von Signalen, Kontrollen, Anreizen und Sanktionen“ (Kleinewefers 1985, 370), in dem derjenige finanziell belohnt (bzw. bestraft) wird, der Güter und Dienstleistungen anbietet, für die Bedarf (bzw. kein Bedarf) besteht. Märkte ermöglichen, dass sich Knappheitssignale schnell durch die Verflechtungsmatrix der Volkswirtschaft fortbewegen können. Marktpreise lassen Anbieter und Kunden erkennen, wie knapp die von ihnen angebotenen bzw. gewünschten Güter sind. Beim Marktpreismechanismus sind die Informations- und die Sanktionsfunktion nur zusammen zu haben. Die Preise schließen Käufer, die nicht imstande oder willens sind, sich an höhere Preise anzupassen, ebenso aus wie Anbieter, die aufgrund *ihrer* höheren Kosten nicht bei der Senkung der Preise aufgrund von produktiverer Arbeit mitziehen können.

Der Markt bildet ein mit hoher Schnelligkeit funktionierendes „System von Fernvermittlungen, das die einzelnen Produzenten instand setzt, nur mit Hilfe der Beobachtung von ein paar Zeigern ... ihre Tätigkeit an Änderungen anzupassen, von denen sie nie mehr zu wissen brauchen, als sich in der Preisbewegung widerspiegelt“ (Hayek 1976, 115).[169] Den Markt zeichnet „die Wirtschaftlichkeit, mit der er das Wissen ausnützt“, aus (Ebd.).

Märkte lassen sich nicht pauschal durch politisch organisierte Vergabeverfahren (Erteilung des Auftrags an den Teilnehmer am Wettbewerb, der die vorher definierten Kriterien am besten erfüllt) ersetzen. Anders als in einem solchen Anpassungswettbewerb, in dem es darum geht, *bestehende* Anforderungen

169 „Nehmen wir an, dass sich irgendwo in der Welt eine neue Verwendungsmöglichkeit für irgend ein Rohmaterial, sagen wir, Zinn, ergeben hat oder dass eine der Bezugsquellen für Zinn ausgeschaltet worden ist. ... Alles, was die Verbraucher von Zinn zu wissen brauchen, ist, dass ein Teil des Zinns, das sie früher verwendeten, jetzt anderswo nutzbringender verwendet wird und dass sie infolgedessen mit dem Zinn wirtschaftlicher umgehen müssen“ (Hayek 1976, 114). Einige bekommen davon Kenntnis und lenken ihre Produktion um. Es verbreitet sich ein Wissen um die neue Lücke und es entstehen Versuche, sie zu füllen. So „wird sich die Wirkung rasch durch das ganze Wirtschaftssystem ausbreiten und nicht nur alle Verwendungen von Zinn beeinflussen, sondern auch jene ihrer Ersatzmaterialien und den Ersatz von Ersatz, die Versorgung mit allen Dingen, in deren Erzeugung Zinn verwendet wird, und deren Ersatz und so fort; und all dies, ohne dass die große Mehrheit derer, die bei diesen Ersetzungen mitwirken, irgend etwas über die eigentliche Ursache dieser Veränderungen wissen“ (Ebd., 114).

optimal zu erfüllen, besteht eine zentrale Aufgabe von modernen Märkten im Innovationswettbewerb. Hier schaffen Innovatoren neue, bisher unbekannte Bedingungen. Im Innovationswettbewerb entstehen neue Ideen und werden getestet. Seine Ergebnisse sind für niemand vorhersehbar.

Eine gesellschaftlich zentral vorgenommene Wirtschaftsplanung steht vor dem Problem

- der Sammlung und Zusammenfügung der Informationen und Wissensbestände. Sie sind dezentral über alle Wirtschaftsakteure verteilt;[170]
- der Ermittlung der Präferenzen der Kunden;
- der Ermittlung der relativen Knappheit der Güter;
- der für die gesellschaftliche Synthesis notwendigen Vergleichbarkeit oder Kommensurierung der verschiedenen Qualitäten;
- des Mangels an Wettbewerb zwischen den Betrieben;
- der Unplanbarkeit von Innovationen.

Damit nicht genug. Hinzu kommt die mangelnde Anpassungsflexibilität einer Planwirtschaft. Die Planaufstellung ist selbst ein arbeitsreicher, kosten- und zeitaufwendiger Prozess. Korrekturen können nur in größeren Abständen

---

170 Eine rationale Wirtschaftsordnung lässt sich, wie Hayek herausarbeitet, nicht auf der Voraussetzung eines vollständigen Wissens gründen. Die erforderlichen Informationen seien nicht nur für den Einzelnen unverfügbar (Hayek 1976, 103), sondern auch für die Gesellschaft als Ganzes (Ebd., 104). Gegen eine Planwirtschaft wendet Hayek ein, die Informationen existierten „immer nur als zerstreute Stücke unvollkommener und häufig widersprechender Kenntnisse, welche all die verschiedenen Individuen gesondert besitzen" (Ebd.). Es fragt sich, wie das zerstreute Wissen zusammengebracht, integriert und „verwertet" werden kann, wenn es „niemandem in seiner Gesamtheit gegeben ist" (Ebd., 104). Hayek stellt zwei Strategien gegenüber, „das Problem der Verwertung des Wissens in der Gesellschaft" zu lösen: Die Konzentration und Zentralisation allen Wissens bei einer Behörde sowie die Vermittlung „jenes zusätzlichen Wissens" an die Individuen, „das sie brauchen, um ihre Pläne denen der andren anzupassen" (Ebd., 106). Beide Strategien vergleicht Hayek und wendet sich dem zu verteilenden Wissen zu. Eine zentral gelenkte Wirtschaft, in der das Wissen idealiter in einer Spitzengruppe von Fachleuten konzentriert sei, korreliere mit der Wertschätzung für die Wissenschaft. Im Unterschied dazu profiliert Hayek ein Wissen, das in der „Kenntnis von Menschen, von örtlichen Bedingungen und besonderen Umständen" besteht (Ebd., 107). Das „Wunder" (ebd., 116) des Preismechanismus besteht in seinem Durchgreifen langer, „zehntausende von Menschen" betreffender Handlungsketten mit dem Ergebnis, dass „den Individuen auf eine einfache Art jenes Wissen vermittelt wird, das sie brauchen, um mit ihrem Wissen auf Nachfrage und Zufuhr am Markt zu schnell zu reagieren" (Ebd.).

erfolgen.[171] Flexibilität hängt dann von Reserven, Lagerbeständen und Produktivitätsspielräumen ab. Mangelnde Flexibilität wird zum Problem, insofern „es auch in einer zentral geplanten Volkswirtschaft sog. exogene Variablen und Ereignisse gibt, die nicht geplant, vorhergesehen und beeinflusst werden können. Wenn solche ungeplanten Einflüsse an irgendeiner wichtigen Stelle die Planerfüllung unmöglich machen, pflanzt sich dieser Effekt gemäß der Verflechtungsmatrix durch die gesamt Volkswirtschaft fort. Der Plan bricht zusammen, und das Problem verschärft sich dadurch immer mehr, weil die Betriebsleiter nunmehr über eine unwiderlegbare Entschuldigung für weitere Planabweichungen verfügen" (Kleinewefers 1985, 427).

Das Verhältnis zwischen Auftraggeber und Beauftragtem (Prinzipal und Agent) ist in der „Planwirtschaft" durch Gegensätze zwischen Planzentrale und Betrieben charakterisiert. Sowohl auf der Out- als auch der Inputseite besitzen dezentrale Wirtschaftsakteure (Betriebe und Organisationen) exklusive Informationen, von denen zentrale(re) Planungsinstanzen abhängig sind. Betriebe können ihre Handlungsspielräume nutzen und durch ihre Informationspolitik Vorentscheidungen treffen, die das offizielle Planungsschema unterlaufen, demzufolge sie bloß nachgeordnete Organe darstellen. Die einzelnen Betriebe stehen in ihren jeweils besonderen Interessen gegen allgemeingesellschaftliche Interessen (bspw. an guter Qualität oder am effizienten Verhältnis zwischen Aufwand und Ergebnis). Die Produktion von Gütern mit niedriger Qualität oder billigeren Materialien ermöglicht eine leichtere Erfüllung von Kennziffern wie Bruttoproduktion, Gewinn usw. Produkte mit niedriger Qualität (bspw. bei Maschinenteilen) bringen die Produktion zum Stocken, erfordern hohe Kosten für Reparatur und Ersatzteile.[172] Im Interesse der einzelnen Betriebe liegt es, die Produktionskapazitäten zu niedrig und den Bedarf an Ressourcen zu

171 „Die Materialbestellungen müssen etwa ein halbes Jahr bevor der Betrieb den Plan, der ihm von oben vorgegeben ist, genau kennt, abgegeben sein" (Aganbegjan 1989, 55).

172 „Nach Angaben des staatlichen Unionsinstituts für Traktoren wird für einen Traktor während seiner Lebensdauer von bis zu acht Jahren das Zweieinhalbfache seiner ursprünglichen Herstellungskosten zusätzlich ausgegeben" – für Reparatur und Ersatzteile (Ticktin 1981, 9). „Eine Schätzung bestimmt die Häufigkeit von Maschinenschäden bei sowjetischen Produkten des Maschinenbaus, den Verteidigungssektor eingeschlossen, auf das 3-4fache der Maschinenschäden in den USA insgesamt. Es ist daher nicht verwunderlich, dass in der SU mehr Menschen damit beschäftigt sind, Maschinen zu reparieren, als es Leute gibt, die Maschinen herstellen" (Ebd., 6).

hoch anzugeben.[173] Aus dieser Strategie der Informationsverschleierung folgen überdimensionierte betriebliche Lagerbestände und eine massive Senkung der Umsatzgeschwindigkeit der Produktionsfonds.[174]

In der Wirtschaft in Gesellschaften sowjetischen Typs dominieren offiziell bilaterale Beziehungen zwischen Planzentrale und einzelnem Betrieb über multilaterale Beziehungen der Betriebe untereinander bzw. der Betriebe zu den Kunden. Die planwirtschaftlichen Abnahmegarantien entheben die Betriebe „der Sorge um deren Nutzen für die Verbraucher. ... Wenn von einem Produkt viel hergestellt und auch viel verbraucht wird, so gilt das als Indikator für großen Bedarf. Ob es in Wahrheit nur aus Mangel an Alternativen abgenommen wird, ob es in solchem Umfang nur abgenommen wird, weil es wegen Produktionsmängeln vorzeitig verschleißt oder ob es Folgekosten verursacht, weil die Abnehmer das für sie an sich ungeeignete Produkt erst nachbessern müssen, wird nicht beachtet" (Bischoff, Menard 1990, 28).

Gerade wenn eine sich an dem (wie auch immer gearteten) Paradigma des guten Lebens orientierende nachkapitalistische Gesellschaft das Wirtschaften mit außerökonomischen Kriterien durchdringen will, bleibt die Informationsfunktion von Märkten eine notwendige und insofern nicht zu missachtende Bedingung. Es muss erst einmal so etwas existieren wie eine genaue Rechenschaft über die Kosten der Arbeiten und Dienstleistungen. Erst dann lässt sich fragen, wo gesellschaftlich ein Zustand der Arbeit erwünscht ist, der sich vielleicht gesamtgesellschaftlich, sicher aber nicht für das Unternehmen oder die Organisation „rechnet". In der Öffentlichkeit wird dies gegenwärtig bspw. in Bezug auf das Krankenhaus und die es betreffenden Effizienzdiskurse zum Thema. Wirtschaftlich setzt die Verwendung von finanziellen Ressourcen – z.B. für ein „menschliches Krankenhaus" – ein volkswirtschaftliches Mehrprodukt voraus, aus dem die entsprechenden Leistungen bezahlt werden. Auch eine nachkapitalistische Gesellschaft ist vital an der Höhe eines Mehrprodukts interessiert, die es ermöglicht, Aufwendungen zu tätigen, die unter Gesichtspunkten der Wirtschaftlichkeit irrational, unter Gesichtspunkten des gesellschaftlich domi-

173 Betriebe können sich bspw. mit Informationen über ihre zu gering angegebenen Kapazitäten die Planerfüllung erleichtern. Setzen Betriebe ihren Bedarf an Ressourcen zu hoch an, ermöglicht dies ihnen bei entsprechender Zuteilung, sich mit 'Polstern' auszustatten. Sie bilden u.a. Tauschmittel für Transaktionen mit anderen Betrieben.

174 „Bei einem Nationaleinkommen von etwa 600 Mrd. Rubeln beträgt der Gesamtwert der bei den Betrieben und Organisationen eingelagerten Materialien über 460 Mrd. Rubel, mindestens doppelt so viel, wie sinnvoll wäre" (Aganbegjan 1989, 56).

nierenden Leitbildes erwünscht sind. Beide Perspektiven sind analytisch strikt zu trennen. Insofern fragt sich, wie in einer nachkapitalistischen Gesellschaft die gesellschaftlich notwendige Arbeitszeit ermittelt wird, die sich auf Märkten – mit allen nichtintendierten und nicht erwünschten Nebeneffekten – herausstellt.[175] Es fragt sich, „wie das Leistungsvermögen der Betriebe im volkswirtschaftlichen Maßstab beurteilt werden soll, wenn ein konsistentes System der Knappheitsbestimmung fehlt?“ (Schüller 1985, 178).

Die Vorstellung von „unmittelbar gesellschaftlicher Arbeit“ bei vielen Marxisten artikuliert nicht mehr als ein vages Gegenteil zur Verschwendung, die in der Marktsynthesis stattfindet, und zum Marktversagen. Diese Vorstellung sieht aber davon ab, dass „die Produktivität der Arbeit, sowohl nach der Seite der objektiven Produktionsbedingungen (Maschinerie) als auch nach der subjektiven Seite der Arbeitsorganisation etc. sowie die Intensität der Arbeitsbelastung als branchen- und gesamtwirtschaftliche Durchschnittsgrößen vorab nie exakt zu quantifizieren sind. Noch weniger ist es jedoch möglich, die zweite Bestimmtheit der gesellschaftlich notwendigen Arbeitszeit, gegeben durch das Maß der zahlungsfähigen Bedürfnisses nach Gebrauchswerten bestimmter Art, ex ante zu quantifizieren“ (Krüger 1990a, 61f.). Der auf dem Markt ablaufende Prozess „des Ins-Maß-Setzens der individuell verausgabten Arbeiten“ setzt „keineswegs vorab bestimmbare Gleichgewichtsbedingungen bloß durch“ (Ebd., 62). Vielmehr werden „die Austauschverhältnisse innerhalb und zwischen den Abteilungen der Produktion in diesem Prozess erst herausmodelliert. Die Preisbewegung ist somit eine regulierte und – innerhalb gewisser Grenzen – regulierende Bewegung; eine derartige Wechselwirkung ungleicher Kräfte ist weder theoretisch mit dem Instrumentarium der Gleichgewichtsökonomie noch praktisch mit dem Instrument zentraler Planung im Sinne von ex-ante-Regulation adäquat zu erfassen“ (Ebd.).

Die Vorstellung, wie Märkte einzuhegen seien, bewegt sich bisweilen im Horizont des Bestellwesens von Erzeuger-Konsumenten-Kooperativen. Hier kreuzen die Konsumenten an, was sie von der Erzeugerkooperative zugestellt bekommen wollen. Der eingeschränkte Horizont des Bestellwesens übergeht die eigentliche Problematik der wirtschaftlichen Interdependenzen – also die Frage

---

175 „Ohne Preisbildung auf gesamtgesellschaftlicher Ebene ist keine Ertragsrechnung auf einzelbetrieblicher Ebene möglich. An diesem Widerspruch sind bisher sämtliche Reformversuche des staatssozialistischen Planungssystems gescheitert, es kann die ‘Tonnenideologie’ nicht grundsätzlich ablegen. Der Rückfall in die Planung mit Naturalgrößen: Meter, Gewicht, Stückzahlen ist systemimmanent; Planung in Form von Natural- oder Stoffkennzeichen und effiziente Organisation eines gesellschaftlichen Produktionsprozesses schließen sich aber aus“ (Bischoff, Menard 1990, 26).

nach dem Verhältnis zwischen verschiedenen Anbietern oder Produzenten einer Branche zueinander, dem Verhältnis verschiedener Branchen untereinander usw. Übersehen wird, dass auf anonymen Märkten „der Tauschakt, zumal aber der Geldtauschakt, sich nicht isoliert an dem Handeln des Partners, sondern, je rationaler er erwogen wird, desto mehr an dem Handeln aller potentiellen Tauschinteressenten orientiert. Die Marktgemeinschaft als solche ist die unpersönlichste praktische Lebensbeziehung, in welche Menschen miteinander treten können" (Weber 1976, 382). Die Utopien eines Bestellwesens konzentrieren sich auf bilaterale Koordination. Multilaterale Koordination stellt andere Anforderungen.

Auch in Bezug auf die dem Markt zugerechnete Funktion der Sanktionierung ineffizienten Arbeitens oder von Mängeln des Angebots greift der Horizont eines Bestellwesens zu kurz. Konkurrenz sieht es nicht vor. Insofern kann im Unterschied zu Marktwirtschaften das Ungenügen, das Konsumenten an bestimmten Produkten empfinden, nicht zu einer Abwanderung zu anderen Anbietern führen, sondern muss sich als Kritik formulieren und explizit den Anbietern rückgemeldet werden. Dafür, dass diese Kritik Gehör und Beachtung findet, müssen alles andere als selbstverständliche Voraussetzungen gegeben sein, z.B. eine hohe intrinsische Motivation der Produzenten bzw. Dienstleister, ihre Arbeit nur dann als gut gemacht anzusehen, wenn dies die Kunden auch so sehen. Die hohe intrinsische Motivation zur „Arbeit für die Welt und für uns" (Marx) setzt zudem auch die Bereitschaft zu Innovationen voraus und den Willen, die entsprechenden Umstellungen vorzunehmen, lieb gewonnene Gewohnheiten aufzugeben und Arbeitskräfte durch Neuerungen freizusetzen. Verteidiger der bürgerlichen Gesellschaft haben es beim geringen Stand der Entfaltung der Kräfte von 'Praxis' leicht, die Sanktion wirtschaftlich effizienten Handelns per Gewinn oder Verlust als realistisch auszugeben.

Allerdings wird der Markt auch und gerade dort, wo er stark ist oder zu sein scheint, zum Problem. Die Zuschreibung von Effizienz zum gesellschaftlichen Synthesismedium des Wirtschaftens, den Märkten, begründet sich aus dem Vergleich zu *bisher* vorfindlichen Formen gesamtgesellschaftlicher Planung. Im Vergleich *dazu* zeigen Märkte bessere Leistungen. Die eigenen Probleme des Marktes („Marktversagen"[176]) verschwinden allerdings keineswegs. Ebensowenig

176 Kritisiert wird am Markt 1) die Abstraktion von Bedürfnissen, die nicht als zahlungsfähige Nachfrage auftreten, 2) die Eingrenzung der Effektivität des Marktes auf Güter, deren Preisbildung keine Schwierigkeiten macht (im Unterschied zu Umweltgütern bspw. oder anderem, das sich ebenfalls nicht in Preissignalen darstellen lässt), 3) die Schwierigkeiten bei kollektiven Gütern, Eigentumsrechte privatrechtlich zu definieren, 4) die Reaktion des Marktes auf aktuelle Knappheitsverhältnisse i.U.

die Ohnmacht der individuellen bzw. vereinzelten Nachfrage (vgl. II.2d). Eine rein marktförmige Synthesis ohne staatliche Flankierung und Aushilfen kann zudem nicht existieren. Insofern ist die Zuschreibung des Prädikats „effizient" beim Markt schon im Kontext der Theorie *moderner* Gesellschaften nur eingeschränkt möglich.

Die Wertung des Marktes als wirkungsvoller Auslesemechanismus, in dem sich das beste Produkt durchsetzt, wird von Beigewum (2005, 102-107) mit empirischen Fallstudien konfrontiert. Sie belegen (am Beispiel der Schreibmaschinentastatur, der Reaktortechnik und von Videokassetten), dass jeweils verschiedene Varianten existierten und sich mitnichten die produktivste oder technisch ausgefeilteste durchsetzen konnte. Historische Zufälle, Marktmacht und Netzwerkeffekte (passt eine Technik besser zu anderen, obwohl sie qualitativ unterlegen ist?) charakterisieren die empirische Wirklichkeit des Marktes im Unterschied zu seinem modellplatonischen Lob. Es kommt zu Pfadabhängigkeiten: Dem gebahnten Weg wird eher gefolgt als Innovationen, die mit hohem Veränderungsaufwand einhergehen. Hinzu treten verschärfend Prognoseprobleme. Neue Produkte leiden zumeist an 'Kinderkrankheiten'. Erst mit der massenhaften Durchsetzung des jeweiligen Produkts werden diese Kinderkrankheiten überwunden. Häufig stellt sich die Situation ein, dass „eine schlechtere Technologie *ohne* 'Kinderkrankheiten' anscheinend besser funktioniert als die bessere *mit* 'Kinderkrankheiten' und sich das schlechtere Produkt durchsetzt" (Beigewum 2005, 105). Was ein Produkt wirklich zu leisten vermag, dies ist in der Anfangsphase auch für Fachleute schwer abschätzbar. Es „wird die Entscheidung über die Verwendung einer neuen Technologie zumeist auf der Basis unvollständiger Informationen getroffen, wodurch die Irrtumswahrscheinlichkeit sehr hoch ist" (Ebd.).

Die *Vorstellung vom Markt als Produktion von Waren für unbekannten Bedarf* hat bereits heute mit der gewachsenen Wirklichkeit sowohl der Verbundwirtschaft als auch der Interaktionen zwischen Anbietern und Nachfragern nur eingeschränkt etwas zu tun. „Die Produktion der meisten Produktionsmittel, aber auch eines großen Teils der Mittel für den individuellen und erst recht für den öffentlichen Konsum ist Produktion für einen quantitativ und qualitativ genau spezifizierten Bedarf, die vorherige Abstimmung und Vereinbarungen zwischen Auftraggebern und -nehmern voraussetzt und laufende Qualitätskont-

---

zur Berücksichtigung zukünftiger Knappheiten, 5) die mit dem Markt verbundene Ausblendung von Kosten (z.B. in Bezug auf Abfallmenge, Flächenverbrauch, Minderung des Regenerationsvermögens eines Ökosystems).

rollen erfordert; Formen der Kooperation also, die die private Form des Produktionsprozesses teilweise aufheben. Darüber hinaus sind in vielen Bereichen der Industrie zwischen- und überbetriebliche Kooperationen gang und gäbe, die bis zur gemeinsamen Produktentwicklung und Produktionsplanung reichen können; Beispiele sind die Hersteller-Zulieferer-Beziehungen in der Autoindustrie, Cooperative commerce oder auch jede Großbaustelle" (Imhof 2004, 64). Die Wirklichkeit der ökonomischen Beziehungen ist mannigfach über jene Vorstellung vom Markt hinausgewachsen, derzufolge der Markt „aufgrund seiner geringen Interaktionstiefe mehr oder weniger flüchtige Beziehungen zwischen monadischen Marktakteuren (stiftet)" (Kraemer 1997, 285). Kooperationsnetzwerke zwischen unabhängigen Unternehmen und Entwicklungspartnerschaften stehen allerdings in der kapitalistischen Marktwirtschaft unter einem Vorbehalt: Das Wahrnehmen günstigerer Angebote, die Konkurrenz und die „schöpferische Zerstörung" gehen mit Flexibilität und „Partnerwechsel" einher.

Für Max Weber stellt „die Geldform das Maximum dieser formalen Rechenhaftigkeit dar" (Weber 1976, 45). Weber identifiziert Sozialismus mit Naturalwirtschaft. Sie mache die für jede moderne „Verkehrswirtschaft" notwendige Zirkulation von Gütern aufgrund der Unvergleichbarkeit der Güter unmöglich. Weber nimmt hier die Notwendigkeit jener „Komplexitätsreduktion" vorweg, die Luhmann in der Theorie der gesellschaftlichen Kommunikationsmedien formalisiert und generalisiert hat. Würden materiale Belange außerhalb der Kosten- und Kapitalrechnung ihr gegenüber maßgeblich, so folge daraus für die gesellschaftliche Synthesis, dass es zu „Naturalrechnung als letzte(r) Grundlage der materialen Orientierung der Wirtschaft" kommen müsse (Weber 1976, 59). Demgegenüber gelte: „Rechnen kann man nur mit Einheiten. Eine Einheit des subjektiven Gebrauchswerts der Güter kann es aber nicht geben" (Mises 1920, 93).

Als zentraler Vorteil des Marktes wird die Leistung des Preismechanismus angesehen, „jeder Art von knappen Mitteln" einen „numerischen Index" zuzuordnen, „der seine Bedeutung im Hinblick auf den ganzen Komplex von Mittel-Zweck-Verhältnissen wiedergibt" (Hayek 1976, 113). Der Marktteilnehmer muss nun „bei jeder kleinen Veränderung nur diese quantitativen Indices (oder 'Werte') zu betrachten haben, in denen alle relevanten Informationen enthalten sind" (Ebd.). All dies mag für die Aufgaben gelten, die durchschnittlich gesellschaftlich notwendige abstrakte Arbeit und die Veränderungen in den Ketten der Vor- und Hilfsprodukte einer Ware schnell wahrzunehmen. Etwas anderes ist die Frage, ob vom Wirtschaften tangierte und affizierte und im Wirtschaften auf bestimmte Weise aufgebaute oder negativ betroffene Qualitäten in Indizes sich zusammenfassen lassen und diese die materiellen und immateriellen „Kosten" bzw. Negativeffekte des Wirtschaftens vergegenwärtigen können. Diese Frage stellt sich in Bezug auf die natürliche Umwelt, die Arbeitsqualität, die Qualität der Sozialbeziehungen sowie die anderen Momente von 'Praxis'.[177] Angesichts dessen wird der Vorteil des Preismechanismus genauso fraglich wie die *behauptete* Darstellbarkeit aller relevanten Hinsichten des Wirtschaftsgutes in *einem* numerischen Index.

Unabhängig von der sozialtechnologischen Synthesisproblematik gehen negative Effekte vom Markt als gesellschaftlicher Verkehrsform zwischen Ungenossen (Weber) aus. Märkte belohnen bzw. bestrafen „bestimmte Typen der Persönlichkeitsentwicklung. Das, sagen nun manche, ist ja gerade das Schöne an einem Markt: Er funktioniert auch dann, wenn die Leute einander völlig gleichgültig sind. Weder komplexe Kommunikation unter den Teilnehmern noch gegenseitiges Vertrauen sind nötig. Doch da liegt gerade das Problem. Die Wirtschaft ... ist eine riesige Schule. Sie belohnt die Entwicklung bestimmter Fähigkeiten und Haltungen und lässt andere Potenziale brachliegen oder ganz verkümmern. Indem wir lernen, in so einer Umgebung zu funktionieren, werden wir zu jemandem, der wir unter anderen Umständen nicht geworden wären. Wenn die Märkte an den wertvollen Eigenschaften sparen – z.B. an Solidaritätsgefühlen, an Empathie, an der Fähigkeit zu komplexer Kommunikation und kollektiver Entscheidungsfindung – dann geschieht das angeblich gerade, weil diese Eigenschaften so dünn gesät seien. Auf lange Sicht tragen die Märkte aber zu deren Verfall und letztlichem Verschwinden bei. Was aussieht wie eine knallharte Anpassung an die Schwächen der menschlichen Natur, könnte tatsächlich Teil des Problems sein" (Bowles, zit. n. Albert 2006, 70).

---

177 Das Bruttosozialprodukt gibt keine Antwort auf die Frage, „welche unmittelbaren Interessen der Menschen beim Wirtschaften – also durch die Art der wirtschaftlichen Tätigkeit und die Beschaffenheit der ihr dienenden Einrichtungen – bedient oder verletzt werden" (Weisser 1978, 579). „Ich nenne hier an Passivposten nur das Maß der Abhängigkeit von fremdem Willen beim Wirtschaften, Unsicherheit, Monotonie der Arbeit, Lärm und gesundheitliche Gefahren bei der Arbeit usw.; auf der Aktivseite Freude am Stück, an Selbstverantwortung oder Mitverantwortung, an betrieblicher Gemeinschaft, an geachteter sozialer Stellung u.a. m. Ich brauche nicht zu beweisen, dass wir es hier mit einem sozialen Kernproblem unserer Epoche zu tun haben: Wir bezahlen einen ungeheuer gesteigerten Ausstoß an Gütern und Diensten mit nicht minder ungeheuren Opfern an Werten, die unmittelbar beim Wirtschaften entstehen. Das geschieht zwar nicht, ohne dass sich auch neue positive Werte durch die Art unserer heutigen Gesellschaftswirtschaft ergeben. Aber wer wollte behaupten, dass hier der Saldo positiv ist? Die Marktbewertung bringt dies alles kaum zum Ausdruck" (Ebd., 579).

Auch in einer nachkapitalistischen Gesellschaft wird es notwendig, in Bezug auf die Effizienz des verwendeten Reichtums und in Bezug auf seine Allokation Vergleiche anzustellen. Die „genaue rechnerische Feststellung des Optimums des Nutzens der Verwendung" einer gegebenen Summe des Reichtums „unter Vergleichung sehr heterogener möglicher Verwendungsarten" (Weber 1976, 46) geht aber mit der Abstraktion von Qualitäten einher.

Die durch den Markt ermöglichte Schnelligkeit einer Einregulierung von Relationen hinter dem Rücken der Menschen und die Ermäßigung von Koordinationskosten werden gegen die bewusste gesellschaftliche Gestaltung ausgespielt. Sie lassen sich auch ausspielen, insofern ein reales Problem und eine wirkliche Leistung geltend gemacht werden. Märkte leisten eine Abstimmung, von der bislang unbekannt ist, wie deren bewusste gesellschaftliche Bewältigung sich so gestalten lässt, dass die entsprechenden Behörden oder die Aushandlungs- und Abstimmungsverfahren nicht an der sachlichen, sozialen und zeitlichen Komplexität scheitern.

Die Marktkritik ernst zu nehmen ist etwas anderes als die Auffassung, bei der Einhegung von Märkten in einer nachkapitalistischen Gesellschaft handele es sich um eine einfache Angelegenheit. Bislang waren nachkapitalistische Gesellschaften, die Märkte stark einschränkten, mit einer massiven Existenz von Schwarzmärkten und Schattenwirtschaft konfrontiert. Allerdings kann der Markt nicht umstandslos als Lösung der wirtschaftlichen Synthesisprobleme gewürdigt werden, insofern er auch andere Eigenschaften und Effekte aufweist. Einer Feuerwehr, die einen Waldbrand so mit Chemikalien löscht, dass auf dem betroffenen Boden zukünftig nurmehr Steppengras zu gedeihen vermag, lässt sich nur recht eingeschränkt die Überwindung der Feuers als Leistung zuschreiben.

Viele „radikale" Linke stellen sich nicht der bürgerlichen Grundüberzeugung, Kostenrechnung und effiziente Allokation könnten nur unter der Voraussetzung der freien Marktwirtschaft stattfinden. Andere Linke frönen wiederum einer Subtraktionslogik und sehen es darauf ab, von der Marktwirtschaft den Kapitalismus abzuziehen. Solche Plädoyers gehen regelmäßig an den problematischen Folgen des Marktes für die Gesellschaft vorbei (vgl. für die Auseinandersetzung mit einer Position des Marktsozialismus Creydt 2001a). In diesem Band wird eine grundlegend andere Umgangsweise mit dem Markt vorgeschlagen – vgl. das Ende von I.2 und vgl. II.2d, II.4e.

b) Kapitalismustheorie und Modernetheorie

Gesellschaftstheorie in Bezug auf moderne kapitalistische Gesellschaften umfasst die Theorie kapitalistischer *und* moderner gesellschaftlicher Strukturen. (Ich sehe hier von den in II.6 und I.11 thematisierten bürgerlichen Gesellschaftsstrukturen ab.) Strukturen der modernen Gesellschaft finden sich thematisiert, wenn es (in II.8a) z.B. um die Charakteristika moderner Organisationen, moderner großtechnischer Systeme (Perrow) oder um moderne Märkte und deren Kommensurierungsleistungen, deren Informationsverarbeitung- und Allokationskapazitäten ging. Einschlägig für moderne im Unterschied zu kapitalistischen Strukturen waren im letzten Kapitel u.a. Stichworte wie „formale Rationalität" (M. Weber), „allgemeine Bedingungen der gesellschaftlichen Produktion" (Marx) oder „funktionale Differenzierung".

Ein Doppelknoten verschnürt die Diskussionslage in Bezug auf das Verhältnis zwischen Kapitalismustheorien und Theorien moderner Gesellschaften. Zum Problem wird das Ergänzungsverhältnis zwischen dem Mangel der hegemonialen Sozialwissenschaft und dem Mangel vieler linker Positionen. Die einen verdrängen ob der Moderne-Analyse die Analyse des Kapitalismus und der mit ihm verbundenen Probleme, die anderen verfahren umgekehrt.[178]

Die Analyse des Zusammenspiels moderner und kapitalistischer Strukturen und der in modernen kapitalistischen Gesellschaften herrschenden Formung der modernen durch kapitalistische Strukturen arbeitet heraus, dass beide nicht aufeinander zu reduzieren sind (vgl. Creydt 2000). Weder können moderne Strukturen als Synonym für kapitalistische Strukturen gelten, noch erledigen sich mit einer vorgestellten Überwindung des Kapitalismus die modernen Strukturen und deren Probleme. Die Kapitalismusanalyse sensibilisiert dafür, nicht unter modernem Pseudonym genuin Kapitalistisches festzuschreiben. Umgekehrt hilft die soziologische Analyse moderner Strukturen dabei, zu unterscheiden zwischen der sachlichen Substanz der Kapitalismustheorie einerseits und ihrer sachfremden Verknüpfung mit unterkomplexen Vorstellungen einer nachkapitalistischen Gesellschaft andererseits. Aus einer bestimmten Kritik der kapitalistischen

178 Ich klammere hier jene abgeleitete Diskursvariante aus, die nicht zwischen modernen (s. II.8) und bürgerlichen (s. II.6) Gesellschaftsstrukturen trennt, letztere als moderne Strukturen auffasst, sich von ihnen eine Einhegung der kapitalistischen Ökonomie erwartet und in ihrer Bezugnahme auf soziologische Modernetheorien selektiv verfährt. Man sieht es auf die moderneaffirmativen Argumente ab und sieht von den modernekritischen ab. Diese Diskursvariante finden wir bspw. bei Dieter Klein, einem Vordenker der PDS bzw. Linkspartei. Zur Kritik vgl. Creydt 2010a.

Ökonomie lässt sich die Notwendigkeit einer nachkapitalistischen Gesellschaft erschließen. Eine andere Frage ist, ob das, was als *not-wendig* erscheint, unter Bedingungen der modernen Gesellschaft auch *möglich* ist.

Die Überwindung der kapitalistischen Strukturen umfasst noch nicht die Einhegung oder Bearbeitung der modernen Strukturen. Sie weisen ganz eigene Probleme auf. *Im* Kapitalismus sind sie kapitalistisch überformt. Kapitalistische Gesellschaftsstrukturen steigern die Komplexität über jenes Maß hinaus, das in modernen Gesellschaften notwendig ist. Probleme werden in der kapitalistischen Gesellschaft oft nicht selbst bearbeitet, sondern gelten unter Nichtantastung ihrer Ursachen als hochwillkommene Gelegenheit für (über)kompensatorische Angebote. Die problematische Komplexität, die in einer nachkapitalistischen Gesellschaft wegfallen kann, beinhaltet u.a.: der Konkurrenz geschuldete parallele Arbeiten, die aus der Unterwerfung der Arbeitenden unter das Kapital begründeten Kontrollen und Spaltungen, die nur in einer kapitalistischen Gesellschaft angebotenen und nachgefragten Produkte und Dienstleistungen (s. II.2i) sowie die staatliche Kompensation von Marktversagen.

Die Überwindung des Kapitalismus setzt Ressourcen frei und es entfallen bestimmte Problemursachen. Das erleichtert es, die mit modernen Gesellschaftsstrukturen verbundenen Probleme gesellschaftlich zu bearbeiten. Zugleich ergeben sich aber in einer nachkapitalistischen modernen Gesellschaft auch Probleme, die unter Bedingungen der kapitalistischen Moderne, obgleich vorhanden, paradoxerweise nicht oder weniger hervortreten.

„Gesellschaften, in welchen kapitalistische Produktionsweise herrscht" (MEW 23, 49), gehen nicht in ihrer Bestimmung auf, dass in ihnen die kapitalistische Produktionsweise herrscht. Nicht nur die kapitalistische Produktion ist gesellschaftlich, „aber gesellschaftlich nicht schlechthin, sondern in gesonderter Weise. Es ist eine spezifische Art von Gesellschaftlichkeit" (MEW 13, 9). Auch die moderne Gesellschaft ist auf spezifische (eben bspw. von der antiken und mittelalterlichen Welt unterschiedene) Weise gesellschaftlich. Synthesisformen wie Markt, formale Rationalität oder funktionale Differenzierung sowie Effizienz als Erfolgskriterium finden sich in ihrer Ausdehnung und Reinheit nur in modernen Gesellschaften. Diese Synthesisformen und die zugehörigen Erfolgskriterien bilden auch (oder gerade erst) in einer nachkapitalistischen Gesellschaft ein Problem.

Die kapitalistische Ökonomie stellt *eine* konstitutive Ursache der Entwicklung von Märkten, Organisationen und funktionaler Differenzierung dar. Zugleich kann die kapitalistische Ökonomie sich nur herausbilden in dem Maße, wie Märkte, Organisationen und funktionale Differenzierung im modernen Sinne möglich (und von kapitalistischen Strukturen befördert und überformt) werden.[179] Sie bilden für die kapitalistische Ökonomie eine Voraussetzung, die sich nicht allein aus der kapitalistischen Logik konstituiert, sondern ihr ein Milieu vorgibt, in dem letztere das übergreifende Moment bildet. Moderne Organisationen und die funktionale Differenzierung überschneiden sich mit der kapitalistischen Ökonomie, stellen aber zugleich ein umfangreicheres Phänomen dar. Sie umfassen auch nicht kapitalistisch betriebene Sphären und gehorchen anderen Effizienzkriterien als jenen der kapitalistischen Ökonomie.

Die Unterscheidung von modernen und kapitalistischen Gesellschaftsstrukturen sowie die Überformung moderner durch kapitalistische Formen bilden ein zentrales Thema meiner 'Theorie gesellschaftlicher Müdigkeit' (Creydt 2000). Viele sonst z. T. instruktive Analysen des modernen Kapitalismus gehen an dieser Problematik völlig vorbei. Materialiter folgt z.B. aus den modernen Produktionstechnik, dass eine nachkapitalistische Technik nicht vormodern sein kann. Die unmittelbare Einheit des individuellen Arbeiters oder Handwerkers mit dem Arbeitsmittel wird weder faktisch zu restaurieren sein, noch wäre dies wünschenswert. An die Stelle dieser Einheit tritt eine soziale Synthesis und Assoziation zwischen den verschiedenen Fraktionen des gesellschaftlichen Gesamtarbeiters.[180] Die small-is-beautifull-Position und „die" Romantik kritisieren das Syndrom aus Kapitalismus und Moderne, ohne ihm gewachsen zu sein. Die Ablehnung von unterkomplexen Vorstellungen ist das eine. Etwas anderes ist es, es beim Rechthaben gegen die Schwächen romantischer Positionen zu belassen, ohne

179 Die „Exploration der Erde nach allen Seiten" und „die Entwicklung der Naturwissenschaften" bilden „eine Bedingung der auf das Kapital gegründeten Produktion" (Marx 1974, 312f.). Es entsteht „ein System der allgemeinen Nützlichkeit", in dem „nichts An-sich-höheres, Für-sich-selbst-Berechtigtes" erscheint (Ebd., 323). Vgl. a. Oesterdiekhoff, zit. in. II.8a1.

180 Ein hoher Grad an gesellschaftlicher Arbeitsteilung geht einher mit der „Durchbrechung der Unmittelbarkeit des Zusammenhangs zwischen der Schaffung von Lebensmitteln/-bedingungen und deren Gebrauch/Nutzung durch das jeweilige Individuum. ... Der Einzelne ist zwar einerseits an der Schaffung verallgemeinerter gesellschaftlicher Lebensmöglichkeiten beteiligt, und er erhält und entwickelt andererseits seine individuelle Existenz durch Realisierung der so geschaffenen gesellschaftlichen Lebensmöglichkeiten, der Zusammenhang zwischen diesen beiden Momenten ist aber nicht direkt vom jeweils Betroffenen hergestellt, sondern ist gesamtgesellschaftlich vermittelt; es hängt von dem Grad und der Art der Organisation der arbeitsteiligen gesellschaftlichen Verhältnisse ab, wie die Form des individuellen Beitrags zur gesellschaftlichen Lebensgewinnung und die Möglichkeiten zur individuellen Existenzsicherung und -entwicklung zueinander in Beziehung stehen" (Holzkamp 1983, 193).

ihren legitimen und beachtenswerten Einspruch aufzunehmen. Zur Moderne gehört „die" Romantik als unaufhebbarer Widerpart oder Antithese dazu.[181]

Die aus den genannten fünf Momenten der modernen Gesellschaft entstehenden Probleme für die Gestaltung der Gesellschaft durch ihre Mitglieder sind auch für die Selbstreproduktion der modernen bürgerlichen Gesellschaft mit kapitalistischer Ökonomie relevant. Diese Gesellschaft reproduziert sich aus sich selbst. Die kapitalistischen Strukturen sorgen in ihrem normalen Funktionieren dafür, dass die Ansprüche nicht zu hoch aufschießen. Bspw. schränken die Arbeitenden ihre Interessen nach höherer Bezahlung, besseren Arbeitsbedingungen und gesünderen Lebensbedingungen ein, um „ihren Arbeitsplatz" nicht zu verlieren. Die im Kontext der genannten fünf Momente der modernen Gesellschaft angesiedelten Ursachen dafür, dass die Gestaltung der Gesellschaft durch ihre Mitglieder schwierig bis unmöglich erscheint, bilden einen Rahmen, innerhalb dessen der Kapitalismus existiert. Gewiss hat er verstärkende und überformende Rückwirkungen auf diesen Rahmen. Letzterer bildet aber keinen auf den Kapitalismus reduzierbaren Inhalt. Die Überformung moderner Struk-

181 Moderne und Kapitalismus zeichnen sich aus durch den „doppelseitigen Charakter" ihres Fortschritts: „Auflösung auf der einen Seite niedrigerer Formen der lebendigen Arbeit – auf der anderen Seite Auflösung glücklicherer Verhältnisse derselben" (Marx 1974, 368). „Auf früheren Stufen der Entwicklung erscheint das einzelne Individuum voller, weil es eben die Fülle seiner Beziehungen noch nicht herausgearbeitet und als von ihm unabhängige gesellschaftliche Mächte und Verhältnisse sich gegenübergestellt hat" (Ebd., 80). „Die kindisch alte Welt" erscheine als das Höhere. Sie sei es auch tatsächlich „in alledem, wo geschlossene Gestalt, Form und gegebene Begrenzung gesucht wird. Sie ist Befriedigung auf einem bornierten Standpunkt, während die Moderne unbefriedigt lässt" (Ebd., 388). In meiner 'Theorie gesellschaftlicher Müdigkeit' habe ich das Anliegen verfolgt, in der Analyse moderner kapitalistischer Gesellschaften die Analyse moderner und die Analyse kapitalistischer Strukturen zu unterscheiden. Marx lässt den Kapitalismus nicht zu einer Sammeltonne für alles Problematische werden. Marx spricht von „der Moderne" (s. a. Marx 1974, 387) und vom „Fehler" der „modernen Zeit" oder „Zivilisation" (MEW 1, 285). Marx zufolge ist die romantische Sehnsucht nach „ursprünglicher Fülle" der notwendige Begleiter des Lobs des Kapitalismus: „So lächerlich es ist, sich nach jener ursprünglichen Fülle zurückzusehnen, so lächerlich ist der Glaube bei jener vollen Entleerung stehenbleiben zu müssen. Über den Gegensatz gegen jene romantische Ansicht ist die bürgerliche nie herausgekommen und darum wird jene als berechtigter Gegensatz sie bis an ihr seliges Ende begleiten" (Marx 1974, 80). „Die einen wollen den Gegensatz des Kapitalismus verewigen seiner Frucht wegen. Die anderen sind entschlossen, um den Gegensatz loszuwerden, die in dieser antagonistischen Form sich herausbildenden Früchte aufzuopfern" (MEW 26.3, 257).

turen durch kapitalistische Strukturen macht das Auseinanderdividieren des Kapitalistischen und Modernen im modernen Kapitalismus schwierig. Anders in der nachkapitalistischen Gesellschaft.

Aus dem „Wegfall" kapitalistischer Strukturen folgt nicht, dass es keine modernen Strukturen und keine mit ihnen verbundenen, massiv problematischen Effekte mehr gibt. Der „Wegfall" kapitalistischer Strukturen (bspw. durch Enteignung) als notwendige Bedingung der Arbeit an den (in Bezug auf 'Praxis') negativen Effekten moderner Strukturen ist noch nicht die „ganze Wahrheit". Sollen kapitalistische Strukturen langfristig unnötig werden, müssen sich jene Probleme moderner Strukturen gesellschaftlich erfolgreich bearbeiten lassen, die der Gestaltung der Gesellschaft durch ihre Mitglieder entgegenstehen. Solange diese Probleme unbewältigt bleiben, können sich Marktstrukturen insofern profilieren, als sie die Leichtgängigkeit einer gesellschaftlichen Synthesis *ohne* komplexe Formen öffentlicher Erwägung, Beratung und Auseinandersetzung verheißen. Ich greife das Thema – Unterschied und Einheit moderner und kapitalistischer Gesellschaftsstrukturen – in II.8e7 wieder auf.

c) Probleme, die sich aus den Heteronomiesphären der modernen Gesellschaft für eine von 'Praxis' dominierte Gesellschaft ergeben

Die Leistungen, Anforderungen und Zugzwänge der in II.8a beschriebenen fünf zentralen Momente der modernen Gesellschaft, die ihren Stoffwechsel mit der Natur und ihre Prozesse des Produzierens, Organisierens und der Synthesis betreffen, gehen mit Heteronomien gegenüber gesellschaftlicher Gestaltung und gegenüber 'Praxis' einher. Es handelt sich nicht um *eine* unter *einen* Begriff (z.B. „instrumentelle Vernunft") subsumierbare Heteronomiesphäre, sondern um mehrere, voneinander substanziell unterschiedene Heteronomiesphären. Die Perspektive, aus der diese fünf Momente der modernen Gesellschaft als heteronom beschrieben werden, ergibt sich *nicht* aus dem Standpunkt der gesellschaftlich abgrenzbaren, selbstzweckhaften „Autonomiesphären". Als solche firmieren bei den verschiedensten Autoren Freizeit, Nichtarbeitsbereich, Lebenswelt, Kultur, Kunst oder Religion. Die eigenen problematischen Effekte dieser „Autonomiesphären" – nicht zuletzt für die Gestaltung der Gesellschaft durch ihre Mitglieder und für 'Praxis' – sind in diesem Band (bis auf wenige Ausnahmen – vgl. z.B. in I.6 zur Kunst und in II.4f zur Subjektivität) nicht Thema. Ich habe mich dieser Problematik an anderer Stelle gewidmet (Creydt 2000, 328-367).

Die Härten des Stoffwechsels mit der Natur und die mit den Prozessen der gesellschaftlichen Produktion und Reproduktion verbundenen Mühen lasten die

Arbeitenden derart aus, dass sie zu mehr als Arbeit und Regeneration oft ebenso wenig Energie wie Sinn haben. Die Möglichkeit der Gestaltung der Gesellschaft durch ihre Mitglieder ist an Bedingungen gebunden. Sie betreffen den Stand des vorfindlichen Reichtums, die Länge der gesellschaftlich notwendigen Arbeitszeit und die Notwendigkeit der subalternen Arbeit der Mehrheit als Voraussetzung von Zivilisation und Kultur.[182]

In früheren Epochen war der absolute Mangel oder die geringe Produktivkraftentfaltung eine zentrale Ursache für die geringe Erfolgswahrscheinlichkeit von Bestrebungen, den herrschaftlichen Charakter der Gesellschaft zu überwinden.[183] Die Gestaltung der Gesellschaft durch ihre Mitglieder hat in der modernen kapitalistischen Gesellschaft andere Hindernisse. Die Ausprägung des Reichtums als abstrakter Reichtum und die Gestalt der kapitalismusimmanenten Gebrauchswerte (s. II.2i) werden zum Problem. Sie sind eingespannt in die Unendlichkeit der Kapitalakkumulation. Die Verwertung des Werts bedarf

---

182 Marx und Engels binden die Möglichkeit der langfristigen Überwindung von dauerhaften Hierarchien zwischen Anordnenden und Ausführenden sowie zwischen Spezialisten für das Allgemeine und Spezialisten für das Besondere an ein hohes Niveau der Entwicklung jenes Reichtums, der bei den Arbeitenden ankommt (vgl. MEW 18, 556f.). „Solange die gesellschaftliche Gesamtarbeit nur einen Ertrag liefert, der das zur notdürftigen Existenz aller Erforderliche nur um wenig übersteigt, solange also die Arbeit alle oder fast alle Zeit der großen Mehrheit der Gesellschaftsmitglieder in Anspruch nimmt, solange teilt sich die Gesellschaft notwendig in Klassen. Neben dieser ausschließlich der Arbeit frönenden großen Mehrheit bildet sich eine von direkt-produktiver Arbeit befreite Klasse, die die gemeinsamen Angelegenheiten der Gesellschaft besorgt: Arbeitsleitung, Staatsgeschäfte, Justiz, Wissenschaft, Künste usw. Das Gesetz der Arbeitsteilung ist es also, was der Klassenteilung zugrunde liegt" (MEW 20, 262).

183 Im Band von Haude und Wagner über „herrschaftsfreie Institutionen" (1999) nennen die Autoren nur *ein* Beispiel für Gesellschaften außerhalb von (vorschriftlichen) Stammesgesellschaften, auf das ihres Erachtens das Prädikat „herrschaftsfrei" zutrifft: Israel in der Richterzeit (ca. 1250 bis 1000 v. Chr.). Die umstandslos positive Bewertung früherer Entwürfe einer herrschaftsfreien Gesellschaft – von den tschechischen Taboriten Anfang des 15. Jh., den Levellers und Diggers im England des frühen 17. Jh. bis zu den Frühsozialisten – weist verschiedene Probleme auf: Diese positive Bewertung ist oft selektiv und nimmt nur das wahr, was mit unseren heutigen Vorstellungen eine positive Resonanz aufweist. Sie projiziert häufig heutige Wünsche in die damaligen Vorstellungen hinein. Sie verbleibt oft im Horizont der Ideen-Rede befangen und fragt nicht, „was an wirklichen Befähigungen bei den Prozessbeteiligten verschiedener Provenienz ausgebildet gewesen ist: was an zivilisatorisch-produktivem Leistungs- und Organisationsvermögen, was an personaler Eigenständigkeit und was an Befähigungen zu sozialer Kooperation und Integration" (Fleischer 1989, 620).

solcher Waren bzw. Dienstleistungen, die Gelegenheit für immer neue mehrwertproduktive Arbeit bieten. Die moderne kapitalistische Ökonomie lebt zum großen Teil aus wirklichen oder vermeintlichen Mängeln, die sie selbst produziert und denen gegenüber sie dann Kompensationsmittel feilbietet. Insofern muss eine Kapitalismusanalyse unterscheiden[184] zwischen

- den im Kapitalismus entstehenden Möglichkeiten für einen Reichtum, der es erlaubt, die Welt im Sinne von 'Praxis' zu gestalten,
- und einem kapitalistischen Reichtum, der diese Möglichkeit verstellt, insofern immer neue Arbeiten für solche Gebrauchswerte entstehen, die den Reichtum der menschlichen Sinne, Fähigkeiten und Sozialbeziehungen – gemessen am Aufwand – nicht entscheidend verbessern, vielmehr selbstgeschaffene Probleme (über)kompensieren („Defensivkonsum") und damit einen sich selbst verstärkenden, ebenso unendlichen wie problematischen Prozess eröffnen.[185]

Neben der Arbeitslast bildet die Spezialisierung ein zweites zentrales Problem, das sich infolge von Anforderungen, Leistungen und Zugzwängen der modernen Gesellschaft in ihrem Stoffwechsel mit der Natur und in ihrer Produktion, Organisation und Synthesis für eine von 'Praxis' dominierte Gesellschaft stellt. Eine für 'Praxis' essenzielle Vielfalt bezieht sich auf die unterschiedlichen gesellschaftlichen Sphären. Sie stellen verschiedene Aufgaben, wenn es heißt 'Praxis' zu verwirklichen – in der Erziehung, in der Prävention gesundheitlicher Probleme, in der Industrie oder andernorts. Der Stellenwert der Besonderheit ergibt sich aus der legitimen gesellschaftlichen Ausdifferenzierung. Allgemeinplätze und Sonntagsreden helfen nicht. Das Allgemeine lebt auch aus dem Besonderen. Wenn das Besondere nicht dem Allgemeinen Resonanz gibt, wenn es ihm die kalte Schulter zeigt, sich nicht von 'Praxis' durchwirken lässt *oder* wenn sich in und aus der besonderen Materie kein Sinn für 'Praxis' bilden kann, dann stehen sich zwei um ihre jeweilige andere „Hälfte" beraubte „Hälften" gegenüber: die offizielle Deklaration eines gesellschaftlichen Leitbildes *und* werk- bzw. alltägliche Materien bzw. Bereiche, die 'Praxis' nur realisieren *sollen.* Von ihnen weiß dann jeder, dass sie dies nicht oder nicht ausreichend tun. Das gesellschaftliche Leitbild missrät dann zu einer sonntäglichen Angelegenheit.

---

184 Vgl. auch II.8e7.

185 „Bei der fortdauernden Herrschaft der alten Ökonomie mit ihrer permanenten 'Revolution der Erwartungen', die von den jeweils neuesten Luxusbedürfnissen vorangetrieben wird, muss die Gesellschaft immer zu arm für den Kommunismus sein" (Bahro 1977, 314f.).

Die jeweils besondere ausdifferenzierte Sondersphäre gehört dem Ganzen, der von 'Praxis' dominierten Gesellschaft, an und bringt sie in ihrem jeweiligen Teilgebiet (z.B. in der Technik oder in der Erziehung) zum Ausdruck. Jedes Gebiet ist nur Gebiet des Ganzen, insofern es im besonderen Aufgabenfeld auf seine besondere Weise das allgemeine Leitbild verwirklicht. Zugleich ist es als Gebiet nur Gebiet, insofern es nicht das Ganze ist. Das Ganze baut sich nur durch Bereiche auf, die zwar auf es rückbezogen und in es eingegliedert sind, aber als Bereiche jeweils Eigenarten haben, die sich weder unmittelbar vom Ganzen herleiten noch auf es beziehen. Gegenüber dem mit sich einigen und homogenen allgemeinen Paradigma der 'Praxis' (s. II.7) sind die gesellschaftliche Differenzierung und die Analyse oder der Verstand (s. II.8a3) nicht nur *faktisch* notwendig, sozusagen als Tribut an die Realität, sondern für 'Praxis' auch – ungeachtet der mit ihnen verbundenen Probleme – *wesentlich.*

Gesellschaftlich ausdifferenzierte Bereiche kultivieren zugleich oft ihren engen Frequenz- und Resonanzbereich und neigen zur Selbstimmunisierung durch Orientierung am Selbstverständnis der eigenen Organisation und Profession. Die engen Zuständigkeiten gehen mit einem Tunnelblick und dem Wegdiffundieren und Externalisieren ungelöster Probleme in die organisierte Verantwortungslosigkeit einher.

Der gesellschaftliche Stoffwechsel mit der Natur und die Prozesse des Produzierens, Organisierens und der Synthesis in der modernen Gesellschaft enthalten vielerlei untereinander disparat verbleibende Besonderheiten und Partikularismen. Im Unterschied zur in sich stimmigen Allgemeinheit von 'Praxis' (als allgemeinem Paradigma) hat die 'Praxis' es hier mit vielfältigen Aufgaben zu tun, die eine hohe Arbeitsteilung, Spezialisierung und funktionale Differenzierung erfordern. Der Stoffwechsel mit der Natur und die Prozesse des Produzierens, Organisierens und der Synthesis in der modernen Gesellschaft führen von sich aus auf keinen integrativen Inhalt, wie er noch im *allgemeinen* Begriff von 'Praxis' (s. II.7) *denkbar* war. Er enthält die gegenseitige Steigerung aller Momente des Praxisbegriffs. Die Ausdifferenzierung und Spezialisierung verschiedener Bereiche und Handlungslogiken stellen andere Aufgaben. Die Fokussierung auf die jeweilige besondere Materie und die bereichsspezifische Perspektive bildet zugleich ein Hindernis für 'Praxis' *und* eine Bedingung in der Gewährleistung ihrer Voraussetzungen.[186] Die Spezialisierung und Ausdifferenzierung in der Bewältigung zivilisatorischer

186 Handeln bedarf „Zähigkeit, Stoßkraft, Unablenkbarkeit". Sie entsprechen der Härte der Widerstände, „die das Element der zu bezwingenden Wirklichkeit dem an ihr Tätigen stets und notwendig entgegensetzt" (Litt 1953, 126).

Belange weisen die „positiven“ Effekte des Verstandes (s. II.8a3) auf *und* gehen häufig einher mit gegenüber ‘Praxis’ negativen Effekten:

- einer Partikularisierung und Aufsplitterung von Betroffenheiten und Aufmerksamkeiten;
- der gegenseitigen Intransparenz der verschiedenen Bereiche und der schwierigen Übersetzbarkeit zwischen partikularen Perspektiven bis hin zum babylonischen Sprachgewirr;
- der Absorption von Individuen durch partikulare und besondere Aufgaben. (Vgl. zum Unterschied zwischen beiden II.6c)

Das Außenverhältnis von ‘Praxis’ hat es drittens mit den eigenen Folgezwängen zu tun, die sich aus der Massenhaftigkeit von zu produzierenden, auszutauschenden und zu verwaltenden Objekten ergeben. Die notwendige Ausdifferenzierung und die problematische Partikularisierung betreffen nicht allein das qualitativ voneinander Unterschiedene, die arbeitsteilig ausdifferenzierten Sphären oder das Besondere, sondern auch jene Tätigkeiten, die mit dem *formell* Allgemeinen befasst sind. Das im emphatischen Sinne Allgemeine besteht insoweit, als es das Besondere aus sich heraus zu einem Selbst- und Weltverständnis aufzuschließen vermag, das die Partikularität des Besonderen überwindet zugunsten des Bewusstseins vom Beitrag des jeweiligen Besonderen zur Bildung der sozialen Welt und des Bewusstseins von der für das Besondere konstitutiven Anwesenheit des Allgemeinen in ihm. Das formell Allgemeine bezieht sich demgegenüber in seinen organisatorischen, administrativen und infrastrukturellen Komplexitätsreduktionen auf den kleinsten gemeinsamen Nenner und ist reduktiv gegen die Besonderheiten. Durchaus angemessen ist es angesichts einer Materie, die als bloße Masse von Partikularem weder zur emphatischen Besonderheit noch zur emphatischen Allgemeinheit Zugang findet.

Die Härte der Arbeiten, ihre abstumpfende Wiederholung und Routine, die damit einhergehende Erschöpfung sowie die Massenhaftigkeit der Arbeiten und die mit der formalen Rationalität verbundenen Ausblendungen – all diese Probleme führen zu einem Sich-Verlieren in den Arbeiten und an die Arbeitsmaterien. Kann ‘Praxis’ nicht das ihr gegenüber Heteronome – die Heteronomiesphären der modernen Gesellschaft – übergreifen, so unterliegt ‘Praxis’ der Trägheit der Materien. Sie bilden dann keine Mitten zwischen den Menschen, über die sie sich aufeinander beziehen und an denen sie ihre Sinne und Fähigkeiten entfalten können. Nicht nur Wert, Konkurrenz und Kapital als Formen des abstrakten Reichtums sind Hindernisse der gesellschaftlichen Selbstgestaltung. Auch die Massenhaftigkeit, die Routine und die Spezialisierung absorbieren viel Energie und Aufmerksamkeit für ihre Bewältigung. Das geht bei endlichen Kräften zu

Lasten der Potenziale für die Reflexion des In-der-Welt-Seins und auf Kosten der Gestaltung der Gesellschaft.

d) Die Heteronomiesphären der modernen Gesellschaft und das Schicksal der Sinne – Warum 'Praxis' Fähigkeiten *und* Sinne umfasst

Das naturwissenschaftlich-technische und das organisatorische, administrative und sozialtechnische Vorgehen formen die Sinne auf problematische Weise. Dies betrifft die Zeitlichkeit, Materialität und Räumlichkeit des In-der-Welt-Seins und das Selbstverhältnis der Individuen.

In den Heteronomiesphären der modernen Gesellschaft gelten kurze Reaktionszeiten, schnelle Einordnung und Erledigung als anstrebenswert. Dem Horizont des Hantierens mit Dingen und Informationen sind eine besonnene Annäherung an komplexe Situationen, das Gespür für deren feinstoffliche Gehalte und die behutsame Vergegenwärtigung von Ambivalenzen eher fremd. Uneindeutigkeiten werden nicht ausgehalten. Aktion dominiert über Rezeption. Massiv erschwert sind damit so etwas wie eine phänomenologische Herangehensweise und die für sie charakteristische „zuvorkommende Zurückhaltung" (Padrutt 1984, 339). Sie subsumiert das Phänomen nicht vorschnell dem von ihm getrennt existierenden Schema, sondern entwickelt den Verweisungszusammenhang, in dem das Phänomen steht, geduldig aus ihm selbst und trägt dafür Sorge, dass das Gegenüber sich als das zeigt, was es von sich aus ist und sein kann (vgl. ebd., 327-345). Die schnelle Kommunikation ermöglichende Sprache senkt den Zeit- und Aufmerksamkeitsaufwand für die Mitteilung. Das abkürzende Hantieren mit Worten erhöht die Menge der in den Kommunikationskanälen abarbeitbaren Begebenheiten und Gedanken. „Die Sprache lässt die inneren Bilder indirekt werden, nimmt ihnen die Kompaktheit, intellektualisiert sie, und macht sie eben dadurch beweglicher" (Landmann 1963, 71). Die reibungslose und schnelle Zirkulation der Mitteilungen ist das eine. Etwas anderes bleibt die Qualität des Mitgeteilten. Die umsichtige und achtsame Vergegenwärtigung seines Gehaltes steht quer zu den Imperativen der Zeitökonomie bei der „Informationsverarbeitung".

Die naturwissenschaftliche Außenperspektive (s. II.8a1) sowie die unreflektierte Betriebsamkeit der instrumentellen Rationalität und des Verstandesdenkens (s. II.8a3) gehen – verstärkt und befeuert durch die kapitalistischen Kraftfelder der den Reichtum dekomponierenden Warenwirtschaft, der Konkurrenz und der Kapitalakkumulation – einher mit problematischen Effekten in Bezug auf die *Gestalt* der Dinge. Von der „entfaltenden Technik", in der „der Geist sich an die lebendige Gestalt anschließt ..., nicht um sie zu zerstören und in den Dienst eines fremden Zweckes zu stellen, sondern im Gegenteil, um sie vor Zerstörung zu schützen, sie zu bewahren und vor allem, sie zu entfalten" (Tillich IX, 298)[187], unterscheidet sich die „umgestaltende Technik". Während in der entfaltenden Technik die Gestalt wesentlich ist, spielt sie hier eine nachrangige Rolle. „Die natürlichen Bestände werden nicht einfach genützt, auch nicht bloß veredelt, sondern erst einmal zerstört und dann nach neuen Bauplänen zusammengesetzt, auch zu Materien, die in der Natur selbst nicht vorkommen" (Freyer 1965, 163).[188] Müll und Sondermüll häufen sich in dem Maße an, wie Kunststoffe „nicht in den Kreislauf der ersten Natur zurückkehren. ... Sie scheiden zwar aus dem Gebrauch aus, meist sogar recht kurzfristig, aber sie dauern fort, verrottend, doch unausrottbar, als Abraum, der nicht zu Humus wird, als Schaum, der nicht vergeht, auch wenn es darauf regnet, sozusagen als absoluter Abfall" (Ebd., 236, 237).

Das negative Extrem der „umgestaltenden Technik" wäre die „Verweigerung von Welt als die Verwahrlosung des Dinges" (Heidegger 1985, 46) oder eine Situation, in der Naturwissenschaft und Technik „den Dingen ihr Gesicht wegwischen" (Trowitzsch 1988, 99). Mit Industrialisierung und Globalisierung dehnt sich ein „geographischer Raum" aus, „ein unendlich weiter, aber gänzlich tiefenloser Raum, ein Raum sozusagen zweiter Hand, ein Raum ohne Physiognomie, Gegend und Landschaft, dafür ein solcher, in dem 'man' sich orientieren kann und in dem es ein hier und dort, ein oben und unten, eine berechnende Nähe und Ferne gibt. 'Das Richtige' wird hier 'getroffen' (in Wahrheit verfehlt) durch

187 Aus der Perspektive dieser „entfaltenden Technik" (Tillich) erscheint die Welt nicht als „mit tauben und dummen Gegenständen bevölkert, denen mit Gewalt zur Brauchbarkeit verholfen werden muss; nicht als ein Depot rohen, defizienten und toten Materials, sondern als ein Ort unerschöpflicher Möglichkeiten, die zur Erscheinung gebracht werden wollen. Menschen würden dann von den Gegenständen nicht durch deren Mangelhaftigkeit herausgefordert, sondern durch ihren verborgenen Überschuss gelockt. Eine solche vielversprechende und verheißungsvolle Welt wäre nicht zu überlisten und niederzukämpfen, an ihr wäre zu beiderseitiger Entfaltung Dienst zu tun, damit sie werden kann, was sie noch nicht ist" (Gronemeyer 2012, 96).

188 Die umgestaltende Technik „schafft Gebilde, die allein durch den Zweck bestimmt sind, und gebraucht einen Stoff, der diesem Zweck völlig fremd ist. Sie entfaltet nicht, sondern sie zerstört lebendige Zusammenhänge. Sie fällt den Baum und verwandelt ihn in das technische Material Holz; sie sprengt gewachsene Felsen und verwandelt sie in das technische Material Stein; sie zerreißt die Erdoberfläche durch Straßen und Kanäle, sie presst das widerstrebende Eisen in Formen, die ihr belieben, die dem Zweck des Geistes entsprechen" (Tillich IX, 299).

bloße Reflexion oder Berechnung …" (Binswanger 1956, 76). Zu den „Nicht-Orten" (Augé) und zum Niemandsland gehören nicht nur die Parkplätze, die Schnellrestaurants und Transitzonen. Die Wüste wächst.[189]

Steckt die technische Herangehensweise das Verhältnis der Individuen zu sich an, so bleibt eine technomorphe Auffassung von gesundheitlichen Problemen als Fehlfunktion einzelner „Maschinenteile" nicht aus. Auch in Bezug auf Emotionen heißt es dann: „Sachlich bleiben!". Das Sprechen über sich geschieht oft abgespalten von einem wirklichen Kontakt zu sich. Empathie gegenüber anderen und Achtsamkeit gegenüber sich selbst werden klein geschrieben. Organisationen, Technologie und Naturwissenschaft als zentrale Phänomene moderner Gesellschaften führen dazu, dass nicht nur im proletarischen Arbeitsprozess, sondern auch im der-Technik-zur-Hand-Gehen der Mensch sich „gleichsam neutralisiert, zum Vollstreckungsorgan der Sache entselbstet" (Litt 1958, 72). Die Selbstanonymisierung, die Naturwissenschaftler und Techniker sich selbst abverlangen, wird auch anderen zugemutet. „Sei objektiv!" ist die zur naturwissenschaftlich-technischen Moderne passende Maxime, die die Vergegenwärtigung von Leid unterläuft bzw. verstellt. Richter (1979, 127-188) schildert die Varianten der „Krankheit, nicht leiden zu können." Einschlägig ist der Gebrauch distanzierender Terminologie. Sie findet großflächig Anwendung. Nicht nur im sozialtechnologischen „Fallmanagement" oder in der versachlichenden, laborwissenschaftlichen Haltung von Ärzten gegenüber Patienten. Auch und gerade im Alltag.[190] Die paradoxe

189 „Verwüstung ist mehr als Zerstörung. Verwüstung ist unheimlicher als Vernichtung. Die Zerstörung beseitigt nur das bisher Gewachsene und Gebaute; die Verwüstung aber unterbindet künftiges Wachstum und verwehrt jedes Bauen. … Die Verwüstung der Erde kann mit der Erzielung eines höchsten Lebensstandards des Menschen … zusammengehen" (Heidegger 1984, 11).

190 „Gefahren der Terminologie: Beim Gang durch ein Irrenhaus wird der schreckliche Eindruck, den der Laie von dem Tobsüchtigen empfangt, durch die sachliche Feststellung des Arztes beschwichtigt, dieser Patient befinde sich in einem 'Erregungszustand'. Ebenso beruhigen sich manche Menschen. Durch die wissenschaftliche Einordnung wird der Schrecken über das Faktum gewissermaßen als unangebracht hingestellt. 'Nun – es handelt sich eben um einen Erregungszustand.' Ebenso beruhigen sich manche Menschen bei der Feststellung des Übels durch den Besitz einer Theorie, in der es aufgeht. Ich denke dabei auch an manche Marxisten, welche angesichts des Elends rasch dazu übergehen, es zu deduzieren. Man kann auch mit dem Begreifen zu rasch sein" (Horkheimer 1934, 34). Vgl. auch das erste Kapitel des 'Mann ohne Eigenschaften', in dem Musil angesichts eines blutigen Verkehrsunfalls die beruhigenden Effekte der sachlichen Kommentierung hervorhebt: „Es genügte ihr (der Adressatin dieses Kommentars – Verf.), dass damit dieser grässliche Vorfall

Wirkung der naturwissenschaftlich-technischen Zivilisation besteht in einem „Distanznehmen in den eigentlich innerlichen Beziehungen“ bei gleichzeitigem „Distanzverringern in den mehr äußerlichen“ (Simmel 6, 663).

Die Formung der Sinne in der modernen Zivilisation bildet das Resultat der vorrangig technisch und sozialtechnisch konstruierten und wenig konviviale Qualität aufweisenden Organisationen, Technologien und Infrastrukturen. Sie lassen wenig „*Umgang*“ zu (vgl. Litt 1958, 19, 48). Im Umgang ist das Gegenüber nicht nur Objekt. Die technische und sozialtechnische moderne Zivilisation drängt tendenziell die Frage ab, wie sich die Außenwelt in einen solchen Stand versetzen lässt, in dem ihr erst „eine Art von partnerschaftlicher Teilhabe am Vorgang der Menschwerdung zugesprochen“ werden kann, wie Goethe dies tut (Litt 1958, 55). Erst von einem solchen Umgang erfüllte Menschen können „mit der Welt verbunden ein Ganzes bilden“ (Goethe, zit. n. Litt 1958, 51).

Einem solchen In-der-Welt-Sein sind auch die Überlastung der Wahrnehmung und die Selbstüberlastung der Individuen mit dem Anspruch, ein starkes Subjekt zu sein, abträglich. Der Druck, der auf dem mündigen bürgerlichen Subjekt mit seiner Trias von Selbstbestimmung, Selbstverantwortung und Selbstbeschuldigung liegt, ist groß. Es soll sich auskennen. Das dafür aufzubringende Wissen und die dazu gehörende Urteilskraft stellen oft eine Überforderung dar. Da helfen geistige Komplexitätsreduktionen. Ganz vorneweg bietet sich hier das Identifizieren an. Es hält sich an äußere Erkennungszeichen. Wie gut, dass der Esel lange Ohren hat. Solche Eindeutigkeiten wünscht man sich auch sonst. Und wo sie nicht existieren, gilt es nachzuhelfen. Ein Element des komplexen Gefüges wird isoliert und für das Ganze genommen. Die identifizierende Herangehensweise trifft auf allerhand, das sich ihrer schnellen Auffassung entzieht. Es gehört dann umso emsiger und beflissener in die Schublädchen einsortiert oder als Nichteinsortierbares ausgefiltert.

Eine Veränderung des „Eigenen“ aber durch die Auseinandersetzung mit dem „Anderen“ – diese Prozesse der Annäherung und Vergegenwärtigung wären für das unter Zeitdruck stehende Individuum viel zu aufwendig. Die Nothilfe, die für gewöhnlich jene Not reproduziert, auf die sie antwortet, besteht hier darin, das Andere dem eigenen Horizont zu subsumieren.[191] Das sich der Beurteilung

in irgend eine Ordnung zu bringen war und zu einem technischen Problem wurde, das sie nichts mehr unmittelbar anging“ (Musil 1981, 11).

191 „Etwas Unbekanntes auf etwas Bekanntes zurückführen erleichtert, beruhigt, befriedigt, gibt außerdem ein Gefühl von Macht. … Es wird also nicht nur eine Art von Erklärungen als Ursache gesucht, sondern eine ausgesuchte und bevorzugte Art von

zunächst Entziehende wird dann daraufhin durchgescannt, ob sich Merkmale finden lassen, die die Einordnung ins bereits Bekannte ermöglichen. So funktioniert schon jede Bürokratie, die mit enggestellten Filtern die soziale Materie dingfest machen und in ihren Verweisungs-Schemata kleinarbeiten möchte. So „arbeiten" auch Lektüren, die Texte auf Such- und Reizworte durchkämmen. Sie sollen ermöglichen, das Eigene im Anderen wiederzuerkennen. Die identifzierende Vorgehensweise bleibt selbstgenügsam und will bei sich bleiben, wenn sie es mit dem Anderen zu tun hat. Die technische und sozialtechnische Zivilisation bildet Kompetenz- und Wissensraster heraus, die eine Intelligenz der Sinne eher an den Rand drängen und verkümmern lassen.

Einen Sinn für etwas zu haben bildet eine notwendige Bedingung für das Verständnis und das Begreifen von etwas. Das zeigt sich ex negativo am leeren Sprechen. Ihm liegt eine Erfahrungsverarbeitung zugrunde: Der gefühlte eigene Mangel an Gegenwart soll dadurch behoben werden, dass man sich etwas aneignet, indem man etwas *dazu* sagt. Der halbwegs geschickte Gebrauch der entsprechenden Sprachfloskeln spart viel Mühe und schafft beim Gegenüber den Eindruck, auf den es bei dieser Art von Konversation anscheinend vor allem ankommt.[192] Der Schein von geistiger Aneignung durch leeres Sprechen hat gesellschaftlich großes Ausmaß. „Der Tourist in Venedig verschlingt ... Reden über Venedig. Dem Tourismus, dem Konsumenten in der Masse, den Zuschauern liefert man die Stadt, die Schönheit, die Natur oder die Naturalität." Diese „Rede" „enthält die Wesen, die Entitäten, die Formen, indem sie vorgibt, dass man zu ihnen Zutritt hat" (Lefebvre 1972, 186f.). Das leere Sprechen ohne wirklichen Bezug zur Wirklichkeit, über die gesprochen wird, zeigt sich auch im psychologisierenden Jargon als Surrogat von Selbsterkenntnis.[193]

Erklärungen, die, bei denen am schnellsten, am häufigsten das Gefühl des Fremden ... weggeschafft worden ist" (Nietzsche 2, 975).

192 Vgl. bspw. Rudi Sopper: So einfach ist Bücher-Nörgeln! Frankf. M. 2000, Felix Krull: Literatur für Hochstapler. Schnellkurs für alle, die mitreden und den Rest nicht auch noch selbst lesen wollen. Frankf. M. 1989, Pierre Bayard: Wie man über Bücher spricht, die man nicht gelesen hat. München 2007.

193 „Anstatt die Arbeit der Selbstbesinnung zu leisten, erwerben die Belehrten die Fähigkeit, alle Triebkonflikte unter Begriffe wie Minderwertigkeitskomplex, Mutterbindung, extrovertiert und introvertiert zu subsumieren, von denen sie im Grunde sich gar nicht erreichen lassen. Der Schrecken vorm Abgrund des Ichs wird weggenommen durch das Bewusstsein, dass es sich dabei um gar nicht so viel anderes als um Arthritis oder Sinus troubles handle. Dadurch verlieren die Konflikte das Drohende" (Adorno 1976, 78f.).

Leeres Sprechen redet ohne wirklichen Bezug zur Sache, ohne Vertrautheit, ohne Auseinandersetzung, ohne Bildung eines eigenen Sinns – und erfreut sich an sich selbst als vorschnelles Sagen um des Sagens willen, als Schwatzvergnügen und als Souveränität per Sprachschablonen. All dies leere Sprechen trägt auf seine Weise bei zu Unterbrechungen des Kontakts zwischen Sprechen und Sein sowie Mensch und Wirklichkeit. Leeres Sprechen befördert insofern Weltlosigkeit und ungelebtes Leben. Geredet wird dann, „um den anderen nicht spüren zu lassen, dass man schweigt" (Kudszus 1970, 50).

Die skizzierte Atrophie der Sinne in der modernen Zivilisation macht deutlich, warum Sinne ein zentrales Thema bilden für eine an der Veränderung der Tiefendimensionen von Lebensweise orientierte Gesellschaftstransformation.

Der Verstand (sensu Hegel – s. II.8a3) und das naturwissenschaftliche und technische Vorgehen verhalten sich distanzierend und verobjektivierend zur Welt. In seinen Grenzen ist dieser Zugang legitim. Die moderne Zivilisation ist von Sachdominanz geprägt. Sinne, die eine Verbundenheit mit Momenten der Welt, eine Nähe zu ihnen, ein Involviertsein in sie spüren, sind demgegenüber in der modernen Zivilisation sekundär. Ebenso Sinne, die jenseits des Horizonts der Nützlichkeit das Angesprochensein tieferer Schichten des Individuums vergegenwärtigen. Der technologische und sozialtechnologische Bezug auf die Wirklichkeit tragen dazu bei, die Frage nach den über den Nützlichkeitshorizont hinausgehenden Dimensionen des In-der-Welt-Seins zu verstellen. Je weniger diese Frage zum Thema wird, desto mehr können die Nicht-Orte zunehmen. „Nur wenn wir das Wohnen vermögen, können wir bauen" (Heidegger 1959, 155).

Dem Verstand ist die Sonderung und Rekombination der Komponenten zu Aggregaten immanent. Technisch, administrativ und sozialtechnologisch Tätige bewegen sich innerhalb jenes Horizontes, der zur Durchsetzung von Abstraktionen in der Realität und damit auch zu ihrer Zerstörung gehört. Im Kontrast dazu steht eine Wahrnehmungsweise, die sich auf jene Nähe konzentriert und auf jenes Involviertsein menschlicher Sinne, die der Verstand gerade dethematisiert. Er beraubt sich damit des Sensoriums für die weniger offensichtlichen, aber nicht minder wirksamen, problematischen Effekte seines Tuns. Der Frage gilt es nachzugehen, „wie wir die Qualität von Umgebungen am eigenen Leibe spüren. Wahrnehmen ist also als Befindlichkeit zu konzipieren im Sinne von Spüren, in welcher Umgebung man sich befindet" (Böhme 2001, 31). Die Wahrnehmung von Atmosphären oder von „gestimmten Räumen" (Ströker 1965) bleibt nicht bei der Subjekt-Objekt-Spaltung stehen. „Das grundlegende Wahrnehmungsereignis ist das Spüren von Anwesenheit. Dieses Spüren von Anwesenheit ist zugleich und ungeschieden das Spüren von mir als Wahrnehmungssubjekt wie auch das Spüren der Anwesenheit von etwas. Dass das Spüren von Anwesenheit das Spüren meiner Anwesenheit ist, wird erst im nächsten Schritt der Ausdifferenzierung deutlich, das Spüren wird dann als Sich-befinden erfahren. ... Wichtig ist nun, dass man den Charakter einer Atmosphäre nur bestimmen kann, indem man sich ihr aussetzt. Er ist nicht von einem neutralen Beobachterstandpunkt aus festzustellen, sondern nur in affektiver Betroffenheit " (Böhme 2001, 45, 52).

Wenn man nach dem Sinn fragt, den die Sinne als Sinne haben, so ist Susanne Langers Unterscheidung zwischen diskursiver und präsentativer Symbolik hilfreich. Die auf schnelle Verständigung pragmatisch ausgerichtete Sprache reiht die „Ideen nacheinander auf, obgleich Gegenstände ineinanderliegen; so wie Kleidungsstücke, die übereinander getragen werden, auf der Wäscheleine nebeneinander hängen" (Langer 1965, 88). Mythen, Musik und Bilder stellen demgegenüber eine präsentative Symbolik dar, die eine „simultane, integrale Präsentation" ermöglicht (Ebd., 103). Die präsentative Symbolik vergegenwärtigt die Existenz in einer „situativ-unmittelbar erlebten Welt" (Ebd.). Präsentative Symbole artikulieren menschliches Befinden und Erfahrungen, die in der an schneller Kommunikation orientierten Sprache kaum Ausdruck finden können.

Gewiss kann die Gesellschaft nicht hinter die „Entzauberung der Welt" (M. Weber) zurück. Das naturwissenschaftliche Wissen vom Mond als „öder Staubwüste" steht konträr zu seiner Wahrnehmung als „guter und stiller Freund" (Padrutt 1984, 103). Damit ist aber noch nicht ein In-der-Welt-Sein delegitimiert, in dem ein tieferes Involviertsein der Individuen existiert, als es in der technischen und sozialtechnischen Handhabung möglich ist. Wer ein Foto daraufhin ansieht, ob es technisch gut aufgenommen ist und welche Informationen es gibt, verfehlt die Bedeutung, die das Sehen und das Gesehene haben.[194] Der Sinn, den die Sinne als Sinne haben, besteht darin, gegen alle Rationalisierungen und gegen alle „Realitätstüchtigkeit" im Horizont der Effizienz und eines pragmatischen Realismus das Unbehagen und Gespür dafür zu artikulieren, dass zentrale Dimensionen des In-der-Welt-Seins und inneren Wachstums „zu kurz" kommen – um es abkürzend zu formulieren.

Die Dominanz der „diskursiven" über die „präsentative" Symbolik (sensu Langer) im technischen und sozialtechnischen Realitätsverständnis trägt dazu bei, den „Widerspruch gegen das 'durchrationalisiert'-konsistente Gefüge von

194 „Die Beschreibung einer Symphonie ersetzt nicht ihre Anhörung; das Reden über die Empfindungen, die es hervorruft, ersetzt nicht das Kunstwerk; 'Raumerlebnisse' vermittelt nicht die Erläuterung, sondern nur der Raum selbst" (Lorenzer 1988, 32).

Bewusstseinsfiguren" zu schwächen (Lorenzer 1988, 105). „Der Ring der Objektivität schließt sich um das Individuum damit nur fester, indem die Einheit von Sprache und Weltdeutung vollends abgedichtet wird" (Ebd.). „Versprachlichung ist nicht nur Freiheitsgewinn ..., sondern auch Beschränkung: Einpassung in ein bestimmtes Bewusstsein" (Ebd., 109). Die noch im Mythos enthaltene „Gesamtdeutung" zerfällt. Ebenso wird der „sinnliche Umgang mit Mitmenschen und Umwelt" (ebd., 108) zweitrangig. Die von ihm „abgekoppelte Rationalität totalisiert die sprachlich-planende Fügung zur 'rücksichtslosen' Herrschaft über Dinge und 'verdinglichte' Bezeichungen" (Ebd.). Die befreiende Emanzipation vom Mythos ist zugleich mit der Durchsetzung eines „immer formalistischer und instrumentalistisch-nüchterner werdenden Rationalismus" (ebd., 133) verbunden. Er drängt das Glücksverlangen ab, das in den Mythen und in einem sinnlichen Umgang mit Welt *auch* steckt(e).

Der sich in seinen Trennungen festrennende Verstand und sekundär auch die weltanschauliche Spielart der Vernunft nehmen den Geist in Beschlag. Den aus dieser Perspektive mit Irrationalismuslatenz gleichgesetzten Sinnen kommt dann kein Denken zu Hilfe. Ein für die Sinne hilfreiches Denken würde „den" Irrationalismus „der" Sinne auf ihre, ihnen nicht immanent und endogen eigene, sondern durch bestimmte gesellschaftliche Verhältnissen verursachte Verwilderung beziehen. Der Irrationalismus, insofern er die Sinne betrifft, würde auch als Nebenfolge eines Monismus aufgefasst, in dem sich der Verstand (s. II.6a3) und die weltanschauliche Form der Vernunft als Partialtriebe des Geistes absolut setzen und dem geistigen Anteil der Sinne das Denken entziehen. Dieser Verstand und diese Vernunft tragen selbst zur Irrationalisierung der Sinne bei – um dann sogleich als vermeintlich unbeteiligte Beobachter das Resultat *auch* ihres eigenen Tuns als Anlass wahrzunehmen, sich gegenüber den scheinbar endogen irrationalen Sinnen diensteilfertig als Hüter des Geistes zu empfehlen.

Ein Denken, das den Sinn vergegenwärtigt, den die Sinne als Sinne haben, stellt auch die Frage nach dem menschlichen Wert von manchem „Fortschritt". Notwendig wird die Unterscheidung zwischen verstandesförmigen, versachlichenden, naturwissenschaftlich-technischen und organisatorischen Herangehensweisen an 'Dinge' einerseits und einer – ebenso legitimen und wesentlichen – für ihre Aura und Ausstrahlungskraft offenen Wahrnehmungsweise andererseits. Diesen Unterschied verdeutlichend setzt Hegel das „ungekünstelte Verhältnis, woran das Herz teilnahm" bspw. des „Knaben, der an einer Rose riecht", ab vom „Apotheker, der Rosenwasser daraus macht" (Hegel 1, 614).

Die Frage nach Positiv- und Negativeffekten, die mit dem Fortschritt der modernen Gesellschaft zu verzeichnen sind, und die Infragestellung bestimmter

Vorstellungen vom Fortschritt beziehen sich auf alle Momente der 'Praxis'.[195] Im Unterschied zu Agrar- und Handwerksromantik lässt sich früheren Zeiten das heute *an* ihnen als positiv Erscheinende nicht umstandslos als hauptsächliche Realität zuschreiben. Massive Probleme und Kosten entstehen allerdings, wenn im Verhältnis zwischen den verschiedenen Arbeitsweisen die technisch-naturwissenschaftliche dominiert. Bauern missraten dann tendenziell zu „Transport- und Chemiearbeitern auf dem Lande" (Maier 1985, 50) und Handwerker zu Teileaustauschern. Die Effizienzvorteile dieser Entwicklung sind zu den mit ihr verbundenen massiven Nachteilen ins Verhältnis zu setzen: „Naturverarmung gegenüber den früheren menschlichen Naturzuständen, Verarmung der äußeren Natur, Verarmung der menschlichen Tätigkeitsformen und insbesondere Verarmung der Beziehungen zwischen Menschen und äußerer Natur" (Ebd.). „Je weiter die Naturbetätigung auf das Kalkül des Ingenieurs und die Formel des Wissenschaftlers sich zurückzieht, um so mehr verliert der menschliche Körper als Erkenntnisorgan insgesamt zugunsten des Großhirns an Funktion" (Ebd., 53). Dieser „Komplexitätsverlust durch Monostrukturierung" (ebd., 51) betrifft nicht allein die Arbeitsweisen, sondern auch die für Menschen maßgebliche Umgebung, wie in Kapitel I.6 an der Stadtbauwelt angesprochen.

Die Koexistenz[196] verschiedener Arbeits- und Tätigkeitsweisen bildet einen Kontrast, der essenziell notwendig ist gegenüber der selektiven und komplexitätsreduktiven Herangehensweise, die den in der modernen Zivilisation dominanten Arbeitsweisen eigen ist.[197]

---

195 Arthur E. Imhof (1984) hat sich dem Verhältnis zwischen den mit der Moderne verbundenen „Gewinnen" und „Verlusten", die Angstbewältigung und Lebenssinn im Alltagsleben betreffen, ebenso plastisch wie differenziert gewidmet.

196 Es geht darum, „die Summe der historisch ausgebildeten Fähigkeiten jedem Individuum so weit wie möglich zugänglich zu machen. Herrschende Klassen haben in den Bildungsprogrammen für ihre Kinder regelmäßig den Erwerb auch älterer Menschheitsvermögen vorgesehen, wissend dass solche Fähigkeiten Autonomie und Lebensintensität steigern. Noch in den wohlhabenden Bürgersfamilien leistete man sich den Luxus, die Kinder ein 'Handwerk' lernen zu lassen, am Klavier oder an der Geige zu üben, und das zu keinem anderen Zweck als zur Steigerung autonomer Fähigkeiten und das heißt: von Fähigkeiten zum Genuss" (Maier 1985, 53f.) und zur Vergegenwärtigung von Gegenwart.

197 „Das technische System von geringerer Komplexität wird die Komplexität der evolutionären Umwelt, auf die es sich bezieht, reduzieren: Das gilt auch für die modernsten kybernetischen Maschinen und bleibt prinzipielle Rahmenbedingung aller menschlichen Naturbetätigung" (Maier 1985, 48).

Zum Sinn, den die Sinne als Sinne haben, gehört ihr „produktives“ Spannungsverhältnis sowohl zur verstandesförmigen Abstraktion als auch zur pseudorealistischen Verständigkeit. Die als nützlich verstandenen Arbeiten, Techniken, Organisationen und Infrastrukturen schon der modernen Heteronomiesphären haben vielfältige problematische Folgen für die Individuen. Krank macht nicht das eine große belastende Ereignis, sondern die Vielfalt der alltäglichen Traumata. Die Aufmerksamkeit für sie greift jene „erwachsene“ Dezentrierung („sachlich bleiben“) an, in der „Realitätstüchtigkeit“ heißt, von sich so zu sprechen, als gehe es um eine dritte Person. Das Sensorium einer emphatisch verstandenen intelligenten Sinnlichkeit[198] beansprucht weder die Gabe unmittelbarer Anschauung, noch will es Denken ersetzen. Wohl aber hilft es ihm günstigenfalls auf die Spur, insofern es für Ausfilterungen sensitiv ist.

Die als „Härten des Lebens“ naturalisierten Zumutungen und Schädigungen können nicht länger als Nebeneffekt gelten und privat-zwischenmenschlicher Kompensation überantwortet werden. Stattdessen bilden Achtsamkeit und Sensibilität für Verletzendes und Traumatisierendes ein zentrales gesellschaftliches Moment. Aus den Erfahrungen mit den problematischen Momenten der modernen Techniken, Organisationen und Infrastrukturen folgt, die in der skizzierten Weise verstandenen Sinne als zentrales Moment des Reichtums wahrzunehmen.

e) Wie lassen sich die Heteronomiesphären der modernen Gesellschaft zu einer mit 'Praxis' verträglichen Gestalt umgestalten?

Aus der in diesem Kapitel beschriebenen, mit den Heteronomiesphären der modernen Gesellschaft verbundenen Problematik ergibt sich die Frage, wie sich mit ihr gesellschaftlich auf eine substanziell veränderte Weise umgehen lässt. Der gesellschaftliche Stoffwechsel mit der Natur und die fünf Momente der modernen Heteronomiesphären lassen sich auf verschiedene, hier nach dem Grad ihrer Radikalität angeordnete Weisen angehen:

1. die Arbeitenden werden den problematischen Effekten der modernen Heteronomiesphären nur eingeschränkt ausgesetzt;
2. Verzicht auf die volle Umsetzung des im modernen Sinne Machbaren aus gesundheitlichen, ökologischen u.ä. Rücksichten;

198 „In nichts anderem als in der Zartheit und dem Reichtum der äußeren Wahrnehmungswelt besteht die innere Tiefe des Subjekts. Wenn die Verschränkung unterbrochen wird, erstarrt das Ich“ (Adorno, Horkheimer 1947, 222).

3. gesellschaftliche Umgestaltung der Ursachen, die konstitutiv sind für den Raum, den die modernen Heteronomiesphären gesellschaftlich einnehmen;
4. Abnahme der Bedeutung, die den modernen Heteronomiesphären zukommt, durch Stärkung komplementärer Daseinsweisen;
5. grundlegende Veränderungen der Technologie und der Organisationsweise;
6. praktische Einordnung der zivilisatorischen Partialtriebe in ein übergreifendes Paradigma;
7. Unterscheidung zwischen Optimum und linearer Wachstumsdynamik;
8. grundlegende Transformation von Naturwissenschaft und damit eines übergreifenden Denkhorizonts der modernen Zivilisation.

Im Sinne von 'Praxis' wird eine Kombination dieser Gestaltungsweisen nötig. Die im Folgenden skizzierte Umgestaltung baut auf jenen Elementen auf, die ich bereits in Kapitel II.2 beschrieben habe.

(1) Eine erste gesellschaftliche Veränderung belässt die problematischen Effekte z.B. der Arbeit und macht nur insofern eine Differenz ihnen gegenüber geltend, als die Arbeitenden diesen Effekten weniger ausgesetzt werden – durch Verkürzung der Arbeitszeit.

(2) Eine zweite Perspektive gravierender Veränderungen verwandelt ebenfalls die fünf Momente der modernen Heteronomiesphären nicht qualitativ. Soweit dies nicht als möglich erscheint und soweit zugleich die negativen Effekte der Heteronomiesphären in ihrer Bedeutung angemessen wahrgenommen werden, stellt sich die Frage, inwieweit auf bestimmte „Fortschritte" zu verzichten ist, die im Horizont dieser Sphären eine Effizienzsteigerung erlauben.

(3) Der Raum, den die modernen Heteronomiesphären in der Gesellschaft einnehmen, hat Ursachen, auf die sich gesellschaftlich einwirken lässt. Ich skizziere dies exemplarisch an den Organisationen. Das Ausmaß ihrer Notwendigkeit verändert sich, wenn sich das Arbeitsvolumen durch den gesellschaftlichen Verzicht auf problematische Arbeitsinhalte (vgl. II.2i.) verringert und die (Waren-) Diversifizierung überwunden wird.

Eine weitere zentrale „Stellschraube", an der „gedreht" werden kann, um die Nachfrage nach Organisationen zu verringern, betrifft die Größe der Sozialräume. Größere Sozialräume brauchen ein überproportional höheres Ausmaß an Organisation, um die Logistik bspw. von Transporten zu bewältigen. Ich widme mich in Kapitel II.2f den im Sinne von 'Praxis' notwendigen Größenordnungen von Sozialräumen. Die Wechselbeziehung des hohen Grades an Organisationsförmigkeit und der großen Ausdehnung sozialer Räume sei an einem Beispiel verdeutlicht (vgl. a. Ullrich 1979, 123): Die industrielle Erzeugung bzw. Verarbeitung von Lebensmitteln hat zentral mit den notwendigen Transporten zu tun. Diese erfordern längere Lagerfristen und damit werden lagerfähige und haltbarere Lebensmittel notwendig. Dies geht einher mit Nährstoffminderung. Der Nährwert der Milch sinkt mit der Verlängerung ihrer Haltbarkeit. Aus ökologischen und ernährungsphysiologischen Motiven wird dafür plädiert, die Distanzen zwischen Erzeugern und Verbrauchern möglichst kurz zu halten. Wer eine Gesamtbilanz der Nahrungsmittelproduktion und -verteilung anstellt, wird die gegenwärtigen vermeintlichen Effizienzgewinne durch große Handelsunternehmen, weite Transportwege und industrielle Landwirtschaft daran relativieren, dass für diese Erfolgslegende die Ausblendung von ökologischen Fragen und von Gesichtspunkten der Lebensmittelqualität konstitutiv ist.

Die Verringerung des Aufwandes an Produktions-, Vertriebs- und Verkaufsorganisation wird auch im Plädoyer von Zivilisations- und Industriekritikern für „kleine Netze" zum Thema. Ullrich hält sie für den geeigneten Ort, an dem sich „Last und Lust, Arbeit und Spiel, Notwendigkeit und Freiheit" vermischen können. „In Schneidereien könnten haltbare, passende und dem individuellen Geschmack entsprechende Kleidung ohne Zeitdruck hergestellt und gleichzeitig das Kommunikationsbedürfnis gestillt werden. In Elektronikwerkstätten könnte dem Bastelbedürfnis nachgegangen werden, und gleichzeitig könnten, unterstützt durch den Austausch von Erfahrungen, Radios, Verstärker, Lautsprecherboxen oder was man sonst noch an elektronischen Geräten glaubt brauchen zu müssen, gut und preiswert selbst zusammengebaut werden" (Ullrich 1979, 126). Ullrich zieht dann auch die Konsequenz der Abrüstung bzw. des Unnötigwerdens vieler Großorganisationen: „Viele Montagewerke mit ihrer stumpfsinnigen Fließbandarbeit würden überflüssig, wie auch Brotfabriken, Großküchen und die meisten Nahrungsmittelverarbeitungsindustrien. Es ist klar, dass die im Industriesystem totgesagten handwerklichen Fertigkeiten bei dieser Produktionsweise der Eigenarbeit in kleinen Netzen wieder einen hohen Wert bekommen. Jeder wird nach einer Weile praktisch mehrere 'Berufe' ausüben können, Holz, Metall, Leder und Stoffe bearbeiten und mit Tieren und Pflanzen umgehen können. Handwerkliches Arbeiten und der Umgang mit Tieren und Pflanzen führen zu einer hohen Befriedigung, u.a. weil sie Kopfarbeit und Sinne vereinigen, die Körperausschaltung und die Enteignung der Fertigkeiten zurücknehmen" (Ebd., 126).

Um De-Industrialisierung geht es nicht, sondern um eine Verschiebung der Anteile zwischen Großorganisationen und kleineren Netzen. „Auf welche Weise die vielen Halbfertigprodukte für die Gemeinschaftswerkstätten wie Schrauben, Bretter, Bleche, Rohre, Glas oder auch kompliziertere Zwischenprodukte wie Kugellager, Transistoren oder Glühlampen und auch die Werkzeuge hergestellt werden, wird sehr von der Produktsorte abhängen: Vieles wird in kleinen selbstverwaltbaren Betrieben in der Kommune herstellbar sein, einige Grundstoffe wie Stahl und bestimmte Kunststoffe vielleicht nur in größeren Kooperationsbetrieben, die von mehreren Kommunen gemeinsam unterhalten werden müssen" (Ullrich 1979, 127). Ullrich plädiert für ein „Mischsystem", „bei dem jedoch die Gewichtung entscheidend ist: wenige größere Fabriken mit kurzer Arbeitszeit und einem Rotationsverfahren auf nationaler Ebene oder im Kommunenverband, viele mittlere und kleinere selbstverwaltete Betriebe im kommunalen Bezugsrahmen, massenhaft Gemeinschaftswerkstätten in kleinen Netzen" (Ebd., 128). Ullrichs Überlegungen werden hier nicht als Lösung, sondern als Hinweis auf eine Problematik aufgenommen. Benachbart zu Ullrichs Überlegungen sind die von Spehr (2012) und die des Schweizer Autors P.M. Zu diskutierende kritische Auseinandersetzungen mit dieser („lokalistischen") Perspektive finden sich bei Senghaas 2010, Lotter 2011 und Fischbach 2013.

(4) Mit der gesellschaftlichen Durchsetzung von 'Praxis' wird die für moderne Gesellschaften charakteristische Dominanz der privilegierten Partnerschaft von Technik und Ökonomie infrage gestellt. Mit der Durchsetzung von 'Praxis' als hegemonialem Paradigma gewinnen solche Fähigkeiten, Sinne, Aufmerksamkeiten und Mentalitäten an gesellschaftlicher Bedeutung, die die vereinnahmenden und ausgrenzenden Tendenzen einer naturwissenschaftlich-technischen Daseinsweise zurückdrängen und letztere auf ihren legitimen Ort begrenzen. Es handelt sich dabei um

- Erfahrungswissen[199], um „subjektivierendes" im Unterschied zu „objektivierendem" Handeln[200],

---

199 Die technische Zivilisation „entlastet die Arbeitenden durch einen weitgehenden Automatismus, der in einem abgeschlossenen, geschützten, distanzierten Rahmen verläuft" (Bruns 1997, 194). „Produkte und Produktionsprozesse wurden gleichermaßen rationalisiert und objektiviert, also von den individuellen, subjektiven Eigenschaften der Produzenten unabhängig" (Ebd., 192f.). Zugleich werden im Falle von Abweichungen und Fehlerprozessen gerade Erfahrungswissen und Intuition relevant, die unter dem Primat der technischen Zivilisation der Abwertung unterliegen. Im Unterschied zu auf Berechenbarkeit und Eindeutigkeit fokussierte Kompetenzen sind nun „ein Gefühl für Material und Maschinen" und „das blitzartige intuitive Erfassen von Störungen und ... die Orientierung am Geräusch von Maschinen und Bearbeitungsprozessen" gefordert (Bohle, Schulze 1997, 30).

200 Diese Unterscheidung stammt von Böhle und Rose (1992). Objektivierendes Handeln orientiert sich am Allgemeingültigen, an personen- und situationsunabhängigen Kenntnissen und Bewertungen. Im subjektivierenden Handeln stehen die sinnliche Wahrnehmung, die Verbundenheit zwischen Subjekt und Umwelt und das subjektive Sich-Einlassen im Vordergrund. Zum mit der naturwissenschaftlich-technischen

- um die mit Care-Tätigkeiten verbundene Empathie,
- um Sinne, die mit der Überwindung der Hässlichkeiten in der gesellschaftlichen Welt an Bedeutung gewinnen (s. Kapitel I.6);
- um Sinne und Fähigkeiten, die sich mit dem tendenziellen Bedeutungsgewinn der subjektiven gegenüber der objektiven Kultur entwickeln,[201]
- um den Sinn für die gesellschaftlichen Voraussetzungen und Folgen von Arbeiten und Gegenständen, Bedürfnissen und Techniken und das Wissen um sie;
- um die mit öffentlichen Beratungen und Diskussionen verbundene Bildung, soziale Urteilskraft und deliberative Vernunft.

(5) Im Unterfangen, die Heteronomiesphären der moderne Gesellschaft mit 'Praxis' zu durchwirken, kommen grundlegende Alternativen *in* der Technologie und in den Organisationen in den Blick. In Bezug auf die Technologie im Arbeitsprozess war bereits in Kapitel I.9c und II.2b eine arbeiter- oder humanzentrierte Technik Thema und die mit ihr verbundene grundlegende Veränderung der Perspektive von Forschungs- und Entwicklungsarbeiten.

Eine wesentliche Veränderung von Organisationen betrifft ihren Umbau in der Perspektive, die mit Organisationen verbundenen problematischen Effekte auf die Ökologie sozialer Verantwortung und gesellschaftlicher Gestaltung zum Thema von Reflexion *in* der Organisation zu machen. Diesen problematischen Effekten gilt es gegenzuwirken und vorzubeugen. Girschners Überlegungen zur „Reflexionsrolle als zentraler Baustein eines Neubaus moderner Organisationen“ (s. a. II.4a) zielen ab auf „spezielle Arrangements, um empathische Reflexion zu ermöglichen und zu fördern. Die Offenheit des Wahrnehmens und Nachdenkens kommt unter den gegebenen Bedingungen nicht von selbst. Organisationen bzw. ihre handelnden Mitglieder müssen sich in ungewöhnliche Lagen versetzen, damit sie Probleme wahrnehmen, die sie sonst ausblenden. Dazu

---

Zivilisation gegebenen Ungleichgewicht zwischen beiden Vermögen vgl. Kapitel II.8a1.

201 Es handelt sich dabei um eine Teilmenge von „Resonanzerfahrungen“. „Resonante Weltbeziehungen sind solche, bei denen man der Idee folgt, was da draußen ist, berührt und bewegt mich. Es ist nicht nur instrumentell oder kausal mit mir verbunden, sondern konstitutiv. ... Es ist eine Art von Begehren nach Welt ... eine bestimmte Haltung, mit Welt zu interagieren in einer Form, welche die Welt nicht auf Material da draußen reduziert, sondern als eigenständige Bezugsgröße sieht, mit der man in einem inneren Austausch steht, sodass es ein wechselseitiges Resonanzverhältnis ist“ (Rosa 2013, 35). Ich kann hier aus Platzgründen nicht in eine Diskussion um diesen sehr breit angelegten Begriff eintreten. Resonanzerfahrungen beanspruchen auch Hundehalter, Kleingärtner und Esoteriker für sich. Mit 'Praxis' geht es um etwas Bestimmteres.

ist eine voraussetzungsvolle 'Uminstitutionalisierung' der Organisationspraxis, ein regelrechter Öffnungs- und Sensibilisierungsprozess notwendig" (Girschner 1990, 185). Die „Diagnose- und Willensbildungskonferenzen" sind „darauf angelegt, immer wieder Distanz zu gewohnten, eingefahrenen Problemsichten herzustellen und sowohl mit neuen wie auch übergreifenden Sichtweisen" zu konfrontieren. „Das wurde u.a. dadurch gefördert, dass die Gruppenmitglieder häufig aus verschiedenen Arbeits- und Erfahrungsbereichen eingeladen wurden oder man 'Besichtigungen' in anderen Verwaltungsbereichen oder Betrieben machte. ... Die Gruppenmitglieder sollten sich frei fühlen von Sanktionsdrohungen und frei gegenüber bestehenden Regeln und Entscheidungen 'von oben'" (Ebd., 189). Es geht um „'Verkoppelungsstrategien', innerhalb derer verschiedene Menschen mit verschiedenartigen Erfahrungen, Kenntnissen und Sichtweisen zusammengebracht wurden und in verschiedenartiger Weise Informationen verarbeiten. Diese Mischung half, Reflexionen anzuregen und verkürzt-lineare Eindimensionalitäten des Denkens durch Zusammenschau, mehr Differenziertheit und Nachdenklichkeit zu ergänzen" (Ebd., 192).

Girschner und seine Kollegen haben zur Umsetzung ihrer Perspektive in den 1980er Jahre in einem Tübinger Maschinenbaubetrieb und in der Göttinger Stadtverwaltung Modellversuche unternommen. Selbst innerhalb kapitalistischer Verhältnisse zeigen diese Projekte eine positive Veränderung für die Arbeitenden. Hier wird deutlich, welche Bedürfnisse heute mangels Verwirklichungschancen verdrängt werden und latent bleiben. „Besonders positiv bewertet wurden folgende Erfahrungen: Thematisierungsmöglichkeit als problematisch erlebter Sachverhalte; Einbringen persönlicher Erfahrungen; Zwanglosigkeit der Kommunikationssituation und teamförmiges, kreatives Problemlösungshandeln; mit seinen Ideen ernst genommen und an Überlegungen und Entscheidungen beteiligt werden sowie Menschlichkeit (womit sich kennenlernen, sich verstehen, offen miteinander reden, sachbezogen-freundlich miteinander umgehen und Anerkennung gemeint war). Einen hohen Stellenwert genoss auch die Möglichkeit, an übergreifenden Problemen mitdenken und sie durchschauen zu können, d.h. mehr 'Durchblick' und Überblick über das Organisationsgeschehen zu erhalten" (Ebd., 211).

Neben die bislang existierenden zwei „Subsysteme" der Organisationen – „das Transformationssystem, in dem das konkrete Produkt bearbeitet wird; das Steuerungssystem, in dem u.a. über Ziele und Mittel entschieden wird" – tritt ein „Reflexionssystem", das beide andere „Systeme" übergreift. „Das Reflexionssystem ist jener 'Ort', an dem der Erfahrungshorizont über die institutionalisierten Aufmerksamkeitsmuster (das sind bspw. inhaltlich definierte Aufgabenverteilungspläne und Zuständigkeitsmuster) hinaus im Sinne einer prinzipiellen Offenheit erweitert wird. Das Steuerungssystem ist an die je vorhandenen Organisationsziele und -strukturen inhaltlich gebunden. Das Reflexionssystem ist thematisch offener" (Ebd., 200f.).

Diese Perspektive unterscheidet sich von organisatorischen Bestrebungen, denjenigen reflexiven Abstand zu sich selbst zu erreichen, der die Organisation zu effektivieren, die Ansprechempfindlichkeit auf die Umwelten zu erhöhen und die Sensoren für relevante Interaktionspartner und Markttendenzen zu optimieren vermag. Demgegenüber besteht Girschner auf der Trennung zwischen Steuerungs- und Reflexionssystem, „weil nur so die Unabhängigkeit von der Abgeschlossenheit, Interessenfestlegung und hierarchischen Ordnung sowie effizienzorientierten Sachspezifik gewährleistet werden kann. Außerdem soll *jedes* Organisationsmitglied – aus Humanisierungsgründen, aber auch aus Gründen einer verbesserten Freisetzung individueller und kollektiver Problemlösungspotentiale – an Reflexions- und Diskursprozessen teilnehmen können" (Ebd., 201).

Girschners Überlegungen sind aufmerksam für die gravierenden negativen Effekte von Organisationen, schreiben sie aber nicht sozial-ontologisch fest. Eine eigene Sorte von „Kritik" hat sich etabliert, die die Phänomene nicht positiv idealisiert, sondern mit negativem Vorzeichen versieht, aber in der Diagnose ebenso immunisiert wie die Affirmation. Organisationen gelten dann aus sich heraus gegenüber einer substanziellen Umgestaltung als prinzipiell undurchdringlich und undurchlässig, als alle entsprechenden Anstrengungen und Arrangements abweisend. „Wer von Organisationen in Begriffen wie 'stahlhartes Gehäuse der Hörigkeit' oder 'Unentrinnbarkeit' (wie Max Weber) spricht, lähmt bereits das Denken jeglicher Alternative, betreibt somit in der Konsequenz affirmative Kritik" (Türk 1995, 88). *Empirisch* vorfindliche Organisationen sind zudem nicht umstandslos mit dem *analytischen* Konstrukt der Organisation und ihren Attributen zu identifizieren. Rationalitätsfassaden und die Selbstdarstellung von Organisationen unterscheiden sich von ihrer Realität.[202] Die von Weber,

---

202 „Sie können fast beliebige Outputs als Ergebnisse höchst rationalen Arbeitens darstellen, auch wenn es sich bloß um faule Kompromisse, misslungene Ergebnisse, pure Zufälle oder Interessenpolitik handelt. Ebenso gut können Organisationen Pannen und Unzulänglichkeiten, interne Zwiste und Kungeleien, Fehler und Vergehen vertuschen, verstecken und so das tatsächlich 'tobende Leben' gänzlich unter der Decke einer inszenierten Normalform verschwinden lassen. ... Geschäftsberichte von Unternehmungen, Rechenschaftsberichte von Parteien und Verbänden, Forschungsberichte von Universitäten bedienen sich einer teilsystemisch normalisierten Rationalitätssemantik, die von allen erwartet zu werden scheint, obwohl alle wissen

Freyer, Gorz u.a. als allzu hermetisch und eigenlogisch stilisierte Gestalt „der“ Organisation beginnt schließlich, sich schon unter kapitalistischen Vorzeichen auf eine höhere Flexibilität und Responsivität gegenüber ihren Umwelten hin zu wandeln, aber weitgehend nur, soweit dies als profitfördernd erscheint (vgl. zum Total Quality Management Bröckling 2000).

(6) Über die Stärkung derjenigen Daseinsweisen, die zur naturwissenschaftlichen und technologischen Rationalität komplementär sind, geht die gesellschaftliche Durchsetzung eines Paradigmas hinaus, das beide Seiten übergreift, in sich integriert und die verschiedenen Momente in eine Rangordnung bringt.[203] Das ‘Praxis’-Paradigma beinhaltet mit seiner Differenzierung und Integration verschiedener Momente einen Horizont, in dem die Effekte der verschiedenen Kompetenzen, Fähigkeiten und Sinne in ihrem jeweiligen Beitrag zur Entwicklung menschlichen Reichtums bestimmt und gewichtet werden können. Damit wird auch die Perspektive eines Kompromisses zwischen technischer sowie naturwissenschaftlicher Rationalität und anderen Daseinsweisen überschritten. Naturwissenschaft und Technik weisen in modernen Gesellschaften kognitive und ökonomische Durchsetzungsvorteile beim sozialdarwinistischen Kampf der verschiedenen Daseinsweisen auf. Das kann sich erst ändern, wenn dieser Wildwuchs der Evolution einer gesellschaftlichen Auseinandersetzung über die Qualität der gewollten Welt und Umwelt weicht.

Die Naturwissenschaft, Technologie und Organisationswissenschaft haben gesellschaftlich die Aufgabe, Erkenntnisfortschritte, technische Neuerungen und organisatorische Optimierungen hervorzubringen. Was davon allerdings gesellschaftlich umgesetzt wird, steht auf einem anderen Blatt. Eine weit verstandene Technikfolgenabschätzung leistet gute Dienste. Sie übersteigt in einer von ‘Praxis’ dominierten Gesellschaft den Risikovermeidungshorizont. „Die“ von ‘Praxis’ dominierte Gesellschaft selegiert nicht nur aus einer sozusagen in autonomer Eigenlogik sich vollziehenden Evolution der Forschung und Entwicklung, sondern steuert diese selbst.[204]

Erst im Horizont eines in sich differenzierten und integrierten Paradigmas, das die verschiedenen menschlichen Daseinsweisen umfasst, wird die Frage nach dem Grenznutzen oder dem Optimum der Steigerung besonderer Vermögen

---

müssten …, dass es so eigentlich gar nicht gewesen sein kann. Es wird eine virtuelle Realität erzeugt, die eine dinghafte Selbständigkeit erlangt und zwingend als Erwartung zurückwirkt“ (Türk 1995, 201).

203 Zur Rangordnung vgl. auch das Ende von I.2 und II.9b.

204 Vgl. die Diskussion zur „Finalisierung von Wissenschaft“ seit den 1970er Jahren.

formulierbar.[205] Wer den legitimen Stellenwert bspw. der Effizienz in der von 'Praxis' dominierten Gesellschaft bestimmen will, steht vor der Frage, wann Arbeitsteilung, Spezialisierung[206], Expertentum[207] und die Verobjektivierung des Wissens (in Produktivkräften, Techniken, Organisationen u.a.) im Gegensatz zur subjektiven, in den Fähigkeiten und Sinnen der Individuen unmittelbar präsenten Kultur ihren Grenznutzen überschritten haben. Ab wann geht der über diesen „Punkt" hinaus vorangetriebene Nutzen mit einer Lebensqualität einher, die diesen Nutzen infrage stellt? Ich möchte dies an einer Teilmenge verdeutlichen: Eine Gesellschaft, die immer mehr auf Experten setzt, entzieht anderen Beurteilungsvermögen (der Urteilskraft, den Sinnen und Fähigkeiten diesseits des Expertenwissens) die Grundlagen. Natürlich weisen Experten und Spezialisten ihren Nutzen für andere auf. Einer Gesellschaft aber, die ihre Mitglieder als Humankapital behandelt, gelten sie als „eine Art zweibeiniger Staatsanleihen, durch die investiertes Wissen ständig hohe Zinsen" abwirft (Chargaff 2000, 252).[208]

Hendrik de Man legt in seinem im Januar 1933 in Jena erschienenen und kurz darauf verbotenen Buch „Die sozialistische Idee" „den Schluss nahe, dass die Arbeitsteilung just an jener Stelle die Grenze des menschengerechten Maßes in einer enthumanisierenden Weise überschreitet, wo das Produkt dieses Produktions- oder Bildungsprozesses nicht eine materielle Ware, sondern das bewusste Sein des Menschen selber ist. ... Aus seiner Argumentation ergibt sich die Frage, ob die Erzeugung des Humanen als bloßes Nebenprodukt der Erzeugung von Gegenständen überhaupt möglich ist oder ob nicht vielmehr diese Erzeugung erst dann gelingen kann, wenn sie zum vorrangigen Zweck des Produktionsprozesses wird" (Kilian 1971, 197, 198).

---

205 Wenn der Verstand sich in sich selbst festrennt, so ist „es nun nicht Schuld des Verstandes, wenn nicht weiter gegangen wird" (Hegel 6, 287). Vielmehr handele es sich um „eine subjektive Ohnmacht der Vernunft, welche diese Bestimmtheiten (des Verstandes – Verf.) so gelten lässt" (Ebd.).

206 Die Spezialisierung führt zu einer grotesken, d.h. maßlosen Ausbildung nur einiger weniger Fähigkeiten und Sinne und zu deren intensiver Besetzung, so dass das tendenziell autistisch objektfixierte Interesse auch noch für das herhalten muss, was an anderen Interessen versäumt wird. Es kommt zur „ungeheuerlichen Mischung aus Schärfe im Einzelnen und Gleichgültigkeit im Ganzen" und zum „ungeheuren Verlassensein des Menschen in einer Wüste von Einzelheiten" (Musil 1981, 40).

207 „Wo das Expertentum herrscht, verschwindet die Weisheit" (Chargaff 2000, 244).

208 „So, wie man Wertpapiere bei einem Bankier hinterlegte, ließ sich das Wissen in speziellen Gehirnen speichern, um dort nötigenfalls vom Spekulanten abgerufen zu werden" (Chargaff 2000, 252).

Die Arbeits- und Sozialtechnologie, die sich allein auf den Zweck fokussiert und fixiert, mit weniger Input mehr Output zu erzielen, verringert die auf ein Produkt oder auf eine Dienstleistung aufzuwendende Arbeitsmühe. Effizienz ist für sich genommen ein legitimer Zweck. Hier aber geht es um die Frage, inwiefern Produktionen und Organisationen allein oder vorrangig unter diesem Gesichtspunkt wahrgenommen werden. Die Bildung menschlicher Sinne und Fähigkeiten sowie Sozialbeziehungen stellt ein anderes *und* übergeordnetes Kriterium zur Beurteilung des Reichtums der Gesellschaft dar (S. II.4h). Es kommt zu Zielkonflikten. Die Ausrichtung des für die Moderne spezifischen Materialismus auf Nutzen, Zweck-Mittel-Rationalität und Effizienz geht damit einher, die eigenen *negativen* Effekte des Arbeitsprozesses auf die 'Praxis'-Momente auszublenden. Die Arbeitstechnologie und -organisation erscheinen als effizientes Mittel und als alternativenloser Sachzwang und gelten insofern als unproblematisch. Damit werden die Motive unsichtbar, die eine grundlegende Umgestaltung der Arbeit als wesentliche Aufgabe not-wendig machen. Den Abbau der subalternen Arbeit zu einer wesentlichen Aufgabe der Gesellschaft zu erheben, das heißt, die unmittelbare, unreflektierte Logik der Steigerung von Effizienz und die Behandlung der Arbeit als Mittel zur Optimierung von Organisationen einzustellen in ein umfassenderes Ziel.[209]

(7) Die Aufmerksamkeit für das *Optimum* unterscheidet sich vom Horizont linearen Wachstums. Die Affirmation des Endlosfortschritts verstellt den Gedanken an „einen Zustand der Perfektion – ist dieser erreicht, so wird die Entwicklung abgeschlossen sein. Vergleicht man etwa eine fortlaufende Reihe von technischen Modellen in einem jener neuartigen Museen, die, wie das Deutsche Museum in München, als Arbeitsmuseum zu bezeichnen sind, so wird man finden, dass die Kompliziertheit nicht ein Kennzeichen der späten, sondern der Anfangszustände ist" (Jünger 1982, 174). Der Aufmerksamkeit für „das baumeisterliche Erlebnis" sowie „die baumeisterliche Tat" (Hardensett 1932, 86f.) sowie der Perspektive einer – in Kapitel I.6 vorgestellten – in diesem Sinn positiv stilisierten techni-

209 „Die technisch-wirtschaftliche Entwicklung befindet sich auf einem Niveau der wirtschaftlichen Effizienz, wo wir auch auf mögliche Prozentpunkte der Produktivitätssteigerung verzichten können zugunsten von menschenfreundlicheren Arbeitsplätzen. Bisher hatte immer die Humanisierung die Beweislast, wieweit sie ohne Einschränkung der wirtschaftlichen Effizienz möglich sei. Für eine Wirtschaftsordnung, welche der Freiheit den hervorragenden Platz einräumt, ist diese Beweislastzuteilung nicht selbstverständlich. In Zukunft soll, wer die Effizienz steigern will, beweisen, dass dies ohne Beschädigung der Menschlichkeit des Arbeiters möglich ist. Die Beweislastverteilung muss korrigiert werden" (Blüm 1979, 144).

schen Rationalität entspricht als Zweck die „vollendete technische Lösung, so sehr die Lösungsmöglichkeiten auch unbegrenzt erscheinen mögen" (Ebd., 101). Der technische Mensch ist insofern „in seinem Schaffen begrenzt" und „kein faustischer Typ. Goethe lässt durchaus zu Recht seinen Faust sich bescheiden zum Baumeister" (Ebd.). Anders das unbegrenzte kapitalistische Gewinnstreben. Es muss als „maßlos, dynamisch, unbeherrscht, hemmungslos, ungebunden, unersättlich, ewig unruhig und ewig unternehmend" gelten, weil es „nie zum Ende kommen kann, nie eine volle Endung, eine Vollendung ihm Halt gebietet" (Ebd.). Demgegenüber zielt „die Rationalität des technischen Menschen auf die vollkommene Lösung, und das ist Beherrschung und Planung auch des technischen Erfolges und nicht nur der Mittel" (Ebd.). Angesichts der schlechten Unendlichkeit des Fortschritts wird im Sinne eines guten Lebens für „in sich abgeschlossene Wertideen" plädiert (Schulze 1999, 31). Sie „treten mehr und mehr an die Stelle offener, unbegrenzter Wertideen, wie sie für die Sozialwelt der Steigerung typisch waren. Metaphorisch ausgedrückt: Es gibt keine ewige Perfektionierung der Lammkeule" (Ebd.). Unsere Gesellschaft reagiert auf diese Aussichten „wie eine Schiffsexpedition, die bei einer Flussmündung ihren Ausgang nimmt, um ins Landesinnere vorzudringen. Obwohl der Fluss immer enger und enger wird, investiert die Mannschaft Unmengen Energie in die Fortsetzung der Schiffsreise, anstatt zu Fuß weiterzugehen, weil das ungewohnt wäre" (Ebd.).

Das unendliche und (im Unterschied zum kapitalistischen Horizont) unbestimmt pauschale Wachstum wird infrage gestellt. Das Bruttosozialprodukt ist in Richtung auf ein Psychosozialprodukt zu übersteigen (s. I.4-6). Die Absorption von Aufmerksamkeit durch die modernen Heteronomiesphären sagt etwas aus über den Zustand des Gemeinwesens: „Ein Volk, das mit der Gestaltung seiner äußeren Lebensbedingungen niemals zu Rande kommt, ist krank. Seine Energien in der ewigen Neuschaffung von Wirtschaftseinrichtungen und Produktionsmethoden erschöpfen, heißt seine Kräfte vergeuden. Wir müssen mit unserer Hauseinrichtung und dem ewigen Großreinemachen endlich fertig werden, damit wir uns würdigen Aufgaben zuwenden können" (Sombart 1934, 318f.).[210]

Über die der modernen Gesellschaft eigenen Ursachen von linearem Wachstums hinaus geht der Druck des für die kapitalistische Ökonomie charakteristischen Wachstums. Es unterscheidet sich von einem die verschiedenen Belange gleichmäßig betreffenden Wachstum durch seine Spezifik (vgl. a. I.9d). Die Effizienz und Effektivität der Ausnutzung sachlicher wie lebendiger Bestandteile der Produktion als Mittel des Kapitals gliedern sich ein in andere Kontexte. Sie

210 Zum Unterschied des zitierten Bandes zur NS-Ideologie vgl. Creydt 2006a.

setzen die vom Kapital erzielten Einsparungen, Rationalisierungen und Produktivitätserhöhungen zu einem durch andere Hinsichten relativierten oder ihnen untergeordneten Moment herab. Der kapitalistische Einsatz von Maschinerie wird nicht daran gemessen, ob er arbeitssparend ist, sondern daran, dass an Lohnkosten gespart werden kann. Die kapitalistische Produktion ist gebunden an die Herstellung solcher Güter, die in einer durch die Ergebnisse kapitalistischer Ökonomie dominierten Welt nachgefragt werden. Eine ungeheure Verschwendung menschlicher Initiative und Intelligenz ist der kapitalistischen Effizienz eigen.[211] Die Arbeit dehnt sich über das in einer modernen Gesellschaft notwendige und wünschenswerte Maß aus, insofern Güter produziert werden, deren Gebrauchswert sich vorrangig der kapitalistischen Gesellschaftsform verdankt (s. II.2i). Das im Kapitalismus idealiter (von immanenten kapitalistischen Gegentendenzen abgesehen, die die durch die Kapitalverwertung gesetzten Grenzen des Arbeitseinkommens betreffen) unendliche Wachstum des kompensatorischen Konsums trägt dazu bei, dass die „zivilisatorische Mission" des Kapitalismus – die Reduktion der notwendigen Arbeitszeit – nur sehr eingeschränkt als Verkürzung der Arbeitszeit bei den Arbeitenden ankommt.[212]

In der kapitalistischen Produktionsweise dienen die in die Produktionsmittel und Arbeitsorganisation eingehenden Wissensbestände dazu, Mehrwert zu schaffen, und weniger dazu, die Arbeit, also den zumeist immer noch größten zusammenhängenden wachen Zeitabschnitt des arbeitenden Individuums, in einer Weise zu gestalten, die ihr als Lebenszeit entspricht. Die gesellschaftliche Arbeit offenbart Maßstäbe der Gesellschaft dafür, wie in ihr mit ihren Mitgliedern umgegangen wird. Mehrwert als Kriterium der Produktion und Warenkonsum als Absatz mehrwertförderlich produzierter Güter sind zwei starke kapitalistische Magneten, die die Gesellschaft von einer Gestaltung der Heteronomiesphäre abhalten. Reichtum wird absorbiert, der sich unter nachkapitalistischen Verhältnissen auf die Gestaltung der Produktion verwenden ließe mit dem Ziel einer doppelten Emanzipation – der Befreiung der Arbeitenden von stumpfsinnigen, routineüberladenen und fachidiotischen Arbeit sowie der Befreiung

211 Womit sind die 20.000 Ingenieure in der deutschen Autoindustrie beschäftigt, wenn Greenpeace mit wenigen Spezialisten das 3-Liter-Auto entwickelt (1996), während dies von eben jener Branche für technisch nicht machbar erklärt wurde?

212 Marx unterscheidet „das Reduzieren der notwendigen Arbeitszeit, um Surplusarbeit zu setzen" von der „Reduktion der notwendigen Arbeit der Gesellschaft zu einem Minimum" (Marx 1974, 592ff.). Das Kapital beruht darauf, „die freigewordene Zeit in irgendeiner vermittelten Weise wiederum zur Mehrwertproduktion und zur Kapitalisierung zu verwenden" (Negt 1984, 195).

der Gesellschaft von einer durch diese Arbeit physisch überstrapazierten und mental angegriffenen Arbeitsbevölkerung. Beim Erdöl ist inzwischen einer Minderheit in der Bevölkerung bewusst, was es für eine Verkehrung der Maßstäbe bedeutet, diesen wertvollen Rohstoff ausgerechnet für Benzin zum Autofahren zu verwenden. Für welche problematischen Produkte und Dienstleistungen (s. II.2i) Fähigkeiten, Sinne und Reflexionsvermögen in der Arbeit verschwendet werden – danach wird weit weniger gefragt.

Die für die Überwindung des Kapitalismus im Sinne einer emanzipatorisch verstandenen nachkapitalistischen Gesellschaft zentralen Interessen, Handlungskompetenzen und sozialen Beziehungspotenzen bilden sich in einschlägigen gesellschaftlichen Infragestellungen des abstrakten Reichtums. Wie in Teil I materialiter ausgeführt, geht es um die Unterscheidung zwischen

- dem zur Akkumulation des Kapitals passenden Reichtum und einem von den Abstraktionen dieses abstrakten Reichtums sich unterscheidenden Reichtum;
- einer kapitalistischen Arbeitsorganisation und -technologie (vgl. I.9c) und einer auf die Arbeitenden zentrierten Arbeitsorganisation und Technologie (vgl. II.2b). Sie orientiert sich nicht einfach an der Verringerung der Arbeitszeit, sondern an der Verringerung „psychologisch unproduktiver Arbeitszeit" (Bahro 1977, 495);
- einer gutzuheißenden Subjektivität und einer Subjektivität, die die Mängel der menschlichen Existenz im Kapitalismus überkompensiert und dafür allerhand Waren und Dienstleistungen in Anspruch nimmt und den Umfang der dafür notwendigen Waren, Dienstleistungen und der entsprechenden Arbeiten vergrößert. In diesem Sinne gilt: „Die massenhafte Überwindung der Subalternität ist die einzig mögliche Alternative zu der grenzenlosen Expansion der materiellen Bedürfnisse" (Bahro 1977, 321). Die Absorption menschlicher Energien durch (über)kompensatorische Produkte und Dienstleistungen betrifft nicht nur die Arbeitenden, sondern auch die Konsumenten. Bei ihnen wird „das überschüssige Bewusstsein ..., die freie, nicht mehr vom Kampf um die Existenzmittel absorbierte psychische Kapazität" (ebd., 321) in Beschlag genommen durch die mit den überkompensatorischen Produkten und Dienstleistungen verbundenen Aufmerksamkeiten.

Erst in dem Maße, wie *diese* Unterscheidungen zum Thema von sozialen Bewegungen werden, entstehen Interessen, Handlungskompetenzen und soziale Beziehungspotenzen für eine im emanzipatorischen Sinne verstandene nachkapitalistische Gesellschaft. Historisch war sie bislang praktisch noch nicht Thema. Die politischen Umwälzungen in Russland 1917 („Land, Brot, Frieden") und in China standen unter anderen Vorzeichen. Der Unterschied zwischen einer im emanzipatorischen Sinne nachkapitalistischen Gesellschaft und einer nachkapitalistischen Gesellschaft, die allererst notwendige *Bedingungen* einer modernen Gesellschaft schaffen soll, bildet den Hintergrund für das Diktum: „Nichts schlimmer, als wenn die Revolutionäre für Brot sorgen sollen" (Marx an Engels, Brief vom 19.8.1852).[213]

(8) Abschließend ist zu fragen, ob mit einer grundlegend veränderten, die Probleme der modernen und kapitalistischen Gesellschaft einhegenden bzw. aufhebenden Vergesellschaftungsweise eine andere Naturwissenschaft einhergeht. Grundlegende Kritiken an den Naturwissenschaften sind in den letzten vierzig Jahren vorgelegt worden

- im Kontext einer substanziellen Kapitalismuskritik (vgl. exemplarisch Dudek 1979),
- im Kontext eines „feministisches Technikdiskurses" (s. überblicksweise Saupe 2002),
- im Kontext einer „Neuen Phänomenologie" (s. Schmitz 2010),
- im Kontext einer einzelwissenschaftlichen Kritik an der „Florchemie" und im Plädoyer für eine „Sanfte Chemie" (Fischer 1999),
- im Kontext einer radikalen ökologischen Kritik.[214]

---

213 „Es ist das Schlimmste, was dem Führer einer extremen Partei widerfahren kann, wenn er gezwungen wird, in einer Epoche die Regierung zu übernehmen, wo die Bewegung noch nicht reif ist für die Herrschaft der Klasse, die er vertritt, und für die Durchführung der Maßregeln, die die Herrschaft dieser Klasse erfordert. Was er tun *kann*, hängt nicht von seinem Willen ab, sondern von der Höhe, auf die der Gegensatz der verschiedenen Klassen getrieben ist, und von dem Entwicklungsgrad der materiellen Existenzbedingungen, der Produktions- und Verkehrsverhältnisse, auf dem der jedesmalige Entwicklungsgrad der Klassengegensätze beruht" (MEW 7, 400f.). Vgl. a. MEW 28, 580.

214 Die Kriterien einer not-wendigen Technikentwicklung betreffen hier die Zurichtung der Stoffe und die Eingriffstiefe in die Natur. Gereinigte, homogenisierte, möglichst pulverisierte oder verflüssigte Roh- und Werkstoffe werden in linearisierten und algorithmisierten Bearbeitungsverfahren verarbeitet. Die „mangelnde Flexibilität der Maschinen und Produktionsanlagen, ihre Unfähigkeit, auf Eigenheiten und Besonderheiten des Materials Rücksicht zu nehmen", führen „zum weitgehenden Verschwinden naturnaher Werk- und Arbeitsstoffe im industriellen Sektor. Der Zurichtungsprozeß der industriell zu verarbeitenden Stoffe in der Grundstoffindustrie, angefangen von der Metallverhüttung über die Stahlwerke, die Zementindustrie, die Glashütten und die chemische Industrie bis hin zur Zellstoffindustrie ist aber eine der größten Quellen für die heutige alltägliche Vergiftung und Umweltbelastung. Wo gereinigt wird, fällt schließlich 'Dreck' an, darunter sind besonders giftige, z.B. krebserregende Stoffe wie die Schwermetalle oder die Aromaten, die natürlicherweise

Diese Kritiken stellen grundlegende Denkformen infrage, die mit den Naturwissenschaften verbunden oder ihnen eigen sind. Selbstverständlich existieren Überschneidungen – z.B. zwischen dem kapitalismuskritischen und dem feministischen Strang (vgl. Saupe 2002) sowie zwischen der phänomenologischen Herangehensweise und der „Sanften Chemie". Es bleibt eine offene Frage, ob mit einer substanziell veränderten Gesellschaftsformation eine andere Naturwissenschaft notwendig wird oder „nur" – wofür bspw. Schmitz 2010 plädiert – eine Unterscheidung zwischen den legitimen Leistungen der Naturwissenschaft und dem auf ihr Paradigma fixierten Zugang zur Welt.

In der Bilanzierung der zentralen Momente der modernen gesellschaftlichen Zivilisation sind deren für 'Praxis' positive und negative Effekte zueinander ins Verhältnis zu setzen. Zudem gilt die Aufmerksamkeit den für naturwissenschaftliche, technische und organisatorische Praktiken notorischen imperialen Tendenzen. In den jeweiligen Professionen und unter den Fachkräften bilden sich spezifische Mentalitäten und spontane Philosophien. Sie belassen es nicht bei dem rationalen Kern des jeweiligen Weltzugangs. Vielmehr wird die ganze Welt jeweils technomorph oder naturwissenschaftlich oder als Organisationsproblem wahrgenommen. Der jeweilige partikulare Weltzugang hält es nicht bei sich aus, sondern frönt einer Gestaltschließung. Die jeweilige Perspektive subsumiert leicht anderes ihrem partikularen Weltzugang, ohne den Unterschied, den sie damit tilgt, wahrzunehmen.

---

nur in geringsten Konzentrationen in der Biosphäre vorkommen" (Gleich 1988, 129). Die naturwissenschaftliche Ausblendung von Störfaktoren und die Herstellung reiner Substanzen lässt sich im Labor noch aufrechterhalten, im Verwendungszusammenhang entwickeln diese Stoffe problematische Verbindungen und Weiterungen. Die radikale Steigerung der Eingriffstiefe – extrem bei Atom- und Gentechnologie – führt zur Konstruktion naturfremder Substanzen. Die zahlreichen „naturfremd (xenobiotisch) chlorierten Kohlenwasserstoffe ... sind, wegen ihrer Naturfremdheit, weil die Natur sie im Lauf ihrer Evolution nicht in ihre Stoffwechselkreisläufe einbauen konnte, weil sie keine Wege des adäquaten Umgangs, insbesondere keine Wege ihres natürlichen Abbaus entwickeln konnte, meist Anreicherungsgifte und oft erbgut- und fruchtschädigend und krebserregend. Sie reichern sich, weil sie nicht abgebaut werden können, in der Umwelt und in den Organismen an" (Ebd., 138). Demgegenüber geht es darum, „die Stoffe möglichst naturbelassen bzw. naturnah zu verwenden und zu verarbeiten, wie es als Maxime der Vollwerternährung und des biologischen Landbaus, der Naturkosmetik, Naturheilkunde, des ökologischen Bauens, des Gebrauchs von Naturfasern und Naturfarben, von biologisch abbaubaren Wachmitteln, kurz, als Konzept einer 'Sanften Chemie' zum Teil schon jahrzehntelang propagiert und erfolgreich praktiziert wurde" (Ebd., 139).

Den Übergang bspw. von Naturwissenschaft in eine problematische Herangehensweise an Wirklichkeit (s. II.8a1) zu kritisieren, heißt genau das, was kritisieren beinhaltet: Unterscheiden – hier also zwischen den unaufhebbaren Erkenntnispraxen von Naturwissenschaft und ihrer immanenten Affinität zu einer dekomponierenden Außenperspektive. Naturwissenschaft als soziales Phänomen in der modernen Gesellschaft hat selbst einen Doppelcharakter. Kritik ist dann etwas anderes als das Plädoyer dafür, Naturwissenschaft zur Magd einer wie auch immer gearteten Philosophie oder Weltanschauung zu degradieren. Ebenfalls kann Kritik an der Logik von Organisationen sich nicht in der Perspektive von „small is beautiful" zusammenfassen. Die Aufgabe dieses Kapitels besteht darin, die für die Heteronomiesphären charakteristischen Probleme aufgrund ihrer basalen Relevanz für jedwede moderne Gesellschaft wenigstens soweit herauszuarbeiten, dass die Art und Weise, wie sich die Problematik stellt, deutlich wird. Sie löst sich weder durch Veränderung der gesellschaftlichen Eigentumsstrukturen auf, noch würde sie angemessen verstanden in einer pauschalen Charakterisierung, die „die instrumentelle Vernunft" sei es affirmativ auffasst, sei es nolens volens akzeptiert, sei es pseudokritisch in Gänze ablehnt.

II.9 Die Sphäre des Selbstverhältnisses der von 'Praxis' dominierten Gesellschaft (Die gesellschaftliche Selbstgestaltung)

Mit dem Selbstverhältnis einer von 'Praxis' dominierten Gesellschaft werden drei Themen zum Problem und bedürfen gesellschaftlicher Aufmerksamkeit, praktischer Bearbeitung und institutioneller Strukturen:

a) Die Pluralität und Divergenz gesellschaftlicher Belange und Perspektiven und die gesellschaftliche Synthesis,
b) Die Divergenz zwischen der gesellschaftlichen Zivilisation und 'Praxis',
c) Zielkonflikte in der Gestaltung der Gesellschaft durch ihre Mitglieder und die mit ihr verbundene Selbstreflexion.

a) Die Pluralität und Divergenz gesellschaftlicher Belange und Perspektiven und die gesellschaftliche Synthesis – Die Vergesellschaftung der Ökonomie und Politik

Selbst wenn soziale Gegensätze zwischen Lohnarbeit und Kapital oder zwischen Führungsschicht und Bevölkerungsmehrheit aufgehoben wären, würden Interessen zwischen verschiedenen sozialen Gruppen divergieren. Die Aufwendungen, die bspw. der einzelne Betrieb oder das Arbeitskollektiv anfordern – zwecks Verringerung ihrer Arbeitsmühe oder Investitionen in die Technologie –, stehen anderen Betrieben oder Arbeitskollektiven nicht zur Verfügung. Divergenzen existieren zwischen

- den Interessen von Betrieben, Haushalten, öffentlichen Diensten,
- lokalen, regionalen und nationalen Belangen,
- verschiedenen Professionen, Arbeits- und Lebensbereichen.

Bereits in der Wirtschaft stellen sich Fragen nach der Verteilung der Ressourcen auf verschiedene, miteinander rivalisierende Zwecke:

- Welche Anteile des gesellschaftlichen Sozialprodukts sollen auf Verbrauch, Arbeit im weiten Sinne, Ersatz-Investition, Neu-Investition oder Sparen verwendet werden?
- Wie fällt die Proportion zwischen öffentlichem und privatem Verbrauch aus?
- In welchem Verhältnis stehen die Aufwendungen für Produktivität und Effizienz zu denen für die Lebensqualität (auch und gerade in der Arbeit)?
- In welchem Verhältnis stehen die Aufwendungen für Umweltanpassung, Energiesparsamkeit, Wirtschaftlichkeit, Überschaubarkeit und Partizipationseignung?[215]

Nicht um die Vollständigkeit der Aufzählung geht es hier, sondern darum, die Problematik zu verdeutlichen. Die genannten Fragen geben Anlass für soziale Konflikte. Die Abschöpfung von Mehrprodukt aus Betrieben oder Regionen zur Hilfe für weniger „produktive" Betriebe und Regionen sorgt für Interessenunterschiede und -gegensätze. Ebenso die Finanzierung des öffentlichen Konsums durch Abgaben des gesellschaftlichen „Leistungskerns". Konflikte ergeben sich z.B. zwischen den mit Care-Tätigkeiten im weitesten Sinne Beschäftigten und den Beschäftigten in den das gesellschaftliche Mehrprodukt erzeugenden Bereichen.

Auch in einer nachkapitalistischen Gesellschaft können untereinander divergente Präferenzen von Sondergruppen entlang verschiedener Interessen und Belange entstehen. Dann kommt es ungünstigenfalls zu Folgendem: „Produktive"

---

215 Zu den Konflikten zwischen diesen Zielen s. II.9b.

Branchen, Sektoren oder Regionen wenden sich gegen minder „produktive"[216] und gegen Bereiche, die für ihre Existenz Ressourcen verbrauchen, aber nicht selbst erzeugen. Produzenten und Dienstleister wenden sich gegen Konsumenten. Anhänger der Dezentralisierung und der Autonomie von Betrieben und Bereichen stehen gegen übergeordnete gesamtgesellschaftliche Belange. Experten gegen Laien. Eine Leistungs- und Effizienzfraktion (der vorrangig mit der Optimierung von Leistung und Effizienz Befassten und der an ihnen Interessierten) tritt gegen die Lebensqualitätsfraktion auf. Die Ökopartei u. U. gegen beide. Beim Unterschied (bspw. zwischen rot und blau) existiert ein gemeinsames Drittes. Anders beim Streit um Verschiedenheiten (z.B. blau und klein). Das erschwert bereits die Verständigung.

Auch wenn die nachkapitalistische Gesellschaft von ihrem Leitbild her darauf angelegt ist, die Fixierung auf Partikularinteressen zu überwinden, so entsteht eben diese Orientierung immer wieder, sobald massive Schwierigkeiten bei der Verwirklichung der neuen Strukturen und des neuen gesellschaftlichen Paradigmas auftreten. Solidarität entfaltet sich dann zumeist exklusiv – in den Grenzen ihrer praktischen Wirksamkeit, also entlang der Leichtigkeit der Organisierbarkeit eines Interesses und gemäß der Macht der jeweiligen Gruppe. Sie wächst ihr in dem Maße zu, wie sie ihre Leistung verweigern kann und dies gravierende negative Folgen hat.

„Es wäre naiv anzunehmen, Interessengegensätze würden in einer postkapitalistischen Wirtschaft einfach verschwinden. Das Gegenteil wird der Fall sein: Interessen und Interessenkonflikte sind offensichtlicher, weil keine scheinbar objektiven Marktmechanismen zwischen die Akteure treten" (Ringger 2008, 84). Die Bevölkerung ist nicht nur von Interessengegensätzen durchzogen, sondern auch in verschiedene und nur schwer ineinander übersetzbare Wahrnehmungsweisen und Mentalitäten gespalten. Mit der starken Ausdifferenzierung professioneller und semiprofessioneller Tätigkeiten in der modernen Gesellschaft ist eine große Bandbreite und Verschiedenheit von Themen und Qualifikationen, Erfahrungen und Kompetenzen verbunden. Dies geht mit partikularen Welt-

216 Gorz wies bereits 1967 auf die für das spätere Schicksal Jugoslawiens zentrale Entwicklung hin, in der „Arbeiterkollektive in den fortgeschritteneren Unternehmen und Gebieten sich gegen die Auflagen und Einschränkungen auflehnen, denen ihre autonome Verwaltung durch die Existenz der weniger entwickelten Gebiete und durch eine Finanzpolitik, die sie zugunsten jener einer unverhältnismäßig hohen Belastung aussetzt, unterworfen wird. ... Die Arbeiterselbstverwaltung in den Unternehmen versöhnt nicht automatisch den Produzenten mit dem Konsumenten und das gesellschaftliche mit dem privaten Individuum" (Gorz 1969, 142).

und Selbstsichten, Mentalitäten und Habitusformen einher. Intellektuelle haben einen anderen Zugang zur Welt als vorwiegend körperlich Arbeitende. In Wirtschaft und Technik Tätige unterscheiden sich in ihrer Herangehensweise von mit Care-Tätigkeiten (für Kinder, Kranke und Senioren) Befassten. Das Extrem der jeweiligen professionsspezifischen Sonderkulturen zeigen Begriffe wie Pädagogismus, Technizismus, Szientismus oder Politizismus. Jeweils besondere Ideologien „der“ Helfer, „des“ Leitungspersonals oder „der“ Mütter (vgl. Dieckmann 1995) bilden ein in der Öffentlichkeit weit diskutiertes Thema.

Diese den besonderen Tätigkeitsfeldern eigene bzw. nahe liegende soziozentrische Wahrnehmung enthält jeweils Verzerrungen (vgl. Boudon 1988). Andere Bereiche erscheinen dann nicht in ihrem eigenen Gehalt, sondern gefiltert durch die Welt- und Selbstsicht der jeweiligen Sonderperspektive. Techniker und Pädagogen bspw. nehmen in der Welt überproportional viel als technisch bzw. als pädagogisch oder als nicht-technisch oder als nicht-pädagogisch wahr. Die jeweilige déformation professionelle verdirbt die Auseinandersetzungen darüber, was in der Gesellschaft welche Relevanz hat, zu Kulturkämpfen. Ein weiteres Beispiel dafür, wie das Sein das Bewusstsein verstimmt.

Rationalität erweist sich als sozial verortet und nicht – wie in rationalistischen Vorstellungen angenommen – als (wenigstens „eigentlich“) homogen. Die rationalistische Vorstellung einer den verschiedenen sozialen Lagen, Positionen und Perspektiven gleichermaßen zugänglichen Rationalität fingiert eine Art außerirdisches Wesen, das alles sieht und überblickt. *In* der Gesellschaft aber dominieren standortgebundene Perspektiven.[217] Die gesamtgesellschaftliche Beratung, Erwägung und Auseinandersetzung wird durch die Vielheit sozialer Perspektiven nicht leichter.

‘Praxis’ eröffnet einen in sich differenzierten und integrierten Zugang zur Welt, der sich zur babylonischen Sprachverwirrung anders verhält als Esperanto oder Pidgin-Englisch zur Vielfalt der Sprachen. Not-wendig werden gesellschaftliche Strukturen und soziale Beziehungen, die es ermöglichen, das für die kapitalistische und moderne Gesellschaft charakteristische Wegdiffundieren negativer Effekte zu überwinden.

In der nachkapitalistischen Gesellschaft stehen die öffentliche Auseinandersetzung, Beratung und Entscheidungsfindung an über die Verteilung der Ressourcen auf die verschiedenen gesellschaftlichen Belange. Für diese kollektive Erwägung

---

217 Bourdieu zitiert Virginia Woolf („Die generellen Ideen sind Generalsideen“) und unterscheidet vom Standpunkt des militärischen Oberkommandos die „blinde enge Teilsicht des in der Schlacht verlorenen Soldaten“ (Bourdieu 1982, 699).

und Reflexion sind die inneren Beziehungen und das Gefüge der verschiedenen Belange zu vergegenwärtigen (s. II.2g). Ohne Anspruch auf die Vollständigkeit der Aufzählung handelt es sich bei diesen Belangen um

- verschiedene Fraktionen der Bevölkerung: Kinder, Jugendliche, Senioren, Arbeitende u.a.,
- verschiedene Regionen,
- verschiedene Bereiche der Gesellschaft: Produktion, Zirkulation, Konsumtion, Infrastrukturen, Gesundheits- und Bildungswesen u.a.,
- die Qualität des Arbeitens, der Gegenstandswelt, des Konsums, der Sozialbeziehungen, der Gesellschaftsgestaltung u.a.

Jeder dieser genannten Belange bringt eigene Notwendigkeiten, Kriterien und Perspektiven mit sich. Sie können voneinander inkommensurabel verschieden sein. Die Emanzipation von den dominierenden Profitimperativen ermöglicht allererst die gesellschaftliche Auseinandersetzung darüber, wie „die widerstreitenden Zwecke (technisches Arbeitsethos gegen materiellen Ertrag, subjektives Arbeitsausleben gegen objektive Forderungen der Produktivität, individuelle Entfaltung gegen gemeinschaftliche Bindung) gegen einander ausgeglichen und ausgewogen werden müssen" (Hardensett 1932, 84).

Kommen die Verhältnisse der verschiedenen Belange zueinander in den Blick, greift die Perspektive von Kompromissen zu kurz. Rückkoppelungen und immanente Maßverhältnisse[218] werden zum Thema. Die Verhältnisse des höheren Lebensalters und der Kindheit zu den Imperativen des Wirtschaftens und Organisierens verdeutlichen diese Problematik. Kindheit und Jugend sowie das höhere Alter kommen nicht additiv und vollständigkeitshalber in den Blick. Vielmehr stellen diese Lebensphasen und Bereiche als das Andere der Erwerbstätigkeit und des Geschäftslebens dies infrage, verweisen auf das durch sie Ausgeschlossene und negativ Betroffene. Das Erwerbs- und Geschäftswelt zeigen ihr „wahres Gesicht" nicht allein mit ihren unmittelbaren Ergebnissen, sondern gerade auch mit den von ihnen ausgehenden indirekten Effekten. Sie betreffen in besonderer Weise die Lebensphasen von Kindheit und Jugend sowie höherem Alter. Erst die Vergegenwärtigung des inneren Zusammenhangs zwischen den beklagten Problemen dieser Lebensphasen und den herrschenden Strukturen des Erwerbs- und Geschäftslebens offenbart deren wirkliche Bilanz. Entsprechendes gilt auch für das Geschlechterverhältnis in der modernen kapitalistischen Gesellschaft (vgl. I.8).

Gefragt sind in der Vergesellschaftung der Ökonomie die Kommunikation und Auseinandersetzung, Beratung und Entscheidungsfindung zwischen Men-

218 Vgl. S. 153, Anm. 18 und S. 214, Anm. 11 zum Begriff des Maßes.

schen, die sich in verschiedenen sozialen Lagen und Positionen befinden. Soziale Normen zu beschwören ist nicht das Anliegen, sondern die „Schaffung neuer sozialer Elementarbeziehungen, in denen sich Gemeinsinn entfalten kann, so dass die Entwicklung des Gesellschaftsganzen aus gemeinsamen Lernprozessen auf dieser Grundlage hervorgeht" (Heyder 1994, 134). Unter anderem wären hier zu nennen die Kommunikationen

- zwischen Arbeitenden und Konsumenten (bspw. mit der Frage, wie viel Konsumgüter angeboten und wie viel Ressourcen aufgewendet werden für die Erhöhung der Qualität des Arbeitens als Lebenszeit);
- zwischen Produzenten und Konsumenten einerseits, von ihren mittelbaren Folgen Betroffenen andererseits, um eine Koalition der Sektoren Arbeit und Konsum zulasten bspw. von Belangen der Care-Tätigkeit (Beziehung zu Kindern, Kranken und Alten) oder der Ökologie abzuwenden. Umgekehrt gehen z.B. von der Aufmerksamkeit der mit Care-Tätigkeit Befassten eigene Maßgaben aus, die einer innerorganisatorischen, innertechnischen und innerökonomischen Betriebsblindheit und Monokultur entgegenwirken;
- zwischen Experten und Laien (bspw. mit der Frage, wie viel Spezialisierung notwendig ist, und welche Verluste an alltäglicher Urteilskraft und Kompetenz mit ihr einhergehen und wie sich dem entgegenwirken lässt);
- zwischen verschiedenen Altersgruppen, um deren verschiedene Perspektiven zueinander ins Verhältnis zu setzen.

Wenn man diese Auseinandersetzung und Vergegenwärtigung ernst nimmt und nicht einfach als kompromisshaftes Miteinanderzurechtkommen von partikularen Interessengruppen verkennt, gewinnen Modelle an Bedeutung, wie sie z.B. Pat Devine mit dem „*Konzept verhandelnder Koordination*" formuliert. „Anders als Koordination durch staatlichen Zwang oder Marktkräfte setzt verhandelnde Koordination voraus, dass die Menschen sich bewusst mit ihren Abhängigkeiten und den Konsequenzen ihres Handelns für andere auseinandersetzen. Sie ermutigt Menschen, über ihre sektionalen oder Teilinteressen hinauszugehen und die Lage ihrer Mitmenschen mitzubedenken. ... Das würde nicht heißen, dass jeder an jeder Entscheidung beteiligt wäre und keine Zeit mehr für irgendetwas anderes hätte. Es würde eher bedeuten, dass die Menschen im Laufe ihres Lebens abwechselnd an direkter demokratischer Entscheidungsfindung und an demokratischer Repräsentanz beteiligt wären, indem sie als Vertreter anderer agieren würden. Im Rahmen des politischen Prozesses, der alternative gesamtwirtschaftliche Planvorschläge erwägen würde, würden die Menschen über die Prioritäten ... entscheiden. Dazu würde das Verhältnis zwischen sozialen und wirtschaftlichen Investitionen, zwischen gesellschaftlichem und persönlichem

Konsum ebenso zählen wie Entscheidungen über große strukturelle Entwicklungen in der kulturellen, städtischen, Umwelt- und Transportinfrastruktur, sowie über die geographische Verteilung wirtschaftlicher Aktivität, Prioritäten für den Ressourceneinsatz für Forschung, Entwicklung und Innovation usw." (Devine 2009, 19f.).[219]

Technokratische Sozialismusmodelle sehen nicht nur von der Abstimmung zwischen verschiedenen Interessen und Belangen sowie von ihrer wünschenswerten demokratischen Entscheidung ab.[220] Ausgeblendet bleibt v.a. die die Gesellschaft im emphatischen Sinne *bildende* Dimension der öffentlichen Erwägungen und Auseinandersetzungen, der Beratung und Entscheidungsfindung. „Das Ganze der sozialen Bezüge lässt sich selbst nur sozial herstellen, nämlich dadurch, dass sich die verschiedenen Kräfte des sozialen Lebens im Gespräch zusammenfinden und ihre Teilwirklichkeiten in das Bild des Ganzen einfügen. ... Es geht nicht um Regieren und Anordnung, sondern um Bewusstsein schaffende Verbindungen zwischen den verschiedenen Organen und Funktionen des Wirtschaftslebens" (Heyder 1994, 139).[221]

Die Individuen, die sich in verschiedenen Arbeitszweigen, gesellschaftlichen Sphären und Lebensaltern befinden, nehmen eine jeweils andere Perspektive auf die Gesellschaft ein. Erst innerhalb des Zusammenspiels dieser verschiedenen Perspektiven wird Gesellschaft multiperspektivisch deutlich – im Sinne von Vielfalt im Unterschied zu Vielzahl (vgl. II.6c) und im Sinne von Unterschied in Absetzung von Verschiedenheit. Das Anliegen ist, die Grenzen nicht von außen zu überschreiten, sondern von innen zu öffnen. Problem und Perspektive lassen sich am modernen Großbetrieb veranschaulichen. Er stellt ein Pluriversum

219 Vgl. a. Heyder 1994, 123f., 139 und Barber 1994, 126-128.

220 „Jeder Versuch, Planung mit bestmöglichen Berechnungsmethoden und optimalem Einsatz der Informatik zu perfektionieren, ohne dabei auf die Interessen, die Kreativität, das Engagement und die Intelligenz der Produzierenden und der Nutzenden abzustützen (sic! – Verf.), führt jedoch unweigerlich wieder zu Formen der Herrschaft einer Minderheit über die Mehrheit. Ökonometrische Modelle und EDV basierte Berechnungen mögen eine große Hilfe sein; das 'richtige' Programm aber wird es nie geben, alleine schon deshalb nicht, weil es bei allen Entscheiden immer auch um Interessen geht, nicht nur um Berechnungen. ... Wenn das Problem als technokratisches beschrieben wird, dann ... (ist davon auszugehen – Verf.), dass die technokratischen Eliten die Planung durchführen sollen. ... In der Technokratie aber werden Interessen nicht offengelegt, sondern mit technischen Argumenten und Methoden kaschiert. Konflikte, die nicht offen ausgetragen werden, verschwinden nicht, sondern entfalten ihre Wirkung durch die Hintertür ...." (Ringger 2008, 75).

221 Vgl. a. Heyder 1994, 123f., zitiert in II.2d.

verschiedener Abteilungen dar mit entsprechend heterogenen Kompetenzen und Mentalitäten. Forschung und Entwicklung, Technik, Fertigung, Beschaffung, Logistik, Marketing, Vertrieb, Public Relations, Controlling, Personalmanagement, Informationstechnologie – all diese Bereiche weisen nicht nur jeweils andere Interessen auf; was die eine Abteilung als Innovation reizt, provoziert bei anderen Mehrarbeit, Umstellungsaufwand u.ä. – sondern auch verschiedene Perspektiven auf das Betriebsgeschehen. Der Blick von außen auf den jeweils anderen Bereich ist dann anfällig für Klischees und Feindbilder. Der Zusammenhalt und die Distinktion in Abgrenzung gegen andere Betriebsabteilungen liegen nahe. Schon *im* Betrieb wird demgegenüber eine Perspektive notwendig, die auch *außerhalb* des Betriebs am Platz ist. Es geht darum, „durch die Erweiterung des eigenen Blickwinkels und die breitere Definition der eigenen Interessen" den „Korridor für gemeinsame Lösungen" auszudehnen (Schütz 2003, 94). Dies impliziert die Verringerung von toten Winkeln zwischen den Bereichen und die Arbeit an den Ursachen von Verteilungs-, Ziel- und Wahrnehmungskonflikten[222] zwischen den verschiedenen Bereichen.

Gesellschaftliche Bedingungen und Strukturen sind gefragt, die Urteilskraft ermöglichen, um in den verschiedenen besonderen Bereichen herauszufinden, wie das allgemeine Paradigma (das gute Leben im Sinne von emphatisch verstandener 'Praxis') erst *durch* die besonderen Bereiche und in ihrem Zusammenspiel verwirklicht wird. Damit „wäre der Eckpfeiler herkömmlicher Staatstheorie erschüttert: der fraglos angenommene Bedarf der Gesellschaft nach einer zentralen, hierarchisch übergeordneten Steuerungsinstanz. Denn dann wäre der Gedanke zugelassen, dass Organisationen und Korporationen ... auch über die

222 „Die *Verteilungskonflikte*, die aus den Verschiebungen interner Machtverhältnisse und aus den Mehrbelastungen der Bereiche resultieren. Konkret geht es um Ausstattung, Auslastung, Budgets, Kompetenzen, Stellen und natürlich Tantiemen. ...
Zielkonflikte, die sich aus den unterschiedlichen Aufgaben und internen Abhängigkeiten der Abteilungen ergeben. Der federführende Bereich sollte die Projekte so anlegen, dass auch die Ziele der Schnittstellenpartner unterstützt werden. ... Im Regelfall treten aber Zielkonflikte auf. Will z.B. das Marketing eine weitere Produktvariante durchdrücken, werden die Zielsetzungen 'Auslastung' bzw. 'optimale Losgrößen' von Einkauf und Produktion gefährdet. ...
Wahrnehmungskonflikte, die eng mit den Vorurteilen auf der Bereichsebene verknüpft sind. ... Auch der Forscher täte gut daran, das Fremdbild der anderen nicht zu ignorieren. So sollte er bei Innovationsprojekten den Kontakt zum Kunden geradezu einfordern. Denn ohne diese Marktnähe wird er mit seinen Laborideen wieder einmal auf den Widerstand von Marketing und Vertrieb stoßen. Dabei könnten selbst gute Ideen versanden" (Schütz 2003, 101-103).

Weitsicht verfügen, sich im eigenen Interesse vor sich selbst zu schützen. Dies geschieht etwa dadurch, dass sie sich selbst gegenwärtig binden – wie Odysseus vor den Sirenen –, um einer drohenden zukünftigen Irrationalität vorzubeugen" (Willke 1996, 139).

Die Internalisierung der umsichtigen Wahrnehmung konstitutiver Voraussetzungen und Effekte des eigenen Tuns in es selbst entfaltet die menschliche Gegenwart oder das In-der-Welt-Sein der Akteure. Es gedeiht in dem Maße, wie die Identitätsstiftung qua Status oder Einkommen, die Fixierung auf Fachidiotentum, die Weltlosigkeit durch Lebensstilkleinstaaterei, durch Besitzindividualismus und durch die selbstwertdienliche Selbststilisierung unnotwendig werden.

Die öffentlichen Auseinandersetzungen über das Gefüge der verschiedenen Belange umfassen auch Prozesse, innerhalb derer die Menschen in den ausdifferenzierten Bereichen der Gesellschaft sich darüber bewusst werden, wie sie praktisch Repräsentanten[223] ihrer „Kunden" und der von ihren Tätigkeiten indirekt Mitbetroffenen sein können.[224]

Bereits im Bezug auf ökologische Belange avancieren bspw. die Bauern zu Repräsentanten oder Treuhändern eines gesellschaftlichen Anliegens (s. II.4e) – der Pflege und des Erhalts der Natur, insoweit diese in den wohl verstandenen Arbeitsbereich der Bauern fallen. In der von 'Praxis' dominierten Gesellschaft entwickeln sich auch andere Gruppen zum Repräsentanten oder Treuhänder der für diese Gesellschaft charakteristischen Belange.

Eltern, Erzieher und Lehrer als Repräsentanten und Treuhänder des gesellschaftlich zentralen Anliegens eines gedeihlichen Heranwachsens von Kindern

223 Zur Repräsentation vgl. S. 211, Anm. 1.

224 Es handelt sich dabei nicht allein um ein intellektuelles Phänomen. „Vielmehr ist der innere Repräsentant des anderen an die eigenen inneren Sinne derart 'angeschlossen', dass höchst reelle eigene Empfindungen vermittels des inneren Repräsentanten des anderen ausgelöst und gesteuert werden. Es vollzieht sich eine Mitbestimmung meiner Stimmung durch die 'Stimme' des inneren Repräsentanten, mittelbar also eine Mitbestimmung durch den anderen selbst" (Suhr 1975, 294). „'Verbesserung' des Ich durch Verallgemeinerung des 'me' ... vollzieht sich jedoch gerade nicht als Programmierung und Fixierung auf bestimmte Ziele und Leitwerte hin, sondern dadurch, dass die Sozialisation Bahnen schafft, die uns öffnen, Bahnen, auf denen unsere Umwelt so in uns eindringt, dass wir sensibler und intensiver miterleben, was den Menschen um uns herum gegenwärtig geschieht, und empfindsamer vorwegerleben, was ihnen in Zukunft geschehen wird" (Suhr 1981, 531). Mit Sozialisation ist nicht allein die einmalige Primärsozialisation von Kindern und Jugendlichen gemeint, sondern auch die fortlaufende Sozialisation in den verschiedenen Dimensionen von 'Praxis' (s. II.4).

und Jugendlichen aufzufassen heißt praktisch, dies ermöglichende und befördernde gesellschaftliche Voraussetzungen zu schaffen. Bspw. hat gelingende elterliche Erziehung gesellschaftliche Grundlagen, die in I.8 skizziert sind. Von ihnen sieht ab, wer es auf die subjektivierende Zuschreibung von Verantwortung und auf die Einengung der Zuständigkeit absieht.[225]

Pflegekräfte, Ärzte und Physiotherapeuten werden zu Repräsentanten oder Treuhändern von Wissen und Kompetenzen, die das Thema Gesundheit betreffen. Diese Kenntnisse und Erfahrungen bilden einen Aktivposten einer Gesellschaft, die die umfassende Verbesserung des Gesundheitszustandes als eine zentrale Querschnittsproblematik praktisch anerkennt (vgl. I.5a). Wird sie nicht angegangen, tragen auch gestiegene ökonomische und technologische Leistungseffekte nicht zur Erhöhung des insgesamt feststellbaren Psychosozialprodukts bei. Das gesellschaftliche Ziel ist, die gesellschaftlichen Sphären so zu gestalten, dass in ihnen Prävention und Abwendung von Schädigungen der Gesundheit einen wesentlichen Maßstab bilden. Die im weiten Sinn mit Gesundheit professionell Befassten sind nur insoweit Repräsentanten und Treuhänder des Ziels, als sie gerade nicht so tun, als sei ein autonomes Medizinsystem jenseits und getrennt von den anderen, im Wesentlichen unveränderten gesellschaftlichen Sphären zuständig.[226]

Eine Gegentendenz zur Fixierung auf partikulare Interessen und Perspektiven und zum Okkupiertwerden durch sie bildet die in Teil I beschriebene Perspektivenveränderung. In ihr wird deutlich, wie das Allgemeine im Besonderen enthalten ist und durch es auf besondere Weise mit aufgebaut wird. Es kommt zu einer Veränderung von Selbst- und Weltsicht. Im Horizont der besonderen Anliegen, Arbeiten und Tätigkeiten wird deutlich, dass sie selbst nur gelingen, wenn sie den (im Sinne von 'Praxis') positiven Bezug auf von ihnen betroffene andere Gruppen und Belange in ihren eigenen Inhalt internalisieren. Das eigene Tun gut zu tun

---

225 Eltern wird faktisch gegenwärtig eine Aufgabe aufgebürdet, die an vielen anderen Stellen mitgeleistet werden muss und nur so, als auf viele Schultern verteilt, gelingen kann. Es „nimmt auch kaum jemand daran Anstoß, dass grobe Verstöße gegen das Wohl des Kindes, wie sie zum Beispiel bei der Verkehrsplanung oder im Wohnungsbau vorkommen, nicht geahndet werden, während gleichzeitig selbst geringfügige Schwächen und Fehler der Eltern erbarmungslos angeprangert werden“ (Szszesny-Friedmann 1994, 152f.).

226 Der Medizin des gegenwärtigen Gesundheitswesens ist die Mystifikation eigen, das individuelle Eintreten für Gesundheit zum Zentrum zu erheben. Die gesellschaftliche Arbeit an den gesellschaftlichen Ursachen von gesundheitlichen Problemen rückt in den Hintergrund. Vgl. Creydt 2006.

heißt, dessen Voraussetzungen und Effekte umfassend mitzureflektieren und entsprechend das Tun, die Arbeitsprodukte bzw. die Dienstleistungen zu gestalten. In-der-Welt-Sein bedeutet dann: Ein gutzuheißendes Tun kommt nur in dem Maße zustande, wie die Externalisierung negativer Effekte und Kosten ebenso überwunden wird wie die Ausnutzung des Schadens des anderen als Gelegenheit, das eigene Tun (bzw. dessen Resultate) unter Voraussetzung der Schadensursachen anzubieten. Das Bewusstsein von der Qualität des eigenen Tuns im Sinne von 'Praxis' bildet ein Gegengewicht gegen die Tendenz zur Verfolgung partikularer Interessen und Maximierung entsprechender Einkommen.[227] Die jeweiligen Berufsverbände können – unterstützt durch die öffentliche Auseinandersetzung und Debatte sowie durch Supervision (vgl. zu ihr II.9c) – Qualitätsmaßstäbe für die Arbeit und für die in sie internalisierte Reflexion über die Voraussetzungen und Effekte ihrer Arbeit bzw. ihres Arbeitsfeldes aufstellen und ihr tatsächliches Tun damit abgleichen.[228]

Die hier vorgestellte Perspektive unterscheidet sich von der Staatspolitik, folgt aber nicht der Utopie einer Verallgemeinerung von *Basisdemokratie und imperativem Mandat*. Letztere führen sich nicht nur immanent ad absurdum,[229] sondern enthalten auch einen grundlegenden Mangel an Aufmerksamkeit für ge-

---

227 „Ohne Mitglied einer berechtigten Korporation zu sein (und nur als berechtigt ist ein Gemeinsames eine Korporation), ist der Einzelne ohne Standesehre, durch seine Isolierung auf die selbstsüchtige Weise des Gewerbes reduziert … . Er wird somit seine Anerkennung durch die äußerlichen Darlegungen seines Erfolgs in seinem Gewerbe zu erreichen suchen, Darlegungen, welche unbegrenzt sind, weil seinem Stande gemäß zu leben nicht stattfindet" (Hegel 7, 395).

228 Diese „Einwurzelung des Besonderen in das Allgemeine" (Hegel 7, 458f.) findet Hegel zufolge in den Korporationen statt. „So kehrt das Sittliche als ein Immanentes in die bürgerliche Gesellschaft zurück; dies macht die Bestimmung der Korporation aus" (Ebd., 393). Auf die für unser Praxiskonzept relevanten Überlegungen Durkheims zu den Berufsgruppen (vgl. Müller 1983, 146ff.) kann ich hier aus Platzgründen nur hinweisen.

229 Wird das „Mittel der Rückdelegation von Verantwortung an Kollektive oder deren Delegiertenversammlungen nicht äußerst rationell und überlegt eingesetzt, so paralysieren solche urdemokratischen Methoden die Demokratie selbst: das permanente Tagen aller in allen sie betreffenden Organisationsbereichen; die außerordentliche Schwerfälligkeit der Entscheidungsfindung mit zunehmender Größe des zur Entscheidung berufenen Gremiums; die ständige Möglichkeit des Umstoßens sachlicher und personeller Entscheidungen durch Basisgremien; die (von den rätedemokratischen Theoretikern meist unterschlagene) Manipulierbarkeit gerade kollektiver Entscheidungsträger; der Rückfall frustrierter Partizipanten in die Apathie" werden zum Problem (Vilmar 1973, 155f.).

sellschaftliche 'Praxis'. Für die von ihr dominierte nachkapitalistische Gesellschaft ist die Veränderung der gesellschaftlichen Schnitt- und Verknüpfungsmuster der Handlungen zentral. Schon aus den Erfahrungen mit den Zentralproblemen der Arbeits-, Umwelt- und Lebensqualität entsteht so etwas wie eine neue „Metaerzählung". Mit einem neuen Verständnis von Reichtum und In-der-Welt-Sein im Sinne von 'Praxis' verändern sich die Motive und Präferenzen. Vor dem Hintergrund der Orientierung an einem so verstandenen guten Leben verringert sich die Neigung, das eigene Spezialwissen als Mittel dafür zu nutzen, Vorteile zulasten anderer zu erlangen. Zugleich kann der Drang abnehmen, vergleichsweise attraktive Tätigkeiten zu monopolisieren und Inkompetenzen anderer Beteiligter zur eigenen Selbsterhöhung und zur Durchsetzung von Partikularinteressen zu nutzen. Erst durch diese Prozesse kann dann auch so etwas wie ein gegenseitiges gesellschaftliches Vertrauen entstehen.[230]

Die Vorstellung des basisdemokratischen „alle entscheiden über alles" hängt demgegenüber mit dem „alle misstrauen allen" eng zusammen. Auch hier stellt sich die Frage, wie dieses Phänomen unnötig werden kann. Die beschriebene Veränderung von Motiven und Präferenzen ist dabei eine notwendige Bedingung. Die hinreichende Bedingung besteht in der umfassenden Veränderung der Formen der gesellschaftlichen Synthesis. Zu den Erfolgskriterien dieser Gesellschaftstransformation gehört u.a. die Verringerung der Konkurrenz, der Hierarchien, Subalternitäten und Inkompetenzen, der Bedeutungsverlust der individuellen Orientierung im Horizont partikularer Vorteile und der Parzellierung des gesellschaftlichen Raumes in Scheuklappen fördernde Zuständigkeitsbereiche sowie die Einhegung der Spaltungen.

Wer sich demgegenüber an einer wie auch immer gearteten basisdemokratischen Kontrolle aller Spezialisierungen und Informationsvorsprünge orientiert, setzt auf das falsche Pferd und hetzt es zu Tode.[231] Vielmehr müssen auch in den Arbeitsvermögen von Leitungskräften, von technisch-naturwissenschaftlichen

---

230 Zur „Repräsentation" vgl. S. 211, Anm. 1.

231 „Der Drang zum imperativen Mandat (wird) aus Missachtung und Misstrauen geboren. ... Als Verfahrensprinzip auf Dauer ist eine solche Konstitutionalisierung von Misstrauen zu Verfahrensregeln kein guter Ansatz. Will man sie trotzdem für Übergangsperioden, hat man sie am Hals, und man übt mit jeder Anwendung dieser politischen Kandare das Misstrauen, das man überwinden möchte" (Suhr 1975, 343). Das imperative Mandat ist die Übertragung des Prinzips 'hire and fire' aus der ökonomischen 'Praxis' des Privateigentums auf die politische 'Praxis' der Repräsentation." Der „verhinderte Eigentümer" möchte „mit seinen Vertretern umzuspringen wie ein Eigentümer" (Ebd., 345).

Spezialisten, von Ärzten, Pädagogen u.a. sich die Momente einer treuhänderischen Öffnung auf das Gemeinwohl durchsetzen. Nur so lassen sich Paternalismus, Distinktion und auch die Monopolisierung attraktiver Tätigkeiten überwinden. Ein auf die 'Praxis'-Momente bezogenes Arbeitsverständnis tritt in den Vordergrund. Dieser Prozess kann egozentrierten Selbst-Verwirklichungen, selbstwertdienlichen Privatbeziehungen der Spezialisten zu ihren Arbeiten („sein Ding machen" – vgl. I.1) sowie den subjektiven Selbsterhöhungen durch das Prestige (aus höheren Positionen in der Hierarchie oder aus Erfolg auf Märkten) das Wasser abgraben.

Der Basisdemokratismus radikalisiert jenen politischen Geist, der die gesellschaftliche Realität bewusst steuern will. Er begrenzt zugleich seine Kritik an der Gesellschaft dadurch, dass er zutraulich annimmt, sie lasse immerhin ein gutes Subjekt entstehen, das getrennt vom Zustand der Gesellschaft sie doch auf einen guten Weg zu bringen vermag. Im Basisdemokratismus wird alles gesellschaftlich Problematische dem Nicht-zur-Geltung-kommen des guten Willens der Basis zugeschrieben. Übergangen werden die so unterhalb von bewussten Willensentscheidungen und deren Umsetzung liegenden, aber für sie konstitutiven Verhältnisse in der Arbeit, in der Bildung von Sinnen und Fähigkeiten an Gegenständen außerhalb der Arbeit, in den Sozialbeziehungen, in der zivilisatorischen Objektivität und in den Gesellschaftsformen. Der Basisdemokratismus hat in seiner Konzentration auf das Politische das Subpolitische nicht im Blick. Dabei entscheidet das Ausmaß von Partikularisierungen und Bornierungen, von jedwede Gestaltung abweisenden „Sachzwängen" (Technik, Organisation und Wirtschaft betreffend) und von der Gestaltung entzogenen Eigendynamiken (Markt) über zweierlei. Von diesem Ausmaß hängt nicht nur ab, inwiefern all diese Materien überhaupt Gestaltung zulassen, sondern auch, inwiefern die Subjekte der Gestaltung nicht Fleisch vom Fleisch einer problematischen gesellschaftlichen Objektivität sind und schon deshalb kaum dafür taugen, zu ihrem kollektiven Gestaltungssubjekt zu avancieren.

b) Die Divergenz zwischen 'Praxis' und den Anforderungen bzw. Zugzwängen, die dem gesellschaftlichen Stoffwechsel mit der Natur sowie den Prozessen des Produzierens, Organisierens und der Synthesis in der modernen Gesellschaft eigen sind, als Thema der gesellschaftlichen Selbstgestaltung

Die öffentliche Beratung, Erwägung und Debatte hat nicht nur die Proportionierung zwischen den verschiedenen gesellschaftlichen Belangen zum Thema, sondern auch die Divergenzen zwischen zentralen Leistungskriterien und -imperativen der modernen gesellschaftlichen Strukturen (s. II.8a, c) und 'Praxis'.

Am Beispiel der „alternativen Technologie" zeigt Wiesenthal (1982), dass dieses Komplexziel untereinander durchaus gegensätzliche Teilziele beinhaltet. Es kommt zu Divergenzen

- zwischen Überschaubarkeit und Effizienz. Die Fertigung von Produktionsmitteln in kleinen Werkstätten setzt industrielle Vorleistungen voraus (metallische Rohstoffe, vorgefertigte Maschinenteile, Elektrokabel, Profilstahl, Zahnräder, Schrauben, Kugellager ...), die nicht in Eigenproduktion herstellbar sind;
- zwischen Demokratie und ihren Voraussetzungen. Die industrielle Fertigung beinhaltet Arbeitsteilung, lange Handlungsketten und komplexe Netzwerke in Bezug auf Rohstoffe und Vorprodukte. Es stellt sich die Frage, wie Zeitressourcen für informierte und vernünftige kollektive Beratung und Willensbildung möglich werden. Freie Zeit setzt unter Bedingungen moderner Versorgungsstandards ein hohes Niveau an Produktivität voraus. Es ermöglicht erst, die Arbeitszeiten zu verkürzen;
- zwischen Autonomie und Sicherheit sowie Effizienz. Autonomie impliziert den Verzicht auf ein übergreifendes Verbundsystem. Jede dezentrale Einheit müsste Reserven anlegen und Überkapazitäten gegen unvorhersehbare Notfälle aufbauen. Dies widerspricht Imperativen der Energiesparsamkeit und Umweltschonung;
- zwischen Überschaubarkeit und ökologischer Angepasstheit sowie Energieeffizienz. Technische Vorkehrungen zur effizienten Energienutzung, zur Schadstoffvermeidung und -zurückhaltung (bei Verbrennungsprozessen) und zur Wiederverwendung von Materialien sind erst bei vergleichsweise großen sozialen Einheiten möglich.

Das Komplexziel „Alternative Technologie" verdankt seinen Charme nicht unwesentlich dem Mythos der Möglichkeit gleichsinniger Optimierung so divergenter Ziele wie Umweltanpassung, Energiesparsamkeit, Wirtschaftlichkeit, Überschaubarkeit und Partizipationseignung.

Zielkonflikte zwischen dem für die modernen gesellschaftlichen Strukturen wesentlichen Kriterium der Effizienz und 'Praxis' existieren bspw. zwischen Effizienz und Arbeitsfreude, zwischen Effizienz und der Überwindung des Gegensatzes zwischen objektiver und subjektiver Kultur, zwischen Effizienz und den Belangen der Gestaltung der Gesellschaft durch ihre Mitglieder. In einer von 'Praxis' dominierten Gesellschaft wäre in öffentlichen Auseinandersetzungen, Beratungen und Entscheidungen bspw. abzuwägen: Welche heute faktisch als untergeordnet geltenden Arbeiten (wie z.B. die Krankenpflege) können und sollen in ihrem Inhalt aufgewertet und angereichert werden? Welche Arbeiten sind so „unrettbar“ subaltern und erlauben keine Reflexion des In-der-Welt-Seins aus ihrem besonderen Inhalt heraus, sodass hier nicht die Perspektive der Anreicherung der Arbeit, sondern ihrer Banalisierung (Gorz 1986, 76f.) zielführend ist? Daraus folgt, solche Arbeiten nach Möglichkeit von Maschinen leisten oder sozial rotierend erledigen zu lassen.

Abzuwägen ist, inwieweit Arbeit (bzw. welche Arbeit) als *Bedingung* von ‘Praxis’ zu reduzieren ist und welche Arbeit einen nicht ohne negative Folgen beliebig reduzierbaren *Inhalt* von Praxis bildet.[232]

Abzuwägen ist, wie weit die Objektivität von Technologie und Institutionen in ihrer, der Unmittelbarkeit der Individuen gegenüber fremden Selbstbezüglichkeit und Eigenstruktur vorangetrieben werden sollen. Zwischen objektiver und subjektiver Kultur existiert ein doppeltes Verhältnis. Einerseits muss die objektive Kultur nicht schon ob ihrer Objektivität als Problem gelten. Andererseits liegt im selbstbezüglichen Objekt-Objekt-Bezug der zivilisatorischen Objektivität der modernen Technik, Organisationen und Infrastrukturen die Gefahr einer Hypostasierung der Heteronomie. Georg Simmel beschreibt prägnant die Selbstergänzung und -schließung, die Selbststeigerung, Kooptation und Eindrehung der modernen Objektivität („objektive Kultur“) zu freitragenden und durch ihre eigene Spannung gehaltenen Konstruktionen, die subjektive Belange aussperren und abweisen (s. II.4f, II.8a4).

Abzuwägen gilt, inwieweit und wo *Hierarchien* gegenüber der ‘Praxis’ abträglich und zu überwinden sind, insofern sie durch die Zugzwänge des modernen gesellschaftlichen Wirtschaftens und Organisierens – und das heißt: nicht nur vorübergehend – notwendig bleiben, aber dem guten Leben im Sinne von ‘Praxis’

232 Diese Problematik lässt sich mit einer These aus der Diskussion um die Kampagne für die 35-Stundenwoche in den frühen 1980er Jahren verdeutlichen: „Der wirkliche ‘Skandal’, der mit dem Einsatz von modernen elektronisch gesteuerten Maschinen stattfindet, ist nicht allein die ‘Freisetzung’ von Arbeit, sondern die Enteignung von Arbeitsvermögen. ... Automatische Systeme setzen nicht nur Arbeit frei, sie ‘befreien’ den Arbeitenden auch von Resten führender, gestaltender, geistiger Arbeit. Wenn man der konkreten Arbeit einen gesellschaftlich kulturellen Wert beimisst, also die konkrete Arbeit als bewusste Gestaltung und Auseinandersetzung mit der Materie und der Natur definiert und darin eine positive konkrete Utopie sieht, dann kommt man an einer Kritik der Arbeit unter den Bedingungen der automatischen Systeme nicht vorbei“ (Müller 1983, 17). Mich interessiert weniger das Urteil Müllers als die Frage nach der Beurteilung von Arbeiten nach Maßgabe der mit ihnen geforderten und entstehenden Sinne und Fähigkeiten sowie Gestaltungs- und Assoziationsmöglichkeiten der Arbeitenden.

entgegenstehen. Inwieweit sind Hierarchien andererseits als Achtung vor vorfindlichen Erfahrungs-, Kompetenz- und Wissensvorsprüngen wesentlich für 'Praxis', insofern deren Wertschätzung ein notwendiges Durchgangselement der eigenen Entwicklung bildet, das der Antiautoritarismus in seiner Verwechselung von Autorität mit Autoritärem missachtet?

Bei den hier exemplarisch vorgestellten Abwägungen handelt es sich um Fragen nach dem Verhältnis zwischen den Bedingungen von 'Praxis' und ihr selbst.

Das für 'Praxis' zentrale Anliegen, die Dominanz der Heteronomie (im gesellschaftlichen Stoffwechsel mit der Natur und in den Prozessen des Produzierens, Organisierens und der Synthesis in der modernen Gesellschaft) zu überwinden, kann nur zu einem Überschreiten führen, das doch mit dem verbunden bleibt, das überschritten wird. Das Verhältnis von 'Praxis' zu den Heteronomiesphären der modernen Gesellschaft (s. II.8) enthält den Widerspruch, einerseits sie der 'Praxis' assimilieren zu wollen, andererseits sich auf die modernen Technologien, Organisationen und Infrastrukturen einlassen oder sich an sie anpassen zu müssen, um auf sie einwirken zu können. Im gesellschaftlichen Selbstverhältnis im Sinne von 'Praxis' wird diese Zusammensetzung zum Thema. Einerseits können die äußeren Bedingungen von 'Praxis' nicht einfach so verstanden oder hingenommen werden, als ob sie 'Praxis' nur äußerlich betreffen. Andererseits lässt sich aber auch nicht der Illusion einer Allgegenwart von 'Praxis' frönen. Eine solche vermeintliche Offensivität und Radikalität würde sich als Voluntarismus erweisen, der das Problem der Differenz halluzinatorisch-triumphalisch ignoriert und überspielt.

Prinzipiell stellt sich die Frage nach dem Verhältnis zwischen der Notwendigkeit vieler moderner zivilisatorischer Strukturen und ihren für 'Praxis' abträglichen Effekten. Bei aller Arbeit an diesem Gegensatz lässt er sich nicht in eine konfliktlose Harmonie auflösen. Insofern 'Praxis' es mit dem ihr gegenüber Indifferenten und Heteronomen zu tun bekommt, wandert dieser Riss zwischen dem, was sie ist, und dem, was ihr fremd bleibt, in die 'Praxis' selbst ein. Ein wesentlicher Inhalt der gesellschaftlichen Selbstgestaltung und des gesellschaftlichen Selbstverhältnisses besteht darin, sich mit den Konsequenzen auseinanderzusetzen, die aus der trotz aller Bearbeitungsweisen offen bleibenden Differenz zwischen dem Außenverhältnis von 'Praxis' und 'Praxis' selbst resultieren.

Die Orientierung im Horizont von 'Praxis' und deren gesellschaftliche Verwirklichung überwinden die Fixierung auf die Effizienz isolierter Arbeiten oder Dienstleistungen und schaffen Raum für eine Frage: Welche Gesellschaftsqualität, also welche Qualität der eigenen Einwirkung auf sich selbst, und welche sich dazu negativ verhaltenden Aufmerksamkeits-, Energie- und Kontrollverluste handelt sich die Gesellschaft mit bestimmten Arbeiten und Aufgaben, bestimmten Organisationen und Infrastrukturen ein? Auch die Internalisierung dieser Reflexion in die Ökonomie, die Technik, in die Logistiken und Infrastrukturen befreit sie von der ihnen eigenen spontanen Tendenz zu schlechter Unendlichkeit und Maßlosigkeit. Diese Transformation beabsichtigt nicht, die Teilbereiche so zu verwandeln, dass sie unmittelbar oder ebenbildlich das Ganze darstellen.[233] Um das Gewahrwerden der Abwege, Versuchungen und Sackgassen, die im naturwüchsigen bereichsspezifischen Optimierungsinteresse liegen, geht es vielmehr.[234] Diese Gefahren sind nicht einfach auszuschließen. Es handelt sich nicht um eine Art Sündenfall, der sich mit einer keuschen und abstinenten Existenz vermeiden ließe. Man kann sich nicht berührungsscheu zu dieser Problematik verhalten. Viele Romantiker unterliegen dieser Versuchung. Das gilt z. T. auch für das Bildungsverständnis der deutschen Klassik (vgl. Litt 1958).

Den im Außenverhältnis von 'Praxis' enthaltenen Besonderheiten ist insoweit von außen entgegenzutreten, als sie Partikularitäten sind, die sich in sich selbst versteifen und verselbständigen. Zugleich braucht man sie insofern nicht nur von außen anzugehen, als die Akteure es zu einem Ungenügen am Partikularen bringen und dazu, das Besondere aus sich heraus zum Allgemeinen aufzuschließen bzw. dessen vermittelte Präsenz im Besonderen sich zu vergegenwärtigen. Diese Öffnung war in Teil I Thema, insofern Profis sich dagegen wehren, zu Eingeborenen ihrer professionellen Paralleluniversen zu missraten. Sie begreifen im wünschenswerten Fall ihre Tätigkeit als das In-der-Welt-Sein, das im Arbeiten, mit ihren Produkten, in den Sozialbeziehungen usw. die soziale Welt auf eine bestimmte Weise mit aufbaut. Eingeschlossen ist in diese Selbstverortung eine Kritik an professionsspezifischen Ideologien.

---

233 In einer sich „proletarisch“ verstehenden Gesellschaft etwa soll alles „proletarisch“ sein. Dann kann es keine gute und schlechte Wissenschaft geben, sondern nur proletarische oder unproletarische. In der stalinistischen Sowjetunion ging es bspw. um sozialistische Biologie à la Lyssenko, also um die Unterordnung einer Naturwissenschaft unter weltanschauliche Vorgaben. Bei Theorie blieb es nicht. Vielmehr sollte die Landwirtschaft den Vorgaben dieser weltanschaulichen Biologie folgen. Das Resultat: Anpflanzung von Weizen in großem Umfang auf dafür klimatisch ungeeigneten Flächen mit katastrophalen Folgen. Die neo-lamarckistische Auffassung von der Vererbung erworbener Eigenschaften passte besser zum Weltbild des „DiaMat“ als die Genetik von Mendel, Weissman und Morgan. Letztere wurde deshalb verworfen und Anhänger dieser Auffassung politisch verfolgt.

234 „Was Prometheus die Menschen gelehrt, sind nur solche Geschicklichkeiten, welche die Befriedigung natürlicher Bedürfnisse angehen. In der bloßen Befriedigung dieser Bedürfnisse ist nie eine Sättigung, sondern das Bedürfnis wächst immerfort und die Sorge ist immer neu – das ist durch jenen Mythos angedeutet“ (Hegel 17, 107f.).

'Praxis' steht und fällt mit der Gewissheit, dass alle besonderen Gewinne an den einzelnen Leistungsfronten, alle Ergebnisse isolierter Bearbeitungen einzelner Probleme, alle Erfolge an Effizienzsteigerung, an wissenschaftlichem Detailwissen, an administrativen Koordinationsleistungen usw. *auch* eine Flucht darstellen vor der Bearbeitung des heute vordringlichen Problems.[235] Ähnlich wie in den USA („Go West!") lange durch die räumliche Ausdehnung alle Grenzen als – eben verschiebbare – Schranken behandelt wurden, wird heute verfahren.[236] Die vielfältigen Leistungseliten und ihre Maßstäbe stellen mit ihrer Überanspannung von Kräften, Fähigkeiten und Engagement ein ernstes Hindernis für die Gestaltung der Gesellschaft durch sich selbst dar. Schnelligkeit, Effizienz, Konkurrenzvorteile, Überbietung usw. sind die Fetische der Gegenwart. Nur wer hier etwas leistet, gilt als etwas. Die abstrakte Leistung hat ein hohes Prestige. Wir haben es hier mit einem ähnlichen Problem zu tun wie bei den Leistungsgrenzen der funktionalen Differenzierung (vgl. II.8a3).

Von der Durchdringung der Heteronomiesphären der modernen Gesellschaft mit 'Praxis' hängt das Ausmaß ab, in dem 'Praxis' für die Gesellschaft prägend wird. Die Bewältigung des gesellschaftlichen Stoffwechsels mit der Natur und die Produktionen, Organisationen und Synthesis in der modernen Gesellschaft verhalten sich zur 'Praxis-Gesellschaft' als

- notwendige materielle Bedingung. Sie betreffende Defizite lassen Mangel, Sorge und Beschaffungsmentalität dominieren;
- wesentliche Bedingung, insofern sich in diesen Sphären Fähigkeiten, Sinne und Reflexionsvermögen bilden, die für 'Praxis' relevant sind;

---

235 „Es gibt genügend Beispiele von Wissenschaftlern, die erst dann den Blick für die größeren Zusammenhänge bekommen haben, nachdem sie das Forschen in vorderster Front ihres Spezialgebietes aufgegeben haben, sozusagen überwunden haben. Ich weiß, das ist ein bösartiges Urteil, aber ich glaube, so ist es wirklich oft. Ich habe das bei meiner Arbeit erfahren: Man ist fasziniert von einem ganz speziellen Teilproblem, das man mit seinen Mitteln und seinem Intellekt lösen kann. Das ist wie ein Kreuzworträtsel. Das Einzelergebnis ist fast so nutzlos … . Erst die Summe solcher Einzelergebnisse bringt dann gelegentlich eine tiefere Einsicht. Es ist also kein schlechtes Zeichen für einen Wissenschaftler, sozusagen mit Scheuklappen zu forschen, im Gegenteil, er muss von seiner Fragestellung so fasziniert sein. Und von dem zu verlangen, diese Forschungen aufzugeben, weil sie eventuell schädlich sind, das ist ein großes Verlangen. Durch eine öffentliche Diskussion möchte ich diese Entscheidungsfindung erleichtern" (Prof. Werner Buckel, seinerzeit Leiter der Europäischen Physikalischen Gesellschaft, Interview in Kassandra H. 3, 1986, S. 12).

236 Zum Unterschied zwischen Schranke und Grenze vgl. S. 17, Anm. 5.

- äußere Infragestellung, insofern sie das Gravitationszentrum von 'Praxis' weg zu ökonomischen, technologischen und organisatorischen Rationalitäten im Horizont der modernen Zivilisation verschieben, also zu etwas für 'Praxis' Notwendigem, aber von 'Praxis' Unterschiedenem und ihr Entgegengesetztem;
- wesentlicher Engpass. Bleibt die Durchdringung der Heteronomiesphären mit 'Praxis' quantitativ und qualitativ unterhalb einer bestimmten Schwelle oder eines bestimmten Maßes, so führt dies nicht nur zu einem Überwiegen der Divergenz zu 'Praxis' im Außenverhältnis von 'Praxis', sondern auch zu einer mangelhaften Konstitution von 'Praxis'.

Wir haben es mit Produktionen, Diensten, Verwaltungen und Infrastrukturen zu tun, die für Massengesellschaften notwendig sind, zugleich aber 'Praxis' gegenüber abträgliche Effekte zeigen. Massen von Materien gilt es abzuarbeiten, die allein mit Spezialisierung, langen Handlungsketten und deren unübersichtlicher Vernetzung, bürokratischen Neutralisierungen usw. zu „bewältigen" sind. Für eine von 'Praxis' dominierte Gesellschaft stellt sich die Frage nach der Proportion, die es ermöglicht, jene Notwendigkeiten mit der Verwirklichung von 'Praxis' vereinbar zu machen.

Die Beurteilung besonderer Tätigkeiten und Professionen bezieht sich nicht auf kapitalistische und moderne Maßstäbe (Mehrwert, Profit bzw. Effizienz, Bruttosozialprodukt), sondern auf 'Praxis'. Kant unterscheidet zwischen den Tätigkeiten des Disziplinierens, Kultivierens, Zivilisierens und Moralisierens und ordnet ihnen inhaltlich verschiedene Beiträge und in Bezug auf die Entwicklung der Menschheit ungleiche Ränge zu (Kant XII, 706 708). Wenn man nach einem gesellschaftlichen Paradigma sucht, das die Abstraktheit des Reichtums, die schon am Begriff des Bruttosozialprodukts immer wieder bemängelt wurde, überwinden will, so fragt sich, ob für ein solches Paradigma eine „Rangordnung" der Tätigkeiten nach ihren verschiedenen Beiträgen zur Entwicklung menschlicher 'Praxis' notwendig wird. Eine solche „Rangordnung" ist nicht mit einer Ständegesellschaft verbunden, die den verschiedenen Tätigkeiten verschiedene soziale Positionen zuordnet. Die „Rangordnung" erinnert vielmehr daran, dass im Sinne eines emphatischen Reichtums manche Arbeiten eher dessen notwendige äußere Bedingungen bilden und von ihnen gegenüber dem gesellschaftlichen Leitbild zentrifugale Effekte ausgehen.[237]

237 Überlegungen zu einer solchen „Rangordnung" finden sich auch bei Richard Kroner (1928), besonders im zweiten Teil („Die Gliederung der Kultur im Grundriss") mit seiner vierstufigen Aufbauordnung von Wirtschaft und Technik, Naturwissenschaft

Aus dem Votum dafür, die Dominanz der Kapital-Akkumulation über andere gesellschaftliche Belange zu überwinden, folgt keine Rechtfertigung dafür, die eigenen immanenten Folgezusammenhänge und Aufbauimperative ökonomischer, technologischer und organisatorischer Effizienz zu missachten. Sie bilden die Bedingungen und Voraussetzungen dafür, dass sich die Belange der 'Praxis-Gesellschaft' (die sieben 'Praxis'-Momente) verwirklichen lassen. Es muss – analytisch gesprochen – „erst einmal" Reichtum geschaffen werden, der dann – insoweit notwendig – es ermöglicht, diese Belange zu verwirklichen.[238] Die institutionelle Gefügeordnung der 'Praxis-Gesellschaft' muss Formen bereitstellen, innerhalb derer die Konflikte zwischen den durchaus divergenten Imperativen der Verwirklichung der 'Praxis'-Momente einerseits, der Effizienz ihrer Voraussetzungen und Bedingungen andererseits sich austragen lassen. Und diese Konflikte sind zu begreifen als Widerspruch einer im emanzipatorischen Sinne nachkapitalistischen Gesellschaft. Sie enthält moderne Gesellschaftsformen *und* Gesellschaftsformen im Sinne von 'Praxis'. Es handelt sich nicht nur um verschiedene, sondern um z. T. divergente und gegensätzliche Gesellschaftsformen. Diese Problematik ist auch in II.8 und II.9c Thema.

Zu unterscheiden ist zwischen der Selbständigkeit der Ökonomie und ihrer Ausdifferenzierung zum System (im Kapitalismus) einerseits, den eigenen modernen Folgezusammenhängen ökonomischer Strukturen andererseits. Daraus

---

und Politik, Kunst und Religion, Geschichtstheorie und Philosophie. Vgl. a. http://www.meinhard-creydt.de/archives/91

238 In einer nachkapitalistischen Gesellschaft können die ökonomischen, organisatorischen und technologischen Eigenlogiken nicht unbefragt autonom gesetzt werden – und sei es als externe Bedingung, auf deren Fundament dann in höheren Etagen die Entfaltung des Menschen in einer für sie zuständigen Autonomiesphäre oder Kultur stattfindet. Im Unterschied zu gängigen Auffassungen, die Arbeit, Technik, Organisation u. ä. als gesellschaftsformations*un*spezifische Bedingung und äußere Voraussetzung erachten, geht es darum, das „Reich der Notwendigkeit" im Sinne von 'Praxis' zu durchwirken und umzugestalten. Jede *räumliche* Vorstellung von zwei getrennten Sphären (den Reichen der Notwendigkeit und Freiheit) gilt es zu überwinden, ohne damit die *analytische* Unterscheidung zwischen ihnen aufzulösen. „Der Kapitalismus hat immer behauptet und anfangs wohl auch geglaubt, nur die ökonomische Basis für die Freiheit zu liefern. Der Gedanke war, dass die niederen Bedürfnisse effektiv befriedigt werden müssen, damit die höheren Bedürfnisse effektiv befriedigt werden können. Marx hat dem entgegen, jedenfalls in den frühen Schriften spürbar, eingeklagt, dass die höheren Bedürfnisse nicht unabhängig sich gestalten von der Art und Weise, wie die niederen befriedigt und gestaltet werden" (zur Lippe 1991, 42f.).

folgt aber nicht, dass in der nachkapitalistischen Gesellschaft ein ökonomisches Teilsystem als reale Sphäre existiert, für deren Betriebe und Organisationen gilt: „Lasst alle Autonomie fahren, die ihr eintretet" (Engels MEW 18, 306 – vgl. S. 273, Anm. 156). Vielmehr ist die Ökonomie in der 'Praxis-Gesellschaft' durchdrungen von Maßgaben, die z.B. aus den Belangen der Lebensqualität des Arbeitens, der Gesundheit und der Verträglichkeit des Arbeitens mit anderen relevanten Tätigkeiten (Care-Tätigkeiten) resultieren.

„Die Wirtschaft" hat in der von 'Praxis' dominierten Gesellschaft nicht jene Autonomie, die ihr in der modernen kapitalistischen Gesellschaft zukommt. Zugleich existieren immanente wirtschaftliche Folgezusammenhänge, die sich nicht voluntaristisch übergehen lassen.[239] Deren Immanenz baut sich auf durch die verschiedenen Aufgaben, die eine Wirtschaftsordnung zu erfüllen hat. Komplex wird die Angelegenheit durch die Interdependenzen dieser Aufgaben und die Wechselwirkungen der für sie notwendig werdenden Einrichtungen: Wirtschaftliche Prozesse sollen Koordinationen ermöglichen zwischen verschiedenen Wirtschaftsakteuren sowie Abstimmungen zwischen Ressourcen und Bedürfnissen. Die Wirtschaftsordnung muss eine optimale Durchlässigkeit für Informationen und ihre optimale Verbreitung erlauben. Weiterhin müssen Neben- und Fernwirkungen, Wechselwirkungen, Rückkopplungen und Eigendynamiken bewältigt werden. Die Gesellschaftsgestaltung besteht den Test auf ihre Reichweite und Stärke in der Beherrschung dysfunktionaler Kettenreaktionen und der Emergenz von Effekten. Gegensteuern kann – wie beim Autofahren – mit zu großer zeitlicher Verzögerung erfolgen und dann den Effekt, der ausgeglichen werden sollte, verstärken. Beim Autofahren gerät das Schlingern dann zu einem Schleudern, bei der Panik steigert die Angstreaktion die Angst. Die Wirtschaftsordnung muss eine Anpassungs- und Veränderungskapazität gewährleisten, mit der neue Bedürfnisse ebenso Berücksichtigung finden wie (dem Wirtschaftlichkeitsprinzip gemäß) Produktivität steigernde und Ressourcen sparende Technologien genutzt werden. Schließlich müssen die Anreize so gestaltet sein, dass die Mitglieder ihre Fähigkeiten und Energien einbringen. Die verschiedenen Momente der Wirtschaft – Informationskapazität, Steuerungskapazität, Kontrollkapazität und Anreizkapazität – müssen untereinander kompatibel sein. Störungen der

239 Demgegenüber lautete das Statement eines Ökonomen aus der frühen Zeit des Stalinismus, das auch typisch war für die Mentalität während des „großen Sprunges" und der „Kulturrevolution" in China: „Es ist nicht unsere Aufgabe, die Wirtschaft zu studieren, sondern sie zu verändern. Wir sind nicht durch Gesetze gebunden. Es gibt keine Festungen, die nicht von den Bolschewiki eingenommen werden könnten. Die Frage des Tempos wird von den Menschen entschieden" (zit. n. Shapiro 1961, 386).

Bestandsvoraussetzungen *eines* Imperativs durch einen anderen und daraus entstehende Folgedynamiken zeigen die einer gesellschaftlichen Teilsphäre wie der Wirtschaft immanenten Wechselbeziehungen und Zugzwänge.[240]

Werden die ökonomischen Strukturen und Logiken mit Maßgaben eines gesellschaftlichen Leitbildes wie der 'Praxis' durchwirkt, so ändert sich zwar nichts an den *analytisch* festzuhaltenden Eigengesetzlichkeiten des Wirtschaftens, wohl aber daran, dass sie ungefiltert und unkompensiert direkt als Strukturen einer real selbständigen Gesellschaftssphäre in die Gesellschaft durchschlagen und dann, wenn überhaupt, erst extern und nachträglich staatlich abgemildert werden können.

Zum Problem wird das Verhältnis zwischen der Durchwirkung von Teilsphären mit übergeordneten Maßgaben eines allgemeinen gesellschaftlichen Leitbildes einerseits, der nicht beliebig möglichen Außensteuerung dieser Bereiche und ihrer nicht übergehbaren Strukturen und Eigenlogiken andererseits. Dieses Problem stellt sich nicht nur in der Wirtschaft, sondern auch in anderen gesellschaftlichen Feldern (Technologie, Organisation, Infrastrukturen).

Die wirklichkeitsferne Utopie der Auflösung der Heteronomien und Trennungen, die durch die bereichsspezifischen Strukturen und Logiken entstehen, ist ebenso fehlleitend wie der systemtheoretische Verzicht auf die Arbeiten zur Verringerung der Differenz zwischen dem nicht durch 'Praxis' Gestaltbaren und der 'Praxis' zugunsten des freien Spiels der „Systeme". Das Selbstverhältnis der von 'Praxis' dominierten Gesellschaft unterscheidet sich *einerseits* von einer Perspektive, die Differenzen „immer schon überwölbt und einbehalten" sein lässt in einer „beisichbleibenden Einheit" (Menke 1991, 495), *andererseits* von einer Vorstellung, der „jede Differenz als ein Verhältnis gleichgültigen Nebeneinanderseins" erscheint (Ebd.). Der Eigensinn und die Verselbständigung von Ökonomie, Technik, Verwaltung usw. lassen sich nicht differenzlos aufheben. 'Praxis' kann diese Sphären sich weder unterwerfen, noch sie als unnotwendig behandeln. Sie vermag sie nur zu „bezwingen", indem sie ihr „einen Teil ihrer selbst überlässt und opfert" (Hegel 2, 494), z.B. Energie und Ressourcen für die Arbeit an der Durchdringung der Heteronomiesphären mit 'Praxis' und auf 'Praxis' hin.

Zugleich haben wir es in einer von 'Praxis' dominierten Gesellschaft weder mit „Systemen" zu tun, die ihren autonomen Steigerungsimperativen nachgehen,

---

240 So führt bspw. die Subventionierung bestimmter Güter mit dem Ziel, gesellschaftlichen Prioritäten zur Durchsetzung zu verhelfen, zu paradoxen Effekten, wenn die Erhebung wirklicher Kosten erschwert und bspw. das subventionierte Brot als Viehfutter genutzt wird.

noch reduziert sich Gesellschaftsgestaltung auf die Einhegung negativer Effekte solcher „Systeme“ und die Vermeidung kontraproduktiver Interaktionen zwischen ihnen. ‘Praxis’ verhält sich nicht erst nachträglich und korrigierend zu einer ihr gegenüber primären Materie. Für die gesellschaftliche Aufbauordnung im Sinne von ‘Praxis’ ist eine gegenseitige Begrenzung zentral. Organisationen und Institutionen, Technologien und Infrastrukturen zur Bewältigung des gesellschaftlichen Stoffwechsels mit der Natur und der gesellschaftlichen Prozesse der Arbeit, des Organisierens und der Synthesis in der modernen Gesellschaft bilden eine Grenze von ‘Praxis’. ‘Praxis’ bildet eine Grenze des spontanen Wachstums und der Eigenlogiken jener Organisationen und Institutionen, Technologien und Infrastrukturen. „Gegenseitige Begrenzung“ impliziert keine Auskunft über das Verhältnis zwischen der Stärke beider Begrenzungen. Das Gelingen einer von ‘Praxis’ dominierten Gesellschaft setzt voraus, dass die von ‘Praxis’ ausgehende Begrenzung dominiert.

Auch die Sphäre der Selbstgestaltung der Gesellschaft ist mit dem Partikularen befasst, aber anders als die Sphäre des Außenverhältnisses von ‘Praxis’ (s. II.8). Verschiedene Probleme (in) der Sphäre der Selbstgestaltung der Gesellschaft lassen sich diesbezüglich unterscheiden: Beim ersten Fall kommt es in der Sphäre des Außenverhältnisses von ‘Praxis’ nicht dazu, dass das Besondere im Sinne des Allgemeinen gestaltet werden kann oder das Allgemeine vermag sich im Besonderen nicht zu konkretisieren. Daraus resultiert jeweils Partikulares. Es kann sich zu anderem Besonderen nicht in ein Verhältnis setzen, das ein Maßverhältnis ist. Damit ist das Gelingen eines der zentralen Anliegen der Sphäre der Selbstgestaltung der Gesellschaft infrage gestellt: die öffentliche Beratung, Auseinandersetzung und Entscheidung über die Maßverhältnisse. In Maßverhältnissen leitet sich die Proportion zwischen den Besonderheiten aus deren Qualitäten ab, die sie in der Aufbauordnung der verschiedenen Momente eines Leitbildes des guten Lebens aufweisen. Bspw. lässt sich die Proportion zwischen verschiedenen Betätigungen des Individuums insofern als Maßverhältnis begreifen, als die dieses Maßverhältnis ignorierende Minimierung bzw. Maximierung einer Tätigkeit zulasten anderer Tätigkeiten oder jene Qualität der einen Betätigung, die die Qualität anderer Betätigungen infragestellt, dem guten Leben des Individuums schaden. Maßverhältnisse sind heute in der Diskussion, wenn bspw. die negativen Effekte einer hypertrophen Erwerbsarbeit zulasten der Sozialbeziehungen der Betroffenen zu ihren Kindern und zu älteren Mitmenschen zum Thema werden. In einem zweiten Fall entsteht Partikulares dadurch, dass Maßverhältnisse im Sinne von ‘Praxis’ auf andere Weise nicht zustande kommen. Zum Thema und Problem wird in der Sphäre der Selbstgestaltung der Gesellschaft das Verhältnis zwischen 'Praxis' und ihren Bedingungen. Zu diesen Bedingungen gehören komplexe, vernetzte Wirkungsgefüge mit indirekten, nichtintendierten und intransparenten Neben- und Fernwirkungen, Wechselwirkungen, Rückkopplungen und Eigendynamiken. Die Bewältigung dieser Wirkungsgefüge ist bereits in der modernen und kapitalistischen Gesellschaft Thema. Der Umgang mit solcherart Wirkungsgefügen macht bereits in „einfachen Fällen" große Schwierigkeiten.[241] Das Gelingen dieses Umgangs ist eine Bedingung von Praxis. Misslingt er, entstehen massive Fehlentwicklungen und neue Partikularismen. Gelingt er, so nicht ohne „Kosten". Das Gelingen erfordert Energien, Ressourcen und Aufmerksamkeiten, die dann der Gestaltung von 'Praxis' nicht zur Verfügung stehen. Die benannten Wirkungsgefüge existieren auch zwischen den verschiedenen Elementen oder Leistungen einer Wirtschaftsordnung (s.o.). Von den Maßverhältnissen im Sinne von 'Praxis' unterscheiden sich auch die Proportionen von Massen (an materiellen, zeitlichen und mentalen Ressourcen) und die Proportionen im Gefüge der verschiedenen gesellschaftlichen Bereiche, die für das „Rundlaufen" der Gesellschaft notwendig sind. Ein dritter Kontext für das Misslingen von Maßverhältnissen besteht in der formalen Rationalität und ihren Ursachen in der modernen Zivilisation (vgl. II.8a4). Mit einem vierten Fall haben wir es zu tun angesichts von Kompromissen zwischen divergenten Interessen, insofern diese Kompromisse infolge des Mangels an Ressourcen notwendig werden, die bestimmte Belange benötigen. Im fünften Fall bleibt das jeweilige Besondere unmittelbar, „weiß" nicht um sein Verhältnis zum Allgemeinen und seine Maßverhältnisse zu anderem Besonderen und muss sich erst in seiner Teilhabe an der gesellschaftlichen Vergegenwärtigung, Erwägung und Beratung dieser Verhältnisse zu einem Verständnis seiner Besonderheit vorarbeiten.

---

241 In einem Entwicklungshilfeprojekt in einem afrikanischen Dorf setzt man sich das Ziel, die Erträge von Äckern und Gärten dadurch zu steigern, dass man Mäuse, Ratten und kleine Affen bekämpft – durch Jagd, Fallen und Gift. Zwar steigen die Acker- und Obstbauerträge zunächst. „Zugleich aber können sich nun Insekten, die auch eine Beute der Kleinsäuger darstellten, ungehemmter vermehren. Und zugleich wird den großen Raubkatzen ein Teil ihrer Beute entzogen, worauf sich diese dem Viehbestand 'zuwenden'. Es ist also demnach möglich, dass die Dezimierung der Kleinsäuger und der Affen 'unter dem Strich' nicht nur nichts nützt, sondern schadet" (Dörner 1993, 27).

c) Zielkonflikte in der Gestaltung der Gesellschaft durch ihre Mitglieder und die Selbstreflexion der gesellschaftlichen Selbstgestaltung

Nicht allein die Proportionierung zwischen den verschiedenen gesellschaftlichen Belangen und das Gefüge der mit mit ihnen verbundenen Aufgaben und Perspektiven (s. II.9a) bilden in der nachkapitalistischen Gesellschaft zentrale Themen gesellschaftlicher Auseinandersetzungen. Es kommen die Erwägungen über die Proportionierung hinzu, die das Verhältnis zwischen den Bedingungen von 'Praxis' und 'Praxis' selbst betrifft (s. II.9b). Damit nicht genug. Umstritten sind auch die Maßverhältnisse zwischen den verschiedenen Belangen *in* der Gesellschaftsgestaltung. Ohne Anspruch auf Vollständigkeit nenne ich

- die Proportion zwischen „Entlastung" durch Institutionen (s. II.4e) und „Belastung" der Menschen mit Reflexion, Erwägungen und Auseinandersetzungen. Routinen und Komplexitätsreduktionen haben einerseits negative Effekte. Andererseits vermeiden sie Überforderung und ermöglichen Entlastung. Sie stellt eine Bedingung dar für die Konzentration auf das Wesentliche;
- die Proportion zwischen dem Bewussten und Bewusstgemachten und demjenigen, das aus gutem Grund unbewussten Prozessen überantwortet ist. Wo lässt sich gewissermaßen auf Autopilot umschalten und wo gerade nicht? In einer nachkapitalistischen Gesellschaft muss eine Einigung in der Bevölkerung vorauszusetzen und nicht alles Resultat von expliziten Beratungen und Beschlüssen sein. Dieser Konsens gründet auf objektiven Gedankenformen und Habitus, die sich aus dem Involviertsein in die gesellschaftliche Realität ergeben;[242]
- die Proportion zwischen Willensbildung und Entscheidung an der Basis und Institutionalisierung. Es stellt sich die Frage, wie weit die Vernunft den Individuen zu überantworten ist und wie weit den Institutionen und Objektivationen der „Gattung" bzw. wie die Proportion zwischen beiden aussieht;[243]

---

242 Bourdieus Habitustheorie zufolge existiert „ein präreflexiver Prozess der Abstimmung von Praktiken, Werken und Interaktionen", der „jeder bewussten Koordination vorhergeht und die Mitglieder einer Klasse oder Gruppe besser aufeinander abgestimmt sein lässt, als die Handelnden es selber wissen oder wollen. ... Nicht die einsichtsvolle Übernahme gesellschaftlicher Erwartungsstrukturen ist der Grund für die gesellschaftliche Synthesis oder die relative Entsprechung von Individualität und objektiver Notwendigkeit" (Gamm 1994, 277).

243 Es fragt sich, was die Vor- und Nachteile des Unterfangens sind, Technologien, Organisationen und Institutionen selbst „klug" zu machen. Was kann und soll *für* die Individuen vorgearbeitet und vorgebahnt werden? Wo und wie weit muss das

– die Proportion zwischen dem dezentral, regional und dem überregional zu Regelnden.[244]

Diese Proportionen abzuwägen macht öffentliche Debatten und deliberative Vernunft notwendig. Notwendig werden „kollektive Entscheidungsprozesse darüber, Komplexität nicht nur unilinear zu steigern und soziale Prozesse eindimensional zu differenzieren, sondern Komplexität reflexiv und mehrdimensional zu steigern, um sie gegebenenfalls auch entdifferenzieren zu können. Damit wäre es möglich, gesellschaftliche Tätigkeiten selbstbestimmt zu verteilen, Kompetenzen und Verantwortlichkeiten zu entzerren, soziale Zusammenhänge aufzulösen, in denen unverantwortliche Verantwortlichkeiten entstehen, die jedes Entscheidungsgremium und jede Person notwendig überlasten müssen" (Demirović 1991, 54). Nicht nur sachlich (Komplexität) und räumlich (Veränderung der Größenverhältnisse), auch zeitlich verändern sich in der Perspektive von 'Praxis' die Horizonte – hin zur Entschleunigung, zur Verringerung des Zeitdrucks durch Konkurrenz und extensives Wachstum.

Abzuwägen ist, inwieweit einerseits die Synthesiskapazitäten von *Märkten* (s. II.8a5) genutzt werden können, inwieweit andererseits Märkte eine substanzielle Infragestellung erfahren, wenn das Marktversagen und die negativen Effekte von Märkten für das Psychosozialprodukt und für die Gesellschaftsgestaltung ernst genommen werden. Muss *und* darf die in Kapitel I.2, II.2d und II.4e beschriebene

---

Individuum selbst sich bilden, sich auseinandersetzen (vgl. II.4b)? Wie soll das „richtige" Verhältnis zwischen der tätigen Entfaltung der Menschen und der technisch-organisatorischen Effizienz aussehen bzw. zwischen der Präsenz der Individuen und ihrer subjektiven Kultur einerseits und der Objektivierung und Verkörperung von Fähigkeiten und Sinnen in der objektiven Kultur andererseits? Wenn bspw. in den 80er Jahren für den „Airbus" mit dem Slogan geworben wurde „Ein Flugzeug, das Pilotenfehler verzeiht", dann werden damit Nutzen und Problematik der Inkorporierung von Intelligenz in Techniken und Organisationen deutlich.

244 Wesentlich ist die Maßgabe, den Umfang der lokalen Einheiten nach dem Kriterium der Ermöglichung von Übersichtlichkeit und direkter Beteiligung zu bestimmen (Narr, Roth 2005, 515). „Sollen Aufgaben regional und/oder überregional behandelt werden, dann ist jeweils nicht lokal, sondern regional/überregional zu begründen, warum und inwieweit eine Aufgabendelegation an höhere Stufen erforderlich ist. Was und wie auf abgehobenen Ebenen behandelt werden sollte, muss ausgehandelt werden und periodisch zur Disposition stehen" (Ebd.). Höherstufige Institutionen seien so zu gestalten, dass sie „nicht die kommunale Logik umdrehen, sodass die je abstrakteren Einrichtungen aus besonderen Instrumenten zu Definitionsorganen werden" (Ebd., 516). Dies gehöre „zum Schwierigsten schon in der Konzeption. Es gibt keine 'reine' und keine an sich selbst nachhaltige Lösung" (Ebd.).

Durchwirkung des Marktes durch Formen direkterer sozialer Synthesis zwischen den Arbeitenden, den Konsumenten und Drittbetroffenen mit Einbußen an marktlicher Koordinations- und Lenkungseffizienz einhergehen? Abzuwägen ist, inwieweit diese Einbußen aufgrund einer bewussten gesellschaftlichen Präferenz in Kauf zu nehmen sind. Inwiefern werden diese Einbußen dadurch aufgewogen, dass problematische Effekte des Marktes fortfallen? Hat eine nachkapitalistische Gesellschaft zugunsten der Koordinations- und Lenkungseffizienz von Märkten einen Tribut zu entrichten und eine Einbuße an emphatisch verstandener 'Praxis' zu tolerieren? Und „tolerieren" heißt: Ertragen, was schwer zu ertragen ist. Bestrebungen, den Markt sozial einzubetten, müssen sich dem Problem der Unverträglichkeit verschiedener Logiken stellen. Dieses Problem überschattet das Vorhaben, den Markt als selbstregulative Einrichtung zu nutzen und ihn zugleich einzuhegen und zu steuern.

Abzuwägen ist, inwieweit die besonderen gesellschaftlichen Sphären aus sich heraus bzw. veranlasst durch den Kontakt mit ihren „Kunden", mit ihren Geldgebern (der „öffentlichen Hand") und mit den von ihrem Tun indirekt Betroffenen problematische Effekte ihres Tuns vermindern und positive Effekte steigern können *und/oder* dafür Supervision oder indirekte Steuerung hilfreich sind.

Der *Supervision* liegt eine gesellschaftliche Verarbeitung von Erfahrungen mit den Grenzen von naturwüchsiger Einregulierung *und* staatlicher Steuerung zugrunde. Supervision will nicht selbst ein bestimmtes Problem lösen, „sondern bestenfalls autonomes Problemlösungs- oder Problemmanagementverhalten stimulieren." Dem jeweiligen Bereich werden „innerhalb seines eigenen Operationmodus und seiner eigenen Freiheitsgrade solche Optionen unterbreitet (und durch eine entsprechende Gestaltung von Kontextbedingungen annehmbar gemacht), welche die systemische Autonomie nicht verletzen, aber z.B. andere oder geringere negative Externalitäten produzieren" (Willke 1996, 135). Supervision befördert im Unterschied zu einer bloßen Optimierung den „Reflexionsprozess, in welchem die unvermeidlichen blinden Flecken und Kurzsichtigkeiten des Entscheidungsprozesses in irgendeinem Funktionssystem deutlich gemacht und probeweise als kontingent behandelt werden. ... Die Funktion von Supervision liegt dann darin, das zum Vorschein zu bringen, was die Akteure im Prozess der ursprünglichen Entscheidung selbst nicht sehen konnten. (Wohlgemerkt: nicht nur was sie nicht sehen, sondern was sie nicht sehen *können*.)" (Ebd., 335 f.). Aufgrund der Autonomie der Bereiche folgt die Supervision der Perspektive, Änderungen in ihnen nicht per Dekret, sondern durch Anregungen und Motivierungen zur Selbständerung zu bewirken.

Indirekte Steuerung[245] setzt auf Vor- und Nachteile, die Akteure infolge eines Handelns zu gewärtigen haben, das vom Leitbild 'Praxis' abweicht. Für die gesellschaftliche Selbstgestaltung stellt sich hier die Frage nach dem Verhältnis zwischen

- der Ausbreitung des Leitbildes ('Praxis') bei den Akteuren, die zu entsprechenden Einstellungen und Handlungen aus *intrinsischen* Motiven gelangen. Das Leitbild 'Praxis' wird dann in dem Maße wirklichkeitsmächtig, wie die Beteiligten die Entfaltung ihrer Sinne, Fähigkeiten und Reflexionsvermögen im Horizont der 'Praxis'-Momente bzw. -sphären als positiv erfahren und sich an ihnen orientieren,
- und dem Bemühen gesellschaftlicher Institutionen, die Durchsetzung des gesellschaftlich favorisierten Handelns durch positive oder negative Sanktionen abzusichern und es dadurch mit *extrinsischen* Motiven zu verknüpfen.[246]

Die Beobachtung und Beurteilung von Institutionen und die praktische Bezugnahme auf sie sind nicht notwendigerweise eine Angelegenheit eines spontanen und diffusen Publikums, sondern können ein Moment von Institutionen selbst bilden. Die reflexive Institution gewinnt Distanz zu ihrer Unmittelbarkeit, beobachtet sich und fördert die Reflexion auf die Praxis der Institution (vgl. a. Girschner 1990). Diese Leistung reflexiver Institutionen lässt sich – bei allen Grenzen dieses Vergleichs[247] – am Beispiel der Gewaltenteilung vergegenwärtigen.

In der Selbstgestaltung der Gesellschaft wird eine selbstreflexive Aufmerksamkeit für eigene Verkehrungen notwendig, die aus dieser 'Praxis'-Sphäre selbst resultieren. Mit der erst in der Sphäre der gesellschaftlichen Selbstgestaltung thematischen Emergenz werden die nichtintentionalen Effekte und Rückkopplungen sowie eigendynamisch sich verstärkende problematische Prozesse (s. II.6d) zum Thema. Versuchungen bestehen darin,

- Störgrößen direkt anzugreifen, womit nur Symptombekämpfung oder Reparaturdienst stattfindet;

---

245 Die Palette der Möglichkeiten ist breit und umfasst Steuererleichterungen, vorrangige Vergabe öffentlicher Aufträge, günstige Konditionen von Krediten durch öffentliche Banken, Bevorzugung bei der Ansiedlungspolitik – oder eben das jeweilige Gegenteil. Vgl. zur indirekten Steuerung auch S. 201f., Anm. 68, 69.

246 Die Problematik des „materiellen Anreizes" war in den 1960er Jahren Thema einer instruktiven Debatte von Befürwortern und Kritikern der entsprechenden Politik (im Ostblock) in der Zeitschrift „Monthly Review" (vgl. Strotmann 1972).

247 Eine kurze Übersicht über die einschlägigen Fragezeichen zur Gewaltenteilung formuliert Demirović (2009, 192f.).

- unliebsame Informationen nicht zur Kenntnis zu nehmen (Beschwichtigungspolitik);
- sich nicht an den Problemen abzuarbeiten, die zu lösen sind, sondern sich auf die Probleme zu konzentrieren, für die erfolgversprechende Methoden bereitstehen;
- symbolische Politik zu betreiben.

II.10 Die Integration der drei 'Praxis'-Sphären

Nach der Darstellung der drei verschiedenen Sphären von 'Praxis' stellt sich die Frage nach ihrem Verhältnis zueinander. Ihnen gemeinsam ist, dass sie, sollen sie im Sinne von 'Praxis' gelingen, jeweils eigene Kreisläufe und Spiralprozesse[248] durchlaufen. In ihnen geht jede Sphäre von ihrer Unmittelbarkeit aus und erfährt dann, dass sie um ihrer selbst willen auf die anderen beiden Sphären angewiesen ist. Ich konzentriere mich zunächst darauf, diese Kreisläufe als gelingend zu beschreiben (a) und wende mich dann Metaphern und Denkformen zu, die die Probleme dieses Gelingens überspielen (b).

Kapitel II.10 widmet sich einer im Vergleich zum sonstigen Text schwerer verständlichen Problematik. Es enthält eine für das Begreifen der immanenten „Logik“ von 'Praxis' zentrale argumentative Vertiefung. Das Kapitel ist aber weder ein „Fundament“ für Teil II noch stellt es einen steilen Anstieg dar, der zu absolvieren sei, weil ohne diese Leistung die Hochebene nicht zu erreichen sei, in der sich allererst das Verständnis für das Konzept der nachkapitalistischen Vergesellschaftungs- und Lebensweise im Sinne von 'Praxis' eröffne.

---

248 Die verschiedenen Momente und Sphären von 'Praxis' korrigieren sich günstigenfalls gegenseitig. Erst im gelingenden, immer wieder neuen Durchlaufen der sieben Momente und drei Sphären von 'Praxis' lässt sich die jedem Moment und jeder Sphäre jeweils auf ganz verschiedene Weise eigene Begrenzung überwinden. Günstigenfalls ergibt sich ein „spiralförmiger Fortgang“, in dem alle Momente und Sphären der 'Praxis' „in gegenseitige Bewegung geraten und sich gegenseitig erläutern“ (Kosik 1976, 44). Dieser Prozess „lässt die einzelnen Begriffe im weiteren Fortschreiten nicht unberührt“ und unterscheidet sich von einer „summativen Systematisierung der Begriffe, die auf einer unveränderlichen und ein für allemal gewonnenen Grundlage aufbaut“ (Ebd.). Es handelt sich um „einen spiralförmigen Prozess gegenseitigen Sich-Durchdringens und Erleuchtens der Begriffe, in dem die Abstraktheit (die Einseitigkeit und Isoliertheit) der Aspekte in einem ... regressiv-progressiven Zusammenfassen überwunden wird“ (Ebd.).

a) Das Gelingen der Kreisläufe der drei 'Praxis'-Sphären

Die drei Sphären von 'Praxis' beinhalten den allgemeinen Begriff von 'Praxis' (A), die Sphäre des Besonderen und Partikularen oder das Verhältnis von 'Praxis' zum Stoffwechsel mit der Natur sowie zu den Prozessen des Produzierens, Organisierens und der Synthesis in der modernen Gesellschaft (B) und die gesellschaftliche Selbstgestaltung bzw. das praktische Verhältnis der Gesellschaft zu sich selbst (S). Diese drei Sphären verweisen bereits ex negativo aufeinander:

A ohne B wäre das durch jede Konkretisierung nur verfälschbare Ideal.[249]

B ohne A wäre die Bornierung im Partikularen oder die babylonische Sprachverwirrung im Nebeneinander inkompatibler Besonderheiten. Aus der *Aggregation* besonderer Perspektiven entsteht kein Allgemeines. Die besonderen Angelegenheiten scheinen sich in ihrer Unmittelbarkeit zueinander zu verhalten wie „in sich nicht zusammenhängende Welten" (Fichte). Ohne Verortung des Besonderen im Aufbaugefüge droht dem jeweiligen Besonderen, verarbeiten zu müssen, was es nicht verarbeiten kann. Es tendiert dazu, sich zu totalisieren. Jeder Bereich bildet dann *seine* Weltsicht heraus und dreht sich als Eigenwelt in sich ein.[250] Störendes wird marginalisiert oder vereinnahmt. Besonderes wird dann partikular.[251]

A ohne S wäre die extensive Gegenwart allgemeiner Werte, eine theozentrische Repräsentation[252] unter dem Diktat oberster Werte, das Herrschen des Monologs. Die der Selbstgestaltung entzogene substanzialistische „Wahrheit" soll dann die Einheit verbürgen und ihr die Vielfalt unterordnen.

---

249 Vgl. Hegel 3, 481ff.; 7, 279f. zur „schönen Seele".

250 „Ohne die Antezipation jenes strukturellen Moments, des Ganzen, das in Einzelbeobachtungen kaum je adäquat sich umsetzen lässt, fände keine einzelne Beobachtung ihren Stellenwert" (Adorno 1972, 127).

251 Zu Partikularen missrät Besonderes, sobald letzteres sich gegen seinen Zusammenhang zu anderem Besonderen und gegen die gesellschaftliche Allgemeinheit sowie gegen das gesellschaftliche Selbstverhältnis indifferent und spröde zeigt und sich in seine Selbstbezüglichkeit eindreht, verselbständigt und verhärtet. Im Extrem folgt es wie ein Tumor seinem eigenen Wachstumsgesetz.

252 In der „theozentrischen inneren Repräsentation" gerät das intersubjektive Verhältnis zwischen Subjekten zum Ausdruck einer Übersubjektivität. Hier „schrumpft der Polylog ... in eine übermächtige Stimme, in einen übermächtigen Repräsentanten zusammen, der Alles ist. Da es diesen Einen nicht in der greifbaren Form wie den Nächsten gibt, taucht die Frage auf, wer draußen, in der äußeren Welt, die Stimme des Einen spricht oder verdolmetscht, und das Problem, woran die Legitimation zu solcher Rede im Namen des Einen zu erkennen sei" (Suhr 1975, 296).

S ohne A wäre Dezisionismus und Voluntarismus, das Improvisieren und Sich-durch-Wursteln, Adhocismus.

Unter B ohne S fallen sowohl die auseinander strebende Vielheit (s. II.6c) als auch die Behauptung von Partikularinteressen und -belangen und die zentrifugalen Eigendynamiken von Organisationen, Institutionen und Bereichen, die quer stehen zur Selbstgestaltung der Gesellschaft.

S ohne B ginge einher mit der Überlastung des Zentrums oder der Spitze, insofern beide nicht extern vorhandene, in Organisationen und Institutionen aufgebaute Kompetenzen und Qualifikationen hinzuziehen können (vgl. dazu II.9c).

Soll es in der Sphäre des allgemeinen Begriffs von 'Praxis' (A) nicht bei Sonntagsreden bleiben, so wird es notwendig, sich ausgehend vom allgemeinen Begriff von 'Praxis' den besonderen Bereichen der gesellschaftlichen Arbeitsteilung und funktionalen Differenzierung zuzuwenden. Die Auseinandersetzung darüber, was in der besonderen Arbeit, Dienstleistung und Sozialbeziehung jeweils 'Praxis' heißt, konkretisiert diese selbst und wandelt das Verständnis von 'Praxis'. Es ist *mit* dieser Arbeit anders als ohne sie (s. II.7). Die verschiedenen besonderen Arbeiten an der Verwirklichung von 'Praxis' in der Gesellschaft verweisen auf deren Proportionierung. Sie bildet eine Angelegenheit gesellschaftlicher Auseinandersetzung über die Verhältnisse zwischen den verschiedenen gesellschaftlichen Belangen und über die auf sie aufzuwendenden Ressourcen. Der allgemeine Begriff von 'Praxis' bedarf nicht nur der Auffächerung und Differenzierung von 'Praxis' im Außenverhältnis von 'Praxis' (Stoffwechsel mit der Natur sowie die Prozesse des Produzierens, Organisierens und der Synthesis in der modernen Gesellschaft), sondern auch der Einzelheit von Entscheidungsprozessen, die gesellschaftliche Proportionen jeweils festlegen.[253] Die dafür notwendigen Vergegenwärtigungen, Auseinandersetzungen und Entscheidungen fallen in der von 'Praxis' dominierten Gesellschaft in die Sphäre des praktischen Verhältnisses der Gesellschaft zu sich selbst (S). 'Praxis' bedarf des Übergangs von ihrem allgemeinen Begriff in die Sphäre der Besonderheiten oder in das Außenverhältnis von 'Praxis' *und* in die Sphäre der Selbstgestaltung bzw. des Selbstverhältnisses der Gesellschaft. Gelingen diese Übergänge, so lassen sie den allgemeinen Begriff von 'Praxis' durch die Auseinandersetzung mit dem anderen seiner selbst wachsen und durch sie angereichert und erfahrener zu sich selbst „zurück" kehren (A-B-S-A'). Ausgangs- und Endpunkt des spiralförmigen Prozesses (A und A') sind nicht identisch.

253 Einzelheit ist hier zunächst negativ definiert als nicht aus dem Allgemeinen und Besonderen ableitbare Konkretheit.

Die Sphäre der Besonderheiten und Partikularitäten im Außenverhältnis von 'Praxis' (B) hat sich mit dem Unterschied zwischen Besonderem (i. S. von 'Praxis') und Partikularem auseinanderzusetzen. Dieser Sphäre ist die Ambivalenz eigen, zugleich die Sphäre der Konkretisierung des Allgemeinen im Besonderen zu sein *und* die Sphäre, in der das Partikulare und Massenhafte abgearbeitet, organisiert und verwaltet werden müssen. In den Bereichen der Organisation und Verwaltung existiert das Besondere als Disparates und massenhaft Anfallendes, das sich nur auf eine Weise bewältigen lässt, die die fruchtbare Auseinandersetzung zwischen Allgemeinem und Besonderem unwahrscheinlich macht. In Organisationen und Verwaltungen herrscht eine in diesem Kontext ebenso notwendige wie formelle Allgemeinheit („sekundäre Systeme" im Sinne von Freyer).[254] Die Auseinandersetzung über das Thema „Konkretisierung von Praxis" führt dazu, den emphatischen allgemeinen Begriff von 'Praxis' in der Auseinandersetzung darüber zu vergegenwärtigen und zu schärfen – also zu unterscheiden: Was *gilt* als Partikulares aus der Perspektive jener problematischen Allgemeinheit, die substanzialistisch in sich verbleibt und sich nicht auf das Besondere einlässt?[255] Und was *ist* Partikulares in der Sphäre des Außenverhältnisses von 'Praxis'?

Die Klärung der Frage nach dem mit 'Praxis' verträglichen Verhältnis zwischen Allgemeinem, Besonderem und Partikularem im Außenverhältnis von 'Praxis' bedarf nicht nur des Übergangs in die Sphäre des allgemeinen Begriffs von 'Praxis' (B-A), sondern weiterhin auch des Übergangs in die Sphäre des Verhältnisses der Gesellschaft zu sich selbst (B-A-S). In diese Sphäre fällt die Auseinandersetzung darüber, wie weit das Außenverhältnis von 'Praxis' mit 'Praxis' durchdringbar und von ihr assimilierbar ist. In dieser Sphäre fragt sich, wie der Umgang aussehen soll mit den sich – trotz aller Bemühungen – gegenüber 'Praxis' indifferent bis feindlich zeigenden Materien. Wie verhält sich „die" von 'Praxis' dominierte Gesellschaft zur sich in der Sphäre des Außenverhältnisses zeigenden Differenz zwischen 'Praxis' einerseits, dem Stoffwechsel mit der Natur sowie den Prozessen der gesellschaftlichen Produktion, Organisation und Synthesis andererseits?

Bei entwickelter Arbeitsteilung und gesellschaftlicher Differenzierung stellen sich für 'Praxis' Aufgaben, deren Lösungen sich nicht aus dem allgemeinen

---

254 Deren Problematik (s. II.8a4) stellt sich auch in einer nachkapitalistischen Gesellschaft auf neue Weise und ist nicht einfach erledigt.

255 Die Substanz ist das allem Zugrundeliegende und das alles auf sich Zurückführende. Es geht alles von ihr aus, sie geht aber nicht über sich hinaus. Im Horizont des Substanzdenkens lassen sich weder die Ausdifferenzierung begreifen noch die Gestaltung der Gesellschaft durch ihre Mitglieder.

Begriff von 'Praxis' deduzieren lassen. Das macht den Wert des Besonderen aus. Zugleich kann es partikular gegenüber 'Praxis' werden. Dies geschieht, wenn das jeweilige Besondere sich nicht auf 'Praxis' hin durcharbeiten lässt bzw. aus sich heraus keinen oder keinen hinreichenden Zugang zu 'Praxis' findet. Das Besondere kann aber nicht nur in der B-Sphäre, sondern auch auf eine davon unterschiedene Weise in der S-Sphäre partikular gegenüber 'Praxis' werden. Dann führt das Besondere, auch wenn es als jeweiliges Besonderes auf 'Praxis' hin durchgearbeitet ist, als Besonderes unter anderem Besonderen zu Problemen. Nun entsteht eine zweite Aufgabe. Zum Thema werden nicht nur das Partikulare und Massenhafte, sondern das emphatisch verstandene Besondere. Günstigenfalls entwickeln die besonderen Arbeiten und Tätigkeiten aus sich heraus einen Zugang zu 'Praxis', in dem das Besondere aus sich heraus zum Allgemeinen findet. Zugleich trifft das jeweilige Besondere auf anderes Besondere, das ebenso vorgeht wie es selbst. Eine Dezentrierung steht an, in der das jeweilige Besondere sich nicht nur an dem aus *ihm* entwickelbaren (also im Doppelsinne: „seinem") jeweiligen Allgemeinen abarbeitet, sondern sich der Vergegenwärtigung von anderen Gestalten stellt, in denen sich 'Praxis' ver-wirklicht und konkretisiert. Erst in der Auseinandersetzung mit ihnen gewinnt das jeweilige Besondere seinen legitimen Ort. Dies geschieht in der Sphäre der Selbstgestaltung der von 'Praxis' dominierten Gesellschaft. Sie bildet den Ort der öffentlichen Vergegenwärtigung und Erwägung, Auseinandersetzung und Entscheidung über die Proportionen, die Synthesis und die Gestaltung der verschiedenen Belange.

In der Gesellschaftsgestaltung, insofern sie mit der Vermittlung verschiedener Gruppen und Belange zu tun hat (s. Kapitel II.9a), entsteht ein integratives Bewusstsein, das die verschiedenen Perspektiven und Belange sowie deren Relationen und Proportionen in den Blick bekommt. Für die besonderen Tätigkeiten und Bereiche gilt: Erst wer deren jeweilige Grenze erkennt, ist nicht mehr in ihr befangen. Und wer sie *nicht* erkennt, praktiziert sein Tun jenseits der Kontexte, in die es gehört. Das Fortsetzungsverhalten, das den jeweiligen besonderen Perspektiven eigen ist, indem sie versuchen, anderes zum Anwendungsfall ihrer eigenen Kompetenzen zu vereinnahmen,[256] zeigt, wie sehr die besonderen Momente um ihrer selbst willen auf ihre Selbstverortung im Gefüge der gesamtgesellschaftlichen 'Praxis' angewiesen sind. Tatsächlich wissen viele – nicht nur in der Jugend – oft insofern nicht, wer sie sind, als sie über keinen Überblick über die Gliederung und Aufbauordnung der Welt, in der sie sich bewegen, verfügen. Man

256 „Give a small boy a hammer, and he will find that everything he encounters needs pounding" (Kaplan 1964, 28).

verläuft sich dann in einfachen Dichotomien, orientiert sich an unterkomplexen Problemstellungen, hält Peripheres für zentral, müht sich an falsch gestellten Aufgaben ab und verarbeitet Erfahrungen unter der unbewussten Voraussetzung solch untauglicher Grundlagen.

Der im Sinne von 'Praxis' gelingende Durchgang durch die Sphäre der Allgemeinheit und durch die Sphäre der Selbstgestaltung bzw. des praktischen Verhältnisses der Gesellschaft zu sich selbst lässt die Sphäre des Außenverhältnisses von 'Praxis' durch die Auseinandersetzung mit dem anderen ihrer selbst wachsen und durch sie angereichert und erfahrener zu sich selbst „zurück"kehren (B-A-S-B'), so dass Ausgangs- und Endpunkt des spiralförmigen Prozesses nicht identisch sind.

Die Sphäre der Selbstgestaltung bzw. des praktischen Verhältnisses der von 'Praxis' dominierten Gesellschaft zu sich selbst bezieht sich auf die gesamte Gesellschaft und auf die Entscheidungen, die über die für sie einschlägigen Proportionen und Gestaltungen notwendig sind. Bei der öffentlichen Vergegenwärtigung, Erwägung und Entscheidung in der Sphäre des praktischen Verhältnisses der Gesellschaft zu sich selbst geht es um Reflexionen, die sich von den Erfahrungs- und Wissensbeständen der Sphäre des allgemeinen Begriffs von 'Praxis' und der Sphäre des Außenverhältnisses von 'Praxis' unterscheiden. Es handelt sich bei der Gewichtung der verschiedenen besonderen Belange und Materien, soweit sie Thema der Sphäre S sind, um Fragen, die nicht aus einem allgemeinen Grundriss von 'Praxis' deduktiv ableitbar sind, und um Wissens- und Erfahrungsbestände, die nicht im Horizont der Durcharbeitung besonderer Materien im Sinne von 'Praxis' entstehen. Das heißt aber nicht, dass sie des allgemeinen Hintergrunds sowie der Bewährung im Besonderen bzw. der Abarbeitung an ihm entbehren können.

Die Urteilskraft ist für die Sphäre der Selbstgestaltung der Gesellschaft essenziell. Zugleich geht mit ihr die Problematik des Dezisionismus einher. Die punktuelle Entscheidung emanzipiert sich leicht von der Vergegenwärtigung der allgemeinen Aufbauordnung – zugunsten einer Pseudokonkretheit, die sich der für sie konstitutiven Kontexte nicht gewiss ist. Die Sphäre des praktischen Verhältnisses der Gesellschaft zu sich selbst ist insofern auf die Sphäre des allgemeinen Begriffs von 'Praxis' angewiesen, als er eine allgemeine Grundordnung der verschiedenen 'Praxis'-Momente bzw. die Gliederung der Wertigkeiten, Zusammenhänge und des Aufbaugefüges vorgibt. Die Frage nach der Gewichtung der besonderen Belange und Materien als Thema in der Sphäre der Selbstgestaltung der Gesellschaft stellt sich jedoch immer nur konkret.[257] Diese Sphäre ist latent

257 Ich nehme das Thema der Urteilskraft in II.11 wieder auf.

versucht, sich von 'Praxis' als allgemeinem Paradigma zu „emanzipieren". Die Sphäre der Selbstgestaltung der Gesellschaft bedarf der Sphäre der Allgemeinheit von 'Praxis', um die Gefahr abzuwehren, dass das, was in der Sphäre der Einzelheit als vernünftige Entscheidung erscheint, faktisch faule Kompromisse ratifiziert und kontingente Gemengelagen von partikularen Interessen, Vetomächten und „Sachzwängen" mit einer Rationalitätsfassade versieht.

Die Sphäre des praktischen Verhältnisses der Gesellschaft zu sich selbst in einer von 'Praxis' dominierten Gesellschaft verweist nicht nur auf die Sphäre des allgemeinen Begriffs und den Übergang in sie (S-A), sondern verweist weiter auf die Sphäre des Außenverhältnisses von 'Praxis' (S-A-B). Bei der allgemeinen kognitiven Landkarte der 'Praxis'-Momente und den Szenarios ihres Aufbaugefüges bleibt es nicht. Die Entscheidungen, die das „große Ganze" betreffen, sind latent versucht, die Mühen der Ebenen zu übergehen. Der Teufel steckt im Detail. Diese Probleme werden in besonderem Maße in der B-Sphäre zum Problem und zum Thema. Die gesellschaftliche Selbstgestaltung muss sich zudem selbst ur-teilen in das, was jeweils in öffentlichen Auseinandersetzungen zu beraten und entscheiden ist, und in das, was schon durch seine organisatorische und institutionelle Form gesellschaftlich festgelegt ist und im Normalfall keiner substanziellen Entscheidungen mehr bedarf (vgl. II.9c). *In* der Sphäre des gesellschaftlichen Selbstverhältnisses macht sich das Moment des Besonderen auf eigene Weise geltend. Diese Sphäre muss etwas aus sich ausgliedern und sich voraussetzen in Gestalt von besonderen Institutionen.

Der im Sinne von 'Praxis' gelingende Durchgang durch die Sphären der Allgemeinheit und der Besonderheit lässt die Sphäre der gesellschaftlichen Selbstgestaltung durch die Auseinandersetzung mit dem anderen ihrer selbst wachsen und durch sie angereichert und erfahrener zu sich selbst „zurück" kehren (S-A-B-S'), so dass Ausgangs- und Endpunkt des spiralförmigen Prozesses nicht identisch sind.

Jeder Kreislauf der jeweiligen besonderen Sphäre schließt sie mit den beiden anderen Sphären zusammen. Der Kreislauf der jeweiligen Sphäre zeigt, dass sie auf *ihre* Art das Ganze der drei Sphären ist. Dies Ganze existiert auf dreifache Art, in drei Selbstreflexionen bzw. Kreisläufen.

b) Metaphern und Denkformen, die die Probleme des Gelingens der Übergänge zwischen den 'Praxis'-Sphären überspielen

Bislang ist in diesem Kapitel davon die Rede, wie *gelingende* Kreisläufe und Spiralprozesse der drei 'Praxis'-Sphären aussehen. Dieses Gelingen ist gesellschaftlich alles andere als selbstverständlich. Dem Begreifen seiner Problematik sind bestimmte Metaphern abträglich, die sich beim Sprechen über Übergänge leicht einstellen. Solche Metaphern überschreiben die gesellschaftliche Problematik mit anderen Vorstellungen und verschieben das Denken in andere als gesellschaftliche Felder.

Den Übergängen in den Spiralprozessen der drei 'Praxis'-Sphären liegt kein einheitliches biologisches Substrat zugrunde, das das Gelingen des Übergangs von einer Sphäre zu einer anderen Sphäre garantiert wie bspw. den Gestaltwandel von der Raupe zum Schmetterling. Die gelingenden Kreisläufe und Spiralprozesse der drei 'Praxis'-Sphären sind etwas völlig anderes als biologisch gesicherte Kreisläufe, in denen bspw. der Baum den Samen abwirft und aus ihm wieder ein Baum entsteht. Diese unendliche Wiederholung unterscheidet sich von der für 'Praxis' konstitutiven und ihr immanenten Auseinandersetzung und Reflexion.

Das einheitliche Substrat von 'Praxis' in den Kreisläufen zwischen den drei 'Praxis'-Sphären bildet keine gesicherte Voraussetzung, sondern ein Problem und im Fall des Gelingens von 'Praxis' das Resultat bzw. die Lösung von Problemen. Zwar können auch bei dem Kreislauf des Kapitals zwischen Geldkapital, produktivem Kapital und Warenkapital Partikularisierungen in dem Sinne entstehen, dass das Kapital sich in einer Sphäre fixiert und immobil wird. Im Unterschied zu den Kreisläufen der 'Praxis' ist aber beim Kreislauf des Kapitals die Einheit dieser Stadien – eben als Kapital – vorausgesetzt und liegt zugrunde. In den Kreisläufen der 'Praxis' *bildet* sich erst das sie zusammenhaltende Substrat von 'Praxis'. Die gelingenden Kreisläufe bzw. Spiralprozesse beschreiben ein Optimum. Im Kontext ihres Gelingens kann die Rede davon sein, jede der drei Sphären gehe in die anderen beiden Sphären über. Dies ist eine Aussage, die vom Gelingen von 'Praxis' her betrachtet Anforderungen an die 'Praxis'-Sphären formuliert. Ein anderes Thema bilden die Sphären in ihrer empirischen Existenz. Hier stellt sich das Problem der Verselbständigung der einzelnen 'Praxis'-Sphäre gegen die anderen beiden Sphären.

Metaphern und Denkformen, die das Gelingen von Übergängen betreffen, entstammen auch der christlichen Überlieferung. Dem Kreislauf bzw. Spiralprozess durch die verschiedenen Sphären von 'Praxis' liegt keine Einheit zugrunde wie bspw. bei der Überzeugung von der Totenauferstehung im Christentum. Hier sind der verwesende irdische Leib und der auferweckte Leib durch die unzerstörbare Seele dergestalt verbunden, dass beim Vergehen des Leibes die Seele bewahrt bleibt, aufgeweckt wird und eine neue Gestalt bekommt.

Die Übergänge in den Kreisläufen und Spiralprozessen der drei 'Praxis'-Sphären lassen sich nicht nach dem Muster von christlicher Bekehrung, Umkehr oder Umwendung denken. Hier ist die Freiheit der göttlichen Liebe bzw. Gnade im Spiel. Sie wendet nicht nur einzelnes Unglück um.[258] Der Übergang vom Unglauben oder der Indifferenz zum Glauben ist nicht biologisch gesichert, sondern knüpft an am Vertrauenwollen des Individuums auf Gott und an der diesen Impuls erhörenden göttlichen Gnade. „Wer sein Leben behalten will, der wird's verlieren, wer es aber verliert um meinetwillen, der wird's finden" (Mt 16, 25). Im Zentrum der christlichen Religion steht die paradoxale Wendung, der zufolge gerade durch den Tod neues seelisches Leben entsteht. „Die höchste Entfremdung, die Spitze der Entäußerung ist dies Moment der Rückkehr selbst" (Hegel 1995, 28). Selbstverlust und Selbstgewinn sind hier miteinander verknüpft. Spuren dieser kulturell tief verankerten Denkform kommen leicht auch dort ins Spiel, wo der Übergang von einer Sphäre in eine andere Sphäre Thema ist. Auf so etwas wie Gottes Wirken kann hier nur der Glaubende hoffen. Dem christlichen Glauben zufolge schafft Gottes Wirken am Kreuz Jesu Christi neues Leben. Noch das Äußerste an Gottverlassenheit und Lebensfeindschaft steht nicht außerhalb Gottes, sondern ist gerade die Stätte eines positiven Wirkens von Gottes Liebe, die den Tod überwunden hat und überwindet und das Kreuz zur Wende der Welt macht. Gott schickt *sich* in seiner Gestalt als Gottes Sohn in die Menschenwelt. Mit der Gesinnung Jesu und mit dessen Wirken zeigt er den Menschen, worum es ihm geht: Um die Überwindung des Egoismus und der Sorge, der Trostlosigkeit und der Lebensangst und um die vertrauens- und liebevolle Zuwendung des Menschen zum Menschen in Barmherzigkeit und Vergebung. Gottes Sohn trifft bei den Menschen auf massiven Widerstand und wird schmachvoll hingerichtet. Gott ist bei seinem Sohn und geht mit ihm durch das Leid hindurch, das alle körperlichen Schmerzen übersteigt – das Leid an der Gottesferne der Menschen. Gott wird in Jesus zum Mitbetroffenen dieses Leidens und leidet mit den an ihrer Gottesferne leidenden Menschen mit. Die Auferstehung zeigt den Glaubenden, dass sie Mut und Vertrauen haben können, Jesus nachzufolgen bei aller Bruchstückhaftigkeit menschlichen Seins und Tuns. Der Glaube des Christen entsteht analog zur Auferstehung Jesu Christi. „Ist jemand in Christus, so ist er eine neue Kreatur; das Alte ist vergangen, siehe, Neues ist geworden" (2Kor 5,17).

Der Hegelsche Idealismus bildet eine dritte Interpretationsfolie beim Nachdenken über die Kreisläufe und Spiralprozesse der 'Praxis'-Sphären. Die Konsequenz des Geistes ist es nun, die den Kreislauf bzw. Spiralprozess zwischen den

258 Josef zu seinen Brüdern: „Ihr hattet Böses mit mir vor, aber Gott hat es zum Guten gewendet, denn er wollte auf diese Weise vielen Menschen das Leben retten" (1. Mose 50, 20).

drei Sphären des Hegelschen Werkes motiviert und vorantreibt, trägt und sichert. Es handelt sich bei diesen Sphären um die allgemeinen objektiven Gedanken, so wie sie in Hegels Logik festgehalten werden, um die Entäußerung des Geistes in der Natur und in der Gesellschaft und um den zu sich kommenden absoluten Geist. Weder das logische Kontinuum zwischen den verschiedenen Sphären noch das im Entäußerungsstreben des Geistes und seiner Wiedergewinnungsdynamik gelegene Zurückkommen des Geistes zu sich selbst („unendliche Rückkehr in sich" – Hegel 17, 305) sind den Kreisläufen und Spiralprozessen der 'Praxis' eigen. 'Praxis' verfügt nicht über die göttliche Unendlichkeit von Energie und Urteilskraft. Im religiösen Horizont stellt sich die Frage nach deren Regeneration und Reproduktion erst gar nicht. Für den göttlichen Geist gilt: „Die Wunden des Geistes heilen, ohne dass Narben bleiben" (Hegel 3, 492). Für 'Praxis' trifft das nicht zu.

Zwar kennt Hegel dem Geist gegenüber Heterogenes, das nicht als Sparringspartner seiner Selbstfindung und Selbstwerdung fungiert und deshalb als „untauglich Negatives" gelten muss (Bloch 1972, 147).[259] Dennoch besteht das Leben des Geistes gerade darin, dass er „in der absoluten Zerrissenheit sich selbst findet" (Hegel 3, 36). Eine solche – letztendlich christlich motivierte – Selbstfindung im Selbstverlust bildet einen Horizont, der den Übergängen der 'Praxis'-Sphären fremd ist. Von Hegels logischer Konsequenz lässt sich nur sprechen, wenn begriffen wird, dass Übergänge seiner Logik an zentraler Stelle allein unter Rekurs auf christliche Figuren der Bekehrung und Umkehr, der Umwendung und seelischen Transformation „funktionieren". Hegels Denken beinhaltet nicht allein eine Logifizierung des christlichen Denkens. Vielmehr wandern christliche Wendungen in zentrale Übergänge seiner „Logik" ein. Man könnte mit Parsons von einer „Interpenetration" von Religion und Logik sprechen.

Problematisch ist jene Kreisbewegung durch die verschiedenen Momente, die so tut, als sei man im anderen bei sich. Sie geht über die notwendigen Spannungen zwischen den drei Sphären hinweg und bewerkstelligt ihre Versöhnung imaginär. Ich verlagere die weitere Auseinandersetzung mit der Frage in einen Exkurs (II.10c), wie Hegels Denken, das mit den Sphären der Allgemeinheit,

---

259 Hegel kennt „Nihilisierungen schlechthin verwüstender Art, ohne sichtbare dialektische Funktion" (Bloch 1972, 147) wie z.B. den Peloponnesischen Krieg und den Dreißigjährigen Krieg. Hegel kennt „jene negativen Felder, auf denen kein Gras wächst, auf denen sogar der 'Dünger der Widersprüche', die Umschlagpunkte zum möglichen Wachstum schwer oder gar nicht sichtbar sind" (Ebd., 149). Vgl. a. Hegel 13, 288f.

Besonderheit und Einzelheit den drei 'Praxis'-Sphären zu ähneln scheint, gerade das Denken über sie verstellt.

Die drei Kreisläufe der 'Praxis'-Sphären sind nicht nur von den genannten Vorstellungen zu unterscheiden, sondern auch ins Verhältnis zu den sieben 'Praxis'-Momenten zu setzen. Die Kreisläufe stellen keine Aufhebung der in Kapitel II.4 beschriebenen sieben 'Praxis'-Momente dar.

Gewiss existiert die Reifung desjenigen, der sich am Anderen seiner selbst abarbeitet. Individuell handelt es sich hier prominent um die emphatisch verstandene Bildung. Gesellschaftlich haben wir es mit Phänomenen zu tun, die in den drei Kreisläufen von 'Praxis' und im erfolgreichen Lernen von Gesellschaften enthalten sind. Allerdings ist im gesellschaftlichem Maßstab zu unterscheiden zwischen der Darstellung der erfolgreichen erweiterten Reproduktion im Modell von spiralförmigen Prozessen und den ihrem Funktionieren vorausgesetzten Problemlösungen. Sie beziehen sich auf Fragen, die sich mit den sieben 'Praxis'-Momenten und ihrer Aufbauordnung stellen. Im Horizont der gesellschaftlichen Gestaltung der Inhalte des gesellschaftlichen Reichtums geht es um das Gefüge ganz verschiedener Praxis-Momente und Bereiche. Das Modell von Spiralprozessen ist ein für *diese* Problematik (der Koexistenz, Koordination bzw. Integration im Raum) nicht angemessenes Konzept.

c) Exkurs: Hegels trinitarische Auflösung der Probleme von 'Praxis'

Von Hegel lässt sich viel für gesellschaftstheoretisches Denken lernen. Aber es gibt einen entscheidenden Unterschied und eine Grenze des Hegelschen Denkens. Sie bilden das Thema dieses Exkurses. Die Auseinandersetzung mit Hegels Auffassung vom Verhältnis zwischen Allgemeinheit, Besonderheit und Einzelheit vermag das Verständnis vom Verhältnis zwischen den drei Sphären von 'Praxis' weiter zu vertiefen. Der Exkurs konzentriert sich auf Hegels in der christlichen Dreieinigkeit fundiertes Verständnis von Allgemeinheit, Besonderheit und Einzelheit.[260] Dieses Verständnis lässt sich nicht unter stillschweigender Ausklam-

260 Bei Marxisten und Anhängern der 'Kritischen Theorie' ist die Meinung weit verbreitet, die Dialektik sei das zentrale Element Hegelschen Denkens. Souverän ignoriert diese Auffassung Hegels Aufstufung von 1) abstraktem oder verständigem, 2) dialektischem oder negativ-vernünftigem und 3) spekulativem oder positiv-vernünftigem Denken (Hegel 8, 168), das im wesentlichen trinitarisch verfasst ist. Dialektik bildet bei Hegel nicht die höchste Stufe seines Denkens. Auf der dritten Stufe bewegt sich das Denken im Horizont einer (nicht der formalen Logik entsprechenden) Gliederung von Allgemeinheit, Besonderheit und Einzelheit. Sie hat mit der Differenzie-

merung des theologischen Hintergrunds als Formalstruktur für Gesellschaftstheorie nutzen.[261] Das Hegelsche Denken ist auch insofern von Interesse, als es bestimmte Problemverarbeitungen, -verschiebungen und -transformationen in seltener Reinheit vorführt. In vermischterem Zustand und geringerer Trinkstärke sind sie weit verbreitet. Probleme werden dann auf eine Weise aufbereitet, die ihnen angemessen zu sein scheint, aber sie unter der Hand zum Anwendungsfall verwandelt für jenseits der Materie existierende Denkfiguren. Bei Hegel (vgl. 5, 44) handelt es sich um spekulativ-logische Formen.

Zuerst ist in diesem Kapitel Thema, wie Hegels Diagnose der Welt eine Problematik betrifft, die uns schon bekannt ist aus der Problematik des Verhältnisses von 'Praxis' zum Stoffwechsel mit der Natur und zu den Prozessen des Produzierens, Organisierens und der Synthesis in der modernen Gesellschaft (s. II.8). In einem zweiten Schritt zeige ich, wie Hegel diese Problematik einstellt in den Horizont einer Vergeistigung. Sie soll die Antwort auf seine Problemdiagnose geben und erweist sich als deren Voraussetzung. Hegels Ontotheologie und seine Diagnose der Welt verstärken sich gegenseitig. Hegels Denken über das Verhältnis von Allgemeinheit, Besonderheit und Einzelheit folgt dem Verhältnis zwischen Gott Vater, Gottes Sohn und dem Heiligen Geist in der christlichen Theologie.[262] Ich komme nicht umhin, Hegels Interpretation des christlichen Trinitätskonzept kurz darstellen, das schon für sich genommen komplex ist.

Die christliche Dreieinigkeit ist eine Revolution im Seinsverständnis. Sie widerspricht sowohl dem Horizont der antiken Substanz als auch dem des neuzeitlichen Subjekts. Das Verhältnis des maßgebenden Inhalts zur Wirklichkeit und die

---

rung zwischen Gattung (z.B. Säugetier), Art (z.B. Kuh) und Individuum (z.B. Kuh „Berta") nichts zu tun. Die Hegelsche Gliederung verfremdend fasst Marx (1974, 186) Kredit, Aktienkapital und Geldmarkt als zur Ebene der „*Einzelnheit*" zugehörig auf und setzt es vom Kapital als *Allgemeinem* und von der Konkurrenzsphäre der vielen *besonderen* Kapitale ab.

261 Diese Vorgehensweise findet sich bei Jürgen Ritsert. Er hat sich in den letzten 30 Jahren in zahlreichen Publikationen der Relevanz Hegelscher Denkfiguren in der Gesellschaftstheorie gewidmet.

262 Ich klammere hier die in der Theologie umfangreich geführte Auseinandersetzung darüber aus, inwieweit Hegels Verständnis „dem" Christentum angemessen ist. Vgl. dazu z.B. Schmidt 1952, 1982. „Die Rolle, die Hegel zur Zeit in der modernen Theologie spielt, kann nicht hoch genug eingeschätzt werden. Viele betrachten ihn als den großen Heilsbringer, als den 'Retter der Theologie', für andere ist sein Einfluss schon viel zu weit gegangen, sie seufzen 'Hegel überall und kein Ende!' Mit anderen Worten: Die Hegel-Renaissance in der Philosophie hat nicht nur die evangelische, sondern auch die katholische Theologie voll erfasst" (Mader 2000, VII).

Relation von Transzendenz und Immanenz sind in Theismus und Pantheismus Thema. Beide schlagen in Atheismus um. Der Theismus setzt die Differenz zwischen dem Maßgeblichen und der Wirklichkeit als unüberbrückbar groß an. Der Pantheismus löst den Inhalt, um den es geht, in der Wirklichkeit differenzlos auf. Demgegenüber konzipiert das Modell der Dreieinigkeit das Verhältnis des maßgeblichen Inhalts zur Wirklichkeit im Horizont der innergöttlichen Verhältnisse zwischen dem Gott über uns (Vater), dem Gott mit uns (Sohn) und dem Gott in uns (Heiliger Geist). Im Unterschied zu einer erdrückenden Übermacht von Gott Vater avanciert die Liebe zum zentralen Inhalt des Glaubens. Gott wird im Unterschied zu einer unitarischen Gottesvorstellung bereits in sich, in den Beziehungen zwischen seinen drei Personen Gott Vater, Sohn und Heiliger Geist als Gemeinschaft (communio) der Liebe aufgefasst, als „personaler Austausch, liebendes gegenseitiges Geben und Nehmen" (Greshake 2005, 61), und als eine „Einheit, die ihren Gegensatz, nämlich Vielheit, nicht außerhalb ihrer selbst hat, sondern in sich trägt. ... Communio ist die Vermittlung von Identität und Differenz" (Ebd., 29). Zum entsprechenden Ideal von Liebe, die das Vorbild sozialer Beziehungen bildet, gehört das Freilassen des Anderen, dem Raum gegeben (!) wird zu seiner eigenen Entwicklung, und die Vorstellung einer positiven gegenseitigen Steigerung von Selbständigkeit und Bindung. Das trinitarische Denken hat es also mit Problemen zu tun, die auch für die Gesellschaftstheorie relevant sind.

(1) In Hegels Diagnose der Welt spielt das „Beherrschtwerden von dem übergroßen Objekt" (Hegel 1, 426) eine zentrale Rolle. Er beschreibt die Heteronomie der Materie (gegenüber dem Geist) oder die „Kontrafinalität der Materie" (Sartre) eindrucksvoll. Hegel thematisiert (im ersten Teil seiner Logik, der sog. Seinslogik) die Indifferenz des Seins sowie das endlose Ineinanderübergehen der nicht klar und deutlich getrennten Qualitäten. Sein Werk enthält viele Schilderungen von (in Bezug auf die Gestaltung der Gesellschaft) entropischen[263] Effekten und bereichert unser Wissen von der gesellschaftlichen Müdigkeit.

Im Unterschied zu jeder Gestaltung, die das Besondere und Allgemeine zu einer zwanglosen Einheit bringen will, sind Hegel zufolge für die Natur das gleichgültige Nebeneinander der Objekte und ihre Äußerlichkeit untereinander charakteristisch (vgl. Hegel 6, 573). Die Natur beinhalte die „Unmittelbarkeit äußerlichen und vereinzelten Daseins" (Hegel 10, 30) sowie die Vorherrschaft von maßlosen Massen[264] und Partikularismen, die einer vernünftigen Gestaltung

---

263 Entropie bezeichnet den Grad der Nichtverwendbarkeit von Energien und ihrer Unordnung.

264 Vgl. Hegel 8, 225, zit. in Anm. 263.

gegenüber heteronom sind. Die Natur zeige in ihrem Dasein „keine Freiheit, sondern Notwendigkeit und Zufälligkeit“ (Hegel 9, 27. Vgl. a. Hegel 10, 19).[265] Die für die Natur laut Hegel charakteristische „Extension der Substanz, die sich in endliche Mannigfaltigkeit ergießt, ohne Kraft sie zusammenzuhalten“, also sich in „eine leere Breite“ (Hegel 3, 17) verliert, existiere auch in der Welt der Flora (vgl. Hegel 9, 372; 19, 19). Die Verwicklung ins Äußere bleibe so stark, dass alle weitergehenden geistig-gestalterischen Ansprüche abprallen. Auch noch in der Architektur dominiere die Sprödheit der Materie. „Die Dumpfheit der Schwere“ (Ebd., 433) begrenze die architektonische Gestaltungsfreiheit. Die Sachzwänge der Statik dominieren. Die Freiheit laufe auch hier auf am „Muss der Natur“ (Hegel 1, 614), jener „einförmigen und in die Länge langweiligen Vorstellung: es ist so“ (Hegel 1, 618). Auch manchen geschichtlichen Epochen fehle es an der „zusammenhaltenden Seele“ (Hegel 15, 242) und der „übergreifenden Subjektivität“ (Hegel 8, 373). Die antike griechischen Gesellschaft bildet für Hegel (12, 277) ein Beispiel.

All diese Hegelschen Beurteilungen sind hier nicht in ihrem jeweiligen besonderen Sachgehalt von Interesse. Sie sollen etwas anderes vergegenwärtigen: Hegels Problembewusstsein für die Sprödheit und Heteronomie der Materie gegenüber jeder wohlgestalteten und gewaltlosen Einheit, die ihre „Allgemeinheit nicht in der zerstreuten Objektivität aufgibt oder verliert“ (Hegel 13, 150).

---

265 „Das Zufällige ist überhaupt ein solches, welches den Grund seines Seins nicht in sich selbst, sondern in anderem hat. Dies ist die Gestalt, in welcher die Wirklichkeit sich dem Bewusstsein zunächst darbietet und welche häufig mit der Wirklichkeit selbst verwechselt wird. Das Zufällige ist indes nur das Wirkliche in der einseitigen Form der Reflexion-in-Anderes oder das Wirkliche in der Bedeutung eines bloß Möglichen“ (Hegel 8, 284f.). Dasjenige, das „sein oder auch nicht sein“ kann, ist das Zufällige (Ebd.). Besonders der Reichtum der Natur gewährt dem Betrachter – entgegen einer vulgärökologischen Auffassung von der Notwendigkeit jedes Tieres und jeder Pflanze – „in der großen Mannigfaltigkeit unorganischer und organischer Gebilde nur die Anschauung der ins Unbestimmte sich verlaufenden Zufälligkeit“ (Ebd., 285).
„Notwendigkeit des Begriffs und Zufälligkeit des Einzelgebildes, Gesetzlichkeit von innen her und ‘unbestimmte Regellosigkeit’ des Spezialfalles in der äußeren Erscheinung koexistieren miteinander“ (Hartmann 1960, 485f.). Der Vernunft steht etwas „ihr gleichsam Feindliches gegenüber, eine ungesetzliche und ateleologische Macht – vergleichbar der neuplatonischen Materie – , welche negativ, störend, verunklärend und verunreinigend wirkt, die Harmonie nicht zur Herrschaft gelangen lassen will“ (Ebd., 486).

Die Sprödheit der Materie herrscht nicht nur in der außergesellschaftlichen Natur, sondern auch in der Gesellschaft. Hegels Überlegungen in seiner „Rechtsphilosophie" zur Einhegung der Heteronomie gesellschaftlicher Materie trauen den staatlichen Aktivitäten und Einrichtungen viel zu. Aber ein entscheidender unbewältigbarer Rest bleibt. Hegel weiß sich hier nicht anders zu behelfen als mit dem Rekurs auf ein Gegenmittel, das in seiner Massivität die Massivität des letztlich ungelösten Problems anzeigt. Dem Krieg – und nicht der staatlichen Ordnung – wird die Aufgabe zugewiesen, er solle „die sittliche Gesundheit der Völker in ihrer Indifferenz gegen das Festwerden der endlichen Bestimmtheiten erhalten, wie die Bewegung der Winde die See vor der Fäulnis bewahrt, in welche sie eine dauernde Ruhe, wie die Völker ein dauernder oder gar ein ewiger Friede, versetzen würde" (Hegel 2, 482).[266] Beim Staat als vermeintlich Höchstem ist keineswegs Schluss. So viel Vernunft mit ihm auch laut Hegel in der gesellschaftlichen Realität verwirklichbar sei, so wenig gibt dies Anlass zu ihrer Überschätzung. Der Staat bleibe der Bewegung der Vereinzelung und Verbesonderung unterworfen – in der Weltgeschichte. Der Titel des Gedichts von Schiller, aus dem Hegel die Formulierung von der Weltgeschichte als Weltgericht zitiert, lautet ... „Resignation".

Die Angst vor dem Sichverlieren infolge des im Reich der Materie dominanten schlecht-unendlichen Übergehens eines Phänomens ins andere (s. Hegels Seinslogik) und aufgrund der der Materie eigenen Entropie ist bei Hegel stark. Gewiss präsentiert Hegel für sein Konzept von Freiheit als „frei sein im anderen seiner selbst" einschlägige Situationen. Es handelt sich um die Liebe, um das Verhältnis zwischen dem citoyen und den staatlichen Gesetzen[267] und um die christliche Religion. Diese zur Verdeutlichung herangezogenen Situationen geben eines nicht her: Aufklärung über die Einhegung und Bearbeitung jener Heteronomie gesellschaftlicher Materien (Stoffwechsel mit der Natur sowie Prozesse des Produzierens, Organisierens und der Synthesis in der modernen Gesellschaft), die sie gegenüber emphatisch verstandener gesellschaftlicher Gestaltung und gegenüber einem erfüllten In-der-Welt-Sein der Individuen aufweisen.

In Hegels Perspektive der Vergeistigung verflüchtigt sich die Problematik. Der Idealismus möchte am liebsten das ganze Terrain überwinden. Der letzt-

---

266 Hegel ist diese Passage von 1803 so wichtig, dass er sie 1821 in § 324 seiner Rechtsphilosophie zitiert.

267 „Entweder gehorche ich dem Gesetz als einem Fremden, das nicht das Meinige ist, oder indem ich das Gesetz als eigene Vernunftbestimmung anerkenne, so verhalte ich mich nur zu mir selbst, ich bin bei mir selbst. Das ist die Freiheit" (Hegel 2001, 172).

endlichen Resignation gegenüber der Materie und gegenüber den sich mit ihr stellenden Problemen entspricht das Votum für einen Geist, der seine *eigentliche* Erfüllung jenseits der Bearbeitung des gesellschaftlichen Stoffwechsels mit der Natur und jenseits der Gestaltung der modernen Gesellschaft findet,[268] im absoluten, d.h. von diesen Regionen losgelösten Geist, in Kunst, Religion und Philosophie.

Allerdings fällt Hegels selbst nicht unbescheidene Perspektive bescheidener aus als die Vollendung der Schöpfung, die „bis zum heutigen Tag seufzt und in Geburtswehen liegt" (Röm 8,19ff.), und als die „Versöhnung" von Geist und Materie in Gott. Erst dann wird Gott „alles in allem sein" (1.Kor 15,28). Der Satz „Ich bin gekommen, damit sie (die Geschöpfe – Verf.) das Leben haben und es in Fülle haben" (Joh 10, 10), divergiert mit Hegels Perspektive der Vergeistigung. In der umfassenderen christlichen Hoffnung gehören zur dereinst geheilten und erlösten Schöpfung die Menschen (und dies nicht nur geistig, sondern auch sinnlich-körperlich) *und* Tiere, ja selbst Pflanzen (vgl. Jes 11,6-9; Jes 65,25; Dan 3,51-90; Ps 148). All ihnen, und gerade dem kleinsten unter ihnen, wende sich Gott zu.

Wahrgenommen aus Hegels Perspektive der „Idealität" oder der „Aufhebung der Äußerlichkeit" missraten die Schwierigkeiten in der Gestaltung der Materie zu einer in gesteigertem Maße unlösbaren Angelegenheit.[269] Vom Standpunkt der „Innerlichkeit, welche der Geist selbst ist", gelte es, das „Äußerliche" in sie „zurückzuführen" (Hegel 10, 21). Aus der Perspektive des überkompensatorischen Geistesideals erscheint die Materie noch spröder, als sie es ohnehin schon ist. Bei Hegel steigern sich schlussendlich jene beiden Momente gegenseitig, die er überwinden wollte: Die „unendliche Subjektivität ohne Objektivität" und das „Beherrschtwerden von dem übergroßen Objekt" (Hegel 1, 426). Dies gilt auch für gegenwärtige Gesellschaftstheorien, die das Terrain der gesellschaftlichen Materien (Arbeit, Konsum, Objektivität der gesellschaftlichen Infrastrukturen,

---

268 Der Begriff soll die Realität so durchdringen, „dass er darin nur sich selbst hat und an ihr nichts anderes als sich selber hervortreten lässt" (Hegel 13, 201). Der Begriff ist dann das „in seinem Anderen in ungetrübter Klarheit bei sich selbst Bleibende" (Hegel 8, 312).

269 „Diese zum Begriff des Geistes gehörende Aufhebung der Äußerlichkeit ist das, was wir die Idealität desselben genannt haben. Alle Tätigkeiten des Geistes sind nichts als verschiedene Weisen der Zurückführung des Äußerlichen zu der Innerlichkeit, welche der Geist selbst ist, und nur durch diese Zurückführung, durch diese Idealisierung oder Assimilation des Äußerlichen wird und ist er Geist" (Hegel 10, 21).

gesellschaftliche Strukturen) meiden bzw. jenseits von ihm sich in Intersubjektivitäts- und Sittlichkeitskonstruktionen bewegen.[270]

(2) Die Hegelsche Aufbauordnung von Allgemeinheit, Besonderheit und Einzelheit bildet den konzentriertesten Ausdruck der Vergeistigung. Sie formuliert in logisch-spekulativen Termini den Prozess Gottes durch seine Momente Gott Vater, Gottes Sohn und Heiliger Geist. Die Theologie gibt der Philosophie den Inhalt vor. Die Leistung der Philosophie besteht allein im besseren Durchdenken des Inhalts der Religion, nicht aber in einem der Religion gegenüber neuen oder anderen Inhalt (vgl. Hegel 17, 341, 199; Hegel 10, 379).

Der Geist ist bei Hegel – zunächst als substanzieller Gott verstanden – das alles Durchwirkende, von dem alles abhängt. Damit bleibt der Geist aber noch in sich verschlossen. Es ist dann alles in ihm und aus ihm, aber er ist nicht für Anderes, nicht Anderem gegenüber, nicht im emphatischen Sinne intersubjektiv. Hegel kritisiert ein Allgemeines, das substanziell in sich verbleibt und sich zu den Unterschieden in der Welt nur so verhält, dass sie ihm als nichts gelten. Hegel (17, 336f.) schreibt dies u.a. „dem Mohammedaner“ zu. Das Allgemeine ist erst wahrhaft allgemein, wenn es das Besondere nicht außer sich hat, sondern das Besondere von sich aus zum Allgemeinen kommt.

Hegels Kritik am substanzialistisch gefassten Wesen hilft bei der Eingrenzung des allgemeinen Praxisbegriffs auf seinen legitimen Auftrag (vgl. II.7). Die Aussage „Damit das Allgemeine keine Sonntagsrede sein soll, muss es im Alltag realisiert werden“ aber unterscheidet sich von der Aussage „Das Allgemeine besondert *sich* und sorgt dafür, dass dies gelingt. Es ist der Schöpfer der Welt.“

Der allgemeine Begriff von ‘Praxis’ hat mit dem Monotheismus die Verknüpfung eines verbindlichen Selbst- und Weltverständnisses mit einem ihre Anhänger beanspruchenden Leitbild und mit einer ihnen zum wesentlichen Anliegen gewordenen Perspektive wirklicher Veränderung gemeinsam. Beide gehen über die Orientierung an Interessen, Geschmack und bloßer Interpretation der Realität hinaus. Beiden ist die Unterscheidung zwischen Gutem und Nichtgutem wesentlich. Beide lehnen es ab, aus realiter existierenden Übergängen zwischen Gutem und Nichtgutem den Schluss zu ziehen, das „Gute“ sei immer auch „schlecht“ und

270 „Für Hegel besteht das Gemeinwesen durch die Aufhebung der Natur, jenseits derer erst die Freiheit als ‘sittliche Gewalt’ liegt. Für Marx ist das Gemeinwesen bleibendes Naturverhältnis, und die Freiheit besteht in der Vertiefung und Erweiterung dieses Verhältnisses“ (Furth 1981, 106).

umgekehrt.[271] Für beide ist – wenn auch auf unterschiedliche Art und Weise – die radikale Differenz zur alltäglichen Realität charakteristisch.

Das allgemeine Paradigma von 'Praxis' steht zur Außenwelt des Stoffwechsels mit der Natur in der modernen Gesellschaft und ihren Prozessen des Produzierens, Organisierens und der Synthesis nicht im Verhältnis Gottes zur ursprünglichen Schöpfung oder ihrer endzeitlich zu erwartenden Neuschöpfung bzw. der Vollendung oder Verwandlung des Kosmos im Gottesreich. Ebenso wenig handelt es sich um das Verhältnis der Liebe („Gott ist Liebe" 1Joh 4), die das Andere seiner selbst frei lässt und dann an der Andersheit leidet, deren Freiheit aber umwillen der Liebe weder übergehen darf noch will.[272]

Die Natur gilt als „die absolute Idee in der Gestalt des Anderssein" (Hegel 4, 33, s. a. Hegel 9, 25). Die Natur wisse nicht von ihrer Einheit mit dem Allgemeinen. Anders verhalte es sich beim höchsten „Produkt" der Natur, dem Menschen. Er sei Naturwesen und wisse zugleich um das Allgemeine oder Gott als seinen wesentlichen Inhalt. Mit der Schaffung des Menschen setzt sich Gott Hegel zufolge eine Besonderheit gegenüber, die frei und selbständig ist. Das Individuum kann sich zum Allgemeinen oder Gott positiv verhalten, kann sich aber auch in seiner Partikularität einschließen. Die Natur ist als das Andere der göttlichen Allgemeinheit zwar ihre Schöpfung, bleibt Gott aber unangemessen, insofern sie – in ihre Freiheit entlassen und in sich webend – vieles Partikulare enthält, das der Allgemeinheit gegenüber indifferent ist. Als Naturwesen hat der Mensch Teil an dieser Partikularität. Das Natürliche am Menschen *ist* nicht an und für

---

271 „In moralischer Beziehung zeigte sich dann eine wahrhaft große Gleichgültigkeit und Gleichwertigkeit; es war nichts klein und nichts groß, ein Gedicht und ein Kuss auf eine Frauenhand wogen ebensoviel wie ein mehrbändiges Werk oder eine politische Großtat, und alles Böse war so sinnlos, wie im Grund auch alles Gute in diesem Umfangensein von der zärtlichen Urverwandtschaft aller Wesen überflüssig wurde" (Musil 1981, 386).

272 „Aber so sehr er (Gott – Verf.) das Anderssein seiner Weltschöpfung grundsätzlich bejaht um erfüllter Liebe willen, so sehr schmerzt es ihn, dass dieses Andere als solches zunächst in einem heteronomen Verhältnis zu ihm stehen muss, um wirklich Anderes zu sein. Unumgänglich ist für ihn die Phase der Disharmonie im Verhältnis zur Welt, ohne dass er sich freilich dauerhaft mit ihr abfinden kann. Schaffen wird er die Welt mit dem Ziel, sie schlussendlich erlösend in seine Liebe zu integrieren, sie ganz und gar hineinfinden zu lassen in deren lebendige Dynamik. Doch diesem Zielzustand, in dem Gott 'sein wird alles in allem' (1.Kor 15,28), muss der Zustand der Entfremdung vorausgehen. Sonst wäre die Welt von ihrem Herkommen her kein wirklich Anders im Verhältnis zu Gott" (Thiede 2007, 115f.). Die geschichtsphilosophische Parallele ist evident.

sich böse, es *wird* es erst, insofern der Mensch als Geistwesen sich auf diese Partikularität verlegt und versteift. Der Mensch empfindet die Unangemessenheit, die der Natur als Schöpfung Gottes im Verhältnis zum Schöpfer eigen ist, an sich selbst (Hegel 17, 263, 265). Überwinden kann der Mensch diesen Zwiespalt mit dem guten Allgemeinen oder Gott Vater nicht aus eigener Vernunft und Kraft. Erst Jesus Christus zeigt: Das Wirken an der Umgestaltung des Partikularen zum mit Gott verträglichem Besonderen ist möglich. Jesus Christus ist das „positive", also mit der Allgemeinheit verbundene und sie konkretisierende Besondere. In ihm bildet das Partikulare das untergeordnete Element.

Insofern das Sein und Tun Jesu Christi ein besonderes Sein und Tun sind, können sie für Hegel nur *beispielhaft* sein. Dass die unerlöste Welt laut Hegel kein Hindernis für Gottes Wirken darstellt, aber im Unterschied zum Heiligen Geist auch nicht das Element, in dem er sich voll offenbart, ist etwas grundlegend anderes als das Verhältnis zwischen 'Praxis' und dem gesellschaftlichen Stoffwechsel mit der Natur sowie den gesellschaftlichen Heteronomiesphären. Gewiss soll Hegel zufolge die Religion nicht in der Einsamkeit des Herzens und der Innerlichkeit verbleiben und sich nicht vom vernünftigen Handeln und von der Einrichtung der Welt abtrennen. Zugleich ist für den Idealist „die Objektivität" „gleichsam nur eine Hülle, unter welcher der Begriff verborgen liegt. Im Endlichen können wir es nicht erleben oder sehen, dass der Zweck wahrhaft erreicht wird" (Hegel 8, 367). In der Welt kann christliches Handeln nur eine bloß fragmentarische Existenz beanspruchen.[273] Wert kommt ihm symbolhaft zu: als Präsenz des Absoluten im Fragment.

In Jesus Christus offenbart sich Gott dem Menschen. In Jesus Christus zeigt sich, dass Gott und Mensch keinen absoluten Gegensatz bilden. Jesus Christus offenbart den Christen: Gott ist nicht das Absolut-Absolute oder das jenseitige Absolute. Jesus ist „ganz Gott und ganz ein wirklicher Mensch, hineingetreten in alle Bedingungen des Daseins" (Hegel 14, 23). Gott bewegt sich in Jesus auf den Menschen zu. Er zeigt, dass „die Endlichkeit, Schwäche, Gebrechlichkeit der menschlichen Natur nicht unvereinbar sei mit dieser Einheit ... der göttlichen und

273 „Wenn überhaupt, so kann unser Dasein nur durch eine jenseitige Erfüllung heil werden. Das bedeutet nicht Flucht aus dieser Welt in ein Jenseits unseres Lebens. Vielmehr gilt es, gerade in diesem Leben aus dem Vertrauen auf die Ganzheit unseres Sein zu leben, die in der gegenwärtigen Realität unseres Lebens nicht unzweideutig vorhanden ist, nur fragmentarisch sich andeutet für den, der im Fragment das Ganze zu schauen vermag, die uns aber verheißen und verbürgt ist durch die Botschaft Jesu von der Zukunft des Reiches Gottes und durch seine Auferstehung von den Toten" (Pannenberg 1972, 66f.).

menschlichen Natur", wenn „Gott in menschlicher Gestalt" auftritt (Hegel 17, 278, vgl. a. ebd., 298). Mit Jesus Christus kommt es zur „wahrhaften Aufnahme der Endlichkeit in die Allgemeinheit" (Ebd., 184).

Die Partikularitäten in der gesellschaftlichen Welt werden materialiter durch den „objektiven Geist" (Hegel) bearbeitet, also in der gesellschaftlichen Arbeit und in den Institutionen der Gesellschaft. So wenig Hegel beide unterschätzt, so wenig kommen sie für ihn als angemessene Gestalt der Versöhnung im Verhältnis zwischen dem maßgeblichen Inhalt und der Welt infrage (vgl. Hegel 10, 303). Weder die Welt noch die Weltgeschichte bilden den Boden des Glückes. Der eigentliche Versöhnungsprozess gründet in der Auferstehung Jesu Christi und vollendet sich erst im Heiligen Geist.

Aber der Reihe nach: Gegenüber der in der Person des Gottmenschen Jesus Christus gelingenden Einheit des emphatisch verstandenen Allgemeinen und des Menschen macht sich ihre Trennung geltend. Auf der Seite der Welt bleibt es nicht bei der Trennung vom guten Allgemeinen. Es kommt zum Gegensatz zu ihm. Das Partikulare belässt es nicht dabei, sich diesem Allgemeinen zu entziehen, ihm sozusagen die kalte Schulter zu zeigen und es auflaufen zu lassen, sondern geht in einen Angriff auf die gelingende Einheit von Allgemeinem und Besonderem über. Jesus Christus, *die* Gestalt dieser Einheit, wird getötet. Damit ist Gott nun selbst tot – so scheint es. Es sieht so aus, als ob das Böse gesiegt habe. Es ist der Narzissmus des Besonderen, das sich auf seine Partikularität fixiert und die konstitutive Anwesenheit des Allgemeinen in ihm ausblendet.

Das Besondere existiert sowohl als partikulares, subjektiv auf sich selbst bestehendes, als auch als positives, nicht nur mit der wahren Allgemeinheit vereinbares, sondern sie konkretisierende Besonderes. Das unmittelbare, seiner selbst nicht bewusste Besondere weiß noch nichts davon, das Partikulare will nichts davon wissen.

Mit der Auferstehung bleibt das Partikulare des Menschen tot und das Besondere wird in die Rettung einbezogen. An Jesus Christus vollzieht sich in besonders reiner Qualität ein Übergang, der allererst auch dem glaubenden Individuum seinen Glauben gelingen lässt.

Das Partikulare wird nicht als solches gesellschaftlich bearbeitet und eingehegt wie in der Sphäre des Außenverhältnisses von 'Praxis' (s. Kapitel II.8). Um derart Profanes und Prosaisches geht es in der Dreieinigkeit sensu Hegel nicht. Dies offenbart sich im Auferstehungsgeschehen. In seinem Tod stirbt Jesus nicht in dem Sinne, dass dann nichts mehr folgt. Vielmehr bildet dieser Tod gerade den Übergang in das wahre Sein bei Gott. Dann wird der Tod identisch mit dem Tod des Partikularen (s. Hegel 17, 292f.).[274] Der Tod ist dem göttlichen Leben ein- und untergeordnet. Die Auferstehung zeigt, dass Gott den Tod und die Endlichkeit zusammen aufhebt, indem er beide in sich aufnimmt (als ein Moment des Geistes Gottes selbst). Dies geschieht zuerst bei Jesus Christus.

Im Denken der 'Praxis' wird das Verhältnis zwischen dem Allgemeinen, Besonderen und Partikularen nicht so gedacht, dass das Besondere nominell anerkannt wird, ihm aber de facto nur eine allegorische Bedeutung zukommt.[275] Der Trost, der dem Besonderen, das außerhalb des Allgemeinen bleibt, zuteil wird, lautet, es werde in seinem Heimweg zum Allgemeinen nicht vernichtet, sondern sozusagen in seiner Gestalt veredelt. Das Verhältnis des auferweckten Leibes oder des Auferstehungsleibes zum irdischen Leib bleibt ambivalent. Einerseits ist der zweite Vorname des Partikularen „natürlich" oder „leiblich", andererseits wird dieses Element in seinem tödlichen Ende durch Gottes Liebe zwar verlassen, aber an ihm gleichwohl positiv angeknüpft.[276] Die Liebe Gottes ist die Grundlage dieser Aufhebung, in der sich zeigt, dass im Gegensatz der Gegensatz nicht das letzte Wort bildet. Etwas Vergleichbares mag zwar in den Sphären, auf die sich Gesellschaftstheorie bezieht, vorkommen, aber es charakterisiert sie nicht.

---

274 Der Tod wird zu einer Art Metapher für einen Prozess, in dem das der „absoluten Allgemeinheit" Fremde, das der „natürlichen Endlichkeit" und dem „unmittelbaren Dasein" zugehört, „dem Natürlichen abstirbt" und allererst damit „sein Sich-in-sich-Versenken" in „sein wahres Wesen", also die Nähe zu Gott, erlaubt (Hegel 17, 292f.). Das Individuum bekommt seine eigentliche Wahrheit als am Geist teilhabend. Das Vergängliche, das im Tod vergeht, eröffnet gerade den Zugang zum Geist. „Der Tod nimmt dem Menschen, was zeitlich, was vergänglich an ihm ist, aber hat keine Gewalt über das, was er an und für sich ist" (Hegel 16, 297).

275 „Es wird also die empirische Wirklichkeit aufgenommen, wie sie ist; sie wird auch als vernünftig ausgesprochen, aber sie ist nicht vernünftig wegen ihrer eigenen Vernunft, sondern weil die empirische Tatsache in ihrer empirischen Existenz eine andere Bedeutung hat als sich selbst" (MEW 1, 207f. Vgl. a. ebd., 240f.).

276 Der Auferstehungsleib oder auferweckte Leib sei ein anderer als der jetzige, ein „Geistleib" (1.Kor 15, 43f.). Eine „körperlose Geistigkeit in einem irgendwie platonischer Tradition verhafteten Sinne" ist damit nicht gemeint, „sondern Gottes 'Geist' ist im Sinne Paulus der schöpferische Ursprung alles Lebens, und ein Geistleib ist ein Lebewesen, das von diesem Ursprung nicht getrennt ist" (Pannenberg 1972, 106). „Die Verwandlung des Vergänglichen in einen 'geistlichen' Leib wird also einerseits so radikal sein, dass nichts unverändert bleibt. Andererseits aber wird diese Verwandlung eben dem jetzigen, irdischen Leibe selbst widerfahren und so in einem Zusammenhang mit unserem gegenwärtigen Dasein stehen. Es soll nicht anstelle des jetzigen Leibes etwas gänzlich anderes hervorgebracht werden" (Ebd., 107).

Zwar wendet sich Hegel vehement gegen jenes Allgemeine, das sich nicht auf das Besondere einzulassen vermag. Er identifiziert das positive Sich-Einlassen des Allgemeinen auf das Besondere mit der Begegnung des Allgemeinen mit einem ihm gegenüber aufgeschlossenen Besonderen (Jesus Christus). Zur Zentralität des Auferstehungsgeschehens gehört, dass es sich um einen Vorschein und ein „Angeld" (Röm 8,23; 2 Kor 1,22; 5,5; Eph 1,14) auf die bessere Zukunft handelt. Die Vorlust an solchen Vorformen vor der endgültigen Vollendung der Schöpfung und die Bewegung im (von Hegel – vgl. z.B. Hegel 3; 458f., 315 – am „Sollen" kritisierten) Horizont der Ambivalenz von „schon" und „noch nicht" bildet eine Denkweise, die die Problematik überspielt, die sich mit der gesellschaftlichen Einhegung der Heteronomiesphären ergibt. Großen Beispielen nachzufolgen bleibt selbst ebenfalls punktuell und symbolisch. In ihrem irdischen Eifer liegt „kleinen" Menschen immer die Ausrede nahe, mehr sei ihnen im Unterschied zum Gottmenschen nicht möglich, als sich immerhin „bemüht" zu haben. Eine Auskunft, die schon im Arbeitszeugnis eher Suboptimales vermuten lässt.

Im Horizont von 'Praxis' geht es um die Entfaltung menschlicher Sinne, Fähigkeiten und Reflexionsvermögen in den sieben Praxismomenten. Bei Hegel ist der geistbegabte Mensch das Wertvolle in der Welt. Insofern konzentriert sich die gutzuheißende Bewegung in der Welt auf die Entwicklung des Geistes inmitten der Menschen, nicht auf deren gegenständlich-sinnliche, soziale und gesellschaftliche Auseinandersetzung in der Welt. Dynamisch wird der Mensch für Hegel primär aus seinem Selbstwiderspruch mit sich selbst. Zugrunde liegt der den Menschen betreffende Gegensatz, einerseits partikular zu sein, andererseits am Geist teilzuhaben. Dieser Gegensatz wird vom Geist aus wahrgenommen. Letzterer wirke in allem als ständige endogene Selbstkorrektur. Die Wahrheit bilde den Prüfstein gegen sich selbst und gegen die Unwahrheit. Hegel denkt die Öffnung des Besonderen auf das Allgemeine hin nicht in Bezug auf die Partikularitäten, mit denen Menschen gesellschaftlich zu tun haben. Gesellschaftlich einhegbare oder überwindbare Ursachen des Partikularen sind hier kein Thema. Die Öffnung des Individuums motiviert sich aus seinem Mangel gegenüber dem positiven Allgemeinen. Das Problem ist immer schon vom Standpunkt seiner Lösung im Geist formuliert. Hegel formuliert die Not-wendigkeit des Überganges, der aus der Binnenperspektive einer Sphäre in eine ihre Begrenztheit zeigende andere Sphäre führt und dann in die beide Sphären übersteigende Sphäre mit höherer Integrationskraft und Komplexität. Etwas anderes ist es, das Not-wendige auch als möglich zu zeigen. Hegels Methode artikuliert spontane Tendenzen eines Denkens, das materialiter den not-wendigen Perspektivwechsel nicht als *wirklichen* Prozess zu denken vermag – sei es aus eigenem Unvermögen, sei es aus der realiter fehlender Möglichkeit dieses Prozesses. Hegel verwickelt dann teleologisch die Sphäre, die es in einen höherstufigen Kontext aufzuheben gilt, in Widersprüche mit sich. Sie sollen aus sich heraus den Übergang hervortreiben und die höherstufige Sphäre als eigentliche Wahrheit der untergeordneten erscheinen lassen und als in ihr bereits angelegt.

Für die Arbeit am Partikularen in der Gesellschaft ist demgegenüber zu fragen, welche Fähigkeiten und Sinne, Erfahrungen und Qualifikationen *in* der Gesellschaft entstehen und sozial sich verbünden können, die die Partikularisierung einhegen oder überwinden. Das Vernünftige wird dann nicht als Ideal der Wirklichkeit entgegengehalten. Es ist vielmehr „nur als ein Wirkliches fassbar; die Kritik ist nicht mehr ein Konfrontieren der Wirklichkeit mit einer Idee, sondern einer Wirklichkeit mit einer anderen“ (Fleischer 1993, 266). Schon der Doppelcharakter der Arbeit (s. I.1) ist innergesellschaftlich zu denken und nicht als Gegensatz zwischen Gesellschaftlichem und Außergesellschaftlichem – ein weit verbreitetes Missverständnis (vgl. dazu Apel, Heidorn 1977).

Versöhnung ist für Hegel nicht in der Welt oder im objektiven Geist zu suchen, sondern in der vollkommenen Vergeistigung. Deren höchste Gestalt in der Religion bildet der Heilige Geist. Er hat die Erfahrung des Versöhntseins von Gott mit dem Menschen durch das Auferstehungsgeschehen verarbeitet. Erst im Heiligen Geist wird das von Jesus Christus begonnene, aber in der Welt noch zunächst verlorene Anliegen und die faktisch mit seiner Kreuzigung endende Auseinandersetzung als ein Kampf begriffen, der nicht nur in diesem besonderen Fall mit der Auferstehung endet, sondern der für das Gemeindemitglied selbst ebenso notwendig wie möglich ist. Diese Auseinandersetzung verlangt ihm etwas ab, aber verläuft in Bahnen, die schon vorgebahnt sind. Die vom Heiligen Geist Ergriffenen können diese Auseinandersetzung (zwischen ihren Gott zugewandten Anteilen der guten Besonderheit und den Anteilen der Partikularität) so auffassen, dass jeder von ihnen sie nicht nur leisten muss, sondern auch leisten kann, insofern dieser Kampf schon *im* Reich des Geistes stattfindet. Die Auseinandersetzung lässt sich dann in der Gewissheit führen, dass das Leben des Geistes nicht eines ist, „das sich vor dem Tode scheut und von der Verwüstung rein bewahrt, sondern das ihn erträgt und in ihm sich erhält“. Der Geist „gewinnt seine Wahrheit nur, indem er in der absoluten Zerrissenheit sich sich selbst findet“ (Hegel 3, 36). Gottes Prozess endet nicht bei dem einen Gottmensch, sondern führt zu den Menschen, die Freunde Jesu Christi sind. Alle Gläubigen sind so, wie sie in Christus gestorben sind, auch in ihm auferstanden. Und wieder ist der Tod die Geburt des Neuen. Jesus musste erst physisch sterben, um in seiner allgemeinen geistigen Existenz sich durchsetzen zu können. „Dieser Tod ist daher sein Erstehen als Geist“ (Ebd., 566). Der Heilige Geist schafft die neue Gemeinschaft und hat in ihr seine Existenz, Gott existiert als Gemeinde. Insofern gilt: „Der Kampf ist vorbei“ (Hegel 17, 325). Nicht die ‘Praxis’ in der Welt, sondern die christliche Gemeinde ist der Ort, an dem für Hegel der Geist existiert.

Erst der Heilige Geist ist es, der das Geschehen – die Schöpfung, das Wirken Jesu Christi, seinen Tod und seine Auferstehung – auf eine Weise interpretiert, die es von einem vergangenen Geschehnis und einer Geschichte zu einem lebendig bleibenden Geschehen und einer geistigen Gegenwart avancieren lässt. Der Heilige Geist hält das Spezifikum des Christentums fest, dass Gott nicht als alles durchwirkende Substanz verstanden werden kann, sondern allein als sich wissender Gott oder als Wissen von Gott bzw. als denkender Glaube an Gott. Dieses Wissen kommt Gott nicht zu wie eine zusätzliche Eigenschaft einem schon vorher abschließend inhaltlich bestimmten Subjekt. Vielmehr bilden für Hegel das Wissen von Gott und das Wissen Gottes um die Erschaffung und die Selbstveränderung im Erschaffen den eigentlichen Inhalt des Heiligen Geistes. Sein Wissen bestehe darin, dass die eigentliche Versöhnung von Gott und Welt, Mensch und Welt, Gott und Mensch allein im spekulativen Wissen zustande kommen kann und sich erst in ihm verwirklicht. Es gehe nicht nur darum, dass das Allgemeine sich verwirklicht, sondern darum, dass dies ein Prozess ist, der gewusst wird. Und dieses Wissen bildet Hegel zufolge Kern und Movens des Prozesses selbst.

Erst mit dem Heiligen Geist ist für Hegel jene Sphäre erreicht, die Gott Vater und Gottes Sohn setzt oder sich voraussetzt, um durch sie zu sich zu kommen. Nichts anderes meint bei Hegel spekulatives Wissen im Unterschied zum verstandesförmigen Wissen des Trennens und im Unterschied zum dialektischen Wissen. Dessen Thema ist das Ineinanderübergehen der beiden Pole eines Gegensatzes und ihre Aufhebung in einer höheren Einheit. Anders das Thema des trinitarischen Denkens: Das Zusammenspiel der drei Personen in der Dreieinigkeit. Hegel hierarchisiert die innertrinitarischen Beziehungen: „Im Dritten, sagen wir, ist Gott der Geist; aber dieser ist auch voraussetzend; das Dritte ist das Erste“ (Hegel 17, 234). Gott nimmt, analytisch und nicht zeitlich gesprochen, „nach“ seiner Existenz als „das substantielle Ansich des Vaters“ und „nach“ der „gegenständlichen Gestalt des Sohnes“ (oder der gelungenen Besonderheit) eine dritte Gestalt an: Gott als Geist ist „das subjektiv Gegenwärtige und Wirkliche“ (Ebd., 305).

In der „Geschichte“ Gottes werde Hegel zufolge nicht nur deutlich, dass Gott nur vollkommen sein kann, wenn er nicht wie der Naturgott bloß natürliche, unfreie Menschen sich gegenüber hat. Gott könne auch nicht vollkommen existieren, wenn er nur in der Besonderheit oder Gegenständlichkeit eines Gottessohn das ihm entsprechende Gegenüber findet. Die Gemeinde brauche keinen Mittler mehr (Hegel 3, 571). Die christliche Gemeinde oder die Gegenwart des Heiligen Geistes bildet für Hegel die Subjektivität, die sich als die Einheit von Allgemeinheit und Besonderheit weiß oder als „Einzelheit“ (vgl. Hegel 10, 376). Und sie wisse dies, indem sie denkender Glauben an die Dreieinigkeit sei. Erst die auf ihre Weise spekulative Glaubenslehre, die den komplexen Prozess Gottes in sich selbst und in der Welt oder die Dreieinigkeit den Gläubigen nahebringt, sei konkrete Wahrheit im Unterschied zur Behauptung einer abstrakten Identität (wie beim substanziell aufgefassten Gott oder Gott Vater) (vgl. Hegel 17, 338f.). „Die Versöhnung, an die geglaubt wird in Christo, hat keinen Sinn, wird Gott nicht als der Dreieinige gewusst“ (Ebd., 298).

„Gott ist nur Gott, insofern er sich selber weiß; sein Sichwissen ist ferner sein Selbstbewusstsein im Menschen und das Wissen des Menschen *von* Gott, das fortgeht zum Sichwissen des Menschen *in* Gott“ (Hegel 10, 374).[277] Der ganze Prozess zwischen Allgemeinheit, Besonderheit, Partikularität und Einzelheit bei Hegel bezieht sich auf dieses Anliegen: Die gegenseitige Verschränkung des Wissens Gottes von sich und des Wissens der Menschen von und in Gott.

Das Christentum hypostasiert das Moment der Intersubjektivität gegenüber den anderen Momenten von Praxis. Alle anderen Momente von ‘Praxis’ sehen sich transsubstantiiert in ein Geschehen im Horizont der Liebe von Gott zu den Menschen und von den Menschen zu Gott. Damit aber nicht genug. Der Prozess von Gott und Mensch wird Hegel zufolge übergriffen durch den Prozess Gottes in sich.[278] Darin kulminiert die Vergeistigung. „Die Vermittlung mit Anderem“ „muss“ „in die Selbständigkeit (von Gott – Verf.) selbst fallen und dieses als

277 Nicht die Individuen bringen Religion und Andacht hervor oder zustande. Für sich, auf sich allein gestellt vermag der Mensch im Verhältnis zu Gott nichts. Er kann sich nicht einseitig mit Gott versöhnen, sondern Gottes Versöhnung mit ihm ist die Voraussetzung für seine Religiosität. „Diese göttliche Einheit muss als Voraussetzung sein für mein Setzen; dann hat dies erst einen Inhalt ..., sonst ist es subjektiv, formell“ (Hegel 17, 270). „Dass der Mensch von Gott weiß, ist nach der wesentlichen Gemeinschaft ein gemeinschaftliches Wissen, – d.i. der Mensch weiß nur von Gott, insofern Gott im Menschen von sich selbst weiß; dies Wissen ist Selbstbewusstsein Gottes, aber ebenso ein Wissen desselben vom Menschen, und dies Wissen Gottes vom Menschen ist Wissen des Menschen von Gott. Der Geist des Menschen, von Gott zu wissen, ist nur der Geist Gottes selbst“ (Ebd., 480).

278 Gott „offenbart“, „dass er die Macht ist“, das Andere zu setzen und dies „zurückzunehmen und dabei bei sich selbst zu sein“ (Hegel 17, 194). Gott erleidet „in der Teilung“ keine Abtrennung, sondern „kehrt ungeteilt zu sich zurück“ (Ebd., 189). Gott ist die „sich dirimierende und in sich zurückkehrende Macht“ (Ebd., 234).

Beziehung auf sich die Vermittlung mit Anderem innerhalb ihrer selbst haben", so „dass die Vermittlung mit Anderem sich aufhebt und zur Vermittlung mit sich wird. ... Die so bestimmte Einheit ist die wahrhafte, und als wahrhaft gewusste ist sie die spekulative" (Hegel 17, 454). Einzelheit ist dafür der Begriff. Erst mit ihr ist für Hegel Gott vollendet. Er schaffe *sich* durch die Schöpfung der Welt, durch die Vereinigung mit dem Menschen via Jesus Christus und durch die Auflösung der besonderen Gestalt dieser Einheit in den denkenden Glauben der Gemeinde und durch die Interaktion mit ihr.

Gott bemerke im Prozess den jeweiligen „Mangel" seiner selbst und vermöge ihn zu überwinden. Hegels Kritik gilt einer bestimmten Art des Absoluten, dem Absolut-Absoluten, nicht dem Absoluten selbst. Ein solches, den Prozess und seinen glücklichen Ausgang sicherndes Absolutes oder Super-Wesen vermag keine Gesellschaftstheorie anzutreffen oder gar vorauszusetzen. Allerdings finden sich in politischen und gesellschaftstheoretischen Vorstellungen immer wieder Anleihen an ein Denken im Horizont Gottes. Deshalb wird es für Politik und Gesellschaftstheorie notwendig, sich solch „göttliche Logik" zu vergegenwärtigen. Allzu leicht wird spontan auf ihre Vorformen zurückgegriffen, wenn es darum geht, Lücken imaginär zu schließen oder prekäre Übergänge als gelingend zu fingieren. Die pseudonymen Vorstufen dieses Idealismus bilden eine Versuchung jeden Denkens.

Der Geist im Sinne Hegels ist das Wesen, das mit dem Anderen seiner selbst Judo zu spielen vermag („Umkehrung" Hegel 17, 286), das Andere seiner selbst gegen sich selbst lenkt, bspw. den Tod gegen den Tod wendet oder den Tod tötet (Ebd., 291).[279] Demgegenüber kann das Denken über 'Praxis' weder solche Äquivokationen für sich nutzen noch heilbringende Vermögen der Umwendung voraussetzen oder mobilisieren. Ebensowenig bewegt es sich im Raum einer Geistesimmanenz, in der die Reflexion auf die Reflexion angewendet werden kann und damit vieles im Raum des Geistes durch aufgestufte Metareflexionen lösbar wird. Solche Vorstellungen entstehen immer wieder auch im politischen und gesellschaftlichen Terrain (z.B. bei der Vorstellung von der „Planung von Planung" – vgl. Anmerkung 29). Schon gar nicht verhält sich das gesellschaftliche Paradigma wie ein Hegelscher Gott, der, indem er der Welt begegnet, nicht nur eine Weise durchsetzt, in der ihm das Wesentliche der Welt aufgeschlossen und

279 Zu einem Höhepunkt ihres virtuosen Gebrauchs von Ersetzungen und Vertauschungen, Verschiebungen und Umkehrungen läuft das christliche Denken in der Kreuzestheologie auf (vgl. z.B. Moltmann 1972, 228ff.).

angemessen begegnet, sondern sich als Gott allererst in diesem Prozess selbst entwickelt.[280]

Die christliche Lehre von der Dreieinigkeit bildet den Hintergrund dafür, Allgemeinheit, Besonderheit und Einzelheit als „Identität, Unterschied und Grund“ zu begreifen (Hegel 8, 314). Hegels Verständnis der christlichen Trinität von Gott Vater, dem Sohn und dem Heiligen Geist und die Gliederung des Hegelschen Systems (Logik, Realphilosophie, absoluter Geist) sind homolog. In beiden Fällen ist das dritte Moment, die Einzelheit, das Übergreifende und das erst wirklich Reale. Die Allgemeinheit und die Besonderheit erscheinen als vergleichsweise abstrakt. Diese Unterordnung der anderen beiden Sphären unter die dritte existiert im Gefüge der drei Praxissphären nicht.

Der Hegelsche Idealismus ermöglicht Versöhnung *mit* der Welt (durch Religion, Kunst und Philosophie), aber nicht *in* der Welt. „Einzelheit“ als „Grund“ (Hegel 8, 314) bezieht sich auf die Gliederung der weltlichen Wirklichkeit als ein Gefüge verschiedener Schichten. Der den untergeordneten Sphären zukommende, nur mindere Grad des Durchdrungenseins vom zentralen Ideengehalt leistet dessen Dominanz keinen Abbruch. „Die Kraft des Geistes ist nur so groß als ihre Äußerung, seine Tiefe nur so tief, als er in seiner Auslegung und sich zu verlieren getraut“ (Hegel 3, 18) – dieser Satz ist oft so verstanden worden, als ob Hegel alles mit Geist durchdringen wolle. Der „Idealist“ Hegel zeigt sich aber durchaus als „Realist“. Und weiß, dass vieles sich nur in sehr eingeschränktem Maße mit Geist durchdringen lässt. Ein Selbstwiderspruch ist dies nicht. Das Absolute kann im Unabsoluten nur auf eine sehr eingeschränkte Weise erscheinen.

Hegels schon in seiner „Phänomenologie“ umfangreich entwickelte Argumentation, die ein Wertgefälle zwischen Wesen und Erscheinung, Gegenstand und Eigenschaften, Kraft und Wirkung, innen und außen auflöst, steht quer zur Ordnung eines *Stufenkosmos*. In ihm muss und kann das, worum es zentral geht, in unterschiedlichem Maße präsent sein. Es liegt dann nahe, das Unbewältigte (z.B. die Einhegung der gesellschaftlichen Heteronomiesphären) als für das Gelingen des übergeordneten Inhalts peripher und akzidentiell aufzufassen. Wo deshalb die negativen Effekte der minderen „Seinsschichten“ nicht als etwas gelten, das die Verwirklichung des „Wesentlichen“ infragestellen könne, entsteht wenig

280 Auch in der bei Hegel nicht prominenten Vorstellung von der Vollendung der Schöpfung wird „Gott seine königliche Macht erst im Zuge der Vollendung seiner Schöpfung, also am Ende der Weltgeschichte in Fülle ausüben. Er ist demnach nicht jetzt schon, nicht in unserer irdischen Zeit die ‘alles bestimmende Wirklichkeit’ (Pannenberg)“ (Thiede 2007, 128). „Die „Allmachtsvorstellung wäre allenfalls in eschatologischer (antizipierender) Perspektive gerechtfertigt“ (Ebd.).

Bedürfnis nach der Umgestaltung dieser Sphären. Dass etwas unbewältigbar ist, wird nicht zum Problem, wenn es im Horizont des zugrundeliegenden Stufen- oder Schichtenmodells weder Bedarf noch Möglichkeit seiner Bewältigung, Einhegung oder Umgestaltung zu geben scheint.

In der Gesellschaft führt (laut Hegel) das Vorhaben einer *unmittelbaren*, getrennt von ihr oder neben ihr erfolgenden Verwirklichung des Absoluten (z.B. als Kloster, Sekte oder Theokratie) entweder zum Verlust der Geistigkeit des Absoluten zugunsten seiner Weltlichkeit oder zum Verlust seiner Weltlichkeit zugunsten seiner Geistigkeit. Das Absolute kann und muss sich *in* der objektiven Wirklichkeit gemäß *ihren* Strukturen verwirklichen. Dies ändert nichts am Unterschied zwischen der vollen Selbstreflexion im absoluten Geist und dessen nur „erscheinender" oder „reflektierter" Präsenz im „objektiven Geist" (der vernünftig strukturierten gesellschaftlichen Wirklichkeit). Die Aufgabe von Religion, Kunst und Philosophie (also des „absoluten Geistes") ist es laut Hegel, in den Individuen das Bewusstsein der richtig verstandenen Einheit von Allgemeinheit, Besonderheit und Einzelheit zu bilden. Dieses spekulativ-trinitarische Bewusstsein ist für Hegel die Basis und das Lebenselement aller gesellschaftlichen Institutionen.

Die Praxissphären sind etwas anderes als ihr jeweiliges „Pendant" im Dreieinigkeitsgefüge. In Bezug auf den maßgeblichen Inhalt unterscheidet sich der allgemeine 'Praxis'-Begriff von Gott Vater. In Bezug auf das Verhältnis dieses Inhalts zum ihm gegenüber Anderen ist das Außenverhältnis von 'Praxis' etwas anderes als das Geschehen durch und um Jesus Christus. Auch die die gesellschaftliche Gestaltung betreffenden Prozesse der öffentlichen Auseinandersetzung, Beratung und Willensbildung unterscheiden sich vom Heiligen Geist. Beiden ist gemeinsam, die Selbstreflexion auf das thematische Ganze als eigenständige und für das Gelingen dieses Ganzen zentrale Aufgabe wahrzunehmen. Die Selbstreflexion *auf* das „Ganze" lässt sich aber nur dann als Selbstreflexion *des* Ganzen denken, wenn gesellschaftliche Prozesse (wie bei Hegel) als Umsetzung des in der Religion entwickelten (und in Kunst und Philosophie weiter ausgestalteten bzw. reflektierten) Geistes in anderer Materie gelten.

Auch in einer von 'Praxis' dominierten Welt ist nicht alles 'Praxis'. Die zu 'Praxis' indifferenten und mit ihr unverträglichen Elemente dürfen aber, soll 'Praxis' die Gesellschaft dominieren, sowohl von ihrem Ausmaß als auch von ihrer Konstellation her nicht imstande sein, 'Praxis' als übergreifendes gesellschaftliches Paradigma infragezustellen. Diese Argumentation scheint strukturanalog zu sein zum „Geist" bei Hegel. Zugleich unterscheidet sich 'Praxis' ums Ganze von einer Hyperkritik, die das der 'Praxis' gegenüber Heteronome vom Standpunkt eines in sich absoluten Geistes wahrnimmt. Religion, Kunst und Philosophie – als die Daseinsweisen des absoluten Geistes bei Hegel – sind keine bloß zeitweilige Sammlung des Geistes in sich und sind insofern nicht zu vergleichen mit der zu den vielen Zentrifugalkräften konträren Kontraktion, Konzentration und Einkehr, in der sich 'Praxis' auf ihren allgemeinen Begriff besinnt (s. II.7). Der Inhalt von 'Praxis' ist die Gestaltung der gesellschaftlichen Welt und ein In-der-Welt-Sein der Individuen im Sinne von 'Praxis'. Zu beidem ist der absolute Geist aufgrund seiner Herkunft aus der Hyperkritik nur begrenzt in der Lage. Die positiven Effekte des absoluten Geistes auf die Gestaltung der Welt ändern nichts daran, dass bei Hegel Praxis nicht das eigentliche Element des absoluten Geistes bildet. Tätig ist er schon. Sein zentrales Anliegen bildet nicht die Gestaltung der Welt, sondern die Selbstbewegung des sich denkenden Denkens. Ihm geht es um seine transparente Präsenz oder Selbstdurchsichtigkeit. Das sich denkende Denken bildet bei Hegel nicht ein Moment der nicht auf es zu reduzierenden Praxis. Das Wesentliche an der Praxis ist für Hegel ihr Beitrag zur Entfaltung des Geistes. Er übergreift die Praxis und sie bildet in ihm das untergeordnete Moment.

Zur Aufgabe des heiligen Geist gehört auch, als Seele der Kirche sie immer wieder zu erneuern, so dass sie jung bleibe und frei vom tötenden Buchstaben. Die Frage, wie die Institution, hier: die Kirche, das Gefäß bilde, in den der Geist das, worum es zentral geht, hier: den Glauben, „jugendfrisch hineintut und jugendfrisch erhält" (Irenäus von Lyon), diese Frage leitet über zum letzten Kapitel.

II.11 Die Regeneration und Reproduktion der Urteilskraft und Energien für 'Praxis'

In einer von 'Praxis' dominierten Gesellschaft kommt es zu einer ständigen Auseinandersetzung zwischen jenen Prozessen, die aus der Erschöpfung, Partikularisierung und Entropisierung von 'Praxis' resultieren, und Kräften, deren Energien aus der Erneuerung und Stärkung von 'Praxis' entstehen. Zu fragen bleibt, woher sich diese Energien speisen, wie sie sich regenerieren und reproduzieren.

Im gesellschaftlichen Stoffwechsel mit der Natur und in den Prozessen des Produzierens, Organisierens und der Synthesis in der modernen Gesellschaft entstehen gegenüber 'Praxis' abträgliche Effekte. Insoweit sie jedoch sich auf Fähigkeiten, Sinne und Reflexionsvermögen stützen kann, die in diesen Sphären entstehen, und insoweit 'Praxis' diese durchwirkt, im gleichen Maße konkretisiert, stärkt und entwickelt dies 'Praxis'. Eine ähnliche Steigerungsdynamik kann aus der Gesellschaftsgestaltung im Sinne von 'Praxis' entstehen und ihr zugute kommen. Bereits „der Geschmack an der Bürgerbeteiligung kommt gewissermaßen mit dem Essen: Demokratie erzeugt Demokratie“ (Barber 1994, 239). Zugleich besteht für die Gesellschaftsgestaltung und die Selbstregierung das Problem, nicht nur an den ihnen gegenüber zentrifugalen Tendenzen aus der Sphäre des Außenverhältnisses (der Bewältigung und Gestaltung der modernen gesellschaftlichen Produktionen, Organisationen und Synthesis und des gesellschaftlichen Stoffwechsels mit der Natur) aufzulaufen, sondern sich als Gesellschaftsgestaltung und als Selbstregierung zu erschöpfen, wenn nicht genug Selbstreproduktion und Selbstregeneration der Energie und Urteilskraft für 'Praxis' zustandekommen.

In einer bewusst gestalteten Gesellschaft muss nicht nur dafür Sorge getragen werden, dass verbrauchte Ressourcen ersetzt werden. Die übergreifende Aufmerksamkeit gilt der Reproduktion von 'Praxis' als allgemein geteiltes Paradigma und der Regeneration der für die Selbstregierung der Gesellschaft im Sinne von 'Praxis' notwendigen Beratungs-, Interventions- und Entscheidungsvermögen. Neben der Frage nach den Energien, die technische Systeme antreiben, stellt sich die Frage nach der Energiekrise in Bezug auf 'Praxis'. Zur Beurteilung dieser Problematik bedarf es einer Urteilskraft, die den gesellschaftlichen Stoffwechsel mit der Natur und die Prozesse des Produzierens, Organisierens und der Synthesis in der modernen Gesellschaft betreffend fragt, welche Quantität und Qualität verträglich ist mit einem im Sinne von 'Praxis' guten gesellschaftlichen Leben. 'Praxis' setzt sich einerseits dem Außen aus, aber es unterwirft sich ihm nicht. Das Eingehen auf die der 'Praxis' gegenüber indifferenten und heteronomen Sphären und das gleichzeitige Gegensteuern gegen ihren Sog – also die Beschäftigung mit ihnen, ohne sich ihnen anzupassen, sondern mit den Fragen der 'Praxis' an sie heranzugehen und sie in ihrem Sinne zu durchwirken und zu gestalten –, all das kostet Energie. Die Notwendigkeit des Übergreifens von 'Praxis' über Arbeit, Technik, Wirtschaft wirft die Frage auf, wie viel Urteilskraft und Energie dieses Übergreifen kostet.

Die politizistische Herangehensweise versammelt und konzentriert die für die Selbstgestaltung der Gesellschaft notwendigen vielfältigen Energien und Fähigkeiten sowie die verschiedenen Sorten von Urteilskraft und Reflexionsvermögen in einer vermeintlichen Spitze und einem ebensolchen politischen Zentrum der Gesellschaft. Was sich hier zusammenführen lässt, existiert aber nicht aus sich heraus, wie das politizistische Selbstmissverständnis der Gesellschaftsgestaltung unterstellt. Es übersieht notorisch, wie die Selbstgestaltung der Gesellschaft abhängt von Aufmerksamkeiten und Erfahrungen, Qualifikationen und sozialen Assoziationen, die sich im Alltag bilden.

Erst die Reflexionen in den verschiedenen 'Praxis'-Momenten und die Reflexionen in der Sphäre des Leitbilds und in der des Verhältnisses von 'Praxis' zum

Stoffwechsel mit der Natur und den Prozessen der Produktion, Organisation und Synthesis in der modernen Gesellschaft – erst diese Reflexionen zusammen ermöglichen materialiter die Reflexion in der Gesellschaftsgestaltung bzw. im praktischen Selbstverhältnis der Gesellschaft. Im Durchlaufen der drei Sphären von 'Praxis' werden ins Verhältnis gesetzt

- die negativen Effekte gegenüber 'Praxis', die mit dem gesellschaftlichen Stoffwechsel mit der Natur sowie mit den Prozessen der gesellschaftlichen Produktion, Organisation und Synthesis verbunden sind;
- die mit diesen Sphären verbundenen positiven faktischen Bedingungen für 'Praxis';
- die mit diesen Sphären verbundenen konstitutiven Effekte, die 'Praxis' aufbauen;
- der allgemeine Begriff von 'Praxis' und die von ihm ausgehenden Effekte;
- das Bewusstsein von den mit ihm verbundenen Problemen;
- das Selbstverhältnis, die Selbstbeurteilung und Selbstgestaltung der von 'Praxis' dominierten Gesellschaft und die in ihnen enthaltenen, 'Praxis' aufbauenden Effekte;
- die mit dem Selbstverhältnis, der Selbstbeurteilung und Selbstgestaltung der von 'Praxis' dominierten Gesellschaft verbundenen Probleme.

Bei der Regeneration und Reproduktion von 'Praxis' geht es darum, dass 'Praxis' nicht nur in einer Reihe der Güter das höchste Gut ist (summum bonum), „sondern als bonum bonorum das, was in den Gütern als Gut uns begegnet, was ihr weltliches Gut-Sein trägt und erschüttert" (Tillich 1986, 130). Es geht bei 'Praxis' um das „immerlebende Feuer", das sich in seinen „Umwendungen" in allem als das zusammenhaltende Eine erweist (Heraklit). Allerdings existieren keine Herde, an denen das Feuer nie ausgeht. 'Praxis' stellt kein Feststehendes, ein für alle Male Errungenes dar, auf dem man sich ausruhen könnte und das nicht selbst immer wieder erneuert werden müsste. Für die Reproduktion und Regeneration von 'Praxis' sind Urteilskraft und Energie wesentlich, die dafür sorgen, dass Praxis „kein ruhendes Dasein" (Hegel 1955, 74), sondern „unendliche, nie zur Ruhe kommende Bewegung" (Ebd., 161) ist. „Sein Sein ist der absolute Prozess" (Ebd., 74). „Und umzuschaffen das Geschaffne, damit sich's nicht zum Starren waffne, wirkt ewiges, lebendiges Tun" (Goethe: Gott und Welt – Eins und Alles).

Für die Reproduktion und Regeneration von 'Praxis' ist die Urteilskraft zentral. Urteilskraft als Vermögen, Besonderes auf allgemeine Kontexte hin aufzuschließen, also aus dem Besonderen heraus entwickeln zu können, welche Allgemeinheit es überhaupt betrifft, bildet ein anderes Denkvermögen als das

Deduzieren und das systematische Denken.[281] Der allgemeine Begriff von 'Praxis' oder 'Praxis' als allgemeines Paradigma entspricht Aristoteles' Ansicht, menschliches Handeln müsse an einen „orthos logos" gebunden sein, also an eine „rechte Vernunft" oder einen „rechten Plan". „Das aber vermöge im voraus als zugestanden gelten, dass jede Theorie der Sittlichkeit nur allgemeine Umrisse liefern und nichts mit unbedingter Bestimmtheit vortragen darf. ... Was aber dem Bereich des sittlichen Handelns und des im Leben Nützlichen angehört, hat nichts an sich, was ein für allemal feststände. ... So lässt das Einzelne und Konkrete noch weniger genaue und absolut gültige Vorschriften zu, da es unter keine Kunst und keine Lehrüberlieferung fällt. Hier muss vielmehr der Handelnde selbst wissen, was dem gegebenen Fall entspricht, wie dies auch in der Heilkunst und in der Steuermannskunst geschieht" (Aristoteles 1995, 1104a, S. 28). Urteilskraft bildet das vierte, für 'Praxis' wesentliche Bewusstseinsvermögen[282] – nach dem Bewusstsein vom allgemeinen 'Praxis'-Paradigma, dem Bewusstsein für die Assimilation der heteronomen Zivilisation und dem integrativen Bewusstsein im Selbstverhältnis der von 'Praxis' dominierten Gesellschaft. Urteilskraft war bereits in der gesellschaftlichen Proportionierung der verschiedenen Belange (II.9a) und in den Zielkonflikten der Selbstregierung (s. II.9c) Thema. Mit der Urteilskraft wird ein anderer Wissenstyp relevant als derjenige, der in 'Praxis' als allgemeinem Leitbild herrscht, insofern es dort um das allgemeine Gefüge der 'Praxis'-Momente und 'Praxis'-Sphären geht.

Die gesellschaftliche Realität zeigt in Bezug auf das Zusammenwirken oder die Emergenz der 'Praxis'-Momente und -sphären nichtintendierte Effekte, Bedeutungsabwandlungen und -verkehrungen, syndromatische Verknüpfungen, zirkuläre Prozesse und Aufschaukelungsdynamiken. Für deren Erkenntnis reicht das Wissen um die Grundordnung der 'Praxis'-Momente und -sphären nicht aus.

---

281 „Ein Arzt daher, ein Richter, oder ein Staatskundiger, kann viele schöne pathologische, juristische oder politische Regeln im Kopf haben, in dem Grade, dass er selbst darin gründlicher Lehrer werden kann, und wird dennoch in der Anwendung derselben leicht verstoßen, ... weil es ihm an natürlicher Urteilskraft (obgleich nicht am Verstande) mangelt" (Kant III, 185).

282 „Das Bewusstsein ist die Weise, in der Sein, Seiendes, Momente des Lebensprozesses zusätzlich über ihre Wirklichkeit und Wirksamkeit hinaus und auch ohne deren direkte Präsenz sozusagen stellvertretend für die Menschen da sind" (Fleischer 1976, 255). Die Konsequenz aus dieser Feststellung lautet: „Es ist fortan nicht vom 'Bewusstsein' zu sprechen, ohne das in ihnen bewusste Wirkliche, das Gedachte in seiner die Bewusstseinsform transzendierenden Materialität mit zu vergegenwärtigen" (Ebd.).

Die Wahrheit ist immer konkret. Diese Konkretheit erfordert ein anderes Wissen als die aus einer logisch-wohlgeordneten Wissensallgemeinheit deduzierbare Erkenntnis. Gefragt sind ein Gespür oder die Urteilskraft als Sinn dafür, mit was wir es in einer gegebenen besonderen Situation zu tun haben.

Urteilskraft ist bspw. gefordert bei der Beurteilung, wie viel nicht an 'Praxis' assimilierbare moderne Heteronomiesphären sinnvoll sind und wie viele Entscheidungen in einer gesellschaftlich besonderen und zentralisierten Sphäre (der Gesellschaftsgestaltung und des Selbstverhältnisses) und einer auf sie fokussierten Öffentlichkeit getroffen werden sollen und wie viel Entscheidungen und Aufmerksamkeiten immer bereits den verschiedenen gesellschaftlichen Bereiche selbst vorbehalten bleiben. Urteilskraft wird auch insofern beansprucht, als 'Praxis' sich selbst gegenüber- bzw. entgegensteht. Die Auseinandersetzung umfasst auch den Kampf mit und gegen sich selbst.[283] Im Einzelfall ist schwer zu unterscheiden, inwiefern die Ausprägung eines einzelnen 'Praxis'-Moments für die Verwirklichung von 'Praxis' wirkt oder beim scheinbaren Ausüben und beflissenen Artikulieren des jeweiligen 'Praxis'-Moments anderes im Spiel ist: Aus den Mängeln bei der Verwirklichung von 'Praxis'-Momenten entstehen Erfahrungsverarbeitungen, die andere 'Praxis'-Momente unterlaufen und invertieren. Bspw. kann die Notwendigkeit von Gesellschaftsstrukturen im Sinne von 'Praxis' auf eine Weise vorgebracht werden, die sinn- und sachfremde Motive enthält.[284]

Bereits mit der Weitergabe von Erkenntnissen und Erfahrungen (s. II.4.b) wird die *Dimension der Zeit* zum Thema. Die 'Praxis'-Momente und 'Praxis'-Sphären sind nur in der reinen Gefügeordnung von 'Praxis' als allgemeinem Leitbild alle in gleichem Maße präsent. In der Wirklichkeit sind sie es mal mehr, mal minder. Auch daraus ergeben sich Probleme, die sich nicht mit einem systematischen Grundsatzwissen lösen lassen, sondern notwendigerweise Erfahrung, Gespür und Urteilskraft für die besondere Situation erfordern. Urteilskraft ist gefragt, wenn es darum geht, zu befinden, inwieweit ein Problem in der 'Praxis' anzeigt, dass hier etwas noch nicht 'Praxis' ist (bzw. nicht mehr), aber auf dem Weg zu ihr, oder ob es sich hier um ein Symptom dafür handelt, dass etwas grundlegend schiefläuft.

Das Kapital zirkuliert durch die verschiedenen Sphären seiner Existenz, ist also abwechselnd Geldkapital, produktives Kapital und in Waren sich realisierendes Kapital. 'Praxis' bewegt sich durch ihre drei verschiedenen Sphären und

---

283 „Ich bin der Kampf. ... Ich bin nicht einer der im Kampf Begriffenen, sondern Ich bin beide Kämpfende und der Kampf selbst" (Hegel 16, 69).

284 „Ein Kollege, einst ein Rebell,/sagt: 'Alles ist strukturell./Man lebt in Systemen./Was soll ich mich schämen?/Der Kerl arrivierte sehr schnell" (Bahrdt 1984, 107).

sieben Momente. Die selbstreflexive Aufmerksamkeit dieses Prozessierens fragt, wie einer Erschöpfung und Alterung der jeweiligen 'Praxis' entgegenzuwirken ist.[285] Der desorientierende Vergleich eines gesellschaftlichen Paradigmas mit natürlichen Alterungs- und Erschöpfungsprozessen kehrt nur den linearen Fortschrittsbegriff um: Das „Gute" kommt dann nicht zum Schluss, sondern steht am Anfang. Nicht jedem Anfang aber wohnt ein Zauber inne. Das „Gute" ist oft am Anfang schwach und ungeschützt und insofern gerade dann der Gefahr der Erstarrung und Überkompensation ausgesetzt. Zur „guten" Gesellschaft gehört auch jene Urteilskraft und Energie, die erst aus ihrer ausgebildeten Stärke und Form möglich werden.

Die Vorstellung von der in einer Gesellschaft sich ereignenden Erschöpfung der für die Reproduktion ihres Leitbildes notwendigen Energien ist seit der Antike immer wieder Thema gewesen (vgl. Demandt 2002, 92, 100, 112). Die idealistische Gegenposition zum Abbau körperlicher Kräfte im Verlauf des Alterns wertet lang anhaltende geschichtliche Phänomene als Ausweis für die dem Geist endogene Regenerativität. Im Unterschied dazu handelt es sich bei der Reproduktion und Regeneration der für 'Praxis' notwendigen Kräfte um eine auf gesellschaftliche Prozesse bezogene Frage.

In der Regeneration und Reproduktion von 'Praxis' stellt sich die Frage, wie die verschiedenen Momente und Sphären von 'Praxis' nicht nur im Bezug *zu*einander, sondern unter dem neuen Gesichtspunkt der Regeneration, Reformation, Reproduktion und Selbstgestaltung von 'Praxis' gewichtet und konstelliert werden,[286]

---

285 Gefragt ist die im emphatischen Sinne verstandene Selbstkorrektur. „Korrektur ist eine Strukturkategorie. Strukturen stellen sich unter ein Maß, das sich im Korrekturverlauf selbst ändert. Die Korrektur ist doppelseitig, Korrektur der Struktur und Korrektur der Korrektur. In der Selbstkorrektur kommt die Struktur über sich selbst hinausgreifend auf sich zurück. In diesem Ausgriff bewährt sie sich oder scheitert. ... Selbstkonstitution ist nur als Selbstkorrektur möglich, was besagt, dass das Über-sich-hinaus der innerste Kern (Kriterium) des Selbst ist" (Rombach 1971, 66). „Korrektur ist nicht Wiederherstellung einer bezweckten oder ursprünglichen Verfassung. Der Terminus darf darum nicht im Geringsten negativ gehört werden, sondern hat einen durch und durch positiven Sinn. Korrektur ist ontologisch mit Rekonstitution identisch. ... Rekonstitution bedeutet, dass sich die Struktur in gewisser Weise ständig neu erstellt und darum immer befähigt ist, auf veränderte Bedingungen zu reagieren. Nur wo Verwandlung geschieht und Korrekturvorgänge die Strukturdynamik aufrechterhalten, bleibt die Struktur als Struktur bestehen" (Ebd., 83).

286 Dies ist schon beim Individuum bekannt. „Seine Kräfte und Fähigkeiten sind nicht einfach gegeben, sondern müssen von ihm 'strukturiert', d.h. zu einer Konstellation gebracht werden, die die einzelnen Momente zu größtmöglicher Fruchtbarkeit und

wenn 'Praxis' das Lebenselixier der von 'Praxis' dominierten Gesellschaft bildet. Zu fragen ist: Wie muss das Gefüge und das Prozessieren der verschiedenen Sphären und Momente von 'Praxis' gestaltet werden, damit die ihnen wesentliche Selbstkorrektur nicht zur Erschöpfung und Überforderung missrät? Urteilskraft bildet nicht nur ein wesentliches Moment für die Selbstregeneration und Selbstreproduktion von 'Praxis', sondern will auch selbst regeneriert und reproduziert sein. Das wiederum gelingt nur, wenn die gesellschaftliche Aufbauordnung es ermöglicht.

Die für die Vertiefung von 'Praxis' wesentliche Erneuerung nimmt Anstoß an Tendenzen, denen die 'Praxis' ausgesetzt ist, derer sie aber einhegend Herr werden muss. Es handelt sich um Tendenzen der Verwechselung von 'Praxis' mit Doppelgängern,[287] des Verflachens von 'Praxis', des Erlöschens des „Feuers" und des Verkommens der „Seele" von 'Praxis'. Feuer und Seele sind Metaphern für ein Geschehen, das über die einfache Kontinuität oder identische Selbstreproduktion hinausgeht. 'Praxis' kann nicht einfach als Wiederholung existieren, sondern muss immer wieder die Regeneration, Rekonzentration, Reformation und Renaissance von 'Praxis' gegen ihre Erschöpfung, Erosion und Entropisierung sowie gegen ihr Nominell- und Formellwerden beinhalten. Kein archimedischer Punkt außerhalb von 'Praxis' sorgt für deren Lebendigkeit. Den Verselbständigungen, Verkehrungen, Verwechslungen, Erschöpfungen und Verflachungen vorzubeugen oder sie zu bearbeiten, dafür sind Wachheit, Erfahrung und Urteilskraft notwendig. Sie und die dafür erforderlichen Energien können allein im Durchlaufen der sieben Momente und drei Sphären von 'Praxis' entstehen (vgl. S. 361, Anm. 248).

---

zu gegenseitiger Unterstützung und Bekräftigung führt. Die Strukturfindung kann natürlich auch misslingen, nämlich so, dass die Strebungen und Fähigkeiten sich gegenseitig behindern, verkürzen, abbauen" (Rombach 1994, 21).

287 „Denn wenn die Dummheit nicht von innen dem Talent zum Verwechseln ähnlich sehen würde, wenn sie außen nicht als Fortschritt, Genie, Hoffnung, Verbesserung erscheinen könnte, würde wohl niemand dumm sein wollen, und es würde keine Dummheit geben. Zumindest wäre es sehr leicht, sie zu bekämpfen. Aber sie hat leider etwas ungemein Gewinnendes und Natürliches. … Es gibt schlechterdings keinen bedeutenden Gedanken, den die Dummheit nicht anzuwenden verstünde, sie ist allseitig beweglich und kann alle Kleider der Wahrheit anziehen" (Musil 1981, 58f.).

Literatur

Abkürzungen

Hegel = Hegel, Georg Friedrich Wilhelm: Werke. Hg. v. Eva Moldenhauer, Karl Markus Michel. Frankfurt M. 1970

Kant = Kant, Immanuel. Werkausgabe Hg. v. Wilhelm Weischedel. Frankfurt M. 1968

MEW = Marx, Karl; Engels, Friedrich: Werke. Berlin (DDR) 1956 ff.

Nietzsche = Nietzsche, Friedrich: Werke in drei Bänden. Ed. Schlechta. Darmstadt 1997

Simmel = Georg Simmel Gesamtausgabe. Herausgegeben von Otthein Rammstedt. Frankfurt M. 1989ff.

Tillich = Tillich, Paul: Gesammelte Werke. Hg. von Renate Albrecht. Stuttgart 1959ff.

Bei Zeitschriften beziehe ich mich mit Heft (H.) auf die Folge der Ausgaben in einem Jahrgang, mit Nummer (Nr.) auf die Zählung aller erschienenen Ausgaben.

Adaman, Fikret; Devine, Pat 1997: On the Economic Theory of Socialism. In: New Left Review, Nr. 221. London

Adorno, Theodor W. 1958: Philosophie der neuen Musik. Frankfurt M.

– 1966: Negative Dialektik. Frankfurt M.

– 1967: Ohne Leitbild. Frankfurt M.

– 1970: Erziehung – wozu? Gespräch mit Hellmuth Becker. In: Th. W. Adorno: Erziehung zur Mündigkeit. Hg. v. Gerd Kadelbach. Frankfurt M.

– 1972: Zur Logik der Sozialwissenschaften. In: Ders., Hans Albert, Ralf Dahrendorf u.a.: Der Positivismusstreit in der deutschen Soziologie. Darmstadt

– 1976: Minima Moralia. Frankfurt M.

– 1979: Soziologische Schriften. Bd. 1. Frankfurt M.

– 1980: Ästhetische Theorie. Frankfurt M.

– 1992: Spengler nach dem Untergang. In: Prismen. Kulturkritik und Gesellschaft. Frankf. M.

Adorno, Theodor W.; Horkheimer, Max 1947: Dialektik der Aufklärung. Amsterdam

Aganbegjan, Abel 1989: Ökonomie und Perestroika. Hamburg

Albert, Michael 2006: Parecon. Leben nach dem Kapitalismus. Frankfurt M.

Althusser, Louis 1968: Für Marx. Frankfurt M.

Althusser, Louis; Balibar, Etienne 1972: Das Kapital lesen. Reinbek bei Hamburg

Altvater, Elmar 2005: Das Ende des Kapitalismus, wie wir ihn kennen. Münster

Amin, Samir 1995: Interview. In: Kommune, H. 12, Jg. 17

Anders, Günter 1988: Die Antiquiertheit des Menschen. Bd. 2. München

Apel, Hartmut; Heidorn, Joachim 1977: Subjektivität und Öffentlichkeit. Kritik der theoretischen Positionen Oskar Negts. In: Prokla, 7. Jg., H. 4

Arbeitskreis Forum Betrieb, Gewerkschaften und soziale Bewegungen Berlin (Hg.) 2009: Aus der Geschichte lernen. Berlin.

Aristoteles 1995: Nikomachische Ethik. Nach der Übers. v. Eugen Rolfes, bearbeitet von Günther Bien. In: Ders.: Philosophische Schriften, Bd. 3. Hamburg

Auernheimer, Georg 1977: Zirkulationsqualifikation – Über Lohnabhängigkeit, Mündigkeit und die Aufgaben bürgerlicher Pädagogik. In: Päd Extra, H. 8

Ax, Christine 1997: Reparieren lohnt sich. Über die subversive Kraft des Schraubenziehers. In: Contraste, März 1997 (auch in: Politische Ökologie, Sonderheft 9, 1997)

Azzellini, Dario 2010: Partizipation, Arbeiterkontrolle und die Commune. Bewegungen und soziale Transformation am Beispiel Venezuela. Hamburg

Bach, Peter 2006: Cecosesola – eine Kooperative in Venezuela der besonderen Art. In: Carola Möller, Ulla Peter, Irina Vellay (Hg.): Dissidente Praktiken. Erfahrungen mit herrschafts- und warenkritischer Selbstorganisation. Königstein/Taunus

Backhaus, Klaus 1999: Im Geschwindigkeitsrausch. In: Aus Politik und Zeitgeschehen, H. 31

Baethge, Martin 1994: Arbeit und Identität. In: Beck, Ulrich; Beck-Gernsheim, Elisabeth (Hg.): Riskante Freiheiten. Frankfurt M.

Baethge, Martin; Denkinger, Jochen 1994: Das Dilemma der 'Fortschrittsmacher'. In: Wechselwirkung, Nr. 68

Bahrdt, Hans Paul 1984: Schlüsselbegriffe der Soziologie. München

Bahro, Rudolf 1977: Die Alternative. Zur Kritik des real existierenden Sozialismus. Köln

Balibar, Etienne 1986: Stichwort 'Kommunismus'. In: Kritisches Wörterbuch des Marxismus. Bd. 4. Berlin

Barben, Daniel 1999: Leitbildforschung. In: Stephan Bröchler u.a. (Hg.): Handbuch Technikfolgenabschätzung, Bd. 1. Berlin

Barber, Benjamin 1994: Starke Demokratie – Über die Teilhabe am Politischen. Hamburg

Bargatzky, Thomas 1993: Ökonomie, Ökologie und die 'Naturvölker' Anmerkungen zu einer romantizistischen Illusion. In: Scheidewege. Jahresschrift für skeptisches Denken, Jg. 22

Baudrillard, Jean 1978: Agonie des Realen. Berlin

Bauer, Joachim 2006: Prinzip Menschlichkeit. Warum wir von Natur aus kooperieren. Hamburg

Bauman, Zygmunt 1992: Dialektik der Ordnung. Die Moderne und der Holocaust. Hamburg

– 1994: Das Jahrhundert der Lager. In: Die neue Gesellschaft/Frankfurter Hefte, 41. Jg., H. 1

Baur, Gesine; Schmid-Bode, Wilhelm 2003: Glück ist kein Zufall. München

Baurmann, Michael 1998: Universalisierung und Partikularisierung der Moral. In: Hans-Joachim Giegel (Hg.): Konflikte in modernen Gesellschaften. Frankfurt M.

Beck, Ulrich 1986: Die Risikogesellschaft. Frankfurt M.

– 1993: Die Erfindung des Politischen. Frankfurt M.
– 2002: Macht und Gegenmacht im globalen Zeitalter. Frankfurt M.
Beck, Ulrich; Brater, Michael 1976: Grenzen abstrakter Arbeit. Subjektbezogene Bedingungen der Gebrauchswertproduktion und ihre Bedeutung für kritische Berufspraxis. In: Leviathan, H. 2
Beck, Ulrich; Brater, Michael; Daheim, Hansjürgen 1980: Soziologie der Arbeit und Berufe. Reinbek bei Hamburg
Beck, Winfried 2002: Gesundheitsmarkt – Oppositionelle Strömungen in der Ärzteschaft. In: Forschungsjournal NSB (Neue Soziale Bewegungen), Jg. 15, H. 3
Becker, Ruth 1990: Konsumverzicht – Einzig verbliebene Widerstandsform gegen Kapitalismus und Patriarchat? In: Kommune, H. 1
Beer, Ursula 1983: Marx auf die Füße gestellt? Zum theoretischen Entwurf von Claudia v. Werlhof. In: Prokla, Nr. 50
Behrens, Miriam; Cuche, Fernand; Karch, Herbert 2004: Perspektiven der Landwirtschaft in der Schweiz. Agrarpolitische Leitsätze aus Sicht der Grünen. In: Widerspruch, Nr. 47. Zürich
Beigewum (Beirat für gesellschafts-, wirtschafts- und umweltpolitische Alternativen) 2005: Mythen der Ökonomie. Hamburg
Bender, Harald; Bernhold, Norbert; Winkelmann, Bernd 2012: Kapitalismus und dann? Systemwandel und Perspektiven gesellschaftlicher Transformation. Hg. von der Akademie Solidarische Ökonomie. München
Bergmann, Eckhard; Krischausky, Dietmar 1985: Wirtschaftsreform – die verlorene Utopie? In: Karl-Ernst Lohmann (Hg.): Sozialismus passé? Berlin
Beyer, Hiltrud 2006: Risiko Nanotechnologie. In: Blätter für deutsche und internationale Politik, H. 9
Bierter, Willy 2000: Dematerialisierung und Beschäftigung im Rahmen einer pluralen Ökonomie. WZB papers P00-521. Berlin
Binder, Klaus 1978: Wir bewegen uns auch, wo wir bewegt werden. Zur Praxis der Wünsche. In: Kursbuch, Nr. 52. Berlin
Binswanger, Ludwig 1956: Drei Formen mißglückten Daseins. Tübingen
Bischoff, Joachim; Lieber, Christoph 2006: Dritter Sozialismusversuch: Äquivalenzökonomie? In: Sozialismus, H. 11, 33. Jg.
– 2011: Vom unproduktiven Kapitalismus zur sozialistischen Marktwirtschaft. In: Sozialismus, H. 7/8, 38. Jg.
Bischoff, Joachim; Menard, Michael, 1990: Marktwirtschaft und Sozialismus. Hamburg
Bittermann, Klaus 1979: Ausschreitungen, Nr. 3. Nürnberg
Blanke, Bernhard; Jürgens, Ulrich; Kastendiek, Hans 1975: Kritik der Politischen Wissenschaft. Frankfurt M.
Bloch, Ernst 1972: Subjekt-Objekt. Erläuterungen zu Hegel. Frankfurt M.
– 1976: Prinzip Hoffnung. Frankfurt M.

Blüm, Norbert 1979: Gewerkschaften zwischen Macht und Ohnmacht. Stuttgart

Bode, Thilo 2007: Unsere ganz alltägliche Vergiftung. In: Blätter für deutsche und internationale Politik, H. 11

Boettcher-Achenbach, Gerd 1984: Selbstverwirklichung – Lust und Notwendigkeit. Diss. Gießen

Böhle, Fritz; Rose, H. 1992: Technik und Erfahrung. Frankfurt M.

Böhle, Fritz; Schulze, Hartmut 1997: Subjektivierendes Arbeitshandeln. In: Christina Schachtner (Hg.): Technik und Subjektivität. Frankfurt M.

Böhme, Gernot 2001: Aisthetik. Vorlesungen über Ästhetik als allgemeine Wahrnehmungslehre. München

Böhme, Irene 1982: Die da drüben. Sieben Kapitel DDR. Berlin

Bohnke, Ben-Alexander 2001: Abschied von der Natur. Die Zukunft des Lebens ist Technik. Düsseldorf

Bollenbeck, Georg 2008: Eine anerkennende Haltung annehmen! Verdinglichung „light". In: Sozialwissenschaftliche Literaturrundschau, Nr. 56

Bookchin, Murray 1985: Die Ökologie der Freiheit. Weinheim

Boron, Atilio 2010: Den Sozialismus neu denken. Hamburg

Botton, Alain de 2008: Glück und Architektur. Von der Kunst, daheim zu Hause zu sein. Frankfurt M.

Boudon, Raymond 1988: Ideologie – Geschichte und Kritik eines Begriffes. Reinbek bei Hamburg

Bourdieu, Pierre 1979: Entwurf einer Theorie der Praxis. Frankfurt M.

– 1982: Die feinen Unterschiede. Frankfurt M.

Bowles, Samuel; Gintis, Herbert 1976: Klassenherrschaft und entfremdete Arbeit. In: Monthly Review (dt. Ausgabe), Jg. 1, H. 8

Braudel, Fernand 1986: Sozialgeschichte des 15.-18. Jahrhunderts. Aufbruch zur Weltwirtschaft. Frankfurt M.

Brecht, Bertolt 1993: Die Gedichte von Bertolt Brecht in einem Band. Frankfurt M.

Bremme, Peter 2007: Social Movement Unionism. In: Ulrich Brand u.a. (Hg.): ABC der Alternativen. Hamburg

Brie, Michael; Detje, Richard; Steinitz, Klaus (Hg.) 2011: Wege zum Sozialismus im 21. Jahrhundert. Alternativen – Entwicklungspfade – Utopien. Hamburg

Bröckling, Ulrich 2000: Totale Mobilmachung. Menschenführung im Qualitäts- und Selbstmanagement. In: Ders.; Krasmann, Susanne; Lemke, Thomas: Gouvernementalität der Gegenwart. Studien zur Ökonomisierung des Sozialen. Frankfurt M.

Bruckner, Peter; Sichtermann, Barbara 1975: 'Lieber mehr, aber besser'. Analyse des Jahrgangs 1974 der FDJ-Zeitung 'Forum', Teil I. In: Schwarze Protokolle Nr. 11. Berlin

Brüggen, Willi 1996: Der politische Preis der ökologischen Währung. In: Andere Zeiten, H. 4

Bruns, Willi 1997: Sinnlichkeit in der Technikgestaltung und Technikhandhabung. In: Christina Schachtner (Hg.): Technik und Subjektivität. Frankfurt M.

Bry, Carl Christian 1988: Verkappte Religionen. Nördlingen (Erstausgabe 1924)
Buber, Martin 1950: Pfade in Utopia. Heidelberg
Bubner, Rüdiger 1992: Antike Themen und ihre moderne Verwandlung. Frankfurt M.
Buck, Daniel 2008: Kann der Kapitalismus die Oberhand behalten? In: Zeitschrift marxistische Erneuerung, 19. Jg., Nr. 73
Buckel, Sonja 2006: Neo-Materialistische Rechtstheorie. In: Sonja Buckel, Ralph Christensen, Andreas Fischer-Lescano (Hg.): Neue Theorien des Rechts. Stuttgart
Bühl, Walter L. 1998: Verantwortung für soziale Systeme. Stuttgart
– 2000: Das kollektive Unbewusste in der postmodernen Gesellschaft. Konstanz
BUND 2008: Endstation Mensch – Nur nicht giftig werden. Berlin http://www.bund.net/fileadmin/bundnet/publikationen/chemie/20080200_chemie_faltblatt_nurnichtgiftigwerden.pdf
Burow, Olf-Axel 1999: Die Individualisierungsfalle. Kreativität gibt es nur im Plural. Stuttgart
Busch-Lüty, Christiane 1989: Leben und Arbeiten im Kibbuz. Köln.
Buß, Eugen 1983: Markt und Gesellschaft. Berlin
Busse, Tanja 2006: Die Einkaufsrevolution. Konsumenten entdecken ihre Macht. München
Candeias, Mario 2006: Handlungsfähigkeit durch Widerspruchsorientierung. In: Z – Zeitschrift Marxistische Erneuerung, Nr. 68. Frankfurt M.
– 2009: Krise der Privatisierung. In: Ders., Rainer Rilling, Katharina Weise (Hg.): Krise der Privatisierung. Berlin
Castoriadis, Cornelius; Mothé, Daniel 1992: Hierarchie und Selbstverwaltung. Bielefeld
Cecosesola 2012: Auf dem Weg. Gelebte Utopie einer Kooperative in Venezuela. Berlin
Chargaff, Erwin 2000: Ernste Frage. Essays. Stuttgart
Charim, Isolde 2002: Der Althusser-Effekt. Entwurf einer Ideologie-Theorie. Wien
Cockshott, Paul W.; Cottrell, Allin 2006: Alternativen aus dem Rechner. Für sozialistische Planung und direkte Demokratie. Köln
Cohen, Stanley; Taylor, Laurie 1977: Ausbruchsversuche. Identität und Widerstand in der modernen Lebenswelt. Frankfurt M.
Conert, Hansgeorg 1974: Gibt es einen jugoslawischen Sozialismus. Teil 2. In: Das Argument, Nr. 84
– 1990: Die Ökonomie des unmöglichen Sozialismus. Münster
– 2002: Umrisse der Ökonomie eines möglichen Sozialismus. In: Fetscher, Iring; Schmidt, Alfred (Hg.): Emanzipation als Versöhnung. Frankfurt M.
Conradi, Elisabeth 2001: Take Care – Grundlagen einer Ethik der Achtsamkeit. Frankfurt M.
Cooley, Mike 1978: Design, technology and production for social needs. In: Ken Coates (ed.): The Right to useful Work. Nottingham
– 1979: Entwurf, Technologie und Produktion für gesellschaftliche Bedürfnisse. In: Wechselwirkung, H. 0, Berlin

Cramer, Michael 2007: Mit Vollgas in den Klimawandel? Ein Plädoyer für eine Verkehrswende. In: Vorgänge, H. 3

Creydt, Meinhard[1] 1997: Dritter Sektor, genossenschaftliches und gemeinwesenorientiertes Wirtschaften. In: Widerspruch, Nr. 34, 17. Jg. Zürich

– 2000: Theorie gesellschaftlicher Müdigkeit. Frankfurt M.

– 2001: Partizipatorische Planung und Sozialisierung des Marktes. Aktuelle Modelle in der angelsächsischen Diskussion. In: Widerspruch (Zürich), Nr. 40. Andere Varianten in: Marxistische Blätter, H. 3/2001; Volksstimme, H. 45/2000 (Wien); Berliner Debatte Initial, H. 3/2001

– 2001a: Zur Kritik des 'Marktsozialismus'. In: Z – Zeitschrift Marxistische Erneuerung, Nr. 46

– 2001b: Die Wissenschaft, die nicht denkt. In: Fachschaftsreferat des AstA FU Berlin (Hg.): Reader zum kritischen Hochschultag am 23.5.2001

– 2001c: Zur Kritik feministischer Wirklichkeitskonstruktionen. In: Hintergrund, H. 1, Jg. 14. Osnabrück

– 2003: Die institutionellen Strukturen nachkapitalistischer Gesellschaften. In: Olaf Reissig u.a. (Hg.): Mit Marx ins 21. Jahrhundert. Hamburg

– 2005: Kibbuz und nachkapitalistische Sozialstrukturen. In: Streifzüge, Nr. 35, November 2005, Wien; Sozialistische Hefte, Nr. 9, Köln; Graswurzelrevolution, Nr. 305, 34. Jg., Münster 2006; Contraste, Nr. 257, 23. Jg., Heidelberg

– 2005a: Das Elend der Gerechtigkeit – Gerechtigkeit als normatives Pendant sozialen Elends. In: Streifzüge, Nr. 34. Wien

– 2006: Selbstverantwortung als Ideologie. Die Medizin des Gesundheitswesens. In: Forum Wissenschaft, H. 1

– 2006a: Die Überwindung des Weltmarkts. Werner Sombarts Aktualität im Zusammenhang der Globalisierungskritik. In: Bruchlinien, Nr. 17, 5. Jg. Wien

– 2007: Demokratie als Form. Teil 1. In: Streifzüge, Nr. 41. Wien

– 2007a: Warum eigentlich Materialismus? Helmut Fleischers praxistheoretisches Materialismuskonzept. In: Grundrisse (Wien), Nr. 22 und in: Sozialistische Hefte (Köln), Nr. 13.

– 2008: Demokratie als Form. Teil 2. In: Streifzüge, Nr. 42. Wien

– 2008a: Kritik an den Wissenschaften und den Inhalten professioneller Tätigkeiten. In: Utopie kreativ, Nr. 212. Berlin

– 2009: Ungleiche Lasten, die Frauen und Männern durch das gesellschaftliche Geschlechterverhältnis aufgebürdet werden. S. www.meinhard-creydt.de

– 2009a: Keine Verkehrswende ohne Überwindung der Autokultur. In: Sozialistische Zeitung, H. 7/8, 24. Jg.

– 2010: Die not-wendige Veränderung des Alltagslebens. Zur Brisanz des Denkens von Henri Lefebvre. In: Sozialismus, Nr. 347, 37. Jg. Hamburg

1 Die Artikel sind auch zu finden unter www.meinhard-creydt.de

– 2010a: Kann der Eigensinn gesellschaftlicher Teilsysteme ein Bündnispartner gegen die „Profitdominanz" sein? In: Marxistische Blätter, H. 5, 48. Jg.
– 2011: Die gesellschaftlichen Formen der Gegenstände. Zum Konsum im modernen Kapitalismus. In: Die Aktion (Nautilus-Verlag), Nr. 217, 28. Jg.
– 2011a: Schule in der modernen bürgerlichen Gesellschaft. S. www.meinhard-creydt.de
– 2012: Eine Differenz ums Ganze. Zentrale Unterschiede zwischen der kapitalistischen Gesellschaft und der nachkapitalistischen Gesellschaftsordnung. In: Jahrbuch Denknetz. Zürich
– 2012a: Nachkapitalistische Gesellschaft und Probleme der Moderne. In: Berliner Debatte Initial. Jg. 23, H. 4
– 2013: Die sehr private Erziehung des Kindes. In: Streifzüge, Nr. 59. Wien
– 2013a: Selbstbehauptung als Subjekt. In: Streifzüge, Nr. 58. Wien
Dahrendorf, Ralf 1967: Industrie- und Betriebssoziologie, 4. Aufl. Berlin
Debray, Régis 1981: 'Voltaire verhaftet man nicht!' Die Intellektuellen und die Macht in Frankreich. Köln-Lövenich
Delumeau, Jean 1985: Angst im Abendland. Reinbek
Demandt, Alexander 2002: Zeit und Unzeit. Geschichtsphilosophische Essays. Köln
Demirović, Alex 1991: Zivilgesellschaft, Öffentlichkeit, Demokratie. In: Das Argument, Nr. 185
– 2009: Rätedemokratie oder das Ende der Politik. In: Prokla, Nr. 155, 39. Jg.
Demmerling, Christoph 1994: Sprache und Verdinglichung. Frankfurt M.
Demsetz, Harold 1969: Information and Efficiency: Another Viewpoint. The Journal of Law and Economics, Vol. 12
Deutschmann, Manfred 1974: Qualifikation und Arbeit. Zur Kritik funktionalistischer Ansätze der Bildungsplanung. Berlin
Devine, Pat 1992: Market Socialism or Participatory Planning? In: Review of Radical Political Economics. Vol. 24, H. 3/4
– 2009: Planung braucht Demokratie. In: Marx 21, Nr. 12
Dieckmann, Dorothea 1995: Unter Müttern – Eine Schmähschrift. Reinbek bei Hamburg
Dierkes, Meinolf; Zimmermann, K. 1991: Ethik und Geschäft. Dimensionen und Grenzen unternehmerischer Verantwortung. Frankfurt/Wiesbaden
Dieterich, Heinz 2006: Der Sozialismus des 21. Jahrhunderts. Berlin
Dinné, Olaf 1979: 15 Jahre. Bremen
Dörner, Dietrich 1992: Die Logik des Mißlingens. Strategisches Denken in komplexen Situationen. Reinbek bei Hamburg
Dudek, Peter 1979: Naturwissenschaften und Gesellschaftsformation. Frankfurt M.
Duerr, Hans Peter 1998: Selbstbeschränkung – eine unmögliche Notwendigkeit. In: Kommune, H. 10
Ebers, Thomas; Melchers, Markus 2002: Vom Wert der Wertedebatte. Freiburg

Ebner, Timm; Nowak, Jörg 2010: Struktur als Bruch. In: Das Argument, Nr. 288

Eisel, Ulrich 2003: Tabu Leitkultur. In: Natur und Landschaft. Zeitschrift für Naturschutz und Landschaftspflege, 78. Jg., H. 9/10

– 2005: Das Leben im Raum und das politische Leben von Theorien in der Ökologie. In: Michael Weingarten (Hg.): Strukturierung von Raum und Landschaft. Konzepte in Ökologie und der Theorie gesellschaftlicher Naturverhältnisse. Münster

– 2009: Landschaft und Gesellschaft. Münster

Elias, Norbert 1972: Soziologie und Psychiatrie. In: Hans Ulrich Wehler (Hg.): Soziologie und Psychoanalyse. Stuttgart

– 1987: Die Gesellschaft der Individuen. Frankfurt M.

Elson, Diane, 1990: Markt-Sozialismus oder Sozialisierung des Markts. In: Prokla, Nr. 78 (zuerst in New Left Review 1988, Nr. 172)

Enderwitz, Ulrich 1994: Kommunikation. In: Klaus Bittermann, Gerhard Henschel (Hg.): Das Wörterbuch des Gutmenschen. Berlin

Enzensberger, Hans Magnus 1968: Glosse zu F. Engels' Text 'Von der Autorität'. In: Kursbuch, Nr. 14. Frankfurt M.

Ernst, Heiko 1998: Was will ich wirklich wissen? In: Psychologie Heute, H. 7

Errata-Redaktion 1979: Stunden der Wahrheit. In: Errata. Halbjahreszeitschrift für kritische Sozialität, Nr. 5

Esser, Hartmut 2000: Soziologie. Spezielle Grundlagen. Bd. 3: Soziales Handeln. Frankfurt M.

– 2000a: Soziologie. Spezielle Grundlagen. Bd. 5: Institutionen. Frankfurt M.

Estrin, S., 1989: Workers' Coooperatives: Their Merits and their Limitations. In: J. Le Grand, S. Estrin (Eds.): Market Socialism. Oxford

Etzioni, Amitai 1998: Die Entdeckung des Gemeinwesens. Frankfurt M.

Exner, Andreas 2010: Die „Große Transformation" zur „Großen Kooperation". In: Streifzüge, Nr. 49. Wien

Exner, Andreas; Kratzwald, Brigitte 2012: Solidarische Ökonomie & Commons. Wien

Felber, Christian 2008: Neue Werte für die Wirtschaft. Wien

– 2011: Gemeinwohlökonomie. Wien

Ferber, Christian von 1965: Individuum und Gesellschaft – Die liberale Konzeption. Hannover

Ferry, Luc; Renault, Alain 1987: Antihumanistisches Denken. Gegen die französischen Meisterphilosophen. München

Feuerbach, Ludwig 1978: Das Wesen des Christentums. Stuttgart

Fischbach, Rainer 2013: Missglückte Einstiege. In: Luxemburg, H. 1

Fischer, Hermann 1999: Plädoyer für Sanfte Chemie. Heidelberg

Fischer, Kuno 1865: System der Logik oder Metaphysik oder Wissenschaftslehre. 2. völlig umgearbeitete Auflage. Heidelberg

Fleischer, Helmut 1976: Die Wendung der Philosophie zur Praxis. In: Speck, J. (Hg.): Grundprobleme der großen Philosophen – Philosophie der Neuzeit II. Göttingen

– 1977: Warum eigentlich Materialismus? In: Urs Jaeggi, Axel Honneth (Hg.): Theorien des historischen Materialismus. Frankfurt M.
– 1978: Denkformen in Sachen Sozialismus. In: Ulf Wolter (Hg.): Sozialismusdebatte. Berlin
– 1980: Über die normative Kraft im Wirklichen. In: Urs Jaeggi, Axel Honneth (Hg.): Arbeit, Handlung, Normativität. Frankfurt M.
– 1982: Begreifen der Praxis. In: Michael Grauer, Wolfdietrich Schmied-Kowarzik (Hg.): Grundlinien und Perspektiven einer Philosophie der Praxis. Kasseler Philos. Schriften Bd. 7. Kassel
– 1982a: Geschichte ohne Heilsgewissheit. In: Gottfried Heinemann, Wolfdietich Schmied-Kowarzik (Hg.): Sabotage des Schicksals (FS U. Sonnemann). Tübingen
– 1987: Ethik ohne Imperativ. Zur Kritik des moralischen Bewußtseins. Frankfurt M
– 1987a: Jenseits von Strategie und Mobilisierung. In: Kommune, H. 7, 5. Jg.
– 1989: Zur Historisierung des Sowjetsozialismus. In: Universitas, H. 7
– 1990: Zum Ausgang der proletarischen Revolution. In: Widerspruch – Münchner Zeitschrift für Philosophie, 10. Jg., Nr. 19/20.
– 1993: Epochenphänomen Marxismus. Hannover
Flieger, Burghard 1996: Produktivgenossenschaften als fortschrittsfähige Organisation. Marburg
Fraentzki, Ekkehard 1978: Der missverstandene Marx. Pfullingen
Franck, Georg 2009: Abweisende Neubauten. Interview. In: Psychologie Heute, H. 10
Fresin, Alfred 2005: Die bedürfnisorientierte Versorgungswirtschaft. Eine Alternative zur Marktwirtschaft. Frankfurt M.
Freyer, Hans 1921: Die Bewertung der Wissenschaft im philosophischen Denken des 19. Jahrhunderts. Leipzig
– 1923: Theorie des objektiven Geistes. Leipzig
– 1925: Der Staat. Leipzig
– 1955: Theorie des gegenwärtigen Zeitalters. Stuttgart
– 1960: Soziologische Aspekte zur Situation der Menschen in der Gegenwart. In: Die Therapiewoche, Jg. 10
– 1965: Schwelle der Zeiten. Stuttgart
Fritzsche, Karl-Peter 1976: Entfremdungskritik und Übergangstheorie. Untersuchungen zur entfremdungstheoretischen Fundierung der Bürokratiekritik und des Selbstverwaltungssozialismus am Beispiel der 'Praxis-Gruppe'. Diss. Frankfurt M.
Fromm, Erich 1985: Psychoanalyse und Ethik. München (zuerst 1947)
Fuchs, Tatjana 2002: Arbeit und menschliche Würde. Arbeitsbedingungen und Arbeitsbelastungen in Deutschland. ISW-Report, Nr. 51. München
Fülgraff, Georges 1991: Die Rolle der Wirtschaft in der Risikogesellschaft – Umweltrisiken und „proaktives" Handeln. In: M. Dierkes, K. Zimmermann (Hg.): Ethik und Geschäft. Dimensionen und Grenzen unternehmerischer Verantwortung. Frankfurt M.

Furth, Peter 1971: Nachträgliche Warnung vor dem Rollenbegriff. In: Das Argument, Nr. 66

– 1979: Interaktion als Grundbegriff des historischen Idealismus. In: Bernhard Heidtmann, Robert Katzenstein (Hg.): Soziologie und Praxis. Köln

– 1981: Arbeit, Teleologie, Hegelianismus. In: Bernhard Heidtmann, Hans Heinz Holz, Hans Jörg Sandkühler (Hg.): Dialektik. Beiträge zu Philosophie und Wissenschaften, Nr. 2. Köln

Galow-Bergemann, Lothar 2002: Selbst-Bewegung statt Auto-Mobilismus. In: Streifzüge, H. 2. Wien

Gamm, Gerhard 1994: Flucht aus der Kategorie. Die Positivierung des Unbestimmten als Ausgang aus der Moderne. Frankfurt M.

Gebhardt, Richard 2012: Politik des Kulinarischen. In: Historisch-Kritisches Wörterbuch des Marxismus, Bd. 8/I. Hamburg

Geffken, Rolf 2013: Über eine eingeschränkte Sicht auf gewerkschaftliches Bewusstsein und betriebliche Aktionsbereitschaft. In: Zeitschrift Marxistische Erneuerung, Nr. 96

Gegenstandpunkt 2009: Heinz Dieterichs „Sozialismus des 21. Jahrhunderts". Ein soziologisch-geschichtsphilosophischer Neuaufguss der Utopie einer gerechteren Welt. H. 4

Gehlen, Arnold 1957: Die Seele im technischen Zeitalter. Sozialpsychologische Probleme in der modernen Gesellschaft. Hamburg

Gerson, Menachem 1982: Die Grundlage. (Zuerst: 1934) In: Gunnar Heinsohn (Hg.): Das Kibbutz-Modell. Bestandsaufnahme einer alternativen Wirtschafts- und Lebensform nach sieben Jahrzehnten. Frankfurt M.

– 1982a: Menschliche Beziehungen im Kibbutz von heute. In: Gunnar Heinsohn (Hg.): Das Kibbutz-Modell. Bestandsaufnahme einer alternativen Wirtschafts- und Lebensform nach sieben Jahrzehnten. Frankfurt M.

Geser, Hans 1983: Strukturformen und Funktionsleistungen sozialer Systeme: ein soziologisches Paradigma. Opladen

Gester, Jochen; Hajek, Willi (Hg.) 2005: Sechs Tage der Selbstermächtigung. Der Streik bei Opel in Bochum Oktober 2004. Berlin

Gesterkamp, Thomas; Schnack, Dieter 1998: Hauptsache Arbeit – Männer zwischen Beruf und Familie. Reinbek bei Hamburg

Giegel, Hans Joachim 1975: System und Krise. Frankfurt M.

Gillen, Gabriele; Rossum, Walter von (Hg.) 2009: Schwarzbuch Deutschland. Das Handbuch der vermissten Informationen. Reinbek bei Hamburg

GIM (Gruppe Internationale Marxisten), Ortsgruppe Hamburg 1976: Wohin treibt der Kommunistische Bund? Eine Auseinandersetzung mit seiner Theorie und Praxis. Frankfurt M.

Girschner, Walter 1990: Theorie sozialer Organisationen. Weinheim und München

Gleich, Armin von 1988: Wissenschaft und Technik als Mitverursacher und Bewältiger der ökologischen Krise. In: Felix Rauner (Hg.): 'Gestalten'– eine neue gesellschaftliche Praxis. Bonn

Goleman, Daniel 1993: Lebenslügen: Warum wir uns immer wieder selbst täuschen. München

Gordon, David M. 1976: Kapitalistische Effizienz und sozialistische Effizienz. In: Monthly Review (dt. Ausgabe), Jg. 2, H. 3

Gorz, André 1967: Zur Strategie der Arbeiterbewegung im Neokapitalismus. Frankfurt M.

– 1969: Der schwierige Sozialismus. Frankfurt M. (Paris 1967)

– 1973: Technische Intelligenz und kapitalistische Arbeitsteilung. In: Richard Vahrenkamp (Hg.): Technologie und Kapital. Frankfurt M.

– 1980: Abschied vom Proletariat. Frankfurt M.

– 1986: Wege ins Paradies. Berlin

– 1991: Und jetzt wohin? Berlin

Greffrath, Mathias 1975: Notizen zu Samir Amins Lob des Gebrauchswerts. In: Monthly Review. Deutsche Ausgabe, H. 5, 1. Jg.

Greshake, Gibsert 2005: Kleine Hinführung zum Glauben an den drei-einen Gott. Freiburg

Grimm, Reinhold 1979: Brecht und Nietzsche. Frankfurt M.

Gronemeyer, Marianne 2012: Wer arbeitet, sündigt... Ein Plädoyer für gute Arbeit. Darmstadt

Grottian, Peter 2010: Die Arbeitslosigkeit und die Tafeln gleichzeitig abschaffen! – eine realistisch-unrealistische Utopie, Mai 2010 http://www.nachdenkseiten.de/?p=5710.

Güde, Fritz 2011: Wagenknechts Verführung durch das Positive. In: Kritisch lesen 21.7.2011 http://www.kritisch-lesen.de/rezension/wagenknechts-verfuhrung-durch-das-positive

Guevara, Ernesto Che, 1972: Ökonomie und neues Bewußtsein. Berlin

Hajek, Willi 2007: Selbstverteidigung, Selbstermächtigung, Selbstbestimmung. Deutsch-französische Eindrücke. In: Sergio Bologna, Michael Danner u.a.: Selbstorganisation. Transformationsprozesse von Arbeit und sozialem Widerstand im neoliberalen Kapitalismus. Berlin

Handke, Peter 1989: Versuch über die Müdigkeit. Frankfurt M.

Hank, Rainer (Hg.) 2008: Was Sie schon immer über Wirtschaft wissen wollten. Frankfurt M.

Hansch, Dietmar 2010: Sprung ins Wir. Die Neuerfindung von Gesellschaft aus systemischer Sicht. Göttingen

Hardensett, Heinrich 1932: Der kapitalistische und der technische Mensch. München

Hartmann, Nicolai 1960: Die Philosophie des deutschen Idealismus. Berlin (zuerst 1929)

Hasse, Kai 2013: Immer schneller kaputt, immer weniger reparierbar. Die Kurzlebigkeit der Waren. In: Sozialistische Zeitung, H. 11

Hassenpflug, Dieter 1990: Die Natur der Industrie. Philosophie und Geschichte des industriellen Lebens. Frankfurt M.

Haude, Rüder; Wagner, Thomas 1999: Herrschaftsfreie Institutionen. Studien zur Logik ihrer Symbolisierung und zur Logik ihrer theoretischen Leugnung. Baden-Baden

Haug, Wolfgang Fritz 1993: Elemente einer Theorie des Ideologischen. Hamburg
Häusler, Jürgen 1988: Die (falschen) Väter des Erfolges. Anti- AKW-Bewegung; Sozialdemokratie und Atomprogramm. In: Forschungsjournal Neue Soziale Bewegungen, H. 4
Hayek, Friedrich August 1969: Grundsätze einer liberalen Gesellschaftsordnung. In: Ders.: Freiburger Studien. Tübingen
– 1976: Individualismus und wirtschaftliche Ordnung. Salzburg
Hegel, Georg Wilhelm Friedrich 1955: Vorlesungen über die Philosophie der Weltgeschichte. Bd. 1: Die Vernunft in der Geschichte. Hamburg
– 1969: Briefe von und an Hegel. Hg. v. J. Hoffmeister und F. Nicolin, Bd. I. Hamburg
– 1995: Vorlesung über die Philosophie der Religion. Bd. 3. Die vollendete Religion. Hg. v. Walter Jaeschke. Hamburg
– 2001: Vorlesungen über die Logik (Berlin 1831). Ausgewählte Nachschriften und Manuskripte, Bd. 10. Hamburg
Heidegger, Martin 1959: Bauen Wohnen Denken. In: Ders.: Vorträge und Aufsätze. Pfullingen
– 1970: Martin Heidegger im Gespräch, hg. von Richard Wisser. Freiburg
– 1984: Was heißt Denken? Tübingen
– 1985: Die Technik und die Kehre. Pfullingen
Heinemann, Gottfried 1982: Der Mensch kann in seiner Produktion nur verfahren wie die Natur selbst. In: Michael Grauer, Wolfdietrich Schmied-Kowarzik (Hg.): Grundlinien und Perspektiven einer Philosophie der Praxis. Kasseler Philosophische Schriften, Bd. 7. Kassel
Heinisch, Brigitte; Hopmann, Benedikt 2011: Altenpflegerin schlägt Alarm. Über das Recht, Missstände anzuzeigen. Hamburg
Heinrich, Michael 2004: Praxis und Fetischismus. Eine Anmerkung zu den Marxschen Thesen über Feuerbach und ihrer Verwendung. In: Christine Kichhoff u.a. (Hg.): Gesellschaft als Verkehrung. Perspektiven einer neuen Marx-Lektüre. Freiburg
Heinrichs, Johannes 2003: Revolution der Demokratie. Berlin
Heinrichs, Thomas 2002: Freiheit und Gerechtigkeit. Münster
Heller, Hermann 1992: Sozialismus und Nation. In: Gesammelte Schriften, Bd. 1. Tübingen (zuerst Berlin 1925)
Hennen, Leonhard 1992: Technisierung des Alltags. Ein handlungstheoretischer Beitrag zur Theorie technischer Vergesellschaftung. Opladen
Henriksson, Lars 2010: Gestaltet die kränkelnde Autoindustrie um! In: Inprekorr (Internationale Pressekorrespondenz), Nr. 460/461
Hensche, Detlef 2011: Demokratisierung der Wirtschaft. In: Sozialismus, 38. Jg., H. 1
Heyder, Ulrich 1994: Reformperspektiven für die Industriegesellschaft. Chur
Hickel, Rudolf 2011: Politik und Gesellschaft wirtschaftsdemokratisch fundieren. In: Hartmut Meine, Michael Schumann, Hans-Jürgen Urban (Hg.): Mehr Wirtschaftsdemokratie wagen! Hamburg

Hieber, Lutz 1984: Technisierung von Umwelterfahrung. In: Prokla, Nr. 55
Hildebrandt, Volker 1999: Alte 'Neue Arbeit'. In: Weg und Ziel, 57. Jg., H. 1. Wien
Hirsch, Fred 1980: Die Grenzen des Wachstums. Reinbek
Hoffmann, Johannes 2003: Wirtschaftsethik. In: Laubach, Thomas (Hg.): Angewandte Ethik und Religion. Tübingen
Hoffmann, Jürgen 1994: Menschenwürde und Solidarität – kleine Wahrheiten über den Traum gewerkschaftlicher Solidarität. In: Reiner Hoffmann, Ulrich Mückenberger (Hg.).: Die Wahrheit der Träume. 1968 und heute – ein Kaleidoskop. Münster
Holm, Andrej 2013: Recht auf Stadt. Soziale Bewegungen in umkämpften Räumen. In: Sozialistische Zeitung, H. 10
Holzkamp-Osterkamp, Ute 1984: Marxismus – Feminismus – Arbeiterbewegung. In: Argument, Sonderbd. 106 (Forum Kritische Psychologie, Bd. 13)
Holzkamp, Klaus 1983: Grundlegung der Psychologie. Frankfurt M.
Horkheimer, Max 1934: Dämmerung. Zürich
– 1970: Autorität und Familie. In: Ders.: Traditionelle und kritische Theorie. Frankfurt M.
– 1974: Zur Kritik der instrumentellen Vernunft.
Imhof, Arthur E. 1984: Die verlorenen Welten. München
Imhof, Werner 2002: „Un syndicalisme différent". In: express, Zeitschrift für sozialistische Betriebs- und Gewerkschaftsarbeit, H. 4 http://www.labournet.de/express/index.html
– 2004: Das schwierige Einfache: gesellschaftliche Produktion ohne Austausch und Geld. In: Fremdheit und Aneignung. Materialien der 48. Kalenderwoche 2002/2003. Bochum
Jaerisch, Ursula 1975: Sind Arbeiter autoritär? Frankf. M.
Jäger, Michael 1996: Ökologischer Umbau durch Befreiung des Marktes (II). In: Kommune, H. 10
– 2004: Wie wäre es, wenn es Marktwahlen gäbe? In: der Freitag, 28.5.2004
Jakobs, Hermann 2001: Rezension. In: Z – Zeitschrift Marxistische Erneuerung, H. 45. Frankfurt M.
Jänicke, Martin 1986: Staatsversagen. Die Ohnmacht der Politik in der Industriegesellschaft. München
Janis, Irving 1972: Victims of groupthink. Boston
Jouvenel, Bertrand de 1970: Jenseits der Leistungsgesellschaft. Freiburg
Jünger, Ernst 1982: Der Arbeiter. Stuttgart (1932)
Jungk, Robert 1963: Die Zukunft hat schon begonnen. Reinbek bei Hamburg
Jütte, Robert 2000: Geschichte der Sinne. München
Kambartel, Friedrich 1989: Philosophie der humanen Welt. Frankfurt M.
Kaplan, Abraham 1964: The conduct of inquiry. San Fancisco
Kaup, Gerd 2013: Ökonomie des Teilens. Hg. von der Kammer für Arbeiter und Angestellte für Steiermark http://media.arbeiterkammer.at/stmk/Sharing_Economy_2013.pdf

Kersting, Wolfgang 2003: Gerechtigkeit: Die Selbstverewigung des egalitaristischen Sozialstaats. In: Lessenich, Stephan (Hg.): Wohlfahrtsstaatliche Grundbegriffe. Historische und aktuelle Diskurse. Frankfurt M.

Keynes, John Maynard 1933: National Self-Suffciency. In: The Yale Review, Summer 1933

Kilian, Hans 1971: Das enteignete Bewußtsein. Neuwied und Berlin

Klages, Helmut 2002: Der blockierte Mensch. Frankfurt M.

Klein, Dieter 2000: Die Linke und die Moderne. In: Z – Zeitschrift marxistische Erneuerung. 11. Jg., Nr. 44. Frankfurt M.

– 2006: Notwendigkeit und Möglichkeit sozialer Reformen im Kapitalismus – und über ihn hinaus. In: Ulrich Maurer, Hans Modrow (Hg): Links oder lahm? Die neue Partei zwischen Auftrag und Anpassung. Berlin

Kleinewefers, Henner 1985: Reformen für Wirtschaft und Gesellschaft. Utopien, Konzepte, Realitäten. Frankfurt M.

Klimenta, Harald 2006: Das Gesellschaftswunder. Berlin

Kluge, Alexander 1974: Zwei Seminare von A. Kluge im Frühjahr 74 an der Universität Frankfurt zur Theorie des Films. In: Negt, Oskar; Kluge, Alexander: Kritische Theorie und Marxismus. S'Gravenhage

– 1977: Öffentlichkeit ist ein Produktionsprozess. In: Links – Sozialistische Zeitung, Nr. 85. Offenbach/Main

Kocka, Jürgen 2008: Bürger und Bürgerlichkeit im Wandel. In: Aus Politik und Zeitgeschichte, H. 9-10

Koczyba, Hermann 1979: Widerspruch und Theoriestruktur. Frankfurt M.

Kotzle, Markus 1999: Eigenart durch Eigentum. Die Transformation des christlichen Ideals der Individualität in die liberalistische Idee von Eigentum. Freising

Korsch, Karl 1980: Die sozialistische Formel für die Organisation der Volkswirtschaft. In: Karl Korsch, Gesamtausgabe, Bd. 1. Hg. von Michael Buckmiller. Frankfurt M.

Kosik, Karel 1976: Dialektik des Konkreten. Frankfurt M.

Koslowski, Peter 1994: Die Ordnung der Wirtschaft. Tübingen

Kraemer, Klaus 1997: Der Markt der Gesellschaft. Opladen

Kreibich, Rolf; Rogall, H.; Boes, H. (Hg.) 1991: Ökologisch produzieren. Zukunft der Wirtschaft durch umweltfreundliche Produkte und Produktionsverfahren, Weinheim/Basel

Kreiß, Christian 2014: Geplanter Verschleiß. Berlin

Kroll, Lars Eric, Müters, Stephan; Dragano, Nico 2011: Arbeitsbelastungen und Gesundheit. Hg. v. Robert Koch-Institut. Berlin

Krombholz, Heinz 1991: Arbeit und Familie. In: Hans Bertram (Hg.): Die Familie in Westdeutschland. Opladen

Kroner, Richard 1928: Die Selbstverwirklichung des Geistes. Tübingen

Krüger, Hans-Peter 1990: Kritik der kommunikativen Vernunft. Berlin

Krüger, Stephan 1990: Marktsozialismus – eine moderne Sozialismus-Konzeption für entwickelte Länder. In: Michael Heine, Hansjörg Herr u.a. (Hg.): Die Zukunft der DDR-Wirtschaft. Reinbek bei Hamburg (= Krüger 1990a)

Krupp, Kerstin 2007: Den Geist des Ortes schmecken. In: Berliner Zeitung, 14.5.07, S. 8

Kruse, Volker 1994: Historisch-soziologische Zeitdiagnosen. Frankfurt M.

Kudszus, Hans 1970: Jaworte, Neinworte. Frankfurt M.

Kuepper, Mechthild 2011: Ludwig Erhard und die Sünderin. Sozialismus in Häppchen, serviert von Sahra Wagenknecht. In: FAZ 21.11.2011

Kuhlen, Rainer 2010: Open Access – eine elektronischen Umgebungen angemessene Institutionalisierungsform für das Gemeingut 'Wissen'. In: Leviathan, Jg. 38, H. 3

Kullmann, Katja 2012: Man muss die Piraten nicht hassen. In Analyse & Kritik, Nr. 571

Laclau, Ernesto; Mouffe, Chantal 1991: Hegemonie und radikale Demokratie. Zur Dekonstruktion des Marxismus. Wien

Landmann, Michael 1963: Pluralität und Antinomie. München

– 1975: Entfremdende Vernunft. Stuttgart

Langer, Susanne K. 1965: Philosophie auf neuem Wege. Das Symbol im Denken, im Ritus und in der Kunst. Frankfurt M.

Lassalle, Ferdinand 1919: Arbeiter-Programm (1863). In: Gesammelte Reden und Schriften. Hg. v. Eduard Bernstein, Bd. 2. Berlin

Lefebvre, Henri 1972: Das Alltagsleben in der modernen Welt. Frankfurt M.

– 1977: Kritik des Alltagslebens. Kronberg Ts. (Drei Bände in einem Band.)

– 1978: Einführung in die Modernität. Frankfurt M.

Lenk, Hans; Maring, Matthias 1992 (Hg.): Wirtschaft und Ethik. Stuttgart

Liebig, Justus von 1862: Die Chemie in ihrer Anwendung auf Agricultur und Physiologie. Braunschweig

Liebknecht, Karl 1969: Ausgewählte Reden und Schriften, Bd. 1 (Hg. v. H. Böhme). Frankfurt M.

Lindblom, Charles E. 1983: Jenseits von Markt und Staat. Eine Kritik der politischen und ökonomischen Systeme. Frankfurt M.

Lipovetsky, Gilles 1995: Der Narziß oder die Leere. Hamburg

Lippe, Rudolf zur 1981: Naturbeherrschung am Menschen. Frankfurt M.

– 1991: Freiheit, die wir meinen. Reinbek bei Hamburg

Litt, Theodor 1953: Hegel – Versuch einer kritischen Erneuerung. Heidelberg

– 1958: Das Bildungsideal der deutschen Klassik und die moderne Arbeitswelt. Bonn

Livingstone, Ken 1987: If Voting Changed Anything They Would Abolish It. London

Lorenzer, Alfred 1988: Das Konzil der Buchhalter – Die Zerstörung der Sinnlichkeit. Eine Religionskritik. Frankfurt M.

Lotter, Wolf 2011: Unbekannte Größe. In: brand eins, H. 6

Löw-Beer, Peter 1981: Industrie und Glück. Der Alternativplan von Lucas Aerospace. Berlin
Luhmann, Niklas 1970 : Soziologische Aufklärung, Bd. 1. Opladen
– 1981: Politische Theorie im Wohlfahrtsstaat. München
– 1983: Anspruchsinflation im Krankheitssystem. Eine Stellungnahme aus gesellschaftstheoretischer Sicht. In: Philipp Herder-Dorneich, A, Schuller (Hg.): Die Anspruchsspirale. Stuttgart
Macinstosh, Maureen; Wainwright, Hilary 1987: A Taste of Power: The Politics of Local Economics. London
Mader, Josef 2000: Offenbarung als Selbstoffenbarung Gottes: Hegels Religionsphilosophie als Anstoß für ein neues Offenbarungsverständnis in der katholischen Theologie des 19. Jahrhunderts. Münster
Maier, Willfried 1985: Produktion nach Gesetzen der Schönheit. In: Kommune, H. 2
– 1996: Modernisierungskritische Modernisierer? Kommune, H. 4
Mansilla, Hugo C. F. 1973: Systembedürfnis und Anpassung. Zur Kritik sozialistischer Verhaltenssteuerung. Frankfurt M.
Marchart, Oliver 2009: Antagonismen jenseits des Klassenkampfes. In: Peter Bescherer, Karen Hierhorn (Hg.): Hello Marx. Zwischen 'Arbeiterfrage' und sozialer Bewegung heute. Hamburg
Marglin, Stephen A. 1977: Was tun die Vorgesetzten ? Ursprünge und Funktionen der Hierarchie in der kapitalistischen Produktion. In: Freimut Duve (Hg.): Technologie und Politik, Bd. 8. Reinbek bei Hamburg
Mariátegui, José Carlos 1969: Mensaja al Congreso Obrero. In: Ideología y Política. Lima
Mármora, Leopoldo 1983: Nation und Internationalismus. Bremen
Marx, Karl 1970: Resultate des unmittelbaren Produktionsprozesses. Frankfurt M.
– 1974: Grundrisse der Kritik der politischen Ökonomie. Berlin (DDR)
Massarrat, Mohssen 1995: Soziale Bewegungen und parlamentarische Repräsentation. Ein Plädoyer für Dritte Kammern. In: Blätter f. dt. u. int. Politik, H. 6
– 2006: Kapitalismus Machtungleichgewicht Nachhaltigkeit. Hamburg
Masuch, Michael 1981: Kritik der Planung. Darmstadt und Neuwied
Matt, Peter von 1993: Schick wie Designer-Jeans. In: Der Spiegel, H. 31
Maxeiner, Dirk, Miersch, Michael 1996: Öko Optimismus. Düsseldorf
Menke, Christoph 1991: Anerkennung im Kampfe – Zu Hegels Jenaer Theorie der Ausdifferenzierung moderner Gesellschaften. In: Archiv für Rechts- und Sozialphilosophie, Bd. 7
Meretz, Stefan 2009: Commons – Gemeingüter. In: Streifzüge, Nr. 45. Wien
– 2011: Commons-basierte Peer-Produktion. In: SPW, H. 1
Merleau-Ponty, Maurice 1966: Phänomenologie der Wahrnehmung. Berlin
Michels, Robert 1957: Soziologie des Parteiwesens. Stuttgart
Mies, Maria 1988: Frauenutopien- Frauenpolitik. In: Kommune, H. 1

– 1997: Wir sehnen uns nach dem, was wir zerstört haben. In: Der Rabe Ralf, H. 2. Berlin
Miller, David, 1989: Market, State and Community. Oxford
Mills, C. W. 1963: Kritik der soziologischen Denkweise. Neuwied.
Mises, Ludwig 1920/1921: Die Wirtschaftsordnung im sozialistischen Gemeinwesen. In: Archiv für Sozialwissenschaft und Sozialpolitik, Bd. 47
Mitscherlich, Alexander 1965: Die Unwirtlichkeit unserer Städte. Frankfurt M.
Moltmann, Jürgen 1972: Der gekreuzigte Gott. München
Morris, William 1983: Wie wir leben und wie wir leben könnten. Hg. v. Hans Christian Kirsch. Köln
Moss, Michael 2013: Salt Sugar Fat – How the Food Giants Hookes Us. New York
Moulin, Margarete 2013: Liebe auf Distanz. Die frühe staatliche Betreuung in Frankreich hat ihren Preis. Frauen fühlen sich zunehmend entfremdet von ihren Kindern. In: Die Zeit, H. 37
Mückenberger, Ulrich 1986: Entfremdung von innerer und äußerer Natur und Wege, sie zu thematisieren. In: Altvater, Elmar (Hg.): Markt, Mensch, Natur. Hamburg
Mühlmann, Wilhelm E. 1972: Zivilisation. In: Wilhelm Bernsdorf (Hg.): Wörterbuch der Soziologie, Bd. 3. Frankfurt M.
Müller, Edda 2005: Verbraucherpolitik als Querschnittsaufgabe profilieren! Interview mit Edda Müller. In: Forschungsjournal Neue Soziale Bewegungen, H. 4
Müller, Hans-Peter 1983: Wertkrise und Gesellschaftsreform. Stuttgart
Müller, Horst 2007: Historische Schranken der Kapitalwirtschaft und konkrete Alternative. In: Sozialismus, H. 2
– 2007a: Alternativkonzepte der politischen Ökonomie – Sozialismus des 21. Jahrhunderts ? In: Ders. (Hg.): Die Übergangsgesellschaft des 21. Jahrhunderts. Norderstedt
– 2008: Vom Marxismus zur Konkreten Praxisphilosophie. Philosophische Gespräche, H. 12. Berlin
Müller, Joachim 1983: Endsieg – von was? In: Pflasterstrand, Nr. 165
Müller, Ludmilla 1976: Die Wertlosigkeit der Arbeit der Kinderaufzucht im Kapitalismus. In: Prokla, Nr. 22
Müller, Michael; Hennicke, Peter 1994: Wohlstand durch Vermeiden: Mit der Ökologie aus der Krise. Darmstadt
Münster, Johannes 2006: Wenn Wettbewerb schädlich ist. Sabotage im Kampf um Beförderungen und Prämien. In: WZB-Mitteilungen, Nr. 114. Berlin
Mullis, Daniel 2013: 'Recht auf die Stadt' – Facetten und Möglichkeiten einer Parole. In: Emanzipation. Zeitschrift für sozialistische Theorie und Praxis. Nr. 6. Frankf. M.
Musil, Robert 1981: Mann ohne Eigenschaften. Reinbek bei Hamburg
Nahrada, Franz 2005: Alter Wein in neue Schläuche? (Gespräch mit Andreas Exner). In: Streifzüge, Nr. 34. Wien
Narr, Wolf-Dieter 2011: Kommunistisches Weihnachten: Zum 'Common Wealth' bei Negri und Hardt. In: Das Argument, Nr. 291

Narr, Wolf-Dieter; Roth, Roland 2005: Not und Notwendigkeit radikaldemokratischer Produktionsverhältnisse. In: Prokla, Zeitschrift für kritische Sozialwissenschaft, Nr. 141, 35. Jg.

Negt, Oskar 1980: Alternative Politikformen als politische Alternative ? In: Roland Roth (Hg.): Parlamentarisches Ritual und politische Alternativen. Frankfurt M.

– 1984: Lebendige Arbeit, enteignete Zeit. Politische und kulturelle Dimensionen des Kampfes um die Arbeitszeit. Frankfurt M.

– 1988: Modernisierung im Zeichen des Drachen. Frankfurt M.

– 2005: Den Gewerkschaften fehlt eigenständige politische Urteilskraft. Gespräch mit Oskar Negt. In: Sozialismus, H. 4, Jg. 32

Negt, Oskar; Kluge, Alexander 1972: Öffentlichkeit und Erfahrung, Frankfurt M.

Nick, Harry 2007: Demokratisch geplante Äquivalenzökonomie? In: Z – Zeitschrift Marxistische Erneuerung, 18. Jg., Nr. 69

Noble, David F. 1978: Social Choice in Machine Design. In: Politics and Society, Vol. 8

– 1984: Forces of Production. A Social History of Industrial Automation. New York

Nuss, Sabine; Heinrich, Michael 2002: Freie Software und Kapitalismus. In: Streifzüge, H. 1. Wien

Ockenfels, Wolfgang 2004: Marktwirtschaft zwischen Solidarität und Subsidiarität. In: Nils Goldschmidt, Michael Wohlgemuth (Hg.): Die Zukunft der Sozialen Marktwirtschaft. Tübingen

– 2011: Was kommt nach dem Kapitalismus? Augsburg

Oesterdiekhoff, Georg W. 1992: Traditionales Denken und Modernisierung. Jean Piaget und die Theorie der sozialen Evolution. Opladen

Offe, Claus 1972: Politische Herrschaft und Klassenherrschaft. In: G. Kress und D. Senghaas (Hg.): Politikwissenschaft. Frankfurt M.

– 1974: 'Lebensqualität' – Eine neue Friedensformel sozialdemokratischer Innenpolitik? In: Leviathan, Jg. 1, H. 1

– 1986: Die Utopie der Null-Option. In: P. Koslowski u.a. (Hg.): Moderne oder Postmoderne. Weinheim

– 1989: Bindung, Fessel, Bremse. In: Axel Honneth u.a. (Hg.): Zwischenbetrachtungen. Im Prozeß der Aufklärung. Frankfurt M.

– 1992: Wider scheinradikale Gesten – Die Verfassungspolitik auf der Suche nach dem 'Volkswillen'. In: Gunter Hofmann, Werner A. Perger (Hg.): Die Kontroverse – Weizsäckers Parteienkritik in der Diskussion. Frankfurt M.

– 1996: Moderne 'Barbarei': Der Naturzustand im Kleinformat. In: Max Miller, Hans-Georg Soeffner (Hg.): Modernität und Barbarei. Frankfurt M.

Opaschowski, Horst W. 2008: Das Moses-Prinzip: Die 10 Gebote des 21. Jahrhunderts. Gütersloh

Oppong, Marvin 2014: Verdeckte PR in Wikipedia. Das Weltwissen im Visier von Unternehmen. Otto-Brenner-Stiftung. Frankfurt M.

Ottmann, Henning 1979: Arbeit und Praxis bei Hegel. In: Hegel-Jahrbuch 1977/78. Köln

Ottomeyer, Klaus 1987: Lebensdrama und Gesellschaft. Szenisch-materialistische Psychologie für soziale Arbeit und politische Kultur. Wien

Ottomeyer, Klaus und Klaus-Dieter Scheer 1976: Rollendistanz und Emanzipation. In: K. J. Bruder u.a.: Kritik der pädagogischen Psychologie. Reinbek

Oy, Gottfried 2007: Spurensuche Neue Linke. Das Beispiel des Sozialistischen Büros und seiner Zeitschrift 'links'. RLS-Papers. Berlin

Padrutt, Hanspeter 1984: Der epochale Winter. Zürich

Paetau, Michael 2010: Die Piratenpartei. In: Forum Wissenschaft, 27. Jg., H. 4

Pannenberg, Wolfhart 1972: Das Glaubensbekenntnis – ausgelegt und verantwortet vor den Fragen der Gegenwart. Hamburg

Parsons, Talcott 1985: Das System moderner Gesellschaften. Weinheim und München

Pekruhl, Ulrich 1995: Lean Production und anthropozentrische Produktionskonzepte – Ein Spannungsverhältnis? In: Bruno Cattero, Gerd Hurrle, Stefan Lutz u.a. (Hg.): Zwischen Schweden und Japan. Lean Production aus europäischer Sicht. Münster

Pernsteiner, August Wolfgang 1984: Ausufernde quantitative Arbeitsteilung und Entberuflichung. In: Zeitschrift für Ganzheitsforschung, Jg. 28, H. 1. Wien

Perrow, Charles 1988: Normale Katastrophen. Die unvermeidbaren Risiken der Großtechnik. Frankfurt M.

Pickshaus, Klaus 2007: Gute Arbeit. In: Ulrich Brand u.a. (Hg.): ABC der Alternativen. Hamburg

Piton, Monique 1976: Anders leben. Chronik eines Arbeitskampfes: LIP Besancon. Frankfurt M.

Plack, Arno 1976: Ohne Lüge leben. Stuttgart

Poonniah, Thomas; Eastwood, Jonathan (Hg.) 2011: The Revolution in Venezuela. Social and Political Change under Chávez. Cambridge

Popper, Karl R. 1965: Das Elend des Historizismus. Tübingen

Priddat, Birger 2006: Moral als Kontext von Gütern. In: Peter Koslowski, Birger Priddat (Hg.): Ethik des Konsums. München

Prodoehl, Hans Gerd 1983: Theorie des Alltags. Berlin

Raeithel, Arne 1983: Tätigkeit, Arbeit und Praxis. Grundbegriffe für eine praktische Psychologie. Frankfurt M.

Rammert, Werner 1983: Soziale Dynamik der technischen Entwicklung. Opladen

Rehmann, Jan 2013: Verbindende Partei oder zurück zum 'Bewegungskrieg?' In: Luxemburg, H. 1. Berlin

Reich, Wilhelm 1971: Die Massenpsychologie des Faschismus. Frankfurt M.

Rest, Jonas 2011: Grüner Kapitalismus? Klimawandel, globale Staatenkonkurrenz und die Verhinderung der Energiewende. Wiesbaden

Reuter, Silke 2003: Frankreich: Die vollzeitberufstätige Mutter als Auslaufmodell. In: Aus Politik und Zeitgeschichte, H. 44

Richter, Horst-Eberhard 1974: Lernziel Solidarität. Reinbek bei Hamburg
– 1979: Der Gotteskomplex. Reinbek bei Hamburg
Rilke, Rainer Maria 1966: Briefe. Besorgt durch Karl Altheim. Frankfurt M.
Ringger, Beat (Hg.) 2008: Zukunft der Demokratie. Zürich
Rögener, Wiebke 1996: Die Informationsflut kanalisieren. In: taz 19.8.
Röttger, Bernd 2011: Der Schoß der alten Gesellschaft. In: Das Argument, Nr. 291
Rohbeck, Johannes 1990: Zur Rehabilitierung der Mittel – oder: Brauchen wir eine ökologische Ethik? In: Hegel-Jahrbuch 1990
Rohwer, Götz 1985: Zur politischen Ökonomie der Hausarbeit. In: Leviathan, Jg. 13, H. 2
Rokkan, Stein 1967: Geography, Religion and Social Class: Cross-cutting Cleavages in Norwegian Politics. In: Seymour Martin Lipset, Stein Rokkan: Party Systems and Voter Alignments. Toronto
Rombach, Heinrich 1971: Strukturontologie. Eine Phänomenologie der Freiheit. Freiburg
– 1993: Strukturanthropologie. 2., durchgesehene Auflage. Freiburg
– 1994: Phänomenologie des sozialen Lebens. Freiburg
Rosa, Hartmut 1998: Integration, Konflikt und Entfremdung – Die Perspektive des Kommunitarismus. In: Giegel, Hans-Joachim (Hg.): Konflikt in modernen Gesellschaften. Frankf. M.
– 2006: Wettbewerb als Interaktionsmodus. In: Leviathan, H. 1
– 2013: Eine Art von Begehren nach Welt. In: Psychologie Heute, H. 1
Rosanvallon, Pierre 1979: „Autogestion" oder parlamentarische Demokratie. In: Gesine Schwan (Hg.): Demokratischer Sozialismus für Industriegesellschaften. Frankfurt M.
Rosner, Menachem 1982: Ist direkte Demokratie in der modernen Gesellschaft machbar? In: Heinsohn, Gunnar (Hg.): Das Kibbutz-Modell. Bestandsaufnahme einer alternativen Wirtschafts- und Lebensform nach sieben Jahrzehnten. Frankfurt M.
Rossum, Walter von 2004: Meine Sonntage mit 'Sabine Christiansen'. Wie das Palaver uns regiert. Köln
Roth, Rainer 2003: Nebensache Mensch. Frankfurt M.
Sachverständigenrat zur Begutachtung der gesamtwirtschaftlichen Entwicklung 1999: Jahresgutachten 1999/2000 – Wirtschaftspolitik unter Reformdruck. Wiesbaden
Sarkar, Saral; Kern, Bruno 2008: Ökosozialismus oder Barbarei. Eine zeitgemäße Kapitalismuskritik. Mainz
Sauer, Dieter 2013: Arbeit im Übergang. In: Grundrisse, Nr. 48, Wien.
Saupe, Angelika 2002: Verlebendigung der Technik. Perspektiven im feministischen Technikdiskurs. Bielefeld
Schaumberg, Wolfgang 2001: Von der revolutionären Betriebsarbeit zur linken Betriebsratspolitik. Ein kritischer Blick auf unsere Gegenwart, Vergangenheit und Zukunft. In: Jochen Gester, Willi Hajek (Hg.): 1968 und dann? Erfahrungen, Lernprozesse und Utopien von Bewegten der 68er Revolte. Bremen
– 2002: Budenzauber. Oder 'Behaltet die Ideen für Euch' – eine Diskussion mit W. Schaumberg. In: Express, H. 11/12

Scheer, Hermann 1995: Zurück zur Politik. München
– 2001: Globalisierung und Demokratie: ein Widerspruch? In: Die Tageszeitung vom 22.9., Magazin, S. I-VIII
Scheler, Max 1978: Das Ressentiment im Aufbau der Moralen. Frankfurt M.
Schimank, Uwe 1983: Neoromantischer Protest im Spätkapitalismus. Bielefeld
– 1996: Theorien gesellschaftlicher Differenzierung. Opladen
Schmalz-Bruns, Rainer 1989: Alltag, Subjektivität, Vernunft. Opladen
Schmid, Bernhard 2012: L'union syndicale Solidaires: Basisgewerkschaften in Frankreich. In: Emanzipation. Zeitschrift für sozialistische Theorie und Praxis, Nr. 4. Frankfurt M.
Schmid, Michael (Hg.) 1987: Autopoiesis und soziales System: Eine Standortbestimmung. In: Hans Haferkamp, Michael Schmid (Hg.): Sinn, Kommunikation und soziale Differenzierung. Beiträge zu Luhmanns Theorie sozialer Systeme. Frankfurt M.
Schmidt, Erik 1952: Hegels Lehre von Gott. Gütersloh
– 1982: Hegel und die kirchliche Trinitätslehre. In: Neue Zeitschrift für systematische Theologie und Religionsphilosophie. Bd. 24
Schmidt, Hartwig 1995: Das unterwürfige Selbst. Mainz
Schmidt, Josef 1977: Hegels Wissenschaft der Logik und ihre Kritik durch Adolf Trendelenburg. München
Schmidt-Bleek, Friedrich 1994: MIPS – Das Maß für ökologisches Wirtschaften. Berlin
Schmitthenner, Horst 2008: Die Schnittmenge ausloten. Interview mit Horst Schmitthenner. In: Fantomas, H. 13. Hamburg
Schmitz, Hermann 2010: Jenseits des Naturalismus. Freiburg
Schüller, Alfred 1985: Zur Effizienz sozialistischer Marktwirtschaften. In: Anton Rauscher (Hg.): Selbstinteresse und Gemeinwohl. Berlin
Schuhler, Conrad 2010: Wirtschaftsdemokratie und Vergesellschaftung. ISW-Report, Nr. 79. München
Schulze, Gerhard 1992: Die Erlebnisgesellschaft. Frankfurt M.
– 1999: Interview. In: Psychologie Heute, H. 2. Weinheim
Schütz, Peter 2003: Grabenkriege im Management. Wie man Bruchstellen kittet und Abteilungsdenken überwindet. Frankfurt M.
Schwartz, Adina 1994: Sinnvolle Arbeit. In: Axel Honneth (Hg.): Pathologien des Sozialen. Frankfurt M.
Schwartz, Richard C. 1997: Systemische Therapie mit der inneren Familie. München
Senghaas, Dieter 2010: Rettung durch den Kleinstaat !? In: Leviathan, Jg. 38, H. 2
Sennett, Richard 1998: Der flexible Mensch. Berlin
– 2008: Handwerk. Berlin
Sève, Lucien 1977: Marxismus und Theorie der Persönlichkeit. Frankfurt M.
Shapiro, Leonard 1961: Die Geschichte der Kommunistischen Partei der Sowjetunion. Berlin

Siefke, Christian 2009: Ist Commonismus Kommunismus? In: Prokla, Nr. 155
Simmel, Georg 1957: Brücke und Tür. Stuttgart
– 1986: Philosophische Kultur. Berlin
Simon, Hermann 2007: Hidden Champions des 21. Jahrhunderts. Frankfurt M.
Simon, Michael 2001: Die Ökonomisierung des Krankenhauses. Der wachsende Einfluss ökonomischer Ziele auf patientenbezogene Entscheidungen. Veröffentlichungsreihe der AG Public Health P01-205. WZB Berlin
Smith, Adam 2009: Der Wohlstand der Nationen. Frankfurt M.
Soiland, Tove 2005: Kritische Anmerkungen zum Machtbegriff in der Gender-Theorie auf dem Hintergrund von M. Foucaults Gouvernementalitätsanalyse. In: Widersprüche, 25. Jg., Nr. 95
– 2009: Gender oder Von der Passförmigkeit der Subversion. In: Das Argument, Nr. 281
Sombart, Werner 1934: Deutscher Sozialismus. Berlin
Sozialistisches Büro (Hg,) 1973: Für eine neue sozialistische Linke. Analysen – Strategien– Modelle. Frankfurt M.
Spehr, Christoph 2012: Volks-Autos und Kollontai-Höfe. In: Luxemburg, H. 3. Berlin
Sprenger, Reinhard K. 1991: Mythos Motivation. Wege aus einer Sackgasse. Frankfurt M.
Sprich, Christoph 2013: Freiheit statt Kapitalismus? Sahra Wagenknecht und der Weg zur Knechtschaft. In: Uwe Backes, Alexander Gallus, Eckhard Jesse (Hrsg.): Jahrbuch Extremismus und Demokratie 2013 http://sprich.blogspot.de/2013/03/freiheit-statt-kapitalismus-sarah.html
Stahel, Walter 1993: Die Strategie der Dauerhaftigkeit. In: Held, Martin; Geißler, Karlheinz A. (Hg.): Ökologie der Zeit. Stuttgart
Stalder, Felix 2011: Demokratie jenseits der Repräsentation. In: Analyse und Kritik, Nr. 565. Hamburg
Stange, Gerd 2012: Die libertäre Gesellschaft. Grundrisse einer freiheitlichen und solidarischen Gesellschaft jenseits des Kapitalismus. Berlin
Stojakovic, Krunoslav 2013: Sozialistischer Humanismus. Zur konkreten Utopie Jugoslawiens. In: Jour-fixe-Initiative Berlin (Hg.): 'etwas fehlt'. Utopie, Kritik und Glücksversprechen. Münster
Stratmann-Mertens, Eckhard 2004: Entglobalisierung – Abschied vom Wachstum. Kritik der neo-keynesianischen Globalisierung. In: Biesecker, Adelheid; Büscher, Martin; Sauer, Thomas u.a. (Hg.): Alternative Weltwirtschaftsordnung. Hamburg
Ströker, Elisabeth 1965: Philosophische Untersuchungen zum Raum. Frankfurt M.
Strotmann, Peter (Hg.) 1972: Zur Kritik der Sowjetökonomie. Eine Diskussion marxistischer Ökonomen des Westens über die Wirtschaftsreform in den Ländern Osteuropas. Berlin
Suhr, Dieter 1975: Bewußtseinsverfassung und Gesellschaftsverfassung. Über Hegel und Marx zu einer dialektischen Verfassungstheorie. Berlin
– 1981: Repräsentation in Staatslehre und Sozialpsychologie. In: Der Staat, Jg. 20
Szczesny-Friedmann, Claudia 1994: Die kühle Gesellschaft. München

Taylor, Charles 1978: Hegel. Frankfurt M.

Tenzer, Eva 2005: Macht Lärm krank? In: Psychologie heute, Heft 1

Tesch, Joachim 2007: Sozialismus aus dem Computer? In: Z – Zeitschrift Marxistische Erneuerung, 18. Jg., Nr. 69

Teusch, Ulrich 1993: Freiheit und Sachzwang. Untersuchungen zum Verhältnis von Technik, Gesellschaft und Politik. Baden-Baden

Thiede, Werner 2007: Der gekreuzigte Sinn. Eine trinitarische Theodizee. Gütersloh

Thring, M. 1973: Man, Machines and Tomorrow. London

Ticktin, Hillel H. 1981: Zur politischen Ökonomie der UdSSR. In: Ders.; Holubenko, M.; Cox, M. u.a.: Planlose Wirtschaft. Zum Charakter der sowjetischen Gesellschaft. Hamburg

Tillich, Paul 1986: Dogmatik. Marburger Vorlesung von 1925. Hg. von Werner Schüßler. Düsseldorf

Tjaden, Karl Hermann 2012: Bemerkungen zur 'Wachstums'-Kritik. In: Zeitschrift Marxistische Erneuerung, Nr. 91

Trenkle, Norbert 1996: Weltgesellschaft ohne Geld. Überlegungen zu einer Perspektive jenseits der Warenform. In: Krisis, Nr. 18. Bad Honnef

Trotzki, Leo 1973: Geschichte der russischen Revolution. Frankfurt M.

Trowitzsch, Michael 1988: Technokratie und Geist der Zeit. Beiträge zu einer theologischen Kritik. Tübingen

Türk, Klaus 1995: 'Die Organisation der Welt' – Herrschaft durch Organisation in der modernen Gesellschaft. Opladen

Tuschling, Burkhard 1976: Rechtsform und Produktionsverhältnisse. Frankfurt M.

– 1978: Die 'offene' und die 'abstrakte' Gesellschaft. Habermas und die Konzeption von Vergesellschaftung der klassisch-bürgerlichen Rechts- und Staatsphilosophie. Berlin

Ullrich, Otto 1979: Weltniveau – In der Sackgasse des Industriesystems. Berlin

Ulrich, Peter 1993: Transformation der ökonomischen Vernunft. Bern

Vester, Frederic 2004: Die Kunst vernetzt zu denken. München

Vilmar, Fritz 1973: Strategien der Demokratisierung. Band I. Darmstadt

Vilmar, Fritz; Runge, Brigitte 1986: Auf dem Weg zur Selbsthilfegesellschaft? Essen.

Wagner, Friedrich 1964: Die Wissenschaft und die gefährdete Welt. München

Wainwright, Hilary 1994: Arguments for a new left. Oxford

Wainwright, Hilary; Elliott, Dave 1982: The Lucas Plan. A New Trade Unionism in the Making? Allison & Busby. London 1982

Warwas, Klaus 1977: Wird Bremen immer häßlicher ? Bremen

Weber, Max 1958: Wirtschaftsgeschichte. Berlin

– 1972: Gesammelte Aufsätze zur Religionssoziologie, Bd. I. Tübingen

– 1976: Wirtschaft und Gesellschaft. Tübingen

Weisbrod, Burton A. 1964: Collective-Consumption Services of Individual-Consumption Goods. Quarterly Journal of Economics, Vol. 78, No. 3

Weisser, Gerhard 1978: Die Überwindung des Ökonomismus in den Wirtschaftswissenschaften (zuerst 1953). In: Ders.: Beiträge zur Gesellschaftspolitik. Göttingen

Weissman, Elisabeth 2011: Ethischer Widerstand: Gegen Privatisierung der Post in Frankreich. In: Luxemburg, H. 2. Berlin

Wendl, Michael 2011: Linke Wirtschaftspolitik als Tugendlehre. Gibt es eine innere Verwandtschaft von Ordoliberalismus und „kreativem" Sozialismus? In: Sozialismus, H. 12, 38. Jg.

Werkbund Bayern 1979: Der Mensch ohne Hand oder die Zerstörung der menschlichen Ganzheit: Ein Symposion des Werkbundes Bayern. München

Wiesenthal, Helmut 1982: Alternative Technologie und gesellschaftliche Alternativen. Zum Problem der Technikwahl. In: Technik und Gesellschaft, Jahrbuch 1 Frankfurt M.

– 1989: Ökologischer Konsum – ein Allgemeininteresse ohne Mobilisierungskraft? In: Stachlige Argumente– Zs. d. Alternativen Liste Berlin, Nr. 54

– 1991: Gestaltung ohne Mehrheit. In: Forschungsjournal Neue Soziale Bewegungen, H. 1, Jg. 4

Wildcat 2003: Eine Fabrik in Patagonien. Zanon gehört den Arbeitern. Beilage zu Nr. 68. www.wildcat-www.de/wildcat/68/w68_zanon.pdf

Wilde, Oscar 1977: Die Seele des Menschen unter dem Sozialismus. In: Ders.: Werke in drei Bänden, Bd. 3. Herrsching (zuerst 1891)

Willeke, Stefan 1995: Die Technokratiebewegung in Nordamerika und Deutschland zwischen den Weltkriegen. Frankfurt M.

Willke, Helmut 1996: Ironie des Staates. Grundlinien einer Staatstheorie polyzentrischer Gesellschaft. Frankfurt M.

– 1998: Systemtheorie III: Steuerungstheorie. 2. Auflage. Stuttgart

Wittenberg, David 1974: LIP – Neue Kampfformen und Öffentlichkeit. In: Ästhetik und Kommunikation, Nr. 15/16

Wittfogel, Karl August 1931: Wirtschaft und Gesellschaft Chinas. Frankfurt M.

Wittgenstein, Ludwig 1984: Über Gewißheit. Frankfurt M.

Wolf, Luigi 2013: „Patienten wegstreiken". Arbeitskämpfe an der Charité. In: Luxemburg, H. 1. Berlin

Wolfe, Tom 1985: Die Anbetung der Kunst – Bemerkungen zum neuen Gott. In: Pflasterstrand, Nr. 208. Frankfurt M.

Wuhrer, Pit 2007: Der Lucas-Plan. Sie planten die bessere Zukunft. In: WOZ (Zürich), H. 7 http://www.woz.ch/artikel/2007/nr07/international/14562.html

Zelik, Raul 2011: Nach dem Kapitalismus? Hamburg

Zipko, Alexander 1989: Der Egoismus der Träumer. In: Blätter für deutsche und internationale Politik, H. 10 und 11

Zittlau, Jörg 2007: Warum Robben kein Blau sehen und Elche ins Altersheim gehen. Pleiten und Pannen im Bauplan der Natur. Berlin